山东大学儒家文明省部共建协同创新中心资助

当代中国哲学的情理学派

崔罡　郭萍　主编

山东大学出版社
SHANDONG UNIVERSITY PRESS
·济南·

图书在版编目(CIP)数据

当代中国哲学的情理学派/崔罡,郭萍主编.—济南:
山东大学出版社,2021.11

ISBN 978-7-5607-7267-7

Ⅰ.①当… Ⅱ.①崔…②郭… Ⅲ.①儒学—哲学学派—中国—现代—文集 Ⅳ.①B222.05-53

中国版本图书馆 CIP 数据核字(2021)第 241063 号

策划编辑 李孝德
责任编辑 郭凯迪
封面设计 蓝海文化

出版发行 山东大学出版社
社 址 山东省济南市山大南路 20 号
邮政编码 250100
发行热线 (0531)88363008
经 销 新华书店
印 刷 济南乾丰云印刷科技有限公司
规 格 720 毫米×1000 毫米 1/16
36 印张 646 千字
版 次 2021 年 11 月第 1 版
印 次 2021 年 11 月第 1 次印刷
定 价 116.00 元

序言　从学派的视角切入现代新儒学研究

崔罡　肖琳琳

众所周知，现代学术分科意义上的中国哲学，是在西学东渐的大背景下形成的。其中，最能代表其“中国性”的，显然是现代新儒学。顾名思义，“现代新儒学”区别于传统儒学的特质就在于，它是以儒学为主要学术资源、回应或参与现代性问题的学术形态。而所谓“现代性问题”，通常被凝练为两大时代主题，即“中国向何处去”和“人类向何处去”。由于深受“救亡图存”或“民族复兴”的历史使命之感召，从现代新儒家第一代学人开始，他们对“中国问题”的关注是要高于“人类问题”的。因而，现代新儒学也往往被定义为“现代性问题的民族性表达”，这也是学界研究和理解现代新儒学的基本立场与视角。

但是，站在21世纪的今天，现有研究方式就显得有些偏狭或局促了。何以言之？不妨从两个方面来看待。

其一，我们对现代性的理解发生了改变。现代中国思想的基本格局酝酿于广义的新文化运动，亦即从《新青年》改版到科玄论战学术思潮。新文化运动之“新”就是现代性，它特别地表现为以一种近乎决绝的姿态和传统文化切割、断裂。正如胡绳所说，无论是马列派、西化派还是本位派，都同属“自由民主阵营”。在相当长的时期内，他们的共识性是大于分歧性的。而其最大的共识性倾向，正是把彼时西方实然的生活方式视为人类一般性的公共价值；或曰，把彼时的问题理解为“古今问题”而非“中西问题”。这种判断有其“情”，有其“势”，有其“理”，但不适宜于当下。新文化运动自发生迄今已超过100年。综观这段时期的历史，国人固然在接力追寻美好生活的过程中砥砺前行，西方国家同样在不断面临新问题、新情况的挑战。或如哈贝马斯所言，现代性是一项未竟的事业。毫无疑问，全人类正在共同经历第二次社会大转型或新轴心期的历史阶段，这是由现代性生活方式生成的公共问题。今时的“古今之别”不是“中国为古，西欧为今”，而是人类必将共同走向不可知的未来，必将迎接混沌的天命。在这个意义上，当下中国学人的使命，显然应当是向世界提供“中国性”方案。这里的“中国性”指的是一种不同于两希文明、伊斯兰文明和印度文明的思想渊源、思维方式。

其二，现代新儒学的思想财富应当首先被视为一种现代性哲学。现代新儒学蕴含了三种特质——现代哲学、现代儒学和儒家哲学，但这三大特质不是并列的。从概念本身来看，现代新儒家使用和理解的“儒学”与传统儒学大不相同。如果说中国古代社会前期的“儒学”是在“九流十家”意义上使用，中国帝国时代后期的“儒学”是在“三教并立”的意义上使用，那么，这两种理解在今天都不再成立了。举例而言，梁漱溟先生和熊十力先生对佛教思想的引用和借鉴，在宋明时期的儒者看来，显然是不能容忍的。因而，现代新儒家的“儒学”就是在“中西比较”的意义上成立的，它实质上就是“中国文化”。从学术发展的历史来看，现代新儒学的逻辑起点是科玄论战。而科玄论战最重要的思想背景就是对第一次世界大战乃至整个19世纪理性至上主义的反思。从一开始，现代新儒学就与同时代最前沿、最紧要的公共问题发生了对接，就在审慎地与全球现代哲学家共同思考。这是哲学家的气象，也是20世纪思想家的气象。因而，就其本质而言，现代新儒学就是人类哲学之思在20世纪的形态，而绝不仅仅是部分被动地卷入某种历史漩涡之群体的企求呼唤。换言之，现代新儒家更亲密的思想战友，不是“北宋五子”或“明末清初三先生”，而是胡塞尔、维特根斯坦、海德格尔以及所有处在同一生活方式之下的现代同行。

如此一来，“哲学性”而非“儒学性”、“中国性”而非“民族性”就成了我们继承和把握现代新儒学的恰当视角。我们会习惯性地用各种“主义”来标签现代思想，所谓“主义”，就是对公共问题的不同判断和倾向，是对现代性生活方式之不同立场和观点的理论化凝练。同理，作为现代哲学的现代新儒学也应当接受这种区分方式。其实，现代新儒学衍历到今天，其“内部”的分歧是显而易见的，用黄玉顺的话来说，他们唯一的“共识”仅仅在于都自称儒家。而这些分歧，是由不同的“主义”主导或统摄的。这意味着，根据其“主义”之不同，我们应更客观地将现代新儒学细化为不同的学派，不如此，就不能展开深入的区分性研究。

现代新儒家可以被分为哪些学派呢？这是有待研究的课题。现代学术的成果是公开的、公共的，现代大学的教育制度也能够让学子有幸同时受教于多位大师，因而，现代学术不可能像传统儒学一般“家法森严”。梁漱溟先生或张君劢先生的学术传承，显然不仅仅局限在哲学领域，而是延展到了社会学、政治学等更多学科。

即便如此，我们仍然可以识别出一些较为明显的学术传承性和亲缘性关系，例如，“钱(穆)—余(英时)”“马(一浮)—金(景芳)”“方(东美)—傅(佩荣)”等等。而从思想成果的体量来看，最具有识别度的应该是“熊(十力)—牟(宗三)”和“冯(友兰)—蒙(培元)”两系。其中，熊牟一系基本是“体用论”进路，而冯蒙一系则是“情理论”进路。

需要指明的是，冯友兰先生的“三史六书”博大精深，蕴含着多维开展的可能性。他的弟子们各有传承、各有建树，如陈来先生即自成“仁学本体论”学派，金春峰先生是一代哲学史家。换言之，我们亦可梳理“冯(友兰)—陈(来)”或“冯(友兰)—金(春峰)”等学脉的学术派性特征。

而本书所说的“情理学派”，是冯友兰先生及其弟子、冯门蒙培元先生及其弟子、蒙门黄玉顺先生及其弟子，四代学者共同组成的一个重要学派，其间一脉相承的核心观念是“情理”。

本书第一编聚焦于冯先生哲学思想中的“情理”维度。冯先生创立的“新理学”体系，固然可以说是一种理性主义；但纵观他一生的全部思想，从他早年的《人生哲学》，到《贞元六书》中的《新世训》《新原人》，再到晚年关注的精神生活问题，“情感”在冯先生思想中的重要性是有迹可循的。作为冯先生最重要的哲学创见之一的“境界论”，实质上就是一种“情理哲学”。蒙培元先生继承了此维度，从而发展出了“情理学派”。

蒙培元先生是冯先生的亲炙弟子，创立了“情感哲学”(亦称“情感儒学”)体系，是典型的情感主义，开启了当前儒家哲学的“情感转向”；但也并非不重理性，而是强调“情感理性”。蒙先生与弟子们组成了“情感儒学”学派。这是本书第二编的内容。

黄玉顺先生是蒙先生的亲炙弟子，他所创立的“生活儒学”体系，既非纯粹的理性主义，亦非简单的情感主义，而是追溯作为“存在”的“生活”，特别是涵盖“情感”与“情实”的“本源之情”，由此导出“缘情合理”的形上本体论、形下伦理学。他与弟子们组成了“生活儒学”学派。这是本书第三编的内容。

这个“情理学派”还在继续拓展与推进，如黄门弟子的“儒家存在论诠释学”“情理历史主义”“自由儒学”“修身儒学”“元法学”“实践儒学”“心灵儒学”“新基础主义”“新礼教”“个体儒学”“哲学训诂学”“生活境界论”等理论建构或构想，这是本书第四编的内容。

本书的选编有三个目的：一则感念师门授业之恩，这是其“情”；二则梳理五代学者叩问之道，这是其“理”；三则尝试性探索从学派视角切入和研究现代新儒学的可能性，这是其“愿”。

本书选入的所有已刊文章，均注明了原刊出处。为了全书的阅读观感，编者删除了所有的中英文提要和关键词，并把全部尾注、文后参考文献统一为脚注。此外，所有的作者信息均以文集选编时的情况为准。

编者自知才疏识浅，篇目的选定难免有挂一漏万、错失菁华的疏讹，在此恳请读者批评指正。

2021年2月6日

目录
Contents

导论　现代中国哲学的情理学派 …………………………… 胡骄键(1)

第一编　“新理学”学派 ……………………………………………… (23)

哲学与逻辑 …………………………………………… 冯友兰(25)

调情理 ………………………………………………… 冯友兰(38)

论人生中底境界 ……………………………………… 冯友兰(48)

理性与情感
——重读《贞元六书》《南渡集》 …………………… 蒙培元(59)

冯友兰对中国哲学的贡献 …………………………… 蒙培元(68)

阐旧邦以辅新命
——冯友兰“新理学”的问题视域 ………………… 崔　罡(72)

理性·情感·生活
——对冯友兰、蒙培元、黄玉顺之间学术嬗变的考察 … 杜　霞(101)

冯友兰中国哲学研究范式之赓续及其嬗变
——现代中国哲学中的“清华传统”研究 …………… 杨生照(111)

第二编　“情感儒学”学派 ………………………………………… (121)

情感与理性 …………………………………………… 蒙培元(123)

人是情感的存在
——儒家哲学再阐释 ……………………………… 蒙培元(139)

中国哲学中的情感理性 ……………………………… 蒙培元(151)

儒学的生存论视域
——从蒙培元先生《情感与理性》说起 …………………… 黄玉顺(160)
情感儒学:当代哲学家蒙培元的情感哲学 …………………… 黄玉顺(171)
世界的“返魅”
——蒙培元先生的儒学自然宗教观 …………………… 任文利(177)
“情感之限”与“生生之机” …………………………… 余治平(187)
儒家道统中的法哲学体系传承及其现代转型 ………… 宋大琦(193)
儒家形而上学的颠覆
——评蒙培元的“情感儒学” ………………………… 崔发展(204)
自由与情感
——现代性危机背景下蒙培元的情感哲学之思 …… 崔　罡(211)
蒙培元“情感儒学”对“自由儒学”的启发意义 ………… 郭　萍(244)
儒家境界论的心理学转向与情感论转向
——评蒙培元的“心灵境界”说 ……………………… 李海超(248)
如何“接着讲”蒙培元先生的情感儒学 ………………… 杨　虎(252)

第三编　“生活儒学”学派 …………………………………………………… (257)

“生活儒学”导论 ………………………………………… 黄玉顺(259)
面向生活本身的儒学
——“生活儒学”问答 ………………………………… 黄玉顺(274)
回望“生活儒学” ………………………………………… 黄玉顺(299)
爱,所以思
——评黄玉顺生活儒学代表作《爱与思》 …………… 崔　罡(316)
生活儒学对现象学与现代新儒学的回应 ……………… 李慧子(330)
黄玉顺“生活儒学”本源视域的思想史意义 …………… 孙铁骑(334)
张祥龙“现象学儒学”和黄玉顺“生活儒学”的若干比较 … 杨生照(346)
生活儒学的哲学突破 …………………………………… 郭　萍(356)
生活儒学在现代中国哲学“情理学派”中的地位 ……… 胡骄键(362)
去生活
——生活儒学中的实践哲学 ………………………… 李海超(368)
论“生活领悟”与“形式显示”之道路
——生活儒学与海德格尔生存论的根本差异 ……… 杨　虎(382)
当代儒学复兴运动的思想视域问题
——以黄玉顺“生活儒学”为例 ……………………… 张　新(400)

第四编　“情理学派”新开展 …………………………………………………… (411)

“实事求是”作为经学阐释命题的展开
——乾嘉汉学的阐释学考察 ……………………… 崔发展(413)
现代性诉求的儒家式表达
——儒家哲学的现代转型问题 ……………………… 崔　罡(425)
正义的实现之路:从“生活儒学”到“修身儒学” ………… 孙铁骑(436)
“周革殷命”与传统政治哲学的确立与更新
——民本的价值性及其演化 ……………………… 蒋孝军(448)
生活儒学的“新礼教”蕴涵
——中国正义论的“情义伦理”思想 ………………… 胡骄键(458)
自由何以可能?
——从“生活儒学”到“自由儒学” …………………… 郭　萍(473)
当代儒学复兴中的概念建构与生活语言的关系问题
——以“生活儒学”为视域 ………………………… 刘　宏(483)
超越“超绝的心灵学”
——探索儒家心灵哲学开展的新路径 ……………… 李海超(489)
“观仁论”释名篇 …………………………………………… 杨　虎(500)
“实践儒学”的出场
——从生活儒学的“实践”观念出发 ………………… 郑建钟(506)
《论语》中的个体思想 ……………………………………… 赵立庆(535)
“训诂”的存在论意义
——基于生活儒学的考察 ………………………… 张小星(545)
“真”与“圣”:“生活境界论”探微 ………………………… 何　晓(557)

导论　现代中国哲学的情理学派*

胡骄键

随着传统中国社会的现代转型，传统中国哲学也必然发生现代转型。儒家哲学亦然，其现代转型最突出的表现就是现代新儒家的哲学。毫无疑问，现代新儒学最典型的两条转型进路乃是熊十力所开创的心性进路和冯友兰所开创的情理进路。然而对于后者，人们囿于其“新理学”之“理”，而忽略了其“情”的维度，因而没有意识到：冯友兰所开创的其实并非“理性”的进路，而是“情理”（情感—理性）的进路。事实上，从冯友兰的“新理学”，经蒙培元的“情感儒学”，到黄玉顺的“生活儒学”，和与黄玉顺同辈的蒙门弟子任文利（国民宗教儒学）、余治平（性情形而上学）、宋大琦（良知礼法学），再到若干黄门弟子，师徒四代一以贯之的致思中心乃是“情理”，由此形成了一个拥有“家族相似”论旨的现代中国哲学的“情理学派”。

一、冯友兰“新理学”的情理观

众所周知，冯友兰的“新理学”是受新实在论（New Realism）的影响，自觉运用逻辑分析法，将程朱理学的核心范畴改造为一个纯粹逻辑的、形式化的“真际”世界，并将其视作“实际”的现实世界的根据，即事物之所以然之理；哲学的任务就是研究此“真际”世界，否则就是拖泥带水而不纯粹。不过，冯友兰在完成关于“真际”的《新理学》之后发觉，必须超越“真际”与“实际”二分平行的观点，才是“中国哲学”，否则就是“西方哲学在中国”[②]。因此，他又写了《新原人》

* 原载杨永明主编：《当代儒学》第16辑，四川人民出版社2019年版，第159～184页。

② 郑家栋：《“中国哲学”的“合法性”问题》，《中国哲学年鉴》（2001年）、《中国社会科学文摘》2002年第2期。

《新原道》等著作。如果说了解“真际”需要的是理性的、逻辑的方法,即“正的方法”的话,贯通“真际”与“实际”、达至人生的最高境界的话,需要的则是将“正的方法”与“负的方法”即体验的、直觉的方法结合起来。而“负的方法”实质是以情感体验、生活体验为中心的方法。所以,冯友兰一方面将理性的逻辑分析法带入中国哲学,“用逻辑分析方法解释和分析古代的观念”①,使传统中国哲学概念准确、明晰并讲究严格的逻辑推理;另一方面又继承传统中国哲学的生活情感体验的方法,尝试弥合“真际”与“实际”的鸿沟,避免“哲学在中国”的尴尬局面。由此观之,新理学之所以为现代中国哲学情理学派的开端,关键在于将“理性—情感”作了贯通性的思考。

学界有人批评冯友兰的新理学,认为是受维也纳学派和新实在论的影响,以致新理学之“理”和程朱理学之“理”相去甚远,不过是“新实在论在中国”而已,而不是真正的“中国哲学”②。但批评者其实并未深入以全部“贞元六书”为整体的新理学内部,因而忽视了以下两点:

(一)新理学之“理”观念

新理学与新实在论有一点根本的不同:新实在论认为逻辑事实完全和经验事实无关,而新理学整个逻辑分析的起点乃是对“实际”的肯定,《新理学》的第一个命题就是“事物存在”。虽然新理学的整个推导过程是“一片空灵”,但其起点确是从对“实际”的肯定开始的。

这其实正是传统中国哲学“理不离气”的传统。朱熹指出:“天下未有无理之气,亦未有无气之理。”③不仅如此,中国哲学还有“理在气中”的传统。王廷相说:“理载于气,非能始气也”④,“理根于气,不能独存也”⑤。王夫之更指出:“天人之蕴,一气而已;从乎气之善而谓之理,气外更无虚托孤立之理也”⑥,“言心言性,言天言理,俱必在气上说,若无气处则俱无也”⑦。

固然,《新理学》之“理”要剔除程朱之“理”所粘连的伦理内容,还“理”以应有的洁净空阔,让每一个范畴、命题以及推演之则都符合逻辑的规则,将理学转

① 冯友兰:《中国哲学简史》,涂又光译,北京大学出版社 2010 年版,第 284 页。

② 劳思光就认为《新理学》“书中确有哲学,但不是中国哲学……冯书中所有的哲学成分,主要只是新实在论的观点与早期柏拉图的形上学观念”(劳思光:《新编中国哲学史》第一卷,三联书店 2015 年版,第 299 页)。此外,牟宗三批评冯友兰没有能够把握传统中国哲学的核心精神,认为“新理学”体系“其言十九与中国传统学术不相应”。参见牟宗三:《中国哲学的特质》,上海古籍出版社 2007 年版,第 3 页。

③ (宋)黎靖德编,王星贤点校:《朱子语类》卷一,中华书局 1986 年版,第 2 页。

④ (明)王廷相:《慎言·道体》,侯外庐等编:《王廷相哲学选集》,科学出版社 1959 年版,第 3 页。

⑤ (明)王廷相:《横渠理气辩》,《王廷相哲学选集》,第 54 页。

⑥ (明)王夫之:《读四书大全说》卷十,中华书局 1975 年版,第 660 页。

⑦ (明)王夫之:《读四书大全说》卷十,第 718 页。

变为一种新的哲学形态。所以，除了第一个命题“事物存在”对“实际”作了一种形式的肯定之外，《新理学》里的其余范畴、命题都是独立于“实际”而存在的一个“真际”的理世界。然而，尽管《新理学》之“理”是纯粹形式的、逻辑的，但毕竟是“理气不离”的。

不仅如此，其实，“新理学”的中心及其思想方法不在《新理学》一书，更在冯友兰后期著作之中，如《新原人》《新原道》《新知言》以及《中国哲学简史》等。事实上，冯友兰的工作是：既要以逻辑分析的方法来改造传统中国哲学的范畴，又不能造成新实在论那种逻辑与实际相分离的西方特征，即须保留“理气不离”的中国风格。因此，撰写后期著作期间，冯友兰有相当的理论自觉，其目的就是要突破《新理学》一书那种“真际”与“实际”相分离的倾向。

如何突破“真际”与“实际”的鸿沟？冯友兰以贯通《新理学》的逻辑终点“大全”与“天地境界”的方式来实现的。从逻辑分析的角度说，“天地境界”就是“大全”，但“大全”无法再用逻辑的方式进行言说，“因其既是至大无外底，若对之有所言说，则此有所言说即似在其外”[①]。运用逻辑分析所得到的“大全”是外在于人之生活实际的空概念，但哲学的目的“不单是要知道它，而且是要体验它”[②]。也就是说，对于“大全”，不能只是理智地了解，还必须获得如斯的生活境界，这才是“极高明而道中庸”，才是中国哲学。

获得最高的“天地境界”，需要最高的觉解。觉解首先是理性的认知与反省，但是，当认知反省抵达“大全”时，最后得到的不过是一个空概念。要真正步入“天地境界”，需要将概念与实际的经验结合起来。

> 此经验与概念联合而有了意义，此名言与经验联合而不是空底。得此种印证底人，对于此经验及名言即有一种豁然贯通底了解……此种忽然豁然贯通底了解，即是所谓悟。此种了解是最亲切底了解，亦可以说是真了解。[③]

这就是说，单有逻辑分析的方法，并不能达到哲学的顶点；要达到哲学的顶点，还需要直觉的方法，即“负的方法”。“一个完全的形上学系统，应当始于正的方法，而终于负的方法。如果它不终于负的方法，它就不能抵达哲学的最后顶点。但是如果它不始于正的方法，它就缺少作为哲学的实质的清晰思想。”[④]

而“负的方法”与情感有着密切的关系。

---

① 冯友兰：《贞元六书·新理学》，中华书局2014年版，第38页。
② 冯友兰：《中国哲学简史》，第9页。
③ 冯友兰：《贞元六书·新原人》，中华书局2014年版，第567页。
④ 冯友兰：《中国哲学简史》，第295页。

(二)新理学之“情”观念

“负的方法”既是情感的方法,也是消解主体性的方法。消解掉主体性,获得“内外合一”“天人合一”的境界,冯友兰采用的正是情感的进路。冯友兰论情感,有两个层面:一种是“有我之情”,一种是“有情无我”即“无我之情”。

“有我之情”,“起于人对于事物底不了解”[①]。如小儿走路为石所绊倒,小儿必大怒于此石,但成人遇此情况则不会怒于石,因成人对石有了解。按此,“有我之情”乃是一种对事物无了解所造成的盲目情绪。此“有我之情”一方面昧于对事物的了解,另一方面则是因有对“我”的执着,对“我”自身的觉解不够。

冯友兰认为,随着觉解程度的提升,中国哲学史上处理情感的态度有两种:一种是道家的办法,提升对事物的了解,以达到一种无情的状态。“对于事物有了解底人,应付事物,可以自己无情。此即所谓以理化情,或以情从理。”[②]但是,通过对事物之“理”了解的方式使自己进入“无情”状态,这“是不是可欲?”[③]“事实上是否可能?”[④]冯友兰表示极大的怀疑。即使对事物有了了解,而如果对“我”的执着依旧,如何能使“我”无情呢?因此,问题的关键其实在于破除对“我”的执着。于是,冯友兰进一步提出了新理学所主张的“情”的观念——“有情无我”。

冯友兰认为,“有情无我”并不是消除了人的情感,而是“有情而不为情所累……此所谓无情,是有情而无‘我’。亦可说是,虽有情而情非‘我’有”[⑤]。此种情感观“最重要的一点是不要将情感与自我联系起来”[⑥]。冯友兰引证大程子《定性书》所言:“圣人之常,以其情顺万事而无情。故君子之学,莫若廓然而大公,物来而顺应。……圣人之喜,以物之当喜;圣人之怒,以物之当怒。是圣人之喜怒,不系于心而系于物也。”[⑦]他以这段话来说明“有情无我”的状态,点明此种“情”由于对“我”、对主体无执着,而达到了“不迁怒,不贰过”[⑧]的超然洒脱状态。冯友兰也把此称之为“真风流”:“真正风流的人有深情,但因其亦有玄心,能超越自我,所以他虽有情而无我……他的情与万物的情有一种共鸣。他对于

---

① 冯友兰:《贞元六书·新世训》,中华书局2014年版,第498页。

② 冯友兰:《贞元六书·新世训》,第504页。

③ 冯友兰:《贞观六书·新世训》,第506页。

④ 冯友兰:《贞观六书·新世训》,第507页。

⑤ 冯友兰:《贞观六书·新世训》,第508页。

⑥ 冯友兰:《中国哲学简史》,第245页。

⑦ (宋)程颢著,王孝鱼点校:《定性书》,《河南程氏文集》卷二,《二程集》,中华书局2004年版,第460～461页。

⑧ 程树德:《论语集释》第2册,中华书局2008年版,第365页。

万物，都有一种深厚的同情。”①

这一“有情无我”的境界，从“理”的层面言即是“大全”，从境界言即是“天地境界”，三者实为同一个所指，不过言说之角度方式不同而已。“天地境界”其实就是“仁”。冯友兰指出：“仁，不是泛指任何一种精神境界，而是确指最高的境界——天地境界。”②故“有情无我”实为“仁爱情感”。可以看到，作为逻辑分析之最后概念的“大全”的实现，乃是一种无我的“仁爱情感”状态。此情感状态并非静止不动，“人的境界，即在人的行动中”③；即是说，仁爱情感乃是人的生活的实情。由此，新理学通过“仁爱”情感实现了“真际”与“实际”的贯通。

基于前述新理学之“情”与“理”观念的理解，新理学之“情感”与“理性”的关系亦可分为两个层次：在“有我之情”的层面，冯友兰是主张“以理化情”的，他说：“一个人若没有无益的感情，可少受许多累，多做许多事。”④这一点与程朱理学处理情感的方式是一致的，尽管程朱是以全善无恶的“性”，即以一种道德理性来克制主体性的“有我之情”，而新理学则偏重于以认知性理性来克制有我之情。故笔者以为，在对待“有我之情”这个层面，新理学与旧理学的方式是一致的。唐代李翱开启的“性善情恶”之“性→情”架构，通过“以性制情”“以理化情”的“复性”来克制“有我之情”的修养模式，贯穿了整个程朱理学的始终。对应于新理学的四重境界来说，处于自然境界之人毫无觉解，自可不论；对处于功利境界的人，即执着于有我之私的人来说，“以理化情”或“以情从理”其实是必要的；处于道德境界的人，似乎实现了“以理化情”，但因其仍有“我”之累，故不能达至物我一体的天地境界；而在“天地境界”即“有情无我”层面，此时“情”恰恰是理性的完成与实现。从方法上来说，由于“负的方法”的运用，剥落掉坚硬的主体，进入无私我之情累的境界，才使“正的方法”的理想能够得以实现。

总起来看，新理学之所以“新”，不仅在于剥落了旧理学之“理”的伦理内涵，以严格的逻辑方式将理学的范畴进行了精致的逻辑推导，使理学实实在在地演变到了一种新的形态；更在于通过对情感的回归，贯通了“真际”与“实际”，使传统中国哲学“极高明而道中庸”的风格继续存在于新理学之中，从而保证其为“中国哲学”的现代形态。

---

① 冯友兰：《南渡集》，东方出版中心 2017 年版，第 94 页。

② 冯友兰：《三松堂全集》第十三卷，河南人民出版社 2001 年版，第 492 页。

③ 冯友兰：《贞元六书·新原道》，中华书局 2014 年版，第 615 页。

④ 冯友兰：《南渡集》，第 235 页。

二、蒙培元"情感儒学"的情理观

蒙培元正是继承了冯友兰新理学的以情感沟通"真际"与"实际"的思路，才建构了他的"情感儒学"。蒙培元对中西方哲学有一个宏观判断，即"西方是情理二分的，中国是情理合一的；西方是重理的，中国是重情的"[①]。那么，问题的关键就在于：中国哲学的"情"与"理"是如何合一的。蒙培元的观点很明确：中国哲学里的"情"并非一般的情欲，而是一种普遍化的道德感情；中国哲学的"理"也并非西方式的纯粹形式，而是以情感为具体内容的"性理"，是一种"具体理性"，亦可谓之"情理"。易言之，中国哲学之"情理合一"乃是因为情中有理，理中有情，故而言"合"。而在此"情理合一"中，中国哲学尤其是儒家哲学又是偏重于情的，中国哲学的特质在于以情感为起点，贯穿人之存在的各个方面，"以情感为核心而将知、意、欲和性理统一起来，这就是儒家哲学的特点"[②]；"人的情感才是人的真实存在"，"真情才是人之所以为人者"[③]。因之，学界将蒙培元的哲学体系称为"情感儒学"。

（一）情感儒学之"情感"观念

蒙培元首先承认，情感是人的"自然情感"。这种"自然之情"，一方面对于人的存在来说具有"直接性、内在性和首要性"和"最初的原始性"[④]，显示的是人的情感与真实存在之间的紧密性；但另一方面，"自然情感"是人与动物所共有者，它是人的"原始性"存在方式，没有将人的独特性标识出来，即未能揭示人之所以为人者、人之异于物者。但蒙培元又认为，此"自然之情"又是"人的德性的心理基础"[⑤]，因为"自然之情"（如"孝悌"之类的情感）与人的真实存在紧密相连；换句话说，此"自然之情"若经"推"与"扩充"之后，就能取得普遍化的效果，成为一种理性化的情感、道德情感。所以"自然情感"才能"成为人的最高德性即'仁'的真正基础"[⑥]，才能"是道德理性的发端、端绪"[⑦]，但仅仅是"端"。

在蒙培元这里，情感有两个层面，即"情感"可以"上下其说"："往下说，是感

---

① 蒙培元：《情感与理性》，中国社会科学出版社 2002 年版，第 16 页。
② 蒙培元：《情感与理性》，第 14 页。
③ 蒙培元：《情感与理性》，第 5 页。
④ 蒙培元：《情感与理性》，第 24 页。
⑤ 蒙培元：《情感与理性》，第 28 页。
⑥ 蒙培元：《情感与理性》，第 27 页。
⑦ 蒙培元：《情感与理性》，第 136 页。

性情感，与欲望相联系。”[①]也就是人的自然之情，这个层面强调的是人作为情欲主体而存在的现实性维度，这也是现代性的一个重要特征；“往上说，是理性情感或者叫‘情理’，与天道相联系”[②]。正是这往上说的“理性情感”，才是人之所以为人者。蒙培元“人是情感的存在”这一命题中的“情感”，指的就是这种“理性情感”或说“道德情感”；“儒家最关心的，正是具有‘普遍有效性’的道德情感，并且形成与此相关的所谓宇宙论、本体论哲学”[③]。因此，以儒家哲学为核心的传统中国哲学主要就是一种“整体论的德性之学，这其中，道德情感居于重要地位，甚至可以说，居于中心地位”[④]。

以情感为中心建构起一个关涉天人关系、形上形下的庞大哲学体系，这是情感儒学最富有特色的地方，也是对传统中国和西方既有哲学体系的最大突破。对于中国哲学来说，情感儒学突破了秦汉以来整个帝国时期儒学对情感的理解。帝国时期儒学主要是把情感看作是对理性、道德的阻碍和污染而需要克制和净化的东西。情感儒学突破性地认为，“情感”不但不是需要克制的东西，反而是需要培育扩充的起点，是道德的根基。正如黄玉顺所评价的那样，情感儒学实际上“颠覆了孔孟以后出现的那种‘性→情’的形而上学架构”[⑤]。从这个意义上说，情感儒学超越了秦汉以降的整个儒学思想架构，直接孔孟原典儒学，以一种“返本开新”的姿态重建了中国哲学传统。对于西方哲学来说，情感儒学也突破了整个西方哲学对情感的理解。尽管西方哲学里也有重视情感的思想（如亚当·斯密、休谟等），但西方哲学家大多都是从情感对伦理学、政治学的意义上来谈论的，并没有依托情感建构起整个哲学思想体系。在西方哲学里，情感最多“只是作为哲学中的一个部分或一个分支来处理的”[⑥]；而情感儒学则是以“情感”为中心范畴建构全方位哲学体系。

关于蒙培元的情感儒学，陈来教授指出：

> 老蒙讲的“情感儒学”，它有三个特点，跟一般的讲情感问题的恐怕是不太一样的。第一个特点是：这个情感，我觉得他主要强调的是“仁爱情感”，而不是讲的一般的情。……第二个特点就是：他讲“情”……是“理性

---

① 蒙培元：《人·理性·境界——中国哲学研究中的三个问题》，《泉州师范学院学报》2004 年第 3 期。

② 蒙培元：《人·理性·境界——中国哲学研究中的三个问题》，《泉州师范学院学报》2004 年第 3 期。

③ 蒙培元：《情感与理性》，第 14 页。

④ 蒙培元：《情感与理性》，第 15 页。

⑤ 黄玉顺：《存在·情感·境界——对蒙培元思想的解读》，黄玉顺、彭华、任文利主编：《情与理——蒙培元先生七十寿辰学术研讨集》，中央文献出版社 2008 年版，第 4 页。

⑥ 蒙培元：《情感与理性》，第 10 页。

情感”……就是说，是“理性化的情感”。……第三个特点是：我觉得他之所以要提炼理性的情感，是因为他看到了西方哲学，特别是像康德哲学这类哲学的弊病。……首先，他突出的是仁爱的情感；其次，他讲的是理性的情感；然后，他强调的是情感的具体性。①

简要地说，西方哲学的现代转型无疑主要是以理性为中心展开的，这被归纳为众所周知的“认识论转向”；而传统中国哲学在现代转型这一历史大势面前，既不能照搬西方那种以理性为中心的转型模式，也不能步牟宗三那种以“德性”为中心的转型道路之后尘，因为后者事实上不管是“内圣”还是“外王”两个层面都不能说是成功的。从这种角度来看，蒙培元以情感为中心建构的“情感儒学”思想体系，可以说是开辟了一条传统哲学现代转型的新的道路，即哲学的“情感论转向”。

（二）情感儒学之“理性”观念

在对情感的颠覆性理解的基础之上，蒙培元对“理性”也有创造性的理解。蒙培元在一般的“理论理性”（或“认知理性”）、“实践理性”（或“道德理性”）、“工具理性”等范畴之外，创造性地运用了“理性”这个概念，如“具体理性”“性理”“情理”。这种理性之所以是具体的，乃是因为这种理性不是抽象的形式的空壳，而是以情感为其内容的。这实质上就是情感“往上说”的结果，因此这种理性又称“性理”“情理”。他说：“性理就是德性，也就是理性；不过，不是‘理论的’理性，而是‘实践的’理性。但是，又不同于康德所说的‘纯粹的实践理性’，而是和情感联系在一起并以情感为内容的‘具体理性’。这才是儒家理性学说的真正特点。”②这种理性在情感儒学里又称“良知”：“良知……是具体理性，而不是抽象理性，更不是超绝的实体。”③那么，情感，特别是“自然之情”，何以能够“往上说”而成为普遍的“性理”呢？在蒙培元看来，情感内蕴着一种理性能力，只是这种理性能力并非西方的纯粹形式化的理性而已，这种情感内蕴的理性能力可以名之曰“思”。情感“通过‘思’而获得了理性的形式，具有普遍性……它不必通过另外的理性形式使自己具有普遍有效性，它本身就在‘思’的形式下成为普遍有效的”④。按此，“人是情感的存在”一方面肯定了人的自然情欲的正常需求，另一方面也因情感内蕴的理性力量而使人自身获得超越；而超越的力量并

① 陈来：《蒙培元学术发展的路向与情感观念的特质》，黄玉顺主编：《“情感儒学”研究——蒙培元先生八十寿辰全国学术研讨会实录》，四川人民出版社2018年版，第18～19页。

② 蒙培元：《情感与理性》，第19页。

③ 蒙培元：《情感与理性》，第147页。

④ 蒙培元：《情感与理性》，第20页。

不来自自身外，就在情感自身之内。

因此，性理之所以是性理，乃是因为理中有情。情感之所以能是普遍的道德情感（即"性"），是因为情中有"思"（"理"）。一句话，"性是不能离情而存在的……情只能是性之情，而不是无性之情。这就是'性理'与情感的关系"①。这也就是蒙培元反复强调的中国哲学的特征在于"情理合一"。因为"情"与"理"是合一的，所以"情"才有力量与可能往上走而成为"性"；"性"也就并不是一个超然的绝对者，而是"情"自身上扬的结果，并以"情"为内容。对应于牟宗三"道德的形上学"的说法，"情感儒学"亦可以说是一种"情感的形上学"。

如果说冯友兰"新理学"的"情"与"理"的关系还是比较外在的，多少还有点裂缝的话，蒙培元则是想尽力消除新理学中"情"与"理"还不够圆融的那一面，将"情"与"理"合起来讲。但是，蒙培元认为，情感与理性的合一还是要坐落到一个主体的"心"那里，认为真正的"情理合一"状态乃是心灵的超越境界，这似乎很有宋明理学"心统性情"的味道。因此有学者认为，情感儒学对情感本源性的揭示并不彻底，更多地强调的还是一种道德情感，没有将情感进抵存在论的层面。② 此批评不能说没有道理，蒙培元对道德情感的强调，确实使其哲学显示出了一种明显的主体性特征。但这种批评也不能绝对化。蒙培元同时也认为，"情之往上说"的"性理"并非一种实体化的形态。在他看来，"性不可'言'，亦不可'见'"③；见"性"只能从"性"的发用流行处见性，即在情中见性。可见，蒙培元不仅仅是将情感作了形而上学化的解读，也开启了将情感引向存在本身的可能。只是由于"情感儒学"思想体系确实十分强调"情理合一"的状态乃是一种心灵境界，以致情感主要还是被当作一种主体性的道德情感来看待，淡化了"情感"通向存在的向度。而这正是黄玉顺"生活儒学"要解决的问题。

三、黄玉顺"生活儒学"的情理观

黄玉顺在思想视域上主要通过与海德格尔哲学进行对话的形式，伸展开了一种更为彻底的思想视域。一般对"情感"与"理性"的理解总是一种主体性的把握，即总是把握为某个存在者、某个主体的"情感"或"理性"，甚至理性本身就是一个主体，如笛卡儿的"我思"、黑格尔的"绝对精神"等。而黄玉顺通过发问"主体是何以可能的"将其"情理观"带向了一个更深的观念层级。

---

① 蒙培元：《情感与理性》，第 112 页。

② 崔发展：《儒家形而上学的颠覆——评蒙培元的"情感儒学"》，《情与理——蒙培元先生七十寿辰学术研讨集》，第 157 页。

③ 蒙培元：《情感与理性》，第 123 页。

生活儒学有一个基本的思想视域：现实人生(形而下的存在者)需要形上观念来奠基，否则，现实人生就会有“踏空”感；但这种具有奠基能力的形上观念本身又何所来呢？前现代的德性主体哲学和现代西方的理性主体哲学，其形上观念其实都是先验的、独断的。蒙培元的情感儒学，也并未阐明拥有道德情感的主体性的人是何以可能的，从这个意义上说，情感儒学还是一种独断性哲学。因此必须进一步追问：这种先验独断的主体究竟是如何可能的？

在生活儒学看来，能够为现实人生奠基的观念(形而上的存在者)其实来源于生活，不过这种“生活”不是主体性的某种“人的生活”，而是生活本身，亦即存在本身。作为存在本身的“生活”为形而上的观念奠基，此形而上的观念又为形而下的现实的人的生活奠基，使人的生活获得一种“踏实”感。但若从观念的生成角度说，在生活中，人得以成为形而下的主体性的人；此形下主体之人有一种形而上的追求，要为自身的存在寻找一个形而上的根据，于是运用自身的理性能力替自己构造了一个形而上的本体，来安顿自身的现实存在。黄玉顺将观念的“奠基”与“生成”关系作了一个简洁的对比：

> 奠基关系：存在→形而上存在者→形而下存在者
> 生成关系：存在→形而下存在者→形而上存在者①

在这种视域下，古今中外的哲学几乎都因为遗忘了作为存在本身的生活，而进入一种独断的主体性哲学形态。生活儒学就是要消解这种独断的主体性哲学；不过，消解不是目的，消解的目的是“复归生活，重建儒学”②，即重建中国哲学的形而上学和形而下学。在生活儒学的思想体系里，“生活即是存在，而首先显现为情感”③。不过，此情感并非形而下的主体性的人的情感，而是孔孟原典儒学的本源性的“仁爱”情感。实质上，黄玉顺是把情感带向了存在论的观念层级，或者说是通过情感的颠覆性理解来通达存在。由此，我们来看生活儒学思想体系里“情”与“理”的关系。

(一)生活儒学之“情”观念

生活儒学的“情”，可以说是在蒙培元情感儒学的基础上对既有情感观念的更彻底的一种颠覆。

1.对传统“性→情”架构的颠覆

帝国时期的儒学认为，“情”是形上本体“性”之所发，又会对“性”有摇撼、污

---

① 黄玉顺：《时代与思想——儒学与哲学诸问题》，山东人民出版社2017年版，第240页。

② 黄玉顺：《儒学与生活——“生活儒学”论稿》，四川大学出版社2009年版，第192页。

③ 黄玉顺：《儒家思想与当代生活——“生活儒学”论集》，光明日报出版社2009年版，第168页。

染，故须以性制情，或曰以理制情。西方哲学的主流则认为人是理性的存在，作为感性欲望的情感也必须要有理性来指导、克制。蒙培元突破性地认为“人是情感的存在”，但此情感却又是一种道德情感，这就意味着：蒙培元虽然突破了以往对情感的贬抑性理解，但不过是用主体性的道德情感取代了传统中国哲学以“性”为主体或西方以“理性”为主体的地位而已，其哲学的整体形态还是一种主体性哲学，从观念框架来看，还是在旧有的“性—情”架构之中。

而黄玉顺认为：“在儒家的真正的本源性观念中，‘情’乃是存在本身，而不是存在者的事情；‘情’乃是先行于任何存在者的‘事之情’。”[①]作为存在本身的“事之情”也就是“生活本身”，亦即存在本身。存在者之所以存在，乃是在“在生活”中使自身获得规定性，成为一个相对的形而下的存在者。

对此，黄玉顺在其著作中常引王夫之“性日生日成”[②]一语作说明。有了众多相对的形而下的存在者之后，才有他们对形而上存在者的诉求。黄玉顺说：“存在的实情并非形而上者为形而下者奠基，而是我们从形而下者中抽绎出了形而上者。”[③]然后，此形而上者才能为形而下者奠基，有了形上观念奠基的形而下存在者才能“踏实”地作为情欲、情绪主体“去生活”。这就是生活儒学所擘画出来的“情→性→情”三重观念层级。这就大大地突破了其师蒙培元将“情”作为一种形而上的道德情感的视域。从这个意义上说，到黄玉顺“生活儒学”思想的创立，才真正彻底地突破了传统的“性→情”架构，并突破了中西方既有的主体性哲学的框架。

2.“生活情感”的观念

在生活儒学看来，作为一切东西的大本大源的生活本身，首先会显现为生活情感，而生活情感就是孔孟原典儒学所强调的“仁爱情感”。黄玉顺认为，“仁爱情感”并非一般所认为的宗法血缘观念的一种产物。黄玉顺说：“学界普遍地存在着对儒家思想的一种严重的误解，即以为儒家所倡导的仁爱仅仅是宗法血缘观念的产物。”[④]诚然，西周的封建制度确实建基于宗法血缘观念，但“这种宗法血缘关系，正是生活本身的一种显现样式”[⑤]，即仅仅是本源性“仁爱情感”的一种显现样式。如果将“仁爱情感”仅仅视作宗法血缘之情，儒学就永远不可能走向现代，而只能是走向消亡，这显然不是历史与生活的事实。那么，本源层级的仁爱情感究竟如何呢？黄玉顺常引证《孟子·公孙丑上》所讲的“乍见孺子将

---

① 黄玉顺：《爱与思——生活儒学的观念》，四川大学出版社 2006 年版，第 58 页。

② （明）王夫之：《尚书引义·太甲二》，中华书局 1976 年版，第 63 页。

③ 黄玉顺：《时代与思想——儒学与哲学诸问题》，第 240 页。

④ 黄玉顺：《儒学与生活——“生活儒学”论稿》，第 192 页。

⑤ 黄玉顺：《儒学与生活——“生活儒学”论稿》，第 194 页。

入于井"的情境来说明：在此情境中所呈现出的"怵惕恻隐之心""不忍之心"，就是本源性的仁爱情感，因为此"心"、此"情"乃是自足的，"此心此情"的呈现并非因为"内交于孺子之父母"，亦非因为"要誉于乡党朋友"所使然，完全是当下生活本真情境的呈现。[①] 因此，本源层级的情感并非主体性的某个人的情感，亦非血缘宗法之情，不是为了什么所使然的情感，而是"情不知所起"[②]，这一点很接近于前述冯友兰的"有情无我"，呈现为一种"无我之情"。简言之，"仁爱情感"乃是前主体性的存在状态，任何主体都是在此本源情感状态中生成。因此，"仁爱情感"才是"本源"而不是形而上的"根据"，即不是"支撑着某个存在者的另一个存在者"[③]。

3."正义情感"的观念

黄玉顺认为，完整地理解儒家的"仁爱情感"观念，有两个缺一不可的方面：一个方面是表现为首重血缘亲情的"差等之爱"，另一个方面则是体现博爱精神的"一体之仁"[④]。而不管"差等之爱"还是"一体之仁"，都是"仁爱情感"的显现。这就开启了生活儒学思想体系中的一个形而下学向度，即制度规范的建构，具体来说就是"中国正义论"的情感观念。

黄玉顺指出，"差等之爱"必将带来利益冲突，因为"爱一个对象，就希望为它带来点好处……争利也可以说是常情、生活的实情"[⑤]。争出于爱，这是一个毋庸置疑的事实，也是一个必须予以肯定的事实。但这种事实必须运用人的理智将其控制在一定范围内，否则社会就会无序，丛林法则就会成为生活的准则，一切制度规范就会缺乏正义。那么，凭借什么来克服因爱而争呢？西方哲学主要是以在理性的正义原则下所制定的制度规范来解决因爱而引发的争端。以康德哲学为例，其制度规范的根据都是一些不在生活之内的纯形式的法则，甚至可以说是教条。这种理性化、形式化的制度规范并非化解争端之道。而在"中国正义论"里，解决因爱而争的问题，所凭借的并非理性，而是仁爱情感之中的超越了"差等之爱"的"一体之仁"。换言之，正义的寻求不是"以理制情"，也不是传统的"以性制情"，而是"以情制情""因情称义"。情感引发的问题还得靠情感来解决，这可以说是中西方正义理论的最大区别，也是传统中国哲学在现代转型中所应当走的一条既与西方对话又继承传统中国哲学风格的道路。

对此，黄玉顺说："我们在进行'礼'的建构的时候，我们在进行社会规范及

① 参见黄玉顺：《儒学与生活——"生活儒学"论稿》，第193页。

② (明)汤显祖著，徐朔方、杨笑梅校注：《牡丹亭·题记》，人民文学出版社2005年版。

③ 黄玉顺：《面向生活本身的儒学——黄玉顺"生活儒学"自选集》，四川大学出版社2006年版，第32页。

④ 黄玉顺：《从"生活儒学"到"中国正义论"》，中国社会科学出版社2017年版，第143页。

⑤ 黄玉顺：《生活儒学：黄玉顺说儒》，孔学堂书局有限公司2014年版，第121页。

其制度的建构的时候，必须出于仁爱的动机，出于仁爱的精神，出于仁爱的情感；而且，这种仁爱是超越了差等之爱的一体之仁。它不是差等之爱；它是一体之仁。这就是儒家正义论的第一条正义原则——正当性原则——它的基本精神。"[①]此"一体之仁"并不是与"差等之爱"不同的另一种情感，而是"仁爱情感"的另一种显现样式，也可以说是"差等之爱"的"推扩"。

（二）生活儒学之"理"观念

生活儒学的"理"观念，一以贯之地坚持"情感"中心立场，详细地阐明了从本源性的"情感之思""良知"分别向"认知之思"和"工具理智"的"由爱生知"的生成过程。

1.从"情感之思"到"认知之思"

在黄玉顺的生活儒学中，"理"对应于一种"思"，但不是情感性的"情感之思"，而是认知性的"认知之思"。关于"思"与"仁"或"爱"的关系，他说："'思'与'爱'（或'仁'）是儒家思想中的两个并行的核心观念。"[②]黄玉顺认为，"思首先是情感之思，是爱之思"[③]，因为有"爱"才会有所"思"；"思"乃是一种"想"，故谓之"思→想"[④]。在这种情感之思的"思"与"想"中，又会怀有某种希望、向往、意愿、意欲，这就从情感之思转到了"意欲之思"；而"正是在这种意欲之思当中，主体性被给出来了"[⑤]。进而，主体性的"想"中会有"相""象"，因为主体的行为总是一种对象化的行为，总是有所指的行为，这就有了认识论的"主—客"架构。而且，当"意欲之思"发生的时候，主体对本来是"混沌一体"的共在存在者就有了"表象"；而"所谓'抽象的'思维其实就是表象式的把握"[⑥]，"形而上学的思维方式乃是表象的方式……认知性的思维，西方哲学意义上的'思'，包括神学，都是以表象的方式去把握存在者"[⑦]。这就从"意欲之思"转到了"认识之思"。至此，我们看到了从"情感之思"经"意欲之思"再到"认知之思"的认知理性的生成过程。

2.从本源感悟之"知"（良知）到工具理性之"智"（理智）

在黄玉顺那里，源于"爱"的"思"不仅表现为"认知之思"、认知理性，还表现

① 黄玉顺：《从"生活儒学"到"中国正义论"》，第143页。

② 黄玉顺：《爱与思——生活儒学的观念》，第89页。

③ 黄玉顺：《爱与思——生活儒学的观念》，第98页。

④ 黄玉顺：《爱与思——生活儒学的观念》，第100页。

⑤ 黄玉顺：《爱与思——生活儒学的观念》，第100页。

⑥ 黄玉顺：《爱与思——生活儒学的观念》，第115页。

⑦ 黄玉顺：《爱与思——生活儒学的观念》，第117页。

为对本源性存在的一种领悟，即“一种生活感悟”[①]。此种生活领悟实质是对自身仁爱情感能力的一种直觉，即对“能爱”的情感能力的直觉，故曰“良知”，亦称“良能”。这种本源性的“良知”乃是一种“反身自明的智慧”[②]，是向“本然的‘恻隐之心仁之端’‘羞恶之心义之端’的‘反身而诚’”[③]；而此“能力”乃是一种本源性的情感能力，故曰“良能”。这种“良知良能”“能够直觉地、直截了当地判断是非”[④]，其实就是孟子所说的“是非之心”[⑤]。不过，此“是非之心”仅仅是“智之端”，还不是“智”。孟子所说的由是非之心扩充出来的“智”，有两种表现：一种是直觉的正义感，即“良知”，而所谓“正义原则”其实就是“将这种内在感受性的正义感加以自觉化、理性化”[⑥]。

仅有内在的正义感，并不意味着就有一套正义的制度规范；将内在的正义感实现为正义的制度安排，还必须由理智能力来达成。这种理智能力的重心在于能辨知利害关系。这种理智能力在荀子处是有精细的阐述的：“诉诸利害，这是荀子思想乃至包括其认识论和正义论的一个基本特征。”[⑦]黄玉顺认为，这种“智”是与“虑”密切相关的，故又称“智虑”；而“虑”乃是“由情生欲，由欲生虑”[⑧]。这就是说，明辨是非、熟知利害的智慧和理智乃是由良知转化而来的，仍然是源于情的，并非先天先验的东西；进而，源于“仁爱情感”的理智才是服务于正义的制度建构的一种工具理性。

可以看到，生活儒学不但在“情感”方面对既有哲学有一种颠覆性的理论效果，而且在“理性”方面同样具有颠覆性。在西方哲学中，理性总是在所谓“目的理性”与“工具理性”之间纠缠不清。黄玉顺明确指出：“理性只是工具，而决非建构伦理规则的动因、根据。理性尤其是所谓纯粹形式的理性，远远不是建构伦理原则的绝对基础。”[⑨]不仅如此，生活儒学明白地阐明了理性的生活情感渊源，从而彻底克服了西方哲学之“思”（“理性”）的先验性、独断性。从这个意义来说，生活儒学实际上是指出了“人是情理的存在”这一生活的实情。

---

① 黄玉顺：《从“生活儒学”到“中国正义论”》，第 242 页。

② 黄玉顺：《从“生活儒学”到“中国正义论”》，第 239 页。

③ 黄玉顺：《中国正义论的形成——周孔孟荀的制度伦理学传统》，东方出版社 2015 年版，第 429 页。

④ 黄玉顺：《从“生活儒学”到“中国正义论”》，第 239 页。

⑤ （清）焦循撰，沈文倬点校：《孟子正义》卷七，中华书局 2011 年版，第 234 页。

⑥ 黄玉顺：《从“生活儒学”到“中国正义论”》，第 241 页。

⑦ 黄玉顺：《中国正义论的形成》，第 431 页。

⑧ 黄玉顺：《中国正义论的形成》，第 432 页。

⑨ 黄玉顺：《走向生活儒学》，齐鲁书社 2017 年版，第 355 页。

四、情理学派之情理观的其他样式

在冯、蒙、黄这一现代中国哲学情理学派的传承主轴之外，蒙培元弟子任文利、余治平、宋大琦等也在蒙培元“人是情感的存在”这一基础命题的指引之下，在各个不同领域拓展着情理学派的论域。

(一)任文利“国民宗教儒学”的情理观

任文利主要把儒家视作一种宗教，但又不是一般意义上神学性质的宗教，而是一种类似于“公民宗教”的文化意识形态系统。这个系统一方面能划定现实人生的生活秩序(包括国家制度和伦理秩序)，另一方面又能为人的生活提供意义安顿。所以他认为儒家是一种“人文主义宗教”“道德宗教”[①]。任文利并未从哲学的层面正面地讨论情感与理性，但我们可以通过“国民宗教儒学”来窥见其思想中内蕴的情理观。任文利十分看重人的形而上的宗教情感。他之所以视儒家为一种宗教，主要就是认为儒家能实现“对于个体人的宗教情感的安顿”[②]。他认为儒家的婚丧冠祭等礼都体现了儒家的宗教向度，都“与安顿人们的宗教情感息息相关”[③]。任文利之所以如此看重个体的这种宗教性情感，乃是因为他坚持一种宇宙论式的思维方式。他认为每一个个体都各有所本、所始，在儒家主张的各种“报本反始”的祭祀中，实现了一种神人之际的“感格”[④]，从而为现实的人生提供意义安顿。显然，任文利的“国民宗教儒学”主要凸显了一种形而上学化的道德情感，这种情感实际上是要把人引向个体德性并提升至圣贤人格的状态。而在此过程中，“涵养”“体察”个体内在情感与理性的因素乃是必不可少的修养工夫。“涵养本心就必然包容情感与认知心的涵养，而对心体的直接体察，情感体验也是其重要内容，察识物理则是发明心性本体的必要准备。”[⑤]可见，任文利的情理观主要是沿着其师蒙培元的思路在讲，是沿着情感可以“上下其说”中“往上说”的维度在讲，而且是将情感的“往上说”挪至宗教领域在讲；同时，他认为“理”则仅仅是助成情感之“往上说”的基础与工具，是“发明心性本体的必要准备”。

---

① 任文利:《儒家哲学中关于“教”的学说》,《中国哲学史》1998年第4期。

② 任文利:《儒教作为“国民宗教”的向度考察》,陈明、朱汉民主编:《原道》第23辑,东方出版社2014年版,第10页。

③ 任文利:《儒教作为“国民宗教”的向度考察》,《原道》第23辑,第15页。

④ 任文利:《儒教作为“国民宗教”的向度考察》,《原道》第23辑,第14页。

⑤ 任文利:《儒家哲学中关于“教”的学说》,《中国哲学史》1998年第4期。

(二)余治平"性情形而上学"的情理观

余治平的哲学思考主要从中西方哲学的对比入手,旨在追求一种"中国哲学的本土化叙事"。所谓"中国哲学的本土化叙事"意指"中国哲学主体性的自觉与醒悟"①,这种自觉与醒悟既不是让西方哲学说中国话,也不是一种民族主义情愫的表达,而是哲学之"普遍性在具体情境中的有效落实,是普遍真理在被充分吸收、消化并融合进族群社会与历史的深层结构之后的智慧结晶"②。简言之,就是要在中西方哲学对话中呈现出中国哲学的独特性来。

余治平认为中西方哲学最大的区别就在于,"性情在西方哲学中却始终处于被拒斥、被压制和被冷落的状态。在一定程度上,主流的西方哲学是一种无情的知性形而上学"③。而在中国哲学里,"情才是知、理、义、道的领导力量和决定因素"④。进而,余治平认为,"没有了性情、没有了态度的形而上学一定会发展成为奴役人、扼杀人的恐怖哲学,同样,知性成分太淡、情实因素太多的形而上学则容易导致出专制或独裁的社会统治结构"⑤。因此,"性情形而上学"之"性情"实际是指情感与理性的合理均衡状态,而且此合理均衡状态就是人的生活应该有的状态,过与不及都会对生活构成戕害。这里明显可以看到蒙培元先生对余治平的影响,故其"性情形而上学"之情理观可称之为情理交织的情理观。同时,"性情形而上学"明显也有一种强烈的生活关怀,这一点应该予以高度肯定。"性情形而上学"反对理性概念来牢笼生活的实际情形,也反对主体性的情绪因素来支配生活。但余治平未能就主体性的情感与前主体性的情感在观念层级上作出有效区分,即未能阐明生活、存在以及仁爱情感之间浑然无别的关系,致使其整个思想体系中未能就情理如何交织、情感与理性各自的本源等问题进行阐明。

(三)宋大琦"良知礼法学"的情理观

宋大琦自陈"良知礼法学"思想体系不但有冯友兰、蒙培元师门传承之影响,还有其师兄黄玉顺"代师传艺"的影响。⑥ 宋大琦的雄心在于追求传统中国法哲学的现代转型,改变"目前中国的法哲学不是中国法哲学,而是西方法哲学

---

① 余治平:《"中国哲学"本土化叙事的展开与生成》,《哲学动态》2008 年第 2 期。

② 余治平:《"中国哲学"本土化叙事的展开与生成》,《哲学动态》2008 年第 2 期。

③ 余治平:《性情形而上学——儒学哲学的特有门径》,《哲学研究》2003 年第 8 期。

④ 余治平:《性情形而上学——儒学哲学的特有门径》,《哲学研究》2003 年第 8 期。

⑤ 余治平:《性情形而上学——儒学哲学的特有门径》,《哲学研究》2003 年第 8 期。

⑥ 参见宋大琦:《学派的标准与大陆新儒家流派分析》,陈明、朱汉民主编:《原道》第 25 辑,东方出版社 2015 年版,第 296~302 页。

在中国”[①]的情形。

宋大琦首先站在现代性立场重新审视传统中国的法哲学传统，认为古典法哲学体系都是基于形而上学的思想框架，要求现实生活统一在一个绝对至上者之下，其实质是以形而上学的至上本体作为生活正当性的唯一解释根据，这就使古典法哲学传统具有普遍的专制性格。在现代社会中，个体才是社会主体；现代法哲学必须基于个体的自由意愿进行立法，必须充分考虑与尊重每一个个体的生活意愿。因此，现代法哲学的特点就是“个人主义和拒斥形而上学，这不仅是学理的演变，更重要的是生活的改变，只有返回生活、面对生活本身，才能建立起能够解决生活问题的学问”[②]。而在宋大琦看来，渊源于传统并且凸显了个体主体性色彩的观念就是阳明的“良知”概念，这个概念一方面凸显了个体的独立自主性；另一方面“与西方的个人主义相比，它是有儒家特色的道德个人主义”[③]，这就是他所主张的“良知学”所具有的现代法哲学意义。也就是说，传统中国法哲学的现代转型就是通过“良知”来立法，即所谓“良知礼法学”。宋大琦认为，“良知”是“先验道德情感、先验道德理性和先验道德律令三合一的不可分析的整体”[④]。在这三者之中，“情感有自发性、直觉性，理性有工具性、自觉性，律令有确定性、普遍性……规范人们行为的道理是以情为基础的、是情的产物，而并非先验的规定”[⑤]。又说：“良知……是道德理性与主体先天仁爱情感上培育起来的知性。良知概念的最大作用就是合内外之道，将理性与情感、主观与客观统一起来。”[⑥]“良知的内容一个最大的共相，也就是给出人际相处的最基本原则的话，它只能是孔子的‘仁’：爱人、己所不欲勿施于人。礼法如果还能称之为礼法，而不是被理性固化的教条或被利欲主宰的工具，那么它要体现仁的精神……如果具体内容是先验的，即便它在最初的时候符合仁的精神，也很快会变成异己的天条。总之，良知立法因情立制，拒绝制度崇拜。”[⑦]

依据上述宋大琦的阐述，“良知礼法学”的情理观呈现了这样几个面向：一是肯定礼法的生活指向性，反对以抽象的理想概念来制裁生活；二是明显受黄玉顺影响，认为生活与仁爱情感有关，礼法要体现仁爱精神，但又没有明确承认生活是个体生成的大本大源；三是认为良知里还有先验的道德情感，“良知”乃

① 宋大琦：《儒家道统中的法哲学体系传承及其现代转型》，陈明、朱汉民主编：《原道》第 32 辑，湖南大学出版社 2017 年版，第 261 页。

② 宋大琦：《明儒礼法学的心性论基础及其现代启示》，安徽人民出版社 2014 年版，第 263 页。

③ 宋大琦：《明儒礼法学的心性论基础及其现代启示》，“自序”第 6 页。

④ 宋大琦：《明儒礼法学的心性论基础及其现代启示》，第 245 页。

⑤ 宋大琦：《明儒礼法学的心性论基础及其现代启示》，第 235 页。

⑥ 宋大琦：《明儒礼法学的心性论基础及其现代启示》，第 242 页。

⑦ 宋大琦：《明儒礼法学的心性论基础及其现代启示》，第 245 页。

是儒家色彩的道德个人主义的概念表达，这明显受蒙培元思想的影响，但又不是纯粹“情理合一”的思路。所以，“良知礼法学”之情理观可称为“情—理—德”三位一体的情理观。但是其“情感”“理性”“道德”三者之间的逻辑关系还有待进一步的梳理与澄清。

五、情理学派的最新拓展

从新理学、情感儒学，到生活儒学所形成的以仁爱情感切入存在本身、生活本身的这样一种思想方法并不是为了阐释历史上的中国哲学和儒学，而是为了让传统中国哲学、儒学的真精神获得一种现代性重建。黄玉顺的若干弟子明显就是在“生活儒学”所开掘出来的这一“解蔽—重建”思想方法基础之上，将论域扩展到政治哲学、伦理学、诠释学、历史哲学、心灵哲学等，这些哲思展现了现代中国哲学情理学派最新的思想态势。

(一)郭萍“自由儒学”的情理观

从“解蔽—重建”思想方法来看，如果说黄玉顺通过“中国正义论”解构了传统儒家制度伦理学的旧体系，并指明了情理学派的现代政治学建构新方向的话，郭萍的“自由儒学”正是情理学派在现代政治领域的儒家式重建。

“自由儒学”阐明了三个观念层级上的自由：本源自由、形而上的本体自由和形而下的政治自由。在郭萍看来，任何形而下的自由都需形而上的本体自由来为其奠基。但前现代政治哲学和现代西方政治哲学的最大问题就在于都被框定在这样一个“形上→形下”的结构中，缺乏对主体性的自由（尤其缺乏对本体自由）何以可能的追问。因此，“自由儒学”在理论上最超过前人之处在于其提出了“本源自由”的概念，据此为一切主体性的自由奠基。郭萍指出，“本源自由”并非某种主体自由，而是一切主体自由的渊源，因此毋宁说是“自由的本源”，而“自由儒学”对自由本源的理解，继承了“生活儒学”的本源观念，认为生活本身就是自由的渊源，“本源的生活总是敞显着新的可能，给出新的主体性，因此而产生新的自由”[①]，而儒家又总是“将生活本身理解为仁爱情感，将生活的川流不息理解为仁爱情感的不断涌现”[②]。显然，这实质就是将仁爱情感视为一切自由的渊源。也正是以仁爱情感为渊源，“自由儒学”在形上层面提出了“良知自由”，以此确立现代性主体的存在状态，并为形下的“政治自由”奠基；而其

① 郭萍：《自由儒学的先声——张君劢自由观研究》，齐鲁书社 2017 年版，第 40 页。

② 郭萍：《蒙培元“情感儒学”对“自由儒学”的启发意义》，《“情感儒学”研究——蒙培元先生八十寿辰全国学术研讨会实录》，第 174 页。

所论的“政治自由”是“良知自由”在现实生活中的展开，而且同样渊源于仁爱情感。在这个意义上，“自由儒学”乃是对“生活儒学”的“接着讲”。在“生活儒学”里，作为存在本身的生活本身首先显现为本源性的仁爱情感。故“自由儒学”其实乃是儒家之真精神——仁爱情感——在现代政治学领域的呈现，在这个意义上，我们可以说，作为现代儒家政治哲学的“自由儒学”乃是孟子“仁政”的现代性回归，一种以仁爱情感为中心的情感政治哲学，一套现代性的儒家仁政思想体系。

当然，现代情感政治哲学的建构也少不了理智的参与。“自由儒学”从契约角度思考制度建构问题时，已充分肯定了理性的重要作用，其中不仅强调要理性掌握和运用“制礼”的知识，而且认为更要理性地把握不同时代的主体诉求，将制度与主体诉求相吻合才是“明智”[①]。可以说，这是“自由儒学”在继承“生活儒学”“由爱生知”的基础上，进一步阐明了一种“情为政源”“智为情用”的现代儒家政治哲学路向。

(二)崔发展“儒家诠释学”的情理观

在崔发展看来，伽达默尔的哲学解释学与实践解释学，从人能够达成相互理解的“善良意志”这一鲜明设定出发，试图重新释放情感或尊德性的独立性。不过，这种本体论方案却缺乏现实性关怀，尤其是，在诠释实践或交往行为中，这种善良意志很可能异化为权力意志或意识形态，而视域融合的结果，也容易沦落为一方对另一方的强行同化或吞噬。在解释学语境中，学者多注重于“同情之了解”，却因此将“同情之了解”混淆为“情感的满足”，二者乃是不同层面的表述。

崔发展认为，在古典解释学意义上，基于“理智之了解”之上的“情感的满足”，才是“了解之同情”，虽是情感性的价值判断，但毕竟基于理智；而“同情之了解”则是移情式的理解手段，仍归属“理智之了解”一层。但若是从哲学解释学来讲，上述关系则可视为本体论层面上解释学循环的另类表述。由此，陈寅恪所说的“其言论愈有条理统系，则去古人学说之真相愈远”[②]的话，尽管值得警醒，但我们仍应将“理智的了解”置于“情感的满足”之先。不过，这绝不意味着，我们否认情感解释学的优先性，恰恰相反，情感是理解生成的存在论基础，否则，理解现象就无从解释。

---

① 郭萍：《儒家的契约观念——基于“自由儒学”的解读》，《齐鲁学刊》2019年第3期。

② 陈寅恪：《冯友兰中国哲学史上册审查报告》，《金明馆丛稿二编》，三联书店2001年版，第280页。

(三)崔罡"儒家历史哲学"的情理观

崔罡的情理观可简要表述为"理性是情感的工具"。他的思考沿着两个向度展开:其一,历史地看,西方理性主义传统存在着自身难以克服的困难。特别是近代以来,伴随着理性主义的扩张,形成了技术主义和科学至上主义的状态,并造成了灾难性的后果。而西方的情感主义传统,则逐渐淹没于其理性主义的传统之下,成为理性主义的分支和特殊样态。其二,就现实处境看,理性主义传统难以回应20世纪以来人类面临着的种种复杂的政治冲突。其处理方式基于某种先验式的假定,最终导向的是人的同一化、归约化。

因此,崔罡认为,儒家的"情理"传统能够提供与此完全不同的思考方式。理性(logos)就其本质而言,是话语,意即人与人之间彼此沟通与合作的共在方式。而话语乃是情感的显现样态。这意味着,基于情感显现样态的不同,人天然应当是个体的、自足的、独特的和不可归约的。人的共在固然是理性的,但其根基是情感性的。崔罡致力于探索一种可能性,即扭转在一个漫长的传统之下形成的情感与理性之间的关系,重新提出问题,正本清源。也就是说,从探求真理(truth)转向探求意义(meaning),从追寻权力(power)转向追寻自由(freedom),从诉求权威转向诉诸共识。

(四)李海超"心灵儒学"的情理观

李海超认为,21世纪以来的儒家学者们整体呈现出一种有意绕开宋明心性儒学的倾向,但儒家学者们对于这种绕开之后"走向何方"又缺乏共识。因此,他认为应该建构一种超越宋明心性论的新的儒学形态,而不是绕开。"若不建构一种区别于宋明心性儒学的新型心灵哲学,儒学现代转型的任务将不能圆满,甚至一切现代性的政治儒学、制度儒学、社会儒学、公民儒学建构都会受到制约。"[①]因此,他的哲学追求就在于建构一种超越宋明心性论的——心灵儒学。

在李海超看来,情感和理智是心灵中十分重要的两大功能,"情感本源、情理互用"是两者关系的理想表达。情感是心灵中"有导向的引擎",推动认知和理智的运转,并提供一个基本的方向。在此运转中,本源性情感会转化为理智化情感,心灵修养的重要任务是减少本源情感被压抑的可能性,使之稳定地作为意义心灵的本源,从而彰显出人是一种情理的存在。

---

① 李海超:《心灵儒学导论——儒家心灵哲学的新开展》,黄玉顺、杨永明、任文利主编:《人是情感的存在——蒙培元先生80寿辰学术研讨集》,北京大学出版社2018年版,第335页。

(五)情理学派的其他拓展

在上述几名学者之外,杨虎提出新基础主义思想进路,通过“观法之切转”的思想方法,对本源生活运作机制予以揭明(包含“返源—立相”双重向度),在此基础上建构源论、体论和用论,进而提出生活本身“自观自现”观点。刘宏认为“情理”乃是对一切存在的表达,而情理之关系可表述为“情理不二”“情理一元”。孙铁骑主张“情与理乃合一于生命,发用为表里”的情理观,情为生命之内在本然(里),理为生命情实之外显准则(表),故“理”唯有合于生命之情实方为“真理”,而“情”亦唯有合于生命本然之理方为“真情”。杨生照提出的“易道儒学”认为情理关系乃是“由感而生情,理寓于情中”,即是说天地交感而有生生变易之事情,万物之道理即寓于生生变易之事情中;男女交感而有亲亲仁民之爱情,人事之义理即寓于亲亲仁民之爱情中。赵立庆认为情由己发,理由己用;“发”和“用”是主体在生活的具体境遇中的“权”,即权衡。于“理”,自由是自我立法,于“情”,自由是“为仁由己”。张新尝试以“生活儒学”对传统儒学中仁爱情感的本源论阐发为基础,着重对传统儒学中的恻隐之心及其相关情感进行当代重构,进而在比较哲学的视域下揭示儒学中的恻隐及其情感对西方德性伦理学以及政治哲学等问题的启示。张小星则试图以“生活儒学”之“生活本源论”为理论视域,通过重新梳理中国传统“小学”即文字、音韵、训诂之学,从而阐发一种以“诚以修辞,言以辨物”为核心观念的哲学训诂学。

可以看到,“情理学派”第四代已呈现出一种以“情理”为中心的多元发展格局。其中特别值得聚焦的是从黄玉顺、宋大琦到郭萍的思想推进。若把“生活儒学”与宋大琦、郭萍的研究结合起来看,现代中国哲学情理学派就呈现出了一个“由仁到礼”的思想流动。即是在打通了仁爱情感与存在、生活浑然无别的关系之后,如何重建人伦生活秩序、重建礼教的问题。在“由仁到礼”的逻辑进展中,“中国正义论”已经给出了制度规范建构的两条原则:正当性原则和适宜性原则。正当性原则要求制度规范的建立必须出于仁爱的动机;适宜性原则要求制度规范还必须与特定时空的生活方式相适应,《中庸》所谓:“义者,宜也。”而寻求适宜性的过程必须有理智能力的参与,而理智也源出于情。因此,可以看到,中国正义论追寻的乃是一种“情义”正当,情为正当之本源,情亦为适宜能力之本源。现代中国哲学情理学派建构新礼教的基本思路显然就必须基于“人是情理的存在”这一实情,以“情义”为依据,进行现代新礼教建构,让人过一种有情有义的生活。

事实上,从“情理”视角来阐释中国哲学并追求其现代转型,在学术界其实已有一定共识。杨国荣就指出:“在中国哲学中,合理性(rationality)……以理与情的交融为其内在特点。”[①]赵法生也认为,“情”在先秦儒家哲学中是居于核心地位的,孔子的“仁”本来是一个情理兼备的概念,“情”的地位下降是在秦汉大一统帝国形成的背景下逐步开始的事情。[②] 或许正如雅斯贝尔斯所说的那样,任何文明的复兴无不是对轴心时期的一种回溯。中国哲学的现代转型,儒家哲学的复兴,或许都需要我们以“立足现代生活方式,面朝中国文化轴心期”的思想姿态来寻求出路,这条路显然是一条“情理”之路,而且以“情理”为致思中心已经构建了系统哲学体系的毫无疑问当属“冯—蒙—黄”为传承主轴的现代中国哲学“情理学派”。

① 杨国荣:《中国哲学二十讲》,中华书局2015年版,第57页。

② 赵法生:《性情论还是性理论——原始儒家人性论义理形态的再审视》,《哲学研究》2019年第3期。

第一编

“新理学”学派

The New Neo-Confucianism School

哲学与逻辑*

冯友兰

一、思与辩

若有人问：哲学之存在，是靠人之哪些活动？我必回答说：靠人之思与辩。

思与感相对。在西洋很早的时候，希腊哲学家已经看清楚思与感之分别。在中国哲学家中，孟子说“心之官则思”，他把心与耳目之官相对待。心能思，而耳目则不能思。耳目只能感。孟子说这段话的时候，他说及思，乃注重于其道德的意义。他以心之官与耳目之官对比，亦只注重于其道德的意义。不过心之官与耳目之官之对比，就知识方面说，是很重要的。我们的知识之官能，可分为两种：即能思者与能感者。能思者是心，能感者，所谓耳目之官，即其一种。

普通说到“思”字，我们总容易联想到胡思乱想之思。我们常有幻想，或所谓昼梦，在其中常有许多事情或东西，连续出现，如在脑中演电影然。普通亦以此为思。然此非所谓思。幻想或昼梦，可名为想，不可名为思。思与普通所谓想像亦不同。我们于不见方的东西之时，我们可想像方的东西。但“方”则不可想像，只可思。

思之活动，为对于实在，作理智的分析、总括及解释。例如我们说：“这是方的。”此一命题，可有两种解释。一种解释是：“这”有方之性。依此解释，我们所以有此命题，乃由于我们能思之官能，将“这”分析而见其有许多性，并于其许多性之中，特提出其方之性。此即所谓作理智的分析。此命题之另一种解释，是：“这”是属于方的东西之类中。依此解释，则我们所以有此命题，乃我们知有一

* 原载《哲学评论》1937 年第 7 卷第 3 期，后收入《三松堂全集》第十一卷（河南人民出版社 2001 年版）。

方的东西之类。我们不知在实际上所有方的东西，共有若干，并且可并不知在实际上果有方的东西与否，但我们可思一方的东西之类，将所有方的东西，如果实际上有方的东西，一律包括。此即所谓以理智总括。因分析总括之结果，我们对于宇宙，可有一番理智的了解，即此所谓以理智释。

此诸点以下当继续说明。现在先说：哲学乃自纯思之观点，对于实在作理智的分析、总括及解释，而又以名言说之者。

惟其如此，所以哲学中所有之命题，多为形式的，逻辑的，而不是事实的，经验的。哲学对于实在，只形式地有所肯定，而不事实地有所肯定。换言之，哲学只对于实在有所肯定而不特别对于实际有所肯定。实在与实际不同。实在是指凡可称为有者，亦可名为真际。实际是指有事实的存在者。实际又与实际的东西不同。实际的东西是指有事实的存在的一件一件的东西，如这个桌子，那个椅子等。实际是指所有有事实的存在者。是实际者亦是实在；但实在者不一定是实际。若用真际之名，以谓实在；则我们可说：是实者必真；但是真者未必实。其只是实在而不是实际者，即只真而不实者，此文称为仅实在。有某一件有事实的存在的东西，必有实际，但有实际不一定即有某一件有事实的存在的东西。今以图示此诸分别如下上页。就此图所示者说，则对于实在有所肯定者，亦对于实际有所肯定。但其对于实际所肯定者，仅其“是实在”之方面，而不及于其“是实在”外之他方面。例如对于动物有所肯定者，亦对于人有所肯定，但其对于人所肯定者，只其“是动物”之方面，而不及于“是动物”外之他方面。哲学对于实在有所肯定，而不特别对于实际有所肯定，特别二字所表示者即此。

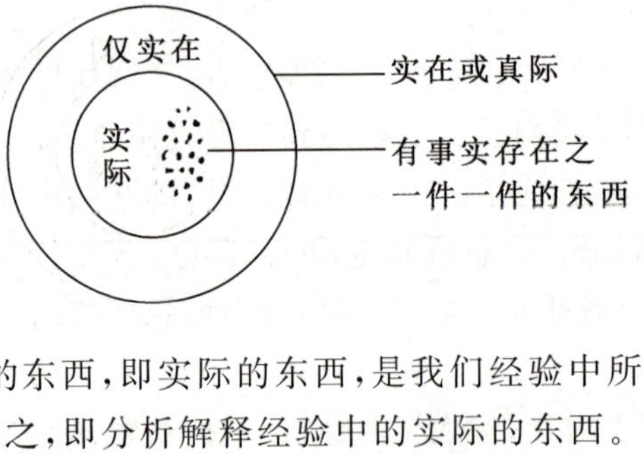

有事实的存在的东西，即实际的东西，是我们经验中所有的。哲学始于分析，解释经验。换言之，即分析解释经验中的实际的东西。由分析实际的东西而知实际，由实际而知实在。关于此诸点，下文另有详说。

如有人说：哲学中有些派别，或有些部分，不是如此。我仍说：即令其不是如此者，亦是哲学，但其是如此者，乃哲学中之最哲学的。凡哲学中之派别或部分，对于实际有所肯定者，即近于科学。其所肯定者愈多，则愈近于科学。科学与哲学之根本不同在此。有人以为哲学是未成熟的科学。如一切学问皆已成熟，则即只有科学而无哲学。或有人以为哲学乃是总科学之大成者。为此诸说者皆未明哲学与科学之根本的不同。然因有此误解，故有以物理学讲形上学者，以为如此可得一科学的形上学。又有以心理学讲知识论者，以为如此可得一科学的知识论。其实，如果需以物理学讲形上学，则不如直讲物理学；如果需以心理学讲知识论，则不如直讲心学。此其所讲，必非哲学，至少亦非最哲学的哲学。

辩者以名言辩论。哲学是说出或写出之道理。此说出或写出即是辩；而所以得到此道理，则由于思。有人谓：哲学中有些东西，是不可思议，不可言说的。此吾人并不否认。例如下文所说之“气”，即绝对的料，即是不可思议，不可言说的。下文所说之“大一”，亦是不可思议，不可言说的。但气、大一，并不是哲学，并不是一种学问。气只是气；大一只是大一。不可思议，不可言说者，不是哲学。主有不可思议，不可言说者，对于不可思议者，仍有思议；对于不可言说者，仍有言说。对于不可思议者之思议，对于不可言说者之言说，方是其哲学。佛教之全部哲学，即是对于不可思议者之思议，对于不可言说者之言说。若无此则只有佛教而无佛教哲学。

由上所说，我们可见，哲学研究，乃人之理性之纯粹活动。如人之理性之纯粹活动是人之最高活动，则哲学应为人之最高作品。

二、哲学之新与旧

哲学中之道理，由思得来。在历史中，人之思之能力，已达至相当完成之程度时，哲学之轮廓，及其中之主要道理，多已大体具备。此后哲学家之所见，可更完备细密，但不易完全出前人之轮廓。在此点哲学又与科学不同。科学大部分是试验的。他的研究大部分靠试验工具。因试验工具可有甚多甚速的革新与进步，科学亦可有甚多甚速的革新与进步。哲学不是试验的，其研究不靠试验工具，而专靠人之思之能力。人之思之能力，是古今如一，至少可以说是很少有显著的变化。它不能如科学所用的试验工具之日新月异。今人之所以能超过前人者，大部分靠今人有新工具。例如今人能飞行，古人不能飞行。此非因今人之体质，在生理方面与古人有何不同，而乃因今人有飞机之工具，而古人则无此工具也。哲学既不靠任何试验工具，而惟靠人之思之能力，而此能力古今人又无大差异，所以自古代以后，即无有全新的哲学。

然全新的哲学，虽不能有或不易有，而较新的哲学则非不能有。较新的哲学所以可能之理由，可分三点言之。

就第一点说：人之思之能力，虽古今无大异，然各时代之物质的环境，及其所有别方面之知识，则可有改变。如其有改变，则言语亦随之改变。如现在我们所常用之言语中,有许多所谓新名词,新文法。五十年前之人,如死而复生,听我们现在所说的话,当有大半不知所谓。因此,往往有相同,或大致相同的道理,而每时代之哲学家,各以其时代之言语说之,即成为其时代之新的哲学系统。

就第二点说:古今人之环境,及其在别方面之知识,可有不同,则古今人之经验,亦可有广狭之不同。今人之新经验之尚未经哲学分析解释者,一时代之哲学家,可将其分析解释之。其结果或有新见。或即无新见,而一时代新经验之分析与解释,亦即可为一时代之新哲学。

就第三点说:人之思之能力,虽古今若一,而人对于思之能力之训练,则可有进步。逻辑即为训练人之思之能力之主要学问。今人对于逻辑之研究,与古人比,实大有进步。故对于思之训练,今人可谓优于古人,用训练较精的思之能力,则古人所有见不到者,今人可以见到;古人所有观念之不清楚者,今人可使之清楚。

一时代之哲学家,若在此三点,有所贡献,则即有所谓"上继往圣,下开来学"之成绩。

三、实际与实在或真际

每一平常人,每日皆有许多经验,详言之,即每日皆有许多知识,作许多判断,说许多命题。所谓每日皆有许多知识者,如我今日上午见此桌子,即是一知识,下午又见此桌子,即又是一知识。我今日上午说:这是桌子,即是作一判断,说一命题。下午又说:这是桌子,即又是作一判断,说一命题。此诸知识,判断,命题,乃平常人每日所常有,不过其中所涵蕴之意义如何,则平常人不追问。追问此诸义蕴,即是哲学之开始。

我说哲学开始于追问此诸义蕴,而不说哲学即仅是追问此诸义蕴。若哲学仅是追问此诸义蕴,则哲学即与逻辑无大差别。近来有一部分哲学家虽有此说,但我们并不如此主张。我们所以不如此主张者,因为我们认为我们平日所有的知识,不是空的。所谓不是空的者,即我们之知识,有其对象,有其所知。这是可以用实用主义的方法证明的。我们的知识,及由此而起的判断,命题,皆系关于其所知者。例如我们说:"这是方的。""这"是所知,亦即实际的东西。"这是方的"这个命题,表示我们对于"这"有知识,有判断。如果我们说这个命题,说这句话之时,我们并不是随便开玩笑,随便作所谓戏论;如果这句话不是无意义,如果这句话不是可真可假,则这一个命题,这一句话,不是一句空话,是及于实际的东西者,即对于实际的东西,有所肯定。我们日常生活中所作的命题，大都此类。

因“这”之方性，我们可思及凡有方性的东西，即凡属于方之类的东西。我们如对于凡属于方之类的东西作一肯定，例如我们说：“凡方的东西皆有四隅。”如果我们说这句话之时，我们是思及所有有事实的存在的方的东西，虽然我们并不知其数目果有若干，则这个命题，这句话，即是及于实际者，即对于实际，有所肯定。科学中之命题，大都此类。

如我们更进而离开一切方的东西，即属于方之类之实际的东西，而只思及方之类或方之理，我们可说：“‘方’有四隅。”我们可不管事实上果有实际的方的东西存在否。我们可以为，事实上可以无实际的方的东西之存在，但如果事实上有实际的方的东西之存在，它必有四隅。如此，这个命题，这句话，即及于实在者，即对于实在或真际有所肯定。哲学中的命题，大都此类。

关于方之类及方之理，下另详说，今先说：“方”可以真而不实。如果事实上无实际的方的东西之存在，“方”即不实。但如果事实上有实际的方的东西之存在，它必有四隅，此可见方是真。如果“方”是真而不实，“方”即是仅实在。

实际的东西涵蕴实际；实际涵蕴实在。此所谓涵蕴，即“如果——则”之关系。有实际的东西必有实际，有实际必有实在；但有实际不必即有某一实际的东西，有仅实在不必即有实际。我们平常日用所有之知识，判断，命题，大部分皆有关于实际的东西。哲学由此开始，由知实际的东西而知实际，由知实际而知实在。及知实在，则可离开实际而对于实在，作形式的肯定。所谓作形式的肯定者，即其所肯定，仅系对于实在，而不是对于实际。换言之，即其肯定是逻辑的，而不是经验的。如上所说：“‘方’有四隅”，即其例。

我们说：“有方”，即对于实在作一形式的肯定。“有方”并不涵蕴“有实际的方的东西”，更不涵蕴“有这实际的方的东西”。故说“有方”，并不对于实际所肯定，即只是一对于实在之形式的肯定。

“有方”又有两种意义，换言之，即“有方”之言，有两所指：一是有方之理，一是有方之类。此层以下再说。现在先说，有人以为，所谓“方”者，不过人用归纳法，自其所见之许多方的东西中，所抽象而得之概念，在实在方面，并无与之相当者。实在即是实际；实际之外，并无实在。

对于此主张，我们说：我们对于此所谓理之知识，可以名曰概念。自知识之得到方面说，我们必须对于方的东西，有若干经验，然后可得方之概念。但既得方之概念之后，则见“方”，即所谓方之理，亦即方之所以为方者，并不只是一概念。此如吾人初学算学时，先数三个桌子，三个椅子，自实际的三，或三之实际的例中，得三之概念。既得三之概念，知三之所以为三者之后，即见三有自可为三者，“三”不只是一概念。“三”是一客观的有。凡可称为有者，即是实在，然若仅有"三"，而无实际的三，则"三"即为仅实在，即真而不实。有实际的三，必有实在的三；但有仅实在的三，不必即有实际的三。换言之，有实的三，必有真的三；有真的三，不必有实的三。

"三"如此，其他数目，亦系如此。因其均系客观的有，所以数学中有一定的原理，公式，不能随人意为改动。如数目仅为人之概念，则数学即可随人意编排，而大家所公认之数学，即为不可能。

如问：吾人之思，何以能知仅实在的"三"或"方"？此正如问：吾人之眼，何以能见红色？此二问题，同一不可解答。吾人固可就生理学方面，将吾人之眼之结构，作一研究，以为如此结构，遇某种刺激，吾人即有红色之感觉。但此不过说明吾人有红色感觉时所需要之条件及其所经过之程序，但在此条件之下，经此程序之后，我们何以有红色之感觉，仍未说明。我们只可说：我们有此官能，我们在相当条件之下，可感觉红色。于此我们只可说：我们有能感之官能，对于实际的东西，能有感觉；我们有能思之官能，对于实在中之"理"，能有概念。

四、类及全

上文举"这是方的"一命题以为例，以为哲学开始于追问此等命题所涵蕴之意义。专就"这"说，"这"就是"这"，就对于人之知识方面说，它是一个未经分析的混沌，是一个"黑漆一团"。能思之心，将其加以分析，于是发现其有许多性。依其每一性，皆可以"这"为主辞而作一命题，例如这是方的，这是木的，这是桌子等等。

人之所以高于其他动物者，即在于他能分析。其他动物，例如狗，可将一个东西撕成粉碎，但那只是分割而不是分析。分割是把一件东西分成许多部分。分析是把一件东西化为构成它的元素。

分析有二种，一种是逻辑的；一种是物质的。科学之实验室中，对于东西之分析，如将东西分析为原子电子等，是物质的分析。哲学上所说之分析，如将"这"分析为方、黄等性，是逻辑的分析。物质的分析，可于实验室中行之；而逻辑的分析，则只可于思中行之。物质的分析，需将所分析者实际拆开，而逻辑的分析，则不需要将所分析者实际拆开，且亦不能将其实际拆开。依物质的分析所得之元素及观念，是科学的。依逻辑的分析所得之元素及观念，是哲学的。原子电子等，是科学上的元素及观念；方黄等性，是哲学上的元素及观念。

分析之对面，即是总括。总括与普通所谓综合不同。综合是把不同的东西，或不同的观念或道理，合而为一。总括是把相同的东西，即东西之有同性者，作为一类而观之。综合是一种手续；总括是一种看法。

就我们用思之程序说，总括在分析之后。例如有一方的东西，我们将其分析之结果，见其有方性。再将所有有方性的东西，总括思之，即得方的东西之类之观念。我们不知，亦不能知，实际上方的东西，果有多少，但我们之思，可将其一概总括。不过此阶段之思，是及于实际者，此即上所说，我们之思，由分析实际的东西而知实际。

我们之思，再进一步，我们即可由性而知理（性与理之关系，详下）；我们既知理，我们即可知：如有某理，即有某类。因即令某理真而不实，但其是实，是可能的。例如即令无实际的方的东西，但如果有方之理，则实际的方的东西是可能有的。真者不必实，但既有真，即有实之可能。因此我们可思某类或说及某类，而不必肯定某类即有实际的分子；如此，则我们所思，即不是某种实际的东西之类，而是某之类。例如，我们如不肯定实际上果有方的东西，而思及方类，则我们所思，即不是实际的方的东西之类，而是方之类。我们之思，在此阶段，即对于实在有所肯定，而不对于实际有所肯定。我们说：有方之类，即对于实在有形式的肯定，但方之类不必有实际的分子，即不对于实际有所肯定。

每一类所包之实际的分子，如其有之，在任何时之实际的数目，我们不能依逻辑知之。故每类之果有实际的分子存在否，及其实际分子，如其有之，果有多少，非哲学所能知。但诸类之比较的高低，则可依逻辑知之。例如猫与狗之类，果均有实际的分子否，如其有之，其实际的分子孰多，不可依逻辑知之。但动物之类，高于猫狗，则可依逻辑知之。高类所有之实际的分子，如其有之，必不少于其所属之类之实际的分子。此亦可依逻辑知之。

“实在”之类，是一最高亦即分子最多之类，依本文所谓实在之意义，凡可称为有者，皆属之。故实在之类，包括一切。

如用中国文字中所谓“物”字，则“物”之类，亦是一最高亦即分子最多之类。在中国文字中，物不仅指普通所谓东西。老子说：“道之为物。”《易・系辞》说：“乾，阳物也；坤，阴物也。”道及阴阳均可谓之物。大概凡有“有”之性者，无论其为仅实在或实际，均可称为物。我们虽不知，亦不能知，宇宙间之物究有多少，但可以知物之类是一最高亦即分子最多之类。并可知其必有实际的分子。因其如无实际的分子，则即无有“我”，一切经验，亦均不可能。

对于物，我们有时不从类之观点思之，而从一整个，即所谓全之观点思之。我们把一切物作一整个思之，则即有宇宙之观念。在中国哲学中，有时亦以天地指此观念。如郭象说：“天地者，万物之总名也。”（《庄子・逍遥游》注）或为更清楚起见，我们亦常说“天地万物”。大全或惠施所谓大一，亦是指此观念之很好的名词。惠施说：“至大无外，谓之大一；至小无内，谓之小一。”（《庄子・天下》）西洋哲学中所谓宇宙，正是“至大无外”的。大一小一是两个纯粹哲学的观念，因为他完全是逻辑的。《庄子·秋水篇》对于此点，有很好的辩论。在《秋水篇》中，河伯问："然则吾大天地而小毫末可乎？"此天地是普通所谓物质的天地。普通以天地为大，毫末为小。这小大是经验中所有的。经验中所有小大，不是绝对的。所以在《秋水篇》中，北海若说："计人之所知，不若其所不知。其生之时，不若未生之时。又何以知毫末之足以定至细之倪，又何以知天地之足以穷至大之域？"近如有人说电子是最小的东西，亦可以受此同样的批评。

严格说起来，大一是不能说的。因为大一是"至大无外"的，然若对之有所说，此有所说即似在其外。所以庄子说："既已为一矣，且得有言乎？既已谓之一矣，且得无言乎？""一与言为二。"二即非一。故对于大一，严格说起来，只可无言。

学哲学须先能分别逻辑的观念及经验的观念。物理学及天文学中所谓宇宙，乃物质的，正如中国哲学中所说物质的天地。此宇宙之观念，是经验的观念；此所说宇宙与哲学中所说宇宙不同。所以物理学及天文学中所说宇宙，可以不是"至大无外"的。而哲学中所说宇宙，则必是"至大无外"的。有的物理学家以为宇宙能扩大。此所说宇宙，如是哲学中所说之宇宙，此命题即是一不通的命题。

以物为一类而思之，与以一切物为一整个而思之，其所思不同。盖以物为一类而思之，其所思只为一切物所公同有之性，而以一切物为一整个而思之，其所思乃一切物及其所有之一切性。此其所以为"至大无外"也。我们不知一切物都是什么及共有若干，又不知其所有之一切性都是什么及共有若干，但我们不妨将其作一整个而思之。

我们以类为对象而思之，或以宇宙为对象而思之，我们可以超乎经验而又不离乎经验，对于实际有所肯定。超乎经验，因为所思之中，可有经验所不及者。不离乎经验，对于实际，有所肯定，因为对于经验所不及者，在实际上，并无所肯定。我们只对于实在，有形式的肯定，而不对于实际，有事实的肯定。故于作此思时，一方面可以说是"智周万物"，"范围天地"，而一方面还是"不离宇中"。

斯宾诺塞所说上帝，实即此所谓大一大全。以大全为对象而思之，最后并自托于大全，则可有宗教家所有之乐，而无其愚。斯宾诺塞如此说，庄子亦如此说。《大宗师》云："若夫藏天下于天下，而不得所遁，是恒物之大情也。故圣人将游于物之所不得遁而皆存。"天下即大全，游于物之所不得遁，即自托于大全。宗教家自托于上帝，以为上帝永存，故其自己亦永存。然上帝之存在，不可证明，无证明而信之，此所谓宗教家之愚也。此所谓大全之有，无待于证明；其为永有，亦甚易见。盖如谓大全可有不有之时，则必须假定大全之外，另有别物；

然大全还是“至大无外”，则不能有此假定。故自托于大全者，可有宗教家之乐而无其愚。

五、理及太极

上文谓“有方”之言，有两所指，一指有方之理；一指有方之类。所谓有方之理，即指有方之所以为方者，即有方之所以然之理也。凡方的东西，必皆有其所以为方者，即皆有得于方之所以为方者，皆有得于方之所以然之理也。一方的东西所得之方之理，即其“德”或“性”。性即一具体的东西之所得于理者，亦即理之表现于具体的东西首。凡依某所以然之理而成为某物之某物，即表现某理，即有某性。理之表现于物者为性。故程朱谓“性即理”也。

此所谓理，在西洋哲学中，名为共相、形式或概念。此诸名最易与人以误解，使人误以想象个体者想象形式，以为超乎个体之上，另有一似乎个体者。所以然之理一名词，则无此弊。

就我们得到知识之程序说，我们已知属于每一类之东西皆有同性。如属于方的东西之类之东西，皆有方性。每类东西所同有之性，我们可将其离开其所在之实际的东西而单独思之。公孙龙所谓离坚白，即将坚或白离其所在之坚白石而单独思之也。此单独为思之对象之坚或白，即坚或白之所以为坚或白者，即坚或白之所以然之理也。

我们思及某理或说及某理，亦不过对于实在，作一形式的肯定，而不必对于实际有所肯定。我们说有某理，即对于实在有所肯定。但某理不必有其实际的代表。换言之，即实际上不必有某性之东西。

朱子以为理是实际的东西之所以然之故，及其当然之则。此所谓理，亦是如此。例如方之理，即一切方的东西之所以为方者，即其所以然之故也。方之理又为一切方的东西之标准，即其当然之则也。我们常谓某方的东西较某方的东西更方或更不方，即就此标准说。若无此标准，此等批评，即不能有。

以上系就东西或物说。此所谓物，乃狭义的。如中国哲学中所说事事物物或事物，与事相对之物，非上文所谓最高类之物也。如桌子是一物，桌子动是一事。就事说，每一种(即每一类)事，亦皆有其所以为此种事者。如动之一种事，必有其所以为动者，此即动之所以然之理也。如物理学中说关于动之定义及公律等，皆意欲说明动之理也。不过其所说已非形式的，逻辑的命题，故有错误之可能耳。

物与物之间，事与事之间，有互相交涉之关系。就关系说，每种(即每类)关系，亦皆具有其所以为此种关系者。例如此物在彼物之上，在上乃一关系。在上之关系必有其所以为在上者。其所以为在上，即在上之所以然之理也。又如此事为彼事之因，彼事为此事之果，因果乃一关系。因果之关系，必有其所以为因果者。其所以为因果者，即因果之所以然之理也。

所有之理之全体，我们亦可以之为一整个而思之。此整个即所谓太极。极有标准之义。每一理是一当然之则，即是一极。所有众理之全体，即是所有众极之全体，故曰太极。程朱所谓太极之意义本系如此。不过程朱又以为任何实际的事物，不但具有其类所共有之理，并具有众理之全体。所谓“人人有一太极，物物有一太极”。此则近于神秘。而对于此系统亦非必要。此所谓太极，不是如此。

专就太极观之，则见一切之理，皆全具于其中。所谓“冲漠无朕，而万象森然”也。所谓“冲漠无朕，而天地万物之理，已悉具于其中矣”。

六、气

我们说及一件东西之所以然之理时，我们只说及此物之所以是此物。例如我们说及方的东西之所以然之理时，我们只说方的物之所以是方，而未说及何以有此方的物之存在。上文说太极是“冲漠无朕”，即因我们说及太极时，我们只说及理，未说及有实际存在之物也。凡有实际存在之物，皆有其两方面，即其“是什么”，及其所依以存在，即所依以成为实际的“是什么”者。例如一圆的东西，一方面是圆，一方面又有其所依以存在，即所依以成为实际的圆者。其“是什么”，即此物之要素即性；其所依以存在，即此物存在之基础。其“是什么”靠理；其所依以存在，即实现其理之“料”。

宇宙中所有的东西，虽各不相同，然依逻辑分析之，则见其皆有此两方面。所谓料，有绝对相对之分。相对的料，即仍有上述之两方面者；绝对的料，即只有上述之一方面，即只可为料者。例如一房屋，有依房屋之理之结构；此即其要素，亦即其房屋性。又有其所依以存在之基础，即其料，如砖瓦等。然砖瓦虽对于房屋为料，而其本身仍有上述之两方面。砖及瓦有砖性及瓦性；又有其料，如泥土等。故砖瓦虽对于房屋为料，然只是相对的料，而非绝对的料。如自实际的东西中，将其所有之性，悉行抽去，所余者即绝对的料。例如自房屋中将其房屋性抽去，则此房屋，即不成其为房屋，只余砖瓦等。复自砖瓦中将其砖瓦性抽去，则此砖瓦即不成其为砖瓦，只余泥土等。自泥土中复可抽去其泥土性。如此逐层抽去，抽至无可再抽，即得绝对的料矣。

绝对的料，柏拉图、亚力士多德谓之“买特”。此买特并非科学中及普通唯物论中所谓买特。彼所谓买特即物质，此所谓买特，则并非物质。若欲得此所谓买特，则尚须自物质中抽去其物质性。故此所谓买特，本身无性。不但无性，并且无无性性。因无性性亦系一性，故亦须抽去。因其无一切性，故不可名状，不可言说，不可思议。科学及普通唯物论中所谓买特，有物质性，仍是可名状，可思议者，故非绝对的料也。彼所谓买特，乃一科学的观念。此所谓买特，即绝对的料，乃一逻辑的、哲学的观念。

此绝对的料，在中国哲学中，名曰气。不过在中国哲学中，程朱虽以气与理对，然其对于气之见解，尚未有尽合处。如程朱常说及清气浊气，是其所谓气，尚未抽尽一切性。未抽尽一切性，故可以清浊言，故尚不是绝对的料。程朱于此，可谓尚有一间未达。

或有谓：实际的东西，即诸性所合成。若自其中抽去一切性，则即成为无有，不需有绝对的料之假定。然若不为绝对的料之假定，则无以说明何以实际的东西之能成为实际。盖诸所以然之理，若无表现之者，则不能有实际的存在，朱子谓：“理无气则无挂搭处”，即谓此。

七、形上与形下

西洋哲学中，说所谓具体与抽象之分。上所谓仅实在之理，是抽象的；所谓实际及实际的东西，是具体的。抽象者是思之对象；具体者是感之对象。例如白是思之对象，是抽象的。这个白东西，是感之对象，是具体的。不过抽象者虽是思之对象，而思之对象，不一定是抽象者。如上所说之某类东西之类及全，虽非抽象的而亦只为思之对象。具体者是感之对象，不过此所谓感，不只限于耳目之官之感。例如某人之心或精神，虽不为其本人或他人之耳目之官之对象，而亦是具体的。

具体与抽象之分，在中国哲学中，谓之形上形下之分。此二名词虽来源于《易·系辞》，但在《易·系辞》中，此二名词，不必即有上述的意义。上述的意义至程朱始确定。

此所谓形上，并非西洋哲学中所谓 Metaphysical 之意义。有为 Metaphysical 而并非形上者。如柏格森所讲之“生力”，虽为 Metaphysical 而非形上者。“生力”乃一能活动变化者，故是形下的。再须注意者，即此所谓形上形下之分，纯是逻辑的，并非价值的。即属于形下者，其价值亦并不因其为形下而低。如宗教中所说之上帝能创造作为。此上帝，如其有之，亦是形下的。

就我们之知识方面言，我们之知形而上者，必始于知形而下者。我们的知识，始于感觉。感觉之所得，皆是形而下者。及我们对于感觉之所得，能加以理智的分析，则即可知形而上矣。

就实在之本然言,形而上者之有,不待形而下者;惟形而上者之实现,则有待于形而下者。例如"圆"或圆之所以然之理之有,不待于形而下者,而其实现,即在实际上有一事实的圆,则必待有形而下者。如一粉笔画的圆,必待粉笔所画之线。此形而上的圆与事实的圆,关系如何?昔人于此,颇多争论。柏拉图于此点,至表示不能解决。此困难之处,多由于误以想像具体的圆者,想像形上之圆。如此,则形上之圆,亦似为一具体的圆,不过为其中之最完全者。于是遂发生此圆之一,何以能遍在众圆之多。但此所谓形上之圆,不过圆之所以为圆者,即圆之所以然之理。凡具体的东西,合乎此理者,或有合乎此理者,即成为事实的圆。若知此,则所谓形上之圆,与事实之圆之关系,自易说明而无困难。

理是形而上者;气是形而下者。气之实现理者,即成为具体的,实际的东西。此在中国哲学中谓之器。在中国哲学中,相当于形上与形下之分,又有未发与已发,微与显,体与用之分别。就我们得知识之程序言,我们先感觉具体的东西;我们将感觉所得,加以理智的分析,然后知性,知理。但就实在之本然言,则必有理始可有性;有性始可有实际的东西。如必有方之理,始可有方之性;有方之性,始可有方的东西。所以方之理为体,而表现方之理之实际的方的东西为用。理是实在,而不是实际,故为微,为未发。实际的东西,为表现理者,故为显,为已发。然所谓某理者,即是某种实际的东西之所以为某种东西者,而某种东西亦即所以表现某理者。就此点以说理与事物之关系,即程朱所谓"体用一源,显微无间"。若柏拉图所说概念与事物之关系,即是体用两橛,显微有间矣。

八、余　论

上所述的哲学,可以说是哲学中之最哲学的。因其所有之观念,及所有之命题,均系形式的逻辑的,至少大部系如此。我们之能得到其中之观念及命题,虽由于经验;但我们既已得到其中之观念及命题之后,即见其并不另需经验以为证明。其所以如此者,因此哲学对于实际并无所主张,无所肯定,或最少主张,最少肯定,不过使我们对于实在有一番理智的了解而已。

为说明此点,今举普通所谓唯心论及唯物论以与此哲学比较。普通所谓唯心论或唯物论以心或物为宇宙万物中之最根本的,一切皆可归纳于心或物。如其所谓心或物仍是此二字普通所有之意义,则即为对于实际有所主张,有所肯定。因其如此,所以唯心论或唯物论,皆须举经验中许多事例以证明其所立之命题;即其对于实际所主张所肯定。因实际之范围,甚为广大,故无论举若干事例,其证明皆终不能谓为已足。对于实际有所主张,有所肯定者如此。若本篇所述之哲学,虽亦有所说,如说:一切事物之成,均靠理与气,但此命题并不需举许多经验中的事例,以为证明。对于不了解此命题者,固须举一二经验中的事例,以为解释,但既经解释之后,了解此命题者,即见其并不需要经验中许多事例,以为证明。其所以如此者,因此所举之命题,是形式的逻辑的。了解此命题者,不待经验中许多事例以为证明,即见其为一切事物所不能逃。因其为形式的逻辑的,其中并无实际的内容,故对于实际并无所主张,无所肯定,或最少主张,最少肯定。

因此,哲学中所有之观念,所有之命题,均系形式的逻辑的,其中并无实际的内容,故不能有与科学中所有命题同样之实用的效力。科学中所有命题,我们可用之以统治自然,统治实际,而哲学中所有之命题,尤其此哲学中所有之命题,则无此用;因其对于实际并无主张,并无肯定,或最少主张,最少肯定。但此哲学虽无统治自然之实用,而能使我们对于实在,有理智的了解。若此亦为有用,则此哲学之用,即在于此。

此哲学并不以科学为根据。此哲学之出发点,乃我们日常之经验,并非科学之理论。因此,此哲学亦不随科学中理论之改变而失其存在之价值。在哲学史中,凡以科学理论为出发点之哲学,皆不久即失其存在之价值。如亚力士多德,如海格尔,如朱熹,其哲学中自然哲学之部分,现皆只有历史的兴趣,独其形上学则永久有其存在之价值。其所以此者,盖其形上学不以当时之科学之理论为根据,故亦不受科学理论变动之影响也。

所以此哲学在哲学史中常居正统的地位。柏拉图、亚里士多德、朱熹之哲学,皆为属于此哲学之派别。康德之哲学,亦可谓为属此派别。不过康德以知识论讲形上学,以式属之主观,以料属之客观耳。

调情理*

冯友兰

旧说常以理与情相提并论。如说某人说话，说得合情理，在情理，或不合情理，不在情理；某人说话，说得入情入理。此所谓情，大概是我们现在所谓情形之情，亦正是我们在《新理学》中所谓势。此所谓理，是客观底情或势中所表现底道理或原则。话说得合情理，或在情理，或入情入理者，这话可以是真底。但其不合情理，或不在情理者，一定是假底。合情理或在情理底事，可以有而不必有。但不合情理，或不在情理底事，一定不能有。

我们于本篇所谓理，虽亦有上所说底理的意义，但所谓情，则不是上所说底情。道家常说以理化情，或以情从理。本篇所谓情理，是此所谓情理。本篇所讨论底问题，亦正是这一类底问题。

此所谓情，即我们现在所谓情感之情。此所谓理，则意义比较复杂。此所谓理，有时指上文所说情或势中所表现底道理，有时指对于此等道理底知识或了解，有时指我们能有此等知识或了解底官能，即我们所谓理智。照道家的说法，我们如能以理化情，或以情从理，则我们自己即可以无情。我们如能循理而动，则别人对于我们的行动，亦可以无情。后者所谓理，是指上文所说情或势中所表现底道理。前者所谓理，是指我们对于此等道理底知识或了解。

先就以理化情或以情从理说。照道家的说法，情起于人对于事物底不了解。例如一小儿走路，为一石所绊倒，此小儿必大怒而恨此石。但一成人为一石所绊倒，则并不怒，不恨此石，或虽略有怒，但并不恨此石。其所以如此者，因小儿对于此石无了解，以为此石有意和他捣乱，所以恨之。而成人对石有了解，知石是无知之物，决不会有意与他捣乱，所以并不恨之。不恨石则其怒亦减，或

---

* 原系冯友兰先生所著《贞元六书·新世训》的第六篇，后收入《三松堂全集》第四卷（河南人民出版社 2001 年版）。

即可无怒。

成人对于事物底了解，虽比小儿高，但其了解仍是部分底，所以仍有时不能无情。对于宇宙及其间底事物，有完全底了解者，则即可完全底无情。其所以无情者，并不是冥顽不灵，如所谓槁木死灰，或土块然，而是其情为其了解所化，即所谓以理化情也。此所谓化，如冰雪融化之化。情与理遇，即如冰雪与日光遇，不期融化而自然融化。《世说新语》谓王戎说："太上忘情，其下不及情，情之所钟，正在吾辈。"冥顽不灵，如槁木死灰或土块者，是亦无情也。不过其无情是不及情。若圣人之无情，是其情为理所化，是超过情而非不及。此即所谓太上忘情。

庄子常举死为例，以见圣人之忘情。因为死是最能使人动情底，如对于死不动情，则对于别事，自亦可不动情。《庄子·大宗师》说，子舆有病，子祀往问之，子祀说："且夫得者时也，失者顺也，安时而处顺，哀乐不能入也。此古之所谓悬解也。"生为得而死为失。在某情形下，一个人可有生，此某种情形，只于一时有，所以称为时。由生而之死，此时顺乎自然，所以称为顺。了解"生者时也"则无乐，了解"死者顺也"则无哀。有此了解，即无哀乐，所谓"哀乐不能入也"，亦即所谓无情也。有情者为情所苦，如被悬吊起来。有情者为情所苦，得到解放，如悬解然。所以说："此古之所谓悬解也。"小说中侠义之流亦常说："大丈夫生而何欢，死而何惧。"不过侠义之流之为此言，似出于意气，而非出于了解。出于意气者，其解放是暂时底；出于了解者，其解放是永久底。

《庄子·至乐》篇说：庄子于其妻始死之时，亦觉慨然，后则鼓盆而歌。郭象注云："未明而慨，已达而止。斯所以诲有情者，将令推至理以遣累也。"此所谓明，所谓达，都是我们上所谓了解之义。对于死所有底悲哀，即是累，亦即《养生主》所说遁天之刑。天是天然。由生而之死，是顺自然，亦即是顺天然。有生而不愿死，是欲自天然中逃出，此即所谓遁天。遁天者必受刑，即其于悲哀时所受之痛苦是也。郭象说："驰骛于忧乐之境，虽楚戮未加，而性情已困，庸非刑哉？"悲哀时所有底痛苦，亦即是累。若了解生必有死的道理，则即可以无累。此所谓"明至理以遣累"也。

对于理有了解者，则对于事不起情感。对于事不起情感，即不为事所累。对于某事不起情感，即不为某事所累。例如我们于空袭时，虽处很安全底地方，而总不免于怕。此即为空袭所累。确切地说，我们不是为空袭所累，而是为怕空袭所累也。更有人于无警报时，亦常忧虑警报之将来，他的累即更大。他的累不是警报，而是忧虑警报。对于忧虑警报底人，我们可以说，虽警报不来，而"性情已困"矣。

对于理有了解，而不为事所累者，普通谓之"看得破"。对于某理有了解，而不为某事所累者，普通谓之对于某事看得破。对于事看得破，普通谓之达观；能对于事看得破者，普通谓之达人。此所谓达，均是了解之义。

照道家的说法，能对于所有底事都看得破，则即可以完全无情。《庄子·德充符》说："圣人有人之形，无人之情。""所谓无情者，不以好恶内伤其身。"好恶可以内伤其身，此即所谓刑也，亦即所谓累也。何晏谓"圣人无喜怒哀乐"，大概即就道家的圣人的此方面说。我们所须注意者，即此所谓无情，皆是太上忘情，不是其下不及情。

《庄子·应帝王》说："圣人之用心若镜，不将不迎，应而不藏，故能胜物而不伤。"郭象说，用心若镜，是"鉴物而无情"。普通人对于事未免有情，故有将有迎，而为其所累。为其所累，即为其所伤，如所谓"黯然神伤"是也。例如一个人怕空袭，于未有警报时，常忧虑警报之将至。这种忧虑，即所谓迎。迎者，事未到而预先忧虑也。及警报已解除，而惊魂未定，闻汽车喇叭声，即以为警报又至，此即所谓将。将，送也，事已去而恐惧之心未去，如送已去之事然。此亦即是所谓藏，藏者留于中也。若对于事有如此底将迎，则必为事所累，所伤。若能用心如镜，即可如郭象所说："物来乃鉴，鉴不以心。故虽天下之广，而无劳神之累。"鉴不以心，即是说鉴物而无情。

不为事所累者，并不是不做事，只是做事而不起情感。我们说不怕空袭，不是说，于空袭时，不尽可能躲避。亦不是说，对于避空袭，不尽可能作准备。只是说，既已尽可能作准备了，既已尽可能躲避了，不必再有无益底恐惧。这无益底恐惧，是最能伤人底。有人说，空袭不要紧，但是怕空袭的怕，叫人受不了。普通人所受底情之累，都是这些怕之类。

道家的圣人，完全无情，所以无入而不自得。《庄子·齐物论》说："至人神矣，大泽焚而不能热，河汉沍而不能寒，疾雷破山，飘风振海，而不能惊。"正是说此境界。郭象以为，能至此境界底人，可以"应物而不伤"。所以可以"终日挥形，而神气无变；俯仰万机，而淡然自若"。此虽或是一不可及底理想，但一个人若能没有无益底情感，则可少受许多累，多做许多事，这是真底。

我们常说，一个人"沉着气"或"沉不着气"。所谓沉不着气，即其人为一时的情感所制也。如一个人闻警报而张皇失措，我们说他沉不着气，此即其为恐惧之情所制也。如一人闻一可喜底事，而手舞足蹈，我们说他沉不着气，此即其为喜之情所制也。公孙丑问孟子："夫子加齐之卿相，得行道焉，如此则动心否乎?"此即是问，你那时是不是可以沉着气？孟子说："我四十不动心。"此即是说，我于四十岁时，即对事能沉着气了。人如沉不着气，即不能做事。如沉不着气，而勉强做事，必出岔子。

郭象说："终日挥形，而神气无变；俯仰万机，而淡然自若。"这是晋人的一个理想。在晋人中，最近于此理想者，是谢安。史说：苻坚伐晋，"是时秦兵既盛，都下震恐。谢玄入问计于谢安。安夷然答曰：'已别有旨。'既而寂然。安遂命驾出游山墅。亲朋毕集，与玄围棋赌墅。安棋常劣于玄，是日玄惧，便为敌手，而又不胜"。及淝水战胜，"谢安得驿书，时方与客围棋，摄书置床上，了无喜色，围棋如故。客问之，徐答曰：'小儿辈遂已破贼。'既罢，过户限，不觉屐齿之折"。谢安处理大事，没有无益底喜惧。他很能沉着气，不过"不觉屐齿之折"，也就有点沉不着气了。

对于事物有了解者，能宽容。老子说："知常容，容乃公。"常者，事物变化所遵循之理也。知常底人，知事物之变化，系遵循一定底理，其如此系不得不然，故对于顺我底事物，不特别喜爱，对于逆我底事物，不特别怨恨。此即所谓知常容也。对于顺我或逆我底事物，皆无特别底情感，此即所谓容乃公也。人虽是人，而其行为亦系受一定底规律所支配。如环境遗传等，皆对于一个人的性格行为，有很大底影响。如知一个人的性格行为，系受其环境遗传等的影响，则对于人可以有很大底宽容。对于顺我或逆我底人，皆可无特别底喜爱或怨恨。如此对于任何人，任何事，皆可一秉大公，对于任何人，任何事，皆无所私。此所谓大公无私。大公无私，是王者对于万民底态度，是天地对于万物底态度，是道对于天地底态度。所以说："知常容，容乃公，公乃天，天乃道。"此道理可以终身行之，所以老子又说："道乃久，没身不殆。"

老子又说："是以圣人常善救人，故无弃人，常善救物，故无弃物，是谓袭明。"老子说："知常曰明。"袭明者，即知常而依照此知以行也。知常底人，对于人既皆能容而公，则对于善人固救之，对于不善人亦救之，故无弃人。对于善物固救之，对于不善物亦救之，故无弃物。在旧日社会中，人对于犯罪底人，皆特别地怨恨。旧日的刑法，对罪人取报复主义，"以眼还眼，以牙还牙"。但现代的法律，则不对于罪人取报复主义。依照现代法律的最高理想，社会应设法感化罪人，使亦归于善。此即是"善救人"。依旧日底刑法，"刑人于市，与众弃之"。依现代法律的最高理想，不但不"与众弃之"，而且简直不弃之。此即所谓"无弃人"。

老子又说："报怨以德。"在表面上看，此与耶教所谓"爱你的仇敌"者，意义相同。不过老子这一句话的理论底根据，与耶教不同。知常底人，对于逆我底人，并无特别怨恨，所以待之与顺我底人，并无分别。这并不是所谓弱者的道德，这是对于事物有了解者的道德。老子并不主张："如有人打你左颊，你把右颊送上去。"老子并不主张这种"不抵抗主义"。如有人打老子，老子亦当加以抵抗，不过虽抵抗之而并不恨之。在现代战争中，优待俘虏，正与老子"报怨以德"之义相合。

真正了解物质史观或经济史观底人，亦可有如此所说底老子的见解。照他们的看法，人的行为，是为他的经济底环境所决定底。一个人若是一个资本家，他为他自己的利益，必须剥削劳工。一个人若是一个工人，他为他自己的利益，必须反抗资本家。正如“矢人惟恐不伤人，函人惟恐伤人”。矢人并不是生来即比函人坏，函人亦并不是生来即比矢人好。他们的所见所行不同，完全是由于他的经济环境使然。他们都是人。就其是人说，他们都是一样底人。他们的所见所行不同，是因为他们是“什么样底人”不同。管家底太太们在一起，都以她们的老妈子不好为谈资。老妈子在一起，都以她们的太太不好为谈资。这都是因为当太太底，与当老妈子底，利益冲突的关系。矢人与函人，资本家与工人，太太与老妈子，都是“易地则皆然”。明白了这个道理，则当太太底，虽仍可以监察她的老妈子，但可以不恨之。当工人底，虽仍可以反抗他们的雇主，但亦可以不恨之。有人说，人必须对于他们的敌人有恨有怒，然后可以打击他们的敌人。事实上虽或是如此，但不是必须如此。我们于修路底时候，有大石当路，则移去之，或打碎之，并不必要先恨大石。小儿或先恨大石，而后移去之，或打碎之。这是由于他对于大石不了解。成人对于人之不了解，诚亦有如小儿之不了解大石。所以对于不了解人底人，往往亦须先引起其对于敌人底恨，然后可使之打击敌人。

以上说，对于事物有了解底人，应付事物，可以自己无情。此即所谓以理化情，或以情从理。从另一方面说，一个人若能循理而动，则别人对之，亦可无情。所谓循理而动者，即是循客观底道理以做事，而不参以自己的私心。一个人如能如此做事，则别人对之，亦可无情。《庄子·大宗师》说：“故圣人之用兵也，亡国而不失人心。利泽施乎万世，不为爱人。”郭象注说：“夫白日登天，六合俱照，非爱人而照之也。故圣人之在天下，暖焉若春阳之自和，故蒙泽者不谢；凄乎若秋霜之自降，故凋落者不怨也。”不谢不怨，即别人对之无情也。《庄子·达生》又说：“复仇者不折镆干。虽有忮心者，不怨飘瓦。”郭象注说：“干将镆邪，虽与仇为用，然报仇者不事折之，以其无心。飘落之瓦，虽复中人，人莫之怨者，以其无情。”无心及无情，在这里意思是一样。如一个人对于某人做某事，其做某事并不是特意对某人如此，而只是“循理而行”，则此一个人的行为，即是无心无情底行为。此某人对于此一个人，亦不起情感。例如一个法官，一生可以判处许多人以死刑。如他所判，都是依照法律，不得不然底，则被判死刑底人，对于他并不起怨恨之情。但如一个法官，因受贿而判处一人死刑，或此法官向来判处从宽，而独对此一人从严，则此法官对于此人，即是有心置之死地，此法官的行为，即是有心有情底行为，而此人对于此法官，一定要起情感，一定要怨恨之。

以上所说道家的意思，晋人常用之以讲佛学。僧肇有《般若无知论》。般若译言智。僧肇以为圣人“终日知而未尝知”。“智有穷幽之鉴，而无知焉；神有应会之用，而无虑焉。神无虑，故能独王于世表；智无知，故能玄照于事外。智虽事外，未始无事；神虽世表，终日域中。所以俯仰顺化，应接无穷。无幽不察，而无照功。”“斯则不知而自知，不为而自为矣。复何知哉？复何为哉？”不知而自知，不为而自为，即是知而无心无情，为而无心无情。此即所谓“寂而恒照，照而恒寂”。

慧远作《明报应论》，亦云：“若彼我同得，心无两对，游刃则泯一玄观，交兵则莫逆相遇，伤之岂惟无害于神，固亦无生可杀。此则文殊按剑，迹逆而道顺。虽复终日挥戈，措刃无地矣。若然者，方将托鼓舞以尽神，运干镦而成化，虽功被犹无赏，何罪罚之有邪？”照佛家的说法，一切事物，皆由心造。如一人常杀生，或常有杀生之心，则此人将来，必将转生为好杀生底畜生，如豺虎狼豹之属。这并不是有阎王主宰判罚，而实是他的心思行为所自然引起的结果。他的心思行为名曰业。心思是意业，行为是身业，还有口说是口业。不仅只杀生的行为是业，即口说要杀生，心想要杀生，亦即是业了。业所引起的结果，名曰报，或报应。有业必有报，这是佛家的定律。但照慧远所说，则无心无情的行为，可以不招报应。如一法官，虽判了许多死刑，如一大将，虽杀了许多敌人，但他们并不是有意于杀生，更不是有意于杀某人的生。所以他们是虽杀而无杀。所谓“伤之岂惟无害于神，固亦无生可杀”。既是虽杀而无杀，所以虽杀亦无罪罚。

这是把上所说道家的意思，推广到极端。庄子及郭象说，无情者无论做何事，皆可以无累。此无累只是就个人的心理情形，或其行为之社会结果说。例如庄子丧妻之“未明而慨，已达而止”，止则无累。此无累是就个人的心理情形说。如飘瓦不为人所怨，不为人所怨则无累。此无累是就其行为之社会结果说。但慧远所说无报应，则是就宇宙论方面说，所以慧远所说，是上所说道家的意思的极端底推广。

以上说道家关于这方面底学说。在这学说中，有些意思，是人人都可以实行底。不过关于圣人完全无情一点，尚有二问题。第一问题是：圣人的完全无情，是不是好底？此所谓好即是可欲的意思。圣人的完全无情，是不是可欲底？我们于上文说，道家的圣人，并不是如槁木死灰。此是说，圣人的无情，是忘情，而不是不及情。这是就其所以无情说。就无情的结果说，圣人的完全无情，亦与槁木死灰不同。圣人于完全无情时，其心理底状态，庄子以恬愉二字形容之。《庄子·在宥》篇说：“昔尧之治天下也，使天下欣欣焉人乐其性，是不恬也。桀之治天下也，使天下瘁瘁焉人苦其性，是不愉也。人大喜耶？毗于阳；大怒耶？毗于阴。”“使人喜怒失位，居处无常，思虑不自得，中道不成章。”此所谓乐与苦，喜与怒，都是情，而恬愉不是情，或不是道家所谓情。成玄英说：“恬，静也；愉，乐也。”愉虽亦可训为乐，但此乐与与苦相对之乐不同。苦乐喜怒，在我们心中，都是一种强烈底动荡。在这种动荡之中，人不能思想，也不能做事。所谓“思虑不自得，中道不成章”。但恬愉则不是一种动荡，而是一种静底状态。有情底人，心中常如波浪起伏。而圣人无情，其心中如无波浪底水。程子说：“圣人心如止水。”正是说此状态。此状态是静底，可以说是恬。此状态使人有一种静底乐。此静底乐即所谓愉。恬愉是可欲底。所以圣人的完全无情，是可欲底。

或可说：有些人喜欢有激烈底情感，喜欢心中有特别底动荡。所以有些人特意找强烈底刺激，如开快车，喝烈酒之类。他们都是想在强烈底刺激中，得些强烈底情感。这些人是有底。不过他们的这一种行为，并不能说是合理性的行为。吸鸦片，打吗啡，都是这一类底行为，其不合理性是显而易见底。

或又可说：喜欢有太激烈底情感，固然是不合理性底，但有情感亦是使人生丰富的一端，恬愉虽亦是可欲底，但人若一生中只是恬愉，则其一生，亦未免太觉单调。譬如清茶，有与烈酒不同底味，其味亦是可欲底，这是不错底。但人若一生中只饮清茶，则亦未免太觉清淡。有人因此，对于人生抱悲观。因为人如有情，则不免为情所累，人若无情，其生活又似乎没有多大底意味，这一点似乎是一问题。不过如照下文所说，宋明道学家所说底办法，则此问题即不成问题。

第二问题是：完全无情，在事实上是否可能？在中国哲学史中王弼以为是不可能。裴松之《三国志注》谓：“何晏以为圣人无喜怒哀乐，其论甚精。钟会等述之，弼与不同。”王弼说：“夫明足以寻幽极微，而不能去自然之性。颜子之量，孔父之所预在。然遇之不能无乐，丧之不能无哀。又常狭斯人，以为未能以情从理者也。而今乃知自然之不可革。”“以情从理”，是上所述道家的学说。王弼初亦以为然，后乃以为，情系出于自然之性，是不能完全没有底，所以虽圣人亦不能无情。不过照王弼的看法，“圣人之情，应物而无累于物”。圣人不是无情，而是有情而不为情所累。道家以有情为累，以无情为无累。王弼以有情而为情所累为累，以有情而不为情所累为无累。这是王弼与原来底道家的大不同处。王弼对于圣人无情底批评，是很有力底。人之有情，确是出于自然之性。要想完全无情，虽不敢说是一定不能做到，但不是人人皆能做到，这是可以说底。

宋明道学家都主张，圣人有情而不为情所累之说。他们虽不见得是取此说于王弼，其持此说与王弼同，则系事实。照此说，人可以有情而同时不为情所累。此说有道家所说“以理化情”的好处，但没有上述二问题的困难。

程明道《定性书》说：“天地之常，以其心普万物而无心；圣人之常；以其情顺万物而无情。故君子之学，莫若廓然而大公，物来而顺应。”此亦说无情，不过此所谓无情，并不是道家所说底无情。此所谓无情，是有情而无“我”。亦可说是，虽有情而情非“我”有。

王阳明《传习录》:“问有所忿懥一条。先生曰:‘忿懥几件,人心怎能无得?只是不可有耳。凡人忿懥,着了一分意思,便怒得过当,非廓然大公之体了。故有所忿懥,便不得其正也。如今于凡忿懥等件,只是个物来顺应,不要着一分意思,便心体廓然大公,得其本体之正了。且如出外见人相斗,其不是底,我心亦怒。然虽怒,却此心廓然,不曾动些子气。如今怒人,亦得如此,方才是正。’”阳明此所举之例甚好。我若见一人无缘无故,打别人一个嘴巴,我心中必因此人之恃强欺人而怒。不过此怒,没有“我”的成分在内,是没有私意底。因此我的心是廓然大公底。其有怒是“物来顺应”,其有情是“情顺万物”。我们说,有情而无“我”,正是说此。这样底怒,是很容易消失底。于见此事时有怒,但此事已过,我心中即复归于平静。如太空中虽一时有浮云,但浮云一过,太空仍是空空洞洞底。此即所谓情顺万物“而无情”。如此则虽有情而不为情所累。但如一人无缘无故,打我一个嘴巴,我不但因此人之恃强欺人而怒,而且因为他是打“我”,因此我不但于当时怒,而且对于此人,时常“怀恨在心”,无论什么时候,想起此人,总想打他一个嘴巴。如此,则我即有“所”怒。“所”怒即打我之人。我所以有“所”怒,即因我于此底怒,有“我”的成分在内,是有私意底。有“我”的成分在内时,我的心即不是廓然大公,而应物亦不是物来顺应了。我因时常对于此人,“怀恨在心”,想起即怒。此即是不能情顺万物而无情,即有情而为情所累了。如有人打我一个嘴巴,而我的心境,亦能如看此人打别人时所有底心境,则当时虽有怒,当时虽亦可还他一个嘴巴,但事后,我的心即仍归平静。如此则虽有怒而不为怒所累。

《定性书》又说:“圣人之喜,以物之当喜。圣人之怒,以物之当怒。是圣人之喜怒,不系于心而系于物也。”如见一人,无缘无故,打别人一嘴巴,而我怒,此怒之有,是因物之当怒,此怒是系于物。但如别人打我一嘴巴,我时常怀恨在心,此恨即是系于心了。圣人之喜怒,不系于心而系于物,所以圣人不迁怒。迁怒者,即因怒此物而及彼物。如一人因一事发怒,而摔茶碗,骂听差,即是迁怒。孔子说:颜回“不迁怒,不贰过”。宋儒认为,不迁怒是颜回几于圣人的表现。伊川《语录》:“问:‘不迁怒,不贰过,何也?《语录》有怒甲不迁乙之说,是否?’曰:‘是。’曰:‘若此则甚易,何待颜氏而后能?’曰:‘只被说得粗了,诸君便道易。此莫是最难?须是理会得因何不迁怒。如舜之诛四凶,怒在四凶,舜何与焉?盖因是人有可怒之事而怒之,圣人之心,本无怒也。譬如明镜,好物来时,便见是好;恶物来时,便见是恶;镜何尝有好恶也?世之人固有怒于室而色于市。且如怒一人,对那人说话,能无怒色否?有能怒一人而不怒别人者,能忍得如此,已是煞知义理。若圣人因物而未尝有怒,此莫是甚难?君子役物,小人役于物。今人见有可喜可怒之事,自家着一分陪奉他,此亦劳矣。圣人心如止水。”若能因物之可怒而怒之,可以不迁怒,这是不错底。但如谓,因能因物之可怒而怒之,则虽有怒,而无怒,则其说恐有困难。阳明亦说,忿懥等不能无,而却不可有;亦是伊川此说。此说虽用明镜之喻,但其喻是不恰当底。因明镜本身不能有喜怒,而人则能有喜怒,所以不可相提并论。如说,见四凶之可怒而"去"之,圣人本无怒,此是可说底,而亦即是道家所说者。如说,见四凶之可怒而"怒"之,圣人本无怒,此本无怒,如无别底意思,则这一句话恐怕是不通底。若欲这一句话讲得通,此无怒须解为无"所"怒。朱子《语录》云:"问:'圣人恐无怒容否?'曰:'怎生无怒容?合当怒时,必亦形于色。如要去治那人之罪,自为笑容,则不可。'曰:'如此则恐涉及忿怒之气否。'曰:'天之怒,雷霆亦震。舜诛四凶,当其时亦须怒。但当怒而怒,便中节,事过便消了,更不积。'"黄干云:"未怒之前,鉴空衡平。既怒之后,冰消雾释。"如此底怒,正是有怒而无"所"怒。

有怒而无"所"怒,则其怒即无所着。如一人无缘无故打我一嘴巴,我因而怒,并时常对此人怀恨。此即有"所"怒,此怒即有所着。此人打我一嘴巴之事,是随时即成过去,而此人则不能随时即成过去。所以此人如成为我之"所"怒,我之怒如着在此人身上,则此事虽过,而我心中亦常留一怒,如此则我的怒即不能"冰消雾释",而我的心亦不能如"鉴空衡平"矣。伊川说:"罪己责躬不可无,但亦不当长在心胸为悔。"朱子亦说:"既知悔时,第二次莫恁地便了。不消得常常放在心下。"悔过本是好事,但既悔过,改之可矣。若心中长存一悔,即是有"所"悔,其悔即是有所着。有所着之悔亦是累。

照以上所说,可知如能有情而无"我",则虽有情而不为情所累。程子说:"人能放这一个身,公共放在天地万物中,一般看。则有甚妨碍?"能把自己放在天地万物中,与万物一般看,则"我"的成分,可以去掉。一人打我一嘴巴时,我的心境,正如我看此人打别人一嘴巴。如此则我虽有怒,而不为怒所累。

伊川又说:"忿懥,怒也。治怒为难,治惧亦难。克己所以治怒,明理所以治惧。"克己即去所谓"我"的成分也。其实明理亦可以治怒,克己亦可以治惧。此于上所说道家学说中可见之。"知常容。"此明理可以治怒也。"天下之大患,为吾有身,及吾无身,吾有何患?"此克己可以治惧也。

无"我"的成分之怒,不至于使人心理上起非常剧烈底变化。有些人于生气时,可以气得浑身打战,满脸发青。这怒总是有"我"的成分在内。一个人在街上,看见不平底事,虽亦怒,但"事不干己",决不至于怒到这种地步。"事不干己"底怒,并不使一个人,在整个底心理及生理方面,有非常剧烈底变化。程子所谓无情,所谓圣人心如止水,大概是就此点说。情之使人在整个底心理及生理方面,起非常剧烈底变化者,如把一池清水,从底搅起。不如此剧烈底情,则对于人心,如水上起了些波纹。在这种情形下,人还是能沉着气底。阳明所说

“不动些子气”，大概亦是就沉着气说。在这种情形下，有情虽亦是动，而仍不害心如止水。由此方面，程明道说：“动亦定，静亦定。”

心不可有所着，对事说亦是如此。朱子《语录》谓：“李德之问：‘明道因修桥寻长梁，后每见林木之佳者，必起计度之心。因语学者，心不可有一事。某窃谓：凡事须思而后通，安可谓心不可有一事？’曰：‘事如何不思？但事过则不留于心可也。明道肚里有一条梁。不知今人有几条梁柱在肚里。佛家有留注想。水本流将去，有些渗漏处便留滞。’”事过而不留，即是心对于事无所着。心中之事，过而不留，所以心常能如鉴之空。大概能担当大事底人，都必须能如此。例如一个当大首领底人，每天不知要办多少事。如事已过者，都还要留在心里，他即没有余力去办方来底事了。有些人因为对于有些未来底事，放心不下，或对于过去底事，追悔不已，以致寝食不安。若当大首领底人，亦是如此，他不但不能办事，恐怕他的性命，亦不能长保。所以即就做事方面说，心对于事亦须无所着。

论人生中底境界*

冯友兰

人对于宇宙人生底觉解的程度，可有不同。因此宇宙人生对于人底意义，亦有不同。人对于宇宙人生在某种程度上所有底觉解，因此宇宙人生对于人所有底某种不同底意义，即构成人所有底某种境界。

佛家说，每人各有其自己的世界。在表面上，似乎是诸人共有一世界；实际上各人的世界是各人的世界。“如众灯明，各遍似一。”一室中有众灯，各有其所发出底光。本来是多光，不过因其各遍于室中，所以似乎只有一光了。说各人各有其世界，是根据于佛家的形上学说底。但说在一公共底世界中，各人有其境界，则不必根据于佛家的形上学。照我们的说法，就存在说，有一公共底世界。但因人对之有不同底觉解，所以此公共底世界，对于各个人亦有不同底意义，因此，在此公共底世界中，各个人有一不同底境界。

例如有二人游一名山。其一是地质学家，他在此山中，看见些地质底构造等。其一是历史学家，他在此山中，看见些历史底遗迹等。因此，同是一山，而对于二人底意义不同。有许多事物，有些人视同琼宝，有些人视同粪土。有些人求之不得，有些人虽有人送他，他亦不要。这正因为这些事物，对于他们底意义不同。事物则同是此事物，但其对于各人底意义，则可有不同。

宇宙是同此宇宙，人生是同样底人生，但其对于各个人的意义，则可有不同。我们这种说法，是介乎上所说底佛家的说法，与常识之间。佛家以为在各个人中无公共底世界。常识则以为各个人都在一公共底世界中，其所见底世界及其间底事物，亦是公共底。照我们的说法，人所见底世界及其间底事物，虽是公共底，但它们对于各个人底意义，则不必是相同底。我们可以说，就存在说，

---

* 原载《思想与时代》1942年第8期，后成为冯友兰先生《贞元六书·新原人》的第三章，又收入《三松堂全集》第四卷（河南人民出版社2001年版），题为《境界》。

各个人所见底世界。及其间底事物是公共底。但就意义说,则随各个人的觉解的程度的不同,而世界及其间底事物,对于各人底意义,亦不相同。我们可以说,“仁者见之谓之仁,智者见之谓之智”。

我们不能说:这些意义底不同,纯是由于人的知识的主观成分。一个地质学家所看见底,某山中底地质底构造,本来都在那里。一个历史家所看见底,某山中底历史底遗迹,亦本来都在那里。因见这些遗迹,而此历史家觉有“数千年往事,涌上心头”,这些往事,亦本来都在那里。这些都与所谓主观无涉,不过人有知与不知,见与不见耳。庄子说:“岂惟形骸有聋盲哉,夫知亦有之。”就其知不知,见不见说,就其知见时所有底心理状态说,上所说诸意义的不同,固亦有主观的成分。但这一点底主观的成分,是任何知识所都必需有底。所以我们不能说,上文所说意义的不同,特别是主观底。由此我们说,我们所谓境界,固亦有主观的成分,然亦并非完全是主观底。

各人有各人的境界,严格地说,没有两个人的境界,是完全相同底。每个人都是一个体,每个人的境界,都是一个个体底境界。没有两个个体是完全相同底,所以亦没有两个人的境界,是完全相同底。但我们可以忽其小异,而取其大同。就大同方面看,人所可能有底境界,可以分为四种:自然境界,功利境界,道德境界,天地境界,此四种境界,以下各有专文详论。兹先略述其特征以资比较。

自然境界的特征是:在此种境界中底人,其行为是顺才或顺习底。此所谓顺才,其意义即是普通所谓率性。我们于上章说,我们称逻辑上底性为性,称生物学上底性为才。普通所谓率性之性,正是说,人的生物学上底性。所以我们不说率性而说顺才。所谓顺习之习,可以是一个人的习惯,亦可以是一社会的习俗。在此种境界中底人,顺才而行,“行乎其所不得不行,止乎其所不得不止”。亦或顺习而行,“照例行事”。无论其是顺才而行或顺习而行,他对于其所行底事的性质,并没有清楚底了解。此即是说,他所行底事,对于他没有清楚底意义。就此方面说,他的境界,似乎是一个浑沌。但他亦非对于任何事都无了解,亦非任何事对于他都没有清楚底意义。所以他的境界,亦只似乎是一个浑沌。例如古诗写古代人民的生活云:“凿井而饮,耕田而食;不识不知,顺帝之则。”“日出而作,日入而息,不识天工,安知帝力。”此数句诗,很能写出在自然境界中底人的情形。“帝之则”可以是天然界的法则,亦可以是社会中人的各种行为的法则。这些法则,这些人都遵奉之,但其遵奉都是顺才或顺习底。他不但不了解此诸法则,且亦不觉有此诸法则。因其不觉解,所以说是不识不知。但他并非对于任何事皆无觉解。他凿井耕田,他了解凿井耕田是怎样一回事。于凿井耕田时,他亦自觉他是在凿井耕田。这就是他所以是人而高于别底动物之处。

严格地说，在此种境界中底人，不可以说是不识不知，只可以说是不著不察。孟子说："行之而不著焉，习矣而不察焉，终身由之而不知其道者众也。"朱子说："著者知之明，察者识之精"，不著不察，正是所谓没有清楚底了解。

有此种境界的人，并不限于在所谓原始社会中的人。即在现在最工业化的社会中，有此种境界底人，亦是很多底。他固然不是"日出而作，日入而息，凿井而饮，耕田而食"。但他却亦是"不识不知，顺帝之则"。有此种境界底人，亦不限于只能作价值甚低底事底人。在学问艺术方面能创作底人，在道德事功方面，能作"惊天地，泣鬼神"底事底人，往往亦是，"行乎其所不得不行，止乎其所不得不止"。"莫知其然而然"。此等人的境界亦是自然境界。

功利境界的特征是，在此种境界中底人，其行为是"为利"底。所谓"为利"是为他自己的利。凡动物的行为，都是为他自己的利底。不过大多数底动物的行为，虽是为他自己的利底，但都是出于本能的冲动，不是出于心灵的计划。在自然境界中底人，虽亦有为自己的利底行为，但他对于"自己"及"利"并无清楚底觉解，他不自觉他有如此底行为，亦不了解他何以有如此底行为。在功利境界中底人，对于"自己"及"利"有清楚底觉解。他了解他的行为，是怎样一回事。他自觉他有如此底行为。他的行为，或是求增加他自己的财产，或是求发展他自己的事业，或是求增进他自己的荣誉。他于有此种种行为时，他了解这种行为是怎样一回事，并且自觉他是有此种行为。

在此种境界中底人，其行为虽可万有不同，但其最后底目的，总是为自己的利。他不一定是如杨朱者流，只消极地为我。他可以积极奋斗，他甚至可以牺牲他自己，但其最后底目的，还是为他自己的利。他的行为，事实上亦可是于他人亦有利，且可有大利底。如秦皇汉武所作底事业，有许多可以说是功在天下，利及万世。但他们所以作这些事业，是为他们自己的利底。所以他们虽都是盖世英雄，但其境界是功利境界。

道德境界的特征是：在此种境界中底人，其行为是"行义"底。义与利是相反亦是相成底。求自己的利底行为，是为利底行为，求社会的利底行为，是行义底行为。在此种境界底人，对于人之性，已有觉解，他了解人之性是涵蕴有社会底。社会的制度及其间道德底政治底规律，就一方面看，大概都是对于个人的自己，加以制裁底。功利境界中底人，大都以为社会与个人，是对立底。对于个人，社会是所谓"必要底恶"。人明知其是压迫个人底，但为保持其自己的生存，又不能不需要之。在道德境界中底人，知人必于所谓全中，始能依其性发展。社会与个人并不是对立底。离开社会而独立存在底个人，是有些哲学家的虚构悬想。人不但须在社会中，始得存在，并且须在社会中始得完全。社会是一个全,个人是全的一部分。部分离开了全,即不成其为部分。社会的制度及其间底道德底政治底规律,并不是压迫个人底。这些都是人之所以为人之理中,应有之义。人必在社会的制度,及政治底道德底规律中,始能使其所得于人之所以为人者,得到发展。

在功利境界中,人的行为,都是以"占有"为目的。在道德境界中,人的行为,都是以"贡献"为目的,用旧日的话说,在功利境界中,人的行为的目的是"取"。在道德境界中,人的行为的目的是"与"。在功利境界中,人即于"与"时,其目的亦是在"取"。在道德境界中,人即于"取"时,其目的亦是在"与"。

天地境界的特征是,在此种境界中底人,其行为是"事天"底。在此种境界中底人,了解于社会的全之外,还有宇宙的全,人必于宇宙的全中,始能使其所得于之所以为人者尽量发展,始能尽性。在此种境界中底人,有完全底高一层底觉解。此即是说,他已完全知性,因其已知天。他已知天,所以他知,人不但是社会的全的一部分,而并且是宇宙的全的一部分。不但对于社会,人应有贡献,即对于宇宙,人亦应有贡献,人不但应在社会中,堂堂地做一个人,亦应于宇宙间堂堂地做一个人。人的行为,不仅有社会底重要,而且有宇宙底重要。他理解人虽只有七尺之躯,但可以"与天地参"。虽上寿不过百年,而可以"与天地比寿,与日月齐光"。

用庄子等道家的话,此所谓道德境界,应称为仁义境界。此所谓天地境界,应称为道德境界。道家鄙视仁义,其所谓仁义,并不是专指仁及义,而是指我们现在所谓道德。在后来中国言语中,仁义二字联用,其意义亦是如此。如说某人不仁不义,某人大仁大义,实即是说,某人的品格或行事是道德底;某人的品格或行事,是不道德底。道家鄙视仁义,因其自高一层底境界看,专以仁义自限,所谓"蹩躠为仁踶跂为义"者,其仁义本来不及道家所谓道德。所以老子说:"失道而后德,失德而后仁,失仁而后义。"但有道家所谓道德底人,亦并不是不仁不义,不过不专以仁义自限而已。不以仁自限底人所有底仁,即道家所谓人仁。

我们所谓天地境界,用道家的话,应称为道德境界。庄子山木篇说:"乘道德而浮游。""浮游乎万物之祖,物物而不物于物。"此是"道德之乡"。此所谓道德之乡,正是我们所谓天地境界。不过道德二字联用,现在底意义,已与道家所谓道德不同。为避免混乱,所以我们用道德一词的现在底意义,以称我们所谓道德境界。

境界有高低,此所谓高低的分别,是以到某种境界所需要底人的觉解的多少为标准。其需要觉解多者其境界高。其需要觉解少者其境界低。自然境界,需要最少底觉解,所以自然境界是最低境界。功利境界,高于自然境界,而低于道德境界。道德境界,高于功利境界而低于天地境界。天地境界需要最多底觉解,所以天地境界是最高底境界,至此种境界,人的觉解已发展至最高底程度。至此种程度,人已尽其性。在此种境界中底人,谓之圣人。圣人是最完全底人,所以邵康节说,“圣人,人之至者也”。

自然境界及功利境界中底人,对于人之所以为人者,并无觉解。此即是说,他们不知性,无高一层底觉解。所以这两种境界,是在梦觉关的梦的一边底境界。在道德境界及天地境界中底人,知性知天,有高一层底觉解,所以这两种境界,是在梦觉关的觉的一边底境界。

因境界有高低,所以不同底境界,在宇宙间有不同底地位。有不同境界底人,在宇宙间亦有不同底地位。宋明儒所说地位,如圣人地位,贤人地位等,都是指此种地位说。在天地境界中底人,其地位是圣人地位。在道德境界中底人,其地位是贤人地位。孟子说:“有天爵,有人爵。”人在政治上或社会上底地位是人爵。因其所有底境界,而在宇宙间所有底地位是天爵。孟子说:“君子所性,虽大行弗加焉,虽穷居弗损焉,分定故也。”此是说:天爵不受人爵的影响。

一个人,因其所处底境界不同,其举止态度,表现于外者亦不同。此不同底表现,即宋明儒所谓气象,如说圣人气象,贤人气象等。一个人因其所处底境界不同,其心理底状态亦不同。此不同底心理状态,即普通所谓怀抱,胸襟或胸怀。

人所实际享受底一部分底世界有小大。其境界高者,其所实际享受底一部分世界大。其境界低者,其所实际享受底一部分世界小。公共世界,无限地大。其间底事物,亦是无量无边地多。但一个人所能实际享受底是他所能感觉或了解底一部分底世界。就感觉方面说,人所能享受底一部分底世界,虽有大小不同,但其差别是很有限底。一个人周游环球,一个人不出乡曲。一个人饱经世变,一个人平居无痒。他们的见闻有多寡的不同,但其差别是很有限底。此譬如一个“食前方文”底人,与一个仅足一饱底人,所吃固有多寡的不同,但其差别是很有限底。但就觉解方面说,人所能享受底世界,其大小的不同,可以是很大底。有些人所能享受底一部分底世界,就是他所能感觉底一部分底世界。这些人所能享受底一部分底世界,可以说是很小底。因为一个人所能感觉底一部分底世界,无论如何总是很有限底。有些人所能享受底,可以不限于实际底世界。这并不是说,一个人可将世界上所有底美味,一口吃完,或将世界上所有底美景,一眼望尽。而是说,他的心,可以对于全宇宙有觉解。对于全宇宙有觉解,则全宇宙对于他有意义。全宇宙对于他有意义,则全宇宙都是他所能享受底。庄子所说:“乘云气,御飞龙,而游乎四海之外”,“乘天地之正,御六气之变,以游无穷”,似乎都是用一种诗底言语,以形容在天地境界中底人所能有底享受。

或可问:上文说:在高底境界中底人,其所享受底一部分世界大。在低底境界中底人,其所享受底一部分世界小。这种说法,对于自然境界,及天地境界,是不错底。在自然境界中底人,只能享受其所感觉底事物。在天地境界中底人,全宇宙对于他,都有意义。他们所能享受底世界,一个是极小,一个是极大。但道德境界虽高于功利境界而功利境界中底人所能享受底一部分底世界,是否必小于道德境界中底人所能享受底,似乎是一个问题。例如一个天文学家,对于宇宙,有很大底知识。但其研究天文,完全是由于求他自己的名利。如此则他的境界,仍只是功利境界。虽只是功利境界,但他对于宇宙底知识,比普通道德境界中底人的知识是大多了。由此方面看,岂不亦可说,在功利境界中底人所能享受底世界,比在道德境界中底人所能享受者大?

于此我们说,普通行道德底人,其境界不一定即是道德境界。他行道德,可以是由于天资或习惯。如其是如此,则其境界即是自然境界。他行道德,亦可以是由于希望得到名利恭敬。如其是如此,则他的境界,即是功利境界。必须对于道德真有了解底人,根据其了解以行道德,其境界方是道德境界。这种了解,必须是尽心知性底人,始能有底。我们不可因为,三家村的愚夫愚妇,亦能行道德,遂以为道德境界,是不需要很大底觉解,即可以得到底。愚夫愚妇,虽可以行道德,但其境界,则不必是道德境界。

天文学家及物理学家虽亦常说宇宙,但其所谓宇宙,是物质底宇宙,并不是哲学中所谓宇宙。物质底宇宙,虽亦是非常地大,但仍不过是哲学中所谓宇宙的微乎其微底一部分。物质底宇宙,并不是宇宙的大全。所以对于物质底宇宙有了解者,不必对于宇宙的大全有了解,在道德境界中底人,已尽心知性,对于人之所以为人,而异于别底动物者,已有充分底了觉。对于宇宙的大全,亦有相当底了解。所以其所享受底一部分世界,大于在功利境界中底人所享受底。

境界有久暂。此即是说,一个人的境界,可有变化。人有道心,亦有人心人欲。“人心惟危,道心惟微。”他的觉解虽有时已到某种程度,因此,他亦可有某种境界。但因人欲的牵扯,他虽有时有此种境界,而不能常住于此种境界。一个人的觉解,使其到某种境界时,本来还需要另一种工夫,以维持此种境界,以使其常住于此种境界。伊川说:“涵养须用敬,进学在致知。”致知即增进其觉解,用敬即用一种工夫,以维持此增进底觉解所使人得到底境界。关于此点,我们于以下另有专篇说明。今只说,平常人大多没有此种工夫,故往往有时有一种较高底境界,而有时又无此种境界。所以一个人的境界,常有变化。其境界常不变者,只有圣贤与下愚。圣贤对于宇宙人生有很多底觉解,又用一种工夫,使因此而得底境界,常得维持。所以其境界不变。下愚对于宇宙人生,永只有很少底觉解,所以其境界亦不变。孔子说:“回也三月不违仁,其余日月至焉而已。”此即是说，至少在三月之内，颜回的境界，是不变底。其余人的境界，则是常变底。

上所说底四种境界，就其高低的层次看，可以说是表示一种发展，一种海格尔所谓辩证底发展。就觉解的多少说，自然境界需要觉解最少。在此种境界中底人，不著不察，亦可说是不识不知，其境界似乎是一个浑沌。功利境界需要较多底觉解。道德境界需要更多底觉解。天地境界需要最多底觉解。然天地境界，又有似乎浑沌。因为在天地境界中底人，最后自同于大全。我们于上文常说大全。但严格地说，大全是不可说底，亦是不可思议，不可了解底。所以自同于大全者，其觉解是如佛家所谓“无分别智”。因其“无分别”，所以其境界又似乎是浑沌。不过此种浑沌，并不是不及普通所谓了解，而是超过普通所谓了解。超过普通所谓了解，不是不了解，而是大了解。我们可以套老子的一句话说：“大了解若不了解。”

再就有我无我说，在自然境界中，人不知有我。他行道德，固是由于习惯或冲动。即其为我底行为，亦是本于习惯或冲动。在功利境界中，人有我。在此种境界中，人的一切行为，皆是为我。他为他自己争权夺利，固是为我，即行道德，亦是为我。他行道德，不是以其为道德而行之，而是以其为求名求利的工具而行之。在道德境界中，人无我。其行道德，固是因其为道德而行之，即似乎是争权夺利底事，他亦是为达道德底目的而行之。在天地境界中，人亦无我。不过此无我应称之为大无我。论语谓“子绝四，毋意，毋必，毋固，毋我”。横渠云：“四者有一焉，则与天地不相似。”象山说：“虽欲自异于天地，不得也。此乃某平日得力。”“与天地相似”不得“自异于天地”，可以作大无我的注脚。宋儒常用“人欲净尽，天理流行”八字，以说此境界。人欲即人心之有私的成分者，有为我的成分者。

有私是“我”的一方面。上所说无“我”，是就此方面说。“有我”的另一方面是“有主宰”。“我”是一个行动的主宰，亦是实现价值底行动的主宰。尽心尽性，皆须“我”为。“宇宙内事，乃己分内事。”由此方面看，则在道德境界及天地境界中底人，不惟不是“无我”，而且是真正地“有我”。在自然境界中，人不知有“我”。在功利境界中，人知有“我”。知有“我”可以说是“我之自觉”。“我之自觉”并不是一件很容易底事。有许多小孩子，别人称他为娃娃，他亦自称为娃娃，他知道娃娃。但不知道于说娃娃时，他应当说“我”。在功利境界中，人有“我之自觉”。其行为都是为“我”。但其所为底“我”，未必是依照人之性者。所以其所为底“我”，未必是“真我”。在道德境界底人知性，知性则“见真吾”。“见真吾”则可以发展“真我”。在天地境界中底人知天。知天则知“真我”在宇宙间底地位，则可以充分发展“真我”。上文所说，人在道德境界及天地境界中所无之我，并不是人的“真我”。人的“真我”，必在道德境界中乃能发展，必在天地境界中，乃能完全发展。

孟子说：“居天下之广居，立天下之正位，行天下之大道。得志与民由之，不得志独行其道。富贵不能淫，贫贱不能移，威武不能屈。此之谓大丈夫。”此所说即是在道德境界中人的“真我”的发展的成就。上文所说，在社会中堂堂地作一个人，亦即说此。孟子说，浩然之气，“其为气也，至大至刚。以直养而无害，则塞于天地之间”。此所说即是在天地境界中，人的“真我”的发展的成就。上文所说，在宇宙间堂堂地作一个人，亦即是说此。上文说，上所说底四种境界，就其高低的层次看，可以说表示一种发展。此种发展，即是“我”的发展。“我”自天地间之一物，发展至“与天地参”。

所以在道德境界及天地境界中底人，才可以说是真正地有我。佛家说：佛有法身。佛的法身，即是所谓常住真心。常住真心是一个宇宙底心。佛自同于宇宙底心，则宇宙底心，即成为佛的“身”。所谓涅槃四德是常，乐，“我”，净。不过这种“有我”，正是上所说底“无我”的成就。人必先“无我”，而后可“有我”。必先无“假我”，而后可有“真我”。我们可以说，在道德境界中底人，“无我”而“有我”。在天地境界中底人，“大无我”而“有大我”。我们可以套老子的一句话说：“夫惟无我耶，故能成其我。”

在上所说底发展中，自然境界及功利境界是海格尔所谓自然的礼物。道德境界及天地境界是海格尔所谓精神的创造。自然的礼物是人不必努力，而即可以得到底。精神的创造，则必待人的努力，而后可以有之。就一般人说，人于其是婴儿时，其境界是自然境界。及至成人时，其境界是功利境界。这两种境界，是人所不须努力而自得到底。此后若不有一种努力，则他终身即在功利境界中。若有一种努力，“反身而诚”，则可进至道德境界及天地境界。立志作此种努力者谓之士。周濂溪说：“士希贤，贤希圣，圣希天。”贤是在道德境界中底人，圣是在天地境界中底人。在天地境界中底人，在后至于同天，故曰“圣希天”。

此四种境界中，以功利境界与自然境界中间底分别，及其与道德境界中间底分别，最易看出。道德境界与天地境界中间底分别，及自然境界与道德境界及天地境界中间底分别，则不甚容易看出。因为不知有我，有时似乎是无我或大无我。无我有时亦似乎是大无我。自然境界与天地境界，又都似乎是浑沌。道德境界与天地境界中间底分别，道家看得很清楚。但天地境界与自然境界中间底分别，他们往往看不清楚。自然境界与道德境界中间底分别，儒家看得比较清楚，但道德境界与天地境界中间底分别，他们往往看不清楚。

但此各种境界，确是有底。其间底分别，我们若看清楚以后，亦是很显然底。例如庄子逍遥说：“若夫乘天地之正，而御六气之变，以游无穷者，彼且恶乎待哉？故曰：至人无己，神人无功，圣人无名。”此无己是大无我。到此种地位底人，其境界是天地境界。应帝王说：“泰氏其卧徐徐，其觉于于。一以己为马，一以己为牛。”“于于”，司马彪说是“无所知貌”。此种人亦可说是无己底。但其无己是不知有己。在此种境界中底人，其境界是自然境界。此两种境界，是绝不相同底。但其不同，道家似未注意及之。又例如张横渠铭其室之两牖。东曰砭愚，西曰订顽，即所谓东铭西铭也。此二铭，在横渠心目中，或似有同等底地位。然西铭所说，是在天地境界中底人的话。东铭说戏言戏动之无益，其所说至高亦不过是在道德境界中底人底话。又如杨椒山就义时所作二诗，其一曰：“浩气返太虚，丹心照千古。平生未了事，留与后人补。”其二曰：“天王自圣明，制作高千古。平生未报恩，留作忠魂补。”此二诗，在椒山心目中，或亦似有同等地位。但第一首乃就人与宇宙底关系立言，其所说乃在天地境界中底人的话。第二首乃就君臣的关系立言，其所说乃在道德境界中底人的话。又如张巡颜杲卿死于王事，其行为本是道德行为，其人所有底境界，大概亦是道德境界。但如文天祥正气歌所说，“为张睢阳齿，为颜常山舌”，则此等行为的意义又不同。此等行为本是道德行为，但正气歌以之与“天地有正气”联接起来，则是从天地境界的观点，以看这些道德行为。如此看则这些行为又不止是道德行为了。这些分别，以前儒家的人，似未看清楚。

或可问，凡物皆本在宇宙中，皆本是宇宙的一部分，本来如是。凡物皆“虽欲自异于天地不可也”。何以象山独于此“得力”？何以只有圣人的境界，才是天地境界？

于此我们说：不仅人本在宇宙之内，本是宇宙的一部分，人亦本在社会之内，本是社会的一部分。皆本来如是，不过人未必觉解之耳。觉解之别可有如上所说底道德境界或天地境界。不觉解之别虽有此种事实而无此种境界。中庸说：“道也者，不可须臾离也，可离非道也。”孟子说：“终身由之而不知其道者众也。”（尽心上）此道是人人所皆多少遵行者。虽多少遵行之而不觉解之，则为众人。觉解之而又能完全遵行之，则为圣人。所以圣人并非能于一般人所行底道之外，另有所谓道。若舍此另求，正可以说是“骑驴觅驴”。

所以在天地境界中底人，其所作底事，亦是一般人日常所作底事。伊川说：“后人便将性命别作一般事说了。性命孝悌，只是一统底事。就孝悌中，便可尽性至命。至如洒扫应对，与尽性至命，亦是一统底事。无有本末，无有精粗。”“然今时非无孝悌之人，而不能尽性至命者，山之而不知也。”（遗书十八）由之而不知，则一切皆在无明中，所以为凡。知之则一切皆在明中，所以可为圣。圣人有最高底觉解，而其所行之事。则即是日常底事。此所谓“极高明而道中庸”。

所以上文所说底各种境界，并不是于日常行事外，独立存在者。在不同境界中底人，可以作相同底事。虽作相同底事，但相同底事，对于他们底意义则可以大不相同。此诸不相同底意义，即构成他们的不相同底境界。所以上文说境界，都是就行为说。在行为中，人所作底事，可以就是日常底事。离开日常底事，而作另一种与众不同底事，如参禅打坐等，欲以求一种境界，以为顽弄者，则必分所谓“内外”“动静”。他们以日常底事为外，以一种境界为内，以作日常底事为动，以玩弄一种境界为静，他们不能超过此种分别，遂重内而轻外，贵静而贱动。他们的生活，因此即有一种矛盾。

人必须在社会中始能生活。这些人虽生活而却不作社会中底事。这就是一种矛盾。例如一个在深山穷谷中修行底和尚，自耕自食，自谓与世绝缘，但其实并未绝缘。有山可入，有田可耕，这亦是在社会的组织下而始能如此底。若无社会组织，则虽有山而亦无可入，有地而亦无可耕，虽欲生活，而亦不能一日生活。不过这些和尚，以社会中底事为外，以不作这些事为静。不作这些事，而却要依靠别人作这些事。这就是他们的生活中底一种矛盾。伊川说：“释氏有出家出世之说。家本不可出，却为他不父其父，不母其母，自逃去可也。至于世，则怎生出得？既道出世，除是不戴皇天，不履后土始得。既道出世，然却又渴饮而饥食，戴天而履地。”（遗书卷十八）道学家对于佛家底批评如此类者甚多，大都是不错底。

道学家不说静而说定。静是与动相对底，而定则不是与动相对底。定是常住于道德境界或天地境界。常住于此等境界，作事时是如此，不作事时亦是如此。此所谓“动亦定，静亦定，无将迎，无内外”。（明道定性书）此即是超过内外动静的分别，不“以内外为二本”，“以内外为二本”，还是由于了解不彻底，此点我们于以后有专篇讨论。

或问：所谓日常底事，各人所作，可不相同。例如一军人的日常底事，是下操或打仗，一个学生的日常底事，是上课或读书。上文所说日常底事，果指何种事？

于此我们说：所谓日常底事，就是各色各样底日常底事。一个人是社会上底某种人，即作某种人日常所作底事。用战时常用底话说，各人都站在他自己的“岗位”上，作其所应作底事。任何“岗位”上底事，对于觉解不同底人，都有不同底意义。因此，任何日常底事，都与“尽性至命”是“一统底事”。作任何日常底事，都可以“尽性至命”。

或又问：人专作日常底事，岂非不能有新奇底事，有创作，有发现？

于此我们说，所谓作日常底事者，是说，人各站在他自己的“岗位”上，作其所应作底事。并不是说，他于作此等事时，只应牢守成规，不可有新奇底创作。无论他的境界是何种境界，他都应该在他自己的“岗位”上，竭其智能以作他所应作底事。既竭其智能，则如果他的智能使他有新奇底创作，又如果他的境界是天地境界，则他的新奇创作亦与“尽性至命”是“一统底事”。

这一点我们特别提出，因为宋明道学家说到“人伦日用”，似乎真是说，只是一般人所同样作底事，如“事父事君”等。至于其余不是一般人所同样作底事，如艺术创作等，他们以为均是“玩物丧志”，似乎不能是与“尽性至命”，“一统底事”。这亦是道学家所见的不彻底处。洒扫应对，可以尽性至命，作诗写字，何不可以尽性至命？照我们上文所说，人于有高一层底觉解时，真是“举足修途，都趋宝渚，弹指合掌，咸成佛因”。无觉解则空谈尽性至命，亦是玩物丧志。有觉解则作诗写字，亦可尽性至命。

宋明人的语录中，有许多讨论，亦是不必要底，例如他们讨论人于用居敬存诚工夫外，名物制度，是不是亦要讲求。这一类底问题，是不成问题底。如果一个人研究历史，当然他需研究名物制度。如果一个人研究工程，当然他需研究“修桥补路”的方法，他们如要居敬存诚，应该就在这些工作中，居敬存诚。道学家的末流，似乎以为如要居敬存诚，即不能作这些事。他们又蹈佛家之弊，所以有颜李一派的反动。

我们于新理学中说，凡物的存在，都是一动。动息其物即归无有人必须行动。人的境界，即在人的行动中。这是本来如此底。上文说“极高明而道中庸”。中庸并不是平凡庸俗。对于本来如此底，有充分底了解，是“极高明”。不求离开本来如此底而“索隐行怪”即是道中庸。

理性与情感

——重读《贞元六书》《南渡集》*

蒙培元

最近，三联书店出版了《冯友兰作品精选》一套共七本，即《贞元六书》和《南渡集》。[①] 前六本书是代表冯友兰哲学思想的主要著作，后一本也是了解冯友兰哲学的必读之书。重读之后，有一点新的体会，就是冯先生很关注情感问题。那么，他是怎样解决这个问题的呢？

一、理智的了解与情感的满足

读冯先生的著作，能发现其中贯穿着一条基本精神，即理性主义精神。这也是《贞元六书》之所以作的一个重要原因，即建立一种新的现代的中国哲学。作为哲学家，冯先生很重视哲学的共性或普遍性的问题。在很多情况下，他强调的是时代性而不是民族性。但是，作为一个中国的哲学家，他认为哲学有其民族的哲学史和民族语言上的分别。因此，他的哲学不仅要接着中国的民族的哲学史讲，而且要用中国的民族语言讲。这些分别对哲学而言可说是表面的、外在的，但是，这些分别对于一个民族在"精神上的团结"和"情感上的满足"，有很大的"贡献"。因此，"这些表面能使哲学成为一民族的精神生活的里面"[②]。他所说的"表面"和"里面"，颇有意思。这里涉及语言的问题，暂且不谈。就"精

---

* 原载《读书》2007年第11期。

① 冯友兰：《冯友兰作品精选》(《新理学》《新事论》《新世训》《新原人》《新原道》《新知言》《南渡集》)，三联书店2007年版。

② 冯友兰：《南渡集·论民族哲学》，《三松堂全集》第五卷，河南人民出版社2000年版，第273页。

神生活”而言，则正是哲学需要面对和解决的根本问题。冯先生对哲学有一个基本的看法，即认为“哲学是人类精神的反思”[①]。精神就是指精神生活而言的，离开人类生活，何来精神？不过，人类的精神生活，确有民族及其语言的问题，作为精神反思的哲学，对于民族精神和民族情感有极大的关系，从一定意义上说，它就是民族精神的灵魂，因此，必然成为一个民族的精神生活的“里面”，而不是它的“表面”。

既然任何哲学都不能脱离民族的精神生活及其语言，任何哲学都是民族的哲学，而“民族的”不是一个抽象的、空泛的概念，它是有具体的、真实的存在的。因此，一个哲学家的哲学，不能只接着空泛的哲学史，它只能接着某一民族的哲学史，而且只能接着某一民族哲学中某一派的哲学。冯友兰的哲学就是接着中国哲学史上的程朱派的。虽然如此，他的哲学仍然是民族的哲学，是从民族哲学中“生”出来的。民族的精神生活是很广泛的，其内容是丰富多样的，其中有许多共性。但是，既然是民族的，就必然有各自的特点，其民族的哲学史也必然有自己的民族特点，接着民族的哲学史讲的现代哲学，当然也会有自己的特点。

冯先生说，哲学是“纯理智”的产物。所谓“纯理智”，就是运用逻辑概念进行分析和推理。按冯先生的说法，概念是公共的，形式的，没有实际内容的，所以是“一片空灵”。既然这样，哲学又如何表现民族精神的特点呢？这就涉及语言的问题。哲学概念是用民族语言表达的，而民族语言中的字所表达的概念，可有多种意义，多种用法。这种多义性是各民族相互不同的，而且是很难翻译的。在哲学中，除了所指的意义之外，某字某概念还有许多余义。正是这些余义，“能引起人的许多情感上底联想”[②]，而这些联想，可以给人以一种“情感上的满足”。这也就是说，哲学作为“纯理智”的活动，不仅事实上，而且本质上是不能离开人的情感的。就中国哲学而言，这一点表现得尤其突出，尤其明显，更确切地说，这正是中国哲学的一个特点。

中国哲学非常重视情感问题，其中的许多重要概念，如“天”“命”“道”“生”“性”“情”“心”等等，直接与情感有关，而且很难翻译成其他语言。冯先生举出“道”“太极”“仁”等名词概念为例，说明这些名词概念如何不容易翻译成西洋文字，译者只能以音译了之，就很能说明问题。哲学是以人类精神生活为题材的智慧，如果这一点能够成立，那么，人类的精神生活就绝不仅仅是一些纯理智的活动，也不是形式概念能概括的，其中还有丰富的情感生活、情感内容，对此，哲学绝不能不闻不问、置之不理。

西方的主流哲学只重视人的理智，将情感从哲学中排除出去，归之于宗教

① 冯友兰：《中国哲学史新编·绪论》，《三松堂全集》第八卷，河南人民出版社2000年版，第15页。
② 冯友兰：《南渡集·论民族哲学》，《三松堂全集》第五卷，第276页。

或其他部门，他们是理智与情感的二元论者。中国则没有西方式的宗教，也没有理智与情感的二元对立。中国哲学解决宇宙人生的问题，是整体论的方法，其中便有情感的问题。冯先生虽然吸收了西方哲学的许多观念和方法，特别是逻辑分析的方法，但他还是接着中国哲学的这个传统讲。这一传统，正体现了中国哲学史的精神。正因为如此，冯先生明确提出，哲学的用处在于“能使人对于宇宙人生，有理智底了解，亦能使人，对于宇宙人生，有情感上底满足”[①]。这就是说，理智和情感，都是“宇宙人生”之事，都是人的精神生活中的组成部分，因而是哲学必须同时要解决的。

“理智底了解”与“情感上底了解”，二者是什么关系？是不是说，有了理智的了解，就必然有情感上的满足呢？或者说，情感的满足是理智的了解的目的呢？根据冯先生的有关论述看，似乎不是这样的。也就是说，二者不是因果关系，也不是目的性关系，二者是“既……又……”的兼有关系。他并不认为，有了理智的了解，就必然产生情感上的满足，比如维也纳学派，求逻辑的真，就未必有情感的满足；他也不认为，理智的了解，只是为了情感的满足，比如儒家所说的“孔颜之乐”，他虽然很重视并经常引用，但他认为，这并不是人生的唯一目的，它是“识仁”“知道”的副产品。这可以说是冯先生对儒家哲学的一个发展。在这个问题上，冯先生与金岳霖先生有共同的观点。金岳霖先生著有《论道》，他更多地运用了逻辑分析和推理的方法，以建立一种新哲学。但他也有一种强烈的诉求，表达了他对哲学的看法，这就是：“我不仅在研究底对象上求理智的了解，而且在研究底结果上求情感的满足。”[②]这就是说，求得理智与情感的统一，是人的精神生活的需要。金先生是研究西方哲学的，但他不仅要回到中国哲学，而且要在他的哲学中体现中国哲学的精神。金先生之所以以中国哲学中的“道”为其哲学的最高范畴，是因为在他看来，不仅中国思想中最崇高的概念似乎是道，而且“思想与情感两方面的最基本的原动力似乎也是道”[③]。因此，他将“道”视为元学的题材，而不是知识论的题材，因为“知识论底裁判者是理智，而元学底裁判者是整个的人”[④]。“整个的人”这个说法同冯先生的“全体”的人的说法一样，道出了中国哲学的最重要的特点。只有作为“整个的人”，才能将理智与情感统一起来。中国哲学正是将人视为生命整体，而不仅仅是分析的对象。若说人是“理性的动物”，那么，人同时也是“情感的动物”，这并不意味着将人降低了，实际上，人是理智与情感的有机的生命统一体。

---

① 冯友兰：《南渡集·论民族哲学》，《三松堂全集》第五卷，第278页。

② 金岳霖：《论道》，商务印书馆1987年版，第17页。

③ 金岳霖：《论道》，第16页。

④ 金岳霖：《论道》，第17页。

二、精神境界与情感

冯先生认为,哲学不是使人获得知识,而是得到一种精神境界。境界就是人的精神生活的哲学反思的结果,其中既有理智成分,又有情感成分,绝不是单纯的理智问题,或只有理智成分。

照冯先生所说,境界靠人的"觉解","觉解"不同,宇宙人生对于人的意义也就不同,境界也就不同,"觉解"越高,境界也就越高。他将"觉"与"解"分别进行了解释,认为"解"是了解,"觉"是自觉。了解与自觉的主要分别是,"了解必依概念","自觉是一种心理状态,它只是一种心理状态,所以并不依概念"。[①] 冯先生很重视概念,重视概念的认识和分析,并以此作为写作《新理学》的主要方法。但是,当谈到哲学的实质问题即精神境界问题的时候,他并不认为概念的了解是唯一的。除了概念的了解之外,人还需要一种自觉,而这种自觉,只是一种"心理状态",这种"心理状态"是概念无法表达的。必须将觉与解二者结合起来,才能成为一种境界。

冯先生在《新原人》中,对他所提出的四种境界进行了比较。其中,自然境界中的人是没有自觉的,功利境界、道德境界和天地境界中的人,都是有自觉的,但是又有不同。功利境界中的人的自觉是有私的或求利的;道德境界中的人的自觉是无私的,为公的;天地境界中的人的自觉则更高,他既是无我的,又是有我的,无我者无私我,有我者有真我。他不仅是为公的,而且是超越道德的,是"天地万物一体"的。这些论述实际上就是讲情感的问题。

事实确是如此。除了一般地承认情感在人的境界中的地位之外,冯先生特别重视道德境界与天地境界中的情感问题。他明确地提出:"在道德境界中底人,亦有情感,不过其情感之发,亦常是为公底。"[②]这说明为公还是为私的问题,是一个情感问题,对于这样的情感的自觉,就是人的自我直觉,即自知其有这种情感。它不是对象式的概念认识所能说明的。比如愤怒,就是一种情感,但有公私之分。道德境界中的人,其愤是公愤、义愤,而不是私愤。所谓公愤、义愤,是合于正义原则的愤;所谓私愤,则是为个人私利而泄愤。其实,这正是接着宋儒哲学讲的,宋儒程颢有"圣人之怒,以物之当怒"之说,"当怒"就是处于"应当"的原则而怒,不是出于自私而发怒。道德境界中的人,也有忧与乐,但他的忧与乐也是为公的,为天下的,他是"先天下之忧而忧,后天下之乐而乐"。这能不能说是一种情感的"形式"?如果承认有情感的形式,那么,这不是美学的情感形

---

① 冯友兰:《新原人·觉解》,《三松堂全集》第四卷,河南人民出版社2000年版,第472页。

② 冯友兰:《新原人·道德》,《三松堂全集》第四卷,第555页。

式，而是道德的情感形式，它是实际生活中的人所“依照”的原则。

那么，情感与理性是什么关系呢？按照冯先生的说法，理性有二义，一是道德的即道德理性，一是理智的即理智理性。[①] 照宋明理学的说法，“礼者理也”，主要是指道德理性而言的，这就是所谓“情理”。冯先生是同意并接受这个思想的。但他同时又注意到西方人所说的理性。西方人注重的是理智理性，而缺乏宋明理学所说的道德理性。他要将二者结合起来，使人在道德方面和理智方面都做一个“完全的人”，这样的人就是“圣人”。其实，圣人只是一种境界。在实际生活中虽然没有这样“完全的人”，但这是“做人”的目标，也是“做人”的标准。根据人情即情感而制定的礼，就是道德理性，这实际上就是说，情感可以是理性的，所据以制定礼的情感就是道德情感。当情感变成形式化的“规矩”时，就变成了理性。理性虽然是“形式”，但是，当人们在实际生活中“照”理性行事的时候，它就不只是一个形式，它是有实际内容的。这就是冯先生所说“礼不是套子”的真实意思，也是冯先生的哲学不同于西方分析哲学的重要特点。

冯先生在讲道德境界时，特别提到仁和义。仁义是儒家哲学的重要概念，特别是仁，更是儒家哲学的核心。在冯先生看来，仁有不同层面，不仅在道德境界，而且在天地境界，都有其重要地位。而仁与情感更有直接的关系，实际上仁就是一种情感。义的含义是“应该”，如果只是为“应该”而行，这种行为就是义的行为，“若其兼有与别人痛痒相关的情感，则其行为，即是仁底行为”[②]。很明显，仁是就与别人痛痒相关的情感而言的。他对于程颐所说的“医言手足麻痹，谓之不仁，此言最善名状”之说，非常欣赏。对于程颢的“公而以人体之谓之仁”之说，也很欣赏，认为“仁者不但以公为心，而且对于别人的情感，有一种体贴”。这种对别人痛痒相关的情感及对别人情感的“体贴”，就是道德情感。“此种情感，可以说是道德行为中底‘人底成分’。”[③]他的境界，就是仁者的道德境界。据此，他批评了康德的道德哲学，认为康德所说的道德行为，只是义的行为，而不是仁的行为。“道德行为又可分为义底行为与仁底行为二种，康德似尚未见及。”[④]这个批评是中肯的。康德提出人了“人是目的”的伟大学说，但是他并没有在他的“纯粹实践理性”中将这一学说贯穿到底，他将道德情感限制在心理的范围之内，视为经验的实然的，因而不能成为道德理性。但是，情感也是可以从理上讲的，不仅仅是实然的经验。就经验而言，也不仅仅是先念理性用之于其上的“所与”，它还有更重要更广泛的意义。从这一点上说，康德的道德哲学确

---

① 参见冯友兰：《新世训·尊德性》，《三松堂全集》第四卷，第351页。

② 冯友兰：《新原人·道德》，《三松堂全集》第四卷，第552页。

③ 冯友兰：《新原人·道德》，《三松堂全集》第四卷，第551页。

④ 冯友兰：《新原人·道德》，《三松堂全集》第四卷，第552页。

有“未见及”的地方。

就仁与义的关系而言，冯先生认为，仁的行为必兼义的行为，但是义的行为则不必兼仁的行为，“仁兼义，但义则不兼仁”[1]。这是对中国哲学的一种现代弘扬。照冯先生的解释，义利之辨只是公私之辨。义就是讲公利而不是私利。仁必须是公，但并不以公为仁，仁必须有恻隐之心。如果以残忍之心行义，就失去了真正的意义。因此，仁可兼义，而义不兼仁。这是就道德境界而言。到了天地境界，仁具有更大的意义，即超社会道德的意义，这就是“万物一体”“浑然与物同体”的境界。早在《新理学》中，他已经提出仁的问题，并且分出了层次，一是指道德而言，一是指“万物一体”之境界而言（他称之为“大仁”），“从天之观点以观事物，则对事物有一种同情底了解”[2]。不只是对人，而是对万物有一种同情的了解，这就是一种宇宙关怀，这种情感是超道德的。仁的根本意义是爱、关怀、同情、尊重，也就是冯先生曾经说过的“真实的情感”。以“天地万物一体”之仁说明天地境界，就是从生命整体观出发的，在人与宇宙自然界之间建立以情感为基础的价值关系。所谓“我”的“主宰”义，就不是统治自然界，而是关爱自然界的万物，即“万物皆备于我”“浑然与物同体”。其所谓“了解”，是有情的知，其所谓“情感”，是有知的情，情感与理性统一起来了。这就从哲学上解决了人与宇宙自然界的关系，而不必诉之于宗教。这是一个很重要的贡献，对于今人树立生态观念，解决十分严重的生态问题，提供了非常珍贵的精神指导。

三、哲学与诗

冯友兰先生的全部工作，是建立一种新的形而上学。他虽然吸收、运用了维也纳学派的分析方法，但并不是以此为目的的。他与维也纳学派的根本分歧，也在这里。但是，在维也纳学派看来，这种努力是徒劳的。他们认为，形而上学的语言是无意义的，是“概念的诗歌”，即情感的语言，只能满足我们的情感。那么，在哲学中能不能使用情感的语言呢？哲学与诗又是什么关系？冯先生不仅使用了情感的语言，而且公开主张，情感与逻辑语言并不构成矛盾，不仅不构成矛盾，而且都是必需的。

也许是为了回答维也纳学派的责难，冯先生在《新知言》中专门写了《论诗》一章。他认为，诗也可以进于道。这所谓“进于道”，就是进行形而上的哲学。但诗不是用逻辑语言即概念表达的，有一种所谓哲学诗或说理诗，就是用哲学概念再押上韵写出来，其实这并不是真正的诗。诗的语言，没有概念，没有长篇

---

① 冯友兰：《新原人·道德》，《三松堂全集》第四卷，第552页。

② 冯友兰：《新理学·圣人》，《三松堂全集》第四卷，第186页。

大论的说理，没有严密的逻辑推理，既不是“讲”形而上学，也不是“讲”形而上学不能讲。诗的语言是“直接以可感觉者，表显不可感觉，只可思议者，以及不可感觉，亦不可思议者。这些都是形上学的对象”[①]。这意思是说，诗是用可感觉的形象语言来表现那“超言绝象”的意思，这个“意思”，就是形而上学的主题，说得更明确一点，是表现一种情境即境界。诗的语言必有所表现（冯先生用“表显”），但不只是诗的语言本身所说者，而是所说以外的意思，这就是“超以象外”。从这个意义上说，诗是“言有尽而意无穷”。就其“超以象外”的意思说，就是“不著一字，尽得风流”，这“风流”就是一种境界。

诗的妙处就在于富于暗示，能使人引起许多想象，得到许多意思。诗和其他艺术一样，主要是表达情感的，是一种情感语言，因此，不能用那些抽象的概念去表现。诗就其本质而言，是欣赏的、鉴赏的，能使人得到一种快乐。这就是许多哲学家所说的美。照冯友兰先生的说法，美可以是一种境界，而这种境界与哲学所说的境界是相通的，或者不如说，是用诗的形式、诗的语言，表达了哲学所说的境界。这样的诗就是“进于道底诗”。他举出历史上的一些著名诗人的诗篇说明了这一点。陶渊明见南山、飞鸟而有“欲辩已忘言”之句，表现了不可感觉不可思议的“浑然大全”。陈子昂由我与古人、后人诸事实，显示“念天地之悠悠”的情境，将宇宙作一无穷之变而“观”之，又有“独怆然而涕下”所受的“感动”。李白有“登高壮观天地间，大江茫茫去不还”的百感交集。苏东坡借大江、明月，以“遨游”“长终”显示不可感觉的无穷的“道体”。这些都可以看作一种讲形而上学的方法，也可以看作一种表达境界的方式。

冯先生由此得出一个结论，讲形而上学有两种方法，一种是用“长篇大论”的方式，一种是用“名言隽语”的方式，以表达其意思。前者可称为“散文底方式”，后者可称为“诗底方式”。[②] 用散文的方式表达意思，凡所应该说的，都已说了，读者不能在所说之外另得到别的意思。用诗的方式表达意思，意思不止于所说者，读者因其“暗示”，可以得到其所说者以外的意思，其中有些可能是说者所“初未料及者”。这里最值得注意的是，他提出了“名言隽语”的方式就是“诗底方式”。这是一个非常重要的观点。这实际上等于说，中国哲学就是诗性的哲学，中国人的生活就是诗性化的生活。这里所说的“诗”是广义的。中国的哲学家，基本上都是用名言隽语的方式表达意思的。这与西方哲学家的论证式的长篇大论有很大的区别。正因为如此，有些西方哲学家如黑格尔，将中国哲学家孔子所说的话称为“格言”。事实当然不是如此，比如孔子的“逝者如斯夫”，就是用诗的方式讲哲学。不过，在冯先生看来，这个区别也有相对的意义。就

---

① 冯友兰：《新知言·论诗》，《三松堂全集》第五卷，第232页。

② 冯友兰：《新知言·论诗》，《三松堂全集》第五卷，第234页。

中国而言,庄子可以说是用诗的方式表达意思,郭象的庄子注,如果与庄子比较,则可以说是用散文的方式表达意思。但是,如果将中国哲学史与西方哲学史比较,则郭象所用的方式,还是名言隽语的方式。他认为,“这是中国以前底大多数底哲学家所用底方式”[①]。所谓“大多数”,意思是中国也有用长篇大论的方式的哲学家,但只是极少数,究竟是哪些哲学家,冯先生没有说。如果在中国哲学史上很难找到这样的哲学,那么,像冯先生这样的当代哲学家,就是这样的哲学家。不过,冯先生不仅不否定“名言隽语”即“诗底方式”的作用,而且提倡用这种方式。他认为,在西方也有用名言隽语的方式写作的,维特根斯坦就是一个。

诗是艺术,不过是用语言表达的艺术,艺术还有许多种类。凡艺术包括诗都有共同的作用。冯先生在《新理学·艺术》中说,艺术对于人的力量是“感动”。“所谓感动者,即使人能感觉一种境界,并激发其心,使之有与之相应之一种情。”[②]“感动”就是指情感而言的,但是能使人感觉一种“境界”,就不是普通所谓情感。感觉并不是概念认识,却能达到一种境界,并能激发人心而有一种与此相应的情感,这种情感显然具有超越意义。这正是哲学所要解决的,因为哲学就是提高人的境界。艺术不能使人知,但是能够使人觉,即他所说的“觉解”中的觉。人的自觉是非常可贵的,人有了自觉,不仅能成为道德高尚的人,而且能成为人格美的人,感受到生命的快乐的人。这就是他所说的哲学不仅能使人“有理智底了解”,而且“有情感上底满足”的意义所在。

因此,这不只是方法的问题,更是人生的问题,精神境界的问题。《南渡集》中有《论风流》一文,就是讨论人格美的,也是讲精神境界的。冯先生对美有一基本看法,就是“美涵有人的赏识”,因而具有主观的成分,或者说,“凡能使人有某种快感的性质是美”,“快感”也有主观的成分。这所谓“主观”,主要是指情感感受和体验,而不是指认识(他不否定美的有一定的标底,在此不论)。但要问什么是美,却是语言所不能表达的。风流是一种美,即人格美,“所以什么是可以称为风流底性质的内容,也是不能用语言传达底”[③]。这里所说的“语言”,是指概念语言,不是任何语言,“名言隽语”就是表达风流的语言。过去所谓魏晋时期的名士风流,就是用“名言隽语”说话的。

风流作为一种人格美,有其构成条件,冯先生从四个方面说明了它的构成条件,其中既有认识问题,又有情感问题,既有方法问题,又有存在问题,但都是从美的角度讲精神境界的。比如就第一点说,真风流的人,必有“玄心”。“玄

---

① 冯友兰:《新知言·论诗》,《三松堂全集》第五卷,第234页。

② 冯友兰:《新理学·艺术》,《三松堂全集》第四卷,第163页。

③ 冯友兰:《南渡集·论风流》,《三松堂全集》第五卷,第310页。

心”可以说是“超越感”。“超越是超过自我。超过自我,则可以无我。真风流底人必须无我。”[①]“无我”是从情感上说,即“有情而无我”。“无我”之情,就是超越自我的情感,并不是真无情。就第二点说,真风流的人,必须有“洞见”。“所谓洞见,就是不借推理,专凭直觉,而得来底对于真理底认识。”[②]所谓直觉,从方法上讲,是“名言隽语”,从境界上讲,是“不著一字,尽得风流”,其真理是人生的真理。就第三点说,真风流的人,必须有“妙赏”。“所谓妙赏就是对于美的深切底感觉。”[③]这就是说,美是具有感性特征的,但其中又有很深的意味,这种意味,就是所达到的境界,故称之为“妙赏”,可谓“妙不可言”。第四点是专讲情感的。真风流的人,必有“深情”,可谓“一往情深”。在我看来,“深情”和“玄心”实际是相通的,前者是从情上说,后者是从心上说的,心虽然可以兼情而不止于情,但在这里主要是指情而言的。由于真风流的人有玄心而能超越自我,即有情而无我,他的深情就不是关乎自己的,不是对他自己的嗟叹,而是“对宇宙人生底情感”。“他的情与万物的情有一种共鸣。他对万物,都有一种深厚底同情。”[④]这实际上是一种仁者的情怀,是仁者“以万物为一体”的境界。因此,他不仅讨论了魏晋名士的风流,而且讨论到宋儒特别是程明道的境界,即“风流人豪”。

这并不奇怪。冯先生在讲中国哲学史时,称玄学家为“新道家”,称道学家(即理学家)为“新儒家”。但是,就整个中国哲学史而言,他们有相通之处,作为接着中国哲学史讲哲学的冯先生,更是要“会通”各家。以上所说,就是一例。他从美的境界说到仁的境界,最后归到他所说的天地境界,以对万物的“深厚同情”为人生的最高追求,足以说明他对情感的重视。在这种境界中,真善美实际上得到了统一。

冯先生的哲学的最大特点,是引入了西方的理性主义,但是,他看到了理性的限制。不离理性而又超越理性,这才是他的哲学的根本宗旨。就此而言,情感与理性各有其地位与作用,并不构成矛盾。就其终极理念而言,情感具有更加重要的意义,这就是最终实现对万物有深厚同情、与万物痛痒相关的“万物一体”亦即“自同于大全”的境界。这也是冯先生只讲哲学而不讲宗教,或以哲学代宗教的一个重要原因。

---

① 冯友兰:《南渡集·论风流》,《三松堂全集》第五卷,第311页。
② 冯友兰:《南渡集·论风流》,《三松堂全集》第五卷,第312页。
③ 冯友兰:《南渡集·论风流》,《三松堂全集》第五卷,第312页。
④ 冯友兰:《南渡集·论风流》,《三松堂全集》第五卷,第315页。

冯友兰对中国哲学的贡献*

蒙培元

冯友兰先生对中国哲学作出了重要贡献，我这里只谈两点：一是“新理学”，完成了一个概念体系，使中国哲学走上近代化的分析之路；二是“境界说”，提出了人生的理想境界，使中国哲学具有永久价值。

“新理学”的意义在于，它是第一次运用近代逻辑方法系统阐述中国传统哲学的重要成果。中国哲学能不能走进近代社会，如何走进近代社会，是中国的哲学家们必须回答的问题。冯先生作出了自己的回答：“新的现代化的中国哲学，只能是用近代逻辑学的成就，分析中国传统哲学中的概念，使那些似乎是含混不清的概念明确起来，这就是‘接着讲’与‘照着讲’的分别。”①这句话包含着一位中国哲学家在近代西方哲学挑战面前的艰苦思索，也是对时代课题所作的回答。它打破了文化保守主义，以开放的心胸面对时代课题，通过中西哲学互相解释、互相沟通，建立新的中国哲学。人们只看到，他选择了西方新实在论哲学，却很少注意到它的一般意义。在中国传统哲学中，最富有理论色彩的玄学和理学，都提出过“辨名析理”与“条分缕析”的方法，但他们毕竟缺乏概念分析法。这一点冯友兰先生做到了，可说是有功于中国哲学。我们不应当只要求他的分析与中国传统哲学符合到什么程度，我们更应当看看他有什么新的贡献，这些贡献有何意义。

有一种看法说，“新理学”完全是西方实在论一套，只是借用了中国哲学的名词而已。这种看法过于偏激。如果说“新理学”吸收了新实在论则可，如果说“新理学”等于新实在论则不可。因为它是中西哲学互相理解、互相解释的结

---

* 原载《中国哲学史》1995年第1期。

① 冯友兰：《中国哲学史新编》第七册，《三松堂全集》第十卷，河南人民出版社2000年版，第621页。

果。经过解释的东西，不等于原有的西方哲学，也不等于原有的中国哲学。比如，冯先生提出“真际”和“实际”两个概念，但是他并没有把中国哲学概念全部装进这对概念。《新理学》中四个主要概念之一的“道体”，就很难在西方哲学中找到与之完全对应的概念。在西方，无论是柏拉图的理念，还是新实在论的共相，都是与现实、殊相截然对立的，这种二元对立是整个西方哲学的传统，不只是新实在论。但是，“道体”作为中国哲学的重要概念，则是理与气、形上与形下的结合，所谓“道体流行”，就是这种结合的过程。其他如对“性”“命”等范畴的解释，也与此相类似。这说明，他在进行逻辑分析的时候，是考虑到中国哲学特点的。这种新的形上学，并没有完全离开中国传统哲学。因此，“新理学”不能简单地说成是新实在论的“翻版”。

又有一种看法说，“新理学”完全是中国传统的，与西方哲学有本质区别。这种看法也失之过偏。冯先生关于“真际”和“实际”的分析与区分，确实引入了西方哲学的基本观点，这样的概念区分在中国传统哲学中是很难找到的，因为它与中国传统哲学的基本精神不一致。比如中国哲学虽讲理气、形上形下、体用，但是并不承认有一个形而上的理世界，中国哲学所强调的是“理不离气”“形上不离形下”，这很难用“真际”与“实际”的二元对立去解释。但是，冯先生的贡献也在于此。这就是使中国哲学的概念更加清晰，更加逻辑化，而不是“含混不清”“拖泥带水”。他这样做，在很大程度上改变了中国哲学的原有性质，使之具有近代哲学的特质。缺乏概念的明确性，并不是中国哲学的优点，毋宁说是它的缺点。哲学不能没有概念，而概念具有明晰性，这是近代哲学的要求。“真际”概念的提出，使传统的形上学具有一种新的特质和新的形态，使中国哲学的超越意识真正得到明确表述。从某种意义上说，这并不是什么缺点，而是实现中国哲学“转型”的一次新尝试。至于这种新形态能否发扬中国哲学的精神，这是一个需要不断理解与解释的问题，并没有一个固定不变的模式。

“境界说”则是冯先生经过概念分析之后，对中国哲学精神的深层把握，也是对“新理学”的推进。可以说，这一把握是十分深刻的。中国传统哲学的精神究竟是什么？人们说了很多，现在还在继续说，但是在我看来，冯先生的说法最深刻，也最符合中国哲学的“意味”。在中国哲学中，大家都讲境界，但是没有一人明确提出“境界”这一概念，更没有人系统阐述过。中国哲学只讲“圣人”，而“圣人”就是境界。魏晋时期的“意境说”，宋明时期的“气象说”，都是讲境界的，佛学更是讲境界的（“境界”二字便出于佛家，但还不是我们现在所理解的境界）。王国维第一次提出“境界说”，但他不从哲学上讲，只从词话美学角度讲（尽管中国哲学从根本上说是诗学的、艺术的）。在所谓当代新儒家中，不是别人，正是冯友兰先生系统阐述了境界说，这是冯先生对中国哲学所作的最重要的贡献。

冯先生和金岳霖先生都是用西方逻辑分析方法解释中国哲学的代表人物，但他之所以不同于金岳霖，不仅仅在于后者能“把简单的问题复杂化”，前者能“把复杂的问题简单化”，而在于后者把哲学归结为“概念的游戏”，前者则超越概念分析，进而提出境界说。先生除了在“贞元六书”中的《新原人》中，提出四种境界说；在他后来从事中国哲学史研究的过程中，一方面贯彻了“新理学”的方法，以共相与殊相、一般与个别等概念作为中国哲学的根本问题，另一方面却又反复强调，中国哲学的真正精神是提高人的精神境界。特别在《三松堂自序》和《中国哲学史新编》的最后几册中，更加强调了这一点。我们完全有理由说，精神境界说是冯先生从事哲学与哲学史研究的真正关切。

如果说，冯先生在《新原人》时期，强调境界是对宇宙和人生意义的认识，偏重于意义分析和认识问题，那么，到晚年时，他又意识到心灵直觉的重要性。这一点从《新编》总论中看得很清楚。他对张载的“为天地立心”“大其心以体天下之物”以及程颢的“反身而诚”“浑然与物同体”给予特别重视，并直接引用以说明之，就是证明。当然，他始终坚持概念论的重要性，他甚至认为，境界就是概念，“同天”境界就是关于“天”或“宇宙”的概念。他举程颢的“浑然与物同体”以说明直觉，又举程颢的“先识仁体”以说明概念认识，特别值得注意的是，先生晚年提出，“新理学”与“新心学”实现统一的问题。在他看来，把直觉同概念认识结合起来，“新理学”与“新心学”的争论即可从此结束。应当说，这是先生晚年提出来的一个重要看法，可说是冯先生的“晚年定论”。这还说明，冯先生的哲学观点是不断发展的(这在“贞元六书”中已能看到)，对哲学问题的思考从来没有停止过。他不仅具有哲学家的智慧，而且具有哲学家的胸怀。他对梁漱溟、熊十力等人的哲学，表现了极大的同情，也能说明这一点。

我历来认为，理学与心学的区别并不是特别重要，更不必争“道统”，因为二者具有共同的性质和目的，这就是实现“天人合一”“心与理一”的心灵境界，也就是诚、仁、乐合一的整体境界。理学派虽然比较重视概念性认识，但是绝没有建立起如同西方哲学那样的概念论，它最后必然归结为心灵的自我体验与直觉。不仅程颢的“浑然与物同体”是如此，而且程颐的“以体会为心”也是如此，朱熹的“存心”“尽心”“在自家身上著切体验”“心统性情”等，都是如此。这同张载的“大其心”完全是一致的。冯先生晚年意识到“新理学”与“新心学”应当而且能够统一，不必争论，这一反省足以发人深思。

这里还要指出一点，精神境界的实现不仅需要“思”(认识)与“觉”(直觉)，而且需要“体”(体验)和“行”(实践功夫)。它们各有不同意义、不同层次，却又是互相联系的。就是说，认识不是纯粹概念的认识，直觉不是纯粹理智的直觉，而体验也不是纯粹情感的体验，功夫也不是纯粹方法的功夫。四者各有所司，但又是互为条件、不可缺少的。其中，体验与功夫非常重要。但是，无论当代“新理学”，还是当代“新心学”，都强调理智而忽视了体验、功夫问题。事实上，体验（包括道德体验、美学体验、宗教体验）是人类生命人类精神的重要内容，如同人的精神不能没有情感，精神境界的实现不能没有体验。体验必须是情理合一、情性合一的，否则，所谓情者只是“私情”，所谓体验只是感性体验。离开体验功夫的认识，便是纯粹智性的直觉。境界必须是情性合一、本体与功夫合一的心灵存在，不是纯粹理性或逻辑的认识或真理。因此，中国哲学的概念、范畴，固然有认识意义，但更重要的则是存在意义和实践意义。它是整体综合的，不是逻辑分析的。心灵境界的实现，除概念认识和直觉，还必须有体知、体会、体味、体察、体验。这既是自我实现，存在体验，也是自我超越的本体体验。

有人说，讲生命体验，讲心灵境界，并不能使中国哲学走进现代社会，不能为现代化提供精神资源。我认为，这是一种狭隘的实用主义观点。中国哲学的特点，就在对人的生命价值的肯定，其肯定的主要方式就是通过直觉体验，提高（或实现）心灵境界。我不相信高尚的心灵境界是同现代市场经济相冲突的，人的素质、人的境界无论何时都是最重要的，甚至是决定性的，而这一点是科学技术所不能代替的。

以上是我对冯先生的“境界说”的一点补充。

阐旧邦以辅新命

——冯友兰“新理学”的问题视域*

崔　罡

现代新儒家学者中存在着一种强烈的“判教”意识，以为只有熊十力、牟宗三一系的才算是“正宗”的现代新儒家。本文无意于这种无谓的争论，而认为：至少在广义上，冯友兰确属现代新儒家，乃是现代新儒家第一代的代表人物之一。

不过，相比于现代新儒家当中的其他学人，冯友兰的思想所引发的争议确实可以说是最大的。这正如牟钟鉴所说：

> 不论在他前半生创立体系、备受赞扬的时候，还是在他后半生另探新路、备受谴责的时候，他都是引人注目的重点人物。他的一生虽不能说富有传奇色彩，却也跌宕起伏，曲折多变，引起各种讨论和争议，直到今天，对他的认识和评价还不能取得大致的统一。①

然而无论如何，对于20世纪的“中国哲学”来说②，冯友兰都是一位极其重要而“绕不过去”的人物。既然如此，那就应该如郑家栋所说：

---

* 原载黄玉顺主编：《现代新儒学的现代性哲学——现代新儒学的产生、发展与影响研究》，中央文献出版社2008年版，第142～182页。

① 牟钟鉴：《试论“冯友兰现象”》，郑家栋、陈鹏主编：《解析冯友兰》，社会科学文献出版社2002年版，第1页。

② “中国哲学”这个提法能否成立，是一个有争议的话题。2001年9月，郑家栋在韩国东洋哲学会主办的“奇高峰与二十一世纪东洋哲学”学术研讨会开幕式上作题为《“中国哲学”的“合法性”问题》的演讲，后又发表了一系列文章探讨此问题。由此引发的关于“中国哲学”的“合法性”问题的讨论一直延续至今。

> 对冯先生最好的纪念就是研究他的思想、著作，对之加以客观的分析和公正的评价，实事求是地指出他的中国哲学研究和他所创立的哲学体系，对于我们民族理论思维发展方面和现代文化探索方面所做出的贡献、所提出的问题及其所表现出的局限性，以便我们从中汲取理论营养和经验教训。①

本文无意于全面展开对冯友兰哲学思想的叙述与评析，而只打算从一个特定的视角，集中分析冯友兰“新理学”的一个基本特征：“阐旧辅新。”

一、引言：问题之提出

从围绕冯友兰的众多争议中去寻绎出对他的恰当评价，这是目前冯友兰思想研究的目的之所在。本文认为，如果研究工作要继续下去，首先应当追问的是：应当如何看待这种种争议？这些争议是从何而起、何以可能发生的？是由于研究者们本身的立场、视域不同，从而遮蔽了冯友兰思想本身的问题视域？还是冯友兰的学说本身就存在着巨大的紧张，以致研究者们往往“鉴于此而失于彼”？抑或这两种情况都是存在的？

（一）冯友兰研究中的视域问题

海德格尔曾引用胡塞尔的话这样说：“研究的动力必然不是来自各种哲学而是来自事情和问题。”②如果我们把这里所说的“动力”理解为使研究得以可能的推动者的话，那么可以说，问题本身决定了研究的对象（总是对这个问题而不是对那个问题的研究）、研究的目的（总是期望这个问题而不是那个问题的答案），乃至在很大程度上已经决定了研究的结论。这也就是“视域”问题：一个思想者有他自己的“事情和问题”，有他自己的问题视域；而这个思想者的研究者也有他自己的问题视域，即在他的研究中存在着一个视域问题。

对冯友兰的研究亦然。任何的研究或评价都必定是在一种指标下进行的，对冯友兰的研究同样如此。例如，郑家栋曾提出：

> 一般说来，我们在评价一个哲学体系时可以有两个不同的立场：一是一般哲学的立场，二是中国哲学的立场。站在一般哲学的立场上，我们可

---

① 郑家栋：《冯友兰与近代以来的哲学变革——新理学的基本精神及其限制》，《解析冯友兰》，第189页。

② ［德］海德格尔：《哲学的终结和思的任务》，孙周兴译，倪梁康主编：《面对实事本身——现象学经典文选》，东方出版社2000年版，第424页。胡塞尔原文，参见［德］胡塞尔：《哲学作为严格的科学》，倪梁康译，商务印书馆1999年版，第69页。

以主要着眼于一个哲学体系在理论思维方面所达到的水平和深度(实际上并不存在一个纯粹的“一般哲学的立场”,每个人在评价一个哲学体系时总是或多或少的带有自己的哲学成见);站在中国哲学的立场上,我们则要进一步论定该哲学体系是否合于中国哲学的基本精神。①

郑家栋本人并未对他所说的两大“立场”予以详细论述。不过,刘东超在谈及如何评价冯友兰《贞元六书》的一篇文章里的一种说法,倒是可以作为这两个“立场”的注脚:

从“文本真实”的角度上来看任何一种学说所取得的成就至少取决于两种因素,一是它自身的体系化程度如何,二是它较前人学说增添的崭新且正确的质素有多少。所谓“体系化”,可以分解为两项内容:首先是能否达到逻辑自恰,即自身的逻辑保持(至少是大致的)统一性,(最起码)没有(严重或明显的)逻辑矛盾。这是最为基本的要求。其次是广度、深度和精度如何,前者即涵盖的经验内容的宽窄,中者即思辨力量的大小,后者即精确、精巧程度高低。……所谓“崭新且正确的质素”也包含两项内容,首先是不同于甚或超越于旧经验的新体验,且这一体验应是建立在确凿而实在的基础之上的。其次是不同于旧表述、旧思辨的崭新且有效的形式工具,比如新概念、新逻辑等。②

而H.G.梅勒曾经在一篇文章里提道:“为了在哲学上对于新理学加以定位,我们需要某种定位的标准。我想引进一种结构主义的模式作为标准。……一般说来学者们似注重更为具体的、历史的方面。”③结合郑、刘二人的说法,从梅勒的这段话中,我们可以得到一些有用的信息:

首先,梅勒提到的自己与“一般学者”的不同,就是所采用的指标的不同。对冯友兰的研究,大多数甚至可以说几乎全部都是采用的两大指标:“历史的”和“具体的”。郑家栋、陈鹏主编的《解析冯友兰》一书,收集了自20世纪20年代以来绝大部分研究冯友兰的文章,我们从中不难看到,几乎没有例外,所有的讨论都是在此框架下展开的。比如,朱光潜的《冯友兰的〈新理学〉》一文,采用的就是“一般哲学”的,也就是“具体”的立场;而洪谦的《论〈新理学〉的哲学方法》一文,采用的就是“中国哲学”的,也就是“历史”的立场。④ 其他诸如胡适、金

① 郑家栋:《冯友兰与近代以来的哲学变革——新理学的基本精神及其限制》,《解析冯友兰》,第197页。

② 刘东超:《如何评价新理学》,《孔子研究》2001年第5期。

③ [德]H.G.梅勒:《冯友兰新理学与新儒家的哲学定位》,《哲学研究》1999年第2期。

④ 朱、洪二先生文,见《解析冯友兰》一书第43～66页。

岳霖、陈寅恪等与冯友兰的同辈学者，以及张岱年、任继愈等晚辈学者们的研究，同样如此。

既然指标是相同的，或者至少可以说是相似的，而结论却大相径庭，其原因何在？例如，蒙培元和郑家栋同样认定：“冯友兰新理学体系的性质，一言以蔽之，就是：吸收西方现代哲学的逻辑分析方法，重建儒家的形而上学。”[①]但在郑家栋那里，冯友兰的新理学引发了这样的问题：如此建构的中国哲学是否具有合法性？而在蒙培元先生看来则是：“它是第一次运用近代逻辑方法系统阐述中国传统哲学的重要成果。……完成了一个概念体系，使中国哲学走上了近代化的分析之路。……它打破了文化保守主义，以开放的心胸面对时代课题，通过中西哲学互相解释、互相沟通，建立新的中国哲学。……可说是有功于中国哲学。”[②]

目标一致，采用的指标也几乎一致，那么，问题究竟出在哪儿呢？

问题在于：就对冯友兰的研究而言，不同的研究者，其“事情和问题”本身是不同的；换言之，其研究问题的“视域”是不同的。在不同的问题视域之下，尽管采用同样的评价指标，并为了看似同样的目的，其结论必定也是不同的。这一点，甚至仅仅从不同的学者看重的文本不同这样一种分歧中就可以看出来，例如，郑家栋只谈《新理学》与《新原人》，陈来则就着文化问题讨论《新事论》，张岱年专门谈《新知言》。

如果研究的目的不仅仅是自觉或不自觉地将冯友兰纳入自己的某一个问题视域，而是寻求对冯友兰本人的恰当评价的话，那么，学者们至少应当说明自己进入此研究的问题视域何在，以及明确地指出自己所认定的冯友兰的问题视域所在。这是两个截然不同的视域，不得混淆，而应加以严格明确的分辨。

但这种分辨在目前的研究中是缺失的。我们看到的是，学者们往往一上来就摆出一个“客观”“公正”的法官姿态，对冯友兰的文本乃至具体字词进行放大镜式的巡检，而事实上却是：研究者们不自觉地遮蔽了冯友兰本人的问题视域，而将冯友兰的思想完全消解于自己的问题视域之下了。这样一来，冯友兰作为一个鲜活的生命就被悄然抹去了。

(二)冯友兰“新理学”的问题视域

那么，冯友兰“新理学”本身的问题视域何在呢？

冯友兰的学术生涯，似乎可以被分为四段。冯友兰本人在《三松堂自序》中

---

① 郑家栋：《冯友兰与近代以来的哲学变革——新理学的基本精神及其限制》，《解析冯友兰》，第192页。

② 蒙培元：《冯友兰对中国哲学的贡献》，《解析冯友兰》，第183页。

说过：

> 六十年来，我的哲学活动，可以分为四个时期。第一时期是从 1919 年到 1926 年，其代表作是《人生哲学》。第二时期是从 1926 年到 1935 年，其代表作是《中国哲学史》。第三时期是从 1936 年到 1948 年，其代表作就是抗战中写的那六本书……《贞元六书》。第四时期是从 1949 年到现在，其代表作是……《中国哲学史新编》。①

从中不难看出，除了第三个时期之外，其余的三个时期冯友兰都是以“哲学史家”的身份出现的。于是，人们对冯友兰“哲学”而不是“哲学史”的研究，就往往集中在《贞元六书》。比如 H.G.梅勒就明确说：“冯友兰的新理学是指他在 1939 至 1946 年间写作出版的贞元六书所建构的哲学体系。”②此种说法似乎已经成为“共识”，从未引起争议。似乎可以支持这一说法的最有力的证据，是冯友兰自己所表明的：

> “新理学”这个名字，在我用来，有两个意义。一个意义是指我在南岳、蒙自所写的，商务印书馆 1939 年所出的那部书。另外一个意义是指我在 40 年代所有的那个哲学思想体系。……以“新理学”表明后者。③

这就是说，“新理学”不包括冯友兰在哲学史方面的研究。然而问题在于，《贞元六书》难道真的是凭空处在一个如此突兀的甚至是孤立的地位吗？将冯友兰的学术生涯分为四个部分的做法是否过于简单化，尽管这是冯友兰自己划分的？④ 如果承认这样的划分，那么，冯友兰本人完成从哲学史家到哲学家、又到哲学史家的角色的不断转换，这是如何可能的呢？也就是说，这种转换中的一以贯之的动力何在？

因此，本文将要讨论的是如下问题：冯友兰建立起了新理学，但是，他为什么要建立新理学呢？这个问题也可以表述为：由以引发冯友兰毕生种种著述的问题视域到底是什么？冯友兰关注的到底是什么？

(三)所谓“贞元”之际

为此，我们首先要梳理的是：冯友兰毕生的工作有没有一个统一的问题视

---

① 冯友兰：《三松堂自序》，《三松堂全集》第一卷，河南人民出版社 2000 年版，第 172 页。

② [德]H.G.梅勒：《冯友兰新理学与新儒家的哲学定位》，《哲学研究》1999 年第 2 期。

③ 冯友兰：《三松堂自序》，《三松堂全集》第一卷，第 210 页。本文使用《新理学》指称冯友兰的著作，而用“新理学”指称冯友兰的学术，且不仅仅限于《贞元六书》。理由详见下文。

④ 陈来就说：“通过对冯友兰的研究，不难发现冯友兰本人学术思想的发展，要比他本人所陈述的复杂得多。”详见陈来《现代中国哲学的追寻——新理学与新心学》(人民出版社 2001 年版)第三篇第 12 章的相关论述。

域？冯友兰一以贯之的关怀究竟何在？在此前提下，我们才能够谈冯友兰的学术，并给出一个真正恰当的评价。

理解冯友兰“新理学”的问题视域，与理解其“阐旧辅新”的学术目标密切相关。众所周知，1988年，冯友兰曾自书一联，上联是“阐旧邦以辅新命”，下联是“极高明而道中庸”。冯友兰解释说：“上联说的是我的哲学史工作的意义，下联说的是我的自我修养的目标，这两句话，是我的自勉之辞。”①其实，“阐旧辅新”是冯友兰终生的学术目标与学术特色之所在。

说到“阐旧辅新”，当然就涉及“新”与“旧”的关系问题。冯友兰既然以“阐旧辅新”为自己的学术目标，那么，他心目中的“新”与“旧”到底如何？

在20世纪80年代前往哥伦比亚大学接受名誉博士学位的时候，冯友兰说：“我生活在不同的文化矛盾冲突的时代。我所要回答的问题是如何理解这种矛盾冲突的性质；如何适当地处理这种冲突，解决这种矛盾；又如何在这种矛盾冲突中使自己与之相适应。”②显然，“新”与“旧”的关系就是冯友兰所说的“不同的文化矛盾冲突”。在此次讲演结束的时候，冯友兰说：

> 我经常想起儒家经典《诗经》中的两句话：“周虽旧邦，其命维新。”就现在来说，中国就是旧邦而有新命，新命就是现代化。我的努力是保持旧邦的同一性和个性，而又同时促进实现新命。……这就是我已经做的事和我希望我将要做的事。③

冯友兰说：“旧邦”指的是“在世界上中国是文明古国之一，其他古国，现在大部分都衰微了，中国还继续存在”④；而“新命”，冯友兰明确说“就是现代化”。

至此，冯友兰“新理学”的问题视域已经非常清楚了，那就是民族性与现代性的问题；或者用黄玉顺的话来说，那就是一种“现代性诉求的民族性表达”：

> 回首当年的现代新儒家，在其崛起之际，他们所“顺应”的“时运”，小而言之，那是当时的民族生存危机，尤其是“抗战”中的民族生存危机。但是，大而言之，却有着更为宏阔的语境，那就是中华民族的现代性诉求。不论是当年的现代新儒家，还是今日的儒学复兴运动，究其本源，都是现代性诉求的民族性表达。民族性是现代性的基本涵项，正如现代性是民族性的基本涵项。民族性与现代性的互涵，是理解我们身处其中的这个“民族国家”

---

① 陈来：《现代中国哲学的追寻——新理学与新心学》，第342页。

② 冯友兰：《三松堂自序》，《三松堂全集》第一卷，第307页。

③ 冯友兰：《三松堂自序》，《三松堂全集》第一卷，第311、312页。

④ 冯友兰：《中国哲学史新编》上卷，人民出版社2001年版，“自序”第1页。

(nation)时代的一个要领。[①]

现代性、乃至于当代性的问题，本质上是一个民族性问题。所谓现代性乃至当代性，它所关涉的就是近代以来的“民族”或者“国家”观念——两者是一个词：nation。在这个意义上，民族性乃是现代性的基本涵项。[②]

到 1983 年，冯友兰书对联一副自寿，其中下联是“心怀四化意寄三松”。我们知道，“四化”指的就是“四个现代化”。陈来解释道：“‘阐旧邦’不再是 30 年代《中国哲学史》的‘释古’，这个‘阐’是写出他对中国文化和中国哲学的体会，以便使新时代中的中国能够保持文化上的同一性。同时，这个‘阐’又是为了促进新命的实现，冯先生明确指出，所谓‘新命’就是现代化。”[③]这显然还是民族性与现代性的视域。

为此，我们不妨从一个更加细节化的问题开始：冯友兰为什么将自己的六部书合称为《贞元六书》呢？在《新原人》自序中，冯友兰写道：

“为天地立心，为生民立命，为往圣继绝学，为万世开太平。”此哲学家所应自期许者也。况我国家民族值贞元之会，当绝续之交，通天人之际、达古今之变、明内圣外王之道者，岂可不尽所欲言，以为我国家致太平，我亿兆安心立命之用乎？虽不能至，心向往之。非曰能之，愿学焉。此《新理学》《新事论》《新世训》及此书所由作也。……世变方亟，所见日新，当随时所欲言，俟国家大业告成，然后汇此一时所作，总名之曰‘贞元之际所著书’，以志艰危，且鸣盛世。[④]

冯友兰自己解释道：

所谓“贞元之际”，就是说，抗战时期是中华民族复兴的时期。当时我想，日本帝国主义侵略了中国大部分领土，把当时的中国政府和文化机关都赶到西南角上。历史上有过晋、宋、明三朝的南渡。南渡的人都没有能活着回来的。但是这次抗日战争，中国一定要胜利，中华民族一定要复兴，这次“南渡”的人一定要活着回来。这就叫“贞下起元”。这个时期就叫“贞元之际”。[⑤]

---

① 黄玉顺：《文化保守主义与现代新儒家》，《读书时报》2005 年 11 月 30 日。

② 黄玉顺：《复归生活 重建儒学——儒学与现象学比较研究纲领》，《人文杂志》2005 年第 6 期。

③ 陈来：《现代中国哲学的追寻——新理学与新心学》，第 343 页。

④ 冯友兰：《新原人·自序》，《三松堂全集》第四卷，河南人民出版社 2000 年版，第 463 页。

⑤ 冯友兰：《三松堂自序》，《三松堂全集》第一卷，第 235～236 页。冯友兰亦曾以《南渡集》为名，收入自己当时所作之文，其中固然有纯粹哲学问题的讨论，亦多有对时事之评点。此集收入《三松堂全集》第五卷。

不难看出,《贞元六书》的命名,冯友兰所关注的是国运问题,也就是用“著书以明志”的方式来表达自己于国家的拳拳之情。在“中华民族的复兴”这个短语中,“中华民族”就是民族性问题,而“复兴”就是现代性问题。这个可以说是冯友兰第三时期的问题视域。

回到第二时期,冯友兰的主要著作是两卷本的《中国哲学史》。在《自序》中,冯友兰同样写道:

> 此第二篇稿最后校改时,故都正在危急之中。身处其境,乃真知古人铜驼荆棘之语之悲也。值此存亡绝续之交,吾人重思吾先哲之思想,其感觉当如人疾痛时之见父母也。吾先哲之思想,有不必无错误者,然“为天地立心,为生民立命,为往圣继绝学,为万世开太平”,乃吾一切先哲著书立说之宗旨。无论其派别为何,而其言之字里行间,皆有此精神之弥漫,则善读者可觉而知也。“魂兮归来哀江南”,此书能为巫阳之下招欤?是所望也。[①]

仍然是国运问题,是走向现代化的中华民族的民族性问题。冯友兰明确提出希望从先哲的著作中体察到一种真正的精神,而此种精神能够为挽救国家于存亡之间有所贡献。

再回到 20 世纪 10～20 年代,也就是第一时期。冯友兰在描述自己年轻时求学经历的时候说道:“当时我经常考虑的问题是:自从中国与西方接触以来,中国节节败退,其原因究竟在哪里?西方为什么富强?中国为什么贫弱?西方同中国比较起来,究竟在哪些根本之点上比较优越?”[②]怀着这样的问题,他追问道:“中国为什么没有近代自然科学呢?是为之而不能,或是能之而不为?”他认为是能之而不为。至于为什么不为呢?“当时我认为,这应该在中国哲学中寻找答案。”[③]他就这样开始了他毕生对于中国哲学的研究。

冯友兰的问题,也是熊十力、牟宗三、徐复观以及当时所有的有识之士共同的问题。正如黄玉顺所指出的,这是现代新儒家的根本的核心问题,牟宗三的“良知坎陷”之说与徐复观的“投戎从笔”,都是从这个根本问题出发的。至于为什么“内圣如何开出新外王”作为牟、徐、唐等先生的问题视域而被人们在研究中予以了充分重视,冯友兰却始终以一位“纯粹的”学者形象出现,其中的原因大概在于,他毕竟是以《中国哲学史》一书而奠定自己一代大家身份的。他不像徐、唐、牟等先生一样,有数量颇为众多的直接讨论现实问题的文章、著作。于是,他似乎理所当然的就是一位“学究”。但事实上,冯友兰的《中国为何无科

---

① 冯友兰:《中国哲学史》上册,华东师范大学出版社 2000 年版,“自序”第 2 页。

② 冯友兰:《三松堂自序》,《三松堂全集》第一卷,第 172～173 页。

③ 冯友兰:《三松堂自序》,《三松堂全集》第一卷,第 172～173 页。

学——对于中国哲学之历史及其结果之一解释》[①]一文以及《新事论——中国到自由之路》,正是冯友兰直接探讨科学、民主诸问题的著作,既不突兀,也不另类。同样,他的《新原人》《新世训》等作为直接探讨儒家或者说中国传统伦理、道德问题的著作,也与熊、牟等人的工作相映成趣。

因此,我们可以说,冯友兰的问题视域与关注点,是与牟、徐等现代新儒家完全一致的。他毕竟是生活在那个时代的中国人,他没有也不可能摆脱共同的时代命运与呼唤。

既然是在共同的问题视域之下,冯友兰的工作就只是寻求问题之答案的方式的不同,而绝非问题的不同。那么,我们就更应当从"冯友兰是**如何**对种种现实问题提出自己思考的",亦即"**如何**阐旧辅新"这一角度来切入他的新理学体系,而不仅仅是从学术传承、转换方面了。

换句话说,既然这个问题乃是冯友兰"新理学"的基本的问题视域,那么显然,它与以下问题相关:一方面,新理学何以是"理"学?它与"旧"的宋代理学是什么关系?这就是"民族性表达"方面的问题。而另一方面,它又何以是"新"理学?它与现实的问题是何关系?这就是"现代性诉求"方面的问题。这两个方面的问题,也就是"阐旧辅新"的问题。

二、新理学之"理"

首先不妨来问一个问题:新理学为什么是新"理"学?而不是新"心"学?或者按照冯友兰自己的讲法,不是新"道"学呢?冯友兰为什么会从宋明道学中单单选出程[②]、朱来"接着讲"呢?

(一)对理学与心学的判分

涂又光在谈到这个问题的时候认为有两个原因。第一个是为什么选择宋学的问题,认为古代哲学在宋学已完成。他说:"中国中古哲学系统完成于宋明道学。清代道学大都传述前人,'俱无明显的新见解加入'."第二个是为什么选择朱子,这与道统问题有关,意即"宋明道学……其中代表性和影响,皆以朱熹系统为最大。……就影响说,元明清皆奉朱熹之学为正统。新理学既自标新统,则必须取旧统而代之。旧统非他,就是朱熹理学,在这一点上没有选择余地"。[③] 涂本人与冯友兰关系甚为密切,我们相信此说应当部分地是冯友兰本人

① 此文写于冯友兰在美国期间,后发表于《国际伦理学杂志》1922年第32卷3期。

② 在冯友兰看来,此处的"程"只是小程,而不包括大程。

③ 涂又光:《新理学:理论与方法》,《解析冯友兰》,第182页。

表示过的意思。

但是，即便按照涂的看法，还有两个问题并未得到回答。涂的第一个理由显然是在说冯友兰建立新理学体系的哲学史渊源。往往很多研究者只是注意到这一点，而忽略了冯友兰的问题视域，忽略了“凡是反思，总是在生活中遇到什么困难，受到什么阻碍，感到什么痛苦，才会有的”①。哲学家们是在运用某些思想资料建立了自己的体系，但是往往又绝非为了建立体系而建立体系。就第二个理由来说，冯友兰自命“新统”，这固然是事实，但是，如果就是为自己的学术争求一个正统、权威的地位而把自己与“旧统”摆在一起，简直就是狂妄了。其实，“道统”问题的重新提出，本身就绝非仅仅是一个文化传承问题，而更多的仍然是当下的国运问题。②

而冯友兰是一个哲学家，他的问题意识总会透过学理上的思考而体现出来。具体说来，他对程朱理学与陆王心学有一个判分。冯友兰讲到朱陆异同的时候说：

> 依吾人所观察，则朱子所说性与心之区别，实非“只是解字”。盖依朱子之观点，实在上本有与此相当之区别也。象山虽亦以为可说，“在天为性，在人为心”。而又以为系“随吾友而言，其实不必如此”。“都只是一般物事，言偶不同耳。”盖依象山之观点，实在上本无与朱子所说心性区别有相当之区别，故说心性只是“一般物事”也。朱陆所见之实在不同。盖朱子所见之实在，有二世界，一不在时空，一在时空。而象山所见之实在，则只有一世界，即在时空者。③

由此，冯友兰判定：“用禅宗的话说，他(陆)的形上学是有点‘拖泥带水’。用我们的话说，他的形上学对于实际，太多肯定。”④按照他的哲学观来看，“凡哲学中……其对于实际所肯定者愈多，即愈接近科学”。很显然，在他看来，心学一派的哲学不够哲学，不是纯粹的哲学。

那么，冯友兰这个判断标准，也就是他的哲学观又是从何而来的呢？冯友

---

①　冯友兰：《三松堂自述》，《三松堂全集》第一卷，第 209 页。

②　郑家栋在《断裂中的传统：信念与理性之间》(中国社会科学出版社 2001 年版)一书中，专门谈论了“道统”问题。他本人就是从文化问题入手，并且在此范围内反思了这一问题。不过，从他所罗列的哲学史史实来看，对道统问题的强调，往往是在国运凋敝之时，例如宋以及近代。相对而言，在明、清等国家相对强盛之时，此问题则没有那么尖锐。

③　冯友兰：《中国哲学史》下册，第 281 页。

④　冯友兰：《新原道》，《三松堂全集》第五卷，河南人民出版社 2000 年版，第 124 页。冯友兰此语下给了阳明。之前虽有“阳明的形上学不如明道象山空灵”之语，但就冯友兰对理学、心学的分疏而言，则此评论可以下给整个心学。

兰自己承认:“新理学的工作,是要经过维也纳学派的经验主义而重新建立形上学。”[①]在他看来:

> 维也纳学派的主要工作,是:(一)为科学取得稳固底基础;(二)证明形上学中底命题是无意义底,以取消形上学。他们所用底方法,是对于概念及命题,作逻辑底分析。此等分析,可以使科学中底概念清楚,可以使科学中底命题确定。……形上学中底概念及命题,则是经不起分析底。形上学中底概念及命题,一经分析,即见其是似是而非底概念,无意义底命题。……一个综合命题,必有可证实性,然后才有意义;一个无可证实底综合命题,只是一个似是而非底命题,严格地说,不是命题。此所谓可证实性,是说一个命题可以事实证实其是真或是假。……形上学中底命题,都是综合命题,又都无可证实性,所以形上学中底命题,都是无意义底。[②]

但冯友兰指出:

> 哲学史中底形上学,有些是应该受此等批评底。但此等批评亦与真正底形上学无干。真正底形上学并不拟从概念推出存在或事实。有存在底事物,这是事实。形上学并不拟从甚么推出事实,或创造事实。形上学只拟义释事实。自义释事实出发——这是形上学与科学之所同。但一种科学只拟义释一种事实,其释义是积极底。形上学则拟义释一切事实,其释义又是形式底。[③]

从这段话中不难看到,冯友兰其实是接受了维也纳学派的方法,但他并没有把这种方法运用到一切形上学,而只是运用到哲学史中的有些形上学。这些形上学不是真正的形上学,这种形上学其实是“坏的科学”。他将此批评运用到了心学那里。

冯友兰认定心学是不纯粹的哲学,他要接着更加纯粹的理学来讲。他明确表示:“我们是讲形上学底。”[④]他提出了一种形上学的观念,就是对“一切事实义释”,同时此种义释又是“形式底”。这是冯友兰一切批判的出发点,也是他哲学观念的最终前提。在他看来,程朱理学才是这样的形上学。

(二)新理学何以是“理学”

那么,他所“接着讲”的这个新理学究竟在多大程度上就是程朱原本所讲的

---

① 冯友兰:《新知言》,《三松堂全集》第五卷,第194页。

② 冯友兰:《新知言》,《三松堂全集》第五卷,第187、189页。

③ 冯友兰:《新知言》,《三松堂全集》第五卷,第191~192页。

④ 冯友兰:《新知言》,《三松堂全集》第五卷,第192页。

那个理学呢？冯友兰自己说：

> "新理学"的自然观的主要内容，是共相与殊相的关系的问题。共相就是一般，殊相就是特殊或个别。……在中国哲学中，首先提出这个问题，而还没有加以详细讨论的是公孙龙……一直到宋朝的程颐，才有了详细讨论。朱熹又继续这个讨论，使之更加深入。他们虽然没有用共相和殊相、一般和特殊这一类的名词，但是他们所讨论的是这个问题。这个问题的讨论，是程、朱理学的主要内容。"新理学"所要"接着讲"的，也就是关于这个问题的讨论。①

然而事实上，正如郑家栋指出的：

> 冯先生的说明显然是着眼于《新理学》所阐发的自然观与程朱理学之间的联系。但是，共相与殊相、一般与特殊的关系问题并非是中国哲学的特殊问题(此问题毋宁说在西方哲学中有更为充分、详尽的讨论)，亦非是宋明儒学的特殊问题。作为宋明新儒学的一个分支，程朱哲学所关注的中心问题也并非是共相与殊相、一般与特殊的关系问题，而是人的问题，是人的本质、本性及其来源(与天理的关系)、人在宇宙间的地位、价值及其自我实现等问题，也就是先秦哲学所讲的"天人之际"问题。其中固然包含了有关共相与殊相、一般与特殊问题的讨论，却不能归结于共相与殊相、一般与特殊之关系问题。②

郑家栋此论可以说更加切合宋明道学的特征。但冯友兰在《中国哲学史新编》中则认为：

> 先秦诸子哲学中的名、实问题，魏晋玄学中的有、无问题，宋明道学中的理、气问题，都是围绕这个问题(指共相与殊相、一般与特殊的关系问题——引者注)而发展的。这个问题好像一条线贯穿于中国哲学史的发展过程中。③

由此来看，冯友兰所"接着讲"的理学似乎非但不是原本的程朱理学，甚至可以说是他本人所"臆造"的一个理学。他将全部程朱理学简单地归结到两个问题上，自然不能避免"以偏概全"的责难。

但问题是：冯友兰的这种做法究竟因何而来？如果完全是"臆造"的话，"新

---

① 冯友兰：《三松堂自序》，《三松堂全集》第一卷，第211页。

② 郑家栋：《冯友兰与近代以来的哲学变革——新理学的基本精神及其限制》，《解析冯友兰》，第205页。

③ 冯友兰：《中国哲学史新编》下卷，第315页。

理学”完全就谈不上是新“理”学，不如说是一种全新的哲学。但冯友兰还是自称“新理学”。其原因何在？

他的这一做法很显然同样是以其哲学观为根据的。我们如果要对一种哲学体系进行研究，那么，对于此体系赖以成立的最基本的前设性根据，应该首先采取一种“同情之理解”的态度，才可能理解这个体系。同样，对于冯友兰关于形上学的这一基本前设，我们固然不能寻求其“理所当然”，却不妨探讨其“势所必然”。换句话说，我们应该回到冯友兰新理学的问题视域上去。

在《从中国哲学说到哲学的用处》一文中，冯友兰专门谈论了“哲学在政治及社会方面的用处”。他提到了哲学的“大用处”和“小用处”。

谈到“小用处”的时候，他提出“放淫辞”的作用。他说：

> 譬如近来有“争取救国自由”的口号。“救国自由”这个名词，实在是含混得很。他至少有三种意义。第一种是，愿意救国即救国，救国的工作不受限制。第二种是，愿意怎样救国即怎样救国，救国的方法不受限制。第三种是，愿意救国即救国，愿意不救国或不愿意救国即不救国，个人的行为不受限制。照第一种的意义，救国自由，一定可以有。照第三种的意义，救国自由，一定不可以有。照第二种的意义，救国自由可以有，亦不可以有：可以有，如果所用的许多方法，不是冲突的；不可以有，如果所用的许多方法，是冲突的。争取救国自由的人，所争取的，是哪一种意义的救国自由，限制救国自由的人，所限制的是哪一种意义的救国自由；若说清楚了，可以省去许多无谓的纠纷。[①]

这就是哲学的逻辑分析对于现实问题的用处。冯友兰又举了“求学问是否能救国”和“所谓文化问题之争论”两个当时具体的事例来分析。他总结道：“哲学所做的事情，是把科学或常识中的命题的意义，分析清楚。……我们若用逻辑把这些问题或口号加以分析，有些问题，即不成问题，有些口号，即不成口号。”[②]这就是哲学“放淫辞”的功用。

谈到哲学的“大用处”时，他提出“正人心”的作用。他说：

> 我们现在所处的世界，在表面上看起来，似乎很不注重哲学，但在骨子里，我们这个世界是极重视哲学的。走遍世界，在大多数国家里，都有他所提倡及禁止的哲学。在这一点我们可见现在的人是如何感觉到哲学的力量。每一种政治社会制度，都需要一种理论上的根据。必须有了理论上的根据，那一种政治社会组织，才能“名正言顺”。在历史上看起来，每一种社

① 冯友兰：《从中国哲学会说到哲学的用处》，《三松堂全集》第五卷，第319～320页。

② 冯友兰：《从中国哲学会说到哲学的用处》，《三松堂全集》第五卷，第319页。

会,都有他思想上的"太祖高皇帝"。例如中国秦汉以后的孔子,西洋中世纪的耶稣,近世的卢梭等等,都是一种社会制度的理论上的靠山,一种社会中的思想上的"太祖高皇帝"。现在不仅只是各民族竞争生存的世界,而且又是各种社会制度竞争生存的世界,所以大家皆感觉到社会制度之理论的根据之重要。……世界有许多的国家,都要立一种哲学,以为"道统",以"正人心"。①

显然,这是一种"道统"意识,或者说是"道统"问题的实质所在。这就是哲学"正人心"的功用。

而我们知道,"正人心"和"放淫辞",也正是宋代理学的"用处"。在这个意义上,冯友兰新理学与宋代理学是相通的。

(三)对"理"与"事"的判分

那么,为了达到"正人心"和"放淫辞"这两大目的,必须首先树立一个标准。这就是冯友兰要"建立"形上学、而不是像维也纳学派那样"拒斥"形上学的理由所在。

此外,在谈到改革问题的时候,他说:

中国人是黑头发、黄眼珠。西方人是黄头发,蓝眼珠。如果真要"全盘西化",你能把黑头发、黄眼珠换成黄头发、蓝眼珠吗?显然没有这个可能,也没有这个必要。你说要"本位文化",中国就真是什么改革都不要吗?某一些改革是必要的,也是可能的。什么是必要的,什么是不必要的,什么是可能的,什么是不可能的,这就需要选择。选择必定有个标准。不然的话,那就只能说,"存其所当存,去其所当去","吸收其应该吸收的,不吸收其不应该吸收的"。话是不错,可是说了等于没说。怎样确定这个标准?最好的办法是认识共相。②

因此,冯友兰才坚持:

《新理学》着重讲共相和殊相的关系,一般和特殊的关系,讨论它们之间的区别及联系。从表面上看起来,这些讨论,似乎是脱离实际,在实际上没有什么用处。其实并不是没有用处,而是有很大的用处。《新事论》就是试图以《新理学》中关于这个问题的讨论为基础,以解决当时的这个实际问题。《新事论》是《新理学》实际应用的一个例证。……所谓事,就是"理在

---

① 冯友兰:《从中国哲学会说到哲学的用处》,《三松堂全集》第五卷,第318~319页。

② 冯友兰:《三松堂自序》,《三松堂全集》第一卷,第219页。

事中”那个“事”。“事论”是对于“理学”而言。[①]

这样来看，冯友兰选择理学而不是心学作为自己学术的哲学史思想来源，是出于对现实问题的考虑而不得不如此。这也正是问题视域的问题。事实上，包括牟宗三在内的很多新儒家人物，都是因为对于现实问题的不同认识而选择了不同的思想资源，进而也选择了不同的建构方式。换言之，正因为有极强的现实关怀，他们的学术才显得不是非常的圆融。比如冯友兰“理在事上”和“理在事中”的分歧，一直被认为是他新理学体系中的一大败笔。而牟宗三的“良知坎陷”说中的问题，则更加明显。但这一切并非那么紧要，紧要处乃在于这样一种问题视域：现实关怀的视域。就其现实关怀的问题视域来看，冯友兰新理学也与宋代理学的精神气质血脉相通。

三、新理学之“新”

正出于现实关怀，冯友兰新理学毕竟不是“旧”理学，而是“新”理学。换句话说，冯友兰新理学之所以“新”，其背景在于其问题视域：国运关怀，或者走向现代性的民族性问题。冯友兰正是在这样的视域之下展开自己的工作的。

（一）理学能否“新”：哲学进步之可能与不可能

那么，在国运问题的视域之下，冯友兰如何展开自己的工作呢？这个问题，既涉及共时性的地理区域问题，也涉及历时性的历史时代问题。他自己总结道：

> 为了解答这些问题，我的思想发展有三个阶段。在第一阶段，我用地理区域来解释文化差别，就是说，文化差别是东方、西方的差别。在第二阶段，我用历史时代来解释文化差别。就是说，文化差别是古代、近代的差别。在第三阶段，我用社会发展来解释文化差别，就是说，文化差别是社会类型的差别。[②]

在第一个差别中，他认为，西方的优点在于其有了近代自然科学，而中国没有。于是，他追问道：“中国为什么没有近代自然科学呢？是为之而不能，或是能之而不为？”他认为是能之而不为。至于为什么不为呢？“当时我认为，这应该在中国哲学中寻找答案。”[③]这是从对科学的发问追问到了文化层面上。这个

---

① 冯友兰：《三松堂自序》，《三松堂全集》第一卷，第218页。

② 冯友兰：《三松堂自序》，《三松堂全集》第一卷，第307页。

③ 冯友兰：《三松堂自序》，《三松堂全集》第一卷，第173页。

差别其实暗含了一个意思，就是西方之所以强大在于西方的自然科学，而中国没有；之所以没有，原因在于文化之间的差异。那么，中国要有自己的自然科学，就要改造文化，否则中国不会富强。他甚至表示："无论如何，中国的人生观也许错了，但是中国的经验不会是一种失败。如果人类将来日益聪明，想到他们需要内心的和平和幸福，它们就会转过来注意中国的智慧，而且必有所得。"[①]这个说法与梁漱溟在《东西文化及其哲学》一书中表达的观点是相似的。而"这种通过对中国文化精神在未来社会意义的设想使中国文化的价值在功利主义判断之外得到一种肯定的做法在整个 20 世纪的中国知识分子的文化思考中时有表现"[②]。

但是在第二个差别中，冯友兰发现这不是文化差异的问题，而是"古代""近代"的问题。这个转变不是如同冯友兰所说的那样和第一个差别泾渭分明。他在表达与当时学者相似观点的同时，已经对"东西差异"的说法有所怀疑。在《中国为何无科学》一文中，他说道："我们若把中国的历史和若干世纪前欧洲的历史加以比较，比方说，和文艺复兴以前比较，就看出，它们虽然不同类，然而是在一个水平上。"[③]而这一转变的实现是在 20 世纪 30 年代，是由他在欧洲游历时的感触引发的：

> 在五四运动时期，我对于东西文化问题，也感觉兴趣，后来逐渐认识到这不是一个东西的问题，而是一个古今的问题。一般人所说的东西之分，其实不过是古今之异。我在 20 年代所作的《人生理想之比较研究》牵涉到这个问题。我的那部书的一个目的就是要证明，各派的人生理想，是世界各国的哲学史中都有的。很难说哪些理想是西方所特有的，哪些理想是东方所特有的。在 30 年代，我到欧洲休假，看了些欧洲的封建时代的遗迹，大开眼界。我确切认识到，现代的欧洲是封建欧洲的转化和发展，美国是欧洲的延长和发展。欧洲的封建时代，跟过去的中国有许多地方是相同的，或者大同小异。至于一般人所说的西洋文化，实际上是近代文化。所谓西化，应该说是近代化。[④]

他看到欧洲国家保留了众多的古迹和传统的生活方式，而这些传统与中国

---

① 冯友兰：《中国为何无科学》，转引自陈来：《现代中国哲学的追寻——新理学与新心学》，第 76 页。

② 陈来：《现代中国哲学的追寻——新理学与新心学》，第 76 页。

③ 冯友兰：《中国为何无科学》，转引自陈来：《现代中国哲学的追寻——新理学与新心学》，第 74 页。

④ 参见冯友兰：《三松堂自序》，《三松堂全集》第一卷，第 218 页。

古代有很多是相似的;同时,它们又成了近代的国家。[①] 中国同样拥有悠久的历史,也保留了传统的生活方式。可见,所谓中西文化的差异并非中国落后的原因。这一转变中暗含的结论是:我们可以在保留我们的文化传统的同时实现近代化。

那么,如何来实现近代化呢?这就是第三个阶段所表述的:"中古和近代这两个词的内容是什么呢?……实际上就是社会类型的差别。西方国家从社会的一种类型到另一种类型的转变,比东方国家早了一步。这一步的关键是产业革命。"[②]

因此,从第一阶段到第二阶段,是"转变",是对"中国如何富强"问题认识的根本转变;而从第二阶段到第三阶段,是"认识",则是基于对问题本身的判定,从而"发现"问题的解决方式。冯友兰对于问题本身的认识,始终保持在"第二阶段";而具体的解决方式,也就始终是"阐旧邦以辅新命"。这就是要"接着讲"。

"接着讲"与"照着讲"是一个关于冯友兰的老话题。自从冯友兰在《新理学》中提出这个说法之后,就被人们反复地讨论。比如陈来在《现代中的传统:"中国哲学"与"哲学在中国"》一文中谈道:"所谓'接着讲'主要是就方法和形式而言。换言之,方法和形式有近代化与否的问题,而哲学问题、意识本身,不论东方西方,并没有近代化与否的问题,只有多元文化意义上的相互学习和吸收的问题。……不过,从诠释学的角度看,所谓接着讲,也可能是一个诠释的问题,或包含着诠释的问题,而不仅仅是形式的问题。"[③]

这种说法基本上代表了对冯友兰所说"接着讲"的一般性的看法。冯友兰自己也说,他的学说是"旧瓶装新酒"[④]。

无论这里的"新旧"如何理解,有一个更为前提的问题是:冯友兰是如何阐释"新"以及如何说明"新如何可能"的?而这一问题又以冯友兰的哲学观为先行观念。

冯友兰说:"有不可思议、不可言说者,对于不可思议者,仍有思议,对于不可言说者,仍有言说。……不可思议,不可言说者,不是哲学,对于不可思议者之思议,对于不可言说者之言说,方是哲学。"[⑤]什么是不可思议、不可言说者呢?这就是冯友兰所说的"宇宙""真元之气""大一"等等。很显然,冯友兰的这种说

---

① 冯友兰:《三松堂自序》,《三松堂全集》第一卷,第73～82页。

② 冯友兰:《三松堂自序》,《三松堂全集》第一卷,第308页。

③ 陈来:《现代中国哲学的追寻——新理学与新心学》,第5～6页。

④ 冯友兰多次、多处提到这个说法,主要是在和金岳霖《论道》比较时讲的,例如《三松堂全集》第一卷,第215页。

⑤ 冯友兰:《新理学》,《三松堂全集》第四卷,第8页。

法是在“真际”与“实际”的划分当中才能够成立的。他强调：

哲学对于真际，只形式地有所肯定，而不事实地有所肯定。换言之，哲学只对于真际有所肯定，而不特别对于实际有所肯定。……虽其不是如此者亦是哲学，但其是如此者，乃哲学中之最哲学底。凡哲学中……其对于实际所肯定者愈多，即愈近于科学。[①]

那么，在冯友兰看来，何谓真际？冯友兰是用举例的方法来说明的：

如我们进一步而离开一切方底物，即属于方底物之类之实际底物，而只思及方底物之所以为方者，我们亦可作许多肯定。……如此，则这个判断，这个命题，即不是及于实际而是及于真际者，及不是对于实际特别有所肯定，而是对真际有所肯定。[②] 方之所以为方者，亦即一切方底物所以然之理。……若仅有方之理而无实现之之实际底物，则方之理即只有真而无实。[③]

通达某之理就是通达真际，而仅有某之理而没有某之实际的物的存在者领域，就是真际，也就是“理世界”。

那么，新理学的“新”指的又是什么呢？

如果是“新”，可以说是一种“进步”，或者说是“见古人之未见”。但是，冯友兰认为，哲学是不可能进步的。理由有二：第一：

哲学只对真际有所肯定，但肯定真际有某理，而不必肯定其理之内容。……哲学家以心观大全，他并不要取真际之理，一一知之，更不必将一理之内容，详加研究。所以哲学不能有科学之日新月异底进步。[④]

这里的意思是，真际世界本身是存有的，不能增一分，也不能减一分。对于科学家而言，他们通过自己的工作将一步一步地更加了解“某之理”，也就是对真际的认识逐渐扩大，这就有进步。而哲学家则不需要做此种工作，只要对真际有所肯定就可以了，这自然不会有什么进步了。

第二个理由是：

哲学中之道理由思得来。在历史中，人之思之能力，及其运用所依之工具，如言语文字等，如已达到相当程度，则即能建立哲学之大体轮廓，并知其中之主要道理。此后哲学家之所见，可更完备精密，但不易完全出前

---

① 冯友兰：《新理学》，《三松堂全集》第四卷，第 9、10 页。
② 冯友兰：《新理学》，《三松堂全集》第四卷，第 20 页。
③ 冯友兰：《新理学》，《三松堂全集》第四卷，第 29 页。
④ 冯友兰：《新理学》，《三松堂全集》第四卷，第 15 页。

> 人之轮廓。……人之思之能力是古今如一,至少亦可说是很少有显著底变化。思之运用所依之工具,如言语文字等,亦不能有甚多新底进步……所以自古代以后,即无全新底哲学。古代底哲学,其最哲学底部分,到现在仍是哲学,不是历史中底哲学。①

就认识真际世界的方法而言,是思的方法。这种方法当然不会有太大的进步,乃至思所运用的工具,比如语言、文字等等,也不会有太大的进步。那么,哲学的进步自然也是不可能的了。

既然如此,冯友兰口口声声说自己的“新理学”,又是怎么回事呢?

冯友兰接着讲了三条哲学可能进步的理由。

第一,“人之思之能力,虽古今无大异,然各时代之物质底环境及其所有别方面之知识,则可有改变。如其有改变,则言语亦随之改变。如现在我们所常用之言语中,有许多所谓新名词,新文法……因此往往有相同,或大致相同底道理,而各时代之哲学家,各以其时代之言语说之,即成为其时代之新底哲学系统”②。

第二,“真际之本身,虽是不变底,但我们之知真际,乃由分析解释我们的经验。古今人之环境,及其在别方面所有之知识,可有不同,则古今人之经验,可有广狭之不同。近人之新经验之尚未经哲学分析解释者,一时代之新哲学家,可分析解释之,其结果或有对真际之新见。即或无新见,而经此分析解释,新经验可与原有底哲学连接起来。一时代新经验之分析解释,亦即可成为一时代之新哲学”③。

第三,“人之思之能力虽古今如一,而人对于思之能力之训练则可有进步。……用训练较精底思之能力,则古人所见不到者,今人可以见到,古人所有观念之不清楚者,今人可使之清楚”④。

总结起来,冯友兰的意思是,新哲学,而且是“一时代之新哲学”的“新”在于三点:第一就是用新的语言阐释旧的道理,这与陈来所说的“可能是一个阐释问题”是一个意思;第二就是不断肯定新的经验,不断肯定扩大了的理世界;第三就是用新的表达方式,把古人没有说清楚的地方说清楚。

冯友兰提出的三个可能是一种纯粹的学术指标。我们更为好奇,或者说更为关注的是:冯友兰为何会有这三个指标呢?当然,这三个指标的提出,与冯友兰对于哲学的理解是一致的。但是,除了在“理所当然”之外,有没有“势所必

① 冯友兰:《新理学》,《三松堂全集》第四卷,第15、16页。

② 冯友兰:《新理学》,《三松堂全集》第四卷,第16页。

③ 冯友兰:《新理学》,《三松堂全集》第四卷,第17页。

④ 冯友兰:《新理学》,《三松堂全集》第四卷,第17页。

然”的成分存在呢？我们甚至可以追问道：冯友兰的哲学观，是否仅仅是一种他所接受了的观念而成为他工作的指针呢？还是冯友兰如此说法，是基于某种关怀、某种思考的结果？

必须要注意的是，冯友兰所谓的“新哲学”总是“一时代的”，总是在一种时代背景下来展开的。因此，新哲学总是和这个时代的问题息息相关：在语言已经发生了进步的时候，还是采用旧的语言来表述，很显然与此时代已经相去甚远；在遇到新的问题的时候，自然要肯定新问题带来的新的经验；更为重要的是，要在前两者的基础上，把旧话题说清楚。

(二)理学如何“新”：“照着讲”与“接着讲”

着眼于现实问题，冯友兰必须要谈“新事论”；而为了把“新事论”谈清楚，就必须以“新理学”为基础：此二者是不可分割的。而为了建构“新理学”，冯友兰一方面只能选择程朱而不是陆王作为自己的思想资源，当另一方面，他又必定首先要对程朱理学进行改造。

1.形上与形下：对朱子的理解之新

我们现在就来看看，冯友兰眼中的朱子究竟是怎样的。

冯友兰谈朱子，开头就是形上、形下的划分。冯友兰认定程朱理学的特征就在于形上、形下的界限分明，那么，他自然要从此谈起。他引朱子之说：“形而上者，无形无影是此理。形而下者，有情有状是此器。”①并解释道：“以现在哲学中之术语言之，则所谓形而上者，超时空而潜存者也。……超时空者，无形象可见。”②

在分别形上、形下的基础上，谈朱子眼中的形而上者、太极。“无极而太极，不是说有个物事，光辉辉地在那里。只是说当初皆无一物，只有此理而已。”所以，(冯友兰认为)朱子才会说：“惟其理有许多，故物有许多。”③

形上之后，自然是形而下者、气。朱子讲：“天地之间，有理有气。理也者，形而上之道也，生物之本也；气也者，形而下之器也，生物之具也。是以人物之生，必禀此理，然后有性，必禀此气，然后有形。”④

那么，形上与形下之间的关系如何呢？朱子说：“疑此气是依傍这理行。及此气之聚，则理亦在焉。盖气则能凝结造作；理却无情意，无计度，无造作。只此气凝聚处，理便在其中。且如天地间人物草木鸟兽，其生也莫不有种，定不会

① 转引自冯友兰：《中国哲学史》下册，第十三章，以下引用朱子皆转引自此。
② 冯友兰：《中国哲学史》下册，第 255 页。
③ 冯友兰：《中国哲学史》下册，第 255 页。
④ 冯友兰：《中国哲学史》下册，第 259 页。

无种子白地生出一个物事。这个都是气,若理则只是个净洁空阔的世界,无形迹,他却不会造作。气则能酝酿凝聚生物也。但有此气,则理便在其中。"①

理气关系如此,天地万物都是理气的结果。朱子云:"天地初间,只是阴阳之气。这一个气运行,磨来磨去,磨得急了,便拶去许多渣滓。里面无处出,便结成个地在中央。气之清者便为天,为日月,为星辰,只在外常周环运转。地便在中央不动,不是在下。"②而后"气化是当初一个人无种,后自生出来底。形生却是有此一个人,后乃生生不穷底"③。在此"生生不穷"流行的之下,朱子谈到了人物之性、道德及修养之方、政治哲学以及对佛老的批判。

冯友兰的这种谈法能否把朱子谈清楚,是一个问题;而这样谈出来的朱子,是否切合朱子本身,又是一个问题。强调朱子的理气说而忽略其心性论,更是一个大问题。正如贺麟批评的:"对陆、王学说,太乏同情,斥之为形而下学,恐亦不甚平允,且与近来调和朱、陆的趋势不相协和。"④更为激烈的是钱穆:"余告以君书(指《新理学》一书——引者注)批评朱子,不当专限理气一问题。朱子论心性,亦当注意。……芝生……并告余,朱子论心性,无甚深意,故不再及。"⑤冯友兰与钱先生的这一分歧,直接影响了钱先生后半生的学术工作——钱先生《朱子新学案》就是由此而来。

贺先生与钱先生的批评在学理上固然有其当然之处,但是分歧的根本点在于对相同时势的不同判断。贺提到的"协和"朱陆,无非是泯消所谓门户之见,重建道统。而钱所说者,则完全是在哲学史研究层面上,亦与道统问题息息相关。此二人固然说冯友兰论朱子未必"理所当然",却不曾理解冯友兰之"势所必然"的苦衷。

既然是"势所必然",那么,冯友兰讲朱子的评判标准就不当是"通不通",而当是"行不行",也就是管用不管用了。不过,如此一说,恐怕冯友兰又会招致"实用主义"的批评了。

2.理世界与器世界:新理学的架构之新

那么,朱子作为冯友兰的"工具",在冯友兰那里,是否"管用"呢?

对形上、形下的划分,同样是冯友兰《新理学》的开端。他说:"这样,理学就把整个的宇宙一分为二,一个是形而上的理世界,一个是形而下的器世界。程颐说:'冲漠无朕,万象森然。'这是他形容理世界的话。理世界里面的共相,都

---

① 冯友兰:《中国哲学史》下册,第259页。

② 冯友兰:《中国哲学史》下册,第262页。

③ 冯友兰:《中国哲学史》下册,第263页。

④ 转引自郑家栋:《断裂中的传统:信念与理性之间》,第161~162页。

⑤ 钱穆:《现代中国学术论衡·序》,岳麓书社1986年版,第3页。

是无形的，所以说是‘冲漠无朕’；但是所有的共相都在其中，所以说是‘万象森然’。……《新理学》也是这样说的，只是换了两个名称。它称理世界为‘真际’，器世界为‘实际’。”①

理学就是追问“理世界”的，就是对“理世界”的思议、言说；而新理学就是追问“真际”的，是对“真际”的思议、言说。这两者在冯友兰看来完全一致，都是“最哲学之哲学”。

在这种划分的前提下，冯友兰认为自己的《新理学》包含四大命题。② 第一条就是：

> 凡事物必都是什么事物，是什么事物，必都是某种事物。有某种事物，必有某种事物之所以为某种事物者。……从此命题，我们又可推出两命题。一是：某种事物之所以为某种事物者，可以无某种事物而有。二是：某种事物之所以为某种事物者，在逻辑上先某种事物而有。

这就是朱子讲的“有物必有其理”。

形上如此，形下又如何？冯友兰的第二条命题就是：

> 事物都必存在。存在底事物必都能存在。能存在底事物都有其所有以能存在者。

他自己说，这就是“有理必有气”③。而在这一命题中，还包含了形上、形下的关系：“存在的理，是存在之所以为存在者。有存在之所以存在者，不必即有存在。但一个一个底事物是存在底。……能存在底事物，都必有其所有以能存在者。事物所有以能存在者，新理学中谓之气。实际底事物，都是某事物。这就是说，实际底事物，都实现某理。理不能自实现。必有存在底事物，理方能实现。”④

形上者、形下者关系如此，方有万物生成。这就是第三条命题：

> 存在是一流行。凡存在都是事物的存在。事物的存在，是其气实现某理或某某理的流行。实际的存在是无极实现太极的流行。

在这个流行的基础上，冯友兰谈了自己的政治哲学（《新事论》）、伦理学

---

① 冯友兰：《三松堂自序》，《三松堂全集》第一卷，第212页。不过，冯友兰在《新理学答问一》当中又否定了这个说法，认为“凡可称为有者”就是真际，真际就相当于“大全”，而不是理世界。参见《三松堂全集》第五卷，第290页。

② 冯友兰：《新原道》，《三松堂全集》第五卷，第125～138页。在《新知言》中也有同样的表述，参见《三松堂全集》第五卷，第194～201页。

③ 冯友兰：《新原道》，《三松堂全集》第五卷，第129页。

④ 冯友兰：《新原道》，《三松堂全集》第五卷，第129页。

(《新世训》)、哲学史评判(《新原道》)和道德及修养之方(《新原人》)。

由此来看,从形上、形下之划分开始,到理、气的提出,到万物生成,到理的运用,冯友兰体系中所有者,朱子体系中也应有尽有;而且,朱子是怎么谈的,冯友兰也是怎么谈的。冯友兰的朱子,在他本人看来,非但是非常管用的,甚至他分明就是"照着"朱子来讲的。他自己承认:"上面说的这些意思,程、朱理学都已经有了,不过有些意思他们讲得不够清楚。'新理学'把他们没有讲明确的地方,明确起来。"[①]

3.系统与方法:新理学的建构之新

那么,新理学之为"新"理学究竟新何处呢?按照冯友兰自己的三个标准,第一个他是做到了,比如用真际、实际来说理世界、气世界等等,也就是用新的语言来阐释旧的道理。第二条也做到了,比如他举的飞机之理等等,是程朱的时代所没有的经验,他的工作自然就扩大了理世界。第三条同样做到了。经过冯友兰梳理之后的程朱乃至整个哲学史,都条分缕析,清楚无比。用朱光潜的话来说就是:

> 中国哲学旧籍里那一盘散沙,在冯先生的手里,居然成为一座门窗牖俱全底高楼大厦,一种条理井然底系统。这是奇迹,它显示我们:中国哲学家也各有各的特殊系统,这系统也许是潜在底,"不足为外人道"底,但是如果要使它显现出来,为外人道,也并非不可能。[②]

朱先生的这一说法可谓中肯之辞。他认为冯友兰最大的贡献就在于将中国哲学家们"潜在"的系统发掘了出来。如果是这样,那么,"新理学"就不是"建构"了一套系统,而是在旧有系统的基础上"明确"了它。当然,此处仍然可能存在的问题是:程朱本身并没有一个系统,或者程朱本身的系统并非这样一个系统,而是冯友兰本人"生造"了一个系统,然后"照着"来讲。这个意义上,"新理学"自然是新的建构。不过,冯友兰既然如此来讲朱子,并毫不怀疑地参照了朱子,显然是认为朱子本身的系统就是如此的。

因此,就冯友兰自身的学术思路来说,新理学与其说是"新"在建构了一套系统,不如说是"新"在按照一种方法梳理了旧有的系统。换言之,新理学不是一套体系,而是一种方法。此种方法的特征在于:运用形式逻辑,主要是分析的方法,将具体的问题置于不同的话题系统之中,使之清晰起来,而后再给予解决。而其具体落实,就是形上、形下两层的严格划分。这正是金岳霖先生所指

---

① 冯友兰:《三松堂自序》,《三松堂全集》第一卷,第213页。

② 朱光潜:《冯友兰先生的〈新理学〉》,《三松堂全集》第五卷,第482页。

出的：“（冯友兰的）长处是能把很复杂的事情说得很简单。”[①]

这样来看，“新理学”绝不能被简单等同于《贞元六书》或者“在四十年代那个特殊时期建立的体系”。新理学作为一种方法，在《人生哲学》当中已有体现，两卷本的《中国哲学史》是其运用，而《贞元六书》标志着它的成熟。最为典型的例子，则是“抽象继承法”的提出。所谓抽象的命题，是指传统哲学中形而上学的部分，是属于“理世界”的，具有亘古不变的永恒价值。而具体的命题，当然是指传统哲学中形而下学的部分，是属于“器世界”的，仅仅具有一时代的价值。通过分析，不同的命题或被置于“理世界”，或被置于“器世界”，文化继承问题自然就迎刃而解了。

所谓“阐旧邦以辅新命”，“旧邦”自然是国运凋敝之现实，“新命”自然是国运昌隆之向往，“辅”字表明冯友兰毕生的工作之目标所向绝非仅仅限于文化，而“阐”字则是其学术创新之处。新理学，简言之，就是“如何阐”的方法。冯友兰以此言自勉。我们对他的理解自然也当落在此言之上。

四、继承与反思

不过，新理学虽然是一种方法，但绝不能被简单地等同于形式逻辑的方法。例如，它所特别强调的形上、形下的区别观念，即使在西方，也是在海德格尔以后才得以明确起来的，而且直到今天，也没有得到充分的重视。譬如在对海德格尔的研究中，人们的关注点往往会落在所谓的“生存论分析”上，而不在观念层级的划分上。

然而，观念的两层划分，固然能够使讨论的话题简单化，同时更加清晰化，但也引发了很多问题。这些问题自从《新理学》出版以来，已经被多次提出、广泛讨论。不过，所有的问题，几乎都没有逃出朱光潜先生在《冯友兰先生的〈新理学〉》[②]一文中列出的三大问题：

1.真际和实际是否有范围大小底分别？

2.真际和实际如何发生关系？

3.我们如何知实际与真际？

朱先生的第一个问题是说，如果真际和实际是范围大小的区别，那么，由于实际本身一定是形而下的事物，真际就不再是形而上者了，真际与实际之间就不是形上与形下的关系。这样，实际作为器世界之于真际作为理世界，就不能

---

① 冯友兰：《三松堂自序》，《三松堂全集》第一卷，第215页。

② 朱先生文详见《三松堂全集》第五卷，第481～491页。

构成“依照”的关系。二者的界限不是那么分明。

冯友兰的辩解是，他所说的真际并非朱先生所理解的真际。在他看来，真际并非理世界，而是“凡可称为有者，亦可名为本然”[①]。又说：“若从类之观点，以看真际，则真际是一大共名，其类是一大共类，亦即是一分子最多之类。”[②]这也就是存在者全体。而真际之中分为两类：一类是实际，就是事实的、经验的存在者，比如一张桌子；而有的存在者是形式的、不能被经验、只能被思的，比如形式逻辑中的命题。这样，真际与实际之间，是有范围大小的关系的：真际的外延大于实际，而其内涵小于实际。哲学既然是以真际为对象而思之的，那么，“我们可以超乎经验，而又不离乎经验而对于实际有所肯定。超乎经验，因为所思之中可有经验所不及者。不离乎经验而对于实际有所肯定，因为对于经验所不及者，在实际上并无所肯定”[③]。

这样看来，朱光潜先生的批评是出于对冯友兰的误解了。不过，在谈到理的时候，冯友兰又说：“所谓方之理，即方之所以为方者，亦即一切方底物之所以然之理也。凡方底物有其所以为方者，必皆依照方之所以为方者。此方之所以为方，为凡方底物所皆依照而因以成其为方者，即方之理。……若仅有方之理而无实现之之实际底物，则方之理即只有真而无实。‘方’即是纯真际底。方底物之类，即仅是一可有之类，一空类。”[④]此处又提出了一个“纯真际”的概念。“纯真际”指的是有其并未实现于实际的理的全体。“纯真际”就是真际之大于实际的部分。比如，“凡人皆有死，若泰山为人，则泰山有死”的命题，在实际中没有实现，就是属于“纯真际”的。冯友兰强调：“此纯是‘仅只’的意思，并非纯杂之纯。”[⑤]此种解释还是承认真际与实际之间有范围的大小。意思无非是，“纯真际”是真际且不是实际者。

那么，真际中非纯真际的部分就是实际。这两者完全重合，没有分别。于是，再来看冯友兰的另外一个命题：“上文所说之理是形而上者，是抽象底；其实际底例是形而下者，是具体的。抽象者是思之对象，具体者是感之对象。例如‘方’是思之对象，是抽象底；这个方底桌子是感之对象，是具体底。”[⑥]这里提出了抽象与具体的区别。不难看出，这里讲的是形上、形下之分。但是，方之理既然实现于实际的方的桌子，那么，就不是纯真际的，而是实际的。方底桌子自然也是实际的。方之理与方的桌子有什么不同？冯友兰又说是形上、形下的不

---

① 冯友兰：《新理学》，《三松堂全集》第四卷，第 9 页。
② 冯友兰：《新理学》，《三松堂全集》第四卷，第 24 页。
③ 冯友兰：《新理学》，《三松堂全集》第四卷，第 28 页。
④ 冯友兰：《新理学》，《三松堂全集》第四卷，第 29 页。
⑤ 冯友兰：《新理学答问之一》，《三松堂全集》第五卷，第 290 页。
⑥ 冯友兰：《新理学》，《三松堂全集》第四卷，第 32 页。

同。在同一个实际之中，如何有形上、形下的不同呢？实际这个类与真际中且不含纯真际的类从外延看是完全重合的，其内涵当然也完全重合，所以，它们是完全相同的。朱光潜先生所说的冯友兰将真际、实际作出范围大小的划分，真正是冯友兰的内在矛盾。

这里隐藏的问题是：形上、形下之划分究竟如何可能？

再看第二个问题。朱先生的意思是：“真际是形而上底理，实际是形而下底事物，这个分别是从柏拉图以来二千多年一般哲学家所公认底。如果冯先生的贡献只在说明这个分别，那就可不用谈。哲学家所纠缠不清底是这两种截然不同底‘际’如何合拢起来，成为我们所知道底形上又形下底宇宙。”[①]这个问题固然应当提出，却也未必。所谓应当者，是就其哲学系统而言，既然划分了形上、形下，自然要把二者重新合拢起来，因为世界本身是无二的。所谓未必者，是说这个问题并非冯友兰自己的问题，而是自柏拉图以来的整个西方哲学(在冯友兰看来，中国哲学也是如此)一直面对的一个问题。冯友兰是用“依照”和“依据”来回答，这其实也是理学的回答，亦即理和气如何“磨来磨去”的问题。朱先生说道：“不但理可以独立，气也可独立。两种独立者之合拢则有两种看法，一是从理看，一是从气看；从理看，似为真际产生实际；从‘气’看，又似实际附丽上真际。”[②]冯友兰的回答非但生硬，甚而至于无理：“事实上‘无无理之气’，所以并没有一个时候，无气而有待于理的产生(理不能产生)。亦没有一个时候，有‘无气之理’，而待它去附丽。”[③]这个答案分明就是说：世界本来如此，如何来的这个问题？

世界固然本来如此，在经验来看，当然不存在这个问题。但是，冯友兰既然非要一步一步地从实际中思出这个真际来，非要从形下中一步一步地思出形上来，这个问题就成了问题了。换一种表述方式就是：在划分形上、形下的前提下，二者又是如何发生关系的？例如，冯友兰认为，谈实际的问题，就首先要区分共相和殊相。区分共相、殊相自然是形上的问题，但又如何再次回到实际上来呢？

再来看第三个问题。朱先生讲：“这问题的答案就是全部知识论，所以在哲学中特别重要。它的难点仍在真际与实际的区别。真际底理形而上，可思议而不可以感观经验；实际底事物形而下，可以感官经验，如思议之仍必借助于理。感思异能如何融会，真实异际如何接触，两个是哲学最重要的问题。”[④]而冯友兰

---

① 朱光潜：《冯友兰先生的〈新理学〉》，《三松堂全集》第五卷，第484～485页。

② 朱光潜：《冯友兰先生的〈新理学〉》，《三松堂全集》第五卷，第486页。

③ 冯友兰：《新理学答问之一》，《三松堂全集》第五卷，第293页。

④ 朱光潜：《冯友兰先生的〈新理学〉》，《三松堂集》第五卷，第487页。

“自谓其所讲底系统，是最哲学底哲学。其命题并不需要许多经验底事例，以为例证。但是冯先生同时又说，人的知识，都是从经验得来底。这显然是放弃他的最哲学底哲学的立场，而堕入一很浅薄底经验主义”[①]。

冯友兰辩称：“人的知识都是从经验得来底，意思是说，人得知识，必借助于经验，并不是说：普通所谓真理，都不过是由经验所得底结论。所谓真理，其是真不靠经验，但人之知之，则必借助于经验。”[②]冯友兰的答案固然是一种回答，却有避重就轻的嫌疑。朱先生发问的头一个问题，是一个大问题。而冯友兰回避掉大问题，仅就他自己的说法进行了辩护。

事实上，按照冯友兰自己的说法，认识真理有多步骤。他说：“每一平常人，每日皆有许多经验，质言之，即每日必有许多知识……不过其中所涵蕴之意义如何，则平常人不追问。追问此诸意义，即是哲学之开始。”[③]如何从追问此意义开始，而后有了哲学呢？冯友兰举他常举的桌子的例子来说。分为三步走。

第一步是作出判断。说这个桌子是方的。

第二步是从这个桌子是方的，到一切方的事物，并发现其具体特征。这就是科学。

第三步是离开一切方的事物，只思“方底物之所以为方者”。这就是哲学。[④]

于桌子来说，固然如此。于事事物物来说，就未必这么简单。就桌子的例子来说，当说“这个桌子是方”的时候，已然有一个先行的方的观念作为判断标准。按照冯友兰的说法，这时尚未有方之所以为方者，因为那是第三步的事情。从这个桌子是方的，到一切方的事物，并得到方的特征，采用的是归纳法。而归纳法必定是不完全归纳。这在自然科学中是非常清楚的原则。而从第二步到第三步则是一个飞跃。此时不仅要回答“方如何”，更要回答“如何方”。如果没有一个“理”的观念，这个回答根本是不可能的。

因此，在三步中，每一步都预先包含了冯友兰期望通过这三步而达到的结论。也就是说，真正的步骤不是从形下到形上，而是从形上到形下。朱先生的问题其实就是在问：形上究竟是如何可能的呢？

朱光潜先生的三个问题一个比一个深入，最终落实到了第三个问题上，其思路是：如果实际的事物是形下的，那么形上是如何可能的？然后接着再问：这种划分是否恰当？最后的问题是：如何重新回到形下？

---

① 转引自冯友兰：《新理学答问之一》，《三松堂全集》第五卷，第 294 页。朱先生原文颇长，冯友兰归纳为如此。

② 冯友兰：《新理学答问之一》，《三松堂全集》第五卷，第 295 页。

③ 冯友兰：《新理学》，《三松堂全集》第四卷，第 19 页。

④ 参见冯友兰：《新理学》，《三松堂全集》第四卷，第 20 页。

形上如何可能？这个问题在冯友兰那里不可能得到回答。事实上,这也是一个自从柏拉图以来就困扰整个哲学史的重大问题。就一种哲学体系而言,其最终根据或者说终极前提必定是形上的。哲学就是形而上学。如果要对此哲学进行分析,其前提也必定是首先报以“同情之理解”的态度,就是要承认其前提,并在此基础上来展开讨论。若非如此,必定是各执一词,纷争不断。如果报以同情之理解,那么,对此种哲学的批判只能局限在学理层面,也就是看看其体系内部有无不自洽的部分。然而,这种批判能否和研究者本身的问题视域勾连起来,尚是一个问题。即便是勾连起来,其思路也被框限在了此哲学之中,创新谈何容易？如果没有此种态度,问题就更大了。首先要面对的问题就是:某种标准运用于某一哲学,其合理性何在?

就整个现代新儒家来说,他们的言说方式都未能摆脱传统形而上学的困扰。因此,对他们的评判也必定是:要么是在其体系内部进行分析,要么是彻底否认其根本前提。比如郑家栋固然可以批评冯友兰的工作西化味道过重,但其前提必定是他对中国传统哲学的某种认定。冯友兰自然也可以回应说,他本人所讲的哲学就是最传统的中国哲学,而他的工作只不过是将原先混言之的哲学进一步清晰起来。

因此,突破就是必需的。就目前的学术发展状况而言,实现这一突破的是“生活儒学”所提出的观念的三个层级的划分。观念的三层划分指的是:本源层级、形上层级和形下层级。[1] 从“新理学”的两层划分到“生活儒学”的三层划分,在形上、形下之外添加本源,这不仅仅是简单的添加,而是一种本源性的阐明。

其中,本源层级指的是:在一种本源情境中,发生着本源的生活感悟(生活情感、生活领悟);生活感悟共时地显现为不同的感悟形式;而生活本身则历时地显现为不同的生活方式;由于我们的生活方式的演变,儒家思想的整体的层级构造“与时偕行”地在历史上显现为若干历史形态。

在此基础上,才有可能解释某种形而上学,比如冯友兰的《贞元六书》是何以可能的。这就如同本文采用的思路一样,从冯友兰所处的时代出发,从他的生活本身出发,去理解他。按照生活儒学的思路,我们可以看到他是如何在本源情境的断裂中产生了形下的需求,而后进一步上升到形上的高度。在冯友兰的话语中,我们只能说这是“势所必然”;然而在生活儒学中,我们给出了他的“理所当然”。

回过头来看冯友兰的体系,由于缺乏观念“本源层级”的自觉意识,他面对了许多他自身所建构的问题。而在现代新儒家中,这种意识的缺乏是普遍的。

---

① 参见黄玉顺:《“生活儒学”导论》,陈明、朱汉民主编:《原道》第十辑,北京大学出版社 2005 年版,第 95～112 页。

正如我们在他们的言说中所看到的那样,出于对现实问题的考虑,他们建构了一套形而上学,而在此种形而上学中,却总是存在着种种理论困境,他们始终无法摆脱强为之言的困扰。而生活儒学为摆脱这种困扰提供了可能。

值得注意的是,“生活儒学”本身的方法与“新理学”之间有着很深的渊源。例如,采用生活儒学的观念来分析孔子“仁”的观念,我们可以得知,孔子的“仁学”中,哪一部分是形下的、具体的道德规范建构,那就是“孔子之时代的新的哲学”;哪一部分是形上的、抽象的建构,那就是“最哲学之哲学”;而哪一部分是在讲生活情感本身,那就是冯友兰以及所有现代新儒家的盲点所在。就其是将不同的观念置于不同的观念层级、话语系统之中,使得它清晰起来,这与新理学的主要特征是一致的。但这种不同观念层级的置放,最终也都是为了回到生活,为了给生活中的具体问题以答案。

理性·情感·生活

——对冯友兰、蒙培元、黄玉顺之间学术嬗变的考察*

杜　霞

近代以来，中国社会的急剧变化和转型，催生了学术上纵向（古今）和横向（中外）的融合创新。随着西风东渐，西学的种种主义和方法经由不同的方式传入中国，对中学产生了巨大影响，并由于中国哲学自身在宋明时期发展出了一套完整的理学，所以，学者们热衷于在现代的情势下对中国（古代）哲学进行理性的系统化建构。近代西方哲学以理性主义为基本特征。理性主义的引入，实质上解构了传统的思维方式。现代学者试图用理性来解决中国的问题，因此，理性之被利用，从一开始就具有工具理性的特征。一旦作为工具被使用，那么就有个效用问题。五四以降，人们对理性推崇备至，但是，在社会的老问题不见得解决了多少而新问题却不断出现的情况下，人们就开始怀疑理性及其有效性了。于是，西学东渐造成的传统之解构激发了思维方式的变革，而思维方式的变革进一步推动了西学东渐的进程与规模，引发了一些学术上的嬗变，使人们开始思考古今中西会通的可能道路。本文以冯友兰先生及其传裔蒙培元先生、黄玉顺先生为例，考察其间的学术之嬗变与问题之转换，清理中国哲学思想发展的路向。

一、理性诉求：冯友兰的开创工作

冯友兰先生是现代中国哲学的开创者，他的研究方法以及他创造的哲学体

---

* 原载崔发展、杜霞等：《生活·仁爱·境界——评“生活儒学”》，安徽人民出版社 2012 年版，第 101～113 页。

系(以《贞元六书》为代表),都是后人的典范。

冯先生的弟子蒙培元先生如此评价其师:"冯先生的哲学的最大特点,是引入了西方的理性主义。"①这个评价是切中肯綮的,因为不论是从冯先生早期的《中国哲学史》,还是成熟期的《贞元六书》,都可以看到他对理性的重视。

一个人重视什么不重视什么,其取舍轻重,都与他自己的问题意识相关。冯先生关注的是什么问题呢?中国的学者,从古至今,大多都是以其所处时代面对的某些问题作为自己的问题。冯先生亦是如此。冯先生所处的时代,中国面对的是"烽火连三月""国破山河在"的惨境。冯先生对此甚为忧切,他的著述乃是寄托着巨大的忧患与关怀的。在《中国哲学史》的"自序二"中,冯先生说:

> 此第二篇稿最后校改时,故都正在危急之中。身处其境,乃真知古人铜驼荆棘之语之悲也。值此存亡绝续之交,吾人重思吾先哲之思想,其感觉当如人疾痛时之见父母也。吾先哲之思想,有不必无错误者,然"为天地立心,为生民立命,为往圣继绝学,为万事开太平",乃吾一切先哲著书立论之宗旨。无论其派别为何,而其言之字里行间,皆有此精神之弥漫,则善读者可觉而知也。"魂兮归来哀江南";此书能为巫阳之下招欤?是所望也。②

"知我者,谓我心忧;不知我者,谓我何求!"冯先生非常希望读者体贴他的寄意。冯先生在该著作中所寄何意呢?既然面对国难,那就需要思考,如何才能解决国难。毫无疑问,科技是最有效的外御强辱的手段,这是近代的中国从与列强交战中早就得出的结论。如何获得科技呢?魏源认为可以"师夷长技以制夷",洋务运动等也在实践魏源的这一思路。好东西谁都想要,于是众多国人开始想:科学这样的东西为什么没有在中国古代产生出来呢?冯先生也思考了这个问题,还写了"Why China Has No Science"这篇英文文章。

但问题不止于此,如果仅仅想到科学好,就拿来归己,未免太急功近利。通过对西学的了解,冯先生明白,理性才是科学的根基。于是,如果要在中国文化中发展出科学,首先需要有理性精神。所以,冯先生就以理性主义为主要思路来解释中国古代哲学,并在中国哲学的建构中凸显"理性"。

虽然冯先生要在中国哲学的建构中凸显"理性",但他不是凭空随意移植,而是把自己的形上学体系称为"新理学",并反复申明,新理学是"接着"宋明理学讲的。这个体系的主要内容,是所谓"共相"和"殊相"的关系问题,也就是宋明理学所说的理与气、理与事的关系问题。只是宋明理学家未使用西方哲学的范畴,问题说得还不够清楚,新理学就以逻辑分析方法和新实在论的学说为基

---

① 蒙培元:《理性与情感——重读〈贞元六书〉〈南渡集〉》,《读书》2007年第11期。

② 冯友兰:《中国哲学史》上册,华东师范大学出版社2000年版,第8页。

础，把传统宋明理学没有讲清楚的地方分析清楚。换言之，冯先生认为，新理学是这样一种“形上学的工作，是对于经验作逻辑底释义。……在对于实际事物底释义中，形上学只作形式底肯定，科学则作积极底肯定，这是形上学与科学不同之处”[①]。“新理学”是一种“最哲学的形上学”，原因在于它运用了“最哲学底形上学的方法”[②]。对“经验”作逻辑的释义也就是所谓“最哲学底形上学的方法”，或者称为“正的方法”，即逻辑分析方法，指以理性思维对形上学命题、范畴进行分析、总结的方法。

但同时他又说：“真正形上学的方法有两种：一种是正底方法；一种是负底方法。正底方法是以逻辑分析法讲形上学。负底方法是讲形上学不能讲，讲形上学不能讲，亦是一种讲形上学的方法。”[③]所谓“负的方法”，即中国传统哲学中的直觉体认方法。但毕竟，冯先生所强调的是“正的方法”，以“正的方法”为“负的方法”的基础和前提。“一个完全的形上学系统，应当始于正的方法，而终于负的方法。如果它不终于负的方法，它就不能达到哲学的最后顶点。但是如果它不始于正的方法，它就缺少作为哲学的实质的清晰思想。”[④]

新理学的基本预设是：经验的实际世界是逻辑的真际世界的例证，那么对“经验”作逻辑的释义的形上学，只需“正的方法”即可彻底了解真际，于是“负的方法”就是不必要的。但按照冯先生的设计，似乎“负的方法”又是真正形而上学不可或缺的部分，那是不是意味着，新理学势必包含了无法自圆其说的非“理”的世界呢？强行引入负的方法，不就背离了新理学的基本信念了吗？这就使新理学陷入了两难境地。

冯先生的《新理学》，谈的是逻辑哲学，借重名言分析、概念推理，这本质上似乎是朱子理学风格。那么，如此在古代哲学中寻找理性的内容，似乎可以告诉国人，吾国并不缺乏理性，因此，从吾国文化中发展出近代科学，是完全可能的。这样，似乎可以给那些失去文化自信的国人打打气。

众所周知，冯先生对“中国哲学”这一学科的创立功莫大焉。20 世纪 30 年代冯先生出版的两卷本《中国哲学史》可以说在比较完全的意义上标志着一个新的学术典范的确立，标志着在传统思想和学问的分化中，由经学到哲学这一转化与过渡的完成，奠定了中国哲学的研究范式。但这样的研究范式却遭到强烈的质疑。质疑者多半认为，冯先生仿效西方哲学的模式来建立中国哲学的系

---

① 冯友兰：《贞元六书 · 新知言》，华东师范大学出版社 1996 年版，第 873 页。以下引《贞元六书》，不再另注版本。

② 冯友兰：《贞元六书》，第 864 页。

③ 冯友兰：《贞元六书》，第 869 页。

④ 冯友兰：《中国哲学简史》，新世界出版社 2004 年版，第 453 页。

统,用逻辑分析的方法作为其内容取舍的标准和诠释向度,这种以西律中的方法所雕刻出的一套系统哲学,虽然材料是中国传统的,但神韵已失。确实,我们可以明显地看到,冯先生的哲学体系对理学的接续、西学的引入,与其负的方法(及对心学的同情)难于统一为体。新理学体系力图避免理论困境,在方法上勉为其难地使用了权宜之计。

二、情感滋养:蒙培元的拓展工作

冯友兰先生想以理性解决他面对的问题,但理性是不是灵丹妙药呢?非也。理性很可能导致僵硬刻板的理论说教,所以,还需以情感补之。冯友兰先生晚年说:"金岳霖指出'哲学是概念的游戏',而没有把这个论断同人类精神境界结合起来,以至于分析概念似乎是一种游戏。如果认识到真正的哲学是理智与直觉的结合,心学与理学的争论亦可以息矣。"①其实,冯先生早就重视情感、精神境界在人类生存中的作用,其《新原人》谈的人生哲学,借重觉解意会、直觉领悟,并提出了"四境界"说。所以,他的弟子蒙培元先生说,冯友兰"看到理性的限制","他虽然吸收、运用了维也纳学派的分析方法,但并不是以此为目的。他与维也纳学派的根本分歧,也在这里。……冯先生不仅使用了情感的语言,而且公开主张,情感与逻辑语言并不构成矛盾,不仅不构成矛盾,而且都是必需的"。②

蒙培元先生就充分发展了情感哲学这一方面。综观蒙先生的哲学著述,可以发现其入思进路就是情感。蒙先生"情感哲学"的提出,正是应对了冯先生哲学的理论困境。为什么这样说呢?

在蒙先生看来,其师冯友兰先生的《贞元六书》之所以作,乃是为了建立一种新的现代的中国哲学。所谓"新的""现代的"是指在新理学的整个体系中贯穿着一条基本精神,即理性主义精神;所谓"中国的"则是指必须保有中国哲学的特质。但如前文所述,我们只能说冯先生的哲学是努力完成西方理性精神与中国哲学的情感特质调和的一次尝试,但未必称得上是成功的。其主要原因在于:从表面上看,是方法论上的牵强,逻辑分析的方法和心灵的觉解完全不能相融,正、负方法难以圆通;更深层的问题则在于对于形而上学本身的理解缺乏某种根基。

所以,就方法论而言,蒙先生的"接着讲",是试图调和新理学体系中"正的

① 冯友兰:《三松堂全集》第十卷,河南人民出版社2000年版,第659页。

② 以上两处引文,均见蒙培元:《理性与情感——重读〈贞元六书〉〈南渡集〉》,《读书》2007年第11期。

方法”(逻辑分析)与“负的方法”(心灵觉解)之间的裂痕,特别拈出“情感”的问题作为切入点。于是乎,与冯先生仅仅从“理智底了解”与“情感底满足”、“概念的了解”与“心灵的自觉”等概念的对举中旁敲侧击地谈“情感”迥异,在蒙先生看来,“讲人的存在问题,就不能没有情感。因为情感,且只有情感,才是人的最首要最基本的存在方式”[①]。尤其是在论及儒学时,蒙先生说:“情感是全部儒学理论的基本构成部分,甚至是儒学理论的出发点。”[②]

正因为“情感”不是“识仁”“知道”的副产品,不是概念研究分析的“余义”,更不是哲学所引起的所谓“情感上的联想”,而是先于一切而在的,那么“负的方法”就有了存在的基础,它便不再仅仅是作为“正的方法”的补充性存在。毋宁说,唯有“心灵的觉解”这种负的方法才是理解人作为情感存在的正确道路。正与负的方法在蒙先生那里恰巧做了个颠倒。正的方法涉及的是认识的问题,而负的方法涉及的是存在的问题。

存在问题为认识论、本体论问题奠基,这便是蒙先生要指出的对于形而上学本身的深层理解。宋明理学用本体存在论解决认识论问题,只会越解决越混乱。冯先生的逻辑分析方法,剥离出认识问题,这是可取的;但是,试图用认识论解决本体论、存在论问题,难以自圆其说,支离而不相应。蒙先生的哲学不再是从本体论、认识论的立场研究儒家哲学,而是从“存在论”的观点研究儒家哲学,强调在存在论的基础上来谈论情感问题,并试图把情感与理性统一起来。这一点,使其不同于冯先生的实在论、认识论的儒学观。

对“情感”的不同理解,导致了冯先生与蒙先生对儒学的不同阐释。陈来先生曾指出,冯先生讲“情感”,更多的是从道家和玄学的理解切入,以“有情无我”为核心。道家以理化情,以求达到无情;宋明道学不求无情,主张有情无我。所以,宋明道学有道家以理化情的好处,而没有道家以理化情的困难。冯友兰对宋明道学的了解和体会是基于他在情感问题上对道家和玄学的了解的。[③] 这说明,一方面,情感问题其实是隐藏在冯先生整个中国哲学研究的底色中的,但另一方面,他多采用的是西方逻辑分析方法,方法论上的失当,带来其理论上的不自洽。冯先生讲“情感与理智”还未能看到它们之间纵贯的奠基意义,他还是在横列地讲。情感与理智,其实不能仅仅作认识论上主客二分的理解,也就是说,认识论的分析不能给出存在论基础,恰恰相反,是存在论给认识论奠基。存在不是和认识并列的另外一个研究领域,而是能收摄认识论问题的更大境域。

---

① 蒙培元:《情感与理性》,中国社会科学出版社 2002 年版,第 4 页。

② 蒙培元:《情感与理性》,“自序”第 1～2 页。

③ 参见陈来:《有情与无情——冯友兰论情感》,胡军主编:《传统与创新——第四届冯友兰学术思想研讨会论文集》,北京大学出版社 2002 年版,第 57～68 页。

由以上描述可以看出，冯先生新理学体系的问题实质就在于没有把情感放在存在论的基础上来谈，于是，情感只是日常经验的情绪，并往往表现为对理性判断的干扰，所以冯先生谈论的是即使“有情”也要不为情所累。冯友兰所说的“有情无我”不是强调有情，而是强调无我，所以不能提出如何对待积极情感的说明。

蒙先生则不同。他特别指出，冯先生在《新原人》中对他所提出的四种境界进行比较，实际上就是讲情感的问题。但他又认为“冯友兰先生提出过系统的境界说（见《新原人》），他所强调的是对世界和人生‘意义’的认识（‘觉解’），但并没有提出‘存在’的问题”[①]。没有提出存在的问题，这就是说，在冯先生那里，始终是认识论的底子，所谓的“觉解”也只是一种认识方式而已。在冯先生看来，境界的问题不一定就是关涉存在的问题。他并且在《中国哲学史新编》中一再强调只承认隋唐佛教哲学是境界论的。而在蒙先生看来，儒、佛、道都是境界形态，而且“境界形态的哲学虽不是实体论的，却是存在论的，它以‘存在’为其前提”[②]。“既然讲人的存在问题，就不能没有情感。因为情感，且只有情感，才是人的最首要最基本的存在方式。”[③]这就是说，讲哲学不单是个认识论问题。中国哲学的特殊性就在于对“人是情感的存在”的重视。如此看来，与其说蒙先生是在解释《新原人》的境界论，不如说是夫子自道——阐释他的情感先于理性之道。

蒙先生也不是只讲存在，不讲意义和价值，正好相反，他是从存在问题入手最终解决意义和价值的问题，这便不同于冯先生。冯先生曾在《新理学》中说道：“我们所谓形上形下，相当于西洋哲学中所谓抽象具体。……形上形下之分，纯是逻辑底，并不是价值底。”[④]而蒙先生哲学的立足点则是：整个宇宙是一个价值存在、意义存在，人的价值与意义就体现在其基本存在方式首先是情感的，而不首先是理性的。情感是个存在问题，而这个存在是道德主体的存在，因为人首先表现为道德情感的存在。

不过，考察蒙先生的哲学著述，我们不难发现：蒙先生虽然一再强调要在“存在论”上讲情感，但其实他所说的“存在”是特指“主体”的存在，而他所说的“情感”特指主体的情感，特别是人的道德情感。从早年的《理学的演变》《理学范畴系统》开始，蒙先生便试图通过梳理宋明理学的内在结构来凸显理学的核心——“人”的“心性论”问题。接下来的《中国心性论》和《中国哲学主体思维》

---

① 蒙培元：《情感与理性》，第3页。

② 蒙培元：《情感与理性》，第2页。

③ 蒙培元：《情感与理性》，第4页。

④ 冯友兰：《贞元六书》，第36～37页。

则进一步表明中国哲学的思维特征即“主体思维”,主体思维乃是认知、情感、意志、实践的统一,而其核心乃是“人生的意义”问题。由此,蒙先生最终写就了揭示中国哲学“主体思维”的终极关怀之所在(心灵境界)及心灵特征之所在(情感意向)的著作《心灵超越与境界》《情感与理性》。

蒙先生强调指出,他所说的“中国情感哲学”,关注的不是情绪反应之类的低级心理状态,而是美学的、伦理的、宗教的高级情感;不是感性的某种快乐或享受,而是理性化乃至超理性的精神情操和精神境界。[①] 但是,排除了作为低等心理的情绪反应的“情”和感性享乐,那么“美学的、伦理的、宗教的高级情感”就是“存在论”意义上的“情感”了吗?“理性化乃至超理性的精神情操和精神境界”又是指一种什么样的“情感”呢?用“理性化”或“超理性”来界定的东西,不是恰恰说明了理性的在先吗?又何谈情感存在本身呢?

“境界形态的哲学……以‘存在’为其前提。但它又不是面对和解决客观的存在问题,而是解决人的存在问题,并且必然地要解决人的存在的意义和价值的问题。这后一点非常重要,由此才有所谓境界问题。境界是精神的境界,心灵的境界,但是与人的存在不可分,与心灵的存在不可分,它本身就是心灵存在的一种形式。在这一点上,儒、道、佛对‘存在’有不同的解释,因而表现出不同的价值选择或价值范向,但基本形态是相同的。”[②]这就是说,中国哲学不关心存在的一般,而是重点关注人的存在的问题。

蒙先生认为,情感问题是个境界问题,境界问题也是情感问题。那蒙先生讲的最高境界应该是什么样子的呢?“仁义是儒家哲学的重要概念,特别是仁,更是儒家哲学的核心。……仁与情感更有直接的关系,实际上仁就是一种情感。”[③]这其实就是“有情有我”,情不仅有消极作用,还有积极作用。

从“存在论”上来谈“情感”,更准确地说,是从“道德情感主体”的传统形而上学方式理解儒学,可以说不仅是蒙先生对其师新理学过强认识论色彩的一个修正,更是对儒学的一个重要发现。但对于主体的存在、主体的情感存在的强调,是否使得儒学又一次错过了对存在本身的追问,从而使得真正的存在论基础与各种儒家形而上学体系之间的关系仍晦暗不明呢?

三、回归生活:黄玉顺的奠基工作

情感与理性,无疑都是人的生存方式。如果说蒙培元先生想用情感来弥补

---

① 参见蒙培元:《漫谈情感哲学》(上)(下),《新视野》2002 年第 1、2 期。

② 蒙培元:《漫谈情感哲学》(上),《新视野》2002 年第 1 期。

③ 蒙培元:《理性与情感——重读〈贞元六书〉〈南渡集〉》,《读书》2007 年第 11 期。

理性之弊，那么，是否可以提这么一个问题：情感凭什么能救理性之弊？其根据以及可能性何在？

对这个问题，黄玉顺先生给出了自己的解释。黄先生认为，情感也好，理性也罢，这些具体建构的基础都是生活本身，因而都得回归生活的大本大源。但有一个问题：生活不是一个现成的存在者，甚至它根本没有规定性，那么，如何言说生活呢？

言说方式的问题，不单单是黄先生首先思考的问题，也不是他所提出的独特问题。蒙先生在其《情感与理性》的序中已经阐明："本书不再从所谓本体论、认识论和知识学的角度研究儒学，而是从存在问题入手，讨论儒学在人的存在、价值及其人生体验问题上的基本主张。"①这个表态不但表明了蒙先生对情感的重视，还提出了另一个问题，即言说方式的问题。黄先生对其师也有如此评论："蒙先生的儒学解释确实具有浓厚的生存论分析意味，虽然它与海德格尔的生存论分析颇为不同；而在儒家，生存论是真正能够为良知论奠基的。"②

如何进行哲学的言说，在中国哲学界有一个自身发展的历程，并且至今仍是一个大问题。首先是以西律中的解释方式，用西方哲学的概念来解读中国经典，以冯先生为例，他就是采取逻辑分析的方法解读中国哲学，使其失去了原本的味道。蒙先生开始提出中国哲学的精髓在于重视人的情感，从存在论问题入手研究儒学。他特别提出了建立儒家仁爱为本的"情感哲学"。但问题在于，如果所谓"情感"仅仅是指道德情感、宗教情感、美的情感或者精神境界，这些仅仅属于主体性的事情，那么，我们如何能逃避这样的追问：作为情感的主体本身又是如何可能的？如何可能使其拥有涵容一切的解释力？黄先生的"本源情感"概念的提出，更进一步展开了以情感理解儒学的可能。"本源情感"即"无情"：情感的流露乃是生活本身的显现，在这里还不存在"人情"，更不是人的私情，而仅仅是"事情"。"面向事情本身"的现象学方法的引入给我们带来了新的研究视域。

一般而言，哲学体系中方法论上的失当，从根本来说体现的却是对形而上学的深层理解的失误。20世纪以来哲学的思考，开始颠覆其自身的传统思维模式。以现象学方法为标志的思想运动开始反省"形而上学"自身：各种流行的形而上学本身是如何可能的。这样的问题被提上了日程，形而上学的困境被真正逼显出来。现象学要求以最直接的无前设性面向事情本身，而形而上学却一再变成主体性的事情，总是遗忘存在本身。那么，如何在形而上学研究中维持住

---

① 蒙培元：《情感与理性》，"自序"第1页。

② 黄玉顺：《儒学的生存论视域——从蒙培元先生〈情感与理性〉说起》，《中华文化论坛》2004年第2期。

对存在本身的探问,便成为形而上学必须面对的课题。

黄先生“生活儒学”的提出,其实是进一步回应了两位师长哲学体系中的问题,从真正存在论意义上来理解中西哲学本身的存在样式,从而解释中西哲学的对峙何以可能的问题,为中与西的会通提供新的视野。他首先颠覆了传统形而上学中寻求“根据”的思维方式,回溯到存在本身去解释存在。这里所说的“存在”不是“存在者的存在”,而是离却一切现成形态的“存在本身”。这个存在本身就是“生活”。通过字源上的考察,黄先生指出:“在”即“生”,“生”即“在”;“存”出于爱,乃是情感的事情。中国人的“存在”观念是:如果说,存在即生活,那么,生活就是生活情感,首先是爱的情感。这正是儒家的观念:生活之为存在,首先显现为爱的情感。这种爱的情感,儒家谓之“仁”“仁爱”。在本源意义上,仁就是爱。①

黄先生与蒙先生的相同之处在于:他们的思想体系都试图追寻“存在”,从而为已有的中国哲学(尤其是儒学)解释理论找一个坚实的基础。两者的区别在于:蒙先生寻求的奠基是一种“追本”,找到某种原初的存在者作为根据,例如“道德情感”,这种存在者的存在就是所谓“人的存在方式”;然而生活儒学所做的则是更进一步“溯源”,找到先行于任何存在者的存在本身,也就是“恻隐”或“不忍”这样的本源情感。存在即是生活及其情感显现,而作为终极存在者的主体及道德,不过是渊源于存在及其情感显现的东西。

现在我们看得很清楚,蒙先生在追问存在本身时是一种主体性形而上学的观念。他在《漫谈情感哲学》中指出,我们关心的不是一般客观的存在问题,而是人的存在。何谓“人的存在”?问题在这里发生了微妙的转换。存在本身被转换为“人的存在”,接着被转换为“价值存在”。而关键的问题是,到目前为止,我们还没有清理过何谓“有价值”的存在。传统哲学的“价值论”断言完全是从主体主义的角度出发的立论,我们除非一开始就设定“主体的价值即存在”,否则并没有办法说明何以“善的”“道德的”就是存在的真实。对存在的追问每每落到由存在者来充当答案,这正是“前现象学”的传统形而上学“遗忘存在本身”的表现。这种绝对主体性仍然还是存在者,而不是存在本身。因此,我们可以看出,蒙先生的“存在论”,一开始就是典型的“前现象学”的传统形而上学观念,被一再地强调成了有“价值意味”的解释,并将其统一收摄到“主体思维的境界”上来,但并不能回答“道德主体”或者“道德实体”那样的形而上存在者本身又是怎么可能的问题。而黄先生的生活儒学则认为,形而上学本身就是为生活所涵摄的事情。于是,我们只能回到生活,即存在本身来解释这一切。

① 参见黄玉顺:《爱与思——生活儒学的观念》,四川大学出版社2006年版,第37～43页。

对“存在”的不同理解则导致了蒙先生与黄先生对情感的不同阐释。生活情感究竟是怎样的“情”，与蒙先生所说的“情感”有何区别呢？后者其实指的就是“人之情”；生活情感则是先行于“人之情”的那种情感。在对儒学的传统形而上学解释中，有一个“性—情”架构。但黄先生第一次提出，在“性—情”之前还有一种本源性的情，也就是“情—性—情”当中的第一种“情”。这种情感，就是生活儒学所说的“生活情感”，这才是存在本身的显现。

这种生活情感是“无物”的，即是先行于人和物的。一切存在者恰恰是被这种生活情感所给出的。[①] 所以，生活儒学绝不认为仁爱只是与认识相平行的一种意识行为。意识是人的主体性行为，而仁爱并不是人的主体性行为，人的主体性反倒是在仁爱中生成的。黄先生所讲的情感是指“本源之情”，是先行于存在者的“生活情感”“情感本身”。这是“事之情”，而不是“人之情”。

黄先生的生活儒学意在彰显“本源情感”乃儒学之大本大源。存在论先于知识论，也就是说，存在论为知识论提供地平线——视域（Horizon）。视域不是知识论的，不是主体性的，而是存在性的，简单地说那就是“生活”。生活作为存在本身，决定了什么样的存在者成为存在者，决定了何物进入我们的视野。不仅如此，存在论还为伦理学提供地平线——视域。这样的存在性视域，决定了什么样的存在者成为价值存在、真实存在。这可以看作存在论对于主体性哲学的视域开拓。既然生活是大本大源，显现为情感的存在，那么它也就不单单是停留在本源层面，而是可以进一步解释和支持主体性哲学和认识论哲学。这便是黄先生目前尚在继续展开的理论建构工作。或许我们可以由此期待在现代哲学言说方式下儒学的一种有本有源的解读。

---

① 参见黄玉顺：《爱与思——生活儒学的观念》，第64页。

冯友兰中国哲学研究范式之赓续及其嬗变

——现代中国哲学中的"清华传统"研究*

杨生照

20世纪三四十年代的清华大学可谓群星璀璨、大师云集，史称(广义的)"清华学派"。具体到其当时的哲学系来说，则不仅聚集了冯友兰、金岳霖、张申府、张岱年等一批专业哲学家，而且在研究方式上还形成了一个不同于其他高校诸如北京大学等哲学系的思想学术传统。对此，作为"清华学派"(狭义的——按指当时的清华哲学系，下同)代表人物之一，张岱年先生曾这样概括道："北大哲学系比较重视考据，重视哲学史的研究，在方法论上比较推崇直觉。……清华哲学系比较重视义理，重视理论建树，在方法论上比较推崇分析。"[①]在清华哲学系诸先生中，无论是就理论建树之成果来说，还是就思想义理之规模来说，毋庸置疑当以冯友兰和金岳霖两位先生最为卓著。然而，自1952年全国高校院系大调整之后，随着清华文科全部合并到北大，冯友兰、金岳霖二先生也由清华哲学系调到了北大哲学系(1955年，金先生又离开北大，调任中国科学院哲学研究所副所长)，"清华学派"就此中断，但这并不意味着清华的思想精神和学术传统就此中断了，后者在他们的弟子及再传弟子那里得到了一定程度上的传承和发展。

学界对于作为一种文化现象的(亦即广义的)"清华学派"已有相当的关注和研究，然其所侧重之点似主要在于当年的"清华学派"的整体思想风貌。如：张岱年先生之上述概括亦主要是侧重于指出北大哲学系与清华哲学系相比所呈现出的某些不同品格，后者同时也是清华哲学系诸先生之哲学研究所体现出

* 原载杨永明主编：《当代儒学》第3辑，广西师范大学出版社2013年版，第202～216页。

① 张岱年：《回忆清华哲学系——"清华学派"简述》，《学术月刊》1994年第8期。

的共同特点;徐葆耕先生曾指出"清华学派"在某种意义上是对它以前多种学派(包括新文化派、东南学派)的一次"综合"①,这种"综合"尤其体现在清华学派以"释古"的态度扬弃以前的"信古"传统和当时的"疑古"思潮②;胡伟希先生则借用尼采哲学中的"酒神精神"和"日神精神"来概括和讨论现代中国学术的两大学派——北大学派和清华学派的学术心理类型和学术气质③。而对(狭义上的)清华学派之赓续传承,则缺乏必要的关注。然而,对清华学术传统之赓续及其嬗变的研究,无疑不仅具有一定的学术史价值,而且具有相当的理论意义。笔者将通过对冯友兰和金岳霖这两位现代中国哲学巨擘所开辟的中国哲学研究范式赓续及其嬗变的考察,一方面试图呈现出"清华传统"在现代中国哲学中所具有的思想特征,另一方面也希望展现出现代中国哲学发展的某种思想脉络及其可能趋向。本文便是此项考察研究的第一部分:冯友兰中国哲学研究范式之赓续及其嬗变。

一、冯友兰的新理学本体论④与人生境界说

哲学作为"自己时代的精神上的精华"(马克思语),总是与研究者当下的现实生存相联系,并以解决时代的现实问题为鹄的。冯友兰先生作为现代中国最重要的哲学家之一,他的哲学研究和创作亦不例外地与他所处时代的现实问题相关联。众所周知,近代以降,中华民族一直为各种内忧外患所困扰,尤其是就冯先生之哲学创作的高峰时期来说,当时正值抗日战争的艰难时期;与此现实问题相应,"中国向何处去"的问题一直是当时的有识之士所思考的核心问题。甚至可以说,此问题放在今天的中国仍然有效。冯先生对此问题的基本回答是:

> 中国需要现代化,哲学也需要现代化。现代化的中国哲学,并不是凭空创造一个新的中国哲学,那是不可能的。新的现代化的中国哲学,只能是用近代逻辑学的成就,分析中国传统哲学中的概念,使那些似乎是含混不清的概念明确起来。⑤

---

① 参见徐葆耕:《从东南学派到清华学派》,《学术月刊》1995年第11期。

② 参见徐葆耕:《释古与清华学派》,《清华大学学报》(哲学社会科学版)1995年第2期。

③ 参见胡伟希:《北大学派与清华学派——中国现代学术史上的"酒神精神"和"日神精神"》,《金秋科苑》1997年第6期。

④ 为了将冯友兰先生整个的"新理学"哲学体系与其《新理学》一书中所建构的新理学本体论区分开来,本文将前者加上了双引号,而后者则未加双引号。

⑤ 冯友兰:《中国哲学史新编》第七册,《三松堂全集》第十卷,河南人民出版社2001年版,第621页。

当然，就冯先生本人的研究工作来说，对中国传统哲学中的概念进行逻辑分析本身还不是最终目的，其最终目的乃是要在此基础上“重新建立形而上学”[①]。从学术传承上来看，冯先生对逻辑分析法的强调，与他曾受到英美新实在论（以及广义的实证主义，如罗素、蒙塔古、维也纳学派等）思想的影响有关，但与后者拒斥或取消形而上学的倾向不同，他认为形而上学必须重建，因为形而上学乃是人所不可避免和无法取消的。他对中国传统哲学概念进行逻辑分析方面的工作主要体现为两卷本的《中国哲学史》；而其重建形而上学方面的工作则体现在由“贞元六书”（即《新理学》《新事论》《新世训》《新原人》《新原道》《新知言》）构成的“新理学”哲学体系。其中前者不仅是中国哲学史学科建立方面具有里程碑意义的著作，而且构成了他后来建立“新理学”哲学体系的基本前提；后者亦不仅成为现代中国哲学研究中的经典著作，而且是思考中国哲学现代化问题时无法绕过的典范之一。此处主要侧重于对冯先生“新理学”哲学体系的论述并试图揭示其中所存在的某些问题。就主要内容来说，冯先生的“新理学”哲学体系主要包括他的新理学本体论建构和人生境界说两个部分。

首先，就冯先生的新理学本体论来说，它主要由“理”“气”“道体”“大全”（或“宇宙”）四组概念组成：其中“理”意指某（类）物之所以为某（类）物之“依照”者，如方之理即是所有方的物之所以为方的物者[②]；“气”（或“真元之气”）意指某（类）物之能够成为实际存在的物之所“依据”者[③]；“道体”是指动态上的“理”与“气”相结合从而构成现实世界的“流行”过程，冯先生曾借周敦颐“无极而太极”一语来表示这一过程[④]；“大全”（或“宇宙”）则意指静态上的“理”“气”“道体”的总括[⑤]。在这四组概念中，冯先生还特别强调后三者，即“气”“道体”和“大全”是不可言说和不可思议的[⑥]，而这使他在相当程度上陷入了不可知论。杨国荣先生曾指出，尽管冯先生所使用的都是中国传统哲学中的概念，但其思想实质上却表现为一种思辨的抽象的逻辑构造，其体系也呈现出一种形式化的特点。如果说，他借助逻辑分析法来分析中国传统哲学概念并试图重建形而上学体现了对实证主义的某种偏离或超越和对中国传统哲学的依恋和认同，那么，他将“理”直接解释为脱离现实世界（殊相）而存在的共相，从而将其形上学构造为抽象的、逻辑的形式化体系则又在某种程度上表现出向实证主义回归的趋向。[⑦]

---

① 冯友兰：《新知言》，《三松堂全集》第五卷，河南人民出版社 2001 年版，第 194 页。

② 参见冯友兰：《新理学》，《三松堂全集》第四卷，河南人民出版社 2001 年版，第 29 页。

③ 参见冯友兰：《新理学》，《三松堂全集》第四卷，第 43 页。

④ 参见冯友兰：《新原道》，《三松堂全集》第五卷，第 130 页。

⑤ 参见冯友兰：《新原道》，《三松堂全集》第五卷，第 132 页。

⑥ 参见冯友兰：《新原道》，《三松堂全集》第五卷，第 134 页。

⑦ 参见杨国荣：《实证主义与中国近代哲学》，华东师范大学出版社 2009 年版，第 113 页。

正是这种双重特点使得他的新理学体系不可避免地存在着理论困境，即共相与殊相、真际与实际之间如何沟通统一的问题，具体而言即“真际”或“理”世界如何过渡到“实际”的世界，以及由无极之“气”到太极之“理”的过渡如何可能的问题。所以，杨国荣先生一再指出：“在实证主义的基础上重建形而上学，是很难成功的。”①

又，如前所述，冯友兰先生的“新理学”哲学体系主要包括他的新理学本体论建构和人生境界说两个部分，而后者实际上才是其“新理学”哲学体系的思想归宿。杨国荣先生也曾指出：“新理学的逻辑终点不是本体论，而是人生哲学。”②在他的人生境界说中，他首先指出人之所以异于禽兽者及人生之所以异于其他动物的生活者就是，人生是有(较高)觉解的生活。③ 所谓“觉解”包括“了解”和“自觉”两个方面：前者是指人能依据概念认识世界和自己(或曰宇宙和人生)的活动，后者则是指人在其从事某种知行活动时能同时反观而知晓该活动之到底何所是，它体现为一种明觉的心理状态。④ 人对于宇宙人生之觉解程度的不同，决定了宇宙人生对人有着不同的意义，后者也就是人的某种精神境界。冯先生依据觉解程度的高低，将人生境界划分为“自然境界”“功利境界”“道德境界”和“天地境界”四种：其中以自然境界为最低，以天地境界为最高；又，由于在天地境界中之人“不仅觉解其是大全的一部分，并且自同于大全”，而“天是大全，是万有之总名”，所以天地境界又称“同天境界”。⑤ 就冯先生的整个“新理学”哲学体系来说，他一方面认为他的“新理学”是最玄虚的哲学，另一方面他也强调他所讲的仍是一种“内圣外王之道”。⑥

值得注意的是，与冯先生强调“大全”“宇宙”等的不可言说、不可思议性相应，他认为同天境界也是“不可了解”和“不可思议”的。如果说，冯先生运用逻辑分析法得出“理”“气”“道体”“大全”等抽象的概念体现的是理性主义的思想方式，那么，他强调“大全”和“同天境界”的“不可知”的特点则又呈现出一种“神秘主义”的色彩。⑦ 事实上，冯先生从未讳言其思想中的神秘主义，在他晚年的自我批判中甚至这样说道：

> 在我过去的哲学思想中，不可知论的色彩，更加浓厚。不可知论之所以留一个“不可知”的东西，正是为宗教留一个“禁地”，为神秘主义开一个

---

① 杨国荣：《实证主义与中国近代哲学》，第150页。

② 杨国荣：《实证主义与中国近代哲学》，第124页。

③ 参见冯友兰：《新原人》，《三松堂全集》第四卷，第472页。

④ 参见冯友兰：《新原人》，《三松堂全集》第四卷，第472页。

⑤ 冯友兰：《新原人》，《三松堂全集》第四卷，第569页。

⑥ 参见冯友兰：《新原道》，《三松堂全集》第五卷，第138页。

⑦ 参见冯友兰：《新原人》，《三松堂全集》第四卷，第571～572页。

大门。我过去底哲学思想，也正是最后归结到神秘主义。①

冯先生哲学思想中理性主义和神秘主义的二重性与他所讲的两种形而上学的方法是相对应的，他将形上学的方法分为两种：“一种是正底方法；一种是负底方法。正底方法是以逻辑分析法讲形上学。负底方法是讲形上学不能讲，讲形上学不能讲，亦是一种讲形上学的方法。”②作为正的方法的逻辑分析法体现的正是其理性主义的特点，它要求的是“理智的了解”；而所谓“负的方法”其实亦即以“破”（或否定）的方式讲形而上学，这与其神秘主义色彩相关，它涉及的是“情感的满足”。他还说：

> 一个完全的形上学系统，应当始于正的方法，而终于负的方法。如果它不终于负的方法，它就不能达到哲学的最后顶点。但是如果它不始于正的方法，它就缺少作为哲学的实质的清晰思想。③

显然，冯先生的“新理学”是试图对理性主义和神秘主义，或理性和情感、直觉等非理性做出某种沟通和统一。杨国荣先生曾指出：“如果说，在本体世界的逻辑建构中，冯友兰主要运用了正的方法，那么，对天地境界的设定，则似乎更较多地关联着负的方法。”④但实际上，冯先生的这种沟通和统一并不成功，即他一方面认为最高的境界必然是神秘主义的，且只有情感、直觉等负的方法才能达到这样的境界，另一方面在理性和情感的关系上他又强调要“以理化情”“有情而不为情所累”⑤，即他更多的还是将情感看作特殊的、个人的，甚至是“累人”的“消极的情感”⑥。因此可见，冯友兰先生并没有为理性主义与神秘主义，或理性与情感之间找到一种合理的沟通和统一的方式，也就是说，理性主义与神秘主义，或理性与情感、直觉等之间的断裂，在冯先生的哲学体系中仍然存在。

质言之，冯友兰先生的哲学思考尽管从理性主义的逻辑分析与重建形上学始，但最后却以神秘主义的人生境界终。在其新理学的本体论中，一方面肯定现实的经验世界的存在，另一方面又总是强调抽象的共相世界相对于经验世界的独立存在，这使得他的新理学本体论不可避免会陷入某种二元论的困境。这种二元论的困境又以另一种形态存在于他的新理学本体论与人生境界说之间，具体体现为理性主义与神秘主义的并存及理性与情感之间的断裂。正是冯先

---

① 冯友兰：《过去哲学史工作底自我批判》，《三松堂全集》第十四卷，河南人民出版社 2001 年版，第 934 页。

② 冯友兰：《新知言》，《三松堂全集》第五卷，第 149～150 页。

③ 冯友兰：《中国哲学简史》，《三松堂全集》第六卷，第 288 页。

④ 杨国荣：《实证主义与中国近代哲学》，第 199 页。

⑤ 冯友兰：《南渡集》，《三松堂全集》第五卷，第 430 页。

⑥ 陈来：《现代中国哲学的追寻——新理学与新心学》，人民出版社 2001 年版，第 330 页。

生思想中的这种困境或断裂构成了其后来中国哲学研究的问题意识。

二、蒙培元的“情感儒学”

如前所述，冯友兰先生之所以陷入理性主义与神秘主义的二元并存及理性与情感的断裂的理论困境，在相当程度上是因为他一方面将与情感、直觉相关的神秘主义看作高于理性主义的，另一方面他又始终强调理性对于情感的支配或控制，即“以理化情”。正因为此，作为冯友兰先生的弟子之一，蒙培元先生一方面不忘对冯先生所引进和强调的逻辑分析的哲学研究方法的主动继承，这具体就体现在蒙先生早年对宋明理学所做的纵横两方面的研究上，即《理学的演变》和《理学范畴系统》两书；另一方面蒙先生又将其目光更多地放在了情感问题上，试图通过对情感的思考和讨论来化解与理性之间的裂痕。由于蒙培元先生的哲学研究似更近于儒学领域，故学界将蒙先生的哲学思想概括为“情感儒学”[①]。

其实蒙先生在其早年的理学研究中就表现出了对中国传统哲学中情感问题的关注，在《理学范畴系统》一书中，他就曾提出：“中国古代传统哲学从一定意义上说，可称之为情感哲学。”[②]在随后的中国传统哲学思维方式的研究中，他又指出，中国哲学主体思维的一个重要特征就是“情感体验型意向思维”[③]。接着在《心灵超越与境界》一书中，他再一次指出：“传统哲学最关注的是情而不是知或意”，“西方哲学是理智型哲学，而中国哲学则是情感型哲学”。[④] 不过他对情感问题的详细讨论则主要是在《情感与理性》一书中。

在《情感与理性》一书中，蒙先生“不再从所谓本体论、认识论和知识学的角度研究儒学，而是从存在问题入手，讨论儒学在人的存在、价值及其人生体验问题上的基本主张”[⑤]。通过这一研究，首先，就人的存在而言，他指出，“情感是人的基本的存在方式”[⑥]，“人是情感的存在”，“对人而言，情感具有直接性、内在性和首要性，也就是最初的原始性”[⑦]。其次，就儒学而言，他指出：“情感是全部儒

① 黄玉顺、彭华、任文利主编：《情与理——“情感儒学”与“新理学”研究》，中央文献出版社2008年版，“序”第2页。

② 蒙培元：《理学范畴系统》，人民出版社1989年版，第250页。

③ 蒙培元：《心灵超越与境界》，人民出版社1998年版，第18页。

④ 蒙培元：《心灵超越与境界》，第18页。

⑤ 蒙培元：《情感与理性》，中国社会科学出版社2002年版，“自序”第1页。

⑥ 蒙培元：《情感与理性》，第21页。

⑦ 蒙培元：《情感与理性》，第24页。

学理论的基本构成部分,甚至是儒学理论的出发点。"[①]当然,这并不意味着蒙先生要否定儒学中的理性成分,或者完全以情感代替理性,相反他仍然承认"儒学是理性主义的",但"儒家的理性是有情感内容的,是'具体理性'",或者说是"情理",即情感理性。[②] 可见,与冯友兰先生主要从西方哲学的角度将理性理解为一种逻辑理性不同,蒙培元先生则是从情感的角度来理解儒学中的理性的,或者说是以情感来统摄理性的。那么,情感何以能够用来统摄理性呢?蒙先生认为,这是因为情感可以"上下其说":

> 情可以上下其说,就是指情感既可以从下边说,也可以从上边说,这里所说的上、下,就是形而上、形而下的意思。情感是人的基本的存在方式,是人的存在在时间中的展开。从下边说,情感是感性的经验的,是具体的实然的心理活动。从上边说,情感能够通向性理,具有理性的形式。或者说,情感本身就是形而上的,理性的。或者说,情感是理性的实现或作用。[③]

也就是说,情感作为人的基本存在方式,它尽管具有感性的、具体的、境遇性的特点,但它同时也具有某种超时空的、普遍性的品格,如儒家讲的"仁爱"、道家讲的"孝慈",都可以理解为一种具有普遍性的情感。正是情感的这样一种特点,使得我们可以从情感的显现中通向理性,使情感成为"具有'普遍有效性'的道德情感,并且形成与此相关的所谓宇宙论、本体论哲学",也使"以情感为核心而将知、意、欲和性理统一起来"成为可能。[④] 不难看出,蒙培元先生提出所谓"情感理性"或"具体理性"实质上也是试图对理性与情感之间做出某种沟通统一,它具体体现为通过对情感这样的感性的具体的经验活动中的普遍性特征的发掘,从而既不陷入某种唯情主义或经验主义,也为理性主义找到某种现实的根源。

当然,从总体上看,由于蒙培元先生是从对人的存在的研究入手,并以作为道德主体的人的存在的预设为前提,或者说,在蒙先生那里,存在本身的问题被直接等同于作为道德主体的人的存在的问题,而未能对"作为道德主体的人究竟是如何被情感这一基本存在方式所给出"的问题做出更加本源的思考,因此其"情感儒学"其实仍是一种主体性哲学。但就其特别强调情感体验来说,又在一定程度上表现出某种生存论的味道,亦即又内含着某种向存在本身复归的要求。如果说,如何沟通理性主义和神秘主义、统一理性与情感是蒙培元先生的

---

① 蒙培元:《情感与理性》,"自序"第 1～2 页。

② 蒙培元:《情感与理性》,"自序"第 2 页。

③ 蒙培元:《情感与理性》,第 21 页。

④ 蒙培元:《情感与理性》,第 14 页。

“情感儒学”的问题意识，那么，向存在本身的复归的要求则构成了蒙先生之后当代中国哲学研究的基本思想视域。

三、黄玉顺的“生活儒学”

如前所述，蒙培元先生的“情感儒学”乃是通过对情感问题的探讨，尤其是对儒家哲学中情感现象的普遍性特征的发掘，试图解决冯友兰先生的“新理学”哲学体系中所遗留的理性主义与神秘主义的二元并存、理性与情感之间对峙或断裂的问题。但由于其对情感的考察是以作为道德主体的人的存在的预设为前提，从而未能对“作为道德主体的人究竟是如何被情感这一基本存在方式所给出”的问题作出更加本源的思考。作为蒙培元先生的弟子之一，黄玉顺先生的“生活儒学”一方面继承了冯、蒙二先生对情感的强调和重视，另一方面以回归真正的存在本身为思想视域对情感又作出了更加本源的探讨，后者也为其进一步思考儒学在当代中国的复兴与重建奠定了基础。

从黄玉顺先生的“生活儒学”思想的提出来看，首先需要指出的是，“在总体的致思进路上，它（按：即指‘生活儒学’）是在与现象学——胡塞尔（E. Husserl）、舍勒（M. Scheler），尤其是海德格尔（M. Heidegger）的平等对话中展开的”[①]。其次，通过这种对话，黄先生试图实现儒学在当代中国的重建，或者说是构建一种儒学的当代形态，它不仅包括某种形而上学的重建，而且包括作为形而下学的伦理学和知识论的重建。[②]

就现代西方哲学的几大思潮来说，黄先生之所以选择现象学而不是后现代主义、分析哲学，主要是因为后二者都在相当程度上表现出“反形而上学”的倾向，尽管它们的思想从实质上来看仍然可以说是某种形而上学的叙述[③]，而前者在某种程度上则为形而上学保留了一席之地[④]。如果说形而下学的重建须以某种形而上学为基础，那么重建形而上学则首先面临如何为形而上学的建构奠定基础的问题。海德格尔曾指出，形而上学的事情从实质上来说，就是主体性的

① 黄玉顺：《面向生活本身的儒学——黄玉顺“生活儒学”自选集》，四川大学出版社 2006 年版，第 29 页。

② 参见黄玉顺：《复归生活 重建儒学——儒学与现象学比较研究纲领》，《人文杂志》2005 年第 6 期。

③ 参见黄玉顺：《复归生活 重建儒学——儒学与现象学比较研究纲领》，《人文杂志》2005 年第 6 期。

④ 不过，依笔者之见，尽管海德格尔一生的哲学思考都以通达和阐明存在本身的意义为目的，但就其思想的实质结果而言，前期的“此在”（Dasein）路向在某种意义上仍未走出主体性形而上学的窠臼，而后期的“大道”（Ereignis）之思则又呈现出一种克服甚至拒斥形而上学的倾向。当然，后者又以经受某种形而上学为前提，因为海氏同时也认识到形而上学是人根本无法逃避的一种“天命”。

在场(或确立)。[①] 所以,形而上学奠基的问题同时亦可表达为“主体性(存在者)本身何以可能”的问题。正是在此意义上,黄先生认为,儒学的重建与现象学处在了同一论域。

通过与现象学(尤其是海德格尔生存论现象学)的对话,现象学在解决“认识论困境”问题(即“内在意识如何确证并切中外在的客观实在?”参见胡塞尔《现象学的观念》)上所提供的新的思想视域(即“现象背后一无所有”[②])与思想进路(即“基础存在论”:Fundamental Ontologie,参见海德格尔《存在与时间》),一方面帮助黄先生对传统儒学的发展进行了清理和解构,另一方面使他在儒学中找到了某种先行于一切主体性存在者的观念,即“作为存在本身的生活本身”,并指出:“生活即是存在,生活之外别无存在。”[③]作为存在本身的生活不是任何“什么”存在者,它只是显现。而就儒家而言,“作为存在本身的生活本身”首先显现为本源的仁爱生活情感(依此观念,黄先生还提出了“人天然是儒家”的命题[④])和生活感悟。由此他认为儒学实际上包含着三个观念层级:一是作为存在本身的生活情感和生活感悟;二是关于形而上存在者的儒家形而上学;三是关于形而下存在者的儒家形而下学。[⑤] 这三个观念层级的关系又具体表现为两个向度,即从观念生成的向度来说乃是:生活本源→形而下者→形而上者;从观念奠基的向度来说乃是:生活本源→形而上学→形而下学。[⑥] 基于如此之逐层奠基关系,“重建儒学”便首先意味着:回归本源性的仁爱生活情感和生活感悟,即一方面“历时地回归轴心时期乃至前轴心期的原始儒学”,另一方面“实质上则是共时地回归我们当下的生活本身”;然后在这样的源头活水上重建儒家形而上学与形而下学。[⑦] 另外,黄先生依据他的“生活儒学”观念还展开了多方面多角度的探究,如在文本解释学方面,他认为真正的解释既非“我注六经”,亦非“六经注我”,而应是“注生我经”。[⑧] 目前,黄先生正致力于“生活儒学”意义上的“中国正义论”研究,即思考如何在生活本源的基础上重建适合于当代中国的制度规范的问题。[⑨]

---

① 参见[德]海德格尔:《面向思的事情》,陈小文、孙周兴译,商务印书馆 1999 年版,第 76～78 页。

② [德]海德格尔:《面向思的事情》,第 80 页。

③ 黄玉顺:《儒家思想与当代生活——“生活儒学”论集》,光明日报出版社 2009 年版,第 58 页。

④ 参见黄玉顺:《儒学与生活——“生活儒学”论稿》,四川大学出版社 2009 年版,第 262 页。

⑤ 参见黄玉顺:《复归生活 重建儒学——儒学与现象学比较研究纲领》,《人文杂志》2005 年第 6 期。

⑥ 参见黄玉顺:《儒教论纲:儒家之仁爱、信仰、教化及宗教观念》,中国人民大学研究院编:《儒学评论》第五辑,河北大学出版社 2009 年版,第 331～345 页。

⑦ 黄玉顺:《复归生活 重建儒学——儒学与现象学比较研究纲领》,《人文杂志》2005 年第 6 期。

⑧ 参见黄玉顺:《儒家思想与当代生活——“生活儒学”论集》,第 107 页。

⑨ 参见黄玉顺:《中国正义论纲要》,《四川大学学报》(哲学社会科学版)2009 年第 5 期。

不过,从治学方法上来看,黄先生对于当年由冯友兰、金岳霖等先生引进,并被冯契先生、蒙培元先生所自觉传承的逻辑分析法的态度似乎较为淡化。当然,这绝不是说黄先生的“生活儒学”不讲逻辑,相反,这或许就跟他对“作为存在本身的生活本身”的理解有关,而正是这种理解决定了他特有的言说存在的方式。

以上通过对冯友兰、蒙培元、黄玉顺三位先生的学术研究之间的赓续与嬗变的考察,我们可以看到:其中不仅有着某种“一以贯之”的问题意识,即中国哲学的现代化的问题,后者又具体展开为中国哲学自身民族性的凸显和普遍性的发掘,从而也为中国哲学不断走向世界提供了可能性;而且由于各人所处之时代的不同,他们解决问题的方式又表现出许多不同的特点,这也从一个侧面说明了中国哲学自身所蕴含的丰富的思想资源和思想面向。

“情感儒学”学派

The School of “Emotional Confucianism”

第二编

情感与理性*

蒙培元

情感与理性的关系问题，是中国哲学，特别是儒家哲学最关心的问题。在讨论儒学现代化的问题时，这一点具有重要意义。

我曾经认为，以儒学为中心的中国文化是情感型的，不是理智型的。为什么这样说呢？因为中国哲学与文化始终是以人的存在问题为中心的，不是以世界的存在问题为中心的。以人的存在为中心的哲学文化，必然要讨论人的存在方式问题，情感便是人的最基本的存在方式。因此，中国哲学特别是儒家哲学，便把情感问题作为一重要的问题来对待。表现在思维方式上，便是以我反思、自我体验为主要特征的主体思维。

一

这同西方哲学中所说的"情感主义"是不是一回事呢？它们又有什么关系呢？我想，二者有某种相似，但又有根本区别。弄清这种相似与区别，不仅有助于理解儒家情感哲学的基本特征，而且有助于说明儒家哲学的现代意义和价值。

我们知道，"情感主义"是现代西方哲学中的一个流派，它是专门讨论伦理道德问题的，并不是讨论一般哲学问题的。严格说来，它是西方哲学中有关伦理道德问题的一种理论学说，并不是哲学本身的问题。儒家哲学与伦理道德有十分密切的关系，以至于有人将儒学归结为伦理学，但我认为，儒家哲学绝不仅仅是伦理学或道德哲学，它还有其他方面的内容。因此，首先从问题的性质而

---

* 原载(台北)《哲学与文化》2001 年第 28 卷第 11 期。

言，二者就有很大区别。

其次，“情感主义伦理学”认为，道德出于情感，这主要是说，道德由个人的兴趣、爱好决定，情感是纯粹个人的、主观的、易变的，因此，道德也是主观的、相对的、非科学的。它之所以把道德建立在情感之上，正是为了说明伦理道德的“科学性”，从而也是为了哲学的“科学性”。因此，情感主义伦理学的出现，可说是西方唯智主义哲学发展到极端的一个表现。但是，中国的儒家哲学，既没有唯智主义的传统，当然不可能发展出科学哲学、分析哲学，更无哲学与伦理学的严格区分。

最后，“情感主义伦理学”从根本上说是价值相对论的，在哲学上则是非价值论的。它认为，哲学只求“真”，不求“好”（即“善”），“真”对一切人都是一样的，具有客观普遍性，伦理学则是求“好”而不求“真”，“好”则是由人的情感，即兴趣和爱好决定的，而兴趣、爱好则是人人各殊，没有客观标准，因而是相对的。“情感主义”严格遵守“真理”与“价值”相互对立二元立场，它同“价值中立论”在实质上是相同的。或者把伦理学说成是科学的“元伦理学”，或者把伦理学说成是价值相对主义，在哲学上，二者都是非价值论的。但儒家哲学则是价值论的，或者是有价值意味的。它不但求“真”而且求“好”，求“善”，求“美”。它认为“真”“善”“美”应该是统一的，本来是统一的。但儒家所说的“真”不是西方认识论意义上的“真”，不是符合或逻辑论，而是注重“真情实感”“真实无妄”，即情感的真实性。

对于情感主义伦理学，西方有些哲学家已经提出了批评。麦金太尔就是一个代表。他认为，情感主义伦理学导致了西方社会伦理道德的沦丧，造成了价值的混乱。为了解决这个问题，他主张回到亚里士多德的德性伦理。[①] 这既是西方学者解决当代伦理问题的一次尝试，也是对人的存在问题的一种反思。

实际上，在西方，从一开始就有关于情感与理性的争论。柏拉图就严格区分了理性、情感和欲望，并确立了理性的主导地位。他的著名的“人驾马车”的比喻，把理性置于最高地位，把情感和欲望看成是被理性所驾驭的工具，这实际上开创了西方理性主义的传统。这样一来，道德问题就被置于理性范畴之下，用理性的方式去解决，而与情感没有关系。

到了近代，一方面是理性主义统治地位的真正确立，另一方面则是情感与理性的进一步分离，但是情感的地位和作用开始发生了变化。促使这种变化得以发生的一位重要哲学家便是休谟。休谟明确提出事实与价值、“是”与“应当”的区分，并将这一区分与人性中的知性和情感联系起来，在一定程度上肯定了

---

① 参见[美]麦金太尔：《德性之后》，龚群等译，中国社会科学出版社 1997 年版。

情感的功能和作用。休谟明确提出,人性由两个主要部分组成,这两个主要部分就是“知性”和“感情”。① 并且肯定,二者在人性中具有不同功能与作用。前者属于认识,后者属于道德。因此,在知性范围,他讨论了理性主义者所关心的因果必然性问题,提出认识论的“休谟问题”,至今使哲学家们头疼。在情感领域,他系统地探讨了伦理道德问题。他认为,道德不是来自知性,而是来自情感。“一切道德都依靠于我们的情绪。”②休谟用情感解释道德问题,在西方哲学中是一个很大的突破。他特别指出,“同情”在伦理道德中具有重要意义,正是“同情”使道德具有普遍性,因为“同情”是人人具有的。“同情是人性中一个强有力的原则。……同情是道德区别的主要源泉。”③正因为如此,休谟把“同情原则”又称为“自然法则”。休谟的正义论就是建立在“同情原则”之上的。当然,休谟也讨论了道德的特殊性与差异性问题,比如“同情”是不是对一切人都是一样的?在休谟看来,比起远离我们的人,我们更同情离我们近的人;比起陌生人,我们更同情我们熟悉的人;比起外国人,我们更同情我们本国的人。这种差别似乎也是自然的,但这并不能否定“同情”是人性中的一个“原则”。

从情感角度说明道德现象或道德规律的,不只是休谟,还有卢梭、叔本华等人。他们都是西方人本主义思想家。卢梭认为,“如果没有对于弱者,负罪者甚至是整个人类的同情的话,还谈得上什么慷慨、仁慈和人性呢?恰当地说,仁爱甚至友谊是对一特定对象持续的同情的结果”④。在卢梭看来,人类最美好的道德是由人的同情心这种情感产生的。叔本华甚至认为,基本的伦理现象就是“同情”,“同情”在人类生活的各个方面具有决定性作用。

> 由我提出的道德激励(moral incentive,即同情)……在所有的时代;在所有的国家;在所有的生活情况中;甚至在无政府和革命或战争的恐怖中,其决定性的且是真正令人惊讶的效果都会表现出来。⑤

他不仅认为,同情心在道德中具有决定性作用,而且认为,它具有超越时间和地域、国家民族的普遍性,就是说,它是人类共有的道德基础。

但是,所有这些,都是从(经)验论或道德心理学的层面上论证情感与道德的关系的,与西方的理性主义传统并不一致。(目前有些学者从心理实验的角度探讨这些问题,这对于进一步解释情感与理性的关系问题,必将产生重要作用。)就休谟而言,他反对道德情感与认知理性有任何关系,他也反对理性的

---

① 参见[英]休谟:《人性论》,关文运译,商务印书馆 1980 年版,第 533 页。

② [英]休谟:《人性论》,第 557 页。

③ [英]休谟:《人性论》,第 661～662 页。

④ [美]阿尔文·戈德曼:《伦理学和认知科学》,田永胜译,转引自《哲学译丛》1996 年第 Z3 期。

⑤ [美]阿尔文·戈德曼:《伦理学和认知科学》,田永胜译,转引自《哲学译丛》1996 年第 Z3 期。

独断。

> 理性的永恒性、不变性和它的神圣的来源,已经被人渲染得淋漓尽致;情感的盲目性、变幻性和欺骗性,也同样地受到了极度的强调。为了指出一切这种哲学的谬误起见,我将力求证明,第一,理性单独决不能成为任何意志活动的动机,第二,理性在指导意志方面并不能反对情感。①

他公然反对西方哲学的传统,正是这种传统将理性与情感对立起来并夸大理性的作用而否定情感的作用。他的结论是:"道德并不成立于作为科学的对象的任何关系,而且在经过仔细观察以后还将同样确实地证明,道德也不在于知性所能发现的任何事实。"②道德情感、动机、意志和思想也是"事实","不过这个事实是感情的对象,不是理性的对象。它就在你心中,而不在对象之内"③。这些论述与儒家学说有极大的相似性但也有重要区别,以后我们将会看到。

从形而上学的立场讨论情感问题的哲学家是康德。他很重视休谟提出的问题,因此专门讨论了情感问题。但正因为康德是从形而上学立场看待情感,把情感说成是经验心理学的,所以又一次否定了情感的作用。他的"实践理性"学说是建立在"纯粹理性"之上的。在他看来,情感,包括道德情感如同情等等,正因为是经验论、心理学的,因此不能成为"道德理性"和"自由意志"的基础。"自由意志"是由"道德理性"决定的,"道德理性"是绝对普遍的,是纯粹的形式,不关涉任何具体内容。康德是西方理性主义的又一典型。他既然把情感看作经验论心理学的存在,当然在其道德形上学中便没有地位。他在道德领域之所以能够保留"敬重心"这种情感,是因为在他看来,"敬重心"是唯一能够与"道德理性"发生关系的,所谓"敬重"就是对"道德理性"的喜悦与敬重。

从对西方哲学的简略回顾可以看出,在情感问题上一直是有争论的。主流传统基本上否定情感的作用,或者置于理性支配之下。近代以来,以休谟为代表的哲学家从人性的角度肯定情感的作用,用以解释道德问题,并承认情感如"同情"等具有普遍性,但是发展到当代的"情感主义伦理学"则把情感看成是纯粹个人的、主观的。从正面肯定情感的哲学家被称为非理性主义者,他们自己也承认是非理性主义者,或理性主义的批判者。西方后现代主义哲学文化反对真理和价值、情感与理性的二元对立,反对理性的权威,但他们大都宣称自己是非理性主义者。在这个问题,他们并没有完全突破传统。

---

① [英]休谟:《人性论》,第451页。
② [英]休谟:《人性论》,第508页。
③ [英]休谟:《人性论》,第509页。

二

中国的儒家哲学从一开始就很重视情感问题，并且从情感出发，建立他们的人学哲学，但他们是情感与理性的统一论者。

孔子的仁学思想，就是建立在道德情感之上的。在孔子学说中，孝是“为仁之本”，但孝实际上是一种自然情感。（这一点孟子讲得很清楚。）这里所说的“自然”，是与“人为”相对而言的。儒家并不反对“人为”，但在人性问题上，他们更强调“自然”。孝并不是社会制定的规范，而是出于人的内心情感，我们可以说，这种情感是在一定的社会历史环境中形成的，具有社会性。但在儒家看来，它首先是一种自然感，有进化伦理学的意义。孝虽是“为仁之本”，但仁绝不限于孝，“己所不欲，勿施于人”，“己欲立而立人，己欲达而达人”以及“爱人”这种普遍的同情心，就是仁的真实内容。仁不在认识对象之中，而在自己心中，其心理基础就是同情心，并由此产生出仁的道德品质。

在孔子看来，“事实”本身并不重要，重要的是它的意义和价值，而意义和价值在很大程度上是由人的情感决定的，只要出于“真情实感”就是有意义有价值的，也是最真实的，比如他所说的“直躬者”就是如此。父亲偷了人家的羊，在儿子看来，并不在偷羊这件事实本身，而在父子之亲。如果真有孝心，他所应当做的就不是去证明父亲偷了羊，而是“子为父隐，父为子隐”，这才是“真情实感”。仁就是由这类真情实感发出来的。所谓“推己及人”就是这样一种学说（所谓“移情说”）。这是一切道德的基础。

在儒家看来，仁的道德也有差异性，并不是无条件地爱所有人。“唯仁者能好人，能恶人。”好、恶是基本的道德情感，但是何人应当好，何人应当恶，这里便有标准问题，也有知的问题。在孔子学说中，仁与知是相辅而行的，并不是截然对立的。“仁者爱人，知者知人。”这里既然把仁和知分开来讲，说明二者是有区别的，并不是一回事。仁是情感问题，知是知性问题，一般而言，这样说是完全能够成立的。但是，孔子所说的知，又不同于通常所说的知性范畴，毋宁说是一种理解或知解。所谓知，是知其是非善恶，要知其是非善恶，当然需要作出判断，但是不必经过逻辑推理一类的认识过程，只要在交往实践中便能作出。作出判断的依据是实践行为，实践行为是由情感意向决定的。一个人做某件事，必定是想做这件事，他有行动意向，想做某件事的行动意向是由好恶即情感决定的。如果出于善良意志，其行为必定是善的，如果出于相反的意志，其行为必定是恶的。恶并不是善的缺失或匮乏，而是善的反面。总之，辨别是非善恶是知之事，是其是而施以仁，便是仁之事。但反过来说，如果没有仁，心没有实行仁的道德情感,是非善恶也就无从辨别。因此,知和仁不仅是相辅而行的,而且是互为前提的。

仁知合一就是情感与理性的合一,二者不是外在的对立关系而是内在的统一关系。仁出于同情心这类道德情感。同情心虽然在运用到具体对象上面有差别,但又是普遍的,因而也就获得了善的意义。因为它对人自身和社会是有积极价值的,它是人类生存发展的重要条件,也是人之所以为人的本质所在。

由孔子开创的儒家学说,后来有发展变化,但是坚持情感与理性的统一这一基本精神并没有变。这一点成为儒学的一条主线。

孟子的贡献是明确提出道德情感与道德理性的统一,并将道德理性建立在道德情感之上。孟子的"四端说"(即恻隐、羞恶、恭敬、是非四种道德情感),已成为儒家道德学说的基本内容,其中包含着普遍的价值理想。如果说,孔子很少谈论人性问题,那么,孟子则直接从人性入手,论证了人类道德的可能性。有些学者争论人性"本善"还是"向善"的问题,其实在孟子看来,二者并不矛盾。儒家所说的"本",是本根、本源之意,不是西方哲学所说的本体。它有主张、生成、发育的意思,如同树之有根、苗之有根。人的情感从根源上说是善的,但必须实现出来才能为善,否则将只是一种潜在,一种可能,甚至有可能被压抑、摧残而不能实现。从生长、发育的意义上说,人性"向善"从根源上说,人性"本善",看你从哪个角度去说。如果没有"本善",便不能向善,因为缺乏内在的潜力、能力,缺乏内在的根据;但是如果没有"向善",即没有生长发育的过程,亦无所谓"本善"。因为人性实在是一个过程。孟子关于"牛山之草"的比喻生动地说明了这一点。

孟子从人类学上考察了人与动物的区别,他认为,人之所以区别于禽兽者,只有那么一点点,但这一点点却是人之所以为人的根本所在。"人之异于禽兽者几希,庶民去之,君子存之。"这"几希"二字,正说明孟子并没有把人说得多么伟大,但人之所以成为伟大,就在于此。这一点点东西不是别的,就是道德情感。可见,孟子对于情感是多么重视。在孟子看来,这就是人的存在,也是人的价值和意义的根源。"乃若其情,则可以为善矣。"说明人有一种内在的"不容已"的道德情感。如果能"扩充"而发展,就能实现普遍的善。孟子有时将情与才并提,"若夫为不善,非才之罪也"。人做了不善的事,有不善的行为,不是由于情与才的罪过,而是出于别的因素,犹如牛山之草,天天砍伐,放牧牛羊,则必然"梏亡",不可能长得茂盛美好。这里所说的情,是指恻隐等道德情感,这里所说的才,是指才能、能力。情与才是统一的。人不仅有道德情感,而且有自我实现的能力,就是说,人是能够实现道德理性的。人有实现道德理性的内在动力和能力,但也需要外部条件。一个合理的社会,应该创造这样的条件,就如同牛山之草需要阳光、雨水和土壤一样。

孟子正是从道德情感出发,肯定了人的价值和意义。他认为,人人都有自己的“良贵”,并说这就是“天爵”,它足以与“人爵”相抗衡。这种天赋道德论,能使人树立道德尊严,人格尊严。

善是一个目的范畴,是目的理性的最高体现。善具有普遍性,但又存在于具体和特殊之中,绝不只是一个纯粹的形式。善必须在人的实践行为中表现出来,如同孔子所说的“善人”。“闻善”也是闻人之善行,不是闻到一个善的概念或理念。善就在每个人的目的追求之中,即在每个人的心中,而不在认识对象之中,但它又是普遍的。孟子说“可欲之谓善”,这个“欲”,不是指感性欲望,而是孔子所说的“从心所欲不逾矩”之欲。这就是“自由意志”。这个“自由意志”是由道德情感决定的,而不是由“纯粹理性”决定的。人有恻隐之心这类道德情感,它就变成人的一内在的需要和欲望、意志,要实现出来,也能够实现出来。看见小孩将要掉进井里,来不及考虑其他利害关系便要去做,这刹那之间萌动的“怵惕”之心便是善的根苗,由此而扩充发展,便是善性。这是人人能够做到的,不必在自身之外去寻求什么善。

孟子是一个道德理性主义者,他所说的道德理性,就是仁义礼智,又称之为“理义”(或“义理”)。“理义之悦我心,犹刍豢之悦我口。”人都喜欢美味,但是还有更喜欢的东西,这就是“理义”。人为什么喜欢“理义”呢?因为这是人心“固有”的,是内在的(即“义内说”),它就是人之“良贵”,是“天爵”。人心固有而又最宝贵的东西,自然会“悦”。“悦”是情感,但不同于感性之说,不同于悦刍豢之悦。这是一种精神上或心灵上的愉悦。道德理性是情感的“扩充”和提升,是情感的理性化,其中包含着理性原则。“悦”是自悦,是道德情感的自我体验,是情感与理性的真正统一,二者本来是一回事,并不是理性的崇高与超绝使情感发出一种感叹式的赞美与喜悦。

理性主义可以有多种解释,孟子的道德理性不是建立在纯粹知性之上,而是建立在情感之上,是情感的“扩充”即普遍化理性化。离了情感,便没有理性,离了恻隐、羞恶之情,便没有仁义等等。但是当情感普遍化、理性化之后,就变成一种“原则”,能起规范作用。但孟子并不否定知的作用。“悦”理义之心,就是“知”理义之心,情和知是合一的。他的“尽心知性知天”之学,就是知情合一之学。“尽心”就是“扩充”其道德情感。心和情是在同一个意义上使用的,他又称之为“本心”。“本心”不必解释成本体心,它无非是本来的心,人人都有的道德良心。“扩充”自己的道德良心,就能知道自己的本性,这个“知”是自我直觉,也可以说是理性直觉,但不是对象认识。但这所谓“理性直觉”绝不与情感相分离,而是随着情感的“扩充”而出现的直觉,或者是体验中的直觉。为什么“尽心知性”就能“知天”呢？天又是什么呢？这里孟子提出了儒家的“天人合一”之学。

按冯友兰先生的解释，孟子所说的天，是“义理之天”，这是很确切的。但这“义理之天”只具有客观普遍意义，还是具有主体意义？从孟子的思想看，似乎含有后一种意义。不过在孟子看来，我就是主体，人就是主体，不是在人之外另有一个绝对主体。这样一来，宗教学上的“主宰之天”确实被否定了，从而彰显了人的主体地位。但是。孟子又保留了天作为主宰者的形式意义，实际上又赋予一种“自然”意义。这样，天就塑成一种“自然秩序”或“自然法则”。这里所说的“自然”，实质上包含着一种目的性，即自然目的性。在孟子看来，自然界不是因果论的，而是目的论的，但又没有上帝那样的人格神，其目的性不过表现为发育、生长，这就是“法则”。它是由人的情感来实现的，且只能由情感来实现。正因为如此，“尽心”便能“知性”，“知性”便能“知天”。他明确指出，道德情感是“天之所与我者”，这不是上帝赋予我，而是自然界给予我。自然界有一种生长、发展的秩序，对人而言，则是一种目的。他提出实现人性的一个重要方法就是“勿忘，勿助长”，这正表明自然生长之意。“勿忘”是一种自觉的目的性，“勿助长”则体现了自然秩序，二者在人身上得到体现，就能实现“天人合一”。由此可见，孟子提倡的理性，是一种目的理性，它是以道德情感为依据的。它既不是认知理性，也不是工具理性，即不是把情感作为实现目的的工具，而是以情感的充分实现为目的。在这个意义上，情感就不只是感性情绪，而是一种崇高的情怀，不仅与道德理性相联系，而且与审美体验相联系，甚至与宗教性的终极目的相联系。

有趣的是，《中庸》将喜怒哀乐之情与“天道性命”联系起来，说明情感与理性的关系，从更加普遍的意义上肯定了情感的地位作用。荀子在讨论人性时，将自然情感看成是人性的基本内容，因而断定人性是恶，他用以批评孟子的一个重要根据就是用自然情感代替道德情感。但是，《中庸》在讨论喜怒哀乐等自然情感时，却得出与荀子不同的结论。“喜怒哀乐之未发，谓之中；发而皆中节，谓之和。中也者，天下之大本也；和也者，天下之达道也。致中和，则天地位焉，万物育焉。”喜怒哀乐之情如何与天下之“大本”“达道”相联系？当其未发时，完全是内心世界的事，与天地万物又有何关系？很清楚，这里的喜怒哀乐之情，与“天命之谓性”有直接关系。性者天之所命，天命便是一个目的性范畴，具有目的性意义。性的基本内容便是喜怒哀乐之情，所谓“中”者，即自然适中，无过无不及是万事万物的“自然法则”。所谓“和”者，即和谐有序，是万事万物的发育过程。喜怒哀乐之情即体现了这样的“法则”与秩序。因此，《中庸》又说，能尽己之性，便能尽人、物之性，进而能参赞化育。以“中和”为天下之“大本”“达道”，表现了儒家主张人与天地万物和谐一致的思想，但这不是认识论的关系，而是存在论的。“道”具有普遍性，“达道”就是四通八达，无所不通。喜怒哀乐之情发而“中节”（即符合“中和”原则）即是“道”，这说明情感与理性有一种内在的统一性。所谓理性绝不是什么超绝的“形而上者”，它原本就是喜怒哀乐这样的情感所具有的一种关系。它不仅构成道德原则，而且构成美学原则。

三

新儒学即宋明理学达到了儒家理性主义的顶点，他们的“性理”之学（或“心性”之学），建立了一套形而上学的体系。但是，新儒学同样没有离开情感而谈“性理”，更没有否定或取消情感。恰恰相反，他们的中心议题是实现情感与“性理”的统一。

在儒家哲学发展的历史上，只有一个人明确反对过情感，认为情感是“邪”与“妄”，这个人就是李翱。他的“灭情复性说”已为人们所熟悉，不必详述。李翱是从佛学向儒学转变过程中的重要人物，也是新儒学的早期人物，他受佛学的影响是明显的。但问题还不在此。当时正是韩愈提倡儒家“道统”之时，对李翱来说，首先是恢复儒家之“道”。但是，由于佛学对儒学的批判造成一种看法，认为儒家只讲形而下的问题，没有自己的形而上学。正是在这种情况下，李翱为了重建儒家的形上学，便把情感视为形而下的邪妄之物，因而提出了“灭情复性说”。在这一学说中，情感与性理确实是对立的。

但是，人们只注意到李翱的“灭情复性说”，却没有看到他还有另一种观点，这就是“性情不相无”。“性与情不相无也。虽然，无性则情无所生矣，是情由性而生。情不自情，因性而情；性不自性，由情以明。”“情者，性之动也。”[①]这个说法同其“情有善有不善，而性无不善”[②]之说或可并存（有兼容的一面，有不兼容的一面），但与其“情者，妄也，邪也，邪与妄则无所因矣”[③]之说，则是完全不兼容的。所以出现这种情况，也是李翱对儒学不明之故。其实，李翱作为新儒学的发端者，对后世影响最大的是他的“性情不相无”而不是“灭情复性说”，前者为宋儒所接受，后者则受到朱熹的批评。

宋明儒学在情与性，即情感与理性关系问题上的一系列讨论，表明他们是性情统一论者，即情感与理性的统一论者，而不是相反。

---

① （唐）李翱：《复性书上》，《李文公集》卷二，《四部丛刊》本。
② （唐）李翱：《复性书中》，《李文公集》卷二，《四部丛刊》本。
③ （唐）李翱：《复性书中》，《李文公集》卷二，《四部丛刊》本。

首先,程颢提出"情顺万事而无情"[①]之说,与其"性无内外"之说相配合,有其"一本"之学。所谓"一本",就是天人、物我、内外合一之谓,性无内外,情无内外,性情合一。一般认为,情感是在内者,不是在外者(性也一样),为了不受外物之诱,就要以内为是,以外为非,或者守内而拒外。但在程颢看来,这样反而容易受形体的限制,"从躯壳上念",也就是"自私而用智"。"自私"即个人的私心私情,完全是主观的,这不是儒者所说的情。儒者所说的情,应是"放开心胸",打通内外,"廓然而大公,物来而顺应"[②],不要仅仅以在内者为是,在外者为非。因此,他主张,欲其是内而非外,不如内外之"两忘",这也就是他所说的"情顺万事而无情"。由此可见,他所说的"无情"并不是真无情,而是化解个人的情感,使其完全敞开,没有滞碍,没有内外,实现情性合一,情理合一。只有理性化的情感才能"廓然而大公,物来而顺应"。很明显,程颢绝不是一般地反对情感,而是反对个人的私心私情,提倡理性化的情感。

要做到"廓然而大公,物来而顺应",须要"观理之事非"[③],也就是"以情顺理"。如能以理之是非为是非,就可以"当喜而喜,当怒而怒",如同圣人一般了。因"圣人之喜,以物之当喜;圣人之怒,以物之当怒"[④]。就是说,有个"当然"之则。这"当然"之则是客观的、普遍的。这里,程颢提出了普遍的理性原则,但这理性原则,并不在情感之外,它就是情感自身所遵循的原则,关键是能不能做到内外合一。内外合一之情便是"情顺万事而无情"之情,内外相对之情便是"自私而用智"之情。

这里的"智"是指智性即知性而言的,并不是理性。儒家所说的智,有两方面意义,一是仁义礼智之智,这是属于道德理性或实践理性范畴的;二是智性之智,这是属于认知理性范畴的。前者是程颢提倡的(义礼智皆可归于仁),后者则是程颢反对的。从这里亦可看出,程颢所说的理,绝不是认识论意义上的理,而是实践意义上的理。实践意义上的理,和情感又是不能分离的,它不是所谓的"纯粹理性"。

在程颢看来,"自私而用智"之情,实际上是一种"蔽",即蔽于一己之私,故不能"廓然而大公",即不能普遍化、理性化。"人之情各有所蔽,故不能适道,大率患在于自私而用智。自私则不能以有为为应迹,用智则不能以明觉为自

---

① (宋)程颢著,王孝鱼点校:《答横渠张子厚先生书》,《河南程氏文集》卷二,《二程集》,中华书局2006年版,第460页。

② (宋)程颢著,王孝鱼点校:《答横渠张子厚先生书》,《河南程氏文集》卷二,《二程集》,第460页。

③ (宋)程颢著,王孝鱼点校:《答横渠张子厚先生书》,《河南程氏文集》卷二,《二程集》,第461页。

④ (宋)程颢著,王孝鱼点校:《答横渠张子厚先生书》,《河南程氏文集》卷二,《二程集》,第461页。

然。”[①]“适道”是与道合一，与理合一。这不是说人的情感从根本上说就不能“适道”，而是由于“蔽”才不能“适道”，解除了“蔽”便自能适道。“以有为为应迹”者，说明程颢提倡一种超拔而无功利的情感。程颢说过：“尧舜事业，亦只是，如太虚中一点浮云过目。”他并不看重圣人的功业，而是追求圣人境界，这种境界就是“廓然而大公”。至于“以明觉为自然”，则说明他并不看重智性的发挥，并不重视对象认识，而是主张顺其“自然”，其中包含着自然目的论思想。程颢也经常引用“勿忘，勿助长”这句话，这被看作实现人性的重要途径。

程颢有“性有情”之说，他的理性主义观点表现得很明显。[②] 但“性其情”是不是意味着以性理取代情感呢？当然不是。王弼曾有圣人“有情而无累”之说，认为情感是人之所以为人的必要条件，也是圣人之所以为圣人的必要条件。但王弼较多地从消极意义上理解情感，程颐则更多地从积极意义上理解情感。他的“体用一源”之说就是最好的证明。

在谈到心之“未发”与“已发”的关系问题时，程颐提出了一个重要思想，他说：“心一也，有指体而言者，寂然不动是也。有指用而言者，感而遂通天下之故是也。”[③]在程颐看来，心虽是一个，但有体用之别，其体即“未发”，是“寂然不动”之性；其用即“已发”，是“感而遂通”之情[④]，性情既然是体用关系，那么，就绝不能有性而无情，或有情而无性。不但如此，根据其“体用一源，显微无间”[⑤]之说，性与情完全是统一的。

应当说明的是，程颐确实将情感判定为形而下者，将性理判定为形而上者，形而下之间有明确界限。但程颐的形而上学绝不认为性理是现象背后的本体界，二者有不可逾越的鸿沟；正好相反，二者是存在与活动、作用的关系。

正是在这个意义上，性理不离情感而存在。牟宗三先生说，程、朱所谓性理是“只存在而不活动”，那是只从形而上处说，如果形上形下一起看，则是“既存在又活动”，离了活动，理何以实现？离了情感，性何以实现？

这一点在朱熹学说中有进一步发展。朱熹的“心统性情”“性体情用”说，虽有形上形下之分，但是将性情二者的统一关系讲得更加明确了。朱熹强调性理的绝对普遍性与超越性，但另方面却又坚持性理只能由情感而实现，离了情感，所谓性理就成“孤悬”之物，所谓性理之学，也就变成“有体无用”之学。这是朱熹坚决反对的。所谓“心统性情”，“统”字有二义，一是“主”，一是“秉”。“主”

---

① （宋）程颢著，王孝鱼点校：《答横渠张子厚先生书》，《河南程氏文集》卷二，《二程集》，第460～461页。

② 这一点来自王弼，但这里涉及儒、道关系，兹不论。

③ （宋）程颐著，王孝鱼点校：《与吕大临论中书》，《河南程氏文集》卷九，《二程集》，第609页。

④ 中国哲学所说的“感应”，包括情感活动。

⑤ （宋）程颐著，王孝鱼点校：《易传序》，《河南程氏文集》卷八，《二程集》，第582页。

者，性情皆由心统率，二者都是主体范畴；“兼”者，兼而有之，缺一不可，“性体情用”也只是说心之体用，“未发”之体只能在“已发”之用上实现，性本体只能在情感作用中实现。心只有一个，虽有体用之别，却又统一而不可分离，必有体而后有用，必有用而体以存，这就是朱熹的性情体之说。

“由情以知性之有”是朱熹关于性情关系的一个重要命题。性源于天地“生生之理”，是形而上者，并不可见，其可见者只是道德情感。但是正因为性与情、理性与情感是统一的，所以由情便能知性之有。这一点曾受到王阳明后学如刘宗周等人的批评，认为朱子承认在情感之外有一个形而上者之性，是“悬空”之论。但是，朱熹毕竟主张，形而上者之性只能由形而下者之情来实现。这就说明，朱熹无疑是性情统一论者。

天地“生生之理”的说法，既是形而上的承诺，也是道德进化论的描述所谓“生生之理”，是由自然界“生生不息”的发育流行过程得到说明的。人虽“灵”于万物，但也是自然界的一部分，是“生生不息”的结果。“天地以生物为心，人得天地生物之心以为心”，这便是仁，便是性。性作为形而上者，只是一个“生理”，必须实现为具体过程，才能存在，这就是恻隐之情。真正说来，所谓性理，是一种内在的道德潜能，一种发展的可能性，其实现则是道德情感。朱熹说，仁是“爱之理”而不是爱，“爱之理”是形而上者，爱是形而下者，但“爱之理”只有实现为爱、恻隐等情感活动，才有意义。因此，形而下的道德情感，才是形而上的道德理性的实现者。

新儒家的本体论哲学，只讲本体与作用、功能的关系，而不讲本体与现象的分离，在情感与理性的关系问题上表现得非常清楚。这同康德的“物自体”与现象界、道德理性与道德情感之间的截然对立，形成鲜明的对照。

新儒家与原始儒家的一个重要区别是，他们普遍地建立了宇宙本体论哲学，广泛地讨论人与宇宙自然界的关系问题。他们的学说不只是道德哲学，还有美学、宗教哲学一类的问题。但是无论在哪方面他们都没有，也不可能离开情感讨论所谓形而上的问题。因离开情感，人的存在问题就变得模糊不清了，人的价值和意义的问题也就失去了存在的依据和条件。理学派（即程朱派）虽然建立了以理为最高范畴的形上学，但由于他们并没有离开人的存在即情感而谈论所谓理，因此，他们的形上学并不是概念论、理念论或“实在论”的，就其实质而言，则是道德目的论的。他们追求自我实现（即实现人的“本体存在”）的人生目的，其根本途径是提升人的情感。情感有一种内在目的，这就是“生理”即仁性，它不在情感之外，但又高于情感，是情感的来源。

心学派（即陆王派）在坚持情感与理性的统一方面就更加清楚和明显了。

陆象山明确提出，心、性、情、才“只是一般物事，言偶不同耳”[①]。在中国哲学中，语言问题并不是存在的问题，语言只是表达存在和意义的工具，不同的语言可以表达同一个事物，同一个意义。按陆象山所说，心、性、情、才虽有不同的语言表达，但其实是同一物事，代表着同一种意义。情感就是人性，也就是能力。在这里，情感也是形而上者，同时又是形而下者，情感与理性本来就是合一的。朱熹批评其学将形上形下“滚作一团”，就是指此而言的。

王阳明以良知为心本体，但良知只是一个“灵明知觉”，只是一个“真诚恻怛”。这“灵明知觉”就是知觉作用，包括情感作用，这“真诚恻怛”就是道德情感。良知是是非之心，又是好恶之心，“只好恶就尽了是非”[②]。这句话很值得玩味。良知固然能知是知非，但所谓是非，原来只是一个好恶之情。但这所谓好恶，不是“好好色，恶恶臭”之好恶，而是“好善恶恶”之好恶。这种好恶之情，本身就包含着理性原则。王阳明反对对“未发”“已发”作严格区分，认为“未发”之中有“已发”，“已发”之中有“未发”，二者本不可分。这实际上就是说，情感之中有理性，理性之中有情感，这就是王阳明的“体用一源”说。后来有所谓“即本体即作用，即作用即本体”之说，这“作用”就是知觉作用、情感作用。可见，离了道德情感，并无所谓道德理性。无怪后来的刘宗周公开提倡“即情即性”说，主张“指情言性”，反对朱子的“由情以知性”，亦反对王阳明的“由情以见性”。在刘宗周看来，无论程、朱也好，陆、王也好，都未免太看重本体了。其实，作用即是本体，功夫即是本体，在喜怒哀乐等情感中体验道德本体，这是最切近的方法。到此，儒家的人学形上学，走过了一个很长的历程，最终又回到情感本身了。

四

进入近代，儒学受到西方文化的冲击，情况发生了很大变化。当代新儒学的早期人物梁漱溟先生比较重视情感问题，但他的兴趣在社会实践方面，哲学上并无很多讨论。哲学上有成就的几位思想家如冯友兰、牟宗三等人，大都采用西方哲学的观念与方法解释中国哲学。他们都在不同方面接受了西方的理性主义，试图建立理性主义的新儒学，却忽略了情感这一传统儒学的基本特点。他们在解决儒学现代化的问题上作出了很大贡献，但是也遇到很大困难。

如前所说，儒家哲学是一种情感哲学，情感（特别是道德情感）被看作人的最基本的存在方式，情感并不纯粹是主观的个人的，它来自宇宙“生生之道”或“生生之理”。它虽不是西方哲学所说的“自然法则”，也是一种“自然秩序”或

---

① （宋）陆九渊：《语录下》，《陆九渊集》卷三五，中华书局1980年版，第444页。

② （明）王守仁撰：《传习录下》，《王阳明全集》，上海古籍出版社1992年版，第111页。

“自然目的”，这一目的正是通过人的情感意向活动表现出来的。这就是儒家的道德目的论或德性之学。按照这种学说，情感与目的理性不是对立的，而是统一的，情感或者被看成是道德理性的心理基础（如孔、孟）或者被看成是道德（即本体）的表现和作用（如新儒学中的理学派），或者情感本身被看成是理性的（如新儒学中的心学派）。总之，道德（即目的）不能离情感而存在，离了情感，无所谓道德理性。这是儒学的一个基本内容。[①] 儒学是一种道德理性主义，这样说并没有什么问题，但这绝不意味着排斥情感、反对情感或否定情感，正好相反，儒家正是透过情感说明其道德理性的。用康德的“纯粹理性”来解释儒家学说，从根本上说是不相应的。

儒家并不认为情感都是理性的，或者都是非理性的，情可以上下其说，正如心可以上下其说一样。儒家常常把心和情连在一起说，心就是情，情就是心，这一方面说明情感问题的重要，另一方面也说明，对情感的看法同对心的看法是联系在一起的。心既然可以上下其说，情自然亦可以上下其说，往上说，与道德理性相联系（情理合一，情性合一）；往下说，则与人的感性的情绪以至欲望相联系。一般而言，儒家主张前者，反对后者。有人说，儒家不重人的情感，这大概是指后一方面而言的。

情感问题既很重要，又很复杂，但不管怎样说，都不能以非理性视之。把情感仅仅说成是个人的情绪反应或个人兴趣、爱好，是纯粹主观的东西，这种看法是非常狭隘的，也是儒家所不同意的。事实上如前所说，即使像西方的休谟等人，也承认“同情心”是人人具有的，因此才有人类道德。康德也承认“敬重心”是同道德理性有关的。那么，其他情感呢？人类的喜怒哀乐之情就不能同道德理性、审美理性相联系吗？在这里，“理性”不能被理解为纯粹的认知理性，但同认知理性有联系，当代某些学者探讨情感与认知的关系，应当说是一个很有意义的课题。

但就儒家而言，“理性”更多的是从人性方面去理解，从人的存在及其价值和意义方面去理解。人的存在是不是价值的中立？或者如同某些哲学家所说，只是“一束无规定的可能性”？价值理性是不是纯粹主观的、相对的？这些都是当代哲学值得解决的问题，人的存在确有非理性的因素，西方现代哲学与后现代哲学指出这一点是非常重要的，但人绝不能被归结为非理性、无理性，人的理性也绝不只是认知理性。情感作为人的存在的基本要素，其中便有普遍性的理性原则。这不仅能够从人类进化中得到说明，而且能够从人类社会交往与实践需要中得到说明。儒家所说的“人同此心，心同此理”就是如此。人有共同的本

① 我没有讨论儒学中的认识问题，这并不说明儒学没有认识问题，但认识问题也是同情感联系在一起的。

性,也有共同的情感,而且不止于“同情心”。这并不排除情感的多样性与个别性,人类情感正是个别性与普遍性的统一。在现代社会工具理性支配一切的情况下,特别需要关注人的情感问题,提高人的情操、情趣与境界。儒家学说在这方面提供了丰富的精神资源,需要我们认真反思。

情感与理性的关系问题,既是极其复杂的问题,又是人学的重要内容。儒家哲学将情感置于心灵的重要地位,主张情感与理性的统一,关心情感的理性化与超越层面的问题,不仅在道德层面,而且在美学与宗教层面都有重要论述。儒家主张真、善、美的统一,这并不是毫无意义的奇谈。情感不仅与善和美关系密切,而且与真也有联系。进化论者达尔文对此亦有论述,他说:“我真不明白为什么对艺术爱好的丧失会引起心灵的另一部分——能够产生更高的意识状态的那一部分能力——的衰退。事实上,失去这种趣味和能力就意味着失去了幸福,而且还能进一步损害理智,甚至可能会因为本性中情感成分的退化而危及道德心。”这就清楚地说明,情感不仅与艺术审美直接有关,而且与理智和道德有关,这是一个深刻的洞见。事实上,现代科学与哲学理论也开始注意这方面的问题了,学者们已不再满足于走分析的道路,而是走综合之路了。

但是,儒家的情感哲学也有自己的局限。它只强调情感与目的理性的联系而不重视工具理性,结果导致了对情感的感性层面的严重压抑,影响了人的个性的发展。这就构成了儒学理论的另一面,即只重视情感本身的提升与理性化,而忽视甚至鄙视认知理性的作用。在讨论儒学现代化的问题时,这一点就显得尤其突出。

在这种情况下,提出儒学世俗化、生活化的问题是适宜的。如前所说,现代社会是工具理性的时代,一切都要讲工具的合理性、有效性,也因此造成了科学技术的飞速发展。科学技术与人的生活已不可分,这也意味着人性中的知性成分与情感的感性层面的进一步结合。儒学要进入现代会,必须引进工具理性包括认知科学,以便找到一条可操作的现实途径,使情感得到全面发展,与理性全面结合。这就需要改变儒学只重目的、不重工具理性的固有结构。

人们都承认,儒学很重视实践与功夫,但儒家所说的实践功夫,直接与目的相联系,甚至它本身就是目的(所谓“实践理性”)。如《大学》那样的“修身”之学,以“明明德”为目的,其“格物致知”之学,说到底也是为了“明明德”,并没有开出客观的认知学说。(后来的朱熹也没有做到这一点)在当今专业化、社会化的条件下,人们很难按照这样的方法与途径去实现“自我”。儒家学说在历史上就曾经被批评为“迂阔”之论(所谓“迂远而阔于事情”),何况在现代市场经济社会,就更加感到“格格不入”了。因此,儒学需要重新解构,与现代理性精神相结合,并充分考虑到情感的其他方面。这也就是儒学的世俗化。

但这并不是完全放弃目的理性。如果放弃了这一点，儒学的现代意义就完全丧失了现在很多人谈论“最低限度的伦理规范”，认为做一个现代人，只要遵守“最低限度的伦理规范”就可以了，至少在现代化的过程中应当如此。但是，如果仅仅以此为目的，那么，人的价值和意义就值得怀疑了，换句话说，人也就变成工具了。人的情感既是现实的，又有超越性，实现自我超越，这正是儒学目的理性之所在。儒家说，人不可“自小”，不可看轻了自己，这不是说，人有征服自然的能力，而是说，人能实现“内外合一、天人合一”的心灵境界，能够做到“天地万物为一体”，这是一种高尚的情操。对于人的情感的这一诉求，绝不可视为“无意义”的形而上学。人要使自己成目的而不是工具，就应当有这种诉求，这才是人生的真正乐趣。在现代社会，我们既需要在竞争中生存发展，同时也需要道德情感、艺术情感以及追求永恒的宗教情感。这是儒学提供给我们的最宝贵的精神资源。

人是情感的存在

——儒家哲学再阐释*

蒙培元

儒家哲学有一个显著特点，就是重视人的情感，如果同西方哲学进行比较，这一点显得十分突出。所谓“重视”，就是把情感放在人的存在问题的中心地位，舍此不能谈论人的存在问题；反过来，要讨论人的存在及其意义、价值等重要问题，必须从情感出发，从情感开始。对于人的存在而言，情感具有基本的性质。正是在这个意义上，我们称儒家哲学为情感哲学。这是儒家的传统（现代新儒家例外）。

一、中西哲学的一点比较

西方哲学也有自己的传统，这就是理性主义。西方哲学中有一句名言：“人是理性动物。”所谓“理性”，是一个含义广泛的概念，但有一个最基本的含义，就是指人的理智能力，进而演变为认识能力，当今人们称之为“智能”。这一传统一直延续到现代，以至于人们讨论现代社会的“现代性”时，不能不和理性主义联系起来。这是有道理的。

西方也有另一种传统，这就是“人文主义和经验主义”。17～18 世纪出现了一批思想家，如卢梭、狄德罗、休谟等人，普遍关心、重视人的情感问题，并把情感同人的道德联系起来；后来的叔本华等人甚至把情感特别是“同情”视为道德的共同基础。这一传统同理性主义传统似乎是“背道而驰”的，但实际上是相辅

---

* 原载《社会科学战线》2003 年第 2 期。

而行的。直到康德出来，为“认知理性”（理论理性）与“实践理性”划了界限，才使争论的问题有一“结果”。但这一“结果”并不意味着问题的解决，而是开始了新的争论。

首先，康德本人虽然提出了“道德情感”的问题，但由于西方长期以来形成的情感与理性相分离的传统（康德并未克服这一传统），他在建立理性主义的道德哲学即道德形上学时，又将“道德情感”排除在道德理性之外，认为“道德情感”只是心理的、经验的，不能成为道德形上学的基础。

其次，从康德到现代西方哲学，发生了很大的变化和分化，其中，现代分析哲学（艾耶尔、卡尔纳普等人为代表）批判了康德的形而上学，却提出了“情感主义伦理学”。这种伦理学一方面认为，伦理道德是由人的情感决定的；另一方面又认为，情感是纯粹私人的、主观的，因而伦理道德也是主观的，没有共同的价值标准。目前，这种理论之所以受到批评，就因为它否定了伦理道德的普遍性。

与此形成对照的是，儒家哲学从一开始就从人的存在问题入手，赋予情感以特殊的意义，使其居于重要地位。人是怎样的存在呢？在儒家看来，人首先是情感的存在，就是说，人是有情感的动物，用现在的语言来表述，情感是人的最基本的存在方式或存在样式。人的存在的意义和价值问题，首先要从这里寻求解决。这当然不是说情感是唯一的，人除了情感，再也没有别的，而是说，人就其为人而言，首先是情感的存在。情感具有内在性、直接性，而且对于人的其他活动具有重要影响和作用，甚至起核心作用。

儒家创始人孔子，就很重视人的情感活动，在他看来，人的最本真的存在就是“真情实感”。所谓“真情”，就是发自内心的、毫无掩饰和伪装的真实情感；所谓“实感”，就是实有所感、真实存在的，不是虚幻的或凭空想象的。这里涉及身与心、形与神的关系问题。人们常说，中国哲学特别是儒家哲学是神形（即心身）合一论，从孔子的“真情实感说”就能看出这一点。“真情”必须是有“实感”的真情，“实感”必须是有“真情”的实感，“真情”和“实感”是不能分开的。只有“真情”与“实感”统一起来，合而为一，才是一个真实的存在、真实的生命、真实的人。人首先是真实的存在，但无生命的存在物也是真实的存在，在这一层次上，人与万物是一样的；其次，人是有生命的存在，但一切有生命之物也都是有生命的存在，在这一层次上，人与有生命之物也是一样的；最后，人要成为真实的人的存在，这就需要有人的“真实情感”，这种“真实情感”是人所本有的。人的形体存在是时空中的存在，人的情感活动是非时空的、超时空的，但由于它同时空中的形体存在不可分，因此，它是具体的，不是抽象的，是有内容的，不是空洞的形式。

这是孔子和孔子以后的儒家对情感的基本看法。儒家未能建立纯理论的伦理学、道德哲学和形式化美学，原因就在这里；但是，儒家始终关注人的“存在”问题，由此出发建立人的意义世界与价值世界，这又是非常难得而又可贵的。

二、孝出于真情实感

孔子论情感，首先是从父母与子女之间的亲情关系开始的，其中最重要的是“孝”。孔子本人是孝子，这不必说（孔子父亲早亡，他的母亲将他抚养成人，他对他的母亲非常孝顺）；作为思想家与哲学家的孔子，是从情感的角度看待“孝”的，就是说，“孝”首先被看成是人的最基本的真实情感，也是最本真的自然情感。“孝弟也者，其为仁之本与！”[①]“为仁之本”就是“为人之本”，因为“仁者人也”（孟子语，关于“仁”，以后还要讨论）。子女对父母要“孝”，弟弟对兄长要“弟”（即“悌”），这种情感就是人的最本真的存在样式。有人说，动物也有母子之“爱”，有母子之“情”，这不过是动物的一种“本能”，所以，孔子的思想说不上什么伟大，充其量是建立在血缘关系之上的家族伦理。

不错，动物确实有“母爱”，有母子之“情”，过去被认为是动物的“本能”，没有任何意识，但是现在看来，动物不仅有情感，而且有思维（高级动物），有语言，有社会；人与动物本来就是属于自然界中同一个“大家族”中的不同族系，因而有共同的一面。不仅如此，现代科学家的试验表明，人与某些动物可以交流情感，交流信息，甚至交流语言。孔子即使指出人和动物共同的一面，也未必有损于人类的尊严，也说不上把人类降到动物的水平；更何况，孔子所说的“孝”，作为一种情感，虽出于自然而又高于自然，表现在行动上，不只是尽其赡养父母之责，更重要的是，要有“敬爱”之心，这种“敬”的情感，当然是动物所没有、所缺少的。孔子说过，如果对父母之情只表现在能“养”，即只供给其生活资料，那么，这类事犬、马等家畜也能做到，那还叫什么“孝”？“孝”的最重要的含义是“敬”，即尊敬父母。这不仅是报答父母的生育和养育之恩，而且包含着对父母一生勤劳、无私奉献、人生经历等人格力量的尊敬，包含着文化的积累和传承，不只是简单的血缘关系。人们用血缘关系解释“孝”这种最基本的情感，固然指出了人的生物性一面、基础性一面，但是忽略了另一面，即精神性一面，这精神性的一面，对人的存在而言是至关重要的。

儒家认为“孝”出于“真情实感”，这是对人的情感存在的一种最基本的肯定。人作为生命存在，首先是从情感活动开始的，婴儿初生时的第一声啼哭，就

---

① 《论语·学而》。

是情感活动的萌芽,也是生命的诞生。婴儿出生后,首先接触到的是父母兄弟(姐妹),他的情感活动首先是在同父母兄弟的接触与交流中发生的。这时,喜、怒、哀、乐等各种情感都表现出来,其中,最基本的情感便是对父母的爱,由此便有所谓"孝"。婴儿时期的情感是最真实、最纯朴、最丰富的,当他还没有学会说话,即运用语言表达需要和想法时,情感活动已经表达出来了,可称之为情感语言。中国的许多哲学家,都很重视对婴儿的观察,从中发现并提出许多重要的哲学问题,这绝不是偶然的。

道家老子用婴儿比喻人所达到的最高境界——"道"的境界,提出"复归于婴儿""复归于无极""复归于朴"等哲学命题[①],把婴儿同"无极""朴"等相比较,还提出人要如同婴儿那样生活,这显然是指人的存在状态而言的。儒家孟子也说过:"大人者,不失其赤子之心者也。"[②]赤子之心即婴儿之心,是最纯真最可贵的,"赤子之心"既包含赤子之情,且主要是指情感而言的。如果说,老子重视婴儿的"无知无欲"的天真状态即自然状态;那么,孟子更重视婴儿同样自然天真的对于父母的爱,"孩提之童,无不知爱其亲者"[③]。由孩提之爱,便有对父母的"孝",因此"孝"不仅是"真情实感",而且是人的情感存在的基本状态。

这一点还可以从孔子的有关论述中得到进一步证明。《论语》中有孔子同叶公的一段对话。叶公对孔子说,他的家乡有"直躬者",即直道而行之人,他的父亲偷了羊,他能去告发("其父攘羊,而子证之")。孔子说,我们家乡的"直躬者"与你所说的"直躬者"不同,父亲为儿子隐瞒,儿子为父亲隐瞒("父为子隐,子为父隐"),"直在其中矣"。[④] 父亲为儿子隐瞒,儿子为父亲隐瞒,父子互相隐瞒,怎么就是"直在其中"呢?这说明孔子与叶公对"直"的看法不同,讨论问题的出发点不同。如果从"事实"判断考虑,父亲偷羊是"事实",儿子告发就是揭露和证明这一"事实",当然是"直",这正是叶公的立场。孔子则是从"真情实感"出发考虑问题的,在他看来,儿子对父亲的真实情感远远超出偷羊这件"事实"本身,也超出了告发和证明父亲偷羊这种行为,虽然隐瞒了"事实",其中却有"直"在。孔子所理解的"直",显然是指作为儿子内心不可隐瞒的真实情感,并不是对偷羊这件"事实"的指证。孔子决不会否定偷羊这件"事实",恰恰相反,他正要通过偷羊这件"事实"本身,说明情感的真实性和重要性,说明人的最本真的存在就是情感的存在。

从这里很可能引申出另一个"问题",即所谓"情"大于"法",还是"法"大于

---

① 《老子·第二十八章》。

② 《孟子·离娄下》。

③ 《孟子·尽心上》。

④ 《论语·子路》。

"情"的问题。其实,这是两类不同性质的问题。"情"有"情理","法"有"法理",如果二者发生矛盾和冲突时,个人有选择的自由,叶公选择了"法",而孔子选择了"情"。在这里,确实出现了"自由"的问题。孔子并不像现代存在主义者那样,主张人是自由的,人的自由便是选择的自由,但是有一点是相近或相同的,这就是人要为自己的行为负责。在"情"与"法"的冲突中,孔子选择了"情",他当然是负责的,正如朱熹注中所说:"父子相隐,天理人情之至也。"[①]从这里并不能简单地得出结论说,孔子是反对法治的。从历史角度而言,孔子所处时代是比较自由的,比如在"情"与"法"之间可以选择,不像后来的专制社会,忠孝不能"两全"时,只能有一种"选择",不能有两种选择。总之,孔子讨论的问题,与其说是"情"与"法"的关系问题,不如说是"自由选择"的问题,他所关心的是人的存在问题,而不是社会制度问题。无论如何,对于父子之情这种人类的特殊情感,绝不能视若无有。

如果说,孔子并没有直接回答"孝"与"法"的冲突问题,那么,作为孔子思想继承人的孟子,通过对传说中的历史人物的评价,明确地回答了这个问题。孟子是"言必称尧舜"的,舜是传说中的大圣人,也是一个大孝子,孟子对于舜的孝行的称颂,远远超出了他对舜的治绩的称颂,这也是很有意思的。

《孟子》中有一段记载说:

> 桃应问曰:"舜为天子,皋陶为士,瞽瞍杀人,则如之何?"
>
> 孟子曰:"执之而已矣。"
>
> "然则舜不禁与?"
>
> 曰:"夫舜恶得而禁之?夫有所受之也。"
>
> "然则舜如之何?"
>
> 曰:"舜视弃天下犹弃敝蹝也。窃负而逃,遵海滨而处,终身忻然,乐而忘天下。"[②]

舜是理想中的天子,皋陶是理想中的执法大师,瞽瞍是舜的父亲,但是一个很不好的父亲,纵容舜的弟弟象万般刁难和陷害过舜,而舜又是大孝子,在这种情况下,瞽瞍如果杀了人,该怎么办?这是一个很尖锐的问题,更是一个很尖锐的冲突。在孟子看来,瞽瞍既然犯了杀人罪,就只有将其逮捕,这真是"罪有应得"、无可如何了。但是接着而来的问题是,舜作为天子,具有无上权力,难道就不禁止皋陶逮捕自己的父亲吗?孟子的回答是不能。理由是皋陶这样做,是有充分根据的,他所执行的法,是有所传授的,不是私人授予的,也不是为私人办事的。

---

① (宋)朱熹撰:《四书章句集注·论语集注·子路》,中华书局1983年版,第146页。

② 《孟子·尽心上》。

他接受了这个职责（“士”），就应当这样做（“逮捕”），有什么理由去禁止呢？那么，舜难道眼看着自己的父亲被抓起来治罪而没有办法吗？办法是有的，就是不当这个天子了。在孟子看来，为天子而有天下，算不了什么，天下对于舜，就像破鞋子一样可以扔掉（孟子在别处也讲过类似的话，比如说：“君子有三乐，而王天下不与存焉。”[①]）不当天子之后，他可以偷偷地背负着父亲逃走，沿海边住下来，终其生享受天伦之乐，忘掉做天子这回事。

这是孝子与天子的冲突，与孔子所说情况不同，但性质是相同的。他们都把人的情感特别是父子之情看得比什么都重要，因为这是人的最基本的情感状态。正是这一点，使人有某种选择的“自由”，在孔子所说的情况下，父子可以互相隐瞒，在孟子所说的情况下，可以放弃最高权力而实现自己的心愿，也就是实现自己的自由。在这里，孟子绝没有否定“法”的合理性，更没有以“权”压“法”，在“法”与“权”之间，绝不能“徇情而枉法”，这是非常清楚的。但是，当“情”与“法”发生尖锐冲突时，为了实现人的情感需要，却可以“逃法”。孔子和孟子所说的，都是一些极端的例子，在一般情况下，“情”与“法”未必都是冲突的，把情感与“事实”完全对立起来，也不是儒家的初衷。

如果把儒家所说的父子之情说成是一种“私情”，那么，这样的“私情”对于人的存在而言是非常重要的，因为这样的亲情，作为人的最初始、最基本的存在样式，就是为人之“本”。“本”者始也，即“发端处”（王阳明语），它还要继续展开，继续发展，以至于在人的各种行为和交往活动中表现出各种各样的情感意识、情感态度。“孝”的真实含义是“爱”，即孟子所说“孩提之童，无不知爱其亲”的“爱”，从“爱亲”开始或从“爱亲”发端，必然要扩充到对他人的爱，这就和“仁”联系起来了。《郭店楚墓竹简》中有一篇《唐虞之道》，其中解释“孝”说：“孝之方，爱天下之民。”[②]《五行》篇也说：“爱父，其继爱人，仁也。”[③]《语丛三》又说：“爱亲，则其方爱人。”[④]郭店楚简是最新发现的先秦时期最重要的一批学术资料文献，考古发掘者推断，属于孔子以后到孟子以前这一时期，因此具有重要价值。在总共1.3万余字的竹简中，关于“孝”“爱父”“爱亲”讲了这么多，除了《论语》《孟子》和《孝经》之外，在现有先秦文献中是少见的。从这些论述来看，“孝”不仅仅是“私情”，倒是从“爱亲”开始而又普遍化了的最基本的人类情感。

特别值得重视的是，《语丛三》还提出：“父孝子爱，非有为也。”[⑤]说明父子之

---

① 《孟子·尽心上》。

② 荆门市博物馆编：《郭店楚墓竹简》，文物出版社1998年版，第157页。

③ 荆门市博物馆编：《郭店楚墓竹简》，第150页。

④ 荆门市博物馆编：《郭店楚墓竹简》，第211页。

⑤ 荆门市博物馆编：《郭店楚墓竹简》，第209页。

情不是出于人为，而是自然而然，人人具有的自然之情，或者说出于人之自然。“凡人伪为可恶也。”[①]“有为”“人为”都是违反自然的，因此是不真实的。儒家所重视的是真实而无矫饰的自然情感，这才是人的本真存在。这同道家并不是截然对立的，正如道家并不是与儒家截然对立一样。有趣的是，道家也提倡最真实的自然情感，在郭店竹简中，也有道家的文献。通行本《老子》中有“大道废，有仁义”“六亲不和，有孝慈”[②]等说法，楚简《老子丙》却说：“故大道废，安有仁义。六亲不和，安有孝慈。”[③]与通行本《老子》的意思完全相反。相比之下，楚简本不仅因其时代更早而材料可信，而且因其语义完整而内容可信。这是很值得重视的，这说明儒道两家都很重视人的情感存在。

三、情感为什么是可贵的

孔子虽然将情感放在首要地位，看作人的基本的存在方式，却并没有提出“情”这一概念。孟子提出“情”字，但很多学者认为，孟子所说的“情”是指“情实”，意思是实际情形或实际情况，而不是指情感。有些学者包括西方的一些汉学家（比如著名汉学家葛瑞汉）认为，“情”字在古代特别是先秦时代主要是指“情形”“情况”，即客观的事实方面而言，很少或根本没有情感的意思。现在，郭店楚简的出土使这一问题得到了解决。楚简中，不仅大量使用“情”字，而且明确无误是指情感。不仅如此，“情”在《性自命出》等文献中具有特殊意义，居于核心地位，从这里即可看出情感问题之重要。

《性自命出》一篇着重讨论了情与心、性、道的关系，其中，特别指出“情”的重要性。它说：“凡人情为可兑（悦）也。苟以其情，虽过不恶；不以其情，虽难不贵。苟有其情，虽未之为，斯人信之矣。未言而民信，有美情者也。”[④]这正是对孔子有关“真情实感”思想的进一步解释和发挥，也是对孔子有关“直”的见解的最好说明。如果说有什么不同的话，那就是《性自命出》进一步明确地提出了价值判断，“情”是好的，凡有“真情实感”的人，是可信赖的。“凡人情为可兑（悦）也”，“悦”也是情感范畴，但在这里有客观评价的意义，“悦”就是好。凡是出于人的“真情实感”的行为，总是好的；进而言之，凡有“真情实感”的人都是好的；再进而言之，凡人的“真情实感”都是好的。这里所说的“人情”，自然是指人的“真情实感”，而不是“人为”矫饰之情。“真情”是最难得的，也是最可贵的，如同

① 荆门市博物馆编：《郭店楚墓竹简》，第181页。
② 《老子·第十八章》。
③ 荆门市博物馆编：《郭店楚墓竹简》，第121页。
④ 荆门市博物馆编：《郭店楚墓竹简》，第181页。

婴儿，喜是真喜，怒是真怒，笑是真笑，哭是真哭，毫无伪饰。《性自命出》所提倡的，就是这样的"情"，这才是人的真实存在。"苟以其情，虽过不恶"，如果出于真情，即使有过，也不为恶，过失和罪恶是有区别的。孔子所说的"直"，也许可以称之为"过"，但不能称之为"恶"。是不是为了无恶或为了善，必须有过失呢？这就又回到前面的问题，即涉及特殊情况下的选择问题了。有趣的是，楚简中的《六德》篇，提出"为父绝君，不为君绝父"[①]的结论，可以看作是对孔子关于"直"的论述的最好注解，也是孟子关于"窃负而逃"的论述的直接来源。这说明先秦时期父子之情是大于君臣之义的。"不以其情，虽难不贵"，人的所作所为，如果不是出于真情，虽然是很难的事情，也并不可贵。这是从反面证明情感之重要，情感之可贵。"苟有其情，虽未之为，斯人信之矣"，如果有真实情感，有些事虽然不去做，这人仍然是值得信任的。这所谓"未之为"，是指什么样的"为"，文章作者并没有说，但从上下文义来看，显然是指按真情而为；因此接着又说，"未言而信，有美情者也"，即未曾用语言说话而能够信任的人，是有"美情"之人。"悦""贵""信""美"都是评价性语言，都是对人之真情或真情之人而言的。这是对人的情感存在的最明确的正面肯定。

现象学家胡塞尔从"意向客体"的角度论述了情绪情感行为是高层次的行为，他说："一般来说，情绪行为和意愿行为是基于较高层次的，因此意向客体和在统一的全体客体中包括的客体所朝向的方式都同样地复杂化了。……由于这种客观化，我们在自然态度中并因此作为自然界的成员，不只是面对着自然事物，而且是面对着各种价值和实践客体。"[②]按照这种看法，情绪情感行为作为"较高层次"的行为，在其客观化的过程中出现了复杂的情况，即不仅面对自然界这个客体，而且面对价值客体和实践客体。在我们看来，这后者更为重要，它所涉及的不仅是"事实"问题，而且是"价值"问题，情感就是为"价值"提供支持的，因此是可贵的。

情感是可贵的，因此，人也是可贵的。《孝经》引述孔子的话说："天地之性人为贵。"人之所以为贵，从某种意义上说，就因为人有情感。在儒家看来，人的情感不同于动物的情绪、情感。人固然有动物性的情绪、情感这一面，但人之所以为人，还在于人有不同于动物的高级情感。对此，孟子进行过论述。继郭店楚简之后，孟子着重讨论了人与动物的区别，提出所谓"人禽之辨"。他说："人之所以异于禽兽者几希，庶民去之，君子存之。"[③]他认为，人之所以区别于动物的地方，就那么一点点，这一点点东西，"庶民"容易丢掉，而"君子"能够保存，可

---

① 荆门市博物馆编：《郭店楚墓竹简》，第188页。

② [德]胡塞尔：《纯粹现象学通论》，李幼蒸译，商务印书馆1996年版，第108～109页。

③ 《孟子·离娄下》。

见，这一点点东西对人而言是多么重要。它不是别的，就是人的情感，特别是道德情感，这就是人之所以为贵者。从这里可以看出，孟子一方面认为，人和禽兽并没有太大差别，人和动物都是生命存在，从这一点说，二者甚至有共同性；但另一方面又认为，人与动物之间的那一点差别，正是人之所以为人的本质所在。与动物相比，人属于同一个“类”，而“犬马之与我不同类也”[①]，作为同一“类”的人，都具有一些相同的情感，在这一点上，普通人和圣人之间并无区别，圣人也有普通人所具有的情感，普通人也可以成为圣人，因为“圣人与我同类者”。“故凡同类者，举相似也，何独至于人而疑之？”[②]

孟子举例说明人人都有相同的欲望，“口之于味也，有同耆焉；耳之于声也，有同听焉；目之于色也，有同美焉”[③]。就是说，人人都喜欢吃好吃的，听好听的，看好看的。这是就耳、目、口等感觉器官而言，那么，人心怎样呢？“至于心，独无所同然乎？心之所同然者何也？谓理也，义也。圣人先得我心之所同然耳。故理义之悦我心，犹刍豢之悦我口。”[④]从耳、目等感性欲望之相同进而证明人心也有相同之处，这相同之处就是“悦理义”之心。“悦”是一种心理情感，“悦理义”之心就是一种普遍的道德情感。孟子所说的“理义”，是一种道德自律，不是从外面强加于人的他律，但它具有普遍性，是一种道德理性。所谓“悦”，是“自悦”，不是“他悦”，即是自己对自己的道德自律的喜悦，它是以情感的形式表现出来的，而不是以别的形式表现出来的。这一点是特别重要的。

四、何谓良心

儒家并不认为，人与动物只有情感的区别，没有其他方面的区别；但是，情感（特别是道德情感）居于重要地位，则是毫无疑问的。这从孟子关于“四端之心”即“四端之情”的著名论述看得很清楚，这也就是他所说的“良心”。

中国人常说“天理良心”“天理人情”，“良心”即是“人情”，人心之“良”，即是人情之“美”。这样的人情不是专为个人打算的“私心私情”，也不是专为自己的家人或亲属打算的“私家之情”，而是普遍化的道德情感。关于情感与理性的关系，这里不能讨论，这里只是指出，合理的或“悦理义”（“理义”即“义理”，“悦理义”亦即“悦义理”）之情，不仅是正当的，而且是实现人生境界的内在基础。

在西方哲学中，对于有无“良心”以及何谓“良心”的问题，争论最多，分歧最

---

① 《孟子·告子上》。

② 《孟子·告子上》。

③ 《孟子·告子上》。

④ 《孟子·告子上》。

大。许多实证主义哲学家与科学哲学家不知“良心”为何物,认为“良心”是不可捉摸、不可认识、不可证明的,因而持一种否定态度。也有一些哲学家把“良心”说成是“假设”“意愿”或“恐惧”等等。比如罗素就说过:“事实上,良心这个词,包含有好几层不同的意思,最简单的就是担心被发现的恐惧。……这个人有时做的事如果被发现的话就会受到惩罚,那你就会发现,在马上有可能被发现时,他就忏悔自己的罪过。……与这种想法密切相连的是担心变成害群之马被驱逐出去的恐惧。”[①]总之,在罗素这样的哲学家看来,“良心”是一种心理恐惧,这种恐惧是同因犯罪而被惩罚或其他某种担心联系在一起的。

另一些哲学家如赖欣巴哈则认为,“良心”是一种愿望或意愿,而且与道德伦理相联系。他说:“道德指令的一个特殊标记是,我们视它为一个命令,并感到我们自己处在它的接受方面。这样,我们就视我们的意愿动作是一种第二意愿动作,是对于某种高级权威所发出的命令的反应。那个高级权威……有人认为是上帝,有人认为是他们的良心,或他们心中的恶魔,或是他们心中的道德规律。显然,这些都是图像语言的解释。从心理上说,道德命令可以被描述成为由一种义务感伴随的一种意愿动作,这我们认为可以适用于我们自己亦可适用于别人。”[②]他把所谓“道德命令”还原成心理上的“意愿动作”,并且由义务感相伴随,但“意愿动作”究竟是什么,从何而来,他并没有进一步从“心理上”进行分析,并且将良心与上帝、恶魔相提并论,基本上持一种否定的态度。但在儒家看来,意愿或意愿动作实际上是和情感或情感活动不可分的,而且是一种善良的意愿,这不是别的,就是“良心”,它同上帝、恶魔等等不相干。

西方传统伦理学认为,道德是由某个绝对权威决定或“命令”的,这个权威或者是外在的绝对实体如上帝,或者是心中的某种实体如“恶魔”,其实都是要建立一个形而上的实体。儒家哲学则不是实体论的。[③] 其实,即使在西方,对此也有不同的解释。仍以罗素为例,他说:“道德者,自希伯来先知者以来,始终皆有分歧之二方面者也。一方面,道德向为一种社会制度,类似于法律;另一方面,道德向为个人良心之事。在前一情形中,道德为权力器械之一部分;而在后一情形中,道德恒具变革性质。类似于法律之一种名为‘绝对’(positive)道德,另一种则可名为‘本心’(personal)道德。”[④]尽管罗素所说的“本心”具有个人性、私人性,但他对“良心”的理解却有正面的意义,这里所说的“良心”就是指情感

① [英]罗素:《走向幸福》,靳建国等译,《罗素文集》第一卷,内蒙古人民出版社 1997 年版,第 338 页。

② [德]H.赖欣巴哈:《科学哲学的兴起》,伯尼译,商务印书馆 2017 年版,第 245 页。

③ 参见拙著《心灵超越与境界》,人民出版社 1998 年版。

④ [英]罗素:《权力的欲望》,《罗素文集》第一卷,第 392 页。

而言的。在关于科学与价值的讨论中,他坚持科学是理性的,价值是情感的,自称在科学上是一个“死不悔改的理性主义者”,但在价值问题上却决不否定情感的作用。“科学自身在伦理上是中立的。它提供出力量,但它为邪恶所提供的力量,就如同为善良提供的一样多。若要使科学对人有利,那么我们必须诉诸情感,而非诉诸知识。”[①]这虽然是科学与情感二分法的西方传统看法,但他对情感的意义和作用却给予了充分的肯定,“良心”其实就是这样的情感。要使科学知识对人有用,如果没有良心,那是很难想象的。要使科学知识对人类有用,如果没有人类的良心,那就更难想象。这确实是情感之事,而不是知识本身之事。有没有人类良心,这是一个更难回答的问题,但人类要生存得更好,不能没有人类的良心。这压根儿不是一个知识论证或证明的问题。

儒家认为,“良心”是存在的,“良心”的存在就如同人的存在一样真实,问题在于,人能不能“存”其“良心”。这里所说的“存”,是实践意义上的“存”,即保存之义。与“存”相对的是“放”,即放弃、放失。“良心”本来是人人具有的,是人之所以为人的本质规定,是“存乎人者”而不是“外乎人者”[②]。这里所说的“存”,是存在意义上的“存”,“良心”就是人的存在,或者说,内在于人而存在。但是,虽然内在于人而存在,却不能说明它不会丧失,而是很容易丧失,所以才有“存”其所“存”的问题。至于为什么会丧失,按孟子所说,有多方面的原因,其中一个重要原因,就是受到各种伤害,包括自己对自己的伤害。既然已经“放失”即丧失了“良心”,就要“收”回来,这就叫“收放心”。“放其心而不知求,哀哉!……学问之道无他,求其放心而已矣。”[③]儒家的“学问”,不是向外求得知识,也不是求得一种“辩论”的技术,更不是获得某种形式的科学如逻辑、数学之类,而是寻求人的存在的价值和意义,这就必须回到人的情感生活,保存和培养良好的情感即“良心”;由于人容易丧失自己的“良心”,因此,“学问之道”就是“求其放心”。由此更可以看出,情感之于人是如何重要。

对于“良心”究竟是情感还是认识的问题,似乎也有不同的看法。唯意志论的哲学家叔本华就认为,“良心”是一种认识。他说:“非正义和正义就只是些道德的规定,也就是在人类行为作为这种行为来考察的方面和就这行为本身的内在意义看都是有效的规定。这是直接呈现于意识中的。……但这是就人作为人而不是作为公民来说的;所以即令没有一切现行法规而处于自然状态中,这种意义依然存在,并且是构成一切现行法规的基础和内容。这就是人们称为自然法的东西,但还不如称之为道德法:因为它的效力管不到受害的方面,管不到

---

① [英]罗素:《自传》,《罗素文集》第一卷,第527页。

② 《孟子·告子上》。

③ 《孟子·告子上》。

外在的现实，而只及于（人的）行为和由此而产生于人的自我认识，对于他个人的意志的认识——这就叫作良心。”[①]叔本华将正义、非正义与“良心”联系起来，这是一个深刻的见解。他在这里所说的正义，同公民社会所谓正义并不完全相同，它毋宁说是一种正义感，因为它是就“人作为人”而不是作为公民而言的。但这种“直接呈现于意识中”的正义感，只和“良心”相联系，而这所谓“良心”，就是人的自我认识，更确切地说，是对于他个人的意志的认识。在叔本华看来，只有意志是内在的、本质的，是“自在之物”。就意志和认识的关系而言，“意志是第一性的，最原始的；认识只是后来附加的，是作为意志现象的工具而隶属于意志现象的”[②]。就是说，认识只是“意志现象”。

“良心”作为心之所“存”或“存于人者”，是存在论的，不是认识论的，但是作为存在的认识，也是可以说的。但在儒家看来，所谓“存”，从根本上说是情感而不是意志，意志是从属于情感的，而不是情感从属于意志。孟子所谓“悦理义”之“悦”，即是情感体验活动，而所谓“理义”，也可以说成是“正义”。它确实是直接呈现于意识中的，但必须是在情感活动中呈现的，这里如果说有认识的话，那只能是存在认识，即正义感的自我呈现，这同“悦”的情感体验是不能分的。如同人本主义者弗洛姆所说：“良心判定我们作为人而应尽的职责；它是对自己的认识……良心虽是一种认识，但其范围却并不仅仅涉及抽象思维领域中的认识。它具有一种情感的性质，因为它是对我们整个人格的反应，而不仅仅是对我们精神的反应。”[③]这话是有道理的。

---

① ［德］叔本华：《作为意志和表象的世界》，石冲白译，商务印书馆 1982 年版，第 467、468 页。

② ［德］叔本华：《作为意志和表象的世界》，第 401 页。

③ ［美］弗洛姆：《为自己的人》，孙依依译，三联书店 1988 年版，第 151～152 页。

中国哲学中的情感理性*

蒙培元

有没有情感理性？何谓情感理性？这可能是一个极有争议的问题。我之所以提出这个问题，是基于我对中国哲学的一种理解。我认为，中国哲学特别是儒家哲学，是"情理"之学。

有人忌讳谈情感，认为情感是低层次的问题，与哲学理性没有什么关系。其实大可不必。情感既有低层次的情感，又有高层次的情感，更有理性化的情感。至于理性，固然指人的智力，与思维有关，但未必只有客观认识论、知识论一种意义。梁漱溟先生将理性与理智分开讲，自有其道理。[①]

有一种广泛流行的观点认为，中国哲学是"实用理性"；还有一种观点认为，中国哲学是"实践理性"。这两种看法并不相同，不能混为一谈。前一种看法，如果用在科学认识论方面，是可以说的；如果用在哲学价值观上，是难以成立的。从哲学价值观上说，我同意后一种看法。但是，在对"实践理性"的理解上，是有很大分歧的。牟宗三先生是讲实践理性讲得最多也是最系统的，但他的讲法是"消化康德"而来。而康德的实践理性，是"纯粹理性"的，即建立在纯粹的理论理性也就是认知理性之上的，是以先验的普遍必然性为其根本条件的。在这样的理论思维之下，情感被当作心理的、实然的亦即个别的而与理性脱离了关系。道德情感只能是个人的经验感受，不具备普遍必然性的条件，因而不能成为实践理性的基础。

其实，这不只是康德对待情感的态度，这是西方理性主义对待情感的一个传统看法。西方哲学基本上是情感与理性二分的，这是西方"分析思维"的一个重要特征。这种方法自有其理论价值，特别是在对象化的客观认识方面做出了

---

* 原载《哲学动态》2008年第3期。

① 《东西文化及其哲学》，《梁漱溟全集》第1卷，山东人民出版社1989年版，第390～391页。

很大贡献，但这只是问题的一个方面。问题的另一个重要方面是，当我们思考人的存在及其意义和价值的问题时，就远不是这么简单了，因为人是一个生命整体。

我决不反对中西比较、中西互释。将中国哲学特别是儒家哲学同康德进行比较，尤其有一个好处，就是突出实践理性的地位而与一般的理论理性有所区别。但是，中国的儒家哲学与康德哲学的实践理性又有很大区别，这一点似乎很少有人注意。两者的区别何在呢？在我看来，就是情感理性与纯粹理性之间的区别。

儒家为什么重视情感？这要从儒家最关心的基本问题说起。在这方面，学界取得了比较多的共识，就是儒家最关心人的问题，可说是人文主义的。这其中有人与自然的关系问题，即天人关系问题，但是儒家更重视从人文方面而不是从科学方面解决些问题。不过，儒家的人文主义与西方的人文主义也有区别。人文主义的核心是人的价值和尊严。那么，人的价值建立在什么之上？人的尊严由何而来？这是一个"元问题"，不是指社会地位、政治权力甚至家庭角色之类的评价。人的价值和尊严也不是完全由理智能力决定的，人靠理智能力可以获得知识，由知识而得到权力，但这不是决定人的价值的根本要素。

由理智知识而获得权力，取得成就，这只是一种荣耀，不是人的尊严之所在。人的价值和尊严是不是由个人的"自我意识""自然权利"决定呢？每个人都有自我意识并享有自然权利，而且是不可让渡的，这种观点在西方文化中占有极重要的地位，产生了西方的人权观念，有极大的优势。但与此同时，也大大增强了人的优越感，产生了"自我"与"他者"的对立，人是独一无二的，是自然界的主宰，能"为自然立法"。

中国的儒家却没有走上这样的发展道路。在儒家看来，人不仅是理性的动物，而且是情感的动物。就其最本始的意义而言，人首先是情感的动物，特别是道德情感，是人类道德进化的结果，也是人类价值的重要标志。就个体的人而言，道德情感是先天的，与生俱生的。孟子说："孩提之童，无不知爱其亲者，及其长也，无不知敬其兄也。"[①]爱亲敬兄之情是从发生学上所说的道德情感的最初表现，也是道德行为的基础，有其先天的根据，即自然界的生命创造。情感是与生俱来的最原始最本真的生命意识，在后天的生活境遇中"随感而应"，表现出种种情态，如同见"孺子入井"，人人皆有恻隐之心一样，有其普遍必然性。这才是人的生命的内在本质，仅仅用原始的自然"本能"是难以解释清楚的。但它不只是先验的形式本质，它是有实质内容的本质。幼而知爱其亲，长而知敬其

① 《孟子·尽心上》。

见的“知”，则是未曾自觉或半自觉状态下的朦胧之知，是伴随情感而来的一种自我感知。当其有了完全的自觉，就是真正意义上的情感理性，即不仅能知其“所以然而不可易”，而且能知其“所当然而不容已”（朱熹语），实现存在与价值的统一。苏格拉底有一句名言：“认识你自己。”但要认识你自己的什么？儒家有明确的回答，即认识自己的存在本质、内在情感，特别是道德情感。这就不是一种对象认识，而是道德情感的自觉，也是理性的自觉。

因此，要回答人的价值是什么的问题，就不能只停留在人的知性上，而要深入人的内在的心灵深处，探究人的生命存在的根源以及由此而产生的精神需要和诉求，这就不能不诉之于情感。正是情感需要决定了人的人生目的，情感态度决定了人的人生立场，情感评价决定了人的人生意义，一句话，人的情感决定了人的价值。这就是儒家重视情感的根本原因。孟子说：“人之所以异于禽兽者几希，庶人去之，君子存之。”[①]论者认为这是说明人何以为“贵”而灵于万物者。事实确是如此，但又不止于此。这里有两个“辨”：一是人与动物之“辨”，二是君子与小人之“辨”。就人与动物之“辨”而言，所谓“几希”，说明人与动物的区别就那么一点点，人也是一种动物，与其他动物有许多共同之处，但这一点点区别非常重要，就是人有道德情感。这也就是说，人之所以为贵者，在于人有道德情感。这是人的价值与尊严之所在。但动物也是有情感的。人有道德情感，不仅要施之于人（“同类”者），而且要施之于动物，这就是“仁民而爱物”。“仁民而爱物”，这是衡量人的价值的标准，也是人的自尊得以建立的内在依据。“彼以其富，我以吾仁；彼以其爵，我以吾意，吾何慊乎哉！”[②]就是说明人何以自尊的内在根据的。这与人是“理性动物”，因而有权掠夺、占有和任意残杀动物的人类中心论是完全不同的。天不是赋予人以主宰万物的权利，而是赋予人以同情、爱护万物的德性，这就是人之所以为贵者。就君子与小人之“辨”而言，则是讲后天的修养实践的，君子、小人是对人格的称谓，人格并不是先天预定的，而是后天养成的，天给予人以可贵的德性即道德情感，能不能保持并实现出来，却在人自己。“去之”很容易，但“存之”是要努力培养的，所以人是需要修养的。从这个意义上说，后天实践对于人格形成起决定性的作用。毫无疑问，这也是儒家人文精神的重要条件和组成部分。

孔子所创立的儒家学说，以仁为核心。仁就是人的存在本质和价值根源，既是人之所以为人者，也是人之所当为者，一句话，仁就是人。所以孟子说：“仁也者，人也；合而言之，道也。”[③]仁是人的本质规定，但是，人还有其他方面，因

---

① 《孟子·离娄下》。

② 《孟子·公孙丑下》。

③ 《孟子·尽心下》。

此,将仁与人合起来说,就是所谓“道”。“道”就是人生的全部真理,而仁居于核心地位。

现在要问,究竟何谓仁?回答似乎并不明朗。有人从血缘关系说仁,有人从家庭伦理说仁,有人从社会伦理说仁,还有人从人的主体意识说仁,有人则从原始的自然本能说仁,更有人从道德本体说仁,如此等等。我认为,应当从“仁者人也”这一基本规定出发说明仁的本质,也就是从人的内在本质说明什么是仁。从这个意义上说,仁不是别的,就是人的最本真的情感——道德情感,这是仁作为德性的内在基础。冯友兰先生说,仁是人的“真性情”,或“性情之真的及合礼的流露”①,这是很准确的。这就如同人是“理性动物”一样,都是从人的心灵结构、心理机能说明人的,只是有不同的选择和结论,前者选择了理性,后者选择了情感。不过,有一个最大的区别就是,说明人是“理性动物”者,通常是将情感排除在外(即情理二分);说明人是“情感动物”者(指儒家),并不将理性排除在外,而是求得两者的统一,结果就变成了“情理”,即情感理性。这也是儒家没有开出认知理性、科学理性的原因。就儒家未能开出科学理性而言,它有“缺陷”;但是就人生这个大问题而言,绝不能忽视儒家所做的贡献。科学理性及其产物——技术,对人类的贡献有目共睹,但是,当科学技术变成只是满足物质欲望的工具,而人的情感越来越淡漠甚至冷漠无情,生活中缺乏生命关怀、生命乐趣以至于不知幸福为何物的时候,问题就非常严重了。

一般而言,情感是多方面、多层次的。有私人情感,有普遍情感;有感性情感,有理性情感,还有超理性的宗教情感;有审美情感,有道德情感,有自然情感;有消极情感,有积极情感,等等。儒家所提倡的是具有普遍性的道德情感即理性情感,仁就是这种情感的最集中最完整的表述。仁之成为儒学的核心,是有深刻的文化义涵的(绝不是靠浅层次的装饰性语言能够说明的,更不是靠哗众取宠式的游戏语言能够说明的)。之所以称为“理性情感”,是从仁的实质内容而言的,靠体验而获得;之所以称为“情感理性”,则是从仁的普遍形式而言的,靠思维而自觉。两种说法实际上是一致的,形式与内容是不能分开的。简单地说,仁是以同情为基础的对于人与万物的普遍的生命关怀、尊重与爱,是人类最宝贵的情感,也是人类最重要的理性。仁也可以说是人的自觉,即以生命关怀为其本质内容的主体意识。孔子将仁看作人的最重要的德性,孟子将仁说成是人的内在本性(即道德理性),而将恻隐、不忍之心(即情)说成是仁的真实内容,他们都是从情理合一的意义上说仁的。后来的宋儒,则从性情、体用关系说明仁是情与理的统一。陆九渊将情性心才说成是“一般物事”②,就是以情为

---

① 冯友兰:《中国哲学史》上册,《三松堂全集》第二卷,河南人民出版社 2000 年版,第 315 页。

② (宋)陆九渊:《语录下》,《陆九渊集》卷三五,中华书局 1980 年版,第 444 页。

理即情理。朱熹主张性体情用，情作为性的作用是实现性的，离了情，则无所谓性。程颐说过，仁是性(即理)，爱是情，从体用有别的角度说，不能以爱为仁。朱熹虽然也主张仁是性、爱是情之说，但他强调仁性只能通过爱之情而实现，离爱则无仁。爱之情既是仁的作用，也是仁的实质内容。这也是情理之学。朱熹既反对以知觉为仁之说，也反对“判然离爱而言仁”，主张情理合一，故“以爱之理而名仁”。[①]“爱之理”就是情之理，即情理。

更重要的是，理学家尤其是朱熹，将仁理与天地“生生之理”联系起来，从宇宙论本体论的高度说明情感理性的来源，使其具有无可置疑的普遍必然性，从理论上推进了中国的天人合一之学。“天地以生物为心者也，而人物之生又各得夫天地之心以为心者也，故语心之德，虽其总摄贯通无所不备，然一言以备之，则曰仁而已矣。”“仁，人心也。……在天地则怏然生物之心，在人则温然爱人利物之心，包四德而贯四端者也。”天地“生物”是自然而然的生命创造，“生生不已”而并无目的，但以“生物”为心，本身就是目的，是生命创造自身的目的，他又称之为“生意”。仁心即由此而来。

“仁字有生意”[②]，“仁本生意”[③]，“(仁)统是一个生意”[④]。“生意”之说来自程颢，而朱熹作了进一步发挥，以说明自然界生命创造的目的性，并由此说明道德情感及其理性的先天必然性、普遍性。“生意”实现为仁心，就是“爱人利物”之心、“不忍”之心，从本体上说是理，从发用上说是情，实际上体用合一、情理合一，一个“仁心”(亦即“本心”)即可统领。

天地无情而有情，圣人有情而无情，这是儒家天人之学最值得人们玩味的地方。天地生物，本无情意，但是却有“生意”，这“生意”便是无情之情，待人而“观”。因为这是在人的“视野”中的“生意”，更确切地说，是在人的生命体验中观察出来的。但这绝不是纯粹主观的“移情”作用，它就体现在万物“生生不息”的生命流行之中，体现在“鸢飞鱼跃”之中，而人与万物是“一体”的。圣人之情，是在生活中体现出来的，因为圣人也是人，而人是不能没有情感的。魏晋时期的王弼，就提出“圣人有情论”，但圣人有情而“无累”，即不为个人私情所累。他主张以情顺理。这一见解被宋儒程颢进一步发挥，提出“天地之常，以其心普万物而无心；圣人之常，以其情顺万事而无情”[⑤]的学说，将天地生物之心普遍化为万物之生意，而“万物生意最可观”；将圣人之情普遍化为“万物一体”之仁，而

---

① (宋)朱熹：《仁说》，《朱文公文集》卷六七，《四部丛刊》景明嘉靖本。

② (宋)黎靖德辑：《朱子语类》卷六一，明成化九年(1473)陈炜刻本。

③ (宋)黎靖德辑：《朱子语类》卷六八，明成化九年(1473)陈炜刻本。

④ (宋)黎靖德辑：《朱子语类》卷九五，明成化九年(1473)陈炜刻本。

⑤ (宋)程颐著，王孝鱼点校：《答横渠张子厚先生书》，《河南程氏文集》卷二，《二程集》，中华书局2006年版，第461页。

"浑然与物同体"。"情顺万事而无情",不是真无情,而是普遍化的理性情感亦即情感理性,已经不受一己之私的限制,而是具有普遍的理性原则。因此他又说:"人之情各有所蔽,故不能适道,大率患在于自私而用智。"①这里所说的"道",是指"天只是以生为道"②之道;这里所说的"自私",与私人情感是不是一回事,这是另一个问题,在此不论。不过有一点,在私人生活的范围之内,儒家是不会反对私情的,这里所说,是指公共活动范围的情,在这个范围之内,程颢反对"自私"之情,认为这是一种"蔽"。

人有喜怒之情,这在人的生活中是不可避免也是不可缺少的,人如果无情,人生就是灰色的,如同槁木死灰,人生还有什么意义?但是,人不可以喜怒无常,更不可出于"自私"的目的而喜怒,喜怒应有原则。"圣人之喜,以物之当喜;圣人之怒,以物之当怒。"③"当喜""当怒"之"当",就是"所当然"之理,这就是"情顺万事而无情",即普遍的情感理性。喜怒还是喜怒,但它是理性的,这理性不是在情感之外支配情感,而是情感的提升,也就是"无情之情"。"无情之情"就同"天地之常"即天地之心合一了。朱熹喜欢说"天理人情",王阳明喜欢说"人情天理",他们所说,就是这样的情感理性。人情是合天理的,天理就在人情之中。中国人喜欢说"合情合理""有情有义",也是从这里来的,这个理是义理即价值理性,有是非、善恶标准,不是通常所谓中立的认知理性。

好恶之情也是如此。《大学》中的"好好色,恶恶臭"就是讲人人具有的好恶之情,这是一种感性情感,但是也有"共通性"。俗语说:"人人眼里出西施。"这话固然有一定的道理,但是,西施只有一个,而且是人人公认的美人,西施作为古人心目中美色的代表,是有公共标准的。《孟子》中说,西施"蒙不洁",则人人掩鼻而过之,就说明美丑是有共同标准的。"好好色,恶恶臭"已成为儒家经常引用的经典,说明好恶之情是非常重要的,人无好恶,就等于浑浑噩噩,白过一生。道家老子有"五色令人目盲"之说,老子追求的是超感性的无形无色之道。庄子有"无情"之说,但是,庄子的"无情"绝不是真无情,而是反对世俗之情,提倡人的真情。庄子追求的是"万物之至理,天地之大美","天地之大美"只有有真情者才能得到。人们都承认,庄子对中国美学做出了杰出贡献,如果否认情感,又何来美学?儒家的"好好色,恶恶臭",也有美学的成分,即审美情感;但是,儒家更重视从中发掘出普遍的道德情感,其直接的结论就是"好善而恶恶"。善恶问题是道德哲学的中心问题,儒家的是非观,是同善恶观联系在一起的,善恶就是是非,"好善而恶恶"就是是其所是而非其所非,有非常鲜明的态度。分

---

① (宋)程颐著,王孝鱼点校:《答横渠张子厚先生书》,《河南程氏文集》卷二,《二程集》,第460页。

② 《元丰己未吕与叔东见二先生语》,《河南程氏遗书》卷二上,《二程集》,第29页。

③ (宋)程颐著,王孝鱼点校:《答横渠张子厚先生书》,《河南程氏文集》卷二,《二程集》,第461页。

清善恶，辨明是非，好恶分明，这是儒家的一贯主张，也是人的情感理性的基本内容。对于那些善恶不分、是非不辨的“乡愿”，儒家是坚决反对的，被称为“德之贼”。如果任“乡愿”之人大行其道，人间就没有正义，社会也不得安宁。孔子说：“惟仁者能好人，能恶人。”[①]好恶就是仁的发露，而好恶之中便有辨别善恶是非的理性原则，故仁德之人能好人，能恶人。这与“仁者爱人”并不矛盾。“爱人”是仁的本质规定，是将人作为人而爱之；“好恶”是好人之善行，恶人之恶行，其目的仍是使人成为人而爱之。

我曾经提出，“情可以上下其说”[②]，既可以从形而上的层面讲，也可以从形而下的层面讲，但是，无论从哪个层面讲，儒家都是主张情理统一，而反对情理二分。这是一个基本的前提。那么，究竟如何看待情欲？这也是儒家经常讨论的话题。“七情”之中有一项就是“欲”。欲既是“七情”之一，就与心理情感有关，而不仅仅是生理欲望。应当说，情欲是人的最基本的生理需要，也是最基本的情感需要。儒家并不一概否定人的情欲，儒家对待情欲的态度，主要是看其是否符合理性原则。从原则上讲，欲也是从天理中流出，没有什么不好，特别是对于人的自然的生理欲望，儒家都是肯定的。但是涉及情感需要的时候，问题就复杂了。这里的一个重要问题是，情感具有可变性，既可以上提而为情理，也可以下滑而为私欲。这里所谓“私欲”，严格地说，是指“私情私欲”，单纯的生理欲望不好说是私还是不私，只有与“自私”之情联系在一起的欲望，才被称为“私欲”，理学家称之为“人欲”。理学家的“天理人欲”之辨，就是从这个意义上说的。在儒家看来，“私欲”是从“天理人情”中滑落出来的，所以不合理。何以滑落为“私欲”？理学家有他们的解释，这里就不细述了。总之，按照儒家的说法，正当的、合理的欲望，不仅是人的生存不可避免的，而且是应当满足的，儒家的“利用厚生”“博施于民”“爱人利物”之学，就是解决这些问题的。但是，只追求一己之私情私欲而违反道德理性（情感理性），就是应该反对的。在这里，儒家确实有一个“道德法庭”。这个“法庭”是建立在每个人的心灵之中，而不是外在的规范，儒家之所以强调人的自律、自觉以及自我修养，道理就在这里。陶冶性情，完善人格，这是儒家的一贯追求。至于在现实中能起多大作用，这又涉及许多其他方面的问题，不能详述。《正义论》的作者罗尔斯就主张“正当的概念是优先于善的概念的”[③]，也就是正义高于善，认为在现实社会中，正义原则是第一位的，而他所理解的善，是和功利主义联系在一起的。儒家所说的善，则不是这样。在我看来，不存在谁优先于谁的问题，在一个多元的、开放的社会中，这些

---

① 《论语·里仁》。

② 蒙培元：《情感与理性》，中国社会科学出版社 2002 年版，第 21 页。

③ ［美］罗尔斯：《正义论》，何怀宏等译，中国社会科学出版社 1988 年版，第 28 页。

学说应当各有其位置，各有其作用，这样才能体现各种文化的共存与相互理解。

儒家除了讲情，当然还讲知。孔子常常是仁知并提，比如“仁者不忧，知者不惑”，“仁者爱人，知者知人”，“仁者乐山，知者乐水”，等等。孟子有“四性”之说，其中便有智，智就是是非之心。不过，儒家所说的知或智，是知情合一的，不是知情分离的。如果将儒家所说的知硬往认识论、知识论上套，就会走了样。为什么儒家未能开出独立的知识论？未能开出近代的科学技术？就因为儒家所说的知，是受情感理性制约的，是一种价值认识而不是科学认识。“不惑”是能知人论事，故不惑。知人论事的标准是仁，因此，仁能够包括知，而知不能包括仁。最重要的知，是自知即实现人性的自觉。道家老子也提倡“自知之明”，儒道两家有许多共同之处。王阳明的良知说，达到了儒家主体哲学的高峰，良知就是一种知，即“是非之心”。但是，良知的核心不是别的，正是仁，所谓是非之心，是以仁为标准的。仁是“真诚恻怛”之心，其发用就是好恶之心。王阳明有两句十分重要的话，未引起有些人的重视。一句话是：“良知只是一个天理，自然明觉发见处，只是一个真诚恻怛，便是他本体。”[①]另一句话是：“良知只是个是非之心，是非只是个好恶。只好恶就尽了是非，只是非就尽了万事万变。”[②]第一句话是说，良知的真实内容是“真诚恻怛”，即仁心，仁心就是“天理自然明觉发现处”，也就是情感理性。

第二句话是说，良知是“是非之心”，即智心，但“是非之心”又是“好恶之心”，因此，只好恶就尽了是非，而是非就尽了万事万变。

为什么说“只好恶就尽了是非”，而不说“只是非就尽了好恶”呢？因为好恶是决定是非的，而不是是非决定好恶。这也就是说，好恶之情决定了价值判断，而不是相反。这当然不是指私人的好恶，而是“惟仁者能好人，能恶人”那样的好恶，即普遍的理性情感。有一种观点认为，认识决定人的情感态度。但是，按照王阳明和儒家的看法，正是人的情感需要和态度决定了认识，当然这种认识只能是价值认识，不是通常所谓认识。良知作为一种知，是有情之知，不是无情之知，这个情，不是心理学上所说的情绪情感，也不是后来有人所说的“情识而肆”之情，而是人人具有的道德情感，这正是良知之所以为良者。王阳明在其晚年之作《大学问》中，系统讲述了“致良知”的学说，最后则归结到仁，并以实现“天地万物一体之仁”为最高境界，就充分证明了这一点。

清朝的戴震批评宋明儒家知情不分，他提倡知、情、欲三分之说，可以说具有近代分析思维的某些特征；但是另一方面，他又主张以情为理，明确提出：“理

---

① (明)王守仁撰：《传习录中》，《王阳明全集》，上海古籍出版社 1992 年版，第 84 页。

② (明)王守仁撰：《传习录下》，《王阳明全集》，第 111 页。

也者，情之不爽失也；未有情不得而理得者也。”①戴震所说的理，正是情理。只是他将情还原为“人情”而将理具体化了，试图以此与宋儒的形而上学相区别。但是，就其以情为理而言，戴震可谓宋儒的功臣。因为他们所讲，都是价值理性，戴震并没有建立起近代中国的知识论。

通过以上简单的论述，我们看到，儒家的“情理”之学，是一个大题目，能代表儒学的基本精神。它实质上是一种价值理性学说，既有存在论的基础（情感就是人的最基本的存在方式），又有深厚的人文精神。我们应当承认，这种学说就其整体特征而言，制约了科学理性的发展（这当然不是说，中国古代没有科学，而是说，它没有发展出近代科学和技术）。在当今开放和文化多元的时代，我们理应积极吸收西方的科学理性精神，提高人的科学素质。但是，绝不能因为中国缺少科学理性传统而否定情感理性的价值。正好相反，科学理性一步步工具化之后，科学技术飞速发展，取得了物质成就，但是，人的素质却遇到了极大的挑战，这是不可否认的事实。因此，越是发展科学技术，越要重视人文素质特别是情感素质的培养和提高。儒家的情感理性学说，为我们提供了极其宝贵的价值资源，对于提高人的素质具有不可替代的意义和作用。

---

① （清）戴震著，何文光整理：《孟子字义疏证・理》，中华书局1961年版，第1页。

儒学的生存论视域

——从蒙培元先生《情感与理性》说起*

黄玉顺

在儒家思想中，情感是一个最基本的问题；然而正是在情感问题上，我们对儒学的认识还相当模糊。人们通常认定，“仁”是儒家思想中的本体性的东西。然而按照通常理解，一方面，在儒家思想中，仁作为“爱”、作为“恻隐之心”，是一种情感——或以为心理情感，或以为道德情感；但另一方面，同样在儒家思想中，情却并不是本体性的未发之体，而只是已发之用，即本体性的性的发用。性体情用，这是儒家通常的观念。于是，这里就出现了一个严重的矛盾：仁如果是情，就不能是体；而如果是体，就不能是情。

然而著名哲学史家蒙培元先生在其新著《情感与理性》中却明确提出：一方面，“仁在本质上是情感的”；而另一方面，“情感是全部儒学理论的基本构成部分，甚至是儒学理论的出发点”；“儒家不仅将情感视为生命中最重要的问题，两千年来讨论不止，而且提到很高的层次，成为整个儒学的核心内容”。[①] 这确实是一种前所未闻、独树一帜的观点。但是，这个新颖的观点似乎同样面临着如上所说的严峻挑战：在儒家思想中，情仅仅作为体之用，如何可能成为全部儒学的“出发点”，即如何可能充当终极奠基性的东西？所谓出发点，就是这样一种终极奠基性[②]：它为一切存在者奠定基础，一切存在者都被奠基于它。在蒙先生

---

* 原载《中华文化论坛》2004 年第 2 期。

① 蒙培元：《情感与理性》，中国社会科学出版社 2002 年版，“自序”第 1、2 页。

② 奠基（Fundierung）是现象学的一个重要概念，是指对存在建构中的基础或者“起源”的揭示。胡塞尔有一个经典定义：“如果一个 α 本身本质规律性地只能在一个与 μ 相联结的广泛统一之中存在，那么我们就要说：一个 α 本身需要由一个 μ 来奠基。”海德格尔的生存论分析就是一种终极奠基性的揭示。（[德]胡塞尔：《逻辑研究》第二卷，倪梁康译，上海译文出版社 1998 年版，第 285 页）

看来,情感——更确切地说,仁,亦即爱这种情感——就是这样的终极奠基性的东西。

显然,蒙先生的新著提出了一个极富挑战性的重大问题:**仁爱这种情感在儒学建构中究竟占有怎样的地位**?

一

那么,蒙先生是如何处理这个重大的疑难问题的?在回答这个问题之前,我想先行指出的是:在传统的哲学观念下,这是一个无法解决的问题。这里所谓传统哲学观念,最典型的就是所谓本体论和知识论。这种传统观念是在西学东渐的作用下形成的,它不外乎西方近代以来的三种致思进路:

一是经验论的进路。格物致知、修身成圣的过程,似乎只是一个经验地实践的过程,而与某种先验的内在根据无关。这种进路在一定程度上也是符合儒家思想的,但这种符合却是建立在某种误读的基础之上的。譬如人们在谈到荀子的思想时,通常以为他是经验主义的,即是说,人们往往忽视了荀子思想的某种先验论维度。其实,荀子提出“明于天人之分”,主张“制天命而用之”,已然预设了主客二元的对置关系作为前提;更进一步以先验性的“能知”与经验性的“所知”的架构,强化了这种二元对置;最后归结为“天君”对“天官”的宰制,而这就与儒家先验的心学进路达到了某种沟通。这就表明,荀子思想是具有明显的先验知识论色彩的。又如有些学者以为,朱子的“格物穷理”也是经验主义的,即是说,他们完全忘记了朱子对思孟心学的自我认同。不仅如此,问题是:其一,对儒学的这种经验论理解势必使儒学面临这样的困境:内在的主体意识如何能达于外在的客观实在?这正是西方经验论哲学所面临的无法解决的“认识论困境”。其二,对儒学的这种经验论理解完全彻底地消解了儒家“人皆可以为尧舜”(孟子语)、“途之人可以为禹”(荀子语)的任何可能性的先验内在根据,从而使得儒家修身成圣的诉求落空,成为某种“无根”的妄执。

二是先验论的进路。这种进路似乎更切合于儒家思想,尤其是切合于作为儒学正宗的心学的思想。人们往往认为,从子思、孟子到陆九渊、王阳明的心学思想是先验论的,因为他们在本体论上预设了先验的纯粹至善的心性本体,在功夫论上强调先立乎其本心,所谓修身成圣,就是返本复性而已。但人们没有意识到,这样的理解同样使得儒家思想陷入一种无法解脱的困境,这同样是一种类似西方哲学的认识论困境的、我称之为“伦理学困境”的处境。这是因为,按彻底的先验论的致思进路,我们必然陷入这样的两难境地:一方面,假如外在的物其实只是内在的心的意义建构,即外在的物实质上原本是先验地内在的,且按儒家心学的设定，心本来是至善的，那么，物的恶如何可能？但另一方面，假如物并不是这种先验地内在的东西，而本来是客观地外在的，那么，内在的心如何可能“穷格”外在的物？我们如何可能穿透心、物之间的鸿沟，而去实在地“格物”？这就是采取西方近代哲学传统的进路所必然面临的困境：内在意识如何可能穿透感知的屏障而抵达于外物？如果不可能，那么，内在的心性修养怎么可能影响到、作用于外在的现实？可见，对儒学的这种先验论的理解最终将使儒学成为一种对于现实问题无关痛痒的玩意。

三则是二元论的进路。西方近代从笛卡儿到康德的哲学，就是这样的二元论进路。笛卡儿的心、物二元论与他的“我思故我在”显然处于一种自相矛盾的境遇；而康德的二元论则又使他两面受敌，亦即同时既面临经验论的困境，也面临先验论的困境。而对于我们来说，对儒学作一种二元论的理解，也使我们同时既面临经验论的困窘，也面临先验论的困窘：假如我们经验地设定外在超越物(transcendence)的存在，我们就面临认识论困境或者伦理学困境；假如我们先验地悬搁(epoché)外在超越物，我们就堕入对于现实问题的麻木不仁。

这三种致思进路的共同点在于，它们都是在划分本体论和认识论的同时，以作为知识论的根本前设的主客对置这种根本的二元架构作为本体论问题的底层视域。在这个意义上，我们过去所理解的中国哲学的“体”与“用”的观念正是这样的传统观念。在这样的观念下，我们所面对的“仁爱情感在儒家思想中究竟占有怎样的地位”这个问题是无法解决的，因为，显而易见：假如情感是先验性的本体，我们就会面临上述先验论进路的困难；假如情感是经验性的工夫，我们又会面临上述经验论进路的困难。

显然，儒学的当代阐释必须另寻出路。我们注意到，蒙先生正是在试图超越那种传统的哲学观念而另辟蹊径。蒙先生这样一段话，值得我们特别地加以留意：

> 本书不再从所谓本体论、认识论和知识学的角度研究儒学，而是从存在问题入手，讨论儒学在人的存在、价值及其人生体验问题上的基本主张。[①]

“存在”，尤其是“人的存在”，这些话立即使我们想到一个人，那就是海德格尔(Martin Heidegger)。众所周知，海德格尔判定传统“哲学的终结”[②]，转而追问“存在”(Sein)，也正是从“人”即“此在”(Dasein)的“存在”，亦即“生存”入手的。

---

① 蒙培元：《情感与理性》，“自序”第1页。

② [德]海德格尔：《哲学的终结和思的任务》，《面向思的事情》，陈小文、孙周兴译，商务印书馆1999年版，第68页。

海德格尔之解构传统本体论，正是奠基于生存论分析的。于是，我们可以想到这样一个问题：蒙先生是否也像海德格尔那样，采取了一种“此在现象学”的生存论视域？

二

确实，我们可以看出，在蒙先生的儒学解释和海德格尔的生存论解释之间，存在着许多至少在形式上类似的东西：生命存在/存在（Sein）、人的存在/此在（Dasein）、仁爱的情感/烦（操心，Sorge）的情绪、真情/本真（eigentlich）、敬畏/畏（害怕，Angst）、良心/良知（Gewissen），如此等等，似乎存在着广泛的对应关系。但是下文的分析将会表明，这些形式上的“对应”实质上却是迥然不同的；而且，蒙先生的整个儒学解释和海德格尔的生存论解释在本质上也是根本不同的。这是因为：儒家的生存论与海德格尔的生存论原本是大异其趣的。

海德格尔在前期代表作《存在与时间》里首先进行了生存论分析（第一篇，第一章至第六章），然后进行了良知论分析（第二篇，第二章）[①]。良知问题正是儒家思想，也是蒙先生的新著所关注的一个焦点。应当说，海德格尔的良知论分析是相当精彩的；但是在他那里，良知论分析与生存论分析之间却又存在着严重的断裂。为什么这样说？这涉及海德格尔研究当中的一个重大的疑难问题。众所周知，海德格尔一生在为人行事方面存在着严重的问题：他与纳粹的关系，他在战后对此的闪烁暧昧，他对自己的恩师胡塞尔、好友雅斯贝尔斯、弟子以及情人汉娜·阿伦特的态度……这些都一直在“海学”研究界激起持久的争议。尽管有人为之作出种种辩护，但是无论如何，海德格尔的上述行为存在着严重的道德品质问题；即便不能贸然斥之为“恶”，但至少指之为“不善”，这应该是没有问题的。于是人们就不得不思考：在海德格尔的所为与其所思之间，是否存在着某种必然的关联？如果我们承认，善是一种应然的价值选择，那么，海德格尔思想是否存在着某种严重的道德缺陷？对此，有人认为海氏之所为与其所思之间是毫无联系的，另有人则认为应该存在着某种联系，但是迄今为止，双方都未作出令人信服的分析。然而在我看来，儒学的到场将能使这个问题明朗化，因为，下文将会表明，在儒家思想中，良知论乃是由生存论而必然导出的，这就将使海德格尔的生存论分析的缺陷，即它与良知论分析之间的断裂暴露出来。这也将表明，蒙先生的儒学解释尽管确实带有生存论分析的色彩，但它毕竟不是海德格尔式的，而是儒家的生存论阐释。

---

① 这里仅仅涉及海德格尔的前期思想，以其《存在与时间》为代表，见[德]海德格尔：《存在与时间》，陈嘉映、王庆节译，三联书店 1999 年版。

海德格尔的生存论分析与良知论分析之间的断裂是如何发生的呢？让我们来清理一下海德格尔的运思进路：

什么是良知？良知是一种呼声：首先，良知是此在对此在自身的召唤。"此在在良知中呼唤自己本身"，这里，"此在既是呼唤者又是被召唤者"。[①] 其次，良知把此在从其"所是""实是"（被抛境况、沉沦）唤起，而转向"能是""能在"。这是因为，"此在作为被抛的此在被抛入生存。它作为这样一种存在者生存着：这种存在者不得不如它所是的和所能是的那样存在"；"呼唤者是此在，是在被抛境况（已经在……之中）为其能在而畏的此在。被召唤者是同一个此在，是向其最本己的能在（领先于自己）被唤起的此在。而由于从沉沦于常人（已经寓于所操劳的世界）的状态被召唤出来，此在被唤起了"。[②] 因此，"呼声出于我而又逾越我"[③]。最后，此在在良知呼唤中从"所是"向"能在"的转化枢纽，乃是"烦"（操心，Sorge）、"畏"（害怕，Angst）这样的基本情绪。"良知公开自身为操心的呼声：……良知的呼声，即良知本身，在存在论上之所以可能，就在于此在在其存在的根基处是操心"；"呼唤者是……在被抛境况为其能在而畏的此在"，"呼声的情绪来自畏"。[④]

这些分析确实是很精湛的，但我们的疑虑也由此而起：

其一，良知的呼声究竟来自何处？按照海德格尔的说法，它来自此在这个存在者自身："在其无家可归的根基处现身的此在就是良知呼声的呼唤者"[⑤]；或者更确切地说，"在根基上和本质上良知向来是我的良知"[⑥]。这种解释很好地排除了诸如上帝之类的东西，排除了任何把良知理解为某种"闯入此在的异己力量"的可能[⑦]；但这种解释也面临着这样的问题：这如何能够避免唯我论呢？如何能够保证良知的普遍性呢？如果良知没有普遍性，又如何能够避免这种情况：任何一个"我"都可以宣称他自己的想法就是良知？诚然，海德格尔不仅批评了那种外在超越的解释，而且批评了那种"生物学上的"解释，亦即个体经验的解释[⑧]；但我们必须指出的是，唯我论的解释未必就是生物学的解释。而海德格尔到底并没有正面批判那种可能的非生物学的唯我论。这也不奇怪，在我看来，他的良知论实质上是唯我论的。这是因为在他看来，"呼声来自我向来自身

① [德]海德格尔：《存在与时间》，第315页。
② [德]海德格尔：《存在与时间》，第316、318页。
③ [德]海德格尔：《存在与时间》，第315页。
④ [德]海德格尔：《存在与时间》，第318页。
⑤ [德]海德格尔：《存在与时间》，第317页。
⑥ [德]海德格尔：《存在与时间》，第319页。
⑦ [德]海德格尔：《存在与时间》，第315页。
⑧ [德]海德格尔：《存在与时间》，第316页。

所是的那一存在者”[①]；换句话说，作为单个存在者的“我”就是良知的来源，这个我的“所是”就是良知的生存论根基。但是，任何一个“我”，作为单个的存在者，仅仅凭他的特殊的此在性，绝对无法保证普遍性的良知。以特殊的此在性作为良知的根基，其结果只能是唯我独尊。

其二，于是我们要问：这样一种所谓“良知的呼声”究竟传达着怎样的内容？海德格尔说：“呼声不报导任何事件。”[②]换句话说，这种所谓“良知”没有任何道德内容，而仅仅是一种“道德中值”(Adiaphora)。这是不难理解的，因为它显然是上面的分析所必然导致的结论。然而这样的所谓“良知”，就被描述为了类似王阳明所说的“有善有恶意之动”[③]那样的东西了：单个的存在者对其“能是”这种可能性的倾向，只不过是他意欲摆脱自己的被抛弃境况“所是”的冲动而已。这种欲望显然是中性的，即可善可恶的，从而只是一个空洞的形式。但这恰恰不是良知，所以，王阳明才会接着说：“知善知恶是良知。”[④]这就是说，那个“有善有恶意之动”并不是良知。当然，我们也可以说，海德格尔所谓“良知”还是有它的内容的，这个内容就是“能在”。良知能够使人摆脱此在的被抛境况，而“能”去“是”另外的什么东西。这种分析当然也算是积极的，却仍然是纯粹形式的，即是没有任何实质内容的，当然也是没有任何道德内容的。但问题是：良知难道只是一种没有任何伦理价值的实质内容的纯粹形式吗？

其三，况且，即便承认海德格尔的良知是有道德内容的，我们还可以问：良知的呼声究竟是必然发出的，或只是偶然发出的？在这个问题上，海德格尔的说法存在着矛盾，这是下文将要涉及的一个问题；这里我们试问：良知的发生若是偶然的，那么此在的生存如何能够保证这种呼唤不是“坏”良知而是“好”良知？[⑤] 若是必然的，那么此在的生存毕竟又是如何提供这种保证的？上文已经指出，偶然发生的“良知”是可善可恶的，它因而就不再是良知。但是，此在的生存论分析如何能够保证良知的必然性？这就涉及下面这个问题了：

前面已经提到，在海德格尔的分析中，从生存论到良知论的转枢是情感，更

① [德]海德格尔：《存在与时间》，第319页。

② [德]海德格尔：《存在与时间》，第317页。

③ (明)王守仁撰：《传习录下》，《王阳明全集》，上海古籍出版社1992年版，第128页。

④ (明)王守仁撰：《传习录下》，第128页。

⑤ 海德格尔：《存在与时间》，第319页。西语“良知”([希]ςισηδιενυσ/[拉]conscientia)本来并没有任何伦理学的价值色彩，而只是一个中性词，意为关于自身的知识；它虽是对自身的实践活动、包括伦理活动的意识，但这种意识本身是可善可恶的，故有“好良知”“坏良知”之说。参见倪梁康：《良知：在自知与共知之间》，刘东主编：《中国学术》第一辑，商务印书馆2000年版，第12～37页。

确切地说，是一种情绪。这种情绪，海德格尔称作 Befindlichkeit。[①] 这种情绪是奠基于生存的：此在首先作为被抛的所是，而沉沦于烦（操心，Sorge）中，包括对物的烦神（Besorge）、对人的烦心（Fuersorge）；但是从时间性来看，被抛的所是作为历史性的此在，如果没有对其本真的能在的领悟，“没有时间”，就什么也不是。那么，此在如何才能领悟本真能在？这需要另一种情绪，那就是畏（害怕Angst）。

“畏”不是任何具体的“怕”，它不以任何存在者作为对象；对畏来说，“威胁者乃在无何有之乡”；“畏‘不知’其所畏者是什么。但‘无何有之乡’并不意味着无，而是在其中有着一般的场所，有着世界为本质上具有空间性的‘在之中’而展开了的一般状态”，因而“畏之所畏就是世界本身”。[②] 这样一来，“畏所为而畏者，就是在世本身。在畏中，周围世界上手的东西，一般世内存在者，都沉陷了。‘世界’已不能呈现任何东西，他人的共同此在也不能。所以畏剥夺了此在沉沦着从‘世界’以及从公众讲法方面来领会自身的可能性。畏把此在抛回此在所为而畏者处去，即抛回此在的本真的能在世那儿去。畏使此在个别化为其最本己的在世的存在。这种最本己的在世的存在领会着自身，从本质上向各种可能性筹划自身。”[③]这是一番多么的环环相扣的分析！

但是我们对此的疑问也是“环环相扣”的：假如“在世”乃是“此在的基本建构”（第一篇第二章），也就是说，此在总已在世；并且“在世总已沉沦”，亦即“沉沦是此在本身的生存论规定”[④]；而“沉沦之背离倒是起因于畏”[⑤]，即，有沉沦则必有畏；那么，对于任何一个人或此在来说，这种“莫名其妙”的畏是必然的。但是海德格尔分明告诉我们，畏只是“此在存在的可能性之一”，只是“诸种最广泛最源始的可能性中”的一种[⑥]，那就是说，畏并不是必然的。假如畏并不是必然的，那么，此在之被抛回自己的本真能在也并不是必然的了，良知的呼唤也就不是必然的了。结果我们看到：在此在的所是和能在之间，仍然存在着断裂；而且，这种断裂已必然地蕴含着生存论分析与良知论分析之间的断裂。这种断裂或许能够提供海德格尔之所为与所思之间关联的某种线索？而这样的断裂，在儒学的致思中、在蒙先生的儒学解释中是并不存在的。

---

① 海德格尔：《存在与时间》，第 156 页，汉译者注：“Befindlichkeit 来自动词 befinden。Befinden 一般有情绪感受、存在和认识三个方面的含义。这里，我们将它译为‘现身情态’或‘现身’，力求表明其‘此情此景的切身感受状态’以及这种状态‘现出自身’的含义。”

② ［德］海德格尔：《存在与时间》，第 215、216 页。

③ ［德］海德格尔：《存在与时间》，第 217 页。

④ ［德］海德格尔：《存在与时间》，第 210、204 页。

⑤ ［德］海德格尔：《存在与时间》，第 215 页。

⑥ ［德］海德格尔：《存在与时间》，第 211 页。

三

尽管如此，我们仍然可以肯定地说：蒙先生的儒学解释确实具有浓厚的生存论分析意味，虽然它与海德格尔的生存论分析颇为不同；而在儒家，生存论是真正能够为良知论奠基的。今日的儒学研究开始透露着这样一种消息：对于儒学的“重建”或者“现代转换”来说，生存论解释学是一种新的极富前景的致思方向。海德格尔告诉我们，西方的本体论和认识论的维度以及前面谈到的经验论和先验论的思路，都是源始地奠基于生存论分析的[①]；而我们的问题则是：**这种生存论的致思进路是如何在儒家那里体现出来的？在儒学的生存论解释学中，仁爱情感究竟占有着怎样的地位？**这显然远不是我们这篇短短的文章所能加以充分揭示的，但我们可以粗略地勾画出它的一个轮廓来。

在谈到儒、道两家的基本区别时，人们常说：儒家主张“入世”，道家主张“出世”。儒家之所以主张入世，是因为儒家认为出世是不可能的[②]；出世之不可能，是因为人总是“在世”的；人即便是对他自身的超越，也是在世的超越。于是，我们就面临着对儒家所谓“人生在世”与海德格尔所谓“在世”(In-der-Welt-sein，在世界中存在)加以比较分析的课题：

海德格尔的全部意图在于追问“一般存在的意义”，但在他看来，我们只能“通过对某种存在者即此在特加阐释这样一条途径突入存在概念。因为我们在此在中将能赢获领会存在和可能解释存在的视野”。[③] 所谓此在(Dasein)就是人这种特殊的存在者，追问存在的意义只能通过追问此在的存在才是可能的。此在的存在也就是生存(Existenz)，“此在的‘本质’在于它的生存”[④]。这一开始就与儒家的意图有所不同：儒学并不关心所谓一般的“存在的意义”，而只关心“生存的意义”。海德格尔所说的一般存在的“超越”意义，在儒者看来是没有意义的。海德格尔在两种意义上谈到超越：一是存在之为存在的超越意义，一是此在从被抛的所是向本真能在的超越。儒家关心的乃是后者：这样的超越如何可能？人如何能从被抛的所是向本真的能在超越？或者用儒家的话来说：常人从小人变为君子乃至圣人是如何可能的？

但儒家确实也是从人的生存论视域切入的。儒家的首要的甚至唯一的关

---

① [德]海德格尔：《康德与形而上学问题》，邓晓芒译，孙周兴编：《海德格尔选集》上卷，三联书店1996年版，第81～134页。

② 至于道家之所谓“出世”究竟何所谓、出世究竟如何由“避世”“忘世”而可能，则是必须另文讨论的问题。

③ [德]海德格尔：《存在与时间》，第46页。

④ [德]海德格尔：《存在与时间》，第49页。

切是人的存在本身,即人的生存。蒙先生书中所说的“存在”即指人的存在,亦即生存,因为在他看来,儒家“将人视为一种特殊的生命‘存在’”[①]。孔子所谓“未知生,焉知死”“未能事人,焉能事鬼”[②]就是这种生存关怀的典型表达。但这并不是说儒家毫不关心人之外的存在者,儒家“仁民爱物”(孟子)、“民胞物与”(张载)的主张就是关爱及物的表现。但在儒家看来,物这种存在者的存在,本质上还是人的存在;或者说,物的存在只有在被理解为人的存在时才是有意义的。周敦颐之所以“窗前草不除”就因为其“与自家意思一般”,就是这个意思。所以,儒家不把对人生意义的关切仅仅理解为追问一般存在意义的一种途径而已,因为那样一来,人自己的生存反被工具化了;但在海德格尔看来,“此在的存在建构的提出仍只是一条道路;目标是解答一般存在问题”[③]。但是,就对人的生存的关注而言,海德格尔与儒家却是一致的。因此,关键的工作就在于对此在即人的存在作生存论分析。

这是作为“此在的基本建构”的“在世”(第二章)决定了的。海德格尔将其视为“首要的存在实情”[④],而把它作为自己全部的生存论分析的“基础分析”(第一篇):它领先于全部的本体论、认识论之类形而上学课题,而为它们奠基。蒙先生指出,儒家是“将人视为一种特殊的生命‘存在’,并且在心灵超越中实现一种境界”[⑤]。而海德格尔也正是经由“生命存在”而达到生存论视野的。他在《评卡尔·雅斯贝尔斯〈世界观的心理学〉》(1921)中写道:“说到底,当代哲学的问题主要集中在作为‘原始现象’(Urphänomen)的‘生命’上”;正由于此,他所“要讨论的真正对象被确定为生存”。[⑥] 由于这种在世结构“源始地始终地”就是“向来在先”的“先天结构”,我们必须始终把这个结构“整体保持在眼界之中”。[⑦] 但是,“此在整体性的生存论存在论建构根据于时间性。因此,必定是绽出的时间性本身的一种源始到时方式使对一般存在的绽出的筹划成为可能”[⑧]。所以,时间性才是生存论分析的根本的源始视域。而说到时间性,儒家的“义”即“时义”或者“时宜”的观念就是一个非常值得注意的课题,此不赘述。

就人的生存的时间性来看,海德格尔认为,此在的存在包含两个基本的方

① 蒙培元:《情感与理性》,第2页。
② 《论语·先进》。
③ [德]海德格尔:《存在与时间》,第492页。
④ [德]海德格尔:《存在与时间》,第62页。
⑤ 蒙培元:《情感与理性》,第2页。
⑥ [德]海德格尔:《评卡尔·雅斯贝尔斯〈世界观的心理学〉》,《路标》,孙周兴译,商务印书馆2000年版,第18、13页。
⑦ [德]海德格尔:《存在与时间》,第48页。
⑧ [德]海德格尔:《存在与时间》,第494页。

面：一是沉沦的方面，即其被抛的"所是"；二是超越的方面，即其本真的"能在"。就超越方面看，海德格尔所提出的最积极的思想之一就是：人"这种存在者的'本质'在于它**去存在**(Zu-sein)"；换句话说，"此在是什么依赖于它怎样去是[它自己]，依赖于它将是什么"。[①] 他说："这一存在者在其存在中对自己的存在有所作为"；"对这种存在者来说，关键全在于[怎样去]存在"。[②] 这样的超越或许才是儒家真正的"内在超越"？因为，在这里，人之自我超越仍然是在世的；这种超越的意义，正如蒙先生一再强调的，乃是"心灵境界"的自我提升，所达到的是一种"超越的境界"。

在这个意义上，海德格尔的在世观念与儒家的入世观念确实是相通的。海德格尔在对"在之中"的分析中(第一篇第五章)，讨论了"现身情态"(Befindlichkeit)："我们在存在论上用现身情态这个名称所指的东西，在存在者层次上乃是最熟知和最日常的东西：情绪；有情绪。"[③]但是问题在于，这是一种怎样的情绪？海德格尔特别突出地分析了烦、畏(第一篇第六章)，尤其畏死(第二篇第一章)的情绪，由此导向能在、导向良知。但是正如前文已经指出的，这样的导出存在着很大的问题，存在着某种断裂。而在儒家，儒者的生存领悟不是烦、畏，而是仁、爱。这是儒家与海德格尔之间的一个根本性分歧。根据儒家思想，并不是那来自"无何有之乡"的"畏"[④]，而是"我欲仁"[⑤]，导向了本真的能在、本心的确立。所以，对于儒学来说，问题在于：在从被抛的所是向本真能在的超越中，"我欲仁"是如何必然地显现的？

海德格尔"直追究到那些同在世一样源始的此在结构上面。这些结构就是：共同存在(Mitsein)与共同此在(Mit-das-Sein)。日常的自己存在的样式就奠基在这种存在方式之中"[⑥]。他解释说："此在的世界是共同世界。'在之中'就是与他人共同存在。他人的在世界之内的自在存在就是共同此在。"[⑦]这种"日常的自己存在的样式"就是"可称为日常生活的'主体'的东西：常人(Das Man)"。这种常人，儒家称为"小人"，就是沉沦于世的庸人。问题在于，这种"常人"向本真能在超越时的"恻隐之心"是如何被奠基的？或者说，如何"求其放心"？即，"本心"是如何显现出来的？这里，"共同在世与共同此在"起着怎样的作用？

---

① [德]海德格尔：《存在与时间》，第 49 页、第 49 页注①。

② [德]海德格尔：《存在与时间》，第 49 页。

③ [德]海德格尔：《存在与时间》，第 156 页。

④ [德]海德格尔：《存在与时间》，第 215 页。

⑤ 《论语·述而》。

⑥ [德]海德格尔：《存在与时间》，第 132 页。

⑦ [德]海德格尔：《存在与时间》，第 138 页。

前面分析良知问题的时候，我们已然指出，海德格尔的思路并不能保证这一点。但是，本来，即使按照海德格尔的某种说法，仁爱之心也是可能必然地显现出来的。这是因为，“他人的共同此在的展开属于共在”，而“此在作为共在在本质上是为他人之故而‘存在’。这一点必须作为生存论的本质命题来领会”。[①]因为，在共在中的烦或操心(Sorge)分为两种：一种是对于物的 Besorge；一种是对于人的 Fuersorge。后者可以译为“牵挂”[②]，它又“有两种极端的可能性”：一种是“代庖(einspringen)控制”，在这种情况下，“他人可能变成依附者或被控制者”；另一种可能性是“率先(vorspringen)解放”，这是“为他人生存的能在作出表率；不是要从他人那里揽过‘操心’来，倒恰要把‘操心’真正作为操心给回他。这种操持本质上涉及本真的操心，也就是说，涉及他人的生存，而不是涉及他人所操劳的‘什么’。这种操持有助于他人在他的操心中把自身看透并使他自己为操心而自由”。[③] 这种牵挂作为“本真的操心”，就是儒家所说的“戒慎恐惧”，仁爱之心、良知就奠基于这种戒慎恐惧之中。这是因为：从正面讲，这样的牵挂“是由顾视与顾惜来指引的”；从反面讲，这种“顾视与顾惜各自都有一系列残缺和淡漠的样式，直至不管不顾与由淡漠所引导的熟视无睹”。[④] 这种正面的顾视和顾惜就是儒家所说的“仁者爱人”，而那反面的不管不顾和熟视无睹则是儒家所说的“麻木不仁”。

行文至此，我们似乎可以得出一个结论了：仁爱情感确实是奠基性的，但并非终极奠基性的。说它是奠基性的，因为在“仁—义—礼—知”这样的建构中，仁无疑是基础的东西；而说它是非终极奠基性的，因为仁爱作为情感又是以在世的生存为基础的。

最后应该说，海德格尔的那些分析确实是非常精彩的；但我们同时必须始终保持清醒的是，众所周知，他那些分析完全是没有任何道德内涵的，并不能指向任何伦理学建构。而儒家所关心的却是：生存论分析如何导向伦理学建构？问题的答案或许就隐藏在某种生存论视域中。——这可能是蒙先生的新著所给予我们的最大启示。

---

① [德]海德格尔：《存在与时间》，第 143 页。

② 中译本《存在与时间》译为“操持”。

③ [德]海德格尔：《存在与时间》，第 142 页。

④ [德]海德格尔：《存在与时间》，第 142 页。

情感儒学:当代哲学家蒙培元的情感哲学*

黄玉顺

蒙培元是中国当代著名的哲学家、中国哲学史家,其主要哲学思想被学界称为"情感儒学"①。蒙培元于1938年2月9日出生于中国甘肃省庄浪县。1963年跟随著名哲学家冯友兰做研究生,1966年毕业于北京大学哲学系。1980年到中国社会科学院哲学研究所从事中国哲学研究,历任中国社科院哲学研究所研究员,研究生院教授,中国哲学研究室主任,中国哲学史学会副会长,《中国哲学史》杂志主编。同时,曾任美国哥伦比亚大学、哈佛大学访问教授,台湾"中央"研究院文哲所访问教授,香港中文大学客座教授等。蒙培元共发表论文近300篇,出版专著10部。②

蒙培元的哲学思想是通过对中国传统哲学的研究、叙述与诠释而呈现出来的。他的学术生涯始于宋明理学研究,代表作是广为引用的《理学的演变——从朱熹到王夫之戴震》(1984)③和《理学范畴系统》(1989)④。然后,他对整个中

---

* 原载《孔子研究》2020年第4期。

① 参见黄玉顺等主编:《情与理:"情感儒学"与"新理学"研究——蒙培元先生70寿辰学术研讨集》,中央文献出版社2008年版;黄玉顺等主编:《儒学中的情感与理性——蒙培元先生七十寿辰学术研讨会》,现代教育出版社2008年版;黄玉顺等主编:《人是情感的存在——蒙培元先生80寿辰学术研讨集》,北京大学出版社2018年版;黄玉顺主编:《"情感儒学"研究——蒙培元先生八十寿辰全国学术研讨会实录》,四川人民出版社2018年版。

② 参见蒙培元:《我的求学生涯》,《安身立命之道——为学与为人》,中国致公出版社1999年版;《我的中国哲学研究之路》,刘笑敢主编:《中国哲学与文化》第2辑,广西师范大学出版社2007年版,第302～323页;《我的学术历程》,黄玉顺主编:《儒学中的情感与理性》,现代教育出版社2008年版,第29～36页。

③ 蒙培元:《理学的演变——从朱熹到王夫之戴震》,福建人民出版社1984年版,方志出版社2007年版。

④ 蒙培元:《理学范畴系统》,人民出版社1989年版。

国哲学史进行了贯通的研究。他的哲学思想有“主体”“心灵”“超越”“境界”与“自然”这几个最重要的关键词,并由“情感”贯通起来,由此呈现出独具一格的“情感儒学”(他自己称之为“情感哲学”[①])。

一、主体思维

这个概念最初是在1988年的论文《论中国传统思维方式的基本特征》[②]中提出的,后来一直是蒙培元哲学的根基,他发现这是中国哲学的一个总体性和根本性特征。这其实是对儒家哲学“心性论”的一种扩展性的理解,即扩展到道家哲学和中国佛教哲学特别是禅宗哲学,这主要体现在他1990年的专著《中国心性论》中。[③] 蒙培元关于主体思维方面的思想,最集中地体现在他1993年的专著《中国哲学主体思维》中。[④]

蒙培元所说的中国哲学“主体思维”概念区别于西方哲学的相应概念,即“主体”并不仅仅是认知主体,而更主要的是道德实践主体;“思维”也不是外向思维,而是内向思维,甚至不仅仅是通常的认知性概念,还涵盖了直觉与顿悟,乃至情感与意志等,总之是概指心灵的活动。最值得留意的是:他所反复强调的主体的“自我超越”其实已经意味着某种“前主体性”观念,因为对于通过超越而获得的新的主体性来说,此前的“思维”或“超越”活动就是前主体性的。当然,这并没有否定主体的自我同一性,在这个意义上,蒙培元的哲学仍然是一种主体性哲学。

二、心　灵

上述“主体思维”乃是“心灵”的活动,蒙培元认为这是中国心性哲学的基本特征。他将这样的思想提炼而概括为“心灵哲学”,这个概念最初是在1993年的论文《心灵与境界——朱熹哲学再探讨》[⑤]里提出的,同样值得注意的还有

---

① 蒙培元先生在许多文章和著作里经常提到“情感哲学”概念,仅出现在文章标题里的就有:《李退溪的情感哲学》,《浙江学刊》1992年第5期;《论中国传统的情感哲学》,《哲学研究》1994年第1期;《中国的情感哲学及其现代意义》,《中国智慧透析》,华夏出版社1995年版;《漫谈情感哲学》(上、下),《新视野》2001年第1、2期;《中国情感哲学的现代发展》,《杭州师范学院学报》2002年第3期。

② 蒙培元:《论中国传统思维方式的基本特征》,《哲学研究》1988年第7期。

③ 蒙培元:《中国心性论》,(台北)台湾学生书局1990年版。

④ 蒙培元:《中国哲学主体思维》,东方出版社1993年版。

⑤ 蒙培元:《心灵与境界——朱熹哲学再探讨》,《中国社会科学院研究生院学报》1993年第1期。

1994 年的论文《中国的心灵哲学与超越问题》[①]；当然，更全面系统的论述则是 1998 年出版的专著《心灵超越与境界》[②]。

蒙培元的“心灵”概念也是中国哲学所特有的，它尤其与王阳明的“良知”作为“灵明”的观念有密切联系。因此，“心灵”可以说是“主体思维”概念更加中国化的表达，即“主体”主要是指心灵主体，而“思维”则是心灵活动，主体思维的指向就是心灵的自我超越。

三、情 感

这应该说是贯穿蒙培元哲学思想的最重要的概念。蒙培元的情感儒学早在 20 世纪 80 年代就形成了，最初提出“情感哲学”概念是写作于 1986 年、发表于 1987 年的论文《李退溪的情感哲学》[③]。比较而言，中国古代文献中的强调情感，从而与蒙培元“情感哲学”形成呼应的《性自命出》在几年之后的 1993 年 10 月才出土，而《郭店楚墓竹简》更是十年之后的 1998 年 5 月才出版。[④] 自此直到今天，儒家情感思想的研究蔚然兴起，可称之为中国当代哲学的“情感转向”。[⑤] 2002 年，蒙培元最重要的总结性著作《情感与理性》出版。[⑥]

蒙培元提出了“人是情感的存在”“情感是人的基本的存在方式”“儒家哲学是情感哲学”等一系列重要命题。要注意的是，蒙培元的“情感”概念远非一般的心理学概念。他全方位地揭示了“情感”概念的诸多规定性，诸如“主体情感”“心灵情感”“真实情感”（“真情实感”）、“自然情感”“具体情感”“心理情感”“感性情感”“情绪情感”“高级情感”“道德情感”“审美情感”“宗教情感”“自由情感”“私人情感”“个人情感”“共同情感”“普遍情感”“主观情感”“客观情感”，乃至“理性情感”（还有与之对应的“情感理性”）等。

四、超 越

这个概念也是贯穿蒙培元哲学的一个重要概念。在他看来，中国哲学的根

---

① 蒙培元：《中国的心灵哲学与超越问题》，《学术论丛》1994 年第 1 期。

② 蒙培元：《心灵超越与境界》，人民出版社 1998 年版。

③ 蒙培元：《李退溪的情感哲学》，《浙江学刊》1992 年第 5 期。

④ 荆门市博物馆编：《郭店楚墓竹简》，文物出版社 1998 年版。

⑤ 参见黄玉顺：《存在·情感·境界——对蒙培元思想的解读》，《泉州师范学院学报》2008 年第 1 期；黄玉顺：《关于“情感儒学”与“情本论”的一段公案》，杨永明主编：《当代儒学》第 12 辑，广西师范大学出版社 2017 年版，第 173～177 页。

⑥ 蒙培元：《情感与理性》，中国社会科学出版社 2002 年版。

本宗旨就是主体心灵从自然情感向高级情感的自我超越,最终达到形上本体的情感体验境界。因此,他自始至终谈"超越",而"自我超越"概念早在1987年的论文《谈儒墨两种思维方式》中即已经提出[①];当然,这方面最集中的论述仍是其专著《心灵超越与境界》。

蒙培元的"超越"概念不同于牟宗三的"内在超越"概念之处,在于它虽然也是某种内在超越,但不是存有论的概念,而是情感境界论的概念,即是主体心灵在境界上的情感超越。不过,他虽然也不同意西方宗教的外在超越,但非常重视超越境界中的宗教情感体验。

五、境　界

蒙培元从一开始就关注"境界"问题,早在1983年的论文《论朱熹理学向王阳明心学的演变》中就谈到,理学家的宗旨是要达到万物一体、天人合一的"精神境界"[②];此后一系列著述都不断强调,中国哲学不是认识论的,而是境界论的。他1992年的论文《从孔子的境界说看儒学的基本精神》指出,心灵境界说是中国哲学中最有特色、最有价值的部分。[③] 1996年,他发表了自我总结性的论文《主体·心灵·境界——我的中国哲学研究》[④];1998年,这方面的总结性专著《心灵超越与境界》出版。

蒙培元的"心灵境界"论是冯友兰"人生境界"论(见《新原人》[⑤])的发展,而有其独特内涵,即"境界"不仅仅指冯友兰所说的"觉解"程度,而更强调主体心灵的自我超越所达到的精神层次,其中尤其是情感体验的层次。他特别标举"乐"的境界,即是这样一种最高层次的情感体验,它是情与理、真善与美、人与天(自然)的和谐统一。

六、自　然

蒙培元从1998年就开始比较集中地思考"自然"问题,此后一系列著述都涉及这个问题,包括2004年出版的专著《情感与理性》。当然,这方面总结性的

---

① 蒙培元:《谈儒墨两种思维方式》,《中国社会科学院研究生院学报》1987年第1期。

② 蒙培元:《论朱熹理学向王阳明心学的演变》,《哲学研究》1983年第6期。

③ 参见蒙培元:《从孔子的境界说看儒学的基本精神》,《中国哲学史》1992年第1期。

④ 蒙培元:《主体·心灵·境界——我的中国哲学研究》,《今日中国哲学》,广西人民出版社1996年版。

⑤ 冯友兰:《新原人》,上海商务印书馆1946年版。

专著是 2004 年出版的《人与自然——中国哲学生态观》[①]。

蒙培元的“自然”概念也是独特的。它与中国哲学的“天”概念具有内在一致性;从某种意义上说,它是儒家的道德本体论与道家和禅宗的自然本体论的一种融通。但归根结底,“自然”仍然是蒙培元自己的情感儒学的一个心灵境界的概念。它是一个这样的“生命存在”概念,涵盖了但不仅仅是与人相对的自然界或生态学意义上的自然环境。它当然也不是宗教概念,却具有宗教情感及其超越意义。它是内外合一、情理合一、天人合一的概念,最终可以被理解为一种最高境界的情感体验。

最后再次强调,蒙培元的哲学之所以被称为“情感儒学”,是因为上述“主体”“心灵”“超越”“境界”与“自然”等,都是以“情感”观念贯通起来的。而这一点之所以可能,尤其体现在他的一个非常重要的命题“情感可以上下其说”之中:往下说,情感与生理心理相联系,就是主体心灵的感性层面,即是一种形而下的自然经验;往上说,情感与实践理性相联系,乃是主体心灵的超越层面,即是一种形而上的超越体验。[②]

尤其值得一提的是,蒙培元的情感儒学是从中国哲学传统中归纳出来的,然而他对这种内向性的主体性哲学传统有所反思,主要表现在两个方面:一是它无意于发展外向性的认识论和科学,二是它无助于形成外在性的民主法治的社会制度。

蒙培元的情感儒学实可谓两千年来儒家主流哲学之大翻转,即颠覆了以宋明儒学为代表的“性本情末”“性体情用”的观念架构,回归孔孟的情感本源观念。[③] 鉴于上述卓越的哲学成就,蒙培元的“情感儒学”与他的导师冯友兰的“新

---

① 蒙培元:《人与自然——中国哲学生态观》,人民出版社 2004 年版。

② 关于命题“情感可以上下其说”命题,参见蒙培元:《论理学范畴系统》,《哲学研究》1987 年第 11 期;《中国的德性伦理有没有普遍性》,《北京社会科学》1998 年第 3 期;《漫谈情感哲学》(上、下),《新视野》2001 年第 1、2 期;《情感与理性》,(台北)《哲学与文化》2001 年第 28 卷第 11 期;《中国哲学的方法论问题》,《哲学动态》2003 年第 10 期;《关于中国哲学生态观的几个问题》,《中国哲学史》2003 年第 4 期;《人·理性·境界——中国哲学研究中的三个问题》,《泉州师范学院学报》2004 年第 3 期;《我的中国哲学研究之路》,刘笑敢主编:《中国哲学与文化》第 2 辑,广西师范大学出版社 2007 年版,第 302～323 页;《中国哲学中的情感理性》,《哲学动态》2008 年第 3 期;《我的学术历程》,黄玉顺主编:《儒学中的情感与理性》,现代教育出版社 2008 年版,第 29～36 页。

③ 参见崔发展:《儒家形而上学的颠覆——评蒙培元的“情感儒学”》,易小明主编:《中国传统哲学与现代化》,中国文史出版社 2007 年版,第 118～128 页。

理学”和他的后辈的“生活儒学”[①]及“自由儒学”[②]等一起，构成了当代中国哲学的“情理学派”[③]，在中国大陆和台湾等地区具有重要影响，并在韩国及日本等具有国际影响。

---

① 关于“生活儒学”，参见黄玉顺：《面向生活本身的儒学——黄玉顺“生活儒学”自选集》，四川大学出版社2006年版；《爱与思——生活儒学的观念》，四川大学出版社2006年版（四川人民出版社2017年增补本）；《儒家思想与当代生活——“生活儒学”论集》，光明日报出版社2009年版；《儒学与生活——“生活儒学”论稿》，四川大学出版社2009年版；《生活儒学讲录》，安徽人民出版社2012年版；《从“生活儒学”到“中国正义论”》，中国社会科学出版社2017年版。

② 关于“自由儒学”，参见郭萍：《自由儒学的先声——张君劢自由观研究》，齐鲁书社2017年版；《“自由儒学”纲要——现代自由诉求的儒学表达》，《甘肃社会科学》2017年第4期；《自由儒学："生活儒学"自由之维的开展》，杨永明主编：《当代儒学》第11辑，广西师范大学出版社2017年版，第435～437页；《自由何以可能——从“生活儒学”到“自由儒学”》，《齐鲁学刊》2017年第4期；《德性、自由与“有根的全球哲学”——关于“进步儒学”与“自由儒学”的对话》，《齐鲁学刊》2017年第4期；《“自由儒学”导论——面向自由问题本身的儒家哲学建构》，《孔子研究》2018年第1期；《蒙培元“情感儒学”对“自由儒学”的启发意义》，《“情感儒学”研究：蒙培元先生八十寿辰全国学术研讨会实录》，四川人民出版社2018年版，第172～176页。

③ 胡骄键：《儒学现代转型的情理进路》，《学习与实践》2019年第4期。

世界的“返魅”

——蒙培元先生的儒学自然宗教观*

任文利

作为大陆新儒家的代表人物，蒙培元先生一直关注儒家宗教性问题。在这一点上，他既继承了其师冯友兰先生以“天”为宇宙大全及对于以“天地境界”为安身立命之地的精神追求；也继承了港台新儒家亦人文亦宗教的讲法，由此推陈出新，提出独特的儒学自然宗教说，在现代儒学的发展中独树一帜。学界历来于此讨论较少，本文尝试考察其自然宗教说提出的背景以及由人文主义宗教向自然宗教说转换的意味，并力图勾勒出其自然宗教说的整体框架，最终落脚于儒学自然宗教充分展开的可能性与现实意义，以期促成对相关问题研究的进一步开展。

一、儒学是自然宗教的提出

蒙先生首次提出儒学是自然宗教的命题，是在 2002 年 2 月 7 日中国社会科学院哲学所等机构所组织的“儒家与宗教——当代中国思想论坛”上的发言。蒙先生说：

> 儒学精神是人本的、人文的，这个我也同意，我也说过儒学是人文主义的宗教。现在呢，我想，因为它很重视人的价值，我觉得，这样一个人文主

---

* 原载黄玉顺等主编：《人是情感的存在——蒙培元先生 80 寿辰学术研讨集》，北京大学出版社 2018 年版，第 214～226 页。

义宗教同时也可以说成是一种自然宗教，或者叫自然神学。①

蒙先生提出自然宗教、自然神学的问题，并不仅仅出于单纯的学理的考虑，而是有其强烈的现实关切。蒙先生在论坛发言中如此申说：

> 这个宇宙精神它就在自然界里头嘛，在人里头，在万事万物里头。而每个人，每个万事万物它都秉承着天命这种精神在里头，它是这样一个形态，所以我说可以叫作一个自然神学。这个自然神学是有一个价值在里头，信念也罢，信仰也罢，它有一个所谓的世界观、宇宙观这样一个基础。我们现在很需要这个。我们面对自然的时候完全是接受西方的那种理性主义，所谓的认知理性主义；把自然界看成是完全没有任何生命的，死亡的东西，这就是所谓的“去魅”，马克斯·韦伯说的“去魅”，世界的“去魅”，现代性的一个特点是世界的“去魅”，没有任何神秘性，没有任何神圣性，自然界就是一个死的东西，你给我提供材料、能源，我就是征服你，而且你是无穷无尽的，现在不就是这样做吗？现在整个人类都是这样的，这就是现代性。这样一个东西造成的恶果现在大家已经看得很清楚了，那么，在这样一个情况下，我们要不要，叫作世界的“返魅”呢？就是回到前工业、前现代文化所留给我们的那样一种精神，我们要不要呢？我觉得世界、自然不是一个现代的理性所能完全认识的东西，它绝对是有神秘性的，有神圣性的，所以我是在这个意义上讲儒家的宗教神学的，所以我们要善待自然，要善待人类，这个问题是很严重的，现实的问题。这有一个宗教精神，这就是所谓的生态宗教。②

归根结底，蒙先生自然神学、自然宗教的提出，是对世界的“返魅”的呼唤，以对治现代性的“去魅”。需补充说明的是：此次“儒家与宗教——当代中国思想论坛”的召开有一个背景③，即当时正在如火如荼进行的关于儒学宗教性问题的又一次大讨论。此次讨论始于2011年10月④陈咏明、王健与李申等在孔子2000网站开展的儒学、儒教是否宗教的争鸣。此次争鸣一时成为学界的热点，并逐渐从网络媒体延伸到学术刊物，因此有了社科院哲学所“儒家与宗教”论坛的召开，汤一介、余敦康、牟钟鉴与蒙培元等均在与会学者之列。由网络发起的“儒学与宗教问题争鸣”是蒙先生一直关注的，相关学者的争论引发了蒙先生对此

---

① 《“儒家与宗教”研讨会现场录音(一)》，“孔子2000”网站(www.confucius2000.com)。此网站现已关闭。——编者注

② 《“儒家与宗教”研讨会现场录音(一)》。

③ 参见《关于“儒家与宗教”的讨论》，《中国哲学史》2002年第2期。

④ 原文如此，当为2001年10月。——编者注

问题的进一步思考，并最终提出儒学是一种自然宗教的观点。会后，《中国哲学史》杂志社邀请部分学者撰文就“儒家与宗教”问题展开笔谈，蒙先生的笔谈文章题作《如何理解儒学的宗教性》，发表在《中国哲学史》杂志 2002 年第 2 期上。查该文底稿落款为 2002 年 2 月 10 日，在此次会议召开后不久。文中再度申明是说：

我曾经认为，儒学是人文主义宗教（这不是我首先提出来的），这种说法是不是如同“方的圆”一类的悖论？既是人文主义的，如何又是宗教？

毫无疑问，人文主义是以人为主题的，是解决人的问题的，诸如人的本性、人生价值一类的问题；但是，儒家的人文主义除了具备这些一般性质之外，还有不同于西方人文主义的特点，这就是，儒家讨论人的问题时，始终没有脱离人与自然的关系（即“天人之际”）这一基本前提。这就是说，人是不能离开自然界而存在的，人的问题必须在人与自然界的关系中去解决，换言之，它要解决人在自然界的地位及其使命的问题。

儒学有多层次的内容，而且是一个整体，但就哲学层面而言，它并不是认识论知识学的系统，不是将自然界视为对象去认识、去主宰，而是将自然界视为生命和价值的根源去理解、去对待，因而有很深的敬畏之心。这正是一种宗教情感。哲学与宗教是相通的。正是从这个意义上说，儒学也可以说是一种自然宗教。[①]

同在 2002 年，《孔子研究》该年第 2 期尚刊发了蒙先生的《儒学是宗教吗？》一文，该杂志是为此次儒学宗教性问题争鸣刊发此文的。查该文底稿落款时间则为 2001 年 3 月 2 日，是时争鸣尚未开始，由此可见：儒学与宗教的问题一直处于蒙先生的关注视野中。在该文中，蒙先生仍主张儒学是“人文主义宗教”的说法，而未提出“自然宗教”说。他说：

因此，儒学不是严格意义上的宗教，也不是纯粹意义上的社会政治学，它是一种人文主义学说，但包涵着深刻的宗教精神，可称之为人文主义宗教。儒学的优点与缺点均在于此，儒学是不是宗教的争论长期不得解决，原因也在于此。[②]

之所以强调自然宗教说提出的背景，意在说明蒙先生提出此说是经过反复斟酌、深思熟虑的，而非会议发言一时兴致之语。发表于《湖南社会科学》2004 年第 1 期的《儒学人文主义的特质》一文，蒙先生再申是说：

---

① 蒙培元：《如何理解儒学的宗教性》，《中国哲学史》2002 年第 2 期。

② 蒙培元：《儒学是宗教吗？》，《孔子研究》2002 年第 2 期。

> 儒家哲学十分重视和强调心灵的问题，但是心灵问题必须在“天人之际”的基本框架之内才能解决。其宗教性的诉求不仅是一种“终极关切”，而且承认有“终极实在”。但在儒家看来，“终极实在”不是上帝，而是天即自然界，因此，对之有一种归依感、亲近感与敬畏感。从这个意义上说，儒家宗教可说是一种自然宗教。①

2004年8月，蒙先生的《人与自然》一书出版，《中国哲学史》杂志笔谈一文被收入该书第四章第三部分；而题目径题作《儒学是自然宗教》，以与该书的主题“人与自然”相呼应，亦见蒙先生对此说的确信与重视。

二、从人文主义宗教到自然宗教

我们知道，蒙先生在提出儒学是自然宗教之前，认为儒学是人文主义宗教。如其所言，该说法非其首创，而出自以牟宗三与唐君毅先生为代表的港台新儒家。就蒙先生自己而言，至少在1997年，即已提出人文主义宗教的讲法：

> 作为自然的人，生物的人，他还有最底层的需要与能量，这是西方文化特别是现代文化所关心的，在这方面，中国文化更倾向于宗教文化，而不是世俗文化。但它不同于西方宗教，毋宁说是一种人文主义宗教。它有终极性追求，又要在现实人生中实现，既缺乏清教式的禁欲，又缺乏世俗化的动力与工具理性的支持，形成一种单向度的发展。这样看来，所谓“完整的人”“具体的人”，其实并不完整，也并不具体。②

蒙先生是在讨论儒家缺乏“工具理性”精神等时提出该论点的，前引发表于2002年的《儒学是宗教吗？》一文提到“人文主义宗教”时亦云：“儒学的优点与缺点均在于此。”无论如何，早在1997年，蒙先生已明确指出，以儒家人文精神为代表的中国文化不是一种完全的世俗文化，而是“更倾向于宗教文化”。此后，关于儒学宗教性问题，蒙先生一直持人文主义宗教说，直至提出自然宗教说。当然，他在提出自然宗教说后，并没有否定人文主义宗教的讲法，而是认为二者所说是“一个问题的两个方面”。虽然如此，我们仍然可以追问，蒙先生何以有从人文主义宗教到自然宗教这样的说法上的转换？

首先可以确定的是，蒙先生“一个问题的两个方面”的说法多少会给我们一些提示，即仅仅讲“人文主义宗教”，无疑是片面的——只道出了问题的一个方面，不能概括问题的全部。只提到了“人的方面”，而未关涉“自然的方面”或“天

---

① 蒙培元：《儒学人文主义的特质》，《湖南社会科学》2004年第1期。

② 蒙培元：《中国文化与人文精神》，《孔子研究》1997年第1期。

的方面”。

这里，我们可以从语言的使用上来补充说明一点。“人文主义”源自西方，但“人文”的使用则古已有之，以此对译彼，中文语汇中本有的意思则必然附着于彼之语意中了，这是中西交汇语言“格义”中的必然。故而，当新儒家提出“人文主义宗教”这种如蒙先生所言似乎有“方的圆”的悖论意味的语词时，于熟谙中国文化的学人而言，反而理解者多，质疑者少。以在中文语境中，人文与宗教，本无悖论。考其经典中的语汇渊源，本即“天文”与“人文”对举，此对举并非相互反对，而是相辅相成。《易》云：“观乎天文，以察时变；观乎人文，以化成天下。”“人文化成”，有很强的人之盛德大业的创造性成分在其中，但它始终在“天文”的观照之下。所以蒙先生说：

> 现在，很多人都在谈论中国哲学的人文主义精神，但是，中国的人文精神同西方的人文主义是有区别的，其最大的区别是，中国哲学绝不是离开自然而谈论人文，更不是在人与自然的对立中形成所谓人文传统，恰恰相反，中国哲学是在人与自然的和谐统一中发展出人文精神。①

蒙先生这段话可以视为前引《易》语的注脚。就“人文主义宗教”与“自然宗教”相比较而言，从语汇的使用上看，前者不足以涵容后者，后者则可以包括前者。如果二者必择其一的话，笔者更倾向于“自然宗教”之说。

从蒙先生的研究历程看，我们同样可以观察到其自然宗教说提出的轨迹。从此前的《中国心性论》《中国哲学主体思维》直至《情感与理性》这几部代表性著作看，蒙先生的论域始终集中于人的心性主体。心性问题诚然是儒家哲学的核心问题，但蒙先生显然意识到，仅仅探讨心性是远远不够的，故而有了后来《人与自然》的撰著，并于其中提出自然神学、自然宗教的问题。而《情感与理性》一书最后落脚于人的宗教情感——敬畏之心上，应该不是一种偶然的巧合。

三、“自然宗教”说的整体架构

应该说，蒙先生专门论述自然宗教的文章只有上述《中国哲学史》笔谈一文，但这并不意味着蒙先生对此问题没有展开论述，通过《人与自然》这一蒙先生的代表作我们完全能够了解其“自然宗教”说的整体框架。该书副标题题作“中国哲学生态观”，由此我们可以直观地看到其主体论域隶于“哲学”，然“神学”（蒙先生论及自然宗教时，使用到“自然神学”的语汇）与“哲学”本密不可分。从该书具体章节分布言，宗教问题也始终居于其关切的核心。如《绪论》乃作者

---

① 蒙培元：《人与自然——中国哲学生态观》，人民出版社 2004 年版，“绪言”第 2 页。

对于全书主要问题的高度概括，共有八个问题，“生态哲学中的宗教问题”即居其一。全书共分五部分，第一部分乃综论，末章亦归结为“儒学生态观与宗教问题”。通观全书，谓哲学生态观为自然宗教生态观，或亦无不可。当然，蒙先生是哲人，而非宗教家，哲人对于宗教乃至神学的关切，总是关切其最深层次、最核心的问题，而非全部。下面，我们基于《人与自然》及蒙先生相关论述，尝试勾勒出其自然宗教观的基本框架。

其一，于儒家自然宗教而言，“天”始终居于先在性、本原性的地位；换言之，“天”是最高存在、终极实在，而非其他。蒙先生说：

> 首先的问题是，儒家究竟是不是承认天的先在性、本原性？这是最近重新提出来的一个老问题，说明还没有解决。儒家是讲“天人合一”的，而且重视人的地位，但是，儒家并没有否定天的先在性、本原性。孔子不必说了（《论语》中这方面论述很多），即使是讲心学如孟子、王阳明者，也没有否认这一点。孟子的“尽心知性知天”之学，虽然突出了心性，但仍以天为最高存在。“莫之为而为者，天也；莫之致而至者，命也。”（《孟子·万章上》）天是不知其所以然而然者。王阳明被认为是中国讲主体哲学的代表，但他一方面说，“人心是天渊”（《传习录下》），这个“渊”字是深远之义，亦有渊薮之义，是说心“无所不该”，天的意义即包涵于心中；另方面又说，“性之原天也”（《传习录中》），这个“原”字是根本、本原之义，即天是人心人性（良知）的真正本原。从存在论上说，儒家无不承认人的生命（包括心性），皆来源于天，这是一个基本的前提，与西方的主体论哲学完全不同。有些讲主体哲学的人，用西方的某些观念样式讲中国的儒家学说，如牟宗三先生用康德的“先验主体”讲儒家的心性之学，我认为并不符合儒学的精神。[①]

蒙先生这里专门谈到凸显心学一脉的孟子、王阳明，认为在他们那里，天之本原性同样是被认定的。蒙先生的论断是令人信服的，以阳明学而论，当“良知”作为“天理之昭明灵觉”意被无视时，仅仅视其为人心的一段孤明，其价值是难以安立的，或不免于荡越。

其二，天即自然。天或自然之上没有神，天或自然也不是神，但天或自然具有神性或神圣性。天作为本原性的终极实在有先民早期宗教信仰的源头，彼时天被等同于作为人格神的“帝”。蒙先生认为，这种情况，在儒家创始人孔子那里已经发生了变化。因此，蒙先生不仅视孔子为一个“思想革命家”，还认为他是一个“宗教改革家”[②]，这与一般对于孔子的评价有很大的不同。蒙先生说：

---

① 蒙培元：《儒学是宗教吗？》，《孔子研究》2002年第2期。

② 蒙培元：《人与自然——中国哲学生态观》，第94页。

其(指孔子——笔者注)最深切的理解和体认就是如下的一段话:“天何言哉? 四时行焉,百物生焉,天何言哉?”(《论语·阳货篇》)这段话的最重要的意义在于,它否定了天是超越自然的上帝,而明确肯定天是包括四时运行、万物生长在内的自然界。否定了上帝,自然界便是最高存在,人与万物都是自然界的产物。天即自然界的功能就是运行和生长,由功能而说明其存在,这是孔子和儒家哲学的一个重要特点。[①]

蒙先生认为,人格神意义上的“天”的用法在孔子那里有,但不占主流。孔子所言“天”,主要是在“四时行焉,百物生焉”此时间、空间中充分显现自身的整全的自然。此自然不是物理世界的自然,而是具有生命意向与价值指向的自然。因此,在孔子那里,天的人格神意义虽然逐渐隐退,但天的神圣性与神性非但没有被消解,反而愈发彰显出来,因此,孔子强调“知天命”“畏天命”。这就引出自然目的论的问题。

其三,天或自然有其内在目的,其神圣性、神性即体现在此内在目的中,自然目的论是蒙先生自然宗教观的理论基石。蒙先生认为,无论孔子讲的“知天命”“畏天命”,还是由《周易》引出经宋儒重点诠释的“天地之心”,所谈论的都是“自然目的”的观念。至于此自然目的的具体内容,则如“四时行焉,百物生焉”,指向“生”“生命”。蒙先生说:

中国哲学讲“天命之谓性”。但天并不是上帝,如何“命”人以性呢? ……孔子创立儒学以后,天是自然界而不是上帝,天命便由上帝的命令演变成自然界的目的。这是完全可以理解的。解“命”字为目的性比解“命”字为必然性更符合中国哲学的精神。……

中国哲学中还有“天地以生物为心,人以天地生物之心以为心”的学说,更加清楚地表明了天人目的性思想。……中国哲学家都以“生”为天地之心,这就明确地肯定了自然界的目的就是自身生命的目的,而自身生命的目的绝不仅仅是“生”出生物性的存在,而是具有生命情感甚至道德情感的。因此,中国哲学家都肯定“以天地之心为心”的人心,就是不忍之心,就是仁心。仁心也就是善心,当然具有目的性。[②]

由自然目的,由天命、天地之心,引出了儒家最核心的观念“仁”,蒙先生的诠释是有经典依据的。除前引孔子“四时行焉,百物生焉”的讲法,如蒙先生屡屡称引的《周易》的讲法,所云“天地之大德曰生”,又云“生生之谓易”,又云“复其见天地之心乎”。孟子论仁,亦于人的不容已的“恻隐之心”与“不忍之心”这

---

① 蒙培元:《人与自然——中国哲学生态观》,第94页。

② 蒙培元:《人与自然——中国哲学生态观》,“绪言”第7~8页。

样的生命情感而见其端。诸如此类之观念，如蒙先生所论，在宋明理学中得到进一步阐扬，成为儒学自然宗教的基石。

其四，继善成性、继天立极、参赞化育是天或自然赋予的人的神圣使命。天或自然有其内在的目的，但不同于神学目的，自然目的是弱化的，只体现为一种意向性、指向性或趋向性。自然目的的真正实现却在于人，人是自然目的的实现原则。《周易》云："一阴一阳之谓道；继之者善也；成之者性也。"蒙先生如此加以诠释：

> 自然界有一种向善的目的性，实际上是说，自然界有一种有序化的秩序，这种秩序体现出一种方向性或可能性，并不就是人类所说的善，但人类的善必是"继"之而后有，这个"继"字说明，人不能脱离自然界生生之"德"而存在，同时又说明人的主体性之重要。"继"是一个主体性行为，只有人才能"继天立极"（立人极），也只有人才能有善的目的。自然界本身只是一个"生"，生生不已，却并无所谓善。人"继"此而生，便有目的，便有善，它是自然界生生不已的结果，也是自然界生生不已的继续和完成。这就是"天人之际"的真实含义。
>
> 从人的方面说是"继"，从天即自然界的方面说则是"命"，是"赋"。"天命之谓性"（《中庸》），"天道流行，赋与万物"（朱子语），"命"和"赋"都是讲"天人之际"的问题。"命"和"赋"确有目的性意义，但又不是上帝命令人或赋予人那样的目的性行为，它无非是天道流行，人得之以为性。这是一种自然的"赋与"，好像是一个主宰者命令或赋予一样，其实并没有什么神秘。
>
> 人虽然"继"天而为善，但这只是一种内在的潜能或内在根据，就其发展而言，只是一种可能性，真正实现出来则要"成其性"。这才是作为主体的人真正要做的事情。"成性"是主体自觉的实践过程，也是目的性活动。这是人生的根本目的，不是指盖房子必须事先设计图案那一类目的。在儒家看来，人生的根本目的就是"成性"，即完成自然界赋予自己的生命。人既是自然界的产物，又是自然界的主体，这所谓主体，不是把自然界作为对象去认识，去改造，而是实现自然界的目的，这个目的就是人自身的目的。正是从这个意义上说，人对自然界负有使命，有一种"天职"。人的生命的价值就在于此。①

通过以上论述，我们也能够更好地理解蒙先生此前研究的重点：关于人的心性主体的问题。如蒙先生所言，儒学诚然讲人的主体性，讲"以人为中心"，但人的主体性是在天或自然之内方彰显出来的，而并非与天或自然相互对待的主

---

① 蒙培元：《人与自然——中国哲学生态观》，第45～46页。

体性。作为人的主体性的具体体现的人之心性，本即在自然目的的指向之内，而不在其外。只是人乃“得天独厚”，能够“继善成性”，将自然目的的价值意向最终完全挺立起来。

其五，人对天或自然当存敬畏之心，感激、报恩之心。我们知道，孔子强调“畏天命”，然此畏、敬畏的前提是“知天命”。“知”不是认识论意义上的“知”，而是体认、体会、体验、体贴之知。前者是对象性的“知”，后者则是人在“天”“天命”之内的“知”。以前者而论，人的认识能力始终是有限的，对于科技高度发达的今日而言，同样如此，人的可认知的领域越大，自然之不可知的领域亦越大。蒙先生说：

> 就其功能、作用而言，它(指天或自然界)又是“主宰”，这种“主宰”作用是人的认识能力不能完全掌握的，也就是说，具有超越认识的性质，可称之为神性。因此，人对天地自然界有一种敬畏之心，所谓“敬畏天命”是也。

“敬畏天命”就是儒家的宗教精神的集中表现。这一观念对于生态哲学而言具有重要意义。它告诉人们，天即自然界并不完全是认识对象，不能完全地在认识框架之内解决人与自然界的关系问题。所谓“神性”，具有认识之外的某种意义，需要人类慎重地去对待。“神性”包含着全智、全能和至善的意思，儒家(如朱熹)也说过“天有不能为而人能为之者”，但那是指具体化育而言的，从“天道”“天理”的层面上说，天是无所不能的。人之所以要敬畏天命，就是要时时警惕自己的行为，不要自以为无所不能，对自然界造成破坏。这里还包含着一层意思，人如果任意妄为，对自然界造成破坏，是要受到惩罚的。

中国哲学的宗教精神，除了“敬畏天命”之外，还表现在对自然界的感激、报恩这一观念中。中国的哲学家，包括道家与儒家，都以天地为父母，将自然界视作人类生命的赐予者，因此，有一种报恩思想，对自然界有一种宗教情感和敬爱之情。这是发自内心的一种宗教情感。有了这种宗教情感，就会自觉地爱护、保护自然界，而不是任意去掠夺和破坏自然界。人与自然界的这种生命联系及其体验，对于今天的人们来说，是非常需要的。这也是深层次的生态观。[①]

前面我们提到了，关于敬畏、敬畏之心，在蒙先生哲学架构的另一代表作《情感与理性》有详细的探讨，将其视为儒学的“宗教情感”，并作为“情感与理性”的归结性问题提出，可参看之。至若感恩、报恩，需补充说明的一点是，充分体现于儒家的祭祀礼仪中。祭祀最核心的意义在于报，报恩、报本，对于山川日月、圣贤、祖先、英烈的祭祀皆在于“报本”。而对于“天”的祭祀则被称为“大报本”，因为天是一切生命与价值的本原、根源。

---

① 蒙培元:《人与自然——中国哲学生态观》,“绪言”第 11～12 页。

结语:儒学自然宗教充分展开的可能性及其现实意义

蒙先生是一个哲人,而非宗教家,故而他的儒学自然宗教说更多的是一种观念上的澄清。同时,作为一个真诚的哲人,蒙先生也是其所论生态哲学与自然宗教的践行者。以哲学而论,这体现了中西之间最大的不同,中国哲学是需要践行的,需要落实于人的“修身”,而不仅仅是“腾口说”的一套话语模式,语言的游戏。

宗教问题,更是如此。蒙先生作为哲人所探讨的,是“神学”的观念,这种观念可以帮助我们澄清很多似是而非的问题,有助于我们理解儒学的宗教性问题。但归根结底,宗教是一个践行或者落实的问题,此践行或许不仅仅是一个个体的践行问题,除非我们认定其为一纯然个体化的精神性宗教。从历史上看,儒学、儒教或多或少关涉政治神学乃至民间宗教。这一点,正是蒙先生在讨论儒学宗教性问题时,特别强调要与之划清界限的。在笔者看来,蒙先生所谈论的自然宗教,或许与此并不排斥,而可以相辅相成。

比如政治神学中的国家祭祀问题,理解了蒙先生的自然宗教、自然神学观念,我们可以对古典时代把天地、日月、山川等纳入国家祀典,有更好的理论性理解。又比如民间风俗中的节日问题,蒙先生曾经屡次强调,“春节是宗教节日”。初闻甚为震惊,细忖之,则中国自两千年的传统相沿而来的节日,莫非蒙先生所言之宗教节日,它们莫不体现了孔子所言“四时行焉,百物生焉”自然的时序变迁于生命乃至于死亡的特殊意义。节日于今日民间犹奉行之,国家祀典则荡然无存;于今日之政治生活中完全隐退,但于社会化的公共生活中是否当有其一席之地?这都是需要我们进一步思考的,也是蒙先生的自然宗教可能展开的问题场域。

至于蒙先生儒学自然宗教说的现实意义,其于现代人的心灵安顿、安身立命,乃至于今日生态危机的应对,如此诸般问题的意义,蒙先生言之屡矣,此不赘。要而言之,确如蒙先生所言,高度世俗化的现代性,确实需要世界的“返魅”“复魅”加以对治。且儒家自然宗教的核心价值,本即具有恒常、永恒的普遍性意义,不因古今、中西之异而有所迁改。

“情感之限”与“生生之机”*

余治平

首先要向敬爱的蒙老师八十寿辰表达衷心的祝福！

2002年秋，我跟在座的刘丰研究员是差不多一起到中国社会科学院哲学研究所做博士后的，一开始我们都挂在蒙先生的名下，但实际上我跟蒙先生的关系渊源应该更早于此。刚才刘丰说他在西北大学读书的时候就知道蒙先生大名了，我大概也在那个时间跟蒙老师开始有了交往。

我记得是在1991年左右，当时的我还是一个二十几岁的哲学青年，蒙先生那本书《中国心性论》，台湾学生书局出版的，在《中国哲学史》杂志上做了广告，我就一直想买这本书，就斗胆直接给蒙老师写了信。那个时候不像现在，买不到港台书，没有海外渠道根本就不可能买到。没过多久，蒙老师就亲自给我回了一封信，让我特别感动。他解释说，学生书局只给了他六本样书，都送人、考核用了，自己也只剩手头一本了，实在抱歉，并且他还说，没想到他的这本很专业的书，在社会上还能引起关注。

我到现在都有一个“很自豪”的说法：蒙先生曾经给我写过两封信。这种自豪颇有点像钱锺书《围城》小说中那位海归所描述的“自豪”：兄弟我在英国是见过大哲学家博兰特·罗素的，并且他还请教过我几个问题：你是谁，从哪儿来，是学什么的。刚才我说的是蒙老师回我的第一封信。还有一次则是我投稿到《中国哲学史》，那个稿子没被采用，但是蒙先生特地写了一封信给我，说明其中的原委。我当时的感觉：这是主编啊，稿子不用，“枪毙”掉就“枪毙”了嘛，还亲自回一封信！真是言传不如身教，我感觉到这位老师真的很值得尊重和敬仰。

在哲学所做博士后期间，我非常珍惜，因为中国社会科学院是中国人文社

---

* 原载黄玉顺主编：《“情感儒学”研究——蒙培元先生八十寿辰全国学术研讨会实录》，四川人民出版社2018年版，第99～106页。

会科学的最高殿堂。我当年读本科，是 1984 年到 1988 年在南京东南大学学哲学的，当时对中国社会科学院就非常景仰，群星璀璨，名家辈出，吸引了无数哲学青年的心魂。没想到自己后来竟然也有机会投师到中国社会科学院。做博士后期间，我经常向老先生们请教，跟他们交流。那两年多的时间，我访谈过几位老先生，包括梁志学先生、叶秀山先生（当时刘丰也在场），还有就是蒙老师。

我记得当年对蒙老师的那个访谈，是到他家去做的。本来也没有想到形成文字，只是想到他家聊一聊，请教请教。在他书房里面，蒙老师就这么谈了谈，但我觉得谈得很有价值，就写成了一篇访谈《中国哲学应对人类进步有更大贡献》，后来发表在《哲学动态》杂志上。我昨天晚上又读了一遍，觉得仍然很受启发。把中国哲学放在世界哲学的范围内，放在现代哲学的背景下审视，放在人类文明进步的大潮中去认识其作用、阐发其意义，因而对中国哲学自身提出了今后的努力方向和目标要求。这个视野、这个胸怀、这个气势是何等的了不起啊！

在蒙老师谈的他的一些亲身经历以及由此产生的想法当中，我印象比较深的是什么呢？是他为什么追求哲学。蒙老师的出身也是书香人家，他爷爷在当地的地方书院教过书，但是没参加过科举考试。他父亲是兰州高等师范学校毕业的，做过中学的老师。蒙先生从小的时候就被父亲引着走。他父亲说："你要给我看古书。"蒙先生就读了《四书》《五经》之类的书，反正逮住古代的东西就读。蒙先生说，一高考，志愿就报了北京大学，读哲学。这么一个家学的渊源，这么一个古典的功底，对蒙先生后来的学术之路还是有很大帮助的。到北大读本科的五年时间，他也读了很多的书。然后，升硕士的时候，跟的是冯友兰先生。本来，蒙先生以为：我已经读了五年书了，可以开始写文章发表了吧。可冯先生给了他一板子，开一个很长很长的书单，叫他继续读。所以，蒙先生在北大读书期间，五年加三年，总共八年，一篇文章都没有写过。但是，这八年书读下来，他以后受益终生。中国哲学的文献基础，都是在北大打下来的，扎扎实实，很靠谱。所以，今天大家都说，《理学演变》《理学范畴系统》那两本书的干货很多，文本很熟，很扎实，以至于今天我们要引用宋明理学中哪一派、哪个人的文字，还得先到蒙先生那两本书里边去找找看，已经把它们当作一个重要的文献材料资源了。当年我们做博士后的时候，蒙先生还跟我们说：年轻人，不要急，虽然现在体制内考核压力很大，要你们出书、发文章，但你们不能被牵着走，慢慢来，无论如何还是要好好读书，书读好了，以后有的是写文章的机会。这一点让我觉得挺受益的。我后来在上海社会科学院哲学研究所一憋气待了 11 年，就是以"读书写书"为基本生存方式的。

这些，是我跟蒙先生的一些交往经历与体会。

从学术上面来说，我觉得蒙先生有两点对我个人的启发最大，或者说，我觉得这就是蒙先生的学术最有价值、最有自己的独创性的地方：一个是大家都注意到的以“仁爱情感”为本，另一个则是把中国哲学定位为“生态哲学”。这两个定位，就像敲鼓一样，都击中了中国古代哲学的要害，都是使中国哲学成其为中国哲学的关键的东西。

首先我们看第一个方面，就是“情感儒学”或者“情感本体”这么一个问题。上午陈来老师、李存山老师、李景林老师、张志强老师等都提到了这个问题，下午也有老师涉及这个问题。

这其实是哲学的中、西之别的问题。康德哲学，从《纯粹理性批判》到《实践理性批判》，有一个脉络，就是把人的道德的决断性交给了理性，而这个理性又交给了自由意志。但在康德哲学中，作为决断力，他经常又把自由意志、理性、知性等同起来混用，因为这三者，如果进一步深究下去，的确是难以分清的。我为什么要行善？我为什么不能作恶？这个东西在每一次当下究竟是怎么决定的？康德认为，要靠你自己的纯粹理性，不要有任何经验的东西去沾染；越纯粹，就越好；越形式化，判断就越有力量，你的道德所施行的效果就越有感召力和影响力。康德是走的这么一条道路。其实，他那个“理性”也好，“知性”也好（“知性”这个德文词，Verstand，翻译过来也就是“理解”，我们把它翻译成“知性”其实是有不小问题的），就是一个理解力，就是人心的一个判断行为。我们为什么要行善，为什么要做好事，在这上面有一个知性的判断力在起决定作用。这个知性决断力，在康德之后，西方哲学家对它是有争议的。紧接着的叔本华就反驳说：你这个玩意不行，道德法则的决定不完全是理性在起作用的，还必须通过一个非理性的东西。最后，在《作为意志与表象的世界》那本书里，叔本华把它归结到意志上面，算是对康德的一次反动。上午，西安交通大学的张再林教授提到马克斯·舍勒的质料伦理学是对康德的补充和完善，非常好。我想说明的是，叔本华之后，西方哲学开始慢慢地把伦理或者道德决定性力量朝一个情感的或者综合的方向去归结了，这样，就既有理性，也有感性，交织在一起发生作用。刚才韩星老师也追问，是不是“仁”这个东西在起作用？而这个“仁”，它是融理性和情感、意志或者信仰等各方面因素于一体的，你真的不好说它完全就是知性，完全就是理性，完全就是一个纯粹的形式判断。其实，下判断本身也是需要一定意志力的，或者，判断的过程也是受意志力支配的。于是，西方哲学对道德判断起决定作用力量研究的这么一个转向，就意味着，情感这个东西很可能是在道德判断过程当中发挥着一个比我们过去想象的更为重要的作用。而这个时候，蒙老师的“情感本体论”的学术价值就可以充分凸显出来了。

但是，仅仅说到这里，我觉得还不够，还仅仅是停留在蒙先生学术的一个表层。蒙老师学术的一个更重要的东西、更重要的指向是什么呢？就是说，同样面对情感，我们怎么样去限制它、引领它、约束它？在情感起决断作用的过程中，中国哲学和西方哲学，或者儒家哲学和西方哲学呈现出两个不同的面向。中国哲学特别是儒家哲学，它是走向一个节制的道路，以礼乐教化去限制你的情感。今天几位老师都提到，“欲”这个字，欲望的欲，儒家关注的是怎么去限制它。因为感性的东西和情感的东西很容易被人们直接画上等号。在坏的感性、情感即将发挥决定作用的时候，你就要借助于德性教化而发挥节制、控制的作用了。儒家强调德性教化，强调修养的工夫，希望它能够对欲望起到一个调节、限制、规劝的作用。在董仲舒的《深察名号》篇里，有个词叫“栣”，就是“木”字旁加一个任务的“任”，它就是要限制你的情，限制你的恶，限制你的欲。《春秋繁露》中还有一篇《度制》，专门讲对人性欲望的有效限制，强调“调均”贫富，反对“嗜欲”，而主张有节度、要适当。《周易》六十四卦，有一卦叫节卦，就是讲怎么限制人的欲望，要求人们“节以制度”，有限而止。但是，西方的现代化有什么不好呢？它给人类带来的一个毁灭性的后果就是鼓励和膨胀个人的欲望，充分利用现代技术手段，竭泽而渔地榨干自然资源，以最大限度地满足人类的欲望，而不是加以限制和约束。所以，西方现代性把全人类都带入了一条死胡同。我们儒家的哲学、儒家的伦理，是要限制你的欲望，限制你的情感，但又绝不是屏蔽你的情感，毋宁是通过礼乐教化，通过工夫修养，适当限制你的感性、情感与本能欲望。这一点，我觉得是蒙先生学术可以走到更深处的一个地方。

蒙先生学术的第二方面，就是人与自然的关系。在他的《人与自然》这本书里，蒙先生提出“中国哲学是一个生态哲学”这么一个定位，我觉得是有他的高度的前瞻性的。我记得是2004年吧，这本书出来以后，李存山老师就跟我说过：“哎呀！没想到蒙先生退休以后还有新东西出来。”那本书有看头、有嚼头。它不像一般的社会上搞的生态文化、生态产业或生态理论。蒙老师是沉下头去，认真在中国传统的儒家思想宝库里面挖取资源，可以说，每一章都有干货，不落一句空话，每一句话都有经典文本的根据，又都有自己当下的理解和诠释。今天读来，它仍然是搞生态哲学或者生态学的一个重要的参考文献。我本人也发表过两篇生态方面的文章，我也注意到，在学者们关于生态学、生态哲学的研究成果中，蒙老师的那本《人与自然》征引率是比较高的，应该说是一本在当代还越不过去的经典吧。

为什么说蒙老师这本书重要呢？我觉得，如果我们从当下的现实意义来说，在现代性危机、自然生态危机和社会生态危机的这么一个环境下，蒙老师这本书的现实价值就凸显出来了。而把蒙老师这本书放在我们中国哲学的这么一个历史背景里去考量，也是这样。他强调人与自然的关系，天和人的关系。

而天人关系这个东西,可以说也是困扰有史以来我们中国哲学家的一个重要的根本性的问题。所以,为什么说蒙老师凸显的这个问题触及了中国哲学的要害,道理就在这里。我是搞董仲舒研究的。董仲舒跟汉武帝三次对策。第一策,汉武帝就问:“三代受命,其符安在? 灾异之变,何缘而起?”这里面的关系到底怎么回事,汉武帝做皇帝,他不懂,他询问天下的贤良,其中最重要的一点就是天命与性情如何建立有效的联系。董仲舒给他对了策,很有针对性,他站在汉初时代的历史语境里,以儒为宗,以仁道为根本旨意,通过宇宙论、知识论、信仰论、德性论、价值论、伦理学的多重方式处理了天人关系,而最终又强调人与自然的统一,“承天意以从事”,“象天所为”,“循天之道”。所以,我觉得把蒙老师的生态哲学研究跟董仲舒的思想结合起来,会产生一个更好的学术开展方向。

当然,目前的生态哲学,我觉得还可以沿着蒙老师所开辟的道路上继续往前走。我们做哲学的人讲生态,一定不能跟社会上搞什么生态旅游区、生态文化建设之类的相等同。如果那样的话,就不是哲学人了。我在这里有必要指出,“生态”这个概念,要放在中国哲学,尤其是周易哲学的“生生”本体论中去理解和认识,那样就会释放出更多的学理资源和思想能量。“生生”这么一个叫法,其实最根本的是一种状态。我曾经写过一篇文章,什么叫“生态”啊,就是讲万物都处于生生的状态。这是一个描述性的词汇。所谓“生态”,揭示了万物都一直处于“生生”过程之中,没有止歇,没有完成。德国人海德格尔《存在与时间》那本巨著,其实就是把存在者如何存在,如何向死而在的过程,撕开来给人们看看。海德格尔用哲学的语言在写小说,虚构出万物存在的内在过程,有故事,有情节,曾在、此在、能在,曲折跌宕,波谲云诡,就是要让你知道每一个物是如何来到我们面前的,是如何从本体境地进入我们的现象世界的。而在中国,谈到物的生生,则必须挖《周易》哲学,挖到我们中国文化的根子里面去。整个一部《周易》,六十四卦其实就是以卦画、卦爻、卦象的方式在讲述万物的生生过程。乾、坤两个纯卦,可以分别代表天、地之始。第三卦屯卦,讲“刚柔始交”,“君子经纶”,万物发生,而“利建侯”。第四卦蒙卦,则讲万物处于“发蒙”“童蒙”之状态,“蒙以养正,圣功也”。然后,中间又经历了诸如需、讼、师、泰、否、谦、剥、大过、恒、咸、损、困、渐、旅、节,一系列的内在故事,一直到最后,已经是万物的终极状态了,却仍然还在“生生”,即一种未完成状态。所以,六十四卦暂时不得不以“未济卦”收尾、了结,但又绝不是真正的停止而不运转了。水火未济,仍然不忘叮嘱一句“君子以慎辨物居方”,不能错看了万物存在的本质状态,即“易”,它永远处于变动不居的生生过程之中。

其实,我们中国的汉字真的非常好,甚至可以说是妙不可言。“自然”的概念,就是“自己所是的样子”。“真如”的概念,就是“跟真的似的”,“像真实的那个样子”。“自由”的概念，可以倒过来念，就是“由自”，意思就是，由于自己，根据自己，而不是出于什么别人、他物。这些词汇都有异曲同工之妙，因为它们都可以被放到哲学本体的语境里去作一番深刻的解读，可惜很久以来一直被遮蔽着，幽闭而不显明。我们现在其实很多时候都是在西文语境里解释“自由”这个概念，英文的 freedom、德文的 Freiheit，它们的意思都好像没有束缚了就是自由。但是，这仅仅是自由的一个很表象的、很经验的含义。“自由”概念的一个更为本质论、更为本体论的含义就是什么都是我自己“生生”出来的，什么都由于我自己，什么都根据于我自己，而不是出自任何一个外在的存在者。每个物都有它自己的内在的生生之道，物自身的生生步伐应该是永不停歇的，没有完成，没有终极。这一点，儒家和佛家是很不一样的。关于物，儒家有机，佛家无机。儒家的物是活的，是禀受了天地之气、日月精华的。佛家认为，万物的内部是没有的，是空的，而“空”则是静寂的一片，死的，静悄悄，没有声音，没有气息。但儒家则不那么认为，从《易传》到董仲舒，到宋明新儒家，都一直强调，万物都有内部，其内部是动的，有气息的，阴阳五行交织推转，形成一个永生的动力系统，因而总会呈现出生机一片，甚至不乏风云雷电、惊涛骇浪。只是因为你读不懂物，物也不向你敞开。程颢诗曰“万物静观皆自得”，描述的就是儒家式“天人合一”的最高境界啊！每一个物都有成为自己的本能欲望而支撑着它不断成为自己，每一个物都有对成为自己的忠诚和坚守，而不至于在成长过程中迷失方向，丢失自己而轻易成为一个与自己毫不相干的他者、别物。万物都有内在，而这个内在是不已、不绝的生生之机。这也可以理解成世间万物存在的最后密地。当年王阳明跟朋友游南镇，在关于“岩中花树”的那段著名对话里，王阳明说：“你未看此花时，此花与汝心同归于寂。你来看此花时，则此花颜色一时明白起来。”显然，这里，王阳明已经悄悄地背叛了儒家，而投靠了佛家。儒家的物，内在不空，始终都生机盎然，而又生生不息。所以，我觉得可以沿着蒙老师的《人与自然》这么一个生态哲学的路向再走下去，进行本体论的、哲学性的深入阐发，前景非常广阔，值得期许！

好吧，我就讲这些，不足之处请大家批评指正。

最后，再次恭祝蒙老师及师母“福如东海长流水，寿比南山不老松”，还有就是“萱寿八千八旬伊始，范福九五九畴乃全”。同时，也希望并祝愿在座的各位专家学者能够保重身体，珍爱生命，好好活着！搞中国哲学的人，活得越久，就越有可能成为“大师”；胡子越长，就越有可能成为“国宝”！学问在生命中呈现似乎更有意义。

谢谢大家！

儒家道统中的法哲学体系传承及其现代转型*

宋大琦

一、礼法体系视野是建立现代中国法哲学的前提

中国法哲学范畴体系乃至中国法哲学都是一个新鲜的提法。尽管以往学者在这方面已经进行了一些有益的探索，写出过《中国法哲学史纲》[①]之类的书，但那不过是中国法律思想史的另一个叫法，尚未达到法哲学的程度。这个"程度"的标准，应该是形成一个范畴体系。笔者在这里不想纠缠"法哲学"与"法理学"的异同——当关于"一般原则"的法哲学探讨进入范畴体系和推理应用的阶段时，它就是今天所谓的法理学了，然而并不因此失去法哲学特征。没有"一般原则"的法理学是伪法理学或者是不完整的法理学。当今的主流法哲学，不论在实质内容上如何显得平庸，但是在结构上确实达到了一个法哲学的高度，即它有一套能够自洽的范畴体系，一套能够推理的公式，现实问题能够作为变量代入，并在其中寻求到答案。从这个意义上说，从中国自身传统中生长出来的现代性法哲学体系还未诞生，即使放宽要求，允许它带有很大比例的外来文明基因，这个体系仍未出现。目前中国的法哲学不是中国法哲学，而是西方法哲学在中国。

如欲建立今天"中国的法哲学"，离开传统资源是不行的。但是我们却时常陷入一种困惑。我们看到一只动物的局部时，可以立即判明其未见部分什么样，其整体形象什么样，但我们看到张斐、刘颂的律学的法理学推理功能时，却只能看见法理学的局部，而不见其法哲学整体，或者认为这些"法学或律学"与

---

* 原载陈明、朱汉民主编:《原道》第 32 辑，湖南大学出版社 2017 年版，第 260～272 页。

① 刘新:《中国法哲学史纲》，中国人民大学出版社 2005 年版。

时代整体世界观的其他部分的结合是不够融洽的。另一些则只有哲学部分，而不见推理演绎部分，这一问题在宋明理学时更为突出，以至于法律思想史教材在写到宋明理学这一中国古代最壮观的思想潮流时，竟无从下笔，基本是寥寥数笔带过，理学那关于天地人的庞大体系似乎与法学无关。然而，它的巨大影响力却又实际在那里。这里的问题可能不在事实本身，而在于我们的视角应该反省。

这种只见局部不见整体的原因主要出在对中国古代法"律令体系"的认识上。我们关于制度和思想的目光局限在以《唐律疏议》为代表的刑事规范上，但古人在谈法律基本原理时向来是礼法合论的，更不用说先古之时，"法"的表现形式就是"礼"。以礼法体系的认识代替律令体系，很多问题就会豁然开朗。关于礼法体系，以俞荣根、马小红为代表的一些学者论述很多，本文主要是以宋儒理学为典范来呈现中国古代法哲学体系在时间维度上的一个片段，而这个阐述或钩稽是以礼法体系的认识为前提的。理学的法哲学体系继承了前人，并将之发展到最高形态。现代性的中国法哲学体系的形成，必须在理学以及整个传统儒学的义理体系内进行继承和创新，否则就依然是"西方法哲学在中国"。

二、理学之前的法哲学相关命题、概念及其意义

本文主要目的是论述程朱理学视野下的法哲学范畴体系。理学并不是凭空产生，也不是另立新论，它是建立在既有概念、范畴和命题整合与升级基础上的，因此，必须首先知道自尧舜至理学产生前的有关法哲学概念、范畴和命题。

孔子以前有关法哲学的概念命题主要见诸《尚书》。应该说，法哲学、政治哲学在整个中国哲学中并不占有统治性比例，而只是中国哲学的一个组成部分，但是在《尚书》《荀子》和汉儒那里，论述还是比较集中的。《尚书》中提到的法哲学、政治哲学问题，可以分为几类：(1)政治合法性问题，(2)人定法与天的关系问题，(3)司法技术和政策问题。从《尚书》记载的时间段上看，尧舜禹时期与夏商周时期有较明显的观念差异。尧舜时期对政治权力的来源与合法性问题考虑并不多，天与人之间缺乏"命"的联系。尧"乃命羲和，钦若昊天，历象日月星辰，敬授人时"[1]，这里的天更多的是自然意义，人与天的关系是一种与自然节律合拍的关系。帝舜时代立法制刑及其实施的活动很多，但没提到天，也没有提到礼，法律处理的是人际关系，里面渗透着"刑期于无刑""与其杀不辜，宁失不经。好生之德，洽于民心，兹用不犯于有司"[2]等人道原则。舜禹时期，中国

---

① 《尚书·尧典》。

② 《尚书·大禹谟》。

第一位司法官员皋陶开始提出了天与人世礼法的关系:“天叙有典,敕我五典五惇哉！天秩有礼,自我五礼有庸哉！同寅协恭,和衷哉！天命有德,五服五章哉！天讨有罪,五刑五用哉！政事懋哉！懋哉！”①

天与人的政治关系在夏商周三代得到了更多的重视。启伐有扈、汤伐夏桀、武王伐纣都提到了天讨、天罚、天命,其他篇章中也很多见,这说明时人认为政治的合法性来源于天。但也应注意,这时的天作为信仰对象是模糊的,既无人格,也无明晰意志,天命解释权的归属也不明确。商周杰出的统治者们怀着敬畏和谨慎的态度猜测天意,同时也发掘了皋陶提出来的另一种天人关系:“天聪明,自我民聪明。天明畏,自我民明威。”②“惟天无亲,克敬惟亲。民罔常怀,怀于有仁。”③“天矜于民,民之所欲,天必从之。”“天视自我民视,天听自我民听。”④他们还发明了以德配天的思想:“鬼神无常享,享于克诚。天位艰哉！德惟治,否德乱”⑤,“明德慎罚”⑥。这里的“德”是一种能取悦上天的行为方式,与后世道德规范的关注点在人际关系有所不同。《金縢》则记载了天人感应的第一次实例:“王出郊,天乃雨,反风,禾则尽起。二公命邦人凡大木所偃,尽起而筑之。岁则大熟。”这是以人感天的第一次记载,后来的记载则多有祷于天,既祷于天,可见人事对天意是有影响作用的。

自此可以总结,从尧舜时代到西周,天的意义逐渐转变,由自然之天发展为信仰之天,成为政治合法性的来源和法律制度的来源。这一思维深深影响了后世,天人框架几乎成为古代中国所有领域的思想传统。同时,这一时代也产生了天意见于民意、天人感应思想的萌芽,这是汉儒天人感应和“天—君—民”三项反馈政治哲学的思想源头。《皋陶谟》《吕刑》中大量的司法经验和原则多带有浓厚的人道色彩,显然与后世律学之客观中立、追求技术性有所不同。

孔子和孟子则建立了另一种传统。他们没有完全离开天人关系,但在其中明显更注重人的一面。比起三代时人,他们在概念、范畴的清晰度和运用程度上有了极大的进步,把前人模糊的信仰和神秘的猜测变成了严密的思考。孔子敬鬼神而远之,专注于人道。从法哲学的角度看,孔子成对地提出了几对范畴关系。一是“仁”与“礼”。在孔子之前,仁是不被重视的,仁与德的关系也并不密切(这与后世不同,后世仁就是德)。按三代的礼法思想,礼法的来源主要是天,接近于一种外部命令,而在孔子这里,仁成了礼的精神内核。仁不是天命,

---

① 《尚书·皋陶谟》。
② 《尚书·皋陶谟》。
③ 《尚书·太甲下》。
④ 《尚书·泰誓》。
⑤ 《尚书·太甲下》。
⑥ 《尚书·多方》。

而主要是表达了人性中彼此亲和的一面。仁礼关系说的重大意义是在三代的"天"之外，为礼法找到了一个人性的来源，其在后世虽不像天人框架一样显赫，但一直隐现，成为纠正礼法天定之偏的一剂良药。二是"欲"与"矩"。欲与矩在《论语》中提得不如仁与礼多，但十分重要，它揭示了主体欲望与普遍理矩之间的对立统一关系。某种意义上，仁与礼、欲与矩是一个问题的两个方面，即个体存在与社会规范之间亲和与紧张的双重关系，仁强调亲和、对礼法主导性的一面，欲强调紧张、受礼法约束的一面。孔子也提出了"性"与"习"的概念，这也是他的原创。"性相近，习相远"蕴含着多种可能。在孟子这里，性被认为具有普遍性的善，仁、义、礼、智根植于人性之中；而在荀子那里，人性则被认为是恶的，但可以"化性起伪"，教化向善。孟子继承了孔子，进一步把礼法视为人心中善的外化从而淡化天命。荀子则从"明于天人之分"①方向切割了礼法与天命的关系。荀子探讨礼法起源、作用时很有一种现代科学精神，即不从信仰、神性上去寻找，而是从经验的、人的利益欲求上着眼：礼是欲的产物，是"圣人"为分配个人利益而定下的"分"，人各守其分，才能各遂其欲，社会秩序和整体利益也就实现了。以孔、孟、荀为代表的先秦儒家开创了与三代不同的礼法学传统，其特点在于淡化天的决定性作用而重视人本身，这一脉络在后世发展成主线。

以董仲舒为代表的汉儒通过对先秦经典的阐释而建立起了政治哲学、法哲学。汉儒注经大量引用阴阳家、杂家的思想，其天人同构、天人感应的构思方式来自周秦各家，思维方式大异于孔子，但价值观部分继承了孔子，并把仁作为德之根本，把忠孝节义诸条目统摄于其下。在西周，对天的信仰带有强烈原始宗教色彩，还不是一种"学"，而在汉儒那里天人关系变成了真正的"天人之学"。汉儒严肃地为人间的一切寻找天的依据，认真地模仿天的一切，构架了一个无所不包的天人体系。人间礼法不但披上天命外衣，而且与自然造化机械对应。秋冬行刑等后世习俗在汉代是对天道一丝不苟的模仿；阴阳五行彼此生克皆天人感应之中间环节；政治机构、政治行为是实现天意的手段。整个社会生活围绕着一个共同道德目的，帝王臣民皆是其中角色，不过各有分工，而这道德目的就是天意的体现。

总的来说，汉家法度上承周制，创建了一个天为威权依据、以圣人之言为价值准则，笼罩一切的政教礼法体系，并使其深入文化骨髓，成为一种民族精神。其影响即使在今天亦不可忽略。在这里我们要注意到，天与圣人之言之间是有裂隙的，而汉的典型做法是以圣人之徒（儒士集团）对天与圣人之言（经典）的复杂解释来消解其中矛盾。这使儒士集团获得了超越于一朝一代的政治地位。

---

① 《荀子・天论》。

"天不变,道亦不变",儒士的政治地位也就不变。这襄助了一般统治秩序,也对帝王的非理性个人独裁起到了一定抑制作用。汉、魏、晋一直到唐,律学也有很大发展,其特点是进一步逻辑化、工具化,这使它更能适应不同价值体系。

三、宋儒理学中的法哲学范畴体系

与前代相比,宋儒首要的特点是用抽象的概念范畴讨论问题。比如说"天",宋儒明确"非苍苍之天",而只是指那个主宰、依据。为与前代概念保持联系又以示区别,宋儒发明了一系列新的范畴概念,并以之解释世界。朱熹弟子陈淳在《四书性理字义》(《北溪字义》)确定和疏解的理学范畴有25个,另一及门弟子程端蒙在《性理字训》中界定的理学范畴有30个,元末明初朱熹的五传弟子朱升又增益为184个。理学术语有其独特逻辑,又非常庞杂,古人的解释仍是理学内部的解释。非有深厚基础,这些解释很难懂,在今天西学已成我们的话语背景的条件下,欲窥这些范畴及其中间关系,荐读蒙培元先生的《理学范畴系统》①。从今天的视角看,与法哲学关系密切的理学范畴有理、气、心、性、仁、义、礼、智、情、欲、法、分、中、和等,成对的范畴有理气、天理人欲、义利等,重要的命题有性即理、理一分殊、明天理灭人欲、克己复礼、参赞化育等。

理是理学的最高范畴。"理也者,形而上之道也。"②过去的"天""道""太极"等皆以理代之。从纯粹的哲学意义上讲,理是本体、存在之所以然,可以以黑格尔的"绝对精神"来比照理解。世界被看成是理自身的展开和复归:"宇宙之间,一理而已。天得之而为天,地得之而为地,而凡生于天地之间者,又各得之以为性。"③但这一展开并非实体自身的展开,而只是说万物有序,存在是有序的存在,从这个意义上,也可以以其比照于马克思主义的客观规律。最高的理本身排斥任何具体规定性,仅有形式意义,是"洁净空阔的世界"④,而任何具体的规定性都是本体的体现。气是构成世界的"质料",是理借以体现之物。理气关系的另一个提法是理事关系,可以从规律与具体事物的角度来理解它们的关系。理在气中,但理又逻辑在先。非可经验存在无以体现规律,但是一具体事物出现之前,未有此事,先有此理。如飞机被人类发明之前,先有了空气动力之理,飞机出现等于说该理借飞机这一事物展现出来了。理包含一切可能性,在事上体现为现实性。所以说,万事不过一个"理"字。"理"字已深入我们民族骨髓,

---

① 蒙培元:《理学范畴系统》,人民出版社1989年版。

② (宋)朱熹:《朱文公文集·答黄道夫》,《四部丛刊》景明嘉靖本。

③ (宋)朱熹:《朱文公文集·读大纪》,《四部丛刊》景明嘉靖本。

④ (宋)黎靖德辑:《朱子语类》卷一,明成化九年(1473)陈炜刻本。

今天的法理学之“理”，也来自理学。笔者说了这么多“理”，是因为宋儒的法哲学范畴体系必须在理学体系内理解，理学在这里不是一个视角，而是法哲学的母系统；法哲学不是外在于理的独立系统，而是理学体系的一个部分，是理学目的实现的一个环节。

世间万事万物不过是“天理循环”。阴阳五行是理，入世礼法也是理，为区别起见，我们在其重在指人间礼法时尽量用“天理”一词。朱熹说“礼字，法字，实理字”[①]，本体之理本身是空旷的，包含一切可能性的，因此要落实到事物，必须体现为具体的理，然而万理总归是一理。“礼即理也，但谓之理，则疑若未有形迹之可言。制而为礼，则有品节文章之可见矣。”[②]又曰：“这个礼，是那天理节文，教人有准则处。”[③]礼法就是天理，这在理学中是个通识。“礼，理也；乐，和也。”[④]“盖礼者理也，须是学穷理，礼则所以行其义，知理则能制礼，然则礼出于理之后。”[⑤]“视听言动，非理不为，即是礼，礼即是理也。不是天理，便是私欲。人虽有意于为善，亦是非礼。无人欲即皆天理。”[⑥]“礼字即是理字。理之发见，可见者谓之文；文之隐微，不可见者谓之理：只是一物。”[⑦]

然而，当天理进入人间时，出现了一个裂隙。按照万物皆理的思维，应该得出“存在即合理”“无善无恶”的结论，“唐、虞事业，自尧、舜观之，亦犹一点浮云过于太虚耳”[⑧]，然而礼法又是有排他性的，天理在人间，只能是三纲五常而不能是其他形态。“宇宙之间一理而已。天得之而为天，地得之而为地，凡生于天地之间者，又各得之以为性；其张之为三纲，其纪之为五常，盖皆此理之流行，无所适而不在。”[⑨]由此产生了“非礼”之存在，被称为“人欲”。然而按照万事万物皆理的原理，这是不可以的。大程子云：“天下善恶皆天理。谓之恶者，非本恶，但或过或不及，便如此。”[⑩]朱熹则认为人性有来源于理的天命之性，有来源于气的气质之性，人欲部分便来源于气质之性。这里面关系复杂，不是本文关注重点，不细述。

本文首先要指出的是，当人世礼法不基于“养欲”这一实用目的，而是服务

---

① (宋)朱熹:《朱文公文集·答吕子约》,《四部丛刊》景明嘉靖本。

② (宋)朱熹:《朱文公文集·答曾择之》,《四部丛刊》景明嘉靖本。

③ (宋)黎靖德辑:《朱子语类》卷四一,明成化九年(1473)陈炜刻本。

④ (宋)周敦颐撰,徐洪兴导读:《周子通书·礼乐》,上海古籍出版社 2000 年版,第 36 页。

⑤ (宋)张载撰:《张子语录下》,《四部丛刊》本。

⑥ (宋)程颢、程颐著,王孝鱼点校:《河南程氏遗书》卷十五,《二程集》,中华书局 1981 年版,第 144 页。

⑦ (明)王守仁撰:《传习录上》,《王阳明全集》,上海古籍出版社 1992 年版,第 6～7 页。

⑧ (宋)程颢、程颐著,王孝鱼点校:《二程粹言·圣贤篇》,《二程集》,第 1229 页。

⑨ (宋)朱熹:《朱文公文集·读大纪》,《四部丛刊》景明嘉靖本。

⑩ (宋)程颢、程颐著,王孝鱼点校:《河南程氏遗书》卷二,《二程集》,第 14 页。

于一个道德的、宗教的、历史的、科学的等超越世俗的目的的时候，那么其规范必然带有外在性、命令性，变成疏离生活的威权，转而过度压抑甚至否定本来应是它的服务的对象的每一个个人的情感意志和存在意义。理学或者任何形而上特质的法哲学体系，不论这个形而上者叫道、上帝、真理还是历史规律，都有一种与威权政治、集权政治的天然契合。当其他形而上的法哲学为基督教会、为德国皇帝论证从至高的存在者一以贯之下来的合理性、必然性的时候，理学则是为宗法和皇帝制度，为那个过去被不恰当地叫“封建”的社会服务的。在这里，我们能看到理学相比于汉学的精致深刻，也能看到与汉儒礼法学一脉相承的东西。在理学体系中，礼法最重要的作用不是分配人们之间的权利义务，它有更高的目的，叫“致中和”。人若能按照礼法的要求纳情感欲望于理性轨道，即“克己复礼”，则能实现社会的和谐，“致中和，则天地位焉，万物育焉”①。可见，人的礼法实践活动在天理循环中是如此之重要，不但能实现人世的道德目的，而且能促进宇宙和谐，参赞化育。同样，一个人要是违犯礼法，也不仅仅是对另一个人的权利的侵犯，而是对整个和谐秩序的侵犯，是挑战天理。按照汉儒的说法，这些非礼行为如果很严重，甚至能让天产生直接的负反馈。当然，一般人没那么大的能量，天谴一般是帝王行为失范所致。可以理解，在这种哲学主导下所建立的法律体系必定是义务本位的、强调整体秩序而压抑个人欲志的。不论这种礼法显得多么温情脉脉，浸透了多么深的仁爱精神，它的整体、威权、赐予、家长制、高高在上等特征都与个体权利为本位的现代性法哲学有明显距离。②

在个体利益、欲望与整体秩序之间，出现了义利之争、明理灭欲、理一分殊等有法哲学意义的命题。义利之争、明理灭欲说的都是个体性与普遍理性之间的紧张，开出的药方是“正其义而不谋其利”“存天理，灭人欲”。这些将矛盾推到极致后极端的表达，不但被后来个人权利的同情者诟病，也为后来集体主义的主张者所继承。不能说强调存理灭欲就一定是违背法治精神的。事实上，它与秦始皇式的、工具化的法治并不矛盾，朱熹本人甚至也是一个主张严厉法治的人。问题是这样的法不会是一种平等的、保护自由的法，而是一种根据当事人之间相对关系和在社会中的地位，约束其行为并分配其权利义务的法。《唐律疏议》就是一个典型的例证，它是严格的、精密的法律制度，同时又贯穿着严密的宗法等级精神。宋儒的“理一分殊”为这种制度作了哲学上的辩护。看到“分”，我们会想到荀子“定分止争”之分，分即权利义务。分殊在礼法学上意味着不同人有不同的分，理一分殊在社会的整体道德目的和每个人不同等级权利

---

① 《礼记·中庸》。

② 笔者在这里要指出，“天赋人权”作为宪法基础理论在形式上还保留着旧形而上学的痕迹。

之间作了理论协调，使不同地位权益的人能够接受共同伦理、共同秩序，各守本分。

其次要说明的是，理学虽然也是一种形而上学，但是并没达到一神教那种人神隔断、绝对命令的地步，它蕴含着开放性乃至对它的具体命题颠覆的可能。理学最重要的命题是“性即理”，这意味普遍性原则并不是外在于人的必然性，而就存在于人性之中。理不但可以通过“格物”把握，而且人性的要求本身就有天然的合理性。这是天人合一，也是仁义礼智非外铄也，乃自备于我。所以作为理的礼法里面总是有一定基于人性的仁爱精神。“圣人缘情而制礼。”这与种种围绕着神或其代表来生活、否定人的价值的宗教禁欲主义形成鲜明对比。不过，在程朱理学阶段，性中并未一概包括人的自然本质，而只是肯定其合理的成分。“合道理底是天理，徇情欲底是人欲。”[①]当然，朱熹这里有循环论证之嫌，他的天命气质之性亦有二元论之嫌。从认识论角度讲，它突出了理性原则，但未对感性作用有适当安置，后儒责之为“一口两舌而不自觉”[②]。这些理学理论不彻底的地方，也是它将产生创新的生长点。另外，理气论也给其礼法学留下了生长的空间。本体的理包含一切可能性，具体的理只能“行一程，见一程”，这意味着礼法不是一成不变的，而是应随着社会条件的变化而有所损益，允许其发生颠覆性变化而仍不脱理学的解释力。

最后，理学中仍蕴含着对个体性挺立的因素，人人有一太极、物物有一太极，对“理一分殊”月印万川的解释，蕴含着社会意义上的“一个人是整个人类，整个人类是一个人”的精神；“万物一体”“民胞物与”之类的表达中既可以看到推爱，也可以看到对每一个个体存在意义的重视。

四、心学的转向及其现代性法哲学意蕴

回首文明初昌，二帝三王时代初步建立起对天的模糊信仰。同时，朝代更替又让人们在天意与民意之间犹豫不决，因此又发明了天意与民意之间沟通的想法，“天视自我民视，天听自我民听”，“民之所欲，天必从之”，其可循之则曰“德”。德者，得也，得民心者得天下。夏商周三代的思想是比较单纯的政治思想，对与政治关系较远的问题考虑不多。孔子则创立了另一个传统，他有意淡化天命，从人的角度来考虑问题。仁者，人也。他考虑的人的问题与三代也有很大不同，三代是把人作为一个整体，即“民”来考虑的，与后世的“人民”一样，

---

① （宋）黎靖德辑：《朱子语类》卷七八，明成化九年（1473）陈炜刻本。

② （清）颜元著，王星贤、张芥尘、郭征点校：《存性篇 · 驳气质性恶》，《颜元集》，中华书局 1987 年版，第 1 页。

是一个忽视了个体的集体名词，而孔子之人学则重在个人生命意义、个人之间的关系。《论语》通篇讲的几乎都是怎样成为一个独特的、有价值的人的问题，即成人之学。礼服从于仁，政治法律问题成为成人的外在手段：外在约束以及建功立业，由外王而内圣。汉儒把先人的天人之学发展到一个新的高度，天人合一、天人同构、天人感应，政治法律活动是天人关系的一部分，因而在形式上具有形而上学的高度，同时因为大量借助阴阳谶纬手段，追求天人之间的精确对应，在内容上又显得粗陋迷信乃至荒诞不经。但是，它在价值准则上继承了“圣人之言”，把孝悌节义等诸德目都统摄于仁。它在天人之间建立的不是冷冰冰的命令服从关系，而是温情脉脉的拟人伦关系。宋儒理学则把天的人格化、自然化特征全部去掉，变成了纯粹的必然性、规律性，即“理”。孔子的成人之学在这里得到更多继承。但是，人的礼法生活仍旧是天理循环的一个环节，而不是独立的体系。事实上这符合生活的本来面目，把法律政治作为一个独立的体系来看只是人在思维中把握世界的一种方式。理学给人世生活一个更宽松的安排。从哲学层面，它除去了天人的机械对应乃至任何具体规定性，“礼只是一个序”[①]。尽管如此，在人伦层面，理学仍坚持理的先验内容：“宇宙之间一理而已……其张之为三纲，其纪之为五常。”[②]这里既体现了形上架构与理性霸权之间不可切割的联系，也体现了最高本体与具体规范绑定的矛盾。理学建立的仍是一种自上而下的、统摄式的、义务本位的、亲和于宗法威权的法哲学，这与汉学没有本质区别。但是由于理论的自由和极致发展，其中的矛盾也显露了出来，并被推到山穷水尽的地步，下一步的理论转型呼之欲出。

总而言之，在战国到唐宋的礼法学发展过程中，荀子、律学以一种去价值化的中立精神进行了“科学”的思考，他们重在解决“真”的问题，不重视“善”的问题，所以人皆可用，尧舜用之则和谐天下、造福苍生，暴秦用之则敲扑天下，肆一己之私欲，是以韩非、张汤之学被后人称为申韩小道。

理学的转型由明代正式登场，并成为社会主流思潮，是为心学。心学不但是理学内部的革命，而且是整个中国传统政治法律思想的革命。在这场革命中，天人、理欲、普遍性与个体性的关系发生了倒转，一种建立在个人本位基础上的社会契约式的宪政理论和权利本位的法律关系学说初步成型，但是没有在政治社会生活中充分展开，也没有来得及积淀为新的民族精神，就被历史的偶然性打断。

转变从王阳明正式开始，整个明儒学案，自阳明之后，几乎就是对他一个人的阐释和引申。阳明一生的学问可以用“心即理”“知行合一”“致良知”三个命

---

① (宋)朱熹撰：《四书章句集注·论语集注·阳货》，中华书局1983年版，第178页。

② (宋)程颢、程颐著，王孝鱼点校：《河南程氏遗书》卷十八，《二程集》，第225页。

题来概括。“心即理”是阳明早期的提法，它是把理学“性即理”中感性、个体的一面发展到极端，“吾心即宇宙，宇宙即我心”，这意味着个体感性是意义世界的依据，也是立法的起点。“知行合一”的深远意义并不是通常理解的道德问题，而是一个认识论问题，它意味着实践创造真知，意味着对各种先验性规定的否定。“致良知”是阳明后期的提法，有对早期“心即理”缺失的弥补之意，一方面强调心体的修养，一方面也是一定程度上对理性精神的回归。“良知之所知即是天理”一方面突出了内心对于外部的绝对地位，良知是天理的立法者，任何外在规范必须转化成内在命令才有约束力；另一方面也把“心即理”的“心”悄然换成了“良知”，良知不是任性的意欲，里面包含着理性的原则。天理与心性关系另一个角度的探讨是天理与人欲，“天理人欲不两立”“存理灭欲”云云，经过几百年争论，变成“天理正从人欲中见，人欲恰好处，即天理也……欲即是人心生意，百善皆从此生”[①]。宋儒以生释仁，明儒以生释欲，欲在“生”这一基础性层次得到肯定，与理的产生关系被颠倒。天理与心性的关系也表现在天命之性与气质之性之争上，总的说来，后儒不承认有“天命、气质”两个人性，性就是血肉之躯的气质之性，这样，“性即理”中就突出了感性原则。这些思想虽是在阳明身后，但与阳明学的思维解放作用关系密切。

问题是，礼法从何而来？如何而来？为何如此？通俗的答案如君权神授、天赋人权、社会契约等琳琅满目，哲理化的表达普遍理性、绝对精神、公共理性等不一而足。从中国古代传统也就是儒家道统来看，理学以前，礼法的效力主要来源于外在的超越者“天”，而其来到人间的方式是圣人治礼，圣人就是帝王和智者，他们通过俯仰观察得到天命、天意、道理。在外在、客观、威权、强调必然性的特征上，它与“真理”“神意”“绝对精神”等颇为相通。不过中国传统更强调人的主体性，缺乏逻辑上的绝对性。其原因在于礼法传统中心性的伏脉。当这一伏脉发展为心学的时候，个体感知成为意义世界的起点，人为天地立法。以往自上而下、由绝对本体贯穿到一切事物的顺序就被彻底颠覆了，如思想史教科书中常说，“人性被解放了出来”。但是，无论如何解放，个人的存在方式无逃于群居，就无逃于礼法。个人意志欲望的过度肆张不利于群体共处，也不利于个人的生存。人们需要新的权威、新的秩序，新秩序也需要新的产生方式。按心学思想，新的政治法律制度只能是建立在以个体的欲望、利益、认知为基础，有社会契约性质的法理型权威，它不是绝对精神，不是真理，不是历史规律，而是道理，是意见，是协商式的公共理性。公理(道理)与天理(真理)一字之差，但内外相反、上下相反。在此上建立的将是个人本位、权利本位的法哲学。黄

---

① (清)陈确撰:《无欲作圣辨》,《别集》卷五,《陈确集》,中华书局1979年版,第461页。

宗羲带有民主宪政色彩的政治设计是心学(良知学)在国家学说上的成果,而有关私人生活的新要求则多体现在当时的文学作品中,对立法的影响还甚为微小。

心学事实上解决了程朱礼法学中为兼顾不同质的东西而不能避免的矛盾。解决程朱理学内在矛盾还有另一条道路,这就是以王夫之为大成者的理学气派学说。新中国前几十年的哲学认为,气派是反理学的,而事实上,当时罗钦顺、王廷相等都认为自己是理学正宗,心学才是异端。气派突出理气关系中作为客观存在的气的决定性,排斥心性的作用,从而强调必然性,人类政治法律进一步成为“客观的、不以人的意志为转移的历史规律”的体现,而人只是规律借以实现自身的工具。其后来与马克思的唯物主义相结合,在新中国得到了比较充分的发展。从其唯物、科学角度,也可以看成是荀学的发展。

需要说明的是,明儒的心学转向到现在也仍未完成。在学术上,今天的大陆新儒学主流捡起的是已经被宋学淘汰了的汉儒公羊学而非心学或良知学;其在政治上主张威权主义,在民间欲恢复旧礼。今日政治秩序中威权主义、整体主义的言说与法律关系中权利本位、个体本位的精神纠缠不已。现实矛盾逼着理论必须给一个圆融的说法。中国往哪里去?中国法学往哪里去?是融入个人主义、权利本位为特质的现代性,还是固守威权政治、前现代社会?犹豫纠缠不可长久。作为一个无法仆从他人,必须自己挺立起来的大国,既踏上现代化节奏,又不失文化本位应该是个好的选择。笔者希望本文的论述能够表明,中国古代思想中有走向现代化的资源,它能够既是中国的、传统的,又是世界的、现代的。法哲学甚至可以通过简单的语言转换就初步达到这个目的。希望早一日看到当代的“中国法哲学范畴体系”与那些曾经辉煌和正在辉煌的西方法哲学分庭抗礼。

儒家形而上学的颠覆

——评蒙培元的"情感儒学"*

崔发展

我们知道,儒家哲学作为一种形而上学传统,是在孔子之后确立起来的,它的核心的观念构造,就是这样一种"性情"论:性本情末、性善情恶。

与此不同,蒙培元先生近年来所从事的工作,可以说实际上是致力于回归情感这个儒家的生活本源,具体表现在他"将儒家哲学称之为情感哲学"[①],并由此建构着一种独树一帜的"**情感儒学**"。它不仅有别于古典儒学的传统形式,而且有别于现代新儒家的传统形式,这是人们尚未充分意识到的;而人们更没有意识到的是,这项工作将会导致儒家**传统形而上学**的彻底**颠覆**,而使儒学真正回到**生活情感**这个大本大源[②],从而为儒家形而上学的当代**重建**打下更坚实的地基。

一、性本情末:儒家传统形而上学的构造

所谓"传统形而上学",是在海德格尔意义上说的:

> 形而上学着眼于存在,着眼于存在中的存在者之共属一体,来思考存在者整体——世界、人类和上帝。形而上学以论证性表象的思维方式来思考存在者之为存在者。因为从哲学开端以来,并且凭借于这一开端,存在

---

* 原载易小明主编:《中国传统哲学与现代化》,中国文史出版社 2007 年版,第 118~128 页。

① 蒙培元:《情感与理性》,中国社会科学出版社 2002 年版,第 310 页。

② "生活情感"是借用的黄玉顺教授"生活儒学"的用语。参见黄玉顺:《"生活儒学"导论》,陈明、朱汉民主编:《原道》第十辑,北京大学出版社 2005 年版,第 95~112 页。

者之存在就把自身显示为根据。[①]

儒家哲学正是这样一种形而上学传统，它思考“万物”的终极原因，亦即全部存在者的最后“根据”。其结论就是：“万物皆备于我”[②]，“不诚无物”[③]。万物以“我”为其最后根据，无“我”之“诚”便无万物。而此“我”、此“诚”，就是儒家正宗之心学所说的“性”。

那么，这个“性”究竟是什么？简而言之，“性”就是先验的**主体性**。“什么是哲学研究的事情呢？……这个事情就是意识的主体性。”[④]儒家传统哲学的事情，就是“性”，既是“人性”，也是“天性”。这是因为，虽然说“天命之谓性”[⑤]，但“天”并非外在的东西，其实也就是“性”本身，所以孟子才说：“尽其心者，知其性也；知其性，则知天矣。”[⑥]

性就是天，所以，“性”不仅是主体性，还是**实体性**，正如黑格尔所说：“实体在本质上即是主体。”[⑦]由此，海德格尔指出：“**主体**乃是被转移到意识中的根据，即真实在场者，就是在传统语言中十分含糊地被叫作‘**实体**’的那个东西。”[⑧]换句话说，“性”这样的主体性同时就是作为全部存在者之最后根据的那个存在者的实体性。对此，朱子有最明确的表述：“道之本原出于天而不可易，其实体备于己而不可离”[⑨]；“一理之实，万物分之以为体”[⑩]。朱子还明确指出，此“体”就是“性”：“性是体，情是用”[⑪]；“心主于身，其所以为体者，性也；所以为用者，情也”[⑫]。这就是朱子著名的“心统性情”论。

由此，儒家传统形而上学的一个根本构造——“性情”论——便得以成立：**性体情用、性本情末**。尽管“性情”论是在宋儒那里才得以详尽发挥的，但是《中

---

① [德]海德格尔：《哲学的终结和思的任务》，《面向思的事情》，陈小文、孙周兴译，商务印书馆1999年版，第68～69页。

② 《孟子·尽心上》。

③ 《礼记·中庸》。

④ [德]海德格尔：《哲学的终结和思的任务》，《面向思的事情》，第76页。

⑤ 《礼记·中庸》。

⑥ 《孟子·尽心上》。

⑦ [德]黑格尔：《精神现象学》，贺麟、王玖兴译，商务印书馆1979年版，第15页。

⑧ [德]海德格尔：《哲学的终结和思的任务》，《面向思的事情》，第75页。以上引文加黑部分，为引者所加，下同。

⑨ （宋）朱熹撰：《四书章句集注·中庸章句》，中华书局1983年版，第18页。

⑩ （宋）熊节编：《性理群书句解》卷十八，清文渊阁《四库全书》本。《通书解》中、西之间的“实体”概念还是有所不同的。但是，就其在形而上学建构中所处的地位层级来看，它们却是一样的：都是作为所有存在者的最后根据的那个存在者。参见黄玉顺：《中西思维方式的比较——对〈尚书·洪范〉和〈工具论·范畴篇〉的分析》，《西南师范大学学报》（人文社会科学版）2003年第5期。

⑪ （宋）黎靖德辑：《朱子语类》卷九八，明成化九年（1473）陈炜刻本。

⑫ （宋）黎靖德辑：《朱子语类》卷二九，明成化九成（1473）陈炜刻本。

庸》最早对此作出了经典的表述：

> 喜怒哀乐之未发，谓之中；发而皆中节，谓之和。中也者，天下之大本也；和也者，天下之达道也。致中和，天地位焉，万物育焉。
>
> 诚者，物之终始，不诚无物。……诚者，非自成己而已也，所以成物也。

这里所谓“中”“诚”，也就是“性”：作为万物的终极根据的实体性、主体性。作为主体性，它是“未发”之“中”；作为实体性，它是“成物”之“诚”。

不仅如此，在长期作为儒学正宗的心学里，“性情”还被赋予了道德品质：**性善情恶**。“孟子道性善，言必称尧顺舜。”[①]最典型的是李翱，在他看来：“人之所以为圣人者，性也；人之所以惑其性者，情也。”[②]虽然在历史上有一些儒者并不认为“性善情恶”，但他们仍承认“性本情末”。例如韩愈，尽管认为性、情各有“三品”，但仍认为：“性也者，与生俱生者也；性也者，接于物而生者也。”[③]这种与生俱来的性，仍然还是先验的主体性。

于是，儒家传统形而上学、哲学本体论的最根本构造，作为“本—末”“体—用”的结构，就是**性—情**。

二、情源性流：儒家传统形而上学的颠覆

儒家性情本体论的构造既然有了主体性的预设，那么，它也就必然遭遇这样的质疑：这个“性”，亦即主体性本身何以可能？比如孟子的“先立乎其大者”[④]，乃是讲确立“大者”（本心、主体性）对于成就“大人”的在“先”性，但这恰恰表明了这个“大者”还有待于“立”起来。随之而来的问题就是：“大者”缘何而立？“缘何”指引着这样一种奠基性质：主体性必然立于某个基础之上。

海德格尔通过把康德的《纯粹理性批判》解释为形而上学之奠基，来阐明其“基础存在论”，目的就是“先行对主体之主体性进行存在论分析”，亦即为主体性奠基，“为这种自然的形而上学倾向底下放置一个基础，更确切地说，使一个已经奠立的基础由一个新的基础来置换”。[⑤] 但是，“为(在)……底下放置一个基础”，切不可想当然地理解为：一个外在的东西被“硬塞”在形而上学底下了。因为，此处的“放置”讲的乃是对形而上学自身内在可能性的筹划和揭示。前期

---

① 《孟子·滕文公上》。

② (唐)李翱：《复性书上》，《李文公集》卷二，《四部丛刊》本。

③ (唐)韩愈：《原性》，《昌黎先生文集》卷十一，宋蜀本。

④ 《孟子·告子上》。

⑤ [德]海德格尔：《康德和形而上学问题》，孙周兴选编：《海德格尔选集》，上海三联书店 1996 年版，第 82 页。

的海德格尔意在通过此在的解释学(其实就是对主体性的分析)切入一般存在问题,从而揭示出形而上学的存在论基础。但他强调说,“存在”只有通过此在的生存才能“存在出来”,这就使其主体性分析过度凸显了存在对此在的依赖,而作为“问之何所问”的存在本身却相形失色了不少。以至于后来德里达指责说,海德格尔从形而上学的高度上把“人”的地位巩固起来了,这是海德格尔始料未及的。海德格尔也不得不承认,《存在与时间》所走的道路“违反其意愿而进入了一个危险的境地,即只是重新增加了主体性”①。

在人(此在)之生存基础上重建存在论的努力虽然危险,但拯救之力也随之诞生,它迫使我们追问这样一种区分:人的生存,还是生存(着)的人?人的生存表明生存乃是人在生存着,人给出了生存。海德格尔前期的路子正是这样。但我们业已知道:此路不通。生存(着)的人则是说:人总是生存着的人,生存给出了人,生活生成了生活者。这里,一个生活者之所以成其为一个生活者,首先因为他生活着。② 上述区分表明:“生存(着)的人”乃是对“人的生存”的“蓦然回首”,但恰恰如此,前者成就了主体性分析的生长点,从而有利于避免形而上学的错置问题。

问题是,性情论(性→情)是否就是一种形而上学的错置行为?我们前面提到了“性”也是需要放置于某个基础之上的,这个基础是否就是“情”呢?思孟之后的儒家所秉承的是心传,自不待言,我们且来看看儒学的原创时期,尤其是在孔子那里,能否给我们一些启示。

孔子提到了很多观念,但一个不争的事实是:“孔子贵仁。”③但“仁”道出了什么?一些人认为孔子并没有明确仁的至上地位,所以他们的工作就是要使仁(性)作为本体的这一“事实”大白于天下;而也有人认为在孔子那里,仁作为“爱”情乃是无根的,因为性本情末嘛,所以,这些人就努力地为仁寻求根据。这样一来,孔子的仁就纠缠于要么是(爱)情、要么是(性)体的矛盾之中。

蒙培元认为:“儒家的情感哲学如果能够用一个字来概况,那就是‘仁’,儒学就是仁学。”④这就指明了孔子的仁与情感有着本源处的关联。怎样才能领会到这种关联呢?蒙培元首先指出,“孝悌”是研究孔子仁学的出发点;进一步又说,这句话在很大程度上被误解了。⑤ 既然孝悌是领会仁的切入点,我们就避不开这句饱受歧义的话:

---

① 转引自孙周兴选编:《海德格尔选集》,“编者引论”第6页。

② 黄玉顺:《面向生活本身的儒学——“生活儒学”问答》,《面向生活本身的儒学——黄立顺“生活儒学”自选集》,四川大学出版社2006年版,第58页。

③ 《吕氏春秋·不二》。

④ 蒙培元:《情感与理性》,第310页。

⑤ 参见蒙培元:《情感与理性》,第312页。

> 君子务本，本立而道生。孝悌也者，其为仁之本与？[①]

在《论语》文本中，有“为仁”（行仁）的用法，如“为仁由己，而由人乎哉”[②]；也有“为‘仁’”（是仁）的用法，如“能行五者于天下，为仁矣”[③]。而对于“孝悌也者，其为仁之本与”，两种用法似乎都能讲通，不过，争论也由是而起。如朱子就认为：“谓行仁自孝弟始，孝弟是仁之一事。谓之行仁之本则可，谓是仁之本则不可。盖仁是性也，孝悌是用也。”[④]朱子把“仁”作为最终的形上“根据”，那么在“仁”之上自然不能再有什么“本”了。但是，我们前面讲过，即便仁是形上性体，它也需要奠基。“君子务本”其实就是要明白：孝悌才是为仁（行仁）之本。这一点朱子也指出来了。不过，如果孝悌只是“仁之一事”而已，那么何以成了行仁之本？蒙培元就认为“‘孝’首先是一个情感的问题”[⑤]，进而指出“这个‘本’是指本根，即根苗、生长点、发端处，不能解释成西方哲学的本体即实体”[⑥]。由此，仁道恰恰由此情感生发出来（本立而道生）。这又说明了什么呢？所以，事情并不像朱子说的如此简单。

我们再看这个例子：

> 夫仁者，己欲立而立人，己欲达而达人。能近取譬，可谓仁之方也已。[⑦]

其实“为仁之方”和“为仁之本”讲的都是如何行仁的问题，只不过行仁有很多方法，但根本的却是孝悌。为什么这样说呢？蒙培元指出：“最重要的是，在孔子和儒家看来，亲情之孝首先是一种最真实原始的自然情感，只是因为有这种‘不容已’的情感，才能有发自内心的孝道。孝是爱这种情感的最初表达，而不是某种规范化的原则。”[⑧]这说明了什么？我和自己的父母、兄弟生来就是一家子，我们是生而有缘的。这种“生缘”使得我（己）和我的父母兄弟（人）构成了我的家“境”（一种源始境域），而在我的家“境”中，首先与我照面的必然是他们这几个人，因为他们离我最“近”，与我最有“缘”，我的“能近取譬”首先也只能在这个意义上发生。父母对我的疼爱和我对父母的孝，我和兄弟之间的友悌，让我原本地领会着仁爱，或者说是我生来就“已经置身于仁之中，已经作为仁的可能性或

---

① 《论语·学而》。这句话虽然是有子所说，但也应该代表着孔子的思想。

② 《论语·颜渊》。

③ 《论语·阳货》。

④ （宋）朱熹撰：《四书章句集注·论语集注·学而》，中华书局1983年版，第48页。

⑤ 蒙培元：《情感与理性》，第27页。

⑥ 蒙培元：《情感与理性》，第313页。

⑦ 《论语·雍也》。

⑧ 蒙培元：《情感与理性》，第313页。

者实现仁的可能性而存在了”[①]。

由此，蒙培元指出：“‘出则孝，入则弟’，这是孔子从日常生活中指点出来的道理，也是对人类情感的一种自觉的提示与教诲。”[②]孝悌乃是一种原发的生活现象，孔子正是从实际的生活显示中揭示出了情感这个源头活水。仁者之能近取譬、君子之务本，首先并不意味着仁者、君子才能去孝悌，而是恰恰相反，孝悌之情感成就了仁者。同样的道理，“仁者，爱人”也绝不只是说仁者才能去爱人，而是仁爱给出了仁者。因此，仁并不意味着：我天生就有仁这样的内在感情，所以我才会自然而然地“表现”我之仁，所以我才会想去立人。[③]

人总是在生活着，生活着的人从生活现象中总是会受到某种触动，比如：见父母而“自然”知孝，见孺子入井而生恻隐之心，闻马厩失火而问“伤人乎”等等。仁爱这种情感正是从种种的感触中“油然”而生、随缘而现的。可见，仁爱显现的机缘正是实际的生活本身。人也始终在生活着，生活着的人因受到触动而去进行不断的筹划。生活着的人只有从实际生活现象中领会仁，进而才能生发出“我欲仁”的诉求以及维持这种诉求（“不违仁”“无终食之间违仁”）的“不动心”。因此，君子绝不只是一个实然的、现成的陈述对象，而是一个不断去成就、去筹划的过程，或者说君子还有待于“去是”，并且还只能处于这种不断“去是”的过程中。

以上分析表明：作为生活情感的仁爱造就了仁者与君子，亦即主体性奠基于“爱”情之上。传统儒家正是有了主体性预设，才发生了形而上学的错置问题，也才有了性体情用、性本情末的形上构造。而蒙培元的工作则在某种程度上指示着对性情问题的正本清源，它揭示出：不是性源情流，而是情源性流，生活情感才是心性的大本大源。

三、回到孔子：儒家形而上学的源头活水

孔子之仁揭示出了这样的生活现象：生活成就了生活者，“爱”情成就了“爱人”。[④] 这种现象指引着我们回到孔子，以便我们直面情源性流的生活本身。

蒙培元的工作正是遵循了这样一种指引。在《情感与理性》一书的自序中，有别于儒学的传统形式，蒙先生首先强调了转换视域的必要性：“这需要从研究

---

① 参见伍晓明：《吾道一以贯之：重读孔子》，北京大学出版社2003年版，第77页。

② 蒙培元：《情感与理性》，第313页。

③ 参见伍晓明：《吾道一以贯之：重读孔子》，第66页。

④ 黄玉顺：《面向生活本身的儒学——“生活儒学”问答》，《面向生活本身的儒学——黄玉顺“生活儒学”自选集》，第58页。

的角度上进行一些转换。本书不再从所谓本体论、认识论和知识学的角度研究儒学,而是从存在问题入手,讨论儒学在人的存在、价值及其人生体验问题上的基本主张。"正是在这一视域下,蒙先生明确提出"孔子作为儒家创始人,对于人的情感的基本肯定,从一定意义上说,确立了儒家哲学发展的基本方向"、情感具有"最初的原始性"的主张[①],这表明他清醒地意识到了情感才是儒学的源头。更进一步,蒙先生又指出"情感是全部儒学理论的基本构成部分,甚至是儒学理论的出发点"[②],"儒家始终从情感出发思考人生问题,'存在'问题,并由此建立人的意义世界和价值世界"[③],这体现了蒙先生对于由情感而重建儒家形而上学的某种自觉。

必须指出,儒家"传统形而上学"的颠覆并不必然意味着儒家"形而上学"的放弃,相反,它也可以意味着儒家形而上学的重建。诚如海德格尔所言:"奠基是对建筑计划本身的筹划,要使这个计划一开始就提供出指示,指明这个大厦要建立在什么之上以及如何建立。"[④]这就是说,奠基不仅为形而上学提供新的基础,而且这个新基础将决定形而上学本身的重建。因此,这里的"颠覆"绝不仅仅是一种反动,而"是一次新的尝试"[⑤],对重建现代性的有益尝试。

可是,现代新儒家并没有这样一种意识。现代新儒家作为现代性儒学,虽然事实上本源于现代性的生活方式,但他们在理论构造上并没有对这种生活本源的自觉意识。他们依然以主体性、实体性的设定来构造自己的形而上学,却没有主体性、实体性本身何以可能的问题意识,因而也就难以揭示出生活、生活情感之于儒学的奠基性质。正是在这个意义上,我们才说现代新儒家虽然采用了新的言说方式,但仍然是一种"传统形式",而这就更加表明了蒙培元先生近年来工作的可贵。

蒙培元的"情感儒学"独钟于情感,并由此而为重建儒学做了许多有益的尝试,这是值得肯定的。但是,需要指出的是,蒙培元对情感本源性的揭示并不彻底。比如,蒙培元的"情感儒学"更多地提倡一种形而下的道德情感,而非本源的生活情感,或者说蒙培元更多地关注于形上的建构问题,而对生活本源的揭示还远远不够。在这个意义上,他的"情感"虽源自生活,但本身多多少少已经从生活中溢出了。不过,遵循着蒙培元的这种回归和启示,我们期许着钟"情"于此的后来者对生活本源揭示的进一步展开。

---

① 蒙培元:《情感与理性》,第 24 页。

② 蒙培元:《情感与理性》,"自序"第 1～2 页。

③ 蒙培元:《情感与理性》,第 26 页。

④ [德]海德格尔:《康德和形而上学问题》,《海德格尔选集》,第 82 页。

⑤ 蒙培元:《情感与理性》,"自序"第 1 页。

自由与情感

——现代性危机背景下蒙培元的情感哲学之思*

崔 罡

“人生来就是自由的，却无不处于枷锁之中。”①卢梭的格言曾被理解为对专制时代的谴责。然而，人（human）（而非人类，mankind）在现代社会（modern society）的遭遇表明，自由（freedom）并未如启蒙先驱者预言的那样如期而至。卢梭说：“放弃自己的自由，就是放弃自己作为人的资格，就是放弃人类的权利甚至放弃自己的义务。”②这事实上传递的是一个自古希腊以来的古老信念：自由即人的本质。

然而，在现代政治哲学中，自由却通常被理解为消极自由，也就是权利（right）：

> 自由是只受法律制约、而不因某个人或若干个人的专断意志受到某种方式的逮捕、拘禁、处死或虐待的权利，它是每个人表达意见、选择并从事某一职业、支配甚至滥用财产的权利，是不必经过许可、不必说明动机或理由而迁徙的权利。它是每个人与其他个人结社的权利，结社的目的或许是讨论他们的利益，或许是信奉他们以及结社者偏爱的宗教，甚至或许仅仅是以一种最适合他们本性或幻想的方式消磨几天或几小时。最后，它是每个人通过选举全部或部分官员，或通过当权者或多或少不得不留意的代议

* 原载《国际儒学论丛》2017 年第 2 期，总第 4 期。

① [法]卢梭：《社会契约论》，杨国政译，陕西人民出版社 2004 年版，第 1 页。

② [法]卢梭：《社会契约论》，第 7 页。

制、申诉、要求等方式，对政府的行政施加某些影响的权利。[①]

贡斯当所述的“自由”是人类社会的巨大进步之一，这是毫无疑问的。权利与权力(power)，或者说公民(citizen)与国家(state)，或者说个体(individual)与社会(society)之间的博弈，有其现实与理论的渊源，也正是现代政治哲学讨论的核心问题。

但是，自由毕竟是自由，自由**只是**自由。权利或许是自由的某种实现方式，但它一定不能被等同于自由本身。

因此，在20世纪，诸多的哲学家对现代政治哲学的基本前提发起了挑战。在哈贝马斯的名单上，这一类的哲学家包括了马克斯·韦伯、海德格尔、巴塔耶等等。我们还可以加上尼采、福柯、阿伦特等人的名字。在这些“无政府主义者”(哈贝马斯语)们看来，能够支撑现代政治哲学的最重要的理论前提，也就是个体性，很大程度上已经被现代性社会消解。[②] 这一情势在韦伯式“铁笼子”、阿多诺式“全盘控制的社会”、福柯式全景敞视的“规训社会”以及鲍德里亚式“消费社会”等意象中得到充分揭示。

在这个意义上，现代西方哲学可以被分为两派。一派是现代性的捍卫者。诸如罗尔斯、哈贝马斯这样的学者仍然坚信，现代社会固然存在着大量的问题，但不足以称之为“危机”，且这些问题完全可以在现代性的基本政治框架下得到化解。而另一派则是现代性的批评者乃至反对者。

本文的立场与二者皆不同。现代性危机是实然存在的。在政治实践层面，现代性表现出一种“平庸的恶”[③]。美国的开国之父们早在《联邦党人文集》中就反复警告现代民主可能孳生“多数人的暴政”。托克维尔在《论美国的民主》中

---

① [法]贡斯当：《古代人的自由与现代人的自由》，阎克文、刘满贵译，上海人民出版社2005年版，第34页。

② 在哈贝马斯看来，最早对现代性进行定义的哲学家是黑格尔。现代充斥着关系到自我的结构，这就是主体性。而主体性的第一内涵即是“个人(个体)”主义：在现代世界中，所有独特不群的个体都自命不凡；其次是批判的权利：现代世界的原则要求，每个人都应认可的东西，应表明它自身是合理的。参见[德]哈贝马斯：《论本雅明的〈历史哲学论纲〉》，《现代性的哲学话语》，曹卫东译，译林出版社2011年版，第20页。而阿伦特则证明，随着社会的兴起，真正意义上个体已然不复存在，取而代之的是一个被理解为不可分割的单子。详见后文。

③ 参见[美]阿伦特：《艾希曼在耶路撒冷——一份关于平庸的恶的报告》，安尼译，译林出版社2017年版。艾希曼是纳粹德国时期一名屠杀犹太人的刽子手，战后在耶路撒冷受到应得的审判。然而，阿伦特却认为：“艾希曼既不是伊阿古也不是麦克白，更远远不具备理查三世那种‘成为恶棍’的决心。除了不遗余力地追求升迁发迹，他根本就没有别的动机；就连这种不遗余力本身也没有什么罪，他肯定不会杀害他的上司而取代其位置。用大白话说，他只是**从未意识到自己在做什么**。……某种程度上说，就是不思考注定他成为那个时代罪大恶极的罪犯的。而‘不思考’跟愚蠢完全是两回事。”([美]阿伦特：《艾希曼在耶路撒冷——一份关于平庸的恶的报告》，第9～10页，加黑部分为原文所有)

对其再次重申。罗尔斯式的政治自由主义,特别是"无知之幕"的理论假设与现实渐行渐远。[①] 现代人的现实处境表明,世界非但不是一个和平的世界,甚至连共识的达成都遥遥无期。而在精神层面,庸俗化的、消费化的价值观成为主流,卓越被等同于"出人头地",被理解为仅仅是财富或地位上的高人一等。"优雅"非但无用,甚至无聊。与此同时,本文同样会质疑反现代性立场。无论如何,人都具有群体性生存的属性,尽管此属性绝非人独有的本质。那么,反现代性立场并未能够提出(抑或压根就是拒绝提出)建构性的设想。指摘当然容易,但指摘之后呢?"既来之则安之"的伦理需求必须应对,却当如何应对?

本文的探讨力图提出这样的思考。现代性与反现代性之间的冲突具有深层次的一致性,即西方近代以来形成的理性主义的对象性思维方式。更确切地说,是认知理性乃至工具理性的思维方式。尽管现有的论述具有学理上的逻辑自洽(或矛盾),却缺乏了一种更为先行、更加透彻的思想视域。此视域即是东方的,特别是儒家的情感主义视域。

现代儒家情感主义最具代表性的哲学家显然是蒙培元先生。他的情感哲学[②]对意义的重新发现、对人的重新发现、对境界的充分强调,都是西方哲学传统中无法想象的。这是在强大的西方理性专制主义罅隙中倔强发声的儒家自由之呼唤,更是现代性危机之下情感的不朽回击。

一、谁来凭吊自由:现代性图景

根据哈贝马斯的研究,现代性最早被作为时代概念出自黑格尔。他说:"黑格尔起初把现代当作一个历史概念加以使用,即把现代概念作为一个时代概念。在黑格尔看来,'新的时代'(neue Zeit)就是'现代'(moderne Zeit)。……只有当'新的时代'或'现代'('新的世界'或'现代世界')这样的说法失去其单

① 相关记述可参见蔡爱眉女士的《起火的世界——输出自由市场民主酿成种族仇恨和全球动荡》(刘怀昭译,中国大百科全书出版社2005年版)。该书以社会学的方式考察了二战后美式自由市场理念和美式民主在世界范围内引发的全球动荡问题。该书提出了一个逻辑上的悖论。现代民主使得权利掌握在多数人手中,但自由主义的经济却使财富向少数人手中集中,权利的大多数必然会冲击财富的少数。

② 蒙培元先生的思想,通常被概括为"情感儒学"。本文之所以将其名为"情感哲学",乃是基于以下原因。其一,笔者关于"儒家"和"儒学"的基本界定。"儒家"之名确定于西汉司马谈《论六家要旨》,是与道家、墨家等相对应的某种治国理政的思路。严格来说,"儒家"是本于情感的一种立场,这是自孔子至于现代新儒家一以贯之的。而"儒学"则是儒家立场的理论形态。就立场而言,蒙培元的工作"述而不作",不是儒学的新发现,而是儒家本身。"情感儒学"之"儒学"为缀语。其二,蒙培元的工作所应对的显然不是任何意义上的伦理建构或规范建构,而是一般性的哲学问题。以"哲学"为名,强调的是与西方理性主义哲学的对等关系。其三,蒙培元自己也在使用"情感哲学"一词。如《论中国传统的情感哲学》(《哲学研究》1994年第1期)、《漫谈情感哲学》(上、下)(《新视野》2001年第1、2期)。

纯的编年意义，而具有一种突出时代之‘新’的反面意思时，上述划分才能成立。”①

由此现代性被抽象为如下两层基本的内涵：

> 首先，它把现代性从现代欧洲的起源中分离了出来，并把现代性描述成一种一般意义上的社会发展模式；就时空而言，这种模式是中性的。此外，它还隔断了现代性与西方理性主义的历史语境之间的内在联系，因此，我们不能再把现代化过程看作是理性化过程和理性结构的历史客观化。②

首先，哈贝马斯认为，现代性是与一切历史传统迥然不同的状态。这是“新”的时代，与之不契合的一切都是应当被抛弃的“旧”的时代。其次，现代性不应被视作某种历史或某种文化的产物，而是人类历史发展的必然结果。它具有“普适性”的价值。③ 用中国哲学家们的话语方式来表达的话，那就是，现代性不应被理解为“中西之别”，而必须被理解为“古今之别”。因此，现代性首先是“**断裂**”，而后是“**普适**”。

但是，按照西方近代理性主义的思考惯例，改变历史进程的不可能是观念(idea)，而必须是事件(events)。现代历史学即是在此前提下获得了独立的价值。这是因为，观念作为个体的思想，尽管具有“个性的创意和深刻，但是没有绝对的、客观的创新”④。个体在思想⑤，思想是个体的事情。但个体的思想却不得不通过话语形式公之于众形成言说。观念不具有公共性(public)，除非其能够满足群体的表达方式与理解能力，否则即被视为呓语和妄言。历史学家(历史科学家)发现事实，哲学家们却沉迷于观念。

因此，必须质疑的是：第一，关于现代性的一切观念都起源于欧洲，那么，它

---

① [德]哈贝马斯：《现代的时代意识及其自我确证的要求》，《现代性的哲学话语》，第5～6页。

② [德]哈贝马斯：《现代的时代意识及其自我确证的要求》，《现代性的哲学话语》，第2页。

③ “普适性”和“普世性”通常会在无区别的情况下使用。其实这两个词具有极大的差异：后者指的是某种适应在特定“时间”(“世”的基本含义即时间)、特定时期、特定历史阶段具有共识性的价值；而前者则指超越了时间和空间，具有永恒性的、放之四海而皆准的价值。从实践的层面来看，绝对不可能存在“普适性”的伦理规范，因为伦理规范必须随着生活方式的转变而不断与时俱进。

④ [美]阿伦特：《人的境况》，王寅丽译，上海人民出版社2009年版，第207页。在本文的讨论中，“个体”(individual)会与“人”(human)严格区分开来。质言之，个体是理性(主要是工具理性)的存在，其现身的方式是公民或伦理角色，是与社会相对；人是情感的存在，不与任何存在者相对。个体只是人的特定存在方式。

⑤ 在后文的讨论中，本文也将对“思想”一词进行区分。根据黄玉顺先生《爱与思》(四川大学出版社2006年版)的研究，“思”可以分为“本源之思”“意欲之思”“认识之思”。在西方理性主义的传统下，“思”可以分为“意欲之思”(think)和“认知之思”(reflect)。古希腊哲学中还有一种“沉思”(contemplate)。但在现代性危机中，不仅“contemplate”不复可能，而且某种意义上的“think”也被遮蔽了，因为“think”就其词源而言，内含了“desire”的意味，但在理性主义的讨论中，“desire”被视为经验的、不可靠的。

如何能够脱离于欧洲历史之外？第二，关于现代性的一切言说均立足于理性主义的方式，那么，它又如何能够与之发生断裂？第三，如果说这是观念，那么，观念又是何以可能的？

在阿伦特看来，现代性起源于三大事件：

> 有三大事件站在现代的门槛并决定了它的性质：美洲的发现和接着发生的、对整个地球的开发；宗教改革，通过对教会和修道院财产的褫夺，开始了剥夺个人财产和积累社会财富的双重过程；望远镜的发明和一种从宇宙角度来看待地球自然的新科学的发展。①

新航路的开辟对世界观的改变是彻底性的。在此之前，大地被理解为广袤无垠的，并且是人生存的根基，是人存在的境况之一。如今，地球取代了大地，且仅仅是宇宙之中逼仄的城中村。蜗居式的生活迫使人不得不成为人类。人类成了实体。人类成为实体必然伴随着对财产（property）的剥夺和社会财富（wealth）的积累。② 由于财产是个体得以摆脱生活的必要性从而实现自由的前提，因而在现代性开始之时，人群中的一部分，就被迫丧失了参与政治活动的能力。他们不再可能自由，因为他们天然被剥夺了自由。③ 但这也并不意味着人类中的另一部分，也就是精英群体能够拥有自由。原因在于，新科学的发展以及实证主义的兴起，使得“无论从何处开始，无论如何借助工具的帮助，试图把现象提升到所有感性经验之上来捕获存在的秘密，我们都发现相同的模式统治着宏观和微观世界，我们接收到的都是对器具的相同解读”④。换句话说，新科学让人类赢得了“上帝视角”，这个视角让人类在大地之外俯视大地，从而能够

---

① ［美］阿伦特：《人的境况》，第199页。黑格尔的判断与此类似。他认为现代性起源于三大事件，分别是新航路开辟、文艺复兴和宗教改革。但黑格尔对于逻各斯精神遮蔽努斯精神的判断又足以印证阿伦特所说的第三大事件，即新科学的发展。

② 在阿伦特思想中，“财产”和“财富”的区分非常重要。尽管在形式上，特别是计量方式上，二者貌似无区别的。“财产”不仅仅意味着个体所拥有的财富，更意味着个体天然所具有的私人空间（privacy realm），这使个体得以摆脱必需性的束缚，从而投身公共领域（public realm）成为政治的动物，并获得自由。财富则是在社会意义上才能出现的，也就是一切的物都是可以被交换、可以被消费、可以拿来流通。而这一切唯有在社会中得以可能，并被视为促进社会整体财富的手段。但这同时意味着，个体不再是社会的前提，恰恰相反，社会先行于个体并规定了个体。阿伦特的这一区分继承自亚里士多德，特别是后者在《政治学》中的观点。亚里士多德把财产定义为“工具”，是且仅是参与政治的前提或手段，是家庭（household）的属性，管理其的技巧是家政术。而“财富”则是追求的目的，是不遗余力地追求财富的扩大的目的。在亚里士多德看来，对“财富”的追求意味着对人的本质（即政治）的遗忘。

③ 阿伦特对古希腊自由观的理解很大程度上吸收了亚里士多德的观点。在她的理论中，古希腊所说的自由，最初表现为“摆脱生存的必要性并得以参与政治生活”。但区别在于，在古希腊，一部分人，例如奴隶，他们为了能够活着，“愚蠢地”放弃自由（奴隶大都来自战俘）。奴隶当然就不再是人而只是工具或财产的一部分。而在现代，则是一部分人被剥夺了自由。

④ ［美］阿伦特：《人的境况》，第227页。

获得客观的、标准的、绝对的、科学的答案。所有的人、每一个，都必须服从于一般性。在实践层面上，它提供了一套游戏规则："为现代的颠覆和传统的等级秩序所共享的假定是：同一种主要的人类关切支配着人的所有活动，因为如果没有一个囊括一切的原则的话，秩序就无法建立。"[①]无论高高在上的美国总统，还是辗转沟壑的非洲难民，都在同一套游戏规则之下存在。

可经验的历史事件改变了人类的观念。阿伦特认为，现代性内含了两个无意识取代：一个是社会对政治的无意识取代，一个是理性对逻各斯的无意识替换。

亚里士多德说："人是政治的动物（*zōon politikon*）。"这代表的是古希腊对人的理解以及古希腊的自由观念。亚里士多德的格言是在说，人与所有其他生物的根本性差别在于，人能够摆脱生存的必要性并通过参与城邦政治生活而实现自由，即在群体中的自我展现（show）。政治的（political）就是城邦的（polis），就是自由的。因为这根本就是同一个词。但是，经过托马斯·阿奎那的翻译后，这句名言成了："人在本性上是政治的，即社会的（*homo est naturaliter politicus*，*id est*，*socialis*）。"[②]Society是与政治恰好相反的观念。根据雷蒙·威廉斯的考察，Society有两个主要的意涵："一方面，它是一个普遍的用语，用来表示一大群人所属的机制（institutions）与关系（relationships）。另一方面，它是一个非常抽象的用语，用来表达这些机制与关系被形塑的状态。"Society最接近的拉丁文词源是*société*，最早的词源是拉丁文*socius*，表示同伴（companion）。它的词根soc-表示的也是伙伴之意，有"合伙人""在合作中结下深厚情谊的意味"。这个词天然内含了"为了……目的""因……而在一起"的**目的论**意味。因此到了16世纪中叶，开始表示"一个众人之集合与意见之一致"。英国资产阶级革命之后（17世纪），society开始明确地指一群为了同一目的而结合在一起的自由人。[③] 既然社会本身就带有"为达成目的"的含义，公共善（common good）的观念遂与之伴生了。而此观念被罗尔斯视为现代政治哲学的重要议题之一[④]，其典型的实现方式即是美国革命[⑤]。这也就意味着"群体

---

① [美]阿伦特：《人的境况》，第8～9页。

② 以上表述参见[美]阿伦特：《人的境况》，第15页。

③ [英]雷蒙·威廉斯：《关键词：文化与社会的词汇》，刘建基译，三联书店2005年版，第446～452页。"society"这个词在17世纪发生了分裂。"同伴""情谊"的意味被"company"继承，而"society"更多地表示一般的群体性关系，目的论的意味更强。

④ 参见[美]罗尔斯：《政治哲学史讲义》，杨通进、李丽丽、林航译，中国社会科学出版社2014年版，第5页。

⑤ 关于美国革命中的"自由人"的观念，可参见[法]托克维尔：《论美国的民主》上卷第一部分第五章，傅国强译，北京联合出版公司2014年版，第51～84页。

性”取代“自由”被视为人的本性。但正如阿伦特乃至亚里士多德正确指出的那样，群体性不足以将人与群居性动物（例如猴子、狮子、羚羊等）区分开来。此处发生的根本性颠倒在于，政治是以人为前提的，是人的自由的实现，“自由实际上是人们在政治组织内共同生活的理由”[①]；社会则是先行于人，人通过群体的身份被确认。

由社会对政治的无意识取代导致了对亚里士多德另一句格言“人是理性的动物”的误读。这句格言的最初表述是“zoon logon ekhon”，而在拉丁文中则被表述为“animal rationale”。严格来说，亚里士多德的表达应被译为“人是逻各斯的动物”。逻各斯最初的含义是说话、言语、演说、谈论等等。这天然与政治生活是一体的。“这一点首先不仅意味着真正的政治行动（就其处于暴力领域之外而言），要以言说来进行，而且更为根本的是，除了言说传达或交流的信息外，在恰当的时刻找到恰当的言辞本身就是行动。”[②]在言谈之中，包含或迫使道理、思想、理性、推理、思虑等的出现。[③] 理性对逻各斯的无意识取代，潜藏了认知理性乃至工具理性泛滥的可能性，特别是后者是现代社会最核心的运作方式之一。

由于两个无意识取代，人不再抑或说无法成为群体的先行条件，人总是某种人，总是某个角色（role）。“所谓‘角色’（role），或曰‘社会角色’，是由社会的角色分配结构决定的，这种社会结构，在儒学话语中叫作‘名分’或‘位’（positions）。一个社会共同体就表现为一个‘位’的系统，每一个人都在其中占有某种‘位置’，扮演某种‘角色’。这种社会结构实质上是一个人际关系结构，这种结构是由社会规范及其制度决定的。”[④]那么，理性即是与之匹配的能力，它有助于人理解社会规范、执行社会规范并更有效地寓居于其中。

因此，“现代”“社会”（modern society）的组合，既意味着遮蔽，更意味着断裂：遮蔽，且在观念上不允许“去蔽”。现代性意味着这样一种生存状态：“一个

---

① [美]阿伦特：《何为自由》，《过去与未来之间》，王寅丽、张立立译，译林出版社 2011 年版，第 139 页。阿伦特补充道：“在人的一切行为中，除了革命之外，其他时候，自由都不是目的，而是就是行为本身。”阿伦特所说的行为（action）就是政治生活（political living）。在《尼各马可伦理学》的英译本中，亚里士多德所说的“实践/行为”（πρακτικη）即被译为“action”。亚里士多德认为，“实践区别于制作，是道德的或政治的。道德的实践与行为表达着逻各斯，表达着人作为一个整体的性质（品质）”。简言之，实践即是政治。在阿伦特的思想中，action 这个词除了政治活动之外，还带有个体的独一无二之意味，与汉语中的“作”较为接近。

② [美]阿伦特：《人的境况》，第 16 页。相关的论述也可以参加亚里士多德《政治学》和《尼各马可伦理学》的讨论。

③ 参见[古希腊]亚里士多德：《尼各马可伦理学》，廖申白译，商务印书馆 2003 年版，第 8 页。

④ 黄玉顺：《“角色”意识：〈易传〉之“定位”观念与正义问题——角色伦理学与生活儒学比较》，《齐鲁学刊》2014 年第 2 期。

充满竞争且具个人主义的社会形势被视为是真正的社会形式的敌人。”[1]现代性建立起了一种“intimacy”[2],自由在两个意义上被剥夺。在实践层面,自由被权利取代,人被公民取代。个体与国家(state)之间的博弈,是显而易见的工具理性的运用。[3] 自由的源初意义,也就是在公共领域展示人的卓尔不群、与众不同,已不复存在,取而代之的是现代人营营役役、委曲求全。在精神层面,道德领地的扩张,使得一切“私心杂念”无所遁形。道德以及与之对应的 morality 就其词源而言,都是中性词,也就是某种被赋予的要求。[4] 例如,小偷的 morality 就是顺利偷盗且不被捕获。进入专制时代之后,这两个词都获得了正面的意味。道德成为某种道德。“高尚”意味着“被高尚”,这不是人的自我选择,而必须得到社会的认可。盗跖这样符合所有盗之美德的人物显然应当“被去世”[5]。思想固然是个体在思想,但思想的内容竟然也被群体所塑造。[6] 糟糕的不是意愿被社会压抑,糟糕的是意愿被理性地视为无须意愿,或者说,是人类在意愿

---

① [英]雷蒙·威廉斯:《关键词:文化与社会的词汇》,第 446～451 页。此观念尤其体现在“the social”这个词上。它后来成为社会主义(socialism)的词源。

② 对“intimacy”最初的讨论来自卢梭。这个词目前缺乏一个足够准确的汉语表达,有时会被译为“私密性”有时又译为“亲密性”。从其词源来看,似乎应被译为“无间性”,类似于“无孔不入”。这个词在现代的英语和法语中都有“性关系”的意味。这毫无疑问是私密的。但这种私密性却是从社会中画地为牢而得的,因而社会仍旧是先行的。所以,在卢梭的表达中,“intimacy”是与“authenticy”(本真性)非但不同,甚至是相互抗衡的力量,这种抗衡被阿伦特描述为一个叫“让·雅克”的人在反抗一个叫“卢梭”的家伙。

③ 西方现代政治哲学契约论的传统源自霍布斯的《利维坦》。在这部伟大的著作中,霍布斯将“趋利避害”的计算能力归结到人的本性,并将其视为理性能力的运用。蒙培元对工具理性有极精彩的分析,详见后文。

④ 韩愈即说:“道与德为虚位。”(《原道》)韩愈至少唤起了一种更为先行的视域,道家和佛家同样也在谈论道德,但与儒家的道德截然不同。这种意味在韩愈之前的汉唐儒学与之后的宋明儒学中都不存在。

⑤ 盗跖的故事见《庄子·外篇·胠箧》:“跖之徒问于跖曰:‘盗亦有道乎?’跖曰:‘何适而无有道邪?夫妄意室中之藏,圣也;入先,勇也;出后,义也;知可否,知也;分均,仁也。五者不备而能成大盗者,天下未之有也。’”这个在后现代看来颇具解构主义意味的说法,其实不过是在陈述道德的本义。

⑥ 民族情感就是这样一种现象。民族国家(nation)被理解为血缘和情感的共同体,同文同族。但是,民族国家本身就是现代性的产物,也就是自由人的联合。非如此,就不能理解“民族国家自决”的现代政治原则。事实上,在今天的世界范围内,真正意义上的单一民族国家微乎其微。state 的意味要远大于 nation 的意味。也就是说,民族国家不过是社会的具象而已。但是,现代哲学家却几乎无一例外地都有着深厚的民族情结,特别在中国哲学家的身上体现得尤为明显。这也就意味着,作为人类群体中最具有智慧和最具有理性的部分,仍然理所当然地把某种群体性的精神属性视为天然的人的存在方式。但在蒙培元看来,民族精神首先是主体性的,其次是历史性的事,最关键的是整体性的事,而非个体的简单集合。参见蒙培元:《怎样理解民族精神》,《学术月刊》1992 年第 3 期。

(国家利益高于一切)[1]或者人种(人的生物性本能)在意愿。舍勒不无讥讽地说,现代人的死亡不复以人的生命的消逝为准,而是以死亡证明、户籍注销为准。[2] 思想发生了分裂,think 内含的 desire(意欲)的意味被社会化了。“人之为人,而不是为某种人”的思考显得“迂远而阔于事情”。必须“像人类一样去思考”,其实就是说“像人类那样去意欲”,更通透地说是“不再意欲”。人类群体性地表现出平庸化[3],这才是西方式的民主生活中可怕的“平庸的恶”之由来。

反现代性的哲学家们勾勒出一幅“昔人已乘黄鹤去,此地空余黄鹤楼”的惨淡意境。自由的光辉徒然地照耀着这座愈来愈精致的楼台上,但屋中早已人去楼空。私人已逝,谁来凭吊自由?

但是,事情的真相是,人始终都在,人从未退场。

二、人的重现发现:《中国哲学主体思维》

“人始终都在”是自明的:始终有一种东西在冲击着现代性。不是尼采、福柯或阿伦特式的哲学之思,而是人的意欲之思——焦虑,现代人的焦虑。理性告诉现代人,一切无法被证实的东西都是不可信的,问题却在于可信的东西有时并不可爱。事情的真相是,当“谁”来“凭吊”自由之际,“谁”就在“凭吊”之情中卓然挺立了!

现代人在焦虑,这是当下的切肤之痛。但另一个声音却在说,这是经验,而经验并不可信——头脑和心灵分离了,精神分裂式的痛苦。既然体验无可否认,就必然是头脑出现了问题。因此,这是思维方式的问题。

何为思维方式?蒙培元说:

> 我所理解的思维方式,主要是从认识意义上说的,也就是从哲学认识论的层次上说的。但这是一种广义的认知,不仅包括主客体的对象性认识,而且包括本体论的存在认知和评价认知,既包括自觉的理性认识,也包括非自觉的非理性认识。思维就其本来意义而言,是一种认识过程或心理活动,但是任何认识过程或活动,都必须从一定的既成的思维模式出发,按照一定的思维程序或定势才能进行,不管是个体的还是社会群体的。这种“共时性”的思维方式在“历时性”的发展中,保持自身不变并深入到人们的

① 梅列日科夫斯基说:“谁会因着母狼的缘故而离开母亲?”([俄]梅列日科夫斯基:《路德与我们》,《宗教精神:路德与加尔文》,杨德友译,学林出版社 1999 年版,第 6 页)这个比喻颇有意味。母狼是源自罗马建城的传说,后用来代指国家(state)。

② 参见[德]舍勒:《死·永生·上帝》,孙周兴译,中国人民大学出版社 2003 年版,第 8～39 页。

③ 值得玩味的是,“公共善”(common good)就其词源来说,本身就蕴含了“平庸的”“庸俗的”意味。

> 心里，由自觉的思维活动变成不自觉的习惯性思维，由自觉的意识变成不自觉的无意识或潜意识，就是所谓深层的心理结构。①

在这段表述中，有几点极具揭示意义。其一，“主客体的对象性认识”仅仅是认知的一种。这意味着实证主义的科学以及西方近代的认识论传统并不能够涵盖全部认知活动。在此之外，还有“存在认知”和“评价认知”。其二，任何认识过程都是从一定的思维模式出发的。西方哲学家们的思考似乎并未意识到自身存在特有且固有的思维模式，特别表现在将现代性一般化的观念之中。其三，西方哲学家之所以对其思维模式无意识，在于“共时性”的思维方式已然成为“无意识”或“潜意识”。前文所述的两个无意识取代恰好印证了这一点。“两个无意识取代”作为历史事件的共同之处在于，它们都发生在拉丁文对古希腊文的转义过程之中。其真正的历史背景是罗马精神对古希腊城邦精神的取代以及基督教文明的兴起等一系列事件，而绝非哲学家们的观念。哲学家们的思考夸大了观念的作用，这又当归结为柏拉图的发现。② 文艺复兴和启蒙运动被想象为一次断裂式的跨越。自古希腊经中世纪再至近代的历史脉络遭到了人为切断。③ 某种意义上来说，这也是西方哲学的吊诡——在最需要实证精神的时候，非理性的成分起到了决定性作用。

蒙培元指出这是西方哲学的对象性思维方式。然而，对象性思维方式却是某种焦虑的结果。阿伦特名之为“笛卡儿式的噩梦”：

> 其一，实在性的噩梦，世界的实在性以及人类生活的实在性，都受到了怀疑；如果感觉、常识和理性统统不可信任，那么很可能被我们当作实在的东西只不过是一个梦。另一个噩梦涉及在这些新发现中揭示出的一般人类境况，和对于人来说，信任他的感觉和理性的不可能性；在这样的处境下，的确更有可能的是，一个邪恶精灵随心所欲地、恶意地欺骗人，他比起上帝来说更是宇宙的统治者。这个邪恶精灵的恶作剧的顶点是创造了一种具有真理概念的生物，但是只赋予了它一些让它从来都达不到任何真理，从来都不能确知任何事物的官能。④

笛卡儿的“我思故我在”(*cogito ergo sum*)应被更准确地表述为“我疑故我在”

---

① 蒙培元：《中国哲学主体思维》，东方出版社 1993 年版，第 183 页。

② 怀特海说：“整个西方哲学不过是柏拉图的注脚而已。”站在后来者的立场，很多观念的转变确实天翻地覆、令人惊异。从历史的视角来看，所有现代被视为“神性”的观念都有其文化习惯的传统。仅仅就美国、英国、法国等现代民主典范性国家之间的差异就足以体现这一点。

③ 启蒙运动是一个只被保留了其结果却被遗忘了其精神的历史事件。“启蒙”就其作为一种“反动”而言，是人的重新发现。这种精神显然在现代社会的逐渐形成中再次沉寂。

④ [美]阿伦特：《人的境况》，第 220～221 页。

(*dubito ergo sum*)。[①] 这是对自明性的焦虑,其实也就是在说:一切不能被证成的存在都是不可信的。这与其说是对经验的不信任,倒不如说是对科学实证主义的过分信任。在伦理层面上,充分地展现为马丁·路德式的精神分裂——无论多么深刻的个体经验,都无法证明这是上帝的天启还是魔鬼的诱惑。[②] 基本的观念是:可信任的必然是可证明(proved)的。这就必然导致共同感(common sense)的退却。而"共同感曾经是所有感觉之中的这样一种,由于它,所有其他严格私人性的感觉才适合于一个共同世界,正如视觉使人适合了这个可见世界一样,但现在共同感变成了一种与世界无任何关联的内在机能"[③]。换言之,人的欢笑、人的悲伤、人的焦虑,这似乎不是虚假的,但这无法在人类的层面被证实。[④] 于是,笛卡儿自省式的思考就其本质而言是一种退让:"在方法和内容上类似于拒绝真理,转向真实性(truthfulness);拒绝实在,转向可靠性(reliability)。"[⑤]同时就懦弱地认可了这样的观念:"心灵只能认识它自身生产出的东西,并且在一定意义上始终保持在它自身范围内的隐含假定之上。"(怀特海语)这几乎主导了全部近代哲学,直到孤独的胡塞尔(叶秀山语)将其发挥到极致。

但胡塞尔似乎从一开始就陷入了两难。胡塞尔的核心问题意识寻求科学的哲学,化解欧洲科学危机,并将其集中地表述为"内在意识如何切中外在超越物"。但他最深切的追问则在于:"在十九世纪后半叶,现代人让自己的整个世界观受实证科学支配,并迷惑于实证科学所造就的'繁荣',现代人漫不经心地抹去了那些对于真正的人来说至关重要的东西。"[⑥]他在早年的《逻辑研究》中即提出了"对象"和"意义"的划分,并把一切的问题归因到"伽利略的客观主义和笛卡尔的主观主义的分裂"[⑦]之上。但是,他却始终坚定不渝地恪守理性主义的

---

① [美]阿伦特:《人的境况》,第 222 页。

② 通常意义上来说,宗教改革被理解为自由人对天主教会、民族国家对罗马教廷的反抗。然而,对马丁·路德这位新教徒的"使徒"而言,他内心的焦虑才是一切问题真正的出发点和归宿。正如罗伦培登写道的:"路德生命中外在的巨大危机,使得妙笔生花的传记作家不禁为之目眩;但在路德看来,这一切比起他寻索神时内心的挣扎和激变,简直是微不足道。"(《这是我的立场——马丁·路德传记》,陆中石、古乐人译,译林出版社 1993 年版,第 3 页)马丁·路德是因为一次神奇的体验而成为修道士,但他的一生始终都在试图证明这次体验是来自上帝的天启而不是魔鬼的诱惑。这种焦虑伴随着他对律法苛刻的遵守、对罪孽虔诚的忏悔而愈发强烈。

③ [美]阿伦特:《人的境况》,第 225 页。

④ 事实上,现代自然科学在此方面作出了许多尝试。例如生物学、心理学、人类学等经验科学,即试图用实证的方式证明人的情绪是可被量化、统计乃至生产的。

⑤ [美]阿伦特:《人的境况》,第 222 页。

⑥ [德]胡塞尔:《欧洲科学危机和超验现象学》,张庆熊译,上海译文出版社 1988 年版,第 5 页。

⑦ [美]施皮格伯格:《现象学运动》,王炳文、张金言译,商务印书馆 2011 年版,第 123 页。

基本思维方式。这尤其体现在他对科学纯真的信仰和对海德格尔存在主义路向的批评之中。所有的一切都要回到"一切奇迹中的奇迹"的主体之中,"意义"在主体的意向性活动中被"本质直观"。但这个主体却自始至终都是主客二元对立对象性思维方式之下的认知主体。质言之,越是苛刻地退守,人与世界之间的鸿沟就越巨大。

蒙培元揭示出与对象性思维相对的另一种思维方式,即中国哲学主体思维:

> 传统思维方式有一个最基本的特征,那么在我看来,这就是经验综合型的主体意向性思维。就其基本模式及其方法而言,它是经验综合型的整体思维和辩证思维,就其基本程序和定势而言,则是意向性直觉、意象思维和主体内向思维,二者结合起来,就是传统思维方式的基本特点。其他种种特点,都是在这一基本特征的基础上形成的。[①]

虽然同为"意向性思维",却与胡塞尔所说的"意向性"大不相同:

> 从一定意义上说,中国传统的意向思维,类似于现象学,但又不完全是现象学的。它不是通过怀疑主义和思辨哲学的途径,把经验仅仅说成是现象的或主观的,从而主张意识本质的"还原",或者实行所谓"悬搁"或"括起",只从纯粹意识的本质中寻求世界的意义。中国传统思维始终是承认经验的,也是重视经验的(包括陆王那样的学说),并在经验的层次上,承认物质世界是客观存在的。但是,在如何认识世界和人生意义的问题上,确实又有意识"还原"的倾向,就是说,从主体意识出发,按照主体的需要、评价和意向,赋予世界以某种意义,并且把意识还原为某种本质的(或形式的)存在,由此决定了思维的基本模式或程式,因而具有明显的主体特征。
>
> 同现象学的最大区别是,中国传统思维不是用排除经验的方法,把"现象"仅仅局限在纯主观的范围内,从而"回到事物本身去",以便为世界"设定"意义。它承认现象既是主观的,又是客观的,是主观同客观、内在同外在的统一,主体意识的意向内容就是世界的根本意义,二者是完全合一的。[②]

这段表述清楚地指出两种思维方式存在根本性差异。分歧之处即是情感:

> 中国哲学主体思维,以主体的情感意向为基本定式,这是同中国哲学重视内在情感的特征分不开的。它从主体内在的情感需要、评价和态度出

---

① 蒙培元:《中国哲学主体思维》,第183页。

② 蒙培元主编:《中国传统哲学思维方式》,浙江人民出版社1993年版,第2页。

发，通过主体意识的意向活动（包括直觉、体验），获得人生和世界的意义。[①]

简言之，胡塞尔现象学是“纯粹意向性”，而中国哲学则是“情感意向性”的。这意味着在西方哲学传统中需要被证成或确认的经验，因为“情感”，从未被中国哲学排斥在意向性之外。这是因为，现代西方哲学理解的主体，首先是认知主体，而蒙培元却指出：主体就是人，人就是主体：

> 人作为主体，不仅是万物的“主宰”，能够与天地“参”；而且是宇宙的中心，能够“为天地立心”。[②]

这个判断几乎与胡塞尔所说的：“一切奇迹中的奇迹乃是纯粹的自我和纯粹的主体性”一模一样——人才是万物的尺度。[③] 甚至关于“意义”的讨论也颇相似：

> 这种思维（指中国哲学主体思维——引者注）通过对经验的过滤，具有明显的价值取向，其目的在于获得事物（包括人生）的“意义”，而不是事物的客观“性质”。现代哲学力图证明，对微观事物的认识具有主体性特征，实验观察离不开主体因素的参与，但这并不改变整个问题的性质，因为它基本上仍然属于对象性思维。就中国哲学思维而言，其特点在于，它不是认识事物的客观性质，而是获得人生的意义（包括人与世界的关系），甚至不是获得如同西方语义学或其他哲学所说的关于语言或世界的意义。这一点又是同人的存在问题联系在一起的。[④]

尽管都在追问意义，但对意义的理解却不相同。根据杨国荣先生的研究，西方哲学对“意义”的基本，要么将其归结为客观性（语言哲学），要么将其归结为实用性（实用主义），或者干脆将其解构（虚无主义、存在主义和解构主义）。“两者的共同之点在于预设了两个世界。以形而上的世界为价值的根据，其前提是‘真实世界’与非真实世界之分；同样，将目的规定为外在的赋予，也以设定人自身存在之外的超验世界或超越世界为出发点。”[⑤]也就是说，“意义”被等同于“目

---

① 蒙培元：《中国哲学主体思维》，第3页。

② 蒙培元：《论中国哲学主体思维》，《哲学研究》1991年第3期。

③ 普罗泰戈拉的这句名言已经在被严重误读的情形下使用了数千年。柏拉图在《泰阿泰德篇》中已经对其进行了分疏。严格来说，普罗泰戈拉说的是“人是一切使用物的尺度。”使用物（chrēmatōn）特指的是被人使用、需要或拥有的东西。不过，在现代的真理观，也就是从“共识”的角度来讲，按照通常的理解也并不为错，且赋予了这句名言新的、颇具有批判现代性的意味。

④ 蒙培元：《中国哲学主体思维》，第3页。

⑤ 杨国荣：《意义的追寻》，《哲学动态》2009年第9期。

的”（工具理性到场了）[1]。事实上，在胡塞尔和海德格尔的现象学中，已经发生了转向，“意义”即是“本质”。用海德格尔的话来说，追问存在其实就是追问存在的意义。

而情感哲学或儒家哲学并不追问世界的“本质”，而是追寻世界的“意义”，意即人的意义。因为“情感”，人被重新发现了。当然，这里所谓的“重新”仅仅是针对囿于对象性思维的西方哲学及其导致的现代人生存焦虑而言的。[2] 这也就对现代性危机之下个体的焦虑进行了回应：

> 在中国哲学中，人不仅是现实层面上的“社会角色”，而且是与生俱来的德性主体，而德性主体是直接“受”之于天而“成”之于人的。正因为如此，人是直接与天相通的，或直接与天“对话”的，一切的社会关系都是德性主体的现实“处境”。“处境”是被决定的，德性则是属于自己的，是由自己决定的，因而是自由的。全部问题就在于，人是一个双重性的存在，他既是受命于天的自由个体，又是社会关系中的角色，人的生命的意义即在于通过后天社会处境中的实践活动，实现自己的固有的德性，获得真正的自由。[3]

人始终都在。卓别林式的流水生产线上的现代人固然是现代性危机的体现，但如若没有人的自觉，就不会有人的“德性”，社会压根是不可能的。这是“意义的重新发现”。重新发现意味着人的意义从未失去，只是在西方理性主义的思维方式之下，它无法得到表达而已。

当然，这样的答复仍不足以彻底地回应现代性危机。如前所述，蒙培元把思维方式定义为“潜意识”或“无意识”。这个定义极容易招致的批评是：难道中国哲学主体思维不也是一种“无意识”吗？不也是一种习惯或文化吗？归根结底，不就是诸文化中之一种吗？如果它只是中国式的立场，又如何具有普遍性和一般性呢？

蒙培元的答复是，归根结底，人是情感的存在。[4]

---

① 阿伦特将其称为效用（utility）和意义（meaningfulness）的无意识混淆。前者的语言表达是“in order to”，后者则是“for the sake of”。在英语的词源中，“order”指的是“the act of putting things in a sequential arrangement”（将事物置于持续过程之行为），而“sake”则是“a reason for wanting something done”（欲求某物的原因）。目的（end）事实上被理解为了效用。效用则成为功利主义（utilitarianism）的词根。罗尔斯的政治哲学即是功利主义的一种。

② 至少这样的问题在亚里士多德那里是不存在的。

③ 蒙培元：《人・理性・境界》，《泉州师范学院学报》2004 年第 3 期。

④ 参见蒙培元：《人是情感的存在》，《社会科学战线》2003 年第 2 期。

三、人是情感的存在:《情感与理性》

思维方式体现在思维的过程中,其最终的结果导致了东西方哲学关注点的不同。蒙培元认为,最大的差异在于,中国哲学关注的核心问题是“情感”:

> 情感是重要的,但是将情感作为真正的哲学问题来对待,作为人的存在问题来对待,提出和讨论情感的各个方面……成为解决人与世界关系问题的主要话题,则是儒家哲学所特有的。这里所说的“哲学问题”,不是指哲学中的某一个问题,或哲学中的一个分支(比如美学和伦理学),而是指哲学的核心问题,或整个的哲学问题。在西方哲学中,也有将情感作为哲学问题来处理的,但在西方“分析思维”的传统之下,情感只是作为哲学中的一个问题或一个分支来处理的。[①]

中国哲学就其特质而言,是“情感哲学”[②],而西方哲学则是“认知哲学”。这个判断是极有意味的。通常而言,特别是在西方哲学的视域下,因为情感被视为“非理性”的,故而中国只有道德的说教(黑格尔语),并没有哲学。

但蒙培元指出,西方哲学中同样存在一条情感主义的脉络:

> 西方也有另一种传统,这就是“人文主义和经验主义”。十七、十八世纪出现了一批思想家,如卢梭、狄德罗、休谟等人,普遍关心、重视人的情感问题,并把情感同人的道德联系起来;后来的叔本华等人,甚至把情感特别是“同情”视为道德的共同基础。[③]

进入 20 世纪之后,“情感主义”在西方发出了新的呼声。代表性的学者包括摩尔、斯蒂文森、斯洛特等。其中斯洛特的思想与蒙培元形成了对话。[④] 但是,自从休谟区分了“是”与“应当”,并把伦理建立在同情心基础之上后,西方哲学就把情感划分到哲学的某个角落。蒙培元说:

> 同样是讲情感,却有很大区别。用情感解释伦理的哲学家,着重于“同情心”这一类的情感(休谟、叔本华等人),或是兴趣、爱好一类的情感(科学哲学家),而不涉及美学;用情感解释美学的哲学家,着重于“愉快”这一类

---

① 蒙培元:《情感与理性》,中国社会科学出版社 2002 年版,第 9～10 页。

② 蒙培元认为,中国哲学中也有理性主义和经验主义的“认知型”哲学,其代表是名家哲学和墨家哲学。但中国哲学的主流,儒、释、道都是“境界型”的,是情感哲学。关于境界的讨论详见后文。

③ 蒙培元:《人是情感的存在》,《社会科学战线》2003 年第 2 期。

④ 参见李高阳:《西方遇见东方——斯洛特、蒙培元情感价值体系比较》,《社会科学》2014 年第 5 期。

的情感(康德和其他许多哲学家),却不讲伦理学。①

西方哲学中的情感意味远不止蒙培元上述内容。例如,古希腊哲学家将其对智慧的追问,归结于"不宁静"(askholia)。不宁静是发问(ask)的来源,有些类似于孔子所说的:"不悱不启,不愤不发。"②"从沉思(contemplation)的角度看,到底是什么打扰了它必要的宁静并不重要,重要的只是它被打扰了。"③又例如,笛卡儿式的噩梦与马丁·路德式的精神分裂,归根结底,都是一种"焦虑"。当下固然可以将其解读为对"自明性"的"焦虑"。但对于"焦虑"者而言,"焦虑"**只是**"焦虑"而已。再例如,在苏格拉底学派那里,一切哲学的开端是什么?是"对存在的奇迹而感到震撼的惊奇"(亚里士多德语)。海德格尔再次重申了这种"惊奇"。"对存在这一事实的惊异,一再为哲学唤醒。莱布尼茨曾对这一震惊发问:'为什么存在者在而无却不在?'维特根斯坦颇有同感:'可惊的不是世界怎样存在,而是世界竟存在。'……海德格尔总结说:'震惊之情是哲学的arche(开端、原则)。'……震惊驾驭着哲学的每一步。"④即便是理性主义者最典型代表人物胡塞尔同样会说:

> 由于缺乏明晰性,由于犹豫不决的怀疑心情,我一直感到十分苦恼。只有一个需要使我念念不忘:我必须赢得清晰性,否则我就不能生活;除非我相信我会达到清晰性,否则我是不能活下去的。⑤

前述事实足以展示出,尽管情感确实在西方哲学中遭到了放逐,但"不宁静""焦虑""惊奇""苦恼"这些字眼仍然在传递着某种"情感"。海德格尔称之为"现身情态":

> 我们在存在论上用现身情态这个名称所指的东西,在存在者层次上乃是最熟知和最日常的东西:情绪;有情绪。……日常操劳活动中的无忧无扰的心平气和,或者受阻受抑的心烦意乱……存在作为一种负担公开出来了。为什么?不知道。……在情绪中,此在被带到它的作为"此"的存在面前来了。……在"某人觉得如何"之际,有情绪把存在带进了它的"此"。⑥

这里要做一个补充。似乎海德格尔以及前述诸例所谈论的都是情绪(sentiment)的事情,而非情感(emotion)。但在西方哲学中,二者从未得到真正

① 蒙培元:《情感与理性》,第12页。
② 《论语·述而》。
③ [美]阿伦特:《人的境况》,第8页。
④ 陈嘉映:《海德格尔哲学概论》,三联书店1995年版,第29~30页。
⑤ [美]施皮格伯格:《现象学运动》,第126页。
⑥ [德]海德格尔:《存在与时间》,陈嘉映、王庆节译,三联书店2006年版,第156~157页。

有效的区分。在英语中，sentiment 所表达的正是 a thought colored by or proceeding from emotion（出于情感之思）。在情（feeling）的意味上两者是一致的。[①]

但严格来说，情绪和情感是不同的。蒙培元说：

> 喜怒哀乐之情则广泛得多，在任何情况下都可能出现，随时随地都可能出现，这真是“人之常情”。……喜怒哀乐之情是说明“中和”的，“中”被认为是人的性情的重要的本然存在，也是人与人以及天地万物相处的根本原则。“中”者无过无不及之义，既不是过度的喜，也不是不到位的喜，而是喜得适中而恰到好处，怒、哀、乐也是如此。这是天即自然给予的，是天然合理的。[②]

简言之，喜怒哀乐这样的情绪，之所以能够被《中庸》单独拿出来讨论，是因为其具有广泛性和普遍性。所以西方哲学家不能也无法忽视情绪的问题。但《中庸》给出的原则是，第一，这些情绪是天然的；第二，这些情绪需要被“中和”。而“中和”就是“天下之大本达道”。蒙培元有的时候会使用“个人情感”（自然情感）和“道德情感”来区分情绪与情感。某种意义上来讲，情绪是生物性的、本能性的，人为情绪所困，陷于目的—手段的窠臼，沦为工具理性的“智能”，自然不得自由。阿伦特在讨论宽恕（forgiveness）之时，认为宽恕是自由的体现。因为宽恕不同于报复，后者是生物性的 reaction，类似于 reflection，既表示理性主义的“反思”，也表示生物学意义上的“条件反射”。[③] 因此，海德格尔现象学尽管在一定程度上抛弃了胡塞尔现象学的“纯粹意向性”，并正确地引入了“情绪”，他的思路可被命名为“情绪意向性”。这个发现在西方哲学固有的思维方式中当然是具有突破性的。

但是，海德格尔通过“情绪”发现“此在”，仍不足以将其视为对人的重新发现。不妨试想，一条荒野中流浪的饿狼，出于饥饿之故，同样会“在情绪中，此在被带到它的作为‘此’的存在面前来了”。那么，这仍然是生物性的。众所周知，海德格尔一生追问的核心问题是存在问题。在问题意识上，他最初承继了其师胡塞尔的工作，也就是“为科学奠基”[④]。通过对胡塞尔现象学更彻底的还原，他

---

① 蒙培元对情感和情绪进行了细致的区分，详见后文。

② 蒙培元：《情感与理性》，第 182～183 页。

③ 详见[美]阿伦特：《人的境况》，第 187 页。

④ 详见《存在与时间》第三节的相关讨论。

揭示出了一个“前形而上学”的思之视域，从而转入了存在/生存论的维度。[①] 这个维度在某种程度上回应了笛卡儿的噩梦（胡塞尔的苦恼），展示的“此在”这样的“主体”是如何可能的。这是基于情绪分析对西方理性主义传统的解释。至此，海德格尔和蒙培元提供的结构仍然是相似的。质言之，西方理性主义的基本结构是“性—知—欲”，而海德格尔和蒙培元则认为应当是“性—情—欲”[②]。但是，海德格尔在回应“这样的”“此在”何以可能之时，也就是在展示（αποφαινεσθι）平庸的常人何以可能。在对畏、怕等基本情绪进行讨论的基础上，他认为良知乃是“在其无家可归的根基处现身的此在就是良知呼声的呼唤者”[③]。正如黄玉顺正确指出的：“这种所谓‘良知’没有任何道德内容，而仅仅是一种‘道德中值（Adiaphora）。……单个的存在者对其‘能是’这种可能性的倾向，只不过是他意欲摆脱自己的被抛弃境况‘所是’的冲动而已。这种欲望显然是中性的，即可善可恶的，从而只是一个空洞的形式。”[④]海德格尔没有提供坏的东西，但也没有提供好的东西。这里只有一种特殊的生物，而非高贵的存在者。尽管此在能够通达存在，但因为存在问题被置换为存在的意义问题，所以海德格尔的工作无非是“某种生物的自我理解”而已。换句话说，海德格尔固然唤回了理性专制主义消解了的“共同感”，但糟糕的是，在现实层面，特别是在海德格尔的生活境况中，这已然是在“平庸之恶”之下的“共同感”了。[⑤]

在这个意义上，完全可以理解海德格尔在西方学界遭到的质疑。不仅仅是对于他私德的谴责，而是他的思想缺乏超越或积极的维度。同样也可以理解，情感（其前提是情绪并未与情感得到有效区分）为何在西方哲学的传统中被忽视。在认知理性看来，情感始终是私人的，是无法被统计或量化的，故而不具有一般性和普遍性，当然应当被抛弃；与之相反，生物学、心理学等学科的工作，则不断地把人拉低到生物的层面，人的高贵本质无法彰显，当然无法接受。其实这两者都有共同的科学实证主义的基础。“在西方，从一开始就有关于情感与理性的争论。柏拉图就严格区分了理性、情感和欲望，并确立了理性的主导地

---

① 胡塞尔现象的意向性思维可以用如下图示来表示：主体—（经验）—（客体）。括号中的部分是经过两次还原之后被悬搁之物，胡塞尔要构建的是“内在意识的意向性结构”。海德格尔更加彻底地将“主体”也纳入括号之中。于是，问题转换为了“此在”的“在此”，也就是“此在”这一特殊的存在者如何在“操心”之中“在此”，“在……之中”，“共在”。

② 蒙培元：《情感与理性》，第220页。

③ ［德］海德格尔：《存在与时间》，第317页。

④ 黄玉顺：《儒学的生存论视域——从蒙培元先生〈情感与理性〉说起》，《中国文化论坛》2004年第2期。

⑤ 在这个意义上来说，海德格尔和纳粹之间的关系是符合其逻辑的。可以理解，但必须谴责。或者说，海德格尔对纳粹的沉默乃至那个时代德国人对纳粹的狂热本就是“平庸之恶”给人类带来的最大、最残酷的后果。

位。他的著名的'人拉马车'的比喻,把理性置于最高地位,把情感和欲望看成被理性驾驭的工具,这实际上开创了西方理性主义的传统。这样一来,道德问题就被置于理性范畴之下,用理性的方式去解决,而与情感没有关系。"[①]简言之,自由与情感是不相干的两件事情,是截然断裂的。

西方哲学对于情感的放逐,是对人的体验的自明性之怀疑,是对象性思维方式的必然结果。这就是在说,情感就在那里,却惨遭遮蔽。在此意义上,不妨再来看看蒙培元对于现代社会的解读:

> 西方理性主义的发展,已经产生了一个现代工业社会,创造了巨大的科技成果与物质财富,但人却变成了理性及其创造物的对立面,出现了"异化"。因此,西方普遍出现了对理性的批判,这就是所谓后现代文化。但是,这种批判,不能理解为完全否定理性,抛弃理性,它只是批判理性的至高无上的"权威"与"专制",重新找到人的存在。他们宣称重新发现了人,提倡"完整的人",他们认为,人不仅是"理性的动物",人要比理性复杂得多,丰富得多。这实际上是正确的。情感问题被提出来了,意志问题被提出来了,还有人性中最底层的东西也被提出来了(比如"无意识""潜意识"之类)。由于他们对"理性"已经有一个传统的先入之见,因此很多人声明自己是非理性主义者。事实上,他们对情感、意志等等看法,确实是非理性的,他们所说的情感,多是恐惧、颤栗、发抖、痛苦、焦虑等等,连康德的"敬畏"也不讲了;他们所提倡的意志,则主要指强力意志、权力意志,康德的"自由意志"就更不讲了。[②]

因此,现代性危机是情绪的危机,更是思维方式的危机。

情感哲学的看法却不同。虽然"儒家所说的情,在大体上可以和西方哲学通常所说的情绪情感和激情在同一共同范围内使用,却还不完全相同"[③]。情感有两层意思。其一,它与情绪之间并不能够被断然分开,有其自然性。否则人与自然、人与生态[④]、人与其他生物之间就不可能和谐相处。其二,情感不离情绪又高于情绪。蒙培元强调:

> 如果说中国传统哲学只是主张感性情感,仅在经验心理学的层面,那当然是错的。正好相反,中国传统哲学所提倡的,是美学的、伦理的、宗教

① 蒙培元:《心灵超越与境界》,第28页。

② 蒙培元:《心灵超越与境界》,第436页。

③ 蒙培元:《情感与理性》,第32页。

④ 蒙培元在结束了情感与理性的相关研究之后,转入了对生态哲学的研究。2004年出版的《人与自然——中国哲学生态观》(人民出版社2004年版)一书是此研究领域的代表著作。

的高级情感，绝不是情绪反应之类；是理性化甚至超理性的精神情操、精神境界，绝不是感性情感的某种快乐或享受。……是自我实现的“高层心理”，而不是弗洛伊德式的“深层心理”。[①]

所以，蒙培元得以区分“欲望”的两层含义：

第一个层面是从目的性意义上理解和使用“欲”字的，“欲”是人的道德目的的具体表现。在这个意义上，“欲”不仅是正面的，而且十分重要，并与道德情感有内在联系。……就心理机能而言……这个“欲”与人生的终极目的有关，且有其内在的依据，即仁德。……第二个层面是从生理心理层面上说的，“欲”就是人的生理欲望以及现实生活中的各种物质欲望。这个层面上所说的“欲”……主要是与生物性的自然情感相联系。[②]

前者是道德的、德性的，后者是自然的、生物性的。在这个意义上来说，霍布斯关注的是第二个层面的欲望，而休谟则只看到第一个层面的欲望。其实荀子早就提出了“礼以养欲”的思想。这里的“养”，有两层意思：第一层是“滋养、满足”，也就是社会规范的建立，要能够满足人的“生理欲望”“自然情感”；第二层是“驯养、培育”，也就是社会规范能够对人的欲望进行调节，从而使得其是合乎群体性生活所需的。[③]“欲必不穷于物，物必不屈于欲，两者相持而长。”不能把人等同于生物，但更不能把人的生物性简单地抛弃掉。

因此，人是情绪/情感的存在。蒙培元关于“真情实感”的论述极为精彩：

所谓“真情”，就是发自内心的最原始最真实的自然情感；所谓“实感”，就是来自生命存在本身的真实而无任何虚幻的自我感知和感受。……“真情”之所以为“真”，因为它是“实感”之情；“实感”之所以为“实”，因为它是“真情”之感。二者结合起来，就是儒家所说的情感。[④]

他接着借用王阳明“人情事变”之说阐述道：

“事变”就是人生的历程，但它在人情里，“除了人情事变，则无事矣”，这句话再清楚不过地说明，人不是别的，就是情感的存在。人每日每时都

---

① 蒙培元：《心灵超越与境界》，第 21 页。

② 蒙培元：《情感与理性》，第 203、205、206 页。

③ 相关论述详见《荀子·礼论》。原文是：“礼起于何也？曰：人生而有欲，欲而不得，则不能无求；求而无度量分界，则不能不争；争则乱，乱则穷。先王恶其乱也，故制礼义以分之，以养人之欲，给人之求，使欲必不穷于物，物必不屈于欲。两者相持而长，是礼之所起也。故礼者，养也。刍豢稻粱，五味调香，所以养口也；椒兰芬苾，所以养鼻也；雕琢刻镂，黼黻文章，所以养目也；钟鼓管磬，琴瑟竽笙，所以养耳也；疏房檖貌，越席床第几筵，所以养体也。故礼者，养也。”

④ 蒙培元：《情感与理性》，第 25 页。

处在“事变”中,“事变”是各种各样的,在人的一生中,所经历的“事变”,可谓层出不穷,但所有的“事变”,“亦只在人情里”,即都是在情感中发生的。反过来说,“人情”也是通过“事变”表现出来的,喜怒哀乐之情是在具体的事变中表现的。因此,“人情事变”就是人生的一切,也是人生的“忙碌”,这种“忙碌”不是没有价值没有意义的,其价值和意义就来自于“事变”中的“人情”。“事变”有客观的因素和条件,但“人情”中的“事变”就不只是被动的、消极的客观过程,即不是物理的、机械的运动与变化,而是有喜悦,有悲伤,有快乐,这才是人生。正是从这个意义上说,人除了“人情事变”,就再也没有什么了,也没有什么可说的了。①

因有“情”,方有“感”②。因有“人情”,世界方有“意义”③。中国哲学中的“世界”与 world 存在根本性的差异。“世界”不应被理解为人类寓居于其中的“篾网”,而是“空间”延展与“时间”的结构。汉语中“世界”与“宇宙”“时空”是完全对等的。这个表达与海德格尔所说的世界极为相似。④ 而阿伦特则把世界理解为“人的境况”,也就是“一切的物因为与人发生关联,从而成为人之境况的一部分”。

因有“真情”,方有“实感”。在这个意义上,海德格尔的“现身情态”、笛卡儿的“噩梦”乃至古希腊哲人的“惊异”,都是“人情事变”。蒙培元的弟子、生活儒学的提出者黄玉顺先生“接着讲”:

从一开始,“情”就兼有两层基本含义:情感(人情);情实(事情)。在中国观念史、儒学史上,当“情”浑然不分地兼指人情与事情并且“情”与“性”并无截然分别的时候,此“情”为本源之情,这是原典儒学的观念,也是当代儒学正在复兴的观念;当“情”严格地分别各指情感与事情并且情感被置于

① 蒙培元:《情感与理性》,第 26 页。

② “感”在《周易》中作“咸”。《易经》的《咸卦》保留了一首非常热烈的男女欢爱之歌。热恋中的少男少女在疯狂的欢爱中愉悦且沉迷。参见黄玉顺:《易经古歌考释》,巴蜀书社 1995 年版,第 148、152 页。

③ 这里并不是说,因为有“情”,世界才“存在”。这种表述固然并不为错,却因对“世界”和“存在”的流俗理解,容易招致误读,特别是“唯心论”的误读。存在也应当在任何本体论的意义上把握。海德格尔早已指出,这是把存在存在者化了。

④ 海德格尔提出了四种世界的观念,分别是世界的四层含义:(1)作为存在者整体。(2)存在论术语,作为某一类存在者的范围,如:数学的世界就是数学家研究和处理的范围。(3)世界还可以在另一种存在者层次上的意义下来了解,这时,它不被理解为本质上非此在的存在者和可以在世界之内照面的存在者,而是被了解为一个实际上的此在作为此在“生活”“在其中”的动词。在这里又有各种不同的可能性:世界是指“公众的”我们世界或者是指“自己的”而且最切近的“家常的”周围世界。(4)世界最后还指世界之为世界的存在论生存论上的概念。世界之为世界本身是可以变为某些特殊“世界”的任何一种结构整体,但是它在自身中包含有一般的世界之为世界的先天性。参见[德]海德格尔:《存在与时间》,陈嘉映、王庆节译,第 75 页。

> “性→情”架构之中的时候，此“情”为形下之情，这是帝国时代儒家形而上学的观念。[①]

“事实”就是“事情”，“事情”就是“情事”。人就是情感的存在。科学史的历史史实也表明，即便是自然科学的创新，从一开始，绝非为了合乎某种目的，亦非改进工具，而是基于对人的理解、对情感的满足。

然而，尽管在“人是情感的存在”表述中，仍包含了情绪的维度，但仍不足以对人的本质达成足够清晰的界定。人之异于其他一切存在者的根本，在于情感。唯真性情方有真自由。

四、真性情方有真自由：《心灵超越与境界》

“真性情方有真自由”的命题需要在两个角度实现证成。由于自由是人的本质，因而，必须在情感哲学的基础上解释自由在西方哲学传统的降格何以可能？复因自由的降格最终归结于理性的降格，所以，又必须首先回应理性的降格。

（一）理性的降格

在蒙培元看来，西方近代以来所谓的理性却绝非真正的理性。他说：

> 理性是一个含义和使用范围十分广泛的概念，在不同的时期，不同的哲学家各有不同的理解和使用，但是，有一个最基本的含义是共同的，或者是西方哲学家都能够接受的，这就是指人的理智能力。这种理智能力在数学与逻辑中得到突出表现，如数学原理与证明，逻辑概念的分析与推理，并将这种能力运用到哲学思辨中，就成为理性。但是，在西方哲学的发展中，理性由思辨理性转变成认知理性，进而变成工具理性，当今则称之为“智能”，即单纯的认识能力。[②]

蒙培元的这段论述清晰地展示了理性的“降格”：理性由“思辨理性”转变为“认知理性”进而转变为“工具理性”。而“工具理性”的特点是：

> 工具理性的特点，则是功利的，实用的，讲求普遍有效性，可操作性，表现在理论上是形式化，数学化，表现在方法上则是精确化、程序化，表现在实践上则是可操作性。科学技术的广泛运用就是如此。[③]

---

① 黄玉顺：《儒家的情感观念》，《江西社会科学》2014 年第 5 期。

② 蒙培元：《情感与理性》，第 17 页。

③ 蒙培元：《目的与工具——儒学与现代文明的一个理论课题》，《北京社会科学》1997 年第 4 期。

工具,正如其名所示,乃是"为……之用而制造"的,是合目的性的。在现代性的开端,也就是前述望远镜的发明这一事件发生之后,"我们都能发现技艺人的典型态度:他对世界的工具化,他对工具的信任,对人造物生产者的生产力的信任,他相信手段—目的的范畴适用于所有范围,他认为每个问题都可以用功利原则来解决,每一种人类动机都可以还原到功利原则"①。这种观念特别地表现在霍布斯式的社会契约与罗尔斯式的正义原则之中。

正是因为工具—目的的范畴:

> 在人与自然之间架起了一座中介性的认识论桥梁,通过这种桥梁,不断向自然界索取,以满足人类的物质欲望。②

这就是认知理性。前文曾述,理性对逻各斯的无意识取代,是现代性的两大观念事件之一。更严格地说,"认知理性"对逻各斯的无意识取代,才是真正的原因。海德格尔在《存在与时间》中对"逻各斯"(λογοζ)有过精彩的分析:

> Λογοζ作为话语,毋宁说恰恰等于δηγουν:把言谈之时"话题"所及的东西公开出来。……λογοζ是让人看某种东西,让人看话语所谈及的东西,而这个看是对言谈者(中间人)来说的,也是对相互交谈的人们来说的。……λογοζ之为αποφανσιζ,其功能在于把某种东西展示出来让人看;只因如此,λογοζ具有综合的结构形式。……它等于说:就某种东西同某种东西共处的情形来让人看,把某种东西作为某种东西来让人看。……唯因λογοζ是让人来看,所以它才可能是真的或假的。……"真在"……说的是把话题所及的存在者从其遮蔽状态拿出来,让人把它当作去除掩蔽的东西来看,也就是说,揭示话题所及的存在者。……如果揭示的形式不再是纯粹的让人来看,而是在展示过程中回溯到另外某种东西,从而让人把某种东西作为某种东西来看,那么,在这样一种综合结构里就有蒙蔽的可能性。"判断的真理"却只是这种蒙蔽的反例而已——也就是说,是一种另有几重根基的真理现象。③

这个脉络非常清楚。逻各斯作为话语,就其本义而言,乃是"展示"。但正因为有展示之意味,方有了所谓"真"与"假"。同时,因在展示中回溯的另外的东西(根据),那么,方有了符合论式的真理观。因而,逻各斯的遮蔽之路,与真理的遮蔽之路是一致的:

---

① [美]阿伦特:《人的境况》,第242页。

② 蒙培元:《目的与工具——儒学与现代文明的一个理论课题》,《北京社会科学》1997年第4期。

③ [德]海德格尔:《存在与时间》,第38~40页。

> 传统的真理定义表明……真理是物与知的符合。但也可以说：真理是知与物的符合。……基督教神学的信仰……本质上，真理无非是指协同，也即作为受造物的存在者与创造主的符合一致，一种根据创世秩序之规定的“符合”。但这种秩序在摆脱了创世观念之后，同样也能一般地和不确定地作为世界秩序被表象出来。神学上所构想的创世秩序为世界理性对一切对象的可计划性性所取代。世界理性为自身立法，从而也要求其程序（这被看作“合逻辑的”）具有直接的明白可解性。命题真理的本质在于陈述的正确性。①

其最初的意味是话语及在言说中人的自我展示。但随后成了陈述—事实—理念（创世观念），再随后成了陈述—命题—事实—可计划性。这种符合论的真理观最终将真理的根据建立在某种确定无疑性上，而人要做的就是“符合”。但是，新科学和实证主义的兴起，最终的确定性被理解为“社会的”。符合论的真理观的背后是独断论。而独断论恰恰是一切专制主义的密友和帮凶。康德也有类似的表达。他认为，现实的理性则仅仅是私下运用的理性，是“一个人在其所受任的一定公职岗位或职务上所能运用的自己的理性”②。

理性的降格导致了理性专制主义。

真正的理性是什么呢？

> 西方哲学通常所说的“理性”，是指人的理智能力，包括形而上学的思辨能力，其特点是概念化、形式化、逻辑化。从这个意义上说，儒家确实没有这样的“理性”概念，也没有从这个意义上提出情感与理性的关系问题。但是，理性还有另一层意义，这就是“实践”方面的意义。人们的思考“实践”方面的问题时，能够提出具有**普遍性**、**必然性**、**客观性**的概念范畴，而不同于认知理性，这也是一种理性思考或理性能力。从后一层意义上去看，中国哲学所说的“义理”“性理”，就是一种理性。③

将理性把握为“普遍性”“必然性”“客观性”是中西兼有的。康德说，真正的理性是公开运用的理性，也就是人对于知识全体的思考以及在公开场合宣讲思考结果的自由。④ 在西方而言，正是古希腊所说的“努斯”精神。在古希腊哲学中，阿那克萨戈拉对努斯进行了新的解读，并奠定了其哲学史的地位。努斯具有两层

---

① [德]海德格尔：《论真理的本质》，孙周兴译，孙周兴选编：《海德格尔选集》，上海三联书店1996年版，第215～217页。

② [德]康德：《答复这个问题："什么是启蒙运动?"》，《历史理性批判文集》，何兆武译，商务印书馆2010年版，第27页。

③ 蒙培元：《情感与理性》，第54页。

④ 参见[德]康德：《答复这个问题："什么是启蒙运动?"》，《历史理性批判文集》，第27页。

意味。首先是普遍性和必然性的意味。阿那克萨戈拉说:“别的事物都分有每个事物的部分,只有努斯是无限的……因为它是万物中最精最纯的,它有关于一切事物的所有知识,具有最大的能力。……所有一切过去存在的东西,一切过去存在而现在已不存在的东西,以及一切现在存在和将来要存在的东西,都由努斯安排有序。”[①]努斯既是万物的目的因,同时也是动力因。在苏格拉底、柏拉图和亚里士多德的思考中,他们都对其进行了继承。第二个层面的意味则是,因为人是有灵魂的,人就分有了努斯的目的和动力,故人可以认识普遍性和必然性。柏拉图给努斯下了一个精确的定义:“凡是灵魂都是不朽的——因为凡是永远自动的都是不朽的……这种自动性就是灵魂的本质定义。”[②]在这个意义上来说,努斯是逻各斯的前提和基础,逻各斯是努斯的一种样态,而思辨理性、认知理性、工具理性又是逻各斯的不同样态。

在这个前提下,可以讨论两个基础性的概念:哲学(philosophy)和形而上学(metaphysics)。哲学,就其本义而言,是爱—智慧,是对普遍性和必然性的追问,如前所述,是与努斯精神一致的。这种追问本身就是自由。而形而上学,就其本义而言,是物理学之前,是对实体或第一因的研究。[③] 哲学是一种行为(action),是不断尝试作出全称判断并达成对世界的理解的行为;形而上学是一个结果,也就是哲学作出的全称判断。所谓哲学史的研究,其实只能是对形而上学系统的研究。在实证主义的维度上,或者说,在公共性的维度上,既然哲学作为人之幽思不得不诉诸公共性的话语,那么,形而上学对哲学的无意识取代,就是理所当然的了。因此,海德格尔完全可以说出这样的话来:“哲学即形而上学。”但在伦理层面上,特别是社会—国家层面上,形而上学会自然地表现为意识形态(ideology)。意识形态并不必然意味着专制主义,但专制主义一定会有其意识形态根基。反现代性的思想家对哲学的批判,其实质是对形而上学的批判,是对独断论的真理观乃至其背后的专制主义的批判。

(二)自由的降格

“自由”的降格与理性的降格几乎是同一脉络的。

在古希腊,自由最初被理解为对生存必需性的免除。其体现即是政治生

---

① 转引自汪子嵩等:《希腊哲学史》,人民出版社 1988 年版,第 911 页。

② 《柏拉图文艺对话集》,朱光潜译,人民文学出版社 1983 年版,第 119 页。

③ 亚里士多德在《形而上学》中说:“有一门学术,它研究‘实是之所以为实是’,以及‘实是’由于本性所应有的禀赋。这与任何所谓专门学术不同,那些专门学术没有一门普遍地研究实是之所以为实是。它们把实是切下一段来研究这一段的基本原理:例如数学就是这样做。现在因为我们是在寻找最高原因的基本原理,明白地,这些必须是禀于本性的事物……所以我们必须认清,第一原因也应当求之于实是之所以为实是。”

活，也就是人得以摆脱家庭（生存）的生物性存在方式，从而在人群中展示自我的与众不同。自由之所以是人的本质，是因为每个人都是与众不同的。因而，自由即不朽（immortality），不朽不是永恒（eternity）。后者是物的属性，或世界的属性。Immortality 就其字义而言，是不死。但古希腊把死亡理解为去世，也就是离开人群。奴隶固然在生理上活着，但他放弃了政治生活，也就是去世了，因而早已死去。所以，不朽不是长生不老，而是持久在世。换言之，尽管人的肉体必将朽坏，但人却能够"永世长存"。这与中国传统所说的"三不朽"（立德、立功、立言）略有相似之处。"不朽"之所以得以"不朽"，其前提是世界的永恒——公共领域的持久存在，"世"的持久存在。这个思想在现代政治哲学中得到了继承。现代社会中的一部分群体，被剥夺了参与政治活动的机会，从而也就被剥夺了人的本质，其实已经被杀死了。在这个意义上来说，这是现代必须应对的正义的问题。

柏拉图这样的哲学家，又发现了另一种自由。这种自由继承了自由的早期含义，即对必需性的免除；却又把必需性扩大到了因果律，建立起了"努斯—理性—神"的结构。[①] 最初，"神"在某种意义上略等于柏拉图的理念世界。但因为这种自由和城邦生活之间存在着冲突（奴隶是被去世，哲学家则是离世），自由并未成为政治讨论的范畴。

进入中世纪之后，特别是以奥古斯丁为代表的基督教哲学家，提出了此岸—彼岸世界的二分。神被基督教的上帝取代。于是，人被转换为"位格"（person），自由从外在的自由，相应地转换为脱离俗世的修道士式的自由，内心的自由。但奥古斯丁说："与其说人拥有自由，不如说他来到世界上，就等于自由在宇宙中的显现。人是自由的，因为他是一个开端，而且在宇宙已经形成之后被创造出来……在每个人诞生的时候，这原初的开端都得到了重新确认，因为每逢这个时刻，某种新的东西就降临到了这个已经存在且在一个人死后还将继续存在的世界上。因为他是一个开端，所以他能创新；成为人和成为自由是一回事。"[②]这显然带有强烈的基督教色彩，也就是人的自由本源于上帝的创世。同时，人的自由带有鲜明的目的性，也就是上帝存在的证明。

随着两个无意识取代的发生，特别是启蒙运动的发生，"**努斯—理性—神**"的结构被"**逻各斯—理性—科学**"的新结构取代。此岸—彼岸之间的鸿沟非但不因世俗生活的兴起而消弭，反而扩大了：世界被理解为客观的、对象性的存在者集合。但这只是散乱的猬集，并意味着存在问题，也就是努斯提供的整体性的失落。人摆脱了一个上帝，却投入另一个上帝的怀中。人不再是，或无法再

① 参见汪子嵩等：《希腊哲学史》，人民出版社 1988 年版，第 921 页。

② ［美］阿伦特：《何为自由》，《过去与未来之间》，第 159 页。

是特殊的存在者，而只是众多存在者中的一个而已。特别是生物学、心理学、生命哲学等等学科的形成，使得人的一切都成为"统计学"意义上的一般。正如梅列日科夫斯基所说："我们成了不可胜数的、无名的自我：这就是我们的需要。我们首先要求的是与世人相似，有甚于蚂蚁像蚂蚁，一片叶子像另一片叶子，因为这些东西至少还有互不相像之处；我们要彼此相像，如一滴水像另外一滴水一样。我们不想成为完整的整体，而成为部分；不想成为一个单位，而成为片段；首先成为人体、人群、部落有机的单子，然后成为在我们看来构成世界的物质团块的物理原子。"①知识和价值发生了断裂。"前者是认识之事，不是情感之事；后者是情感之事，不是认识(或知识)之事。这是从休谟到罗素等西方哲学家的看法。"②

这样，现代政治哲学讨论的自由，就在两个维度上形成了。一个是消极自由，即权利。这种观念继承了古希腊自由观的片段："公民与城邦国家之间的冲突。"③但必须强调的是，在古希腊，冲突之所以发生，是因为人就其本质是自由，而在现代看来，则恰恰在于人的现状是不自由。此外，毫无疑问地附加了"目的"的内涵。特别是功利主义的自由观。罗尔斯是其集大成者。这其实是工具理性思维方式的结果。而另外一个层面，"历史事实则是，意志现象最初体现在这样一种经验中：我愿意的我不做(what I would I do not)，另外还有一种是我愿意—却—不能(I-will-and-cannot)。对古代来说未知的，不是有可能'我—知道—却—不愿'(I-know-but-I-will-not)，而是我愿意(I will)和我能(I can)不是一回事，即意愿和能力是不一致的"④。对于现代人而言，政治哲学只是"权利"的事情，或者干脆称之为"分配正义"，而自由则是潜在的脱离政治的自由(a potential freedom from politics)。离群索居、茕茕孑立。

当然，无论如何，在现实层面，特别是在群体层面，人从未真正实现过任何意义上的自由。前述只是观念的清理。如果注意到现代社会中日益缜密的社会分工、层出不穷的专家建议、铺天盖地的媒体宣传，人群中的绝大多数(几乎就是全部)都已经被彻底社会化了——被专家规训的同时也规训着他者。权利的争取，某种程度上说，仅仅只能是被给予的。

然而，如前所述，这仅仅是在西方理性主义对象性思维方式之下的问题。情感哲学则提供了超越的向度。

---

① [俄]梅列日科夫斯基：《路德与我们》，《宗教精神：路德与加尔文》，第3页。

② 蒙培元：《情感与理性》，第49页。

③ 相关论述可以参见[英]阿克顿：《自由史论》，胡传胜等译，译林出版社2001年版。

④ 阿伦特：《何为自由》，《过去与未来之间》，第151页。

(三)心灵的超越

1.情感的整体性

整体性始终都在。这绝不因理性主义的支离破碎而消亡,西方的哲学家们过高地估计了观念的力量。人最古老的诉求,爱—智慧,始终都在。蒙培元通过对“性理”“情理”“名理”等观念的考察,以及对“由情以见性”“指情而言性”的分析[①],展示了“情感的整体性”:

> 儒家承认人类有共同的情感,共同情感是人的德性具有普遍有效性的证明。但这所谓普遍有效性,不是从经验上说的,不是心理经验的集合或“统计学”意义上的一致,而是以先天的或先验的“性理”为其普遍有效性的保证(特别是宋明理学,这一点更加明显)。但是,这样的先验理性(性理)是潜在的,只能在情感经验中实现,在情感经验中获得其现实性,从而使人的生命具有“意义”,因此我们说,它是一种“具体理性”。如果从另一个角度来看,它又是一种“目的理性”。……在儒家哲学中,天是最高存在,天道的根本意义在于“生”,自然界处于“生生不息”的过程中。“生”的哲学隐含着一种目的性,即向着完满性不断生成,人就是自然目的性的实现。但这所谓“实现”,本身就是目的,是目的性的活动,以完成宇宙大生命的目的为目的。这就是儒家的“继善成性”说。[②]

如果自由就其本义而言是对因果律的免除,那么,一切合目的的选择都不是自由。如果必须寻求某种目的的话,那么,人就是目的本身。自由地寻求自由。这是目的也是动力。但人的自我完满和自我实现,绝非基督教意义上的完成,而是“天人合一”的“大生命的目的”。之所以得以如此,在于普遍性和必然性。而普遍性和必然性又绝非实证主义意义上的证明,乃基于人类的共同情感。世界不仅仅是情绪意向性构建的负担,更因情感而亮丽了起来。如果说霍布斯、休谟等西方哲学家关于人性的考察是一个设定,那么,儒家所说的“人同此心”“心同此理”其实就是在说“**人同此情**”。这是人的生活给予的自明性。

2.情感的推扩

情感给出了世界的自明性,更能够引领人走向超越之路。蒙培元在探讨“孝”的时候,这样来说:

> 孔子所说的“孝”,虽然建立在自然情感之上,却又高出自然之上。表现在行动上,不仅要尽其赡养父母之责,更要有“敬爱”之心,这种“敬”的情

---

① 详见蒙培元《情感与理性》第五、第六、第七等三章的分析。

② 蒙培元:《情感与理性》,第22页。

感，断然是动物所缺乏或者所没有的。这是一种“文化”意识上的情感。孔子说过，如果对父母之爱只表现在能“养”，即供养其生活，那么，这类事对犬、马等家畜也能做到，那还叫什么“孝”？“孝”作为“孝”，其真正含义是“敬”，即尊敬父母，虽然它以爱之情为基础。这不仅是报答父母的养育之恩，而且包含着对父母的勤劳、奉献和人生经历的尊敬。①

这段表述分为三层。首先，爱亲是自然情感。不仅人同此情，甚至许多动物也同此情。其次，尽管人的爱亲有动物性的赡养，但更有对父母的敬。爱作为一种情感，其具体的表现是“利之则喜”。何谓利？“得之则喜。”在逻辑的意义上，因为爱，才有爱之者与被爱者。爱之者的行为要使被爱者获利，“因为你开心，所以我才开心”。这种行为当然带有目的性，因而必然蕴含着工具理性的思考。但是，最终回到自己内心的“悦”，却又不是功利性的，而是情感的实现。因为爱亲，所以会观察、会认知、会了解，所以必然包含了认知理性的维度。王夫之论“几谏”说得极好：“盖人子欲亲，不忍陷之于恶，关心至处，时刻警省，遇有萌芽，早知差错，恰如自家慎独工夫一样细密。”②“遇有萌芽，早知差错”意味着深切地关心和深切地了解。于是，有了第三层意味：文化的意味。在儒家看来，人在不同的情境之中，会有不同的伦理身份，且随着情境的转换，伦理身份也在转换。那么，爱亲就要“观志”，也就必然了解其情境，了解其身份，了解其所处的一切规范。因此，“孝”这样的情感是可以推扩的：

“孝”固然出于对父母之爱，但又不止于此。作为生长点、发端处，它是不断生产、不断发展的，也是不断扩充的，所以它最终通向仁德。③

由“孝”而扩充到蒙培元对孟子“四端”说的解读：

孟子所说的“端”，实际上有两层含义，一是原始性，一是道德性。就前者而言，它只是一种“存在”或一种“本能”，未经过思维的训练与“过滤”，是“未加思索”而有的。……如果说这是由社会文化的“沉淀”“积淀”而形成的“潜意识”未尝不可。……实际上，孟子完全是从人类个体行为的观察中得出这个结论的。……就后者而言，它确实是“道德”的。……“凡道德都是社会的道德”，这是当下很多人的说法。……“四端”这种情感，是有社会意义的，但孟子不是从社会来源而言的，他是从人的天生的心理机能而言的。……“四端”之情之所以是道德的，就因为它作为人的“德性”之所以能够形成的内在的心理机能，是有道德意义的。……就人而言，“乃若其情，

---

① 蒙培元：《情感与理性》，第 29 页。

② （明）王夫之：《读四书大全说》，中华书局 1975 年版，第 252 页。

③ 蒙培元：《情感与理性》，第 37 页。

> 则可以为善矣”，这种可以“为善”之情，就是“四端”之情。这不是将道德价值和意义附加在人的自然情感之上，而是道德本身便有善的目的性，因而表现为“四端”之情。①

这段话再清楚不过了。“四端”是情感，“四德”是道德。“四德”当然是社会性的，但又必须建立在“四端”的根基之上。情感就是道德情感。“四端”固然不足以涵盖所有的道德情感，但重要的是儒家开启了这种进路。现代性理解的道德，恰恰是本末倒置。又因为情感是有对象性的，“比如恻隐之心主要是对生命而言的，辞让之心主要是人类尤其对长者而言的”②，故而内含了工具、目的的理性思考。

于是，这就敞开了一个维度：境界。如果说，自由即人的本质，自由即人与其他一切存在者截然不同的本质，那么，自由就在于境界的追寻和实现。

3.超越与境界

境界是中国哲学的传统思想。什么是境界呢？蒙培元说：

> 究竟什么是境界？……它是精神生活的问题，是心灵的问题。可否说，境界是心灵“存在”经过自我提升所达到的一种界域和境地。③

在现代中国哲学中，冯友兰先生最早也是最系统地阐述了境界说。在《新原人》中，他将人的境界分为了四个层次：自然境界、功利境界、道德境界和天地境界。④ 大体来说，各境界的特征如下：

> 自然境界的特征是：在此经济中底人，其行为是顺才或顺习底。在此境界中底人，顺才而行，“性乎其所不得不行，止乎其所不得不止”。无论其是顺才而行或顺习而行，他对于其所行底事的性质，并没有清楚底了解。严格地说，在此种境界中底人，不可以说是不识不知，只可以说是不著不察。有此种境界底人，并不限于在所谓原始社会中底人。即在现在最工业化底社会中，有此种境界底人，亦是很多底。
>
> 功利境界的特征是：在此种境界中底人，其行为是“为利”底。所谓“为利”，是为他自己的利。在功利境界中底人，对于“自己”及“利”，有清楚底觉解。他了解他的行为，是怎样一回事。他可以积极奋斗，他甚至可以牺牲自己，但其最后底目的，还是为他自己的利。
>
> 道德境界的特征是：在此种境界中底人，其行为是“行义”底，对于人之

---

① 蒙培元：《情感与理性》，第178～179页。

② 蒙培元：《情感与理性》，第140页。

③ 干春松、蒙培元：《心灵与境界——访蒙培元研究院》，《哲学动态》1995年第3期。

④ 冯友兰：《境界》，《冯友兰自选集》，首都师范大学出版社2008年版，第219页。

性已有觉解。他了解人之性是涵蕴社会底。在道德境界中底人，知人必于所谓“全”中，始能依其性发展。社会与个人，并不是对立底。人不但须在社会中，始能存在，并且须在社会中，始得完全。

天地境界的特征是：在此种境界中底人，其行为是“事天”底。在此种境界中底人，了解于社会的全之外，还有宇宙的全，人必于知有宇宙的全时，始能使其所得于人之所以为人者尽量发展，始能尽性。他觉解人虽只有七尺之躯，但可以“与天地参”；虽上寿不过百年，而可以“与天地比寿，与日月其光”。①

与西方的自由观大致可形成如下对应关系：

境界说	自然境界	功利境界	道德境界	天地境界
自由观	不自由	现代自由（权利）	古希腊自由	努斯（去政治自由）

必须指出的是，由于思维方式的根本差异，二者是不对等的。特别是天地境界。古希腊的努斯精神固然提供了普遍性、一般性和必然性，其目的却是说明“人何以能够认识必然性”，与中国哲学所说的“天人合一”绝不相同。特别是此岸—彼岸的二分，对世俗生活的抛离，是与儒家“入世”的精神完全无法契合的。冯友兰恰恰认为，在此境界，非但不是“无我”，反而是“有我”。不止“有我”，更是“大我”。而在道德境界中，冯友兰认为是“无我”，也就是“无私”。这与古希腊自由所说的“非私人”有相似之处，但后者却有强烈的主体意味。

由于从一开始就遮蔽了情感的向度，在西方哲学对象性思维方式之下，即便在理论上，自由都是不可能的。积极自由的结果是离世独居，消极自由的结果是营营役役。人既然不可能和必然性合而为一，人就始终只能在因果律之下存在。

情感哲学理解的自由是什么呢？就是孔子的“从心所欲不逾矩”：

至于“从心所欲”之欲，不是感性欲望，更不是为所欲为，而是自由意志，它与绝对的道德律即“天命”是相通的，因而是一种自由境界。这里所谓“自由”，不是对客观必然性的认识，或被认识了的必然性，而是对天命之德有自觉理解的意志自由。在这里，主观与客观达到了统一，个人的“欲”与普遍绝对的“矩”达到了统一，这个“矩”作为道德律，不在主体之外，就在主体之内，是自我认识、自我决定的普遍原则。所谓“境界”就是指这种主体意识与普遍原则的统一。对心灵而言，境界似乎是在外的，是与心灵相

---

① 冯友兰：《境界》，《冯友兰自选集》，第219～224页。

对而存在的，但实际上，它正是心灵所造之境，绝不是存在于心灵之外的某种对象以及对其有所认识。[①]

简言之，自由的最终实现，不是对因果律或必然性的免除，而是二者合而为一。又如何达成自由呢？这就是心灵的超越：

他(指冯友兰——引者注)所说的天地境界，并不是以“大全”为彼岸，心为此岸而超越之……“自同于大全”的天地境界，从某种意义上说，就是实现人的本体存在，也是自我提升、自我实现的过程。一方面，他要超越自我，进到“无我”的境地；另方面，他又不能离开现实的自我，只能在自我中实现超越。[②]

境界，归根结底，是心灵的意向性功能的创造性：

中国哲学认为，心不是一面静止的镜子，而是具有无限创造力的活动过程。正是心灵的活动与作用体现了心灵的“存在”。……从“生”的意义上解释信，更富有哲学意义。中国的心灵哲学就是建立在这一解释之上的。它从人的生命推到宇宙生命，再由宇宙生命说明人的生命，最终落在心上。……更重要的是，重视心灵的功能特征，在于创造一种人格类型，即“圣人境界”。“圣人”处在不断实现的过程之中；“圣人”是心灵所创造的境界。通过心灵的功能和创造性作用而实现“天人合一”境界，就能成为“圣人”。[③]

而最终，又回到或落实到情感之上：

儒家的最高境界是“仁”和“诚”，二者都是从道德情感、道德意志出发的，是出于情感而超情感的心灵境界。但是，“仁”的境界不仅超越了个人的“私情”，而且实现了与“天道”的沟通，“仁”的境界就是“天人合一”境界。“天”或“天道”不仅是道德本体，而且是宇宙本体。所谓“本体”者，只是一种潜能和潜在目的性，是“生生之道”，即生生不息之意。[④]

“任何人的境界，都是个人的境界。”[⑤]这也就意味着，天地境界的实现，即是自由的实现，也就是人的实现。在现代性危机的背景之下，蒙培元的情感哲学之思敞开了一个西方哲学无法触及的进路。

---

① 蒙培元：《从孔子的境界说看儒学的基本精神》，《中国哲学史》创刊号，1992年11月。

② 蒙培元：《评冯友兰的境界说》，《学术月刊》1991年第5期。

③ 蒙培元：《心灵超越与境界》，第8～11页。

④ 蒙培元：《心灵超越与境界》，第96页。

⑤ 干春松、蒙培元：《心灵与境界——访蒙培元研究院》，《哲学动态》1995年第3期。

卢梭说:“人生来就是自由,却无不在枷锁之中。”人既然生而自由,又怎能被枷锁?人类历史上从未也不可能会有西方哲学传统中的自由,但情感哲学的态度是:唯真性情方得真自由。

蒙培元"情感儒学"对"自由儒学"的启发意义*

郭　萍

此次会议是我第一次与蒙先生见面，可以说是百感交集。作为蒙门后学，我很想做些什么来回报蒙先生对我学习和思考的启发，而我所能做的，也是最应该做的，就是对蒙先生的思想有所继承和推进。

其实，我早在本科学习期间就接触到了蒙先生的研究成果，主要是蒙先生在中国哲学史方面的成果，例如《中国哲学主体性思维》《理学范畴系统》等都是我学习中国哲学史时的一些重要的参考书。可以说，蒙先生的哲学史研究帮助我打下了中国哲学的知识基础。在多年之后，我有机缘成为蒙门后学，又开始从哲学理论的创发和逻辑演进的角度来理解蒙先生的思想，主要就是关注他创建的"情感儒学"。我是在初步了解黄玉顺老师的"生活儒学"之后，进一步追溯其理论渊源，才进入"情感儒学"的思想世界，领略到其中丰富而深邃的内容和其中孕育的思想火种。经过这样一个追本溯源式的学习和思考过程，我对蒙先生一生的思想旨趣以及他所开启的理论方向有了一个整体性的把握。

在我看来，蒙先生的"情感儒学"复显了儒家最本真也最可珍视的思想旨趣。其实，情感在原始儒学中是非常重要的一脉，但在秦汉之后，情感却被逐步边缘化，乃至被渐渐遗忘了；特别是意识形态化的程朱理学盛行之后，在"天理"与"人欲"不可调和的紧张关系中，情感与人欲一起作为一个负面的因素，完全被否定、压制下来。近现代儒学的发展受到西方哲学的理性主义影响，也未充分重视儒家思想的情感特质。而蒙先生重新发现儒家的根本特质在于情感，据此建构了"情感儒学"，目的就是阐明"人是情感的存在"，这其实是以一种现代儒学的形态复活了原始儒学的精神。而且，他从"情感儒学"的角度给予理性一

---

* 原载黄玉顺主编：《"情感儒学"研究——蒙培元先生八十寿辰全国学术研讨会实录》，四川人民出版社 2018 年版，第 172～176 页。

个合理的定位，也即“情理合一”，也就是说，“情感儒学”是一个“合情合理”的理论。所以，黄玉顺老师认为，蒙先生继承发展冯友兰先生而开显出的这一儒学派别，可以称为“情理学派”，我深为赞同。

当然，“情感儒学”最突出的一点就是将情感置于根本的地位，并且以情感作为解释一切的出发点，这是一个极具启发意义的思想。蒙先生在《情感与理性》一书中有这样一段话，给我留下了深刻印象，他说：

> 儒家哲学不仅赋予情感以特殊重要的地位，在人的存在问题上具有重要意义，而且并没有将情感与理性对立起来，而是寻求二者的统一，并由此建立起具有普遍有效性的德性之学。儒家的德性之学从心理基础而言是建立在情感之上的，情感固然是心理的、经验的，但就其来源而言又是先天的，不是在后天经验中获得的。所以，情感可以“上下其说”。……这不只是一个“说法”的问题，这是一个基本的“旨意”或“信念”。[①]

这段话让我深受启发。我认为，从当代儒学理论的创新发展的意义上讲，以“情感”为根本来解释一切，能让儒学话语的独特性凸显出来，既有别于西方，也有别于道、法、墨诸家，具有很强的话语辨识度。此外，儒家从情感视角解答现实问题，能够获得一种有力的论证，因为儒家在这方面有足够的文献支撑，完全可以作出一种有理有据的解释。更根本的是，情感可以“上下其说”，这就释放了新的理论诠释空间。比如，黄老师的“生活儒学”就是体现了“情感儒学”释放出来的理论空间。他首先继承了“情感儒学”的根本特质，从情感出发来解释一切，就此提出生活情感是一切的大本大源；但同时又有新的发展，就是将情感置于一个新的、更为本源的视域上加以理解，即在形下层级的情感，例如道德情感之外，提出了“本源情感”。这是一个重要的理论创新。还有宋大琦研究员构建的“礼法学”，则是“情感儒学”在形下层面上的理论发展，特别体现了“情理合一”的特点。通常讲到“法”就是理性的、冰冷的东西，是排斥情感的，但“礼法学”恰恰是将情感诉求作为立法、行法的初衷和目的。

而我本人在尝试探索的“自由儒学”，其实也同样受益于此。此前我曾专文谈过“生活儒学”对“自由儒学”的启发以及二者之间的理论关联[②]；而在蒙先生的论著中虽然没有专文谈过现代自由问题，但不乏自由问题的思考和对自由价值的追求。2016 年，我曾通过访谈的形式，让蒙先生谈了他对自由问题的看法，在这其中就能反映出“自由儒学”与“情感儒学”在思想上的共识。其中，蒙先生谈到，自由本来是一种权利，不过有古代与近现代的区别；同时，自由是一种价

---

① 蒙培元：《情感与理性》，中国社会科学出版 2002 年版，第 18～19 页。

② 参见郭萍：《自由何以可能——从“生活儒学”到“自由儒学”》，《齐鲁学刊》2017 年第 4 期。

值，价值是由情感决定的，而不是由认知决定的。[①] 这些都与我的看法一致，所以我想，"自由儒学"应该把蒙先生思想中的这一面向充分展现出来。

其实，我目前在"自由儒学"构想中提出的三个层级的自由观念，也与情感有着直接而密切的关联。

从自由的渊源（所谓"本源自由"）上讲，自由源于生活本身，而儒家乃是以仁爱情感为最根本的旨意和信念，这与西方的存在主义者将生活存在本身理解为烦、畏、焦虑等情绪以及负罪感不同。因此，儒家会将生活本身理解为仁爱情感，将生活的川流不息理解为仁爱情感的不断涌现，这种"生生"的仁爱情感，让人作为主体成为可能，而人作为主体的在世方式和生活状态就是自由，因此，人在成为主体的同时，也就赢获了自由。

从本体层面的自由（所谓"良知自由"）讲，仁爱情感的本体化、对象化乃是人的绝对主体性，也就是良知本体，而良知自由与良知本体是同时俱在的，是良知本体的显现方式和存在状态，这可以说也是一种"即存有即活动"（当然不是牟宗三意义上的）。因为"良知自由"在绝对本体的层面上反映着良知本体的存在，否则我们无法亲证良知本体，所以，"良知自由"是绝对主体性的现身方式。蒙先生曾指出：

> 仁爱之情表现为知情合一之时，便是个体化的精神自由，所谓"知"就是"是非之心"，所谓"情"是"好恶之心"，虽说二者合一，但是有层次之分，情含有知，但知不含有情，这说明良知是一种情感，情感达到极致时，便是至善。无滞、无固，千变万化，这就是自由。[②]

这也是对"良知自由"的一种解释。虽然"良知自由"是一个观念论意义上的自由，但它是现实自由的根本依据，从逻辑上讲，形下层面的自由无非是"良知自由"的现实展开。

从经验层面的自由讲，"自由儒学"认为，现实当中的政治自由、道德自由、经济自由等，不仅有"良知自由"作为哲学本体论依据，而且不离仁爱情感的渊源，但同时在其实现过程中必须运用理智进行制度设计。事实上，关于现实自由的讨论，无不涉及制度的理性设置问题，从学理上讲，唯有如此才符合儒家"合情合理"的思想立场。但更为现实地讲，唯有理性的制度设计和实施，才能切实保障人们的政治诉求、道德诉求、经济诉求，而这也就是政治自由、道德自由、经济自由的实现。这些自由既是一种现实的权利，也是一种情感诉求。只有不断地推进和实现各个社会领域的自由，人们才能在现实生活中真正作为社

---

① 参见蒙培元、郭萍：《情感与自由——蒙培元先生访谈录》，《社会科学家》2017年第4期。

② 蒙培元、郭萍：《情感与自由——蒙培元先生访谈录》，《社会科学家》2017年第4期。

会主体而生活。

以上仅是就我个人而谈的，这也只是“情感儒学”继续发展的理论方向之一。除了上述所及的理论学说之外，南京大学李海超提出的“心灵儒学”、华侨大学杨虎提出的“悲观哲学”等，也都是受益于蒙先生的“情感儒学”而发展出来的新的儒家理论学说。这其实已经表明蒙先生的“情感儒学”为当代儒学的发展开出了一个富有思想活力的支脉，因此也值得当代学者继续探索、推进。

最后，衷心企盼蒙先生早日康复，也祝愿郭老师身体健康！

儒家境界论的心理学转向与情感论转向

——评蒙培元的“心灵境界”说*

李海超

今天，我想着重谈谈蒙先生情感儒学中的心灵境界理论。我认为，蒙先生的心灵境界理论有两个特别重要的贡献：一是在继承冯友兰“人生境界”说的基础上，进一步推进了儒家境界论的心理学转向；二是扭转了冯友兰“人生境界”说的理性主义特征，实现了儒家境界论的情感论转向。

一、儒家境界论的心理学转向

我们知道，“境界”一词原本不是儒家的术语，用“境界”一词系统地阐释儒家关于人生修养、心灵状态的学说乃是近代以来的事情。但我们不能因此说，儒家的境界论诞生于近代，因为传统儒学对人生修养、心灵状态问题有着丰富的讨论。所以我们只能说，儒家境界论之“实”是故有的，而儒家境界论之“名”则是近代产生的。儒家境界论的转向正是伴随着其“名”的运用而发生的。

近代学者主要是从两个方向来诠释儒家境界论的。

一是存有论的方向，代表人物是唐君毅。唐君毅先生第一次以“心灵境界”之名详细地诠释了人的心灵所能开显的九个境界。在唐先生这里，“境界”一词有着明显的“存有”或“实在”特征，它不局限于人的主观心理状态，更多强调的是不同的存有“境域”。这些境域固然离不开心灵，由心灵所开显，但心灵本身并不仅仅是主观的“作用”，它同时也具有“存在”的特性。因此，心灵不是对某

* 原载黄玉顺主编：《“情感儒学”研究——蒙培元先生八十寿辰全国学术研讨会实录》，四川人民出版社 2018 年版，第 177～181 页。

种“境域”的反映，相反，它具有“造境”“创生”的功能。此即王阳明所说的“意之所在便是物”。唐君毅虽反对单方面谈“心变现境”，强调“心境相互为用”，但对于心灵的造境功能、存有意义他是不反对的。[①] 对于心灵的存有意义，牟宗三的表达最为明确，他说：“吾人之依心意知之自律天理而行即是德，而明觉之感应为物，物随心转，亦在天理中呈现……因为此中之心意知本是纵贯地（存有论地）遍润而创生一切存在之心意知。”[②]这是从存有论的方向谈心灵的“境界”。由于这种方向乃是宋明道学之境界论的根本方向，因而实际只是宋明道学之境界论的发展，而不是转向。

二是心理学的方向，即将“境界”完全收归主体心理之中，弱化境界的“存有”意义，强调主体内心的作用和状态。这一方向的奠基者是冯友兰。冯友兰通过对儒家思想的研究，提出了著名的“人生四境界”说。在他的“境界”理论中，“境界”的本质不是“存有”，而是宇宙人生对于人的“意义”。他说：“人对于宇宙人生在某种程度上所有底觉解，因此宇宙人生对于人所有底某种不同底意义，即构成人所有底某种境界。”[③]所以，在冯友兰这里，境界是呈现在人的主观心理中的；境界的不同，关键在于人对世界“觉解”的层次不同。因此，冯先生的“境界”观念强调的是人的主观意义世界，是人的心理作用或状态，而不是某种实在的境域或情形。从“存有”到“意义”，从心灵的造境功能到心灵的心理状态，冯友兰实现了儒家境界论的心理学转向。

蒙先生的境界论是沿着冯友兰所开拓的心理学方向进一步发展的。他明确指出：“境界则不是任何实体，既不是主体心灵中的‘神性’实体，也不是宇宙万物的绝对实体”，“境界既然不是实体，也不能用实体论去解释，那么它究竟是什么呢？”“我们说，它‘不是什么’，境界是一种状态，一种存在状态或存在方式。这种状态既是心灵的自我超越，也是心灵的自我实现。说它是‘超越’，是对感性存在而言的；说它是‘实现’，是对潜在能力而言的。超越到什么层次，境界便达到什么层次，实现到什么程度，境界便达到什么程度。”[④]依蒙先生的观点，境界即人的心灵状态，境界的提升就是人的感性心灵状态的提升，而提升的手段，则是人潜在心灵能力的运用。说得简单一点，境界乃是人发挥某种心理能力而实现的主观心理状态或意识状态。正如蒙先生所说：“境界具有主观性……这

① 参见唐君毅：《生命存在与心灵境界》，《中国现代学术经典·唐君毅卷》，河北教育出版社 1996 年版，第 10 页。

② 牟宗三：《圆善论》，吉林出版集团有限责任公司 2010 年版，第 249 页。

③ 冯友兰：《新原人》，《贞元六书》，中华书局 2014 年版，第 599 页。

④ 蒙培元：《心灵超越与境界》，人民出版社 1998 年版，第 412～413 页。

里所说的'主观性',正是人的存在的特殊性,是一种意识状态。"[①]这就将境界论完全拉入主观心理领域。

二、儒家境界论的情感论转向

以上所讲,主要涉及的是蒙先生对冯友兰境界论的继承,接下来,我要着重谈谈蒙先生境界论的创新性。蒙先生境界论的创新性在于,他在继承儒家境界论的心理学转向的同时,进一步实现了儒家境界论的情感论转向。

在冯友兰那里,境界提升所依赖的心灵能力是"觉解",觉解是近于认识或理性的一种能力。他说:"人做某事,了解某事是怎样一回事,此是了解,此是解;他于做某事时,自觉其是做某事,此是自觉,此是觉。"[②]当然,"觉解"不只是认识事物,还包括把握事物对人生的意义。但无论如何,"觉解"缺乏情感的色彩。由此,冯先生所讲的境界,主要是由心灵的认识或理性能力实现的。但蒙先生却指出,境界需要人的情感能力的参与,人的心理境界是情感与理性的混合状态。他说:"精神境界的实现不仅需要'思'(认识)与觉(直觉),而且需要'体'(体验)与'行'(实践功夫)。它们各有不同意义,不同层次,却又是相互联系的。就是说,认识不是纯粹概念的认识,直觉不是纯粹理智的直觉,而体验也不是纯粹情感的体验,功夫也不是纯粹方法的功夫。四者各有所司,但又是互为条件、相互包涵的。其中,体验与功夫非常重要。"又说"境界必须是情与理合一、本体与功夫合一的心灵存在的状态,不是纯粹理性或逻辑的认识或'真理'"。[③] 这里所谓的"功夫"与"本体"是实践问题,而不是心灵功能问题。故从心灵功能的视角而言,在蒙先生这里,心灵境界主要表现为主体心理内部情感与理性的关系。那么,不同的心灵境界,也就表现为情感与理性的不同关系样式。当然,心灵境界也会涉及意志(意向)问题,但由于意志在根本上是由情感和理性驱动的,因此从根本上讲,心灵境界所关涉的主要是情感与理性的关系问题。

上面讲到,蒙先生认为,境界的提升其实就是人的感性心灵状态的提升。事实上,感性心灵状态的提升,即人的心灵由感性向理性的发展过程。人的感性存在主要表现为质朴的情感存在,故心灵感性状态的提升,或者说心灵境界的提升,也就是朴素情感的理性化过程。对此,蒙先生说:"谈心灵境界问题,不

---

① 蒙培元:《知识,还是境界?——评冯友兰的中国哲学史"总结"》,《中国社会科学院研究生院学报》2001 年第 3 期。

② 冯友兰:《新原人》,《贞元六书》,第 571 页。

③ 蒙培元:《心灵超越与境界》,人民出版社 1998 年版,第 404～405 页。

能不谈情感，谈情感问题，不能只谈个人的感性情感，还必须谈到普遍的共同情感，必须谈到高尚的理性情感”，“中国的心灵境界说虽然重视情感与体验，但是并不提倡个人的‘私情’，它是反对‘私情’的。……如果‘以其情顺万事而无情’，即代之以大公至正之情，客观化理性化之情，则能够‘廓然而大公，物来而顺应’，喜以其‘当喜’，怒以其‘当怒’，便能实现‘天地万物一体之仁’的境界。这样的情就是理性化的情感，‘当喜’‘当怒’之‘应当’，是情感理性化的结果，不是在情感以外，有一个‘应当如此’的绝对命令”。[①] 需要注意的是，这里所谓情感的理性化，并不是纯粹理性制约情感的结果。因为在蒙先生看来，没有独立于情感之外的理性。

结合蒙先生的“情感儒学”，既然人在根本上是情感的存在，而人的本性又主要由心灵体现出来，那么，情感也是心灵的根本存在状态。因此，蒙先生的境界论可称为“情本境界论”。蒙先生的情本境界论的心理学趋向及其对心灵境界之“情—理”关系的还原，有助于儒家心灵修养论与现代心理学、心灵哲学、心智科学的衔接，对儒家心灵哲学的当代开展具有重要意义。这又涉及西方心灵哲学和心理学的问题，我不再对此展开过多的论述。

① 蒙培元：《心灵超越与境界》，第425页。

如何"接着讲"蒙培元先生的情感儒学*

杨　虎

我谈两个问题，一是为什么说蒙先生的情感儒学是一种原创性的儒学理论，二是能否以及如何"接着"情感儒学讲。

蒙先生的儒学理论，是一种原创性的儒学和哲学建构，有学者称之为"情感儒学"。那么，我们首先会想到的一个问题是：在什么意义上蒙先生的儒学理论可以称为"情感儒学"呢？关于这个问题，学者们论述的角度各有不同。我想再谈两点：蒙先生的思想理论首先是一种儒学理论，而这又与蒙先生的儒学理论是以情感为基础观念的这一点具有内在关联。所谓基础观念，是说一个思想理论系统赖以展开并与其他系统相区别的具有原初奠基性的观念。蒙先生所谈的情感具有这两个方面的特征：就其作为原初奠基观念而言，情感儒学的理论系统都是建构在情感观念的基础之上的；就其不同于其他思想系统而言，这又是情感儒学的原创性所在。

首先，蒙先生的情感观念具有原初奠基性。我们都知道，蒙先生提出了一个著名的哲学命题："人是情感的存在。"众所共知，在人类哲学史上，有很多关于"人"的定义，例如"人是理性的动物""人是发明和使用符号的动物"等等。似乎是，我们可以随意就人的某一方面能力来谈"人是什么"，也可以像康德那样，着眼于人类心灵的统一性，就其知性、意志和情感方面的能力来界定"人是什么"。从这个视角来说，蒙先生"人是情感的存在"的命题似乎也只是就人的情感能力方面来界定"人是什么"。但实际上，蒙先生的这一命题着眼的并非人的某一方面的能力，而是揭示了人这一主体性存在者的原初存在方式，人之为人生成于此。所以，蒙先生指出："情感，且只有情感才是人的最根本的存在方

---

* 原载黄玉顺主编：《"情感儒学"研究——蒙培元先生八十寿辰全国学术研讨会实录》，四川人民出版社 2018 年版，第 182～186 页。

式。”正是在这个意义上说，“人是情感的存在”这一命题所揭示的是人这一主体性存在者的原初存在方式。由此，也可以推出，“人之为人”正是在情感领悟的基础上才是可能的，即主体性诞生于原初的情感领悟。

那么，蒙先生的这一思想是否可以被看作一种儒学理论呢？我想，这里无须过多的解释，我们只需要提到孔孟儒学的基础观念就可以了。孔子儒学的基础观念是“仁”，即仁爱领悟；孟子从“恻隐”“不忍”的情感领悟出发，展开了“尽心、知性、知天”的主体性形而上学进路。毫无疑问，孔孟儒学都是从某种情感领悟出发的，正如孟子所说，“仁，人之安宅也”，仁爱情感是人（主体性）之家。顺便指出，这是儒学与西方哲学所不同的一点。我曾经有篇文章谈到过，西方哲学讲“语言（逻各斯）是人存在的家”，而儒家哲学则认为“仁爱是人存在的家”。在这个意义上，我们说蒙先生的命题是典型的儒学理论，“人是情感的存在”无疑蕴含着“情感是人存在的家”之义。

这种具有原初奠基性的情感观念，使得蒙先生的情感儒学区别于其他的儒学理论。我们知道，在传统儒学的言说中，情感是形而下的观念，例如小程说过：“仁自是性，爱自是情，岂可专以爱为仁？”小程这句话是在批评韩愈“博爱之谓仁”时所提出的“仁”与“爱”的区分，他的意思是说，爱的情感是一种形而下的情感意识，不能用来表达“仁”的根本义，即形而上的性体、理体之义。由此，在宋明理学的言说中，情感不具有奠基性作用，而只能是被奠基的观念。而蒙先生与此不同，把情感视为原初的奠基观念，这不仅是更加相应于孔孟儒学的真义，而且揭示了情感并非仅仅有形而下的层级，而且可以有更加本源的观念层级。这就是说，在人们通常的理解中，情感仅仅是一种形而下的观念；但实际上，儒学的情感观念中还有一种本源的情感，这是前主体性的情感领悟，在这种本源的仁爱领悟中，那种形而下的、相对的、分别的情感意识尚未生成。

正因此，相较于中古时代的儒学，蒙先生的情感儒学理论体现了儒学现代转型中的情感转向，这也是我们这次会议的主题。

其次，关于能否以及如何“接着”蒙先生的情感儒学讲的问题，我想谈一些粗浅的想法。这里我要提到情感儒学的两个重要观念，即“生命情感”和“情感理性”。“生命情感”是蒙先生对“情感”的另一种表达，而“情感理性”是蒙先生对“情感”与“理性”之联结的一种揭示。

着眼于这些观念，我想谈的问题是：从原初的情感领悟生成一种理性主体性，这里的发生机制是怎样的？如何对之作出存在论的描述？我们且看蒙先生是如何解释“情感理性”的。蒙先生认为，中国哲学、儒家哲学讲的理性不是康德意义上的实践理性，因为康德说的实践理性是纯粹理性，它是撇开情感体验的。而蒙先生说的情感理性是一种真正不同于理论理性的价值理性：说它是情感，是因为它的情感存在论基础（人是情感的存在），如阳明论良知是有情之知；说它是理性，是因为它以情为理，情亦是有知之情。这样看来，情感理性所强调的是知情不二之“情理”，是对“情—理”对置的超越。但是，蒙先生自己也承认，这种情理在一定程度上确实遮蔽了科学理性，或者说认知理性即知性。所以，从生命情感到理论理性的观念发生，可能是蒙先生的情感儒学没有解决的问题。我想，这是对蒙先生的情感儒学“接着讲”的一个重要的切入点。

我们知道，主体性的知性对于知识论、价值论问题、伦理学问题、政治哲学问题是至关重要的。没有知性参与的伦理学可能是野蛮的，没有知性参与的政治哲学可能是荒诞的，没有知性参与的知识论和价值论也将是无厘头的。从学理上说，主体性的知性建构对于人类日常生活、经验生活来说是至关重要的。

那么，如何从哲学观念上解释这一问题呢？我想，有两个需要注意的向度。

一是对知性和主体性的观念来源进行存在论描述。蒙先生提出的“生命情感”观念，其重大理论意义正在于此，它揭示了从主体性向着原初情感领悟的还原这一向度，所以接着蒙先生的情感儒学讲是可以的。

二是着眼于主体性生成的向度，揭示主体性的发生机制以及主体性的知性能力是何以可能的。这是蒙先生的情感儒学所没有处理的一个向度。实际上，即便讲主体性和知性最为系统的康德哲学，也没有真正解决这一问题。我们知道，康德对“人是什么”的发问，首先是对人的知性能力的发问，但康德把“主体性的知性何以可能”转换为了“知性是什么、有什么”的问题。因此，康德所建构的以“纯粹理性”为基础的思想体系，在对人类主体性的发问上，在知、情、意三个方面的开展上，都只涉及“主体性是什么”，而没有对“主体性何以可能”的存在论基础和发生机制进行解释。

康德以来，对这一问题做出贡献的西方哲学家有胡塞尔和海德格尔等人。胡塞尔对笛卡儿哲学中的经验论思想残余进行还原，尤其是沿着康德的超越论进路，通过纯粹意识的还原和对纯粹意识的意向性结构的阐发来解释理论意识的先天结构。后来海德格尔则突破纯粹意识的意向性，而进一步还原到生存意向性，但也没有确切地解释人类知性的可能性，只是通过一些描述性的生存论话语来解释认知行为的“突然发生”。确实，这一问题是晦涩的，甚至可以说是隐秘的，即一般都不会把它当作一个问题，但实际上却是极其重要的哲学存在论问题。蒙先生的弟子，也就是我的业师黄玉顺先生建构的“生活儒学”，也曾试图对知性的发生机制作出哲学存在论描述。黄老师的代表作《爱与思——生活儒学的观念》一书，曾经提示过从作为本源情感的“爱”到“爱之思”再到理论理性之“思”的观念发生。当然了，黄老师的讲法是不是还能更加精致化、系统化，也是可以再商榷的。我想，这既是对蒙先生的情感儒学接着讲的一个重要向度，同时也是一个重大的哲学存在论问题。作为蒙先生的后学、黄老师的弟子，我也会努力思考这一问题。

总之，蒙先生的情感儒学是儒学现代转型中的一种重要理论，体现了儒学的情感转向，具有重大的思想价值。同时，它所蕴含的一般哲学问题，是值得我们接着讲的地方。如何着眼于一般哲学问题对蒙先生的情感儒学接着讲，也是极其重要而有待深入思考的问题。

“生活儒学”学派

“Life Confucianism” School

第三编

“生活儒学”导论*

黄玉顺

生活儒学①在总体的致思进路上，是在与现象学——胡塞尔(E. Husserl)、舍勒(M.Scheler)，尤其是海德格尔(M. Heidegger)——的平等对话中展开的。这种对话既非“以西说中”，也非“以中说西”，因为按照生活儒学的想法，任何现成地摆在那里的“中”(如所谓“中国哲学”)或者“西”(如所谓“西方哲学”)都是子虚乌有的东西。这种对话实质上是我们自己的生活的展开，亦即生活本身的一种显示形态。

这个总体致思进路分为三大步骤：**破解—回归—构造**。

生活儒学这种致思进路，表面看来似乎相当于胡塞尔、海德格尔那样的“奠基”(Fundierung/Gründen)。然而实际上，现象学的所谓“奠基”具有两种截然不同的观念：海德格尔接着康德讲的“形而上学的奠基”②，对于形而上学③本身来说乃是**外在的**，亦即是从在形而上学之外的生存论分析中去寻求“形而上学何以可能”④这个问题的答案，我们把大约对应于这种奠基的工作称为“**形而上学的本源**”问题；而在胡塞尔，“奠基”却是形而上学的**内在的**奠基，亦即是从在形而上学之内的先验意识之中来寻求解决“形而上学何以可能”问题，我们把大约对应于这种奠基的工作称为“**形而上学的基石**”问题。对于生活儒学来说，这

---

* 原载陈明、朱汉民主编：《原道》第十辑，北京大学出版社 2005 年版，第 95～112 页。

① “生活儒学”这个提法，是作者对自己的思想的一种概括。这个提法最初见于作者与《原道》主编陈明在网上的一次讨论《“文化保守主义”评议——回复陈明的一封电子邮件》(2004 年 5 月)的跟帖，详见“中国儒学网”“原道网”“孔子 2000 网”合办的“儒学联合论坛”。随之，这些跟帖又以《关于“生活儒学”的一场讨论》为题，另发布于孔子 2000 网(此网站现已关闭——编者注)、中国儒学网。

② [德]海德格尔：《康德和形而上学问题》，邓晓芒译，孙周兴编：《海德格尔选集》上卷，上海三联书店 1996 年版，第 81～134 页。

③ 本文所谓“形而上学”，取其中西共通的意蕴。汉语“形而上学”与西语“metaphysics”共通处在于：它们都致力于寻求所有的物、所有的存在者的最后根据，并将这个根据作为某种先验设定，然后以之为终极原则，去解释和构造所有的物、所有的存在者。

④ [德]康德：《纯粹理性批判》，蓝公武译，商务印书馆 1960 年版，第 41～42 页。

两种“奠基”处在完全不同的层级上：基石作为**基础**，本身就是形而上学这座建筑的一个组成部分；而本源则是在形而上学之外、之下、支持着整个形而上学建筑的**地基**。这就是说，胡塞尔的意识现象学，将形而上学奠基于纯粹先验意识的本质直观，其实跟康德一样，是在用形而上学来为形而上学奠基，但我们知道，房子是不能为房子自身奠基的[①]；而海德格尔所谓“基础存在论”的生存论分析，归根结底奠基于作为一种存在者的“此在”(Dasein)，实质上仍然是一种主体性的设定，也就是说，实质上仍然是一种形而上学[②]。此在之为主体性设定，是因为此在乃是“人”这样的“存在者”(Seiende)，而非“存在”(Sein)本身。此在固然向来与存在本身发生着交涉，可是所有形而上学的主体性都与存在本身发生着交涉，这能说明什么呢？它能说明此在的本源性吗？显然不能。此在向来不是“向来”的，而是“后来”的。海德格尔之所以必须将此在设定为“向来”领先的，是因为他不可能从源始的存在本身推出此在；而这又是因为存在本身被设定为异在于生存的东西，即本来就是与此在无关的东西。这样一来，海德格尔的奠基观念在根本上就没有超越胡塞尔。

有别于此，生活儒学把自己的类似“奠基”的工作理解为这样一种更为彻底的致思进路：通过**破解**传统儒学，而**回归**作为大本大源的生活本身(这里，生活本身并不以“此在”、人的主体性为前提)；并在作为源头活水的生活感悟的地基上，重新**构造**儒家形而上学。这样一来，生活儒学遵循着这样一条“中道”：既克服旧的传统形而上学的“无本”性[③]，也反对后现代主义的“反形而上学”立场。换句话说，生活儒学要在一种崭新的地基上——从真正的本源上——重建儒家形而上学。

一、破　解

所以，生活儒学将从**破解**入手。

生活儒学的破解，表面上看起来似乎略相当于通常所谓“解构”。但生活儒学所说的破解，既不是德里达解构主义那样的解构(deconstruction)，也不是海德格尔现象学那样的解构(Destruktion)。这两种解构的共同点在于：它们都宣称形而上学的哲学存在论的终结，它们以“反形而上学”的立场来论证所谓“后形而上学时代”的到来。而生活儒学则认为，形而上学本身就是为生活所涵摄

① 参见黄玉顺：《形而上学的奠基问题：儒学视域中的海德格尔及其所解释的康德哲学》，《四川大学学报》(哲学社会科学版)2004年第2期。

② 对此，后现代思想家已经多有批评。

③ 《孟子·离娄下》。“无本”乃孟子语，意谓缺乏生活本源的。

的事情。在这个问题上，海德格尔陷入了一种自相矛盾而不自知：一方面，他正确地揭示出，科学必定奠基于哲学存在论，而哲学存在论必定奠基于生存论，乃至生存本身，这确实是他的真知灼见；然而另一方面，他却宣称哲学的终结，即宣称一般存在论的终结，这实际上等于宣称科学的终结，甚至是宣称伦理学的终结，因为即便在海德格尔自己的思想中，形而上学的伦理学也属于科学。[①] 但生活的事实是，科学仍将发展下去。然而，假如没有形而上学，如何可能给出存在者领域？进而如何可能奠定以这种存在者领域为前提的科学的基础？甚至伦理规范也是以这种存在者领域为前提的，伦理学也是一门科学；但是，我们仍将伦理地生活下去，假如没有形而上学的基础，这又如何可能？所以，生活儒学认为，问题并不在于是否应该构造形而上学，而在于形而上学构造是否以生活本身作为自己的大本大源。儒家形而上学是在孔子那里开始确立的，然而这种形而上学正是以生活本身为自己的本源的。

说到本源，这里需要阐明：**本源**并不同于**根据**。

何为**根据**？我倒愿意**部分地**借用海德格尔的“根据”(Grund)观念：根据是个形而上学的范畴，是说的支持着某个存在者的另外一个存在者。生活儒学不同于海德格尔之处是，他仅仅把在形而上学构造中的支持着所有的存在者的那个终极的存在者称作根据；而在生活儒学看来，如果一个存在者的存在支持着另外一个存在者的存在，那么，前者就是后者的根据。例如在孟子确立的“仁(性)—义—礼—知(智)”那种形而上学构造的关系中，仁是义的根据，义是礼的根据，礼是知的根据。所以，根据之为根据，就是支持着某物的另一个物；而支持着所有“万物”的那个物，则是**终极根据**。例如，形而上学的“道”作为支持着所有的“器”的那个东西，就是一种终极根据。器是物、存在者；而道也是物、存在者。对此，《老子》明言：“道之为物”，因为尽管它“惟恍惟惚”，但毕竟“惚兮恍兮，其中有象；恍兮惚兮，其中有物”。[②] “道”作为这样的“物象”，又被称为“器物”。《老子》接着说：“自古及今，其名不去，以阅众甫。吾何以知众甫之状哉？以此。”所谓“众甫”就是说的众多的存在者；我们以“道”而知“众甫”，表明了“道”就是众多存在者的最后根据。[③]

而**本源**则不然，本源不是一个物，不是一个存在者。本源之为本源，在于它先行于任何形而上学构造。这种本源，在儒家话语中叫作“大本大源”“源头活

---

① 海德格尔另有所谓“伦理学”，但并不是科学的伦理学，而是“生存论的伦理学”，实质上并不是伦理学，而仍然是“基础存在论”。

② 《老子·第二十一章》。

③ 海德格尔将《老子》的“道”等同于他自己的 Ereignis，那只是他的一厢情愿。实际上，《老子》文本与《论语》文本一样，作为中国轴心时期中期乃至后期的产物，具有观念上的层级性：有时是本源层级上的言说，而有时则是形而上学层级上的言说。

水”。对于儒家的形而上学构造来说，问题在于：“问渠那得清如许？为有源头活水来。”[1]如果说，终极根据支持着其他根据，并且最终支持着所有的存在者、所有的物，那么，本源则支持着终极根据本身，从而也就支持着所有的存在者、物。例如在孟子的思想中，如果说，作为“**性**”（主体性、实体性）的“仁”是根据，甚至是终极根据，那么，作为生活感悟的“**爱**”（前主体性、前实体性）的“仁”才是那本源。这种本源，就是作为生活情感的“恻隐之心”“不忍之心”，就是本源的爱。作为儒家形而上学的本源的爱，支持着作为终极根据的性。如果说根据是说的形而上学这棵树的根系，那么本源就是说的维持着这个根系的水土。根据是说的形而上学建筑的“基础”或者“基石”，而承载整个建筑的那些支柱都被放置在这种“基石”上；然而这些基石本身却又被放置在“地基”上，这个地基就是我们所说的本源。本源是说的地基，而不是说的基础或者基石。康德当年就是以这样的比喻来表述“形而上学何以可能”问题的，他说：“当人们看到一门科学经过长期努力之后得到长足发展而惊叹不已时，有人竟想到要提出像这样的一门科学究竟是不是可能的以及是怎样可能的这样问题，这本来是不足为奇的，因为人类理性非常爱好建设，不止一次地把一座塔建成了以后又拆掉，以便察看一下地基情况如何。”[2]但他误把基石当作了地基本身：他找到了形而上学的根据（作为主体的心灵能力的理性），但是根本没有意识到形而上学的本源。[3]然而事情本身却是：正是本源支持着根据。因此，“形而上学何以可能”的问题，在生活儒学中就表述为：**形而上学的本源**问题。

生活儒学认为：本源就是生活本身。

所以，生活儒学的破解工作，不过就是从传统形而上学向生活本身的探本溯源，从而说明形而上学，包括儒家形而上学何以可能。破解乃是一种“开解”——**开塞解蔽**。开塞是说的打开茅塞，孟子说过：“山径之蹊间介然，用之而成路；为间不用，则茅塞之矣。今茅塞子之心矣！”[4]茅塞其心，故须开塞。解蔽是说的解去蒙蔽，荀子说过：“凡人之患，蔽于一曲，而暗于大理”；“欲为蔽，恶为蔽；始为蔽，终为蔽；远为蔽，近为蔽；博为蔽，浅为蔽；古为蔽，今为蔽。凡万物异，则莫不相为蔽，此心术之公患也”；“圣人知心术之患，见蔽塞之祸，故无欲、

---

① 这是借用朱熹的说法。此诗虽是朱熹所作，但他所说的“源头活水”并非我们这里所说的真正的“源头活水”——生活、生活感悟本身。

② [德]康德：《任何一种能够作为科学出现的未来形而上学导论》，庞景仁译，商务印书馆 1978 年版，第 4 页。

③ 参见黄玉顺：《形而上学的奠基问题：儒学视域中的海德格尔及其所解释的康德哲学》，《四川大学学报》（哲学社会科学版）2004 年第 2 期。

④ 《孟子・尽心下》。

无恶、无始、无终、无近、无远、无博、无浅、无古、无今,兼陈万物而中县(悬)衡焉”。[1] 蒙蔽其心,故须解蔽。茅塞蒙蔽,合而言之,谓之“蔽塞”;在《解蔽》中,荀子已有“蔽塞”的说法。既有蔽塞,则须开解。但必须注意的是:孟子所谓“开塞”是要回复到德性主体,荀子所谓“解蔽”是要回复到知性主体,它们本身仍然必须接受破解的形而上学设定;而生活儒学的破解,则是要回复到先行于任何形而上学构造的生活本源。生活本源犹如山蹊,“空空如也”[2],并无所谓现成的“道”,而是“用之而成路”;而一旦“茅塞之”,则是蔽塞了生活本源。蔽塞了生活本源,于是乎有“万物异”的分别相;解蔽就是去除这种分别相,而复归作为生活感悟的“无分别智”。

因此,生活儒学所说的“开塞解蔽”并非海德格尔那样的“解蔽”,所以我们不称“解构”,而称“破解”。这是因为,生活儒学没有海德格尔那样的“遮蔽”观念。在海德格尔看来,存在是自身遮蔽着而解蔽着的。这本来是一种极富意义的想法,可惜它是由“此在的生存”即人的有限性来说明的。众所周知,海德格尔的生存论分析是承接着康德关于“人的有限性”观念的,所谓“此在”正是暗度陈仓地在说“人的有限性”。所以,海德格尔的“解蔽”至少依赖着两个观念前提:存在与生存的区分,此在的优先性。然而生活儒学一开始就拒绝这两个前提,因为“人的有限性”这个话题本身已经是以“人”这个主体性为前提的了,即已经是在形而上学之内的事情了,它怎么可能作为形而上学的本源奠基的出发点呢?在这个问题上,海德格尔实质上并没有超出康德。所以,生活儒学所说的破解,是要回到那先行于此在的生活本源。这种生活本源,就是存在本身。

这种破解直接指向如今为人们所津津乐道的“传统儒学”或者“儒学传统”:生活儒学的破解,就是拆除传统的儒家形而上学的大厦,让其地基暴露出来,并且重新夯实这个地基。破解之为破解,当然是一种“破坏”;但它是一种积极的建设性的破坏,即是说,它是一种在“破坏”中的“解释”,意在说明传统儒家形而上学是如何可能的,从而为儒家形而上学的重建清理场地。这种“解释”就是通过“解开”而“释放”:释放出儒家形而上学的新的可能性。因此,破解乃是一种“解放”:儒学的解放。

二、回　归

这就是说,破解是为了**回归**。

从某种意义上可以说,回归类似于现象学所谓“还原”(Reduktion)。但是

---

① 《荀子·解蔽》。

② 《论语·子罕》。

胡塞尔所谓还原,是说的回到"纯粹先验意识领域",然而这正是生活儒学所要破解的先验性;而海德格尔所谓还原,则是说的回到"此在"的生存的"原始经验",而这也是生活儒学所要破解的主体性设定(上文说过,此在实质上还是一种主体性)。生活儒学所要回归的,乃是非先验性的、前主体性的**本源情境**,亦即生活本身。而此所谓生活本身,也不是胡塞尔所谓"生活世界"(Lebenswelt),因为依照胡塞尔先验论的进路,"生活世界"观念面临着这样的两难困境:假如它是经验的现实,那么它就是首先应该被"悬搁"的"超越物"(Transzendenz);而假如它就是纯粹意识本身,那么它就是无关乎现实生活的麻木不仁的东西,因为根据胡塞尔所承认的"认识论困境",这样的内在的"生活世界"是不可能"切中"外在的现实世界的。

而生活儒学之所谓回归,则是通过破解,回到生活这个本源。而此生活本身既非经验主义的经验生活,也非理性主义的先验生活,甚至也不是海德格尔生存论分析那样的"此在"的生存。海德格尔所谓此在的"生存"区别于"存在本身",然而区别于生存的存在本身不过是巴门尼德以来的西方哲学的一种虚构,而儒家并没有这样的虚构。固然,海德格尔所谓"生存"是在说"去存在",这是不错的;但不要忘了,更确切地说,他是在说"此在的去存在"。而生活儒学将讲到的作为生活本身的本源结构的一个方面的"**去生活**",却不是说的"此在的去生活",亦即仍然不以此在或任何存在者为前提。"**在生活并且去生活**"乃是生活本身的本源结构,是先行于此在的,此在恰恰是被这种本源结构造就的,或者说是这种本源结构的一种显示形态。假如一定要用"现象"这个词,那么在生活儒学这里,真正本源的现象与此在无关:真正在本源层级上的现象不是此在的生存领会,而是先行于此在及一切存在者的生活感悟,此在本身倒是在这种感悟中生成的。于是,海德格尔"此在"那样的观念也是首先必须接受破解的。

破解指示我们:回归生活本身。陶渊明《归去来辞》云:"归去来兮!田园将芜胡不归?"破解就是回归:回归我们的真正的田园。回归作为一种向某种"目的地"的进发,亦即从最近的地方向最远的地方进发。以历时的眼光看,这个最近的地方无疑是现代新儒家,而最远的地方则是战国儒家;但是从共时的眼光看,这个最远的地方其实正是最近的地方,因为回归就是"回家",就是回归我们自己的生活。现代新儒家作为我们回归的出发点,乃是最近的地方;然而它恰恰是最远的地方:现代新儒家是一种离家最远的儒家形而上学。我们当初离家出走,正如孟子所谓"居仁由义"[①]:我们原本居住在生活中,居住在生活感悟中,居住在作为生活感悟的仁爱中;我们由此出发,遵"义"循"道"而去。"居仁由

① 《孟子·尽心上》。

义”是在作为原创时代的轴心时期[①]形而上学确立起来以后的事情，此时我们已经开始离家出走。这样一来，家被抛在了身后：我们所“居”之“仁”本是生活感悟，但我们却抽身而去。我们之所以抽身而去，必定是因为我们有所算计：我们要去追逐某种东西，并把这种东西与自己的家园相比较而不满于家园。于是，家就被对象化了，我们所“居”之“仁”被对象化了。而家被对象化，是因为我们把自己设为主体：我们“先立乎其大者”[②]，亦即确立了“本心”，确立了人的主体性。一言以蔽之，我们构造出了某种形而上学。因此，我们必须首先破解这种形而上学。只有破解了传统儒家形而上学，我们才有可能回归生活的田园。

这里，我们应该讨论一下“轴心时期”（Axial Period）这个观念。这个概念是德国哲学家雅斯贝斯（Karl Jaspers）在其历史哲学的代表作《历史的起源与目标》中提出的。其中这段话是人们非常熟悉的：

> 直至今日，人类一直靠轴心期所产生、思考和创造的一切而生存。每一次新的飞跃都回顾这一时期，并被它重燃火焰。自那以后，情况就是这样。轴心期潜力的苏醒和对轴心期潜力的回忆，或曰复兴，总是提供了精神动力。对这一开端的复归是中国、印度和西方不断发生的事情。[③]

而轴心时期究竟创造了什么？一言以蔽之：创造了形而上学。“直至今日”，我们的全部“创造”不过是向轴心时期的某种“复归”而已；这就是说，我们直至今日还在轴心时期所构造的形而上学的藩篱中。

雅斯贝斯对历史的理解多少具有一些现象学意味：他通过“现存”（Present）来凝聚历史。一方面，“现存通过我们使自己内部的实际活动获得历史基础而得到实现”，而另一方面，“现存通过它内部潜伏的未来而获得实现”。[④] 因此，“理解的根源是我们自己的现存，是此时此地我们唯一的现实”[⑤]。这是不难理解的，因为此时海德格尔的《存在与时间》（1927）已问世22年。对此，我愿意这样来表达：历史就是现实生活；或者说，历史不过是现实的生活感悟的一种样式。唯其如此，“轴心时期”这个概念颇有意义。实际上，海德格尔“解构传统存在论”的工作与这个观念是颇为吻合的：他以其“历史学的”“返回步伐”（der Schritt zurück）首先回到康德，然后回到笛卡儿，最后回到亚里士多德乃至前苏

---

① 中国的轴心时期、原创时代，大致包括西周、春秋、战国时期三个阶段。详下。

② 《孟子·告子上》。

③ ［德］卡尔·雅斯贝斯：《历史的起源与目标》，魏楚雄、俞新天译，华夏出版社1989年版，第14页。

④ ［德］卡尔·雅斯贝斯：《历史的起源与目标》，“序言”第1页。

⑤ ［德］卡尔·雅斯贝斯：《历史的起源与目标》，第18页。

格拉底[1]，实质上就是回到前轴心期。回到前轴心期这个最远的地方，意味着回到最近的地方；不过，这个最近的地方在海德格尔那里是此在的生存，而在生活儒学这里则是不以此在那样的存在者为前提的生活本身。

但雅斯贝斯仍然错过了现象学的视野，这表现在：他一方面在生活—历史**之上**设置了一个人性，以为"对人类历史的掠视，把我们引入人性的神秘之中"[2]；另一方面在生活—历史**之外**设置了一个标准，以为"我们的时代使人类生活变得具有广度和深度，因此意义最为深刻。它要求整个人类历史提供给我们借以估量目前所发生事情之意义的标准"[3]。前者是历史的起源，后者是历史的目标："我的纲要以一条信念为基础：人类具有唯一的共同起源和共同目标。"[4]这个起源直接地是"轴心时期"，而根本上是共同的人性；而这个目标就是"历史的意义"，或所谓"至高无上的全面综合理解（the Comprehensive）"[5]。总之，"轴心时期"概念仍然是一个形而上学的观念。

再者，雅斯贝斯没有看到，恰恰是在"今日"，人类精神生活正在突破轴心时期所确立的某些根本观念。这种突破发轫于20世纪，发生在现象学运动和后现代主义运动中。我们正在进入一个伟大的时代，这个时代是迄今为止唯一可以与轴心时期相媲美的伟大时代。但是，我们切不可以误读了这个伟大时代的开端，误以为它所导向的是所谓"后形而上学"或"后哲学"时代。

为了区别于雅斯贝斯的概念，我们把轴心时期称作**原创时代**，而把我们正在开启的这个时代称作**再创时代**，此时，人类正在再次地原创，这种再创远不止于复归轴心时期，而是进一步复归**前轴心期**、**前原创期**。在原创时代，人类第一次创造了形而上学；在再创时代，人类将重建形而上学。这种重建区别于原创时代之后的形而上学构造，它首先回归前原创期，实质上是回归本源的生活本身。

回到生活本身，就是回归我们即将荒芜的田园。长期以来，我们一直是形而上学的打工仔：我们建造了形而上学这座富丽堂皇的大厦，却阔别了我们自家的田园；我们甚至遗忘了自己的家园，连一封家书也没有。我们对田园的呼唤充耳不闻："归去来兮！田园将芜胡不归？"现在我们终于听见了这个呼声：游子归来！魂兮归来！

---

① 这是海德格尔《存在与时间》未完成的第二部的三篇内容，但他实际上一直进行着这项工作。参见[德]海德格尔：《存在与时间》，陈嘉映、王庆节译，三联书店1999年版，第47页。

② [德]卡尔·雅斯贝斯：《历史的起源与目标》，第3页。

③ [德]卡尔·雅斯贝斯：《历史的起源与目标》，第3页。

④ [德]卡尔·雅斯贝斯：《历史的起源与目标》，第6页。

⑤ [德]卡尔·雅斯贝斯：《历史的起源与目标》，第2页。

三、构　造

但是,回归生活并不必然意味着拒绝形而上学构造。生活儒学仍将栽种自己的形而上学的参天大树,而回归不过是预先进行的一种“水土保持”的工作。生活儒学的破解工作是为了重新构造,而回归则是为了夯实这种构造的地基。生活儒学在破解传统那种“无本的”(孟子语)和“无家可归的”(海德格尔语)形而上学的同时,拒绝“后现代主义”的“反形而上学”倾向,主张积极的形而上学重建,并自始至终把这种重建工作建立在生活感悟的地基上。

形而上学不是别的,而只是一种**观念构造**:在人类的全部观念构造中,形而上学是其**主干**的部分。如果说儒学是一棵树,那么,主体性、实体性观念就是它的根,从这个根系上生长出形而上学观念这个主干,然后从这个主干上生长出“形而下学”的枝叶花果——科学、伦理、技术、制度等等。这显然是一种**层级构造**。任何形而上学都是这样的层级构造,分为三个基本的**构造层级**:形而上学的本源,在这种本源地基上的形而上学构造本身,在这种形而上学基石上的“形而下学”的构造。

生活儒学的构造,同样包含着这样三个基本的层级:

(一)生活本源

形而上学的**本源**,就是生活本身。生活本身作为形而上学的本源,当然是“前形而上学的”事情:它是先行于主体性观念、实体性观念的事情,先行于对象化、客观化的事情。

事实上,任何形而上学的构造都有其生活的本源,区别仅仅在于:这个形而上学本身是否意识到了它自己的生活本源?实际上,在轴心时期之后,传统形而上学,包括传统的儒家形而上学,都没有意识到自己的本源;它们遗忘了生活,蔽塞了本源。它们不知道自己从何而来,于是便以某种先验的预设来作为自己的根据。这种根据包括:或者是作为存在者整体的世界(理念世界、物质世界),或者是作为所有存在者之造物主的上帝,或者是作为人之主体性的某种人性(自身所予的先验理性、直观所予的经验感知)。在儒家的传统形而上学中,这种根据被理解为作为“圣人心传”的“道统”“道心”“本心”“天理”。他们自以为这些东西是“自明的”(self-proved,笛卡儿),因为它们都是“自身所予的”(self-given,胡塞尔)。然而这样的物、存在者不可能是自身所予的、自明的东西,它们必有自己的生活本源。

生活儒学关于**生活本源的阐明**,将构成本书的**第一卷**。

……

(二)形而上学

通过对“思”的层级分析,我们找到了一条从生活本源而通向形而上学的路径,而这条路径本身仍然是生活的事情。

所谓**形而上学**,是指的所谓“纯粹哲学”:在历史上最初表现为宇宙论(Cosmology),后来表现为本体论(Ontology,或译为“存在论”)。关于形而上学,海德格尔那里给予了一种迄今为止最为透彻的说明:

> 哲学即形而上学。形而上学着眼于存在,着眼于存在中的存在者之共属一体,来思考存在者整体——世界、人类和上帝。形而上学以论证性表象的思维方式来思考存在者之为存在者。因为从哲学开端以来,并且凭借于这一开端,存在者之存在就把自身显示为根据。……它是实在的存在者状态上的原因(亚里士多德),是使对象之对象性得以成立的先验可能性(笛卡儿),是绝对精神运动和历史生产过程的辩证中介(黑格尔),是那种价值设定的强力意志(尼采)。①

这就是说,在他看来,形而上学具有两个基本特征:在内容上,它是对作为所有存在者的终极根据的那个存在者的思考;在形式上,它是采取的论证性表象的思维方式。但实际上,“论证性表象的思维方式”并非形而上学所独有的方式,作为“形而下学”的科学同样采取这种方式。因此,形而上学的唯一特征在于:形而上学所思考者,是作为全部存在者之最后根据的那个存在者。科学仅仅思考部分存在者的根据,而哲学则思考所有存在者的终极根据。纯粹**哲学**就是形而上学,它是这样一种努力:说明**如何确立**作为其他所有存在者的最后根据的那个存在者,并说明**如何根据**这个终极存在者来安排其他所有存在者。因此,哲学就是:给出一个**可能**世界,并由此而展示一种**可能生活**。

那么,什么是存在者呢?我们知道,海德格尔提出了著名的“存在论区别”(der ontologische Unterschied),即存在(Sein)与存在者(Seiende)的区别。这个著名的区别对当代哲学之影响是决定性的,但也因此造成了某种严重的后果。这个后果就是:生活本身反倒变成了某种次要的事情。何以见得?因为存在论区别实质上还蕴含着另外一个方面的区分,即存在与生存(Existenz)的区分:在海德格尔的话语中,我们决不能说“生存即是存在”或者“存在即是生存”;我们只可以说:此在的存在即是生存。然而此在的存在并不等于存在本身。海

① [德]海德格尔:《哲学的终结和思的任务》,《面向思的事情》,陈小文、孙周兴译,商务印书馆1999年版,第68～69页。括号内之内容为引者所加。

德格尔之所以关注此在(Dasein)的生存,那仅仅因为在他**前期**看来,只有通过对此在的生存的生存论分析,我们才可能把握存在本身;也正因为如此,他才可能在其**后期**放弃此在的生存论分析这条进路,试图直接追寻存在本身。这就意味着:存在本身是比此在更为源始的事情,当然也就是比生存更为源始的事情。而在生活儒学看来正好相反:唯有生活是最本源的事情。**生活之外并无所谓存在,生活之外一无所有**。

因此,在我们的话语中,当我们说到“存在”时,它就是说的生活本身;而当我们说到“存在者”时,它是说的“物”。在儒学话语中,存在者被称作“物”“器”或者“器物”。按照儒家的说法,生活不是“物”,而是“事”;在现代汉语中,“事”即“**事情**”。但这事情不是西语所谓“事情”:在西语中,“事”与“物”是同一个词:thing。这是因为,在西方形而上学中,一切事情都已经被器物化、客观化、对象化、实体化了。甚至海德格尔所谓“此在”,它作为一种存在者,尽管是一种特殊的存在者,也不过是一“物”而已。然而生活儒学认为,事作为存在本身,也就是生活本身;所以,事不是物,即不是存在者。**事情本身,就是生活本身**;而器物不过是生活中的存在者,它们本源于生活,隶属生活。

然而传统形而上学所思考的不过就是一个物而已,尽管它是可以支持所有的物的那个物。形而上学思考这样一个“大物”,但它忘记了一件“大事”:忘记了作为事情本身的存在本身,亦即生活本身。形而上学所思考的那个大物,哲学上叫作“本体”:在宇宙论的模式中,它是**本原**,是“本末”之**本**;在严格本体论的模式中,它是**本质**,是“体用”之**体**。[①] 总之,它是所有的存在者、所有的物的最后根据。这个本体乃是一个“实体”(substance),一个“第一实体”(亚里士多德语)。这个实体本质上就是**主体性**。所以海德格尔指出:“什么是哲学研究的事情呢? ……这个事情就是意识的主体性”;这个主体性同时就是实体性,所以,“作为形而上学的哲学之事情乃是存在者之存在,乃是以实体性和主体性为形态的存在者之在场状态”。[②] 但是,海德格尔未能说明:为什么说实体就是主体?对此,或许有人会反驳道:海德格尔不是“未能说明为什么实体就是主体”,而是从根本上就把这种工作看作笛卡儿之后主体哲学建构者们的徒劳。然而我们的看法却是:首先,即便我们承认笛卡儿之后主体哲学建构者们的工作是一种“徒劳”,海德格尔仍然必须说明:何以“实体即是主体”? 因为这正是“解构”与“还原”的题中应有之义:这种形而上学的徒劳何以可能? 何况,这种建构竟然是徒劳的吗? 非也! 它在某种意义上造就了,至少以哲学的方式说明了一个历

---

① 对于西语“ontology”来说,新的译法“存在论”反倒不如旧的译法“本体论”更贴近中国哲学的实际,中国哲学的狭义形而上学部分,讨论的正是这样的问题:本末之“本”、体用之“体”。

② [德]海德格尔:《面向思的事情》,第76页。

经数百年，至今仍然是我们的生活际遇的伟大历史运动：现代性。所以，我们将要说明这样一个重大问题："实体以主体为前提"；形而上学的构造不是始于实体性观念，而是始于主体性观念。那将会是针对亚里士多德的《范畴篇》的，从而就是针对西方哲学的一个根本传统的。从对"实体的观念何以可能"的阐明中，我们就可以揭示西方哲学的一个根本传统：一切皆从"主—客"架构出发。

所以，生活儒学认为：并非实体**就是**主体，而是实体**意味着**主体，亦即意味着：实体以主体为前提。这是因为，当我们思考作为存在者的实体时，这个实体已经被对象化、客体化，这就意味着此时主体本身已经先行确立起来了。这就意味着：实体的观念是以"主—客"这样的架构作为自己的前提的。如果说实体以"主—客"架构为前提，这就意味着实体的主体**性**，这就是说，这个实体已经具有了**被主体所规定的**这样一种性质。这就表明，形而上学的构造是从主体性的确立开始的，这就是孟子所说的"先立大体"；由这种主体性，我们才能获得实体的观念；由这种实体性，我们才能获得本体的观念。

这就是全部传统的形而上学构造的秘密所在。但这也不仅仅是传统的形而上学的事情。生活儒学所要重建的形而上学，仍然必须思考这样的主体性、实体性，仍然必须思考作为所有存在者的最后根据的那个存在者；否则，我们无法构造作为形而下学的知识论、科学，无法构造作为形而下学的道德论、伦理，无法构造任何规范、制度。生活儒学之区别于传统形而上学之处仅仅在于：生活儒学的形而上学构造意识到它自己的生活本源，并在形而上学构造的每个环节上，首先对这种本源加以阐明。这就是说，生活儒学的形而上学构造工作，就是：在生活本源的地基上，重建主体性，重建实体性，重建本体论，重建范畴表。

这里，读者可能产生一种疑问：这里似乎存在着某种循环，因为作为形而上学的本源的生活，似乎恰恰就是形而下的东西，而它们却又是以形而上的东西为基础的？这确实是一种"循环"，但它却不是逻辑的循环论证意义上的循环，而是生活本身的"循环"：它是生活情境的本源结构。形而下学在两层意义上是本源于生活的：其一，形而下的东西根据于形而上的东西，而形而上的东西本源于生活；其二，所谓"形而下"的东西，一方面作为本源结构的"去生活"方面，它是我们的构造；而另一方面作为本源结构的"在生活"方面，却正好是我们的生活际遇。我们遭遇形而下的东西、并且在重构中超越这些形而下的东西。本源意义的超越，正是这种本源情境的本源结构。

生活儒学的**形而上学的重建**，构成本书的**第二卷**。

……

(三)形而下学

在这种形而上学构造的基石上,我们可以更进一步构造出作为“形而下学”的道德论及伦理、知识论及科学、规范建构、制度安排等等来。

所谓“**形而下学**”,语出《易传》:“形而上者谓之道,形而下者谓之器。”[①]《易传》作为中国哲学的“群经之首”,乃是早期形而上学构造的典型文本之一。前面谈到,“道”之为“物”乃是支持着所有存在者的那个存在者,在这个意义上,关于“形而上”的“道”的言说就是典型的传统形而上学:所有的“器”都是由这个“道”给出的,所有的存在者都是由这个终极存在者给出的。这就是说,在这种形而上学的基础上,我们拥有了“形而下学”的构造。[②] 道作为本体,是一;器作为现象,是多。这就是**前现象学**的“现象”观念:道是器的本原、本质,而器是道的现象。康德所谓“现象与物自身”便属于这样的“现象”观念。《易传》的“天垂象,见吉凶”[③](“见”读为“现”)也是这样的“现象”观念:“吉凶”只是现象,而“天”是其本体。而这种现象不是现象学的“现象”观念,因为在现象学特别是海德格尔现象学看来,“现象背后一无所有”,现象即是本质。[④] 当然,海德格尔在前期把此在的原始生存经验视为现象,后期则把存在本身或者 Ereignis 视为现象,而这并不符合生活儒学的想法。因为,如前所说,生活儒学并不承认“此在”或“存在本身”在本源层级上的优先性;但是无论如何,现象学的“现象”观念具有本源层级上的意义,这是应该加以肯定的。

但是,任何形而上学的构造,包括生活儒学的形而上学构造,必然进入**前**现象学的“现象”观念,也就是说,必然有本质与现象的区分、道与器的区分、存在者整体与存在者领域的区分。这实质上就是重新进入**常识**的“现象”观念。否则的话,在形而上学基础上的形而下学构造就是不可能的,从而科学也就是不可能的,伦理学也同样是不可能的。此所谓“常识”类似于海德格尔所谓“平均的日常状态”,我们在“常识”中可以发现此在或主体性。然而这不是恰恰说明了常识是以此在(主体性)为前提的吗?这样一来,海德格尔所谓“平均的日常状态”还有什么本源意义呢?常识也是基于某些形而上学的观念的,或者说,常识是某种与形而上学平行的东西;在这个意义上,我们愿意承认康德的一种说法:人天生就是形而上学的存在者。否则,人不可能拥有常识。但是我们必须从本源上阐明:常识何以可能?因此,我们必须首先破解常识。然而常识却与

---

① 《周易·系辞传》。

② 参见黄玉顺:《拒斥“形而下学”:论哲学及其与科学的关系》,(新北)《鹅湖月刊》2000 年第 2 期。

③ 《周易·系辞传》。

④ 参见[德]海德格尔:《哲学的终结和思的任务》,《面向思的事情》,第 80 页。

形而上学一样，乃是一切科学的根据。所以，对常识的阐明是一项意义重大的工作；否则，我们无以进入形而下学的构造。

所谓**形而下学**是说：不是关于**存在者整体**的形而上学构造，而是关于某个**存在者领域**的构造。形而上学以**范畴表**的形式给出若干最大的存在者领域，而形而下学则把其中的某个存在者领域执定为自己的对象，正是在这种意义上，形而上学才是形而下学的基础。这些存在者领域就是关于器物的范畴划分，可以简称为**物域**。所谓物域，就是对所有的物、“万物”进行最大的划分所得的区域。

这些物域的一种最常见的划分，就是“人”与“物”的区分，或者“心”与“物”的区分，或者“人”与“自然界”的区分。其实，自然界是物，人同样是物。正因为形而上学把人也理解为一种器物，孔子才希望做到“君子不器”[①]。“君子不器”的意思是说：人要警惕自己将自己器物化。这是因为，在本源的层级上，根本无所谓“人”，也就是说，此时**作为主体的人**还根本没有“诞生”。但事实上人是不可能不物化自身的：一旦人把自己形而上学地理解为“人”的时候，就已经把自身物化了。人不可能不物化，这是“思”本身的事情。人的主体性本身就是物化的结果。然而我们一旦试图说明“人不可能不物化”，便正好是在说明“人是如何在本源的地基上物化的”，这件事本身不就表明了我们没有忘记本源吗？所以，孔子所谓“君子不器”不过是说：我们即便总在物化着自身，但我们决不能忘记了本源；这样我们才能“毋固”[②]，才不至于“固化”，我们才能总是不仅“在生活”而且“去生活”，我们才能拥有在本源层级上的自由。否则，物化将会导致我们将“人”与“自然界”的对待关系固化，导致我们在“征服自然”中将自然界异己化、敌对化。

另外一种常见的划分，则是“知、意、情”的区分；在这种划分的基础上，才有所谓“真、善、美”的区分，进而才可能有作为形而下学的“知识学”“伦理学”“美学”之类的“基础科学”。康德的“三大批判”加固了这种划分，却没有意识到真正的生活本源：情本源于生活情感，知本源于生活领悟，而意则根据于意欲，而最终本源于生活感悟。

还有一种常见的划分，涉及“超越性存在者”(transcendence)。宗教神学即是以这种划分为前提的，它们把存在者区分为此岸的世俗的存在者和彼岸的超越的存在者。在这个意义上，海德格尔把神学视为科学乃至实证科学，是完全正确的。[③] 但是，生活儒学却无意于重建任何宗教神学。

---

① 《论语·为政》。

② 《论语·子罕》。

③ 参见[德]海德格尔：《现象学与神学》，《路标》，孙周兴译，商务印书馆2000年版，第52～87页。

生活儒学的**形而下学的重建**,构成本书的**第三卷**。

……

最后,我们将会以对这样一个极其重要的问题的讨论作为全书的总结:**儒者的境界**。(1)人天然是儒家:本然,实然,应然;(2)境界:自在境界,自为境界,自如境界;(3)儒者:自在的儒者,自为的儒者,自如的儒者。

面向生活本身的儒学

——“生活儒学”问答*

黄玉顺

一

问:“生活儒学”的思想是如何提出来的?

答:在世纪之交的这些年的思考中,我逐渐形成了自己的生活儒学的观念[①];而“生活儒学”概念的正式提出,则是在2004年5月的一次网上讨论中[②]。然后,在一系列文章、言论中,我对“生活儒学”思想进行了阐述。此后,拙文《“生活儒学”导论》发表。[③] “生活儒学”提出以来,引起了一些反响。2004年12月11日,中国人民大学哲学系牵头、北京地区一部分活跃的中青年学者所组成的“青年儒学论坛”,在干春松教授的主持下,曾专门就拙文《“生活儒学”导论》

---

* 首发中国儒学网(www.confuchina.com),原载《面向生活本身的儒学——黄玉顺“生活儒学”自选集》,四川大学出版社2006年版,第53~92页。

① 这些年来,台湾的龚鹏程、林安梧先生也有“生活儒学”的提法;此外,大陆的个别学者也有“生活儒学”的提法。但他们与我的“生活儒学”观念是大不相同的。但无论如何,这表明,“面向生活的儒学”已经成为当前的儒学复兴的一种基本趋向。

② 黄玉顺、陈明等:《关于“生活儒学”的一场讨论》,中国儒学网(此文后收入《面向生活本身的儒学——黄玉顺“生活儒学”自选集》,四川大学出版社2006年版)。这场讨论围绕我在网上发表的《“文化保守主义”评议——回复陈明的一封电子邮件》进行(此文不久即以《“文化保守主义”评议——与〈原道〉主编陈明之商榷》为题,刊发于《学术界》2004年第5期)。在讨论中,我第一次明确提出了“生活儒学”的概念;实际上,在此前的一系列文章里,我就已经实质性地提出了这一思想。

③ 黄玉顺:《“生活儒学”导论》,陈明、朱汉民主编:《原道》第十辑,北京大学出版社2005年版,第95~112页。

组织了一次研讨。自此至今,围绕我所提出的“生活儒学”的讨论仍然在以各种文本形式进行着。

问:这仅仅是一种很外在的陈述。就观念本身而言,“生活儒学”是如何提出来的?

答:“生活儒学”的提出,有其当下的语境。首先必须指出的,就是当前的儒学复兴运动。“**儒学复兴运动**”是我在一次网上讨论中提出的,意在对中国20世纪90年代以来,尤其是21世纪以来的思想趋向给出一种概括性的标识。这个标识,得到了大家的认同。儒学复兴运动所面临的语境,可以区分为两个方面:一方面是观念的语境,另一方面则是现实的语境。就观念语境看,在深层观念上,儒学的复兴面对着当代哲学或者当代思想,主要是后现代主义和海德格尔现象学的观念。这是我们必须加以应对的,否则就谈不上儒学的复兴(这是我所持有的一个基本的信念:“儒学”的复兴,虽然并不等于,但无疑首先是儒家“哲学”[①]的重建)。但是,这种观念的语境有其现实生活的渊源,观念本身也归属于生活。因此,儒学的复兴,首先面对着现实的语境。这种现实语境,就是我们身处其中的当代生活样式本身。这就是我所不同于“儒家原教旨主义”的地方:我的出发点始终是我们当下的现实生活。用儒家的话语讲,唯有生活,才是我们的“大本大源”“源头活水”。

问:这就是“生活儒学”的意谓所在?也就是生活儒学之所以要特别标明“生活”的原因所在?

答:确实如此。通俗地说,“生活儒学”就是**面向生活本身的儒学**。所谓“面向生活”,就是我们的一切的一切,无不源于生活,归于生活。所以,儒学的重建必须以生活为本源。这是孔子当初创建儒学的夫子之道,也是我们今日重建儒学的必由之路。

二

问:那么,究竟什么是生活?

答:严格来讲,“什么是生活”这样的问法是不恰当的。当我们问“什么是生活”或者“生活是什么”之际,生活就已经被看成了一个存在者、一个物,而不再是存在本身、生活本身了。这是因为,但凡“什么”总是意味着一个东西,一个对象,一个在形而上学“主—客”架构中的客体。但生活并不是“什么”——生活不是一个东西。

① 本文无意讨论“中国有没有哲学”那样的问题。此外,这里的“哲学”乃是广义的用法,例如海德格尔宣称了“哲学的终结”,但他的思想言说往往仍被人们称作“海德格尔哲学”“存在哲学”。

我们也不能问“生活何以可能”这样的问题。因为这本来是康德—海德格尔提出的问题，按照他们的用法，“何以可能”这样的问题乃是针对形而上学的，是在追问形而上学的根据或者本源。然而生活不是形而上学，也不是形而上学所思考的事情。生活并没有根据，因为根据是一个存在者，而生活本身却先行于任何存在者；生活也没有本源，因为生活本身就是本源。这里我尤其要说明：生活儒学所说的“生活本源”并不是说的“生活**的**本源”。在生活儒学的话语中，生活＝本源。

问：如此说来，生活就是不可言说的了？

答：生活既不可言说，也可以言说。这取决于我们的言说方式。存在着两种不同的言说方式：一是符号的言说方式，一是本源的言说方式。

在符号的言说方式中，被言说者乃是一个符号的“所指”——索绪尔意义上的所指或者弗雷格意义上的指称。现代语言科学告诉我们，一个符号有“能指”和“所指”。符号的所指，就是一个对象。这就意味着，在符号的言说方式中，生活被对象化了。生活被对象化，意味着生活成了一个客体；同时也就意味着：我们自己成了一个主体。这就陷入了形而上学的“主—客”架构的思维模式。这样一来，我们作为主体，就置身于作为客体的生活之外了。然而试问：我们又怎么可能置身于生活之外？所以我要特别强调：生活儒学所说的“生活”，就是所谓“存在”本身。然而在符号的言说方式中，正如老子所说：“道可道，非常道。”[①]——我们所说的“生活”，已经不是生活本身了。在这个意义上，孔子才说：“予欲无言。……天何言哉？”[②]但孔子仍然要言说，一部《论语》都记载着孔子的言说；老子也在言说，一部《道德经》也正是在言“道”。然而老子、孔子那里的言说，往往不是符号的，而是本源的。

本源的言说方式绝非符号的言说方式：这里，言说是“无所指”的，也就是说，生活不是一个符号的所指。如果说，符号的所指是一个存在者，一个“物”，那么，符号的言说方式是“言之有物”的，而本源的言说方式则是“言之无物”的。在本源的言说方式中，言说本身就归属于生活本身：这里，生活不是作为一个对象的“被言说者”；生活与言说是融为一体、打成一片的。比如，爱的情话、诗的絮语，都是本源的言说方式。唯其无所指，本源的言说本身便不是符号。

当然，生活也是可以甚至必须被加以符号化地言说的。除非我们不谈“儒学”——儒家之“学”。我在这篇问答里的许多言说，其实也都是形而上学的、符号的言说方式。否则，我们就不可能建构形而上学。但是对于生活儒学来说，重建形而上学乃是重建儒学的题中应有之义。然而任何形而上学的建构，必定

---

① 《老子·第一章》。

② 《论语·阳货》。

以“主—客”架构为先行观念，这首先就要求生活被对象化。但虽然如此，我们却应该心知肚明：这并不是本源的言说。儒家的本源言说意味着：根本无须“儒学”这样的东西。

问：那么，生活儒学如何来言说生活？

答：生活儒学这样来言说生活：生活不是存在者，而是**存在本身**；用儒家的话语来说，生活不是“物”，而是“**事**”。儒家的一个基本观念乃是：“物犹事也。”[①]这个表达的意义在于：器物是由事情生成的，而不是相反；这也就是说，存在者是由存在给出的，而不是相反。这是我跟海德格尔之间的一个基本区别。在他看来，存在本身只能通过此在的生存领会，才能“存在出来”；而此在却是一种存在者：纵然是一种“特殊的存在者”、一种充满了去存在之可能性的存在者，但他毕竟首先已经是一个存在者。但是这样一来，存在本身的显现就是以此在的生存为先行条件的了；换句话说，此在这样的存在者也就先行于存在本身了。其实，“被抛”这个词就已经预设了某种存在者的先行性。[②] 然而我们要问：此在这样的存在者是何以可能的？乃至任何存在者本身是何以可能的？存在者是何以成其为一个存在者的？难道它不是被存在本身“给出”的吗？所以，生活儒学的观念与之相反：是存在给出了存在者，生活生成了**生活者**。这里，不是“存在总是存在者的存在”；而是存在者总是存在着的存在者。意思是说，一个存在者之所以成其为一个存在者，首先因为它存在着；用生活儒学的话来说，一个生活者之所以成其为一个生活者，首先因为他生活着。举例来说，在儒家的观念中，不是先有一个仁者，然后他去仁爱，而是先有仁爱，然后在仁爱中生成了仁者。首先是生活造就了人，然后人才可能改变生活。但这并不是“先有鸡还是先有蛋”的问题，因为鸡和蛋都是存在者，而生活是存在本身；我们可以问“人之为人何以可能”，却不能问“生活何以可能”，因为我们向来在生活并且总是去生活。

问：生活儒学的观念跟海德格尔的观念之间，为什么会有这样的区别？

答：这是因为我跟海德格尔之间的另外一个基本区别，即我的“生活”观念与他的“生存”概念的区别。他把生存理解为此在的生存，而又把此在理解为一个存在者，这样一来，某种存在者就成为存在的前提。而生活儒学之所谓生活，不是此在的生活，亦即不是主体性的人的生活。这类似于庄子所说的：“有人之形，无人之情”[③]；虽然无“人之情”，但是有“事之情”[④]。王国维说：

---

① 《周礼·地官·大司徒》。

② 在这个问题上，我倒认为萨特并未误解海德格尔。恐怕也正因为如此，后期海德格尔才会抛弃“此在的生存”这条进路。

③ 《庄子·德充符》。

④ 《庄子·人间世》。

> 有有我之境，有无我之境。“泪眼问花花不语，乱红飞过秋千去”，“可堪孤馆闭春寒，杜鹃声里斜阳暮”，有我之境也；“采菊东篱下，悠然见南山”，“寒波澹澹起，白鸟悠悠下”，无我之境也。有我之境，以我观物，故物我皆著我之色彩；无我之境，以物观物，故不知何者为我，何者为物。[①]

此在的生存只是“有我之境”，生活本身才是“无我之境”。所以，从本源的层级上来看，生活并不是人的生活，人倒是生活着的人。这意思就是说，人之所以为人，首先是因为他生活着。有怎样的生活，就会有怎样的人。

问：那么，海德格尔为什么会把此在视为生活或生存的前提？

答：这是因为，在他看来，生存与存在是不同的事情。这是我跟海德格尔之间的又一个最基本的区别。在他那里，生存与存在之间有一种区分：虽然存在只有通过生存领会才能显现出来，但是，在他那里，我们仍然决不能说“生存等于存在”；虽然可以说此在的存在便是生存，但不能反过来说此在的生存便是存在。总之，生存与存在不是一回事。然而在生活儒学看来，生活恰恰就“等于”存在。生活儒学的一个基本观念就是：**生活即是存在**，生活之外别无所谓存在。这是因为：一切的一切都源于生活而归于生活，出于生活而入于生活。正是在这个意义上，生活是一切的一切的本源。所以，海德格尔转向之后的后期思想放弃了生存论的进路，而直接诉诸存在本身，这对于生活儒学来说是毫无参照意义的。我只对他前期的生存论感兴趣，因为生存之外的“存在”或者说不同于生存的所谓“存在本身”，只不过是在西方传统思想背景下产生的一种臆想。对于生活儒学来说，存在本身就是生活本身。

三

问：可是，你这样的“生活”观念，跟儒家本来的观念之间，真的有什么关系吗？

答：当然是有关系的，而且是实质性的关系。这种关系首先在于“生活”与情感，尤其是“仁爱”的关联。简单来说，这是因为，生活总显示为生活感悟——生活情感、生活领悟。但要注意，生活与生活感悟的关系不是传统哲学所谓“本质”与“现象”的关系。显示之为显示，不是说的一个本质显现为一个现象，不是说的作为本质的生活显现为作为现象的生活感悟；而是说，生活就是显示本身，或者说，显示就是生活本身；这种显示既是现象也是本质，唯其如此，生活感悟、生活本身也就无所谓是现象还是本质。在这种意义上，生活感悟就是生活本

---

① 王国维著，滕咸惠校注：《人间词话》，《人间词话新注》(修订本)，齐鲁书社 1986 年版，第 36 页。

身。而生活首先显示为生活情感:没有生活情感的所谓“生活本身”是不存在的,或者说,是不可思议的。当然,在本源上,这种生活情感不是“人之情”,而是“事之情”。儒家哲学实质上是一种情感哲学,是一种“爱的哲学”。

问:可是众所周知,在儒家思想中,“情”并不是根本的,而不过是“性”之所发。“未发”为性,“已发”为情,这是《中庸》的一个基本思想。生活儒学对此如何解释?

答:确实如此。但这只是原创时期之后的儒家的形而上学观念,而非儒家的本源的观念。它是我们今天首先应该予以颠覆的形而上学。的确,在后原创期,亦即秦汉以来的儒家观念中,有一种基本的架构,即性本情末、性体情用(以及性善情恶,或情可善可恶)。这是一种“性→情”的形而上学架构:本→末、体→用的架构。《大学》表达的就是这样的架构。就形而上学建构本身来说,这样的架构是恰当的,因为形而上学的建构首先必须确立起主体性,亦即孟子所说的“先立乎其大者”①,这个“大者”就是“性”——主体性。这种“性”——主体性同时又是本体,即是终极的“物”——终极存在者。然而唯其是物而非事,亦即是存在者而非存在本身,我们会问:这种“性”,亦即主体性本身何以可能?如何“先立其大”?这样一问,也就打开了回归生活本源、生活情感的通道。结果,我们发现,在原创期、前原创期,尤其是在孔子那里,事情正好相反:不是“性→情”的架构,而是“情→性”的生成关系。性是形而上学的初始范畴,而情是它的生活本源。这是近年来人们在郭店楚墓竹简的儒简研究中揭示出来的一个重要事实。我的导师蒙培元先生在他新近的著作中,也已在相当程度上揭示了这一点:儒家哲学乃是一种情感哲学。② 当然,这并不是说传统的形而上学架构就是毫无意义的了。现在,当我们将本源的“情→性”架构和传统形而上学的“性→情”架构联系起来,就可以得到这样一个基本架构:情→性→情。后一个“情”是形下之情,即是“未发”的形上之“性”的“已发”状态;而前一个“情”才是本源之情,亦即本源的生活情感。

问:可是,我们还没有说到“生活”与“仁爱”的关联。这种关联究竟是如何在生活情感中体现出来的?

答:前面说了,生活首先显示为生活情感。在儒家,这种生活情感首先是仁爱。当然,生活情感不仅仅是仁爱。传统有“七情”之说:喜怒哀惧爱恶欲。这是需要仔细分辨的:“欲”是欲望、意欲、意志,它以主体性为前提,因此,“欲”显然不属于本源的生活情感的层级;“爱恶”却是两种基本的感情,既可以指形下的道德感情,也可以指本源的自然质朴的生活感情;“喜怒哀惧”则是四种基本

---

① 《孟子·告子上》。

② 蒙培元:《情感与理性》,中国社会科学出版社2002年版。

情绪,既可以指本源的情绪,也可以指形下的情绪。情绪是先行于感情的,但感触却更先行于情绪。这样一来,在本源层级上,我们得到这样一种关于生活情感的领悟:生活感触→生活情绪(喜怒哀惧)→生活感情(爱恨/好恶)。

我这里举一个典型的例子,出自孔子的言说:

> 宰我问:"三年之丧,期已久矣。君子三年不为礼,礼必坏;三年不为乐,乐必崩。旧谷既没,新谷既升,钻燧改火,期可已矣。"子曰:"食夫稻,衣夫锦,于女安乎?"曰:"安。""女安则为之!夫君子之居丧,食旨不甘,闻乐不乐,居处不安,故不为也。今女安,则为之!"宰我出。子曰:"予之不仁也!子生三年,然后免于父母之怀。夫三年之丧,天下之通丧也。予也有三年之爱于其父母乎?"①

孔子说出的乃是一个表达情绪的词:安。感到心安,这是一种典型的情绪感受。这是儒家特别注重的一种生活情绪。就其本义来看,"安"字从"宀"从"女"表明,这是出自早期先民的一种生活领悟,它有两个基本含义:女人哺育孩子,在家为安。小孩何以能有心安的情绪?这本是生活中的常识:小孩感到不安而哭啼时,父母会把他抱起来,于是他便感到心安了。所以孔子特别指出:"子生三年,然后免于父母之怀。"父母怀抱婴幼,这是身体的亲密的感触。对于孩子来说,这种怀抱的感触,产生了心安的情绪;而正是这种心安的情绪,才导致了孩子对父母的爱的感情:"子也有其三年之爱于其父母。"这就是孔子所言说的生活情感的自然显示:感触→情绪→感情。那样的感触是如此的刻骨铭心,那样的情绪是如此的记忆犹新,使得我们不能不产生如此的爱。假如父母新近去世了,我们就会由爱亲的感情而思及心安的情绪,由心安的情绪而思及怀抱的感触,于是自然而然地感到"食旨不甘,闻乐不乐,居处不安"。礼制何以可能?乃导源于生活、生活情感:正是基于对父母的爱,并且根据当时那种生活方式的时宜,人们才会设定形上的"至善"那样的心性,才会做出形下的"三年之丧"那样的丧礼制度安排。

问:这样的言说似乎表明:作为生活情感的仁爱,基于家庭的亲情。难怪人们指摘说,儒家伦理只是一种家族伦理,儒学也只是一种伦理学,它在今天已失去了普适的价值,因为今天已经不是家族社会。生活儒学对此如何解释?

答:其实未必。当时的儒家以血缘亲情来说明仁爱的情感,那也是导源于他们当时的生活显示样式的,即导源于宗法社会的生活方式。而这恰恰也表明,在儒家那里,生活本身总是本源:在宗法社会的生活方式中,"家→国→天下"同构外推,人们自然会在生活中领悟到"孝悌为仁之本"的道理,领悟到"爱

① 《论语·阳货》。

有差等”“推己及人”的“推”的必要。但这并不是当时的儒家所领悟到的本源之仁的唯一显示样式。作为生活情感的仁爱从来都是普适的。孟子就曾给出了一种普适的本源情境，而与血缘亲情全然无关：

> 所以谓人皆有不忍人之心者，今人乍见孺子将入于井，皆有怵惕恻隐之心：非所以内交于孺子之父母也，非所以要誉于乡党朋友也，非恶其声而然也。……恻隐之心，仁之端也；羞恶之心，义之端也；辞让之心，礼之端也；是非之心，智之端也。……凡有四端于我者，知皆扩而充之矣，若火之始然、泉之始达。①

在这种生活情境中，“今人乍见孺子将入于井”即是本源的感触，“不忍人之心”或“怵惕恻隐之心”则是本源的情绪，它们是“仁之端”，亦即仁爱这种本源的感情的发端，犹如“泉之始达”，即是本源的事情。但在这里，那个“人”与“孺子”之间并不存在任何血缘亲情。这是一种普适的情感。

四

问：这就是生活感悟中的生活情感了。而生活感悟中的生活领悟又是如何的？

答：生活领悟是处于生活情感与形而上学观念建构之间的事情，而同样归属于生活本身。我首先要特别指明：生活领悟并不是任何意义上的“认识”。生活领悟既不是形而下学的、科学意义上的乃至常识意义上的认识，也不是形而上学的认识。认识之为认识，一定根据“主—客”架构：一个主体，认识一个客体、对象。但是不论主体还是客体，都已经是存在者，都是“物”。然而这种“主—客”架构本身，即主体性和对象性的观念本身，却是在生活领悟中生成的。生活领悟并不是对存在者的认识，而是对存在本身的领悟：我们领悟着生活本身，这种领悟本身就归属于生活。

问：具体地说来，我们究竟如何领悟着生活？

答：我们这样领悟生活：领悟着存在、领悟着流行、领悟着天命、领悟着领悟本身。这些领悟，我分别称之为“存在的领悟”“流行的领悟”“天命的领悟”“领悟的领悟”。我们知道，科学基于四大预设信念：实在性、运动性、规律性（或因果性）、可知性。这些预设是科学本身不假思索而执为前提的，其实只是一些信念。不仅科学而且“常识”也都执定这些信念。有人“科学地”把“马克思主义哲学”概括为“四句教”：世界是物质的，物质是运动的，运动是有规律的，规律是可

---

① 《孟子·公孙丑上》。

认识的。这里贯彻着科学的四大预设信念。但是我们知道，不仅科学而且形而上学本身，都无法说明这些信念本身是何以可能的——休谟已经宣告了这些信念是不可能得到哲学的说明的。然而，生活儒学试图阐明：实在性的信念导源于存在的领悟，运动性的信念导源于流行的领悟，规律性的信念导源于天命的领悟，可知性的信念导源于领悟的领悟。

问：现在就来具体地说说“四大领悟”。首先，何谓“存在的领悟”？

答：我们首先来追问这样一种常识：我们总是不假思索地认定客观实在的东西的存在，认定存在者的客观实在性、物的客观实在性。我们说：它们是不以人的主观意识为转移的。这就是关于实在性的预设信念。显然，这是一种基于“主—客”架构的观念：我们先行区分了主观意识、客观存在。而我们知道，这样的观念导致了“认识论困境”：我们的主观意识如何可能确证客观的实在？内在的意识如何可能切中外在的实在？这在哲学形而上学的理论上是永远不可解决的问题，它仅仅是一种“相信”。但是，我们明明“知道”：它们就是客观实在的。问题不在于我们是否“知道”，因为我们已经“知道”了；而在于我们是如何“知道”的？——我们是如何“知道”存在者的实在性的？我们如何获得了关于存在的信念？进一步问：我们是如何“知道”存在者的？换一种问法：关于存在者的观念、物的观念是如何生成的？生活儒学的回答就是：由于生活感悟。正是在生活情感中，我们才领悟到存在本身，领悟到存在者的存在，领悟到存在者本身。

第一，我们首先领悟到存在本身，然后才领悟到存在者的存在，最后才领悟到存在者。如果说，存在先行于存在者，那么，对存在的领悟就必定先行于对存在者的领悟。存在者就是这样被“给出”的：我们首先意识到存在本身，进而才意识到存在者的存在，这才意识到存在者；没有关于存在本身的观念，就没有关于存在者存在的观念，也就没有关于存在者的观念。老子说：“天下万物生于有，有生于无”①；又说：“无名天地之始，有名万物之母。”②“无”即“无物”，即还没有领悟到任何存在者；“有”即“道之为物”，即领悟到了存在本身；由于“有”了对存在本身“纯有”的领悟③，才有对存在者“万物”的领悟。“有”和“无”其实是一个意思，即是同样的领悟情境：“有”言其已有关于存在本身的领悟，而“无”言其尚无关于存在者的领悟。

第二，存在即生活，存在领悟即生活领悟。存在领悟并不是说：有一个叫作

---

① 《老子·第四十章》。

② 《老子·第一章》。

③ 这里“纯有”是借用黑格尔的词语，但不是指的他那种形而上学的“绝对观念”，而是指的作为存在本身的生活本身。

"存在"的东西摆在那里,它作为一个对象,为主体所领悟。存在领悟就是存在本身,生活领悟就是生活本身。海德格尔在谈到 Sein/to be 时,本来应该已经意识到了这一点,然而他却没有意识到:既然存在本身只是在生活领悟中才显示出来的(用他的说法,存在本身只能在此在的生存领会中显现出来),这就已经表明,存在领悟其实就是生活领悟本身,就是生活本身。我们"知道"了生活,也就"知道"了存在;然而我们向来生活着,并且向来"知道"我们生活着,所以我们向来存在着,并且向来"知道"我们存在着。我们由此领悟着存在、领悟着生活。

第三,存在领悟是导源于生活情感的:正是在情感中,我们才领悟到生活之为存在,进而领悟到生活者之为存在者。对于儒家来说,这种情感首先是**爱**。但这并不是笛卡儿式的"我思故我在",而是:**爱,所以在**。没有爱,就没有存在,也就没有作为爱者的我、你、他的存在,因为是爱生成爱者、存在者。没有母爱就没有母亲,因为此时母亲还不成其为母亲;没有父爱就没有父亲,因为此时父亲还不成其为父亲;没有友爱就没有朋友,因为此时朋友还不成其为朋友;没有恋爱就没有爱人,因为爱人此时还不成其为爱人。这就是孟子讲的:"无恻隐之心,非人也。"[①]也就是《中庸》讲的:"不诚无物。"[②]人、物作为存在者,都是由作为生活情感的爱生成的。

常识、科学、形而上学的实在性信念,不过是把这种关于存在与存在者的存在领悟对象化的结果。这里,我们还可谈谈空间问题。常识的空间观念、形而上学—科学的空间概念何以可能?在存在本身—生活本身的层级上,并无所谓"空间";"空间"的观念,一定以存在者作为参照——它有一个标准,而这个标准乃是一个存在者。甚至所谓的相对主义者,也是这样来思考的。例如惠施在著名的"历物十事"中就说:"天与地卑,山与泽平"(地之卑以天为标准,泽之平以山为标准);"我知天下之中央:燕之北、越之南是也"(燕北、越南以中央为标准)。[③] 他甚至由此推出了更抽象的空间概念:"至大无外,谓之大一;至小无内,谓之小一";"无厚不可积也,其大千里"。[④] "小一"类似于几何的"点"概念,"无厚"类似于几何的"面"概念。如果说,存在的领悟先行于存在者的观念,那么,存在者的观念就先行于空间的观念:追本溯源,空间概念乃是存在领悟被对象化、存在者化的结果。

---

① 《孟子·公孙丑上》。
② 《礼记·中庸》。
③ 《庄子·天下》。
④ 《庄子·天下》。

五

问:那么,何谓“流行的领悟”?

答:所谓“流行”,是说的儒家所说的“大化流行”。这里,“大化”不是任何东西,不是物,不是存在者。“大化”乃是孟子所说的“大而化之”:“可欲之谓善,有诸己之谓信,充实之谓美,充实而有光辉之谓大,大而化之之谓圣,圣而不可知之之谓神。”①这似乎是在说一个人的修养所达到的境界,但这种境界恰恰是向本源的回归:倾听天命的“圣”(“圣”字的本义为倾听)、阴阳不测的“神”(“神”字的本义为显示)。因此,“大化”就是存在本身,也就是“流行”。流行即大化,大化即流行。所以,“流行”就不是说的物、存在者的“运动”“变化”;“流行”仅仅是说的存在本身的一种情境,亦即是说的生活本身的一种情境。这种本源情境,便是“生生”。② “生生”只是两个动词而已:这里没有主词,也就是说,没有主体、物、存在者。流行之为流行,是说生活如水,涌流不已。生活之“活”,本来就是说的水、水流、水流之声:“活,水流声。”③所以,《诗》云:“河水洋洋,北流活活。”④如此看来,生活就是孔子所说的:“子在川上曰:‘逝者如斯夫,不舍昼夜!’”⑤就是孟子所说的:“源泉混混,不舍昼夜。”⑥生活如斯,本源如斯:生活作为本源,便是流行。

正是在这种流行着的生活中,我们才领悟到生活的流行:我们不仅领悟到存在,而且领悟到流行。我们“知道”了:生活流行着。那么,我们何以能领悟到流行?在生活情感中。我们在情感中领悟到流行,是因为情感本身便是流行:“柔情似水”,“激情澎湃”,情感就是流行着的生活,就是生活的流行。于是,我们便领悟到:生活即是流行,存在即是流行。孔、孟便是如此而领悟到本源流行的:

> 徐子曰:“仲尼亟称于水曰:‘水哉!水哉!’何取于水也?”孟子曰:“源泉混混,不舍昼夜,盈科而后进,放乎四海。有本者如是,是之取尔。苟为无本,七八月之间雨集,沟浍皆盈;其涸也,可立而待也。故声闻过情,君子耻之。”⑦

---

① 《孟子·尽心下》。
② 《易传》把“生生”理解为“易道”,即“生生之谓易”,这是不是一种本源的观念,另当别论。
③ 《说文·水部》。
④ 《诗经·卫风·硕人》。
⑤ 《论语·子罕》。
⑥ 《孟子·离娄下》。
⑦ 《孟子·离娄下》。

他们的思想是“有本”的，因为他们领悟到了本源的流行；后原创期的思想往往是“无本”的，因为他们往往在观念上蔽塞了流行的本源。而后者是如何发生的呢？

由于“无形”的“流行”，才有“有形”的“流形”：才有“形”而上学的建构、“形”而下学的构造。不仅形而下学，而且形而上学，都以“形”为参照。这种“形”也就是形体，就是物，就是存在者。而在中国传统的形而上学观念中，最大的“形”或“物”就是天地，所以“天地有正气，杂然赋流形”①。存在者是有形的，是“有”；存在本身则是无形的，是“无”。庄子说：“泰初有无，无有无名；一之所起，有一而未形。”②这里，“一”有两种意义：后来继“起”的有“形”的“一”是形而上学的开端（本体性的存在者），已是“流形”；而“泰初”的“未形”的“一”则是形而上学的本源（本源的存在），却是“流行”。原创时期的诸子大都能领悟到：“流形”的本源乃是“流行”。而如果不能领悟到“流行”却仅仅领悟到“流形”，就会导向运动着的存在者、存在者的运动的观念。如果说，存在领悟的对象化，导致实在的信念；那么，流行领悟的对象化，便导致运动的信念。常识、科学、形而上学的“运动”观念何以可能？那是因为我们把生活的流行加以对象化的把握，把无形的流行理解为有形的运动——存在者的运动。此时，“流形”被把握为运动着的存在者、存在者的运动。

这里可以谈谈时间概念的问题。常识的时间观念、形而上学—科学的时间概念何以可能？从层级上来看，时间观念同样是导源于生存领悟的：具体来说，就是流行的领悟被对象化，流行本身被存在者化为客观实在的时间。单就常识—形而上学—科学的层级来看，时间观念却是根据空间观念的，这就正如存在的领悟是先行于流行的领悟的。这跟西方人对时间与空间之关系的理解截然相反，事情乃是：时间总是被空间给出的，而不是相反。我们确定年、月、日、时，正是根据的太阳、月亮的空间方位的变动位置。现在几点了？我们去看钟表指针的空间位置。前面提到的惠施“历物十事”，也是这样把握时间概念的：“日方中方睨，物方生方死”（日之空间方位的变动）；“今日适越、而昔来”（越之地理空间的确定）。③ 中国人的哲学—科学，给出了这样一个“时空连续统”：木、火、金、水→东、南、西、北→春、夏、秋、冬。可见“五行”不是所谓的五种物质元素，而是形而上学的时空同一。

① （宋）文天祥：《正气歌》，《文文山集》卷下，《丛书集成》初编本，商务印书馆1937年版，第76页。
② 《庄子·天地》。
③ 《庄子·天下》。

六

问:现在谈谈:何谓"天命的领悟"?

答:我们不仅领悟着生活的存在,领悟着存在的流行,而且领悟着流行的天命。何谓"天命"?"天命"在本源意义上不是说的所谓命中注定的"命运"(destiny),而是说的存在的流行的某种显示样式。而"命运"却是一种宿命论的观念,仿佛有一个高高在上的诸如上帝之类的"天",他预先规定了我们每一个人的"命"。这跟儒家的观念毫无关系。儒家一向主张的乃是尽心尽性、成己成物、参赞化育、而与天地同流。这绝不是一种消极的"命运"观念,而是一种积极的"天命"。当然,在原创时期尤其后原创期的形而上学思想层级上,儒家也有某种"命中注定"的观念。但那并非儒家在本源层级上的观念。本源的天命观念,来自对"天"与"命"的本源领悟。"天命"并不是说的有一个作为存在者、作为物、作为"他者"的天,他在那里发号施令,我们只能俯首帖耳。在本源意义上,天之为天就是"自然"——自己如此。然而"自然"之为"自己如此"也并不是说的一个物、一个存在者自己如此,而是说的存在本身、生活本身自己如此。作为存在本身的生活本身自己如此这般,意味着:生活、生活情感、生活领悟不是任何意义的"被给予性"(the given),甚至不是所谓"自身所予"(the self-given)。生活"给出"任何东西,然而没有任何东西"给出"生活。生活自己如此,这就是"天";我们自己如此生活,这就是"命"。我们领悟着:存在自己如此,流行自己如此,天命自己如此。

固然,"命"的本义是"口令""发号施令"[①],但这"口令"既不是上帝在说话,也不是人说话。"天何言哉?四时行焉,百物生焉。天何言哉!"[②]这是存在本身在说话,生活本身在说话。儒家把这种本源的言说领悟为天命。这就是说,天命乃是一种生活领悟。存在本身的言说、生活本身的言说,乃是无声之命、无言之令。"上天之载,无声无臭。"[③]老子所谓"大音稀声"[④]就是这个意思。虽然如此,我们却在倾听。这种倾听,其实就是生活领悟。假如我们没有这样的倾听、领悟,我们何以能够存在、能够言说?我们倾听天命,就是倾听生活。孔子所谓"知天命"而"耳顺"[⑤]就是在说这样的倾听。我们听到了怎样的消息?我们听到

---

① 许慎解释为:"命,使也。"朱骏声纠正说:"命,当训'发号也'。"(《说文·口部》)

② 《论语·阳货》。

③ 《诗经·大雅·文王》。

④ 《老子·第四十一章》。

⑤ 《论语·为政》。

生活告诉我们:在生活,并且去生活。不仅天命使我们有“在生活”之际遇,而且天命的领悟使我们有“去生活”之超越。我们能够倾听这样的天命,就是“圣人”:圣之为圣,就是能够倾听,所以,“圣”字(繁体作“聖”)从“耳”。“圣”字不仅从“耳”,而且从“口”[①],这就是说,我们不仅倾听天命,而且能用我们的语言来传达天命。孔子在谈到敬畏感时说:“君子有三畏:畏天命,畏大人,畏圣人之言。”[②]圣人之言之所以可敬畏,就在于他言说着存在的流行的天命。有“天命”,所以有“人言”。天命这种无声的言说,可以通过人言的有声的言说透露出来。这种有声的言说,就是我们谈到过的“本源的言说方式”——本源情感的言说方式。

然而,形而上学的思维方式,却将天命的领悟对象化、客体化、存在者化、物化。存在的物化导向关于实在的预设信念,流行的物化导向关于运动的预设信念,而天命的物化则导向关于因果性、规律性的预设信念。天命的存在者化作为形而上学的把握方式,最主要的表现为两种形态:宗教的因果性信念,科学的规律性信念。

七

问:刚才提到“生活本身的本源结构”,那是什么意思?

答:首先我得声明:“结构”这个词语乃是不得已而用之。在形而上学—科学的思维方式中,对“结构”概念有两种理解:要素决定结构,结构决定要素。后者即是所谓“系统科学”的观念。但即使是在这样的观念中,无论是要素,还是结构亦即系统整体,都是存在者。然而我之所谓“本源结构”,所说的却是存在本身—生活本身的“结构”。生活本身的本源结构就是:在生活并且去生活。[③]我们向来在生活,这是我们的际遇;我们总是去生活,这是我们的超越。但“在生活”并非“此在的被抛”,因为此时此刻尚无任何此在,即没有任何存在者;而“去生活”也非宗教的“超越”(transcendence)或者先验哲学的“超越”(transcendental),因为这两种“超越”都是存在者的超越。问题在于:这种存在者的超越是何以可能的?从被抛的所是向本真能在的超越何以可能?从小人

① 许慎认为:“圣,通也。从耳,呈声。”(《说文·耳部》)这是一种解释。也可以解释为:从耳、从口,壬声。

② 《论语·季氏》。

③ 鉴于有人将我所说的“去生活”之“去”误解为“去掉”,这里有必要作一个说明:“去生活”之“去”犹如“去吃饭”之“去”。“去”并不是一个否定动词,而是一个趋向动词。“去生活”并不是说的“去掉生活”,正如“去吃饭”并不是说的“去掉吃饭”。“去生活”只是说:生活下去。“去吃饭”就是“吃饭去”,“去生活”就是“生活去”。

向君子乃至圣人的超越何以可能？我的回答是：它们都导源于生活本身的本源结构。唯其如此，自由才是可能的。这种本源的超越，就是生活本身的**去生活之超越**：虽然我们已然在生活，但是我们还要去生活。这就是我所说的：生活本身的本源结构。我们在生活，并且去生活；我们在爱，并且去爱；我们在领悟，并且去领悟。“黄河之水天上来，奔流到海不复回！”对于这样的本源结构，我们不能问“为什么”，而只能说：生活本身自己如此。

问：好吧，最后谈谈何谓“领悟的领悟”？

答：我之所以提出“领悟的领悟”，是为了回答“常识—形而上学—科学的可知性信念是何以可能的”这个问题。这种可知性信念，乃是哲学“认识论”的一个基本预设。古希腊人说“我知我无知”，也是基于这种预设，因为“我无知”其实已经被“我知”，即我已经相信“我无知”是“可知”的。所谓“不可知论”，同样基于这种预设。比如，对于休谟来说，感知之外的实在是不可知的，然而感知本身却是实实在在地可知的。再如，对于康德来说，“物自身”是理论理性所不可知的，却是理性本身所可知的，实践理性便可以通达之。然而不论是感知本身还是“物自身”，都是某种“物”、某种存在者。这就是说，可知性信念基于存在者观念。不仅如此，存在者观念基于对象性观念（存在者是被对象化把握了的存在），对象性观念基于客观性观念（对象即是客体），而客观性观念基于主体性观念（客体与主体是互为条件的）。这就表明，可知性信念是基于“主—客”架构的：我们作为主体，能够认识客体；不仅如此，而且我们**知道**我们能够认识。这就意味着：我们知道**认识**本身。

但是在生活本源的层级上，根本就没有所谓“认识”这回事，因为认识总是对象性的，而在本源层级上还没有对象性。那么，我们如何知道认识本身？那必定是：认识本身就是一个对象；换句话说，认识必定是由于某种事情被对象化地把握了的结果。本源层级上的可以被对象化为认识的事情，只能是生活领悟；因为，情感是不可能被把握为认识的。因此，必定存在着这样一种领悟，它的被对象化便成为“认识”这样一种对象。那么，是怎样的事情被对象化地把握为认识了？唯一可能的解释就是：我们把某种领悟对象化了。但这种被对象化了的领悟却不可能是存在领悟、流行领悟、天命领悟，因为这些领悟被对象化了的结果乃是存在者的实在性、运动性、规律性。由此看来，必定存在着这样一种领悟，这种领悟是对前面那些领悟本身的领悟，我称之为“领悟的领悟”。

确实，我们在生活中不仅领悟着存在、流行、天命，而且领悟着这些领悟本身。这种领悟之于其他那些领悟的关系，类似于佛学所谓“末那识”之于前面“六识”——意识、眼耳鼻舌身识——的关系。区别在于，在佛学中，“末那识”及前面“六识”都不是说的在本源层级上的事情：“末那识”相当于是对“六识”的反思，它本身又以“阿赖耶识”为根据。这个“阿赖耶识”类似于黑格尔所谓“实体即是主体”那样的形而上学根据。然而领悟的领悟却是前形而上学的、前意识的生活感悟的事情，而归属于生活本源。只有这种领悟的领悟被对象化，才成为形而上学、认识论的事情，才成为所谓“认识”这样一种被主体所反思的对象。认识这个东西自身之成为对象，这就是西方人之所谓“反思”的本意：我们作为主体，具有某种能力，即能够认识自身，也就是把自身这种能力设置为一个对象。领悟的领悟被对象化而成为被认识的认识，便导向了常识—形而上学—科学的可知性信念：我们知道我们作为主体，能够认识客体。

八

问：以上的讨论，其实已经回答了“形而上学何以可能”的问题：形而上学是在生活领悟的本源上被构造起来的。但实际上这还只是逆向的“解构”，是在回答“形而上学的本源”问题，而非正面地顺向地探讨“如何建构形而上学”的问题。但是，“儒学的重建”必须实际地解决这个问题。不过，这个问题暂时放下，因为我们首先还面对着另一个问题：生活儒学为什么要重建形而上学？

答：这是我跟海德格尔之间的又一个基本区别，同时也是跟所谓“后现代主义”的一个基本区别[①]：他们不仅“解构”了哲学、形而上学，而且宣称我们已经进入了一个“后哲学”“后形而上学”时代，认定哲学、形而上学的重建是不可能的了；而我却坚信形而上学重建之可能性、必要性，并坚持致力于儒家形而上学的重建工作。

海德格尔事实上做了一项极有意义的工作：对科学与形而上学的“解构”与“还原”，已经揭示出了这样一种“奠基关系”：

科学←形而上学←生存领会[②]

但这样一来，却恰恰已经不自觉地透露出了这样一种他所始料不及的生成关系：

生活本源→形而上学→形而下学[③]

这个道理应该是很简单的：既然树木发于种根，种根育于土壤，那么，土壤当然可以再育种根，种根可以再发树木。我们既然意识到了生活是形而上学的本

---

① 据说后现代主义有一种区分：消极的、积极的。所谓积极的后现代主义，也要致力于正面的建设工作。这是另外一个话题，兹不赘论。

② 这里采用的是海德格尔的说法。

③ 这里采用的是生活儒学的说法。

源、形而上学是形而下学的根据，那么，形而上学、形而下学的重建就是可能的。

形而上学的重建不仅是可能的，而且是必要的。按照上面所得出的“奠基关系”或生成关系，科学必定有其形而上学的基础。事实就是如此：科学作为一种形而下学，以某个存在者领域作为自己的当然的对象，但科学从来不思考这个存在者领域本身是何以可能的这样的问题。这个存在者领域是由形而上学给出的：形而上学以范畴表的方式给出存在者领域的划界，即以范畴的方式给出“物界”。这种物界划分，其实就是一种最基本的分类学，诸如：实体/非实体[非实体依存于实体][1]、心/物、人间（此岸）/非人间（彼岸）、人/自然界，等等。科学以这种物界为前提，否则，它就没有自己的对象。科学仅仅思考某个存在者领域，而形而上学思考“存在者整体”（海德格尔语）、“存在者之为存在者”（亚里士多德语）；形而上学以这个唯一存在者为根据（老子“道之为物”），去说明其他众多存在者之存在（老子“德”，即“得”，即“得道”之为“万物”）。[2] 这就意味着：没有形而上学，就没有科学。但我们知道，科学总是要存在下去、发展下去的。比如说，当未来的科学发展面临着范式的转换之际，形而上学何为？此时形而上学的任务，就是提供科学范式转换的根据。

问：那么，这种生成过程是如何发生的呢？具体说，如何从生活本源过渡到形而上学？

答：这再次涉及前面说过的生活本身的“本源结构”问题。生活本身的本源结构就是：在生活并且去生活。形而上学建构的秘密，就隐藏在这种本源结构之中：形而上学与形而下学，都发生于“在生活”与“去生活”之间。我们“在生活”之际，发生着生活情感，获得了生活领悟；我们将生活领悟对象化、客体化，由此而获得存在者观念、主体性观念；我们由此而进行形而上学的建构，并进行形而下学的构造；而这一切也都归于生活，入于生活，亦即恰恰就是我们的“去生活”。这就是我在前面说过的：一切的一切都源于生活而归于生活，出于生活而入于生活。

问：可是，这样的陈述仍然不够具体。能否更加具体地说明，形而上学究竟是如何被建构起来的？

答：从生活本源到形而上学的过渡，在儒家，还有一个关键的观念：思。“思则得之，不思则不得也。”[3]然而汉语的“思”与西语的 think 或 thought 迥然不

---

① 参见[古希腊]亚里士多德：《工具论·范畴篇》，李匡武译，广东人民出版社 1984 年版，第 12～19 页。

② 在老子那里，“道”与“物”之间具有这样一种对应：本源之道—“无物”，形上之道—“道之为物”，形下之道—“万物”。形下之道，即所谓“德”：这是儒、道两家共同的观念。

③ 《孟子·告子上》。

同、相去甚远。思首先是情感的事情，然后又是领悟的事情，最后才是形而上学、形而下学的事情。

思首先是情感之思。我们常说的思念、思乡、相思、思绪，就是这种情感之思。这跟海德格尔之所谓 Denken（译作“思”或“思想”）截然不同。诗歌“唐棣之华，偏其反而；岂不尔思？室是远而”，孔子评论：“未之思也！夫何远之有？”[①]这里的“思”就是说的情感之思。孔子说诗“可以兴，可以观，可以群，可以怨”[②]，都是在说情感的事情。唯有这种情感之思，才真正与诗有着不解之缘：“诗缘情”[③]，真正的诗乃是生活情感的本源的言说。唯其如此，孔子才特别强调“兴于诗”[④]，意思是说：主体性的确立（兴）乃在于诗。其所以如此，就因为诗作为本源之情的言说，乃是思。这跟海德格尔对诗与思的关系的理解也是不同的。所以孔子才说：“《诗》三百，一言以蔽之，曰：‘思无邪。’”[⑤]“思无邪”是说的情无邪。这种情感之思，乃源于爱：爱之，才思念之。我们爱乡，才思乡；我们爱一个人，才会相思。爱之深，思之长，是谓思绪。例如，孔子爱狂狷之士而思之：“万章问曰：‘孔子在陈，曰：“盍归乎来！吾党之士狂简，进取不忘其初。”孔子在陈，何思鲁之狂士？’孟子曰：‘孔子“不得中道而与之，必也狂狷乎！狂者进取，狷者有所不为也”。孔子岂不欲中道哉？不可必得，故思其次也。’”[⑥]既爱中道之士，也爱狂狷之士，故而思之。

不过，思与爱虽然都是情感的事情，但是有着一种基本的区别：爱是当事的，思是事后的。显然，我们不可能当面思念一个人。正因为是事后的事情，思就必定意味着“空间”的距离：“有所思，乃在大海南！”[⑦]或者更确切地说，正是由于思，我们才能领悟到“空间”的观念。这跟西方哲学关于空间概念的理解截然不同。空间的观念何以可能？乃导源于情感之思。而正由于这种空间的距离，思与爱就不同：思必伴随着表象。在思念中，必有思之所思的形象。这种形象，在想象中生成。苏东坡思念亡妻：“十年生死两茫茫，不思量，自难忘，千里孤坟，无处话凄凉”，这里不仅是“千里”的空间，还是阴阳两界的“空间”隔离；日有所思，夜有所梦：“夜来幽梦忽还乡，小轩窗，正梳妆”，正是在思念的想象中的形象。汉语所谓“思想”的本来意义，就是：在思念中想象，在想象中思念。“思想”就是：思—想——思之想之。“想象”就是：想—象——思想着形象。唯其如此，

---

① 《论语·子罕》。

② 《论语·阳货》。

③ （晋）陆机：《文赋》，《六臣注文选》卷十七，《四部丛刊》本。

④ 《论语·泰伯》。

⑤ 《论语·为政》。

⑥ 《孟子·尽心下》。

⑦ 《有所思》，《乐府诗集》卷十六，《四部丛刊》景汲古阁本。

诗之为思总是形象的；但这并非所谓“形象思维”，因为此时此刻并无所谓“思维”。这是情感之思，形象只是在情感中的形象。这种所思的形象，就是原初的表象。所以说，正是思——情感之思——生成了表象。这里，“一切景语，皆情语也”[①]：这是从情感之思过渡到认知之思的秘密所在：认知总是表象的。

表象是一种极其重要的观念形式。休谟甚至认为，全部意识并无所谓感性、理性的区分，而只存在着直接观念、间接观念的区分。[②] 所谓间接观念，就是表象。这就是说，不仅感性意识，而且所谓理性意识，都是采取的表象的方式。确实，无论是形而上学还是形而下学的方式，都是表象的方式。海德格尔说过：“形而上学以论证性**表象**的思维方式来思考存在者之为存在者。”[③]其实，形而下学，例如科学，也是采取的表象的方式。所以，对于从生活本源向形而上学的过渡来说，表象的生成具有特别重要的意义：它是情感之思之所以可能转化为认知之思的一个必要条件，因为我们知道，任何认知都是采取的表象的方式。表象化意味着对象化：表象是观念中的一个对象。对象化就是客体化，所以同时就意味着主体化，因为客体与主体是同时并存的。于是，“主—客”架构由此确立，形而上学由此可能。

问：但这似乎只是一种“可能”？这样说来，从生活本源到形而上学的建构，就只有可能性，而没有必然性？

答：非也。首先需要指出：像“可能性”和“必然性”这样的说法，本身都是形而上学的范畴话语。但我们姑且这么说：从生活本源到形而上学的建构是“必然的”。何以见得？我们来看一个故事：

有一家子，共同生活在一幢房子里，油盐酱醋，饮食男女，平平常常，无波无澜，或者纵然激情澎湃，其实还是波澜不惊。我把这种生活情景称为“本源情境”。这里，没有任何“主—客”意识：父母、子女，房子、家具，他们习惯于此，都没有“意识到”；换句话说，它们都既不是对象，也不是主体，因为他们从来不去仔细打量、考究对方，不论他是人还是物。有一句成语就是说的这种情境：习焉不察。这是真正的本源意义上的“百姓日用而不知”[④]。海德格尔所说的锤子的“上手状态”，就类似于这种情境（当然只是类似，因为“上手状态”是说的作为存在者的“物”与作为存在者的“此在”之间的一种“照面”方式）。庄子曾说到过这种本源情境：“有虞氏不及泰氏。有虞氏，其犹藏仁以要人；亦得人矣，而未始出于非人。泰氏，其卧徐徐，其觉于于；一以己为马，一以己为牛；其知情信，其德

---

① 王国维：《人间词话》，《蕙风词话·人间词话》，人民文学出版社 1960 年版，第 225 页。

② 参见[英]休谟：《人性论》，关文运译，商务印书馆 1980 年版。

③ [德]海德格尔：《面向思的事情》，陈小文、孙周兴译，商务印书馆 1999 年版，第 68 页。

④ 《周易·系辞上传》。

甚真，而未始入于非人。"[1]庄子认为，有虞氏的生活方式是相当"源始"的了，但是毕竟是"人"的生活——主体性存在者的生活；而泰氏的生活却是"非人"的生活，亦即根本不是任何主体性存在者的存在——这里，连"此在"那样的"特殊存在者"也是没有的。你可以说人是"马"，也可以说人是"牛"。生活的本源情境就是如此：本源的生活乃是"非人"的生活；这里只有"事之情"，没有"人之情"。[2]当然，这种本源情境里发生着生活感悟——生活情感、生活领悟；但是，这种生活感悟乃是本源的事情，即是先行于主体性、先行于任何作为存在者的人、物的事情。

但有一天，忽然下起了倾盆大雨，屋顶漏了，恐怕是某一条椽子坏了。这时候，他们忽然"意识到"了房子的"存在"，并开始仔细地打量它、端详它、研究它。突如其来，本源情境便被打破了：房子立即被对象化了，变成了一个存在者，或者说变成了房子里所有东西（人、物）的"存在者整体"；而坏了的椽子，便成了这个存在者整体当中的一个"存在者领域"。用海德格尔的话来说，"上手状态"突然之间落入了"在手状态"。当他们研究椽子这个"存在者领域"时，认识、知识、科学便开始发生了；当他们研究房子这个"存在者整体"时，形而上学便开始发生了；当他们决定要整个地推倒重建这幢破旧的房子的时候，他们开始了"形而上学的重建"工作。

当然，这还仅仅是说的"物"；其实，"人"也是如此的。在这座房子里共同生活的这一家子，实际上生活在某些规则、制度中，或者说生活在某种（广义的）伦理中。这种伦理、规则、制度，叫作**规范**；在传统儒家话语中，这就叫"礼"。儒家之所谓"礼"，涵盖了诸如道德规范、法律规范、政治规范、家庭规范、职业规范等等社会规范，可以统称为**伦理**规范。这些规范在体制上的落实，便是所谓**制度**。不仅伦理有规范，知识同样有规范：知识规则、知识制度。不过，人们虽然生活在规范中，但是在本源情境里，人们并没有意识到这些规范；不仅没有意识到规范，而且，严格说来，在本源层级的生活感悟中根本就没有所谓"意识"。因为意识之为意识，就是对象意识、自我意识，然而在本源情境里，既无对象，也无自我。这里所发生的一切，都是"无意识"的。[3] 这里只有先行于任何存在者、任何"人"、任何"物"的生活情感、生活领悟。

但有一天，这位父亲忽然病逝了。此时此刻，本源情境便骤然被打破了：家庭的支柱倒塌了，种种生存问题接踵而至。悲伤之余、丧事之后，母亲面对着幼弱的子女，开始考虑"这日子今后怎么过下去"的问题。比如，她想到了改嫁的

---

① 《庄子·应帝王》。

② 《庄子·人间世》。

③ 这不是说的弗洛伊德意义上的"无意识"。

问题:假如不改嫁,她无力独自养活这些孩子。接下来的情况是:一切都被改变了。必须重新考虑整个家庭的问题——存在者整体的问题,这是形而上学的事情;必须重新考虑某些家庭成员的问题——存在者领域的问题,这是"社会科学"的事情。不仅如此,而且显然,他们必须改变某些规范、制度。

这一切看起来似乎是很"偶然的",其实不然,"天要下雨,娘要改嫁",椽子总有一天是会坏的,父亲总有一天是会死的,在这个意义上,我会承认康德的一种说法:人天生就是形而上学的存在者。形而上学发生于本源情境被突然打破之际,然而本源情境总是要被打破的,在这个意义上,我们说形而上学的建构是"必然的"。如果说形而上学本身就归属于生活,那么,我们总是要去建构形而上学,这就是我们的"天命":我们去建构形而上学,也是去生活。

在儒家的观念中,重建形而上学、形而下学,所依据的是两个方面:一是变动了的生活方式,二是不变的仁爱。在上面那个例子里,母亲所做出的一切改变,都基于她对孩子们的不变的爱以及变动了的生活方式。但是,生活方式只不过是生活本身的显示样式:生活便是显示,而显示总是显示为显示样式;这种显示样式被我们存在者化地、对象化地、客观化地打量之际,它就被把握为所谓"生活方式"。生活方式的变动,不过是对生活本身的流行的形而上学把握。因此,这两个方面——不论是仁爱还是生活方式,都归属于生活本身。这就是说,形而上学、形而下学的重建,都导源于生活。

但我在这里却想顺便强调一下:"生活方式"是一个极其重要的概念。民族何以可能?由于生活方式。"民族"就是现代"民族国家"(nation:与"国家"是西来的同一个词),但它并不是一个从来就有的观念,而是一个典型的现代性观念,它是与资本主义、资产阶级(中产阶级)的崛起相伴随的,是基于现代性的生活方式的观念。文化何以可能?同样由于生活方式。文化总是被把握为"民族文化",也就是说,民族乃是文化的先行观念。这就表明了:民族和文化都不是本源的事情。然而,目前某些儒者的立场,无以名之,姑称之为"文化先验主义"吧:cultural transcendentalism。这里,民族文化被悬设为一个先行的根据。而生活儒学的更彻底的发问则是:文化何以可能?民族何以可能?它们都是基于被把握为生活方式的生活显示样式的,唯其如此,它们都是历史地变动的东西——是"器",而不是"道"。

九

问:形而上学就这样被建构起来了。但这样的形而上学建构究竟有什么意义?或者说,它对我们的现实生活究竟有什么意义?

答:其实,这是两个不同的问题:第一,生活儒学不仅仅是形而上学,而是包含着这样三个层级:生活领悟、形而上学、形而下学。第二,生活儒学的现实意义或对现实生活的意义。

问:好吧,咱们先谈第一个问题:生活儒学的**三个层级**,这是什么意思?

答:生活儒学认为,我们的观念包含着三个基本的层级:生活本源、形而上学、形而下学。

首先是“形而上学”和“形而下学”这样两个层级的区分。“形而上者谓之道,形而下者谓之器。”[①]器就是器物,即是“物”;同时,道也是“物”。所谓物,就是某种“东西”——存在者。在哲学所给出的范畴表中,存在者以两种方式给出:要么是实体,要么是实体的某种属性;但属性并不能独立存在,而是依附于实体的,所以归根结底,范畴所标志的就是存在者。[②] 范畴的这种情形同样适用于概念:概念所标志的同样是实体。不过,虽然都是存在者,但这里存在着区分:道这样的物、存在者是形而上的,是“一”,对它的思考就是形而上学;而器这样的物、存在者是形而下的,是“多”,对它们的思考就是形而下学。科学是形而下学,技术是对这种形而下学的应用;伦理学也是形而下学,社会规范的设计是对这种形而下学的应用。如果说,形而下学是对万物、某种存在者或某个存在者领域的思考,那么,形而上学就是对唯一绝对之物、作为终极根据的那个存在者的思考。形而上学就是狭义的、纯粹的“哲学”,它所思考的乃是作为所有存在者的最后根据的那个存在者——本体。这就表明了这样一种生成关系:形而上学→形而下学。这种生成关系就是说:形而上学是形而下学的根据。

虽然如此,毕竟形而上学和形而下学所思考的都是存在者、物。在这个意义上,形而下学也是一种形而上学,因为它们都采取同样一种思维方式:以表象的方式去思考存在者。[③] 传统的形而上学思考存在者,而遗忘了存在本身;我们今天重建的形而上学虽然并不遗忘存在本身,但这样的形而上学仍然是思考存在者的。科学仍将思考自然界的存在者,伦理学仍将思考社会界的存在者,而哲学仍将思考作为所有这些存在者的根据的那种存在者。但是,它们并不遗忘存在本身,并不蔽塞生活本身。

于是就引出了另外一种区分:“生活本源”和“形而上学”这样两个层级的区分。形而上学的言说所指涉的是存在者,而生活本源的言说所指涉的是存在本身。这种存在本身,就是生活本身、生活情感、生活领悟。假如我们承认:存在本身就是生活本身;那么,我们接受海德格尔所作出的“存在论区分”:存在与存

① 《周易·系辞上传》。

② 参见[古希腊]亚里士多德:《工具论·范畴篇》,第12~19页。

③ 参见[德]海德格尔:《哲学的终结和思的任务》,《面向思的事情》,第68页。

在者的区分。我们承认,海德格尔的这个"发现"是划时代的。但我更愿意说:生活儒学所说的存在论区分就是"生活论区分";这就是说:存在与存在者的区分就是生活与生活者的区分。所谓"生活者"并不仅仅是指的"人",也包括"物",因为在生活儒学的观念中,在本源层级上并没有人与物的划分:它们向来**共同生活**着。所谓"共同生活",所说的就是生活的本源情境:这里并不是说的先有了人和物,然后它们来"照面";而是说的本来就没有所谓"人"和"物",而只有生活本身。只是在"人和物都是由生活本身生成的"这种意义上,我们才说"共同生活"。儒家所说的"天地万物一体之仁",在本源意义上就是在说这样的本源情境。顺便说说:在当前"生态伦理"的热烈讨论中所面临的"如何克服人类中心主义"这个问题,只有在"共同生活"这样的本源层级上才有可能得到彻底的解决。周敦颐当年"窗前草不除去",是感觉到野草的存在"与自家意思一般"[①],就是缘于他领悟到了:"草"原来是与我共同生活着的"自家人"——草并不是与"人"划界的"物",而是共同生活中的"生活者"。由此,儒家才可能有"民胞物与""一视同仁"的观念。这已经远不仅仅是一个生态伦理的问题。只有回归生活本源,当代哲学的一个基本问题"形而上学何以可能"才能得到彻底的阐明:形而上学是导源于生活的,是导源于生活领悟的。这就意味着这样一种生成关系:生活本源→形而上学。

以上讨论表明了:如果说,形而上学是形而下学的根据,那么,生活本身就是形而上学的本源。这就是我所说的生活儒学的三个层级:生活本源→形而上学→形而下学。

问:这样一来,我们也就明白了这样的问题:"哲学有什么用?"

答:是的。我们经常会遇到这样的疑问:"哲学有什么用?"这个问题就是:形而上学有什么用?人们总是认为,形而下学——科学、伦理学等——才是有用的。这也不能说是一种错误的观念,因为确实只有形而下学才是可以"应用"的。但是,还有另外一种应用:作为形而下学的科学与伦理学,本身首先就在"应用"形而上学的"原理"。这就是另外一层意义上的"奠基"问题:形而下学何以可能?——科学何以可能?伦理学又何以可能?科学与伦理学作为形而下学,乃根据于形而上学。比如,它们都根据于形而上学的"主—客"架构:科学把这个架构应用于"自然界"这个存在者领域,于是"物"才成为我们的"研究对象";而伦理学把这个架构应用于"社会界"这个存在者领域,于是"人"才成为我们的"研究对象"。而这两者同时也是在应用形而上学的"物界"划分:"人—物"或"社会界—自然界"这样的划分本身是由形而上学的范畴给出的。

---

① (宋)程颢、程颐著,王孝鱼点校:《河南程氏遗书》卷三,《二程集》,中华书局1981年版,第60页。

十

问:按照这种陈述,由生活本源到形而上学,由形而上学到形而下学,最后则落实为规范构造;这种规范构造,其实就是在生活中建立规则,实质地改变生活,即“去生活”。这样一来,显然,生活就不再是本源的而是形而下学的规范构造了。这岂不是出现了两种生活吗?一种是作为本源的生活,另一种则是作为规范构造的生活。规范的生活是否还是本源的生活呢?

答:实际上,这里并没有所谓“两种生活”。生活就是生活,就是生活本身。但是,生活对于我们来说具有两种不同的意义:固然,一方面,现存的一切,都**曾经**是人们的某种构造,都是人们的去生活而超越的结果,亦即都是规范的生活;但是,另外一方面,**当下**现存的一切,都是我们的本源,都是我们的在生活之际遇,亦即都是本源的生活。作为本源,生活本身是没有意义的,因为假如生活是有意义的,那就意味着在生活之外有一个确定这种意义的标准;但作为规范,生活却是有意义的,因为此时,生活恰恰已经被我们对象化了;这样一来,本源的生活本身也就同时获得了一种意义,也就是说,这种意义是在与规范的生活的对待关系中显示的:规范生活是**前此的意义**,本源生活是**当下的意义**。

问:以上分析似乎表明,生活儒学的总体的三个层级“生活本源→形而上学→形而下学”实际上不是层级性的,而是某种循环?

答:也可以这么说。所以,这种关系也可以有其他不同的描述:

……形而上学→形而下学→生活本源→形而上学……

……形而下学→生活本源→形而上学→形而下学……

但是,这却不是一种简单的“循环”;我更愿意说,它具有某种**类似**黑格尔辩证法的特征。但它跟黑格尔辩证法之间却存在着一种根本的区别:黑格尔辩证法乃是纯粹的形而上学体系,诸多形而下学的东西只是这个形而上学体系的内在环节;在黑格尔辩证法那里,根本就没有生活本源,它仅仅是主体的自我反思,而表现为实体的自我展开运动。

问:即便如此,还是存在着一个问题:我们为什么非得从生活本源这个环节开始不可?为什么不能从形而上学或者形而下学这个环节开始呢?

答:我们确实只能从生活本源开始。对此可以作三点阐明:第一,假如从形而上学开始,那么,人类自原创时期以来的观念史已经告诉我们,它必定导致存在本身的遗忘、生活本源的蔽塞。不仅如此,形而上学的“主—客”架构何以可能的问题未经先行阐明,使我们必定陷入“认识论困境”;生活本源层级的揭示,彻底消解了产生“认识论困境”的可能性。第二,假如从形而下学开始,那就必定不仅导致生活本源的蔽塞，甚至导致形而上学的缺席，这就意味着我们必定陷入道德相对主义、知识相对主义，奉行实用主义、丛林原则，这正是“后现代状况”的困境。第三，唯有从生活本源开始，我们才可能避免存在本身的遗忘、生活本源的蔽塞，也才可能说明形而上学何以可能，进而说明形而下学何以可能。

问：但是，前此的规范被我们把握为当下的本源，这是否同样会导致道德相对主义、知识相对主义？是否会导致我们对现存的规范的妥协态度？

答：不会的。当然应该承认：作为本源的在生活之际遇，作为**前**形而下学乃至**前**形而上学的事情本身，当下现存的一切乃是“中性”的：它们无所谓真、善、美的分别，因为它们无所谓知、意、情的分别（无“人之情”，有“事之情”）。本源的求真无意于求真，本源的向善无意于向善，本源的审美无意于审美。这固然是一种“承认现实”的态度，但这并不意味着妥协态度。生活本身的本源结构决定了，我们总是要去生活，即总是要超越现实的生活，这是一种“改变现实”的态度。我们首先必须承认现实，然后才有可能改变现实；否则，改变现实的愿望只是一种空中楼阁。过去人们不理解孔子对“礼”的态度，就是因为不懂得这个道理：孔子一方面主张“学礼”“克己复礼”“非礼勿视，非礼勿听，非礼勿言，非礼勿动”[①]，另一方面却主张“礼有损益”[②]，人们感到这似乎是自相矛盾的。其实，“礼”作为规范构造是具有不同的意义的：它固然是前此的规则建构，即是“损益”的结果；但它却是当下的生活际遇，所以首先必须“学礼”。所谓“即凡而圣”（“圣”就是“仁且智”），只能这样理解。

问：最后，能不能对“生活儒学”的总体意义作出某种简要的概括？

答：众所周知，恩格斯曾经把黑格尔辩证法的意义概括为这样两句话：“凡是现实的都是合理的”；“凡是现存的，都是应当灭亡的”。——“这种看法的保守性是相对的，它的革命性质是绝对的。”[③]仿此，我把生活儒学的意义概括为这样两句话：**凡是现存的，都是本源的；凡是现存的，都是应当超越的**。第一句话的意思是：凡是现存的，都曾经是前此的某种形而下学的构造，但是，无论如何，对于当下的我们来说，它们都是我们的在生活之际遇，我们只有由此出发，才能去生活而超越；第二句话的意思是：凡是现存的，纵然都是我们的在生活之际遇，但是，我们必定去生活而超越它们，而这种去生活而超越，同样归属于我们的在生活之际遇。——这种看法既无所谓“保守”，也无所谓“革命”；生活儒学只是告诉我们：我们向来在生活，并且总是去生活。

---

① 《论语·颜渊》。

② 《论语·为政》。

③ [德]恩格斯：《路德维希·费尔巴哈和德国古典哲学的终结》，《马克思恩格斯选集》第四卷，人民出版社 1972 年版，第 212、213 页。

回望"生活儒学"*

黄玉顺

我经常讲,"儒家没有新的,儒学是常新的"①。儒家总是在不同的历史时代建构不同的儒学理论形态,"生活儒学"就是儒家的一种现代儒学理论形态。自2004年诞生以来②,生活儒学已经走过13个春秋,共出版了8本著作(含专著与文集)③,建构了一个完整的思想系统。感谢《孔学堂》杂志社的邀约,为我提供了一次自我反省的机会。

一、生活儒学的问题意识

"生活儒学"的提出,源于以下的问题意识:

按照传统的理解,古今中外两千多年的哲学都不外乎"形上→形下"的二级

---

* 原载《孔学堂》2018年第1期。

① 黄玉顺:《儒学与生活——"生活儒学"论稿》,四川大学出版社2009年版,"前言"第9页。

② "生活儒学"的首次提出是在2004年5月底6月初的一次网络论辩中,见《关于"生活儒学"的一场讨论》(《面向生活本身的儒学——黄玉顺"生活儒学"自选集》,四川大学出版社2006年版);首次正式成文是2004年夏秋撰写的《"生活儒学"导论》(中国人民大学"青年儒学论坛"于2004年12月11日专题讨论此文),此文后收入《原道》第十辑(北京大学出版社2005年版),亦收入《面向生活本身的儒学——黄玉顺"生活儒学"自选集》。

③ 这八本著作是:《面向生活本身的儒学——黄玉顺"生活儒学"自选集》(文集),四川大学出版社2006年版;《爱与思——生活儒学的观念》(专著),四川大学出版社2006年版;《儒家思想与当代生活——"生活儒学"论集》(文集),光明日报出版社2009年版;《儒学与生活——"生活儒学"论稿》(文集),四川大学出版社2009年版;《生活儒学讲录》(文集),安徽人民出版社2012年版;《中国正义论的重建——儒家制度伦理学的当代阐释》(文集),安徽人民出版社2013年版(*Voice From The East*: *The Chinese Theory of Justice*, Paths International Ltd., 2016);《中国正义论的形成——周孔孟荀的制度伦理学传统》(专著),东方出版社2015年版;《从"生活儒学"到"中国正义论"》(文集),中国社会科学出版社2017年版。

架构，即根据一个绝对的形而上存在者来说明众多相对的形而下存在者何以可能；儒家哲学亦然，例如程朱理学以唯一绝对的“天理”来说明众多相对的“万物”何以可能，即其所谓“理一分殊”。但是，这样一来，我们就会陷入一种困境：面对中国人的现代化诉求，传统儒学的形上学、形下学皆不可取，这就意味着整个儒学都应当被抛弃。

先谈形下学困境。如果传统儒学是指的新文化运动之前的儒学，那么，它本质上就是帝国儒学。帝国儒学的形下学，最重要的内容就是一套政治伦理学，其核心无疑是“三纲”——君为臣纲，父为子纲，夫为妻纲。这样的儒学，显然是现代性的对立面，新文化运动所批判的正是这样的儒学。坚持这样的儒学，势必反对现代化，这正是今天一些“原教旨主义儒家”的态度。

再说形上学困境。传统儒学的形上学，是为上述形下学服务的。这种“形上→形下”关系，哲学上叫“奠基关系”(foundation-laying relation)，通俗地讲，即之所以建构如此这般的形上学，是因为如此这般的形下学的需要。例如程朱理学的理本论，当然是为帝国的政治伦理学服务的；其所谓“天理”的实质内涵，就是以“三纲”为核心的帝国伦理政治规范的形上学化。因此，这样的儒家形上学显然同样是现代性的对立面。

如此一来，我们就会面临这样的两难选择：要坚持儒学，就必须放弃现代化；要追求现代化，就必须抛弃儒学。在今天的中国人里，这两种对立的选择都存在：有人原教旨主义地坚持儒学，有人厌恶地批判儒学。当然，也有人采取第三种选择，即探索儒学本身的现代化；但是，这类探索始终在理论逻辑上无法自圆其说。

其实，问题的关键在于人们还没有意识到：儒学的上述困境基于对儒学的一种认识，即儒家哲学就是“形上→形下”的二级观念架构。生活儒学的问题意识就是这样被逼显出来的：如果我们既要选择现代价值，又要选择儒家立场，那么，唯一的可能就是认定儒学不仅仅有“形上→形下”的二级观念架构，它还有更本源的观念层级，却被长久地遮蔽而遗忘了；通过发现和揭示这种本源观念，我们就可以面对现代性而重建儒家的形上学和形下学。

二、生活儒学与现象学的关系

由此，生活儒学突破了两千多年来哲学的“形上→形下”二级架构，展示了三级观念架构：

存在论意义上：生活存在→形而上存在者→形而下存在者

观念论意义上：生活感悟→形而上学→形而下学

老实说，这种突破是受到海德格尔现象学，特别是其“存在论区分”(der ontologische Unterschied)的启发。按照海德格尔对“存在”(Sein)与“存在者”(Seiendes)的区分，那么，不论是形而下者，还是形而上者，都是存在者，而不是存在；然而所有一切存在者都是由存在给出的。用儒家的话语讲，形而上者是形而下者之“本”，而存在却是形而下者和形而上者之“源”，这就是我所说的“本源”——“大本大源”的意思。① 那么，在孔孟的原典儒学里，这种被长久遮蔽而遗忘的存在何在？本源何在？下文将会讨论这个问题。

但是，许多朋友误以为我是用现象学来解释儒学。其实，我在自己的著作和文章里多次对海德格尔进行了根本的批判。例如：

> 海德格尔在这个基本问题上其实是自相矛盾的：一方面，存在是先行于任何存在者的，“存在与存在的结构超出一切存在者之外，超出存在者的一切存在者状态上的可能规定性之外”②，那么，存在当然也是先行于此在(Dasien)的，因为“此在是一种存在者”③；但另一方面，探索存在却必须通过此在这种特殊存在者，即唯有“通过对某种存在者即此在特加阐释这样一条途径突入存在概念”，“我们在此在中将能赢获领会存在和可能解释存在的视野”④。如果这仅仅是在区分“存在概念的普遍性”和我们“探索”“领会”“解释”存在概念的“特殊性”⑤，那还谈不上自相矛盾；但当他说“存在总是某种存在者的存在”⑥，那就是十足的自相矛盾了，因为此时存在已不再是先行于任何存在者的了。⑦

海德格尔的上述矛盾，根本原因是“存在”(Sein)与“生存”(Existenz)的二分。生存是“此在”(Dasein)的生存，即是一种特殊存在者的存在，即人的存在。而生活儒学的做法是：去掉作为生存的前提的此在，那么，生存即是存在，存在即是生存，两者是一回事。这样的作为生存的存在，或者作为存在的生存，谓之“生活”。这是比海德格尔的“存在”概念更彻底的存在观念：一切存在者皆源于生活，归于生活。

不少朋友以为“存在”是一个西化的外来词。其实不然，汉语“存在”这个词

---

① 参见黄玉顺：《“生活儒学”导论》，《面向生活本身的儒学——黄玉顺“生活儒学”自选集》，第32～34页。

② [德]海德格尔：《存在与时间》，陈嘉映、王庆节译，三联书店1999年版，第44页。

③ [德]海德格尔：《存在与时间》，第14页。

④ [德]海德格尔：《存在与时间》，第46页。

⑤ [德]海德格尔：《存在与时间》，第46页。

⑥ [德]海德格尔：《存在与时间》，第11页。

⑦ 黄玉顺：《生活儒学关键词语之诠释与翻译》，《现代哲学》2012年第1期。

语及其观念，至迟在隋唐时期便已经出现。[①] 人们之所以用汉语“存在”去翻译西语“Sein”，是因为两者之间尽管存在着非等同性，但确实存在着可对应性。[②]关于这个问题，最近我与美国知名哲学家安靖如（Stephen C. Angle）进行了一场对话。[③] 在他看来，儒家哲学的当代发展可以分为两种路数：一种是“有根的全球哲学”（rooted global philosophy），即他所说的广义的“进步儒学”（progressive Confucianism）；另一种则是“无根”的、“双重承诺”（dual commitment）的哲学，既认同儒学传统，又认同西方的某个哲学传统。例如安乐哲（Roger Ames）“角色伦理学”（Role Ethics）[④]，既认同中国的儒学传统，又认同美国的实用主义哲学传统。安靖如过去认为生活儒学属于后者[⑤]；现在他认为生活儒学也是一种“有根的全球哲学”，其“根”就是儒学传统，而不是现象学。

三、生活儒学的思想系统

前面谈到，生活儒学突破了古今中外哲学两千多年来的“形上→形下”二级观念架构，从原典儒学乃至更早的中国思想观念中发现了比形而上者和形而下者这样的存在者更本源的存在——生活观念，这就形成了三级观念架构。

（一）生活儒学思想系统的层级

生活儒学作为一个思想系统，包含着三个观念层级：

1.存在或者生活层级的生活感悟

严格来讲，生活儒学在本源层级上的言说并非什么“哲学”，而是前哲学、前理性、前主体性、前存在者的事情，只能说是“生活感悟”——生活情感、生活领悟。有些朋友觉得生活儒学的代表作《爱与思》许多地方“不像哲学”，其实是因为他们不理解：生活感悟的言说方式，不是哲理的语言，而是诗性的语言。孔子讲“兴于诗，立于礼，成于乐”[⑥]，最重视诗，就是因为诗是生活情感的言说、生活

---

① 参见黄玉顺：《生活儒学关键词语之诠释与翻译》，《现代哲学》2012 年第 1 期。

② 参见黄玉顺：《爱与思——生活儒学的观念》，第 4～8 页。

③ 参见黄玉顺、安靖如：《生活儒学与进步儒学的对话》，《齐鲁学刊》2017 年第 4 期。这是 2017 年 4 月 25 日的山东尼山书院“明湖会讲”第三期，主题为“中美儒学对话：生活儒学与进步儒学”。

④ Roger T. Ames, *Confucian Role Ethics: A Vocabulary*. Chinese University Press, Chinese University of Hong Kong, 2011.

⑤ Stephen Angle, *Contemporary Confucian Political Philosophy Toward Progressive Confucianism*. Cambridge: Polity Press, 2012, p.16.

⑥ 《论语·泰伯》。

感悟的表达,而非什么形上学、形下学的哲学建构。宋明理学家,尤其程颐竟然鄙视诗,乃至批评诗圣杜甫的名句“穿花蛱蝶深深见,点水蜻蜓款款飞”是“如此闲言语,道出做甚”①,自称“某素不作诗”,“不欲为此闲言语”②,这实在是大谬不然。诗所表达的生活情感、生活领悟才是儒学的大本大源。生活儒学关于生活感悟的言说,最集中的表述是在《生活本源论》中。③

2.形而上存在者层级的本体论建构:“变易本体论”

自轴心期以来,人类开始建构哲学形上学,其核心是本体论。儒家亦然,战国时期开始建构哲学形上学,其核心是主流的心性论。此后,哲学形上学不断翻新,所以我常说“儒家没有新的,儒学是常新的”。在我们今天走向现代性的时代,儒家的形上学需要“现代化版本”④。事实上,儒学的现代化版本已有了1.10版、1.20版……2.10版、2.20版……生活儒学也有儒家形上学的现代化版本,那就是“变易本体论”⑤,下文再论。

3.形而下存在者层级的伦理学建构:“中国正义论”

所谓“形下学”,即关于形而下存在者的理论。由于形而下存在者可以分为自然界和社会界两大块,即《易传》所谓“天文”与“人文”⑥,所以,形下学通常有两大领域:关于自然界的知识论及科学技术,关于社会界的伦理学及道德规范。一般来说,儒家更关注的是后者。

儒家建构形上学,如上文所言,是为其形下学服务的。帝国时代的儒家所建构的形上学,是为以“三纲”为核心的政治伦理学服务的;而现代新儒家所建构的形上学,则是为现代伦理政治价值观服务的,譬如牟宗三的“两层存有论”,是要开出现代性的“政统”与“学统”,即“民主与科学”。生活儒学也建构了自己的形下学,那就是“中国正义论”(Chinese Theory of Justice)⑦,下文讨论。

(二)生活儒学对“奠基”与“生成”的区分

生活儒学的三级观念之间的内在关系,其实是有严格区分的,即区分为观念层级之间的“奠基”关系和“生成”关系。

---

① (宋)程颐著,王孝鱼点校:《刘元承手编》,《河南程氏遗书》卷十八,《二程集》,中华书局1981年版,第239页。

② (宋)吕祖谦:《易说·临》,《东莱文集》卷十三,《丛书集成》初编本。

③ 参见黄玉顺:《爱与思——生活儒学的观念》“附论二:生活本源论”,第185~248页。

④ 参见黄玉顺:《论“重写儒学史”与“儒学现代化版本”问题》,《现代哲学》2015年第3期。

⑤ 黄玉顺:《形而上学的黎明——生活儒学视域中的“变易本体论”建构》,《湖北大学学报》(哲学社会科学版)2015年第4期。

⑥ 《周易·贲彖传》。

⑦ 详见黄玉顺的文集《中国正义论的重建——儒家制度伦理学的当代阐释》和专著《中国正义论的形成——周孔孟荀的制度伦理学传统》。

1.观念层级之间的奠基关系

"奠基"的概念是康德首先明确提出的,胡塞尔首次给出了一个形式化的定义,海德格尔深化了这个概念。[①] 但事实上,古今中外的哲学都不外乎处理奠基问题,即设定一个形而上者来为形而下者奠基。到了海德格尔,则提出了双重奠基:基础存在论为传统存在论奠基,而传统存在论为科学奠基。[②] 生活儒学的三级观念之间也是双重奠基关系:生活感悟→形而上学→形而下学。

2.观念层级之间的生成关系

其实,"奠基"固然是哲学史、观念史的事实,却并非人类观念层级形成过程的事实。事实上,人类观念层级的形成过程是一个"生成"过程。观念层级之间的奠基与生成的共同点是:它们都是从关于生活存在的生活感悟开始的。两者的区别是:观念层级的奠基是从形而上者派生出形而下者,而观念层级的生成则是从形而下者提升为形而上者。

这一点,儒家关于"功夫"与"境界"的理论是最切合实际的。冯友兰先生"境界"说的四种境界,其实就是观念的三个层级当中的两个层级。这三个层级,我把它们概括为"自发境界""自为境界"和"自如境界"[③]。如下:

<table>
<tr><th>境界</th><th>冯友兰"境界"说</th><th>孔子</th><th>观念层级</th></tr>
<tr><td>自发境界</td><td>自然境界</td><td></td><td>生活感悟</td></tr>
<tr><td rowspan="2">自为境界</td><td>功利境界
道德境界</td><td>十五而志于学
三十而立</td><td>形而下者</td></tr>
<tr><td>天地境界</td><td>四十而不惑</td><td>形而上者</td></tr>
<tr><td>自如境界</td><td></td><td>五十而知天命
六十而耳顺
七十而从心所欲</td><td>复归本真生活</td></tr>
</table>

现实生活中的人总会获得形而下的主体性,但未必能达到形而上的主体性;达到形而上主体性的人,又未必能自觉复归前主体性的本真生活,达到最高境界。

① 参见黄玉顺:《形而上学的奠基问题:儒学视域中的海德格尔及其所解释的康德哲学》,《四川大学学报》(哲学社会科学版)2004 年第 2 期。

② 参见黄玉顺:《为科学奠基——中国古代科学的现象学考察》,《面向生活本身的儒学——黄玉顺"生活儒学"自选集》,第 275~293 页。

③ 参见黄玉顺:《爱与思——生活儒学的观念》,第 129~165 页;黄玉顺:《存在·情感·境界——对蒙培元思想的解读》,《泉州师范学院学报》2008 年第 1 期。

四、生活儒学的本源层级：生活感悟

不论是从观念层级的生成还是奠基的维度来看，生活儒学的第一个观念层级是生活存在及其感悟。这是前主体性、前存在者、前哲学、前形而上学的观念层级；一切存在者——形而上者、形而下者的观念皆源于生活感悟。

所谓“生活感悟”，指生活情感与生活领悟。

生活儒学的“生活情感”观念不是通常的“情感”概念，即不是孔孟之后的帝国儒学的“情”概念。传统儒学将“情”视为形上之“性”的“已发”状态，即是一种形而下者，此即“性本情末”“性体情用”甚至“性善情恶”的观念，由此形成“性→情”这样的“形上→形下”观念架构。这种“情”是主体性存在者的情感，即正面的或负面的“道德情感”。难怪戴震要解构这种“情”观念[①]，王夫之进而要解构这种“性”观念[②]，因为这种情感观念并不符合孔孟的前主体性的情感观念。事实上，从观念层级的生成的维度看，“情”是前存在者、前主体性的生活存在层级的观念，而“性”则是一种形而上学的观念建构。[③] 按照孔孟的观念，并非因为你是仁者，你才能够爱人，而是因为爱人的情感显现出来，你才成为一个仁者。

生活儒学的“生活领悟”也不是说的主体对某种对象——物或理的领悟，而是一种前主体性的观念状态，即是一种前存在者的观念状态；在这种观念状态中，“不知何者为我，何者为物”[④]，犹如老子所说的“无物”之“无”[⑤]。然而，一切物、一切存在者、一切“道理”皆源于此，即不过是生活领悟的存在者化而已。我曾经分析过：科学与哲学赖以成立的四大预设信念——实在性、运动性、规律性（或因果性）、可知性，其实分别源于生活领悟——存在的领悟、流行（streaming）的领悟、天命的领悟、领悟的领悟。[⑥]

生活存在不是任何存在者、任何物，而是前存在者的、无物的“流行”，故而以水为喻：生活如水，情感如流。主体、对象——一切存在者、物，皆源于且归于生活情感之流。我称之为“生活的本源结构”——“在生活并且去生活”：一切主体“在生活”之中生成，然后他们“去生活”。生活是“无”，主体建构其“有”——

① 参见（清）戴震：《孟子字义疏证》卷上“理”、卷中“性”，中华书局 1982 年版，第 1～20、25～38 页。

② 参见（明）王夫之：《尚书引义·太甲二》，中华书局 1976 年版，第 54～56 页。

③ 参见黄玉顺：《儒家的情感观念》，《江西社会科学》2014 年第 5 期；黄玉顺：《爱与思——生活儒学的观念》，第 45～87 页。

④ 王国维著，滕咸惠校注：《人间词话》，《人间词话新注》（修订本），齐鲁书社 1986 年版，第 36 页。

⑤ 《老子·第十四章》。

⑥ 参见黄玉顺：《面向生活本身的儒学——“生活儒学”问答》，《面向生活本身的儒学——黄玉顺“生活儒学”自选集》，第 64～76 页。

形下之“万有”，形上之“唯有”，然而终归是“无”。

五、生活儒学的形上学建构：变易本体论

从观念奠基的维度看，生活儒学的第二个观念层级是形而上者的存在：我们思考形而上的存在者，其结果是某种形而上学。生活儒学的形上学，就是“变易本体论”(change ontology)。

变易本体论的所谓“本体”不再是传统哲学的那种存在者化的实体，而是《周易》之所谓“易”，亦即变易。一切皆变，唯变不变。

> 西方人将《周易》翻译为“变易之书”(*The Book of Change*)，颇有道理：“易”的基本涵义就是“变易”或“变”(change)。《易纬·乾凿度》说：“易者，易也，变易也，不易也。”刘义庆《世说新语·文学》注引郑玄《序易》说：“‘易’之为名也，一言而函三义：简易一也，变易二也，不易三也。”这三义其实都是讲的变易：“简易”是说“变易”乃是极为简单的道理；“不易”是说永恒不变的道理就是“变易”本身。至于《说文解字》所谓“易，蜥易、蝘蜓、守宫也”，恐非“易”字的本义；徐中舒《甲骨文字典》指出：此字“象两酒器相倾注承受之形，故会赐与之义，引伸之而有更易之义”。按“易”本义当指交易(交换)而变易。《易》之为书，旨在变易；而之所以变易，乃源于阴阳之交易(交感)。
>
> 据此，道即是变，变即是道。如《系辞上传》说“形而上者谓之道”，此“道”就是“变”，即是“变化之道”：“道有变动”，“乾道变化”，“形而上者谓之道……化而裁之谓之变”，“四时变化而能久成，圣人久于其道”，“圣人之道四焉……以动者尚其变”，等等。①

这种变易，其实是对生活之流的一种领悟，《周易》谓之“生”或“生生”，即“生生之谓易”②。此“易”不是说的某物的变易，一切物倒是在这种变易中生成；此“生”不是说的某物的生生，一切物倒是在这种生生中生成。

六、生活儒学的形下学建构：中国正义论

从观念奠基的维度看，生活儒学的第三个观念层级是形而下者的存在：我

---

① 黄玉顺：《形而上学的黎明——生活儒学视域下的“变易本体论”建构》，《湖北大学学报》(哲学社会科学版)2015年第4期。

② 《周易·系辞上传》。

们思考形而下的存在者，其结果是某种形而下学。儒家最关注的形而下者领域是社会的伦理政治秩序，为此，生活儒学建构了一套制度伦理学——“中国正义论”[①]。这个理论体系是一个包含七大理论环节之间奠基关系的理论结构，即“仁爱情感(仁)→利益冲突(利)→正义良知(知)→正义原则(义)→工具理性(智)→制度规范(礼)→社会和谐(乐)”的立体系统，核心是“仁→义→礼”。

(一)仁：博爱情感

在传统的儒家哲学文本中，“仁”有时是指的一种形而下的道德情感，有时甚至是指的一种形而上的本体；但就其本义而论，“仁”其实就是指的一种自然而然的生活情感。这种仁爱情感有两个方面：“差等之爱”和“一体之仁”。

1.差等之爱导致利益冲突

学界有一种误解，以为儒家所讲的仁爱就是“爱有差等”[②]：人们对自己的爱超过对他人的爱，对亲人的爱超过对外人的爱，对人类的爱超过对物类的爱。为此，人们经常引证孟子的名言：“君子之于物也，爱之而弗仁；于民也，仁之而弗亲。亲亲而仁民，仁民而爱物。”[③]殊不知，差等之爱固然是人类情感的一种实情，但是，这并不是人类情感、儒家仁爱情感观念的全部。

不仅如此，差等之爱必然导致利益冲突，这正是人类需要建构社会规范及其制度的缘由。这个问题，荀子讲得最透彻。他指出，爱导致利欲，这就是他的“爱利”[④](爱则利之)思想：爱己便欲利己，爱人便欲利人，爱物便欲利物，这是人之常情。荀子所谓“性恶”，正是在这个意义上讲的，即“人生而有欲，欲而不得则不能无求，求而无度量分界则不能不争，争则乱，乱则穷；先王恶其乱也，故制礼义以分之，以养人之欲，给人之求……是礼之所起也”[⑤]。这就是说，礼——社会规范及其制度的建立，就是为了解决差等之爱所导致的利益冲突问题。

2.一体之仁通过社会规范建构及其制度安排解决利益冲突问题

所谓“一体之仁”[⑥]，通俗地说即一视同仁，其实就是韩愈讲的“博爱之谓仁”[⑦]，这是对差等之爱的超越。儒家明确区分差等之爱和一体之仁的适用范围：差等之爱适用于私人领域，一体之仁适用于公共领域。这就是《礼记》讲的

---

① 参见黄玉顺：《中国正义论的重建——儒家制度伦理学的当代阐释》，安徽人民出版社2013年版；《中国正义论的形成——周孔孟荀的制度伦理学传统》，东方出版社2015年版。

② 《孟子·滕文公上》。

③ 《孟子·尽心上》。

④ 《荀子·强国》；参见黄玉顺：《荀子的社会正义理论》，《社会科学研究》2012年第3期。

⑤ 《荀子·礼论》。

⑥ (明)王守仁撰：《大学问》，《王阳明全集》，上海古籍出版社1992年版，第968页。

⑦ (唐)韩愈著，马其昶校注：《原道》，《韩昌黎文集校注》，上海古籍出版社1986年版，第13页。

“门内之治恩掩义,门外之治义断恩”[①]。也就是说,在私人领域,差等之爱(恩)掩盖正义原则(义);在公共领域,正义原则(义)拒绝差等之爱(恩)。

(二)义:正义原则

此处所谓“义”,或荀子所说的“正义”[②],即社会规范建构及其制度安排中的正义原则。儒家实质上有两条正义原则:

1.正当性原则

在动机上,社会规范建构及其制度安排必须出自超越差等之爱、寻求一体之仁的博爱精神。根据这个原则,按照亲疏远近关系来安排的制度规范就是不正义的。这足以消除人们对儒家伦理原则的误解。

2.适宜性原则

在效果上,社会规范建构及其制度安排必须适应于共同体的基本生活方式。根据这个原则,皇权时代生活方式下的制度规范不同于王权时代生活方式下的制度规范,而民权时代生活方式下的制度规范又不同于皇权时代生活方式下的制度规范。

(三)礼:制度规范

最广义的“礼”,泛指所有一切社会规范及其制度。儒家揭示了“礼”的两层意义:

1.礼以立身:制度规范的普遍性和永恒性

孔子说:“立于礼。”何晏注:“礼者,所以立身。”[③]这就是说,任何人都必须遵守社会规范及其制度,否则就无以立足。现代社会亦然,法治(rule of law)就是一种典型表现。显然,任何社会共同体都必须有一套社会规范及其制度。在这个意义上,礼是普遍而永恒的。

2.礼有损益:制度规范的特殊性和变动性

但是,人们遵守社会制度规范的前提,是这套制度规范本身是正义的,否则人们就没有认同和遵守它的义务。例如,今天的人们没有义务遵守奴隶制度、封建制度、专制制度。然而社会制度规范却是历史地变动的,这就是孔子“礼有损益”的思想,他指出:“殷因于夏礼,所损益可知也;周因于殷礼,所损益可知也;其或继周者,虽百世可知也。”[④]在这个意义上,任何礼都没有普遍性和永恒

---

① 《礼记·丧服四制》。

② 见《荀子》之《正名》《儒效》《臣道》。

③ 《十三经注疏·论语注疏·泰伯》。

④ 《论语·为政》。

性。且以中国而论，我们经历了宗族社会的王权封建制度、家族社会的皇权专制制度，正在走向市民生活方式之下的公民民主制度。

上述作为儒家制度伦理学的中国正义论的重大意义不止于此。按照传统的理解，政治哲学或政治学要么建基于某种形而上学——宗教形上学、哲学形上学，要么建基于某种伦理学（特别是规范伦理学）或道德哲学；当代政治哲学则出现了一种倾向，即试图斩断两者之间的这种奠基关系。生活儒学则将这种关系颠倒过来，将作为制度伦理学的正义论视为其他一切伦理学或道德哲学、政治哲学的基础，即一种“基础伦理学”(fundamental ethics)。[①]

七、生活儒学的现代政治哲学

上节讨论的儒家正义论，并不是专门针对现代社会而言的，而是儒家伦理学及政治哲学的一套普遍原理，即可用以判定古今中外一切社会规范及其制度之正义性。至于生活儒学的现代政治哲学建构，则是“儒家自由主义”[②]及其“国民政治儒学”[③]。

儒家自由主义是真正的儒家在现代生活方式下必然采取的价值立场，它根据儒家伦理学或儒家正义论的原理，认定现代市民生活方式的社会主体是个人，而不是家庭——既不是古代的宗族家庭、家族家庭，也不是现代的核心家庭。因此，现代政治哲学的根基乃是个体，儒家必须建构自己的“儒家个人主义”[④]，张扬个人的自由民主权利。

> 按照儒学原理，现代社会伦理绝非以核心家庭为本位的血亲伦理，而是以个体为本位的社会伦理。个体伦理并不是对家庭伦理的否定，两者并不构成对立关系；事实上，在现代社会，个体伦理恰恰是对家庭伦理的支持。
>
> 即以爱情—婚姻—家庭问题而论，现代核心家庭的成立基于夫妻双方的婚姻契约，这种契约关系又基于由双方的爱情所导致的信赖，而这种爱

---

① 参见黄玉顺：《作为基础伦理学的正义论——罗尔斯正义论批判》，《社会科学战线》2013年第8期；《孔子怎样解构道德——儒家道德哲学纲要》，《学术界》2015年第11期。

② 黄玉顺：《自由主义儒家何以可能》，杨永明主编：《当代儒学》第10辑，广西师范大学出版社2016年版，第1～18页；《儒家自由主义对“新儒教”的批判》，《东岳论丛》2017年第6期；《儒家的自由观念及其人性论基础——与西方自由主义的比较》（郭萍、黄玉顺合作），《四川大学学报》（哲学社会科学版）2015年第4期。

③ 黄玉顺：《国民政治儒学——儒家政治哲学的现代转型》，《东岳论丛》2015年第11期。

④ 黄玉顺：《儒家“道德个人主义”是否可能？——略评“心性论礼法学”的政治哲学建构》，《学术界》2017年第1期。

情关系则又基于双方独立自主的个体地位。

……

前现代的政治体制是君主政治，即王权政治或皇权政治；而现代性的政治体制则是民权政治，亦即民主政治。这也是与生活方式和社会主体的转换相一致的。①

国民政治儒学的根基正是这样的个体的集合，亦即“国民”(civics)的概念，其社会性的表达即“平民”(civilians)，其政治性的表达即“公民”(citizens)。要注意的是，这种“个体集合”的性质是“人民”(people)这个概念所不能表达的，因为“一个人民”是不存在的，任何一个人都不是人民。“国民”所强调的是个人(person)或个体(individual)。之所以强调这一点，是因为：所有被公认为是现代价值的东西，诸如自由、平等、博爱、民主、共和、宪政、法治等等，其实都不仅是现代社会的东西，而是古已有之的，唯有个体性才能够赋予其现代性的本质。

国民政治儒学的基本特征就是“国民政治”(civic politics)，即公民是政治生活的最终的主体和主权者。因此，国民政治儒学的基本内涵是一种新的“三民主义”(the three doctrines of civic politics)：国民所有(of the civics)(国民掌握权力)，国民所治(by the civics)(国民治理国家)，国民所享(for the civics)(国民享有利益)。

八、生活儒学的其他维度

生活儒学的思想系统，除以上的观念层级建构外，还有其他一些维度的建构：

(一)生活儒学的诠释观

生活儒学的上述思想系统建构，当然是根据对儒家经典文本的诠释，这就涉及诠释学问题了。但生活儒学的诠释方法既不仅仅是传统的训诂学，也不是海德格尔和伽达默尔的现象学的哲学诠释学(die philosophische Hermeneutik)，而是自己的生活诠释学。

按生活诠释学的观点，文本诠释活动既非经验论的“我注六经”，也非先验论的“六经注我”，而是“注生我经”，即“注”这样的活动，既给出了新的“我”(新的主体)，也给出了新的“经”(新的客体文本)；而“注”这样的活动，原是生活的

① 黄玉顺：《论儒学的现代性》，《社会科学研究》2016年第6期。

一种样式，即从属于一种特定的生活方式，而终究归属于生活。[①]

(二)生活儒学的时间观

当代思想的真正的前沿，其实是时间问题：有怎样的时间观，就有怎样的世界观、社会观、历史观和人生观。时间观的最根本的问题乃是：时间何以可能？通俗地说，人类怎么会有这样那样的时间观？尤其是：人类怎么会有"过去决定现在，现在决定未来"这样的线性时间观？怎么会有"过去、现在、未来"这样的时间分割？

生活儒学认为，时间观念的产生是一个"无中生有"的过程，即从"无间"到"有间"的过程。物、存在者在观念中的呈现，其前提是物界的划分，即存在者之间的区分，亦即庄子讲的"物际"[②]，这就是时间和空间之"间"。但在生活感悟的观念层级上，即在生活或存在的观念层级上，本来"无间"，即庄子讲的"浑沌"[③]、老子讲的"无"或"无物"。时间观念的产生，就是从"无间"到"有间"的观念层级转换。而且，这种转换并不是呈现为"过去—现在—未来"三段，而是首先从无物无间的当下，呈现出存在者化的过去和未来，然后才将这个当下同样存在者化地理解为一个时间点或时间段。这就是说，时间及其结构是从无物无间的当下释放出来的：过去←当下→未来。所以，并不是过去决定了现在，现在决定了未来，而是当下决定了过去和未来。

如此"玄妙"的当下，儒家的观念中依然是仁爱的情感。为此，我们就得重新理解孔子所说的他和大禹之间的"无间"[④]：这其实也就是成语"亲密无间"的意谓。[⑤]

(三)生活儒学的历史观

生活儒学首先解构了客观的历史观，但这并不意味着认同主观的历史观，而是要解构而重建"主观—客观""主体—客体"这样的观念架构。客观的历史事实上是不可触及的，历史总是被书写、理解和解释的历史；但历史也不是主观的，即不是书写者、理解者和解释者任意而为之的。

1.历史的观念

其实，不论历史文本还是书写者、理解者和解释者，都存在于当下生活之

---

① 参见黄玉顺：《注生我经：论文本的理解与解释的生活渊源——孟子"论世知人"思想阐释》，《中国社科院研究生院学报》2008 年第 3 期。

② 《庄子·知北游》。

③ 《庄子·应帝王》。

④ 《论语·泰伯》。

⑤ 参见黄玉顺：《"时间"观念何以可能——从"无间性"到"有间性"》，《河北学刊》2014 年第 4 期。

中，即是由当下生活决定的。对于一个特定的共同体之中的人来说，正是他们的共同生活决定了他们具有共同的生活感悟，这就既决定了书写者、理解者和解释者方面的主观性，也决定了历史文本方面的客观性。然而这样的生活感悟，其实是人类观念的一个层级，所以，生活儒学才提出了“历史即观念史”的命题。[①]

这个命题意义重大。例如，如何认识儒家的“尧—舜—禹—汤—文—武—周公……”的道统谱系？以古史辨派为代表的实证主义史学认为这并不是历史事实，殊不知这个谱系恰恰“客观地”、深远地影响了中国社会历史的实际面貌；这就犹如西方世界，假如没有“子虚乌有”的上帝，西方的社会历史与现实就不会是这个样子，就得重新书写。这是主观的历史，还是客观的历史？

2.中国社会的历史分期

生活儒学重新处理了中国历史的分期问题，即按基本生活方式的转换，分为三大历史形态，中间有两次社会大转型：

(1)宗族生活方式下的王权封建社会：夏商西周

A.第一次社会大转型：春秋战国

(2)家族生活方式下的皇权专制社会：自秦朝至清朝

B.第二次社会大转型：近现当代

(3)市民生活方式下的民权平等社会[②]

3.儒学的历史分期

伴随着社会转型的，就是思想观念的转型。生活儒学重新诠释了儒学的历史，提出一种新的“儒学三期”说。[③]

儒学的历史形态		儒学的思想特征	
1.原创时代	①西周儒学(五经原典)	①儒学的初始形态	1.有本有源
	②春秋儒学(孔子思想)	②儒学的全面开创	
	③战国儒学(曾思孟荀)	③儒学的歧异深入	

① 参见黄玉顺：《思想及其历史的生活渊源——论“思想史”及其“对象”问题》，《湖南社会科学》2009年第2期。

② 关于中国社会历史分期，参见黄玉顺的多篇文章，比如：《论儒学的现代性》，《社会科学研究》2016年第6期；《国民政治儒学——儒家政治哲学的现代转型》，《东岳论丛》2015年第11期。

③ 黄玉顺：《儒学当代复兴的思想视域问题——“儒学三期”新论》，《周易研究》2008年第1期。

续表

儒学的历史形态		儒学的思想特征	
2.转进时代	①前宋明儒学(经学与玄学)	①古典儒学的转进	2.形而上学
	②宋明新儒学(理学与心学)	②古典儒学的兴盛	
	③后宋明儒学(朴学或汉学)	③古典儒学的固滞	
3.再创时代	①近代儒学(洋务与维新)	①举末的儒学复兴	3.重返本源
	②现代儒学(现代新儒学)	②返本的儒学复兴	
	③当代儒学(儒学新开创)	③溯源的儒学复兴	

(四)生活儒学的知识论

上文谈到,形而下者的观念层级通常可以分为两大块,即关于自然界的知识论和关于社会界的伦理学。一般来说,儒家更关注后者;但这并不是说儒学当中完全没有知识论方面的思想资源。对此,生活儒学也有一些揭示。[①]

知识论意义上的“真理”,其实是说的主观的认知符合客观的情况;伦理学意义上的“价值”,其实是说的客体的情况符合主体的需要意向。由此可见,从根本上来说,关于社会界的伦理学和关于自然界的知识论有一个共同的观念基础,就是“主体—客体”的观念架构。

这个根本架构,儒家早已揭示了,否则就不可能有儒家的伦理学、道德哲学、政治哲学。在这个问题上,荀子的思想是最明确的,他说:“凡以知,人之性也;可以知,物之理也。”[②]这里,“人之性”就是主体方面的智能,“物之理”就是客体方面的规律。荀子实际上有两个不同意义的人性概念,一个是伦理学意义的“性恶”,一个是知识论意义的“性知”(智能),即“知有所合谓之智”[③];这两方面统合在“性”概念之下,即“生之所以然者谓之性;性之和所生,精合感应,不事而自然谓之性”[④]。不仅如此,在荀子那里,知识意义的“性”比伦理意义的“性”更基础,保证了“化性起伪”和“涂之人可以为禹”,亦即“凡禹之所以为禹者,以其

① 关于生活儒学的知识论,可参见黄玉顺:《为科学奠基——中国古代科学的现象学考察》,《面向生活本身的儒学——黄玉顺“生活儒学”自选集》,四川大学出版社2006年版;《儒学与作为科学理论基础的知识论的重建》,杨永明主编:《当代儒学》第8辑,广西师范大学出版社2015年版;《论〈周易〉的“易理”与“数理”》,《湖南科技大学学报》(社会科学版)2016年第2期;《略谈〈周易〉“数理”问题》,涂可国主编:《中国文化论衡》2016年第1期,社会科学文献出版社2016年版。

② 《荀子·解蔽》。

③ 《荀子·正名》。

④ 《荀子·正名》。

为仁义法正也。然则仁义法正有可知可能之理;然而涂之人也皆有可以知仁义法正之质,皆有可以能仁义法正之具,然则其可以为禹明矣”[①]。

(五)生活儒学的宗教观

近年来,“儒教”问题又成为一个思想学术热点,人们激辩“儒学是否宗教”的问题,我本人也曾引起过一场论战。[②] 我本人对“儒教”问题的看法,见于文集《儒教问题研究》[③],其中正面系统地阐述儒学与宗教之关系问题的则是拙文《儒教论纲》[④]。

儒学整体上并不是一个宗教体系,但其中确实有某种具有宗教功能的内涵。汉语古已有之的词语“儒教”之“教”并非宗教的概念,而是“教化”的概念。根据儒家的“六经之教”[⑤],按照生活儒学的观念层级划分,儒教包含以下教化层级:

(1)本源性的情感教化:诗教(孔子讲的“兴于诗”)

(2)形而下的礼法教化:礼教、书教与春秋教(孔子讲的“立于礼”)

(3)形而上的终极教化:易教(包括《周易》古经的神教、《周易》大传的理教)

(4)溯源性的情感教化:乐教(孔子讲的“成于乐”)(是向诗教的自觉回归)

其中,从信仰的角度看,儒教包含三个层级的信仰:

(1)初阶信仰:神教的信仰。例如《周易》古经那样的神性信仰,一直在民间儒家文化中存在着,并且经常与其他宗教信仰混合在一起。

(2)中阶信仰:理教的信仰。例如《周易》大传那样的理性信仰,后来在宋明理学中得到发扬光大,其信仰对象并不是任何神性的形而上者,而是作为理性形而上者的“天理”。

(3)高阶信仰:情教的信仰。特指“乐教”那样的情感信仰,其中既没有任何神性形而上者作为偶像,也没有任何理性形而上者作为对象,只是相信本真的仁爱情感之“诚”。

九、余　论

迄今为止,“生活儒学”作为一个独立建构的思想系统,已经得到学界的认

---

① 《荀子·性恶》。

② 参见黄玉顺主编:《庚寅“儒教”问题争鸣录》,河南人民出版社 2011 年版。

③ 参见黄玉顺:《儒教问题研究》,人民出版社 2012 年版。

④ 参见黄玉顺:《儒教论纲:儒家之仁爱、信仰、教化及宗教观念》,中国人民大学孔子研究院编:《儒学评论》第五辑,河北大学出版社 2009 年版。

⑤ 《礼记·经解》。

可。2016年8月20～21日，在我60虚岁之际，山东社会科学院文化研究所、中国孔子基金会《孔子研究》编辑部、山东大学儒学高等研究院、山东大学哲学与社会发展学院、四川思想家研究中心、西南石油大学马克思主义学院等六家单位联合主办的“黄玉顺生活儒学全国学术研讨会”在济南举行。会议收到论文21篇[1]，并有34位学者对“生活儒学”加以研讨和评论[2]，中国新闻网等多家媒体予以报道。学界朋友的赞扬是对生活儒学的鼓励与鞭策，他们的批评是对生活儒学的针砭与指点，我都深为感激。

① 参见涂可国主编：《黄玉顺生活儒学研究》，齐鲁书社2017年版。

② 参见杨永明主编：《当代儒学》第11辑，广西师范大学出版社2017年版。

爱，所以思

——评黄玉顺生活儒学代表作《爱与思》*

崔 罡

曾令人目眩神迷的现代性理论在21世纪的今天似乎走到了尽头。无论对现代性持有怎样的立场，困难都是无法克服的。诸如罗尔斯、哈贝马斯这样的学者始终对人类近代以来的文明抱有积极乐观的态度，并致力于在现代性的基本框架之下化解现代社会的问题。然而现实的世界却与他们的理论构想渐行渐远——世界非但不是一个和平的世界，甚至连共识的达成看起来都遥遥无期。① 在理论(theory)层面，似乎现代性的批评者们的表达显得更有说服力，如韦伯式的“铁笼子”、阿多诺式的“全盘控制”、福柯式的“规训社会”、鲍德里亚式“消费社会”等等。但他们的困难在于，作为现代人的一部分，如果“全盘控制”是准确的，他们的思考就是不可能的；既然他们的思考已然成为事实，就表明“全盘控制”并不存在。②

---

* 原载胡骄键、张小星主编：《生活儒学：研究·评论·拓展——第三届“生活儒学”全国学术研讨会论文集》，四川人民出版社2020年版，第3～18页。

① 在相关的问题上，社会学者的工作无疑比哲学家们更有说服力。相关记述可以参见蔡爱眉女士的《起火的世界——输出自由市场民主酿成种族仇恨和全球动荡》(刘怀昭译，中国大百科全书出版社2005年版)。该书以社会学的方式考察了二战后美式自由市场理念和美式民主在世界范围内引发的全球动荡问题。该书提出了一个逻辑上的悖论：现代民主使权力掌握在多数人手中，但自由主义的经济却使财富向少数人手中集中，权力的大多数必然会冲击财富的少数，从而形成多数人的暴政。

② 这个困难似乎可以在另外一个维度进行解释。根据词源，theory与希腊文的theoros(观众)以及theatre(剧院)是同源的，意味着旁观者(theatai/spectator)，而旁观者的意味又来自神(theos)。也就是说，在西方传统中，除非现代性的批评者们把自己看作神，方有可能提出关于生活的理论性解读。但这种带有明显精英主义意味的趋向恰恰又是他们所反对的。关于theory可参见[英]雷蒙·威廉斯：《关键词：文化与社会的词汇》，刘建基译，三联书店2016年版，第532页。

由此我们可以很清楚地发现一条自康德以来的步步退让的思考脉络。从康德的"科学形而上学何以可能",到海德格尔的"形而上学何以可能",再到阿伦特的"思维何以可能",最终要么回到康德(阿多诺/阿伦特),要么回到亚里士多德(麦金太尔),然后又不得不再次从古希腊重新出发,形成了一个永无休止的逻辑循环。①

逻辑循环的背后,是西方传统理性思维方式自身的困难。根据定义,理性(ration)即是逻辑(logos),也就是逻各斯,或逻各斯的自我运动。如果思考的起点在逻各斯之内,它必然是柏拉图主义式的独断论。基于休谟和康德对独断论的彻底批判,我们有理由质疑,这种解释在现代社会还有多大的解释世界的能力。如果这个起点在逻各斯之外,那会是什么呢?正如阿伦特所问:"当我们思维的时候,我们在哪里?"②这是西方传统无法回答的。

由此,我们不得不将目光转向不同的传统,确切地说,也就是儒家的情感主义传统。众所周知,现代的儒家情感哲学是蒙培元先生正式提出的。③ 进入21世纪以来,此传统最具影响力的哲学创见当属黄玉顺先生的"生活儒学"。"生活儒学"的代表性文本《爱与思——生活儒学的观念》④(以下简称《爱与思》)讨论的正是如下问题:

> 我们今天的、当前的哲学思考,最核心、最重大的一个问题,是要说明究竟怎样"无中生有"。我这个"爱与思"的整体内容,其实就是在说这个问题。⑤

无论是虚无主义(nihilism)惨淡意景还是价值冲突的惨烈现状,都表明我们身处一个暗流涌动的时代。倘若不甘于此,就必须重新寻找人类共同生活的坚实

---

① 西方哲学的相关讨论可分别参见如下极具影响力的著作:[德]康德:《纯粹理性批判》,李秋零译,中国人民大学出版社2013年版;[德]海德格尔:《存在与时间》,陈嘉映、王庆节译,三联书店2006年版;H. Arendt, *The life of Themind*, A Harvest Book · Harcournt, Inc. 1978; Alasdair MacIntyre, *After Virtue*, The University of Notre Dame Press, 1984。

② H.Arendt, *The life of The Mind*, A Harvest Book · Harcournt, Inc. 1978, p.197。引文内容为引者自译。这个问题最早是柏拉图在《智者篇》中提出来的。柏拉图的答案是哲学家只有身体居住在城邦里(《泰阿泰德篇》173D)。

③ 蒙培元先生的思想通常被概括为"情感儒学"。"情感主义"是自孔子之于现代新儒家一以贯之的立场,蒙培元的工作乃此种立场的现代性表达。可参见蒙培元:《情感与理性》(中国人民大学出版社2009年版)、《中国哲学主体思维》(东方出版社1993年版)等相关著作。亦可参见拙文《自由与情感——现代性危机背景下蒙培元的情感哲学之思》(收入《人是情感的存在——蒙培元先生80寿辰学术研讨集》,黄玉顺、杨永明、任文利主编,北京大学出版社2018年版)。

④ 《爱与思——生活儒学的观念》出版于2006年,2017年发行了增补本(四川人民出版社),本文所引《爱与思》均据增补本。

⑤ 黄玉顺:《爱与思》,第16页。

根基。《爱与思》将其表述为“无中生有”，并致力于将人类的一切行为(behavior)都建立在作为生活本源的情感之基上。

本文所要做的工作是对《爱与思》的思考脉络进行梳理，进而探问此种立场在现代性的背景下的意义与价值。

一、观念的层级：思维的一般形式

《爱与思》的讨论从“观念的层级”开始。通常来说，“观念”是柏拉图主义的核心范畴即 idea 的汉译(也被译为理念、相、型)。但在《爱与思》中，idea 仅仅是观念的某种形态：

> 中国人之所谓“观念”，涵盖了人类精神生活的观念全部的层级：作为本源的生活情感的层级、形而上者的层级(哲学、形而上学)、形而下者的层级(伦理学、知识学等等)[①]。

“这是整个思想‘生活儒学’所赖以展开的一个先行观念，一个基本前提。”[②]如此一来，思维的对象以及由对象决定的思维方式就被分为了两类，即形而上学与形而下学。前者是对形而上者观照(contemplation)的显现，后者则是对形而下者经验(experience)之结果。

首先是“形上之观”：

> 以“心”观物、以“理”观物，此心此理，正是形上之物，而非本源之无。他(邵雍——引者注)还说：“一心观万心，一身观万身，一物观万物，一世观万世。”这里的“万”便是形而下的众多相对物，“一”则是形而上的唯一绝对物。总之就是：根据唯一绝对物，去“观”众多相对物。[③]

柏拉图主义的 idea 对应的是《爱与思》讨论的“形上之观”。基本特征是：根据唯一、绝对之物，去“观”众多、相对之物。那么，此“唯一、绝对之物”何以可能？西方哲学给出的答案不外乎两种。一是来自永恒之物(eternity)的光亮。但唯有哲学家的沉思(contemplation)才拥有通达此物的唯一途径，而常人因能力的缺乏，必然处于哲学王的羽翼之下。[④] 这种思考源于古希腊等级制的生活经验，在柏拉图的《理想国》，特别在“洞穴寓言”中正式提出，并在亚里士多德的《尼各马

---

① 黄玉顺：《汉语“观念”论》，《爱与思》，第 209 页。

② 黄玉顺：《爱与思》，第 4 页。

③ 黄玉顺：《汉语“观念”论》，《爱与思》，第 201 页。

④ 相关讨论可参见柏拉图《理想国》(《柏拉图全集》第二卷，王晓朝译，人民出版社 2002 年版)476B-480 以及亚里士多德《尼各马可伦理学》(廖申白译，商务印书馆 2015 年版)1095b 的相关讨论。

可伦理学》中得到了进一步阐明。糟糕的是,尽管启蒙运动以来的平等主义立场已然对此观点进行了彻底批判,但它又在现代精英主义的伪善面目下借尸还魂。二是康德式的天赋论。康德说“我们所认识的无非是我们知觉它们的方式,这种方式是我们特有的,必然属于每一个人”①。众所周知,在康德那里,无论是感性直观的形式(空间和时间)还是知性的范畴表,都是“人同此心,心同此理”。而在哲学上,这是显而易见的先验设定。因而,idea 的两层意味,在永恒问题上的沉思和在现实层面的认知(recognize)都属于《爱与思》所说的形上之观。

与“形上之观”不同的是,还存在着“形下之观”:

> 所谓“形下之观”是说:这种“观”是“形而下者”的事情。——观者是一个形而下的存在者,其所观者同样是一个形而下的存在者。一般来说,一个人自从有了自我意识之后,首先就是一个形而下的存在者:他所遭遇的首先是众多存在者、即“万物”;他自己也因此就是“万物”之一。他是作为一个形而下者去“观”其他的形而下者。这就是认识论的“主—客”架构。②

“形下之观”的基本特征是:以多观多,无论观者(主体)还是被观者(客体),都是众多、相对之物,且观者自身似乎并不需要特殊的观照方式。

如此一来,就会产生一个问题:形下之观的“以多观多”何以可能?根据生活儒学的三层架构,即生活本源、形上层级和形下层级,形下之观的表现样态是伦理学和知识学。③ 一位因恪守自身学科“研究畿域”并遵守自身学科研究规范的专家,他所进行的一切工作,都是“形下之观”。那么,前述问题所问的正是“诸科学何以可能”。但专家的“恪守”是以“研究畿域”为先行领会的。而对“研究畿域”之划分,也就是对存在者整体的领会,则是“形上之观”的事情。意即,“形上之观”不仅是先行的而且是必需的,一切的认知都是“以一观多”。虽然如此,伦理学和知识学提供的都是某种意义上的价值(value)或真理(truth),那么,意见(opinion),也就是与公共价值相对的私见,或者谬误,也就是真理相对的谎言,又何以可能?在西方哲学的传统中,根据先验主义,谬误是不可能的;根据经验主义,真理是不可能的。

在《爱与思》看来,形上之观与形下之观都是“观”,这是共通之处。何谓“观”?“‘观’的含义就是‘审视’。许慎说:‘观,谛视也’;‘谛,审也’。‘审’古作

---

① [德]康德:《纯粹理性批判》,B58。

② 黄玉顺:《汉语“观念”论》,《爱与思》,第 197 页。

③ 黄玉顺:“最终是在这种形而上学的基础之上展开的形下之思,而表现为伦理学、知识论的言说。”(《爱与思》,第 3 页)

‘宷’,从‘宀’从‘釆’。‘釆’读如‘辨’,意谓辨别:‘釆,辨别也。象兽指爪分别也。’这正是《易传》所说的‘观鸟兽之文’。辨别就是区分物界,也就是划分存在者领域。”[①]因此,“观”就是“分辨”。当然,二者所分辨的对象不同。如前述引文所示,区别在于,“形上之观”是由“一”观“多”,将唯一、绝对之物与众多、相对之物分辨开来;“形下之观”则缺失了绝对的“一”的维度,却仍以相对的“一”为准,将此物与彼物分辨开来。问题显而易见。我们又是依据什么将“一”再次区分为“绝对的”和“相对的”?既然“一”是可以被再次划分的,那么,它也就不再称其为“一”。因而,在“形上之观”和“形下之观”之前,还应有更加先行的“观”,此即“本源之观”:

> 本源之观,乃是观情。而情作为生活情感,乃是生活本身的事情。……情感这样的无形的事情如何能被“观”到呢?这就是我们所说的本源性的生活领悟。……生活领悟却是在“无物”的层级上、在先行于任何存在者的本源情境中的事情。[②]

“本源之观”的提出,在一定程度上完成了对西方传统的“去魅”。“毕竟形而上学和形而下学所思考的都是存在者、物。在这个意义上,形而下学也是一种形而上学,因为它们都采取同样一种思维方式:以表象的方式去思考存在者。”[③]因此,所谓的形而上学或狭义的哲学,只是“一些人尤其是哲学家去寻求所有这些形而下存在者背后的终极根据,寻找万物背后的一种终极支撑,于是找到一个形而上的存在者,如‘本体’、‘天理’、‘道之为物’或‘上帝’之类”[④]。“本源之观”就是“观情”。无论“形上之观”还是“形下之观”都是“本源之观”的某种显相样态。

由此得到了关于思维的第一个公式:

无物(生活感悟)→形上之物(绝对存在者)→形下之物(相对存在者)

从“观情”视角而言,却是一种二分法,即:

生活情感—思维(形而上学、形而下学)

换言之,回到西方传统最后的问题,“思维何以可能”,《爱与思》给出的初步答案是,“思”是生活情感的显现。

于是,下一步的追问是,情感怎样给出了思维?

---

① 黄玉顺:《汉语“观念”论》,《爱与思》,第198页。
② 黄玉顺:《汉语“观念”论》,《爱与思》,第205~206页。
③ 黄玉顺:《面向生活本身的儒学——“生活儒学”问答》,《爱与思》,第319页。
④ 黄玉顺:《爱与思》,第3页。

二、思的观念：思何以可能？

“情感怎样给出了思维”的问题，带有一个显而易见的先行承诺，即人类的生活需要形上承诺，需要共同价值（common value），否则群体生活就是不可能的。强调情感的优先地位，绝非任何意义上的反智主义（anti-intellectualism），在这一点上，西方传统的警惕是正确的。也正因如此，“形而上学何以可能”直到20世纪才被海德格尔正式提出。①

在讨论发问的一般结构时，海德格尔说：

> 任何发问都是一种寻求。任何寻求都有从它所寻求的东西方面而来的事先引导。发问是在“其存在与如是其存在”的方面来认识存在者的寻求。……发问作为“对……”的发问而具有问之所问。一切“对……”的发问都以某种方式是“就……”的发问。发问不仅包含有问题之所问，而且也包含有被问及的东西。在探索性的问题亦即在理论问题中，问题之所问应该得到规定而成为概念。此外，在问题之所问中还有问之何所以问，这是真正的意图所在，发问到这里达到了目标。②

这段话讲得再清楚不过了。作为发问的思维，固然有其“问之所问”，也就是符号化了的话语形态，也有“被问及的东西”，也就是在“问之所问”中指向的存在者，归根结底却取决于“问之和所以问”，也就是发问的**意图**。因此，“任何发问都是一种寻求”。而意图，在海德格尔看来，是由情绪（现身情态）作为事先引导的。

但至此的讨论是不充分的。在《爱与思》中，前述诸问题，只能称之为“认知之思何以可能”。这是因为：

> 汉语“思”首先指的是本源性的情感之思，但它还有意欲之思、认知之思的意义用法；而就认知之思来看，也还有形上之思和形下之思的区分。③

对“思”进行详尽的区分，是《爱与思》的一个重要理论贡献。思，不只是thinking，也不是更广义的 mind，它还包含了沉思（contemplation）、反思

---

① 通常来说，会把这个问题称为康德问题。但这里存在着根本性的差别。康德问题是：“科学的形而上学何以可能。”这个提问针对的是独断论的形而上学，直接来自启蒙运动以来经验科学的发展。众所周知，康德把问题转换为“先天综合判断何以可能”，其先行的观念是，判断（分析的和综合的）是毋庸置疑地存在着的。而海德格尔则突入到“存在”层级。

② ［德］海德格尔：《存在与时间》，陈嘉映、王庆杰合译，三联书店2006年版，第6页。

③ 黄玉顺：《爱与思》，第137页。

(reflection)、认知(recognize)、意愿(willing)、判断(judging)等等。具体来说，包含了如下内涵：

<table>
<tr><td>情感之思</td><td>意欲之思</td><td colspan="2">认知之思</td></tr>
<tr><td colspan="2" rowspan="2">本源之观</td><td>形上之思</td><td>形下之思</td></tr>
<tr><td>形上之观</td><td>形下之观</td></tr>
<tr><td>想象</td><td>形象</td><td colspan="2">表象</td></tr>
</table>

所谓"认知之思"指的是这样的事情：

任何一种思维，认知性的思维，西方哲学意义上的"思"，包括神学，统统**都是以表象的方式去把握存在者**。……如果不仅形而上学是思考存在者、而非存在本身的，而且科学也仅仅是思考存在者、而非存在本身的，那么，科学也只能以表象的方式去思考，否则，它就不是科学。①

在西方哲学中，将形而上学归为表象，是海德格尔作出的。《爱与思》则将形而下学也纳入了表象之列。在一般性的思维的意义上，《爱与思》可以承认西方哲学传统中的部分判定。其中最主要也是最核心的是，思维是在情绪之后发生的：

爱是当下的，而思不是当下的。比如说，你现在面对着所爱的人，你是不会思他、想他的。他就在你面前，就在当下，还有什么好"思"好"想"的？你爱他，但此时此刻不会想他。你至多只会说："我想你来着。"但这个"来着"正表明：那是过去的事情，不是当下的。②

阿伦特的观点与此相同：

我们思想的对象(object)不是由直接体验的感官知觉给出，而是得自感官之后的想象(imagination)。……所有思想都是后思(after-thought)。通过在想象中的再现，我们将所有呈现给感官之物去非感官化(de-sense)。……希腊语保留了这种时间意味：认识(to know)是看(to see)的派生词，看叫作 idein，认识叫作 eidenai，意即，由此可见(to have seen)：首先你看，然后你认识。③

① 黄玉顺：《爱与思》，第 131 页。加黑字体为引者所加。

② 黄玉顺：《爱与思》，第 94 页。

③ H.Arendt, *The life of The Mind*, A Harvest Book・Harcournt, Inc. 1978, pp.86-87.引文内容为引者自译。

这种划分显然来自思维活动的经验。尽管我们不知道是身体的哪一部分在承担的思考之责(可能是心灵,也可能是大脑,也可能是灵魂),但它无论如何都是在身体之内的。而感官的对象则在身体之外。① 因此,当“思”发生的时候,感官活动停止了,“思”必然是“事后”的。② 因此,在形上之观和形下之观被恰如其分地把握为就其本质而言并无根本差异的“观”之后,“认知之思”何以可能的问题方能真正被提出来,并得到解答:是因为“意欲之思”(willing)。

“意欲之思”也是“思”。就其本质而言,与形上之思、形下之思**不能存在**任何差别。在西方哲学的传统中,意欲往往被理解为生命的本能(生命哲学)、生理的冲动(生理学)、心理的反应(心理学或心理主义),作为经验主义之一种。这些解读本身非但无力,甚至是危险的,因为它蕴含着将人还原为一模一样的数据或统计结果之倾向。而海德格尔则将其称为“此在的现身”,即日常沉沦状态被打破之后此在的筹划,并以此来回答形而上学何以可能。

但“意欲之思”又何以可能呢?只有“主体生成了,才有了意欲的可能”③。意欲,作为意向性(胡塞尔对此作出了清楚的揭示)行动,生成了“主—客”架构。而“认识之为认识,一定根据‘主—客’架构:一个主体,认识一个客体、对象。但是不论主体、还是客体,都已经是存在者,都是‘物’”④。这其实在说,意欲不仅仅是指认知之思的意图,更重要的是解释作为认知之思先行条件的“主—客”架构何以可能。这一胡塞尔现象学意味极强的表述是一个重大逆转:“按照传统的形而上学思维模式,也可以这么解释:母爱是母亲对儿女的一种情感。当我们这样定义的时候,就是说母亲和儿女这样的存在者是先行的。但这还是本末倒置的说法。应该说,如果没有母爱,母亲就不存在,儿女也不存在。这是因为:假如没有母爱的显现,母亲不成其为一个母亲,她还没有成为一个真正的母亲,她作为母亲还没有被生活情感给出,母亲还没有诞生。这意味着:母爱这种爱本身是先行的。”⑤这个问题可以用另一种方式来表达:作为思考者,你为何思考此物而非彼物?你的意向性为何指向此物而非彼物?

由此看来,海德格尔所说的情绪(现身情态)仍然不够通透。《爱与思》则继

---

① 就此问题而言,哲学史上还有一种补充的看法。如康德就把感官分为外感官和内感官。他的判断是:“物体实存于我们之外(在空间里),与我本身按照内感官的表象而存在(在时间里)是同样可靠的经验。”(《未来形而上学导论》,第337页)但这显然是类比,并且是以内感官来类比外感官。

② 参见黄玉顺:《面向生活本身的儒学——“生活儒学”问答》,《爱与思》,第315页。

③ 黄玉顺:《爱与思》,第191页。

④ 黄玉顺:《面向生活本身的儒学——“生活儒学”问答》,《爱与思》,第301页。

⑤ 黄玉顺:《爱与思》,第21页。在同一页稍前的部分,黄玉顺举到另外一个关于爱的例子,即爱情。但我们可以看到爱情与母爱的不同。在爱之中,显现为爱人,显现为母亲,这是一致的。然而,爱情在最初似乎意味着“爱上了她”而非“相爱”。当然,爱情作为情感也具有情感的一般性结构。

续前行，对“思”本身进行了定义：

> 许慎对“思”的解释是特别有意思的：“思，容也。从心，囟声。”把“思”解释为“容”，这看起来很怪，其实很有意思，让我想起了“容貌”“形容”“形象”等等。比如说，你在“思”你的女朋友的时候，就会想到你女朋友的“花容月貌”那样的“容”，那样的形象。……“思”跟认识、思维有关。但是，“思”字首先“从心”，而这样一颗“心”，在儒家的思想当中，包容性是很大的，既管认知，也管情感，还管意志。[①]

总结起来，这段话表达了三个意思。首先，思是表象性的；其次，思有三层意味，即情感、意欲和认知；最后，思的最基本的含义是“思念”，也就是情感之思。质言之，“爱，所以思”[②]。

三、爱的观念：思维的情感之基

《爱与思》用三个判断表述了爱与思之间的关系。分别是“思源于爱”，“思不是爱”，“思确证爱”。[③] 所谓“思源于爱”指的是：“情感之思是源于爱的情感的。我们思一个人、想一个人，那是因为我们爱这个人。”[④]“我们常说的思念、思乡、相思、思绪，就是这种情感之思。”[⑤]“这种情感之思，乃源于爱：爱之，才思念之。我们爱乡，才思乡；我们爱一个人，才会相思。爱之深，思之长，是谓思绪。”[⑥]这是显而易见的生活体验，既无法用任何方式证明，同时也无法用任何方式证伪。但通常而言，这种表述会遭到如下质疑：思念难道不总是思念者在思念某个被思念者吗？这难道不是一种主—客架构吗？这难道不是一种私人的情绪吗？这种质疑是生活儒学面临的最大的误读。用《爱与思》的话语方式来说，就是用“认知之思”来打量“情感之思”，是以末逐本的思想。在情感之中，在情感之思中，你成为如此这般的思考者而非那般的思考者。

更进一步的问题是：这里的爱，如何不是一种情绪？于是，我们可以看到《爱与思》的另一个重大理论贡献：对情感的三分，即感触、情绪、感情。

---

① 黄玉顺：《爱与思》，第111～112页。生活儒学中没有严格区分意志（will）和意欲（willing）。在西方哲学传统中，这两个词是存在明显差别的，意志通常指的是精神指向未来的能力，而意欲，或意愿，则包含了指向的对象，是一种行动或行为。

② 黄玉顺：《爱与思》，第110页。

③ 黄玉顺：《爱与思》，第113页。

④ 黄玉顺：《爱与思》，第113页。

⑤ 黄玉顺：《面向生活本身的儒学——“生活儒学”问答》，《爱与思》，第313页。

⑥ 黄玉顺：《面向生活本身的儒学——“生活儒学”问答》，《爱与思》，第313页。

"情感的显现,首先就是感触。"[①]借用分析《孟子》中"今人乍见孺子将入于井",《爱与思》着重强调:"在孟子的陈述中,有两个副词是不能轻易放过的:'今'、'乍'。'今'意味着当下,'乍'意味着忽然之间。"[②]某种东西竟然现身了。它是如此突如其来闯入了眼帘,于是"动心"了。"动心"也就意味着"心动",因有所感而心动,故汉语称之为"感—动"。而这同时意味着情感的最初显现的那一刹那"跟任何现成既有的东西无关:'非所以内交于孺子之父母也,非所以要誉于乡党朋友也,非恶其声而然也。'"[③]因而,最初的"动心"即"感触"。

> 感触的各种显现样式,见、闻、嗅、尝、触摸等,就是通常心理学上把握为"五官感觉"的那些,如果我们透彻地、本源地去理解,都可以把握为"见"、也就是"现"。……"见(jian)"之为"见(xian)",这是一个非常重要的观念……"见"就是"现",这就意味着:我们通常所说的"看见"这样的事情,作为本源的生活感触,其实就是"显现",就是生活本身的最初的显现样式。[④]

这里的感触绝不意味着经验主义意义上的知觉或刺激[⑤],而是"本源性的生活感触"[⑥],是最初的开始,最初的开端。用蒙培元先生的话来说,即是"人情事变"[⑦]。这个开端我们可以送给柏拉图,我们会说:柏拉图不是思考到了苏格拉底之死,而是感触到了这一场人类历史上最著名的谋杀。柏拉图的思考不是也不可能是如他自己所说的从天国开始的,而是从生活开始。用雅斯贝尔斯的话来说:"苏格拉底的朋友们,鉴于这样一件惊人的事件发生,他们积极地去公开谈论苏格拉底,证明他所做的一切是正确的,并在他的精神激励下从事哲学活动。"[⑧]一切的一切都是从"惊人"开始的。这就是情绪。

尽管西方哲学的传统并不否认情绪(这是无法否认的)的存在,却给了它很低的位置。部分原因在于,西方哲学从未真正区分情绪(sentiment)和情感(emotion)。在英语中,sentiment 所表达的正是 a thought colored by or proceeding from emotion(出于情感之思)。因而在理论上,既不可能解释情绪

---

① 黄玉顺:《爱与思》,第 76 页。

② 黄玉顺:《爱与思》,第 79 页。严格来说,此处用表达的是"突然"的意味。

③ 黄玉顺:《爱与思》,第 79 页。《孟子》原文参见《孟子·公孙丑上》。

④ 黄玉顺:《爱与思》,第 80～81 页。

⑤ "感触"特别不同于康德意义上的"感觉":"如果我们被一个对象所刺激,则对象对表象能力的作用就是感觉。"(《纯粹理性批判》,B32)后者显然只是从认知的角度来定义的。

⑥ 黄玉顺:《爱与思》,第 86 页。

⑦ 蒙培元:《情感与理性》,第 21 页。蒙培元的这一表述是对王阳明"除了人情事变,则无事矣"的深度阐释。

⑧ [德]雅斯贝尔斯:《大哲学家》,李雪涛主译,社会科学文献出版社 2005 年版,第 79 页。

由何而来，又不可能指出情绪向何处去。由于情绪被理解为巴甫洛夫式的刺激性的生物反应，感触以及感触中的“生活本源”意味，就被遮蔽掉了。于是，情绪天然地被视为与人的社会性（群体性）相对立的[①]，同时作为意见或谬误产生的条件遭到了警惕并被抛弃。

而在儒家情感主义特别是蒙培元先生看来，情感不离于情绪，且情感高于情绪。[②] 换句话说，人的道德意欲（社会属性）当然重要，这是毋庸置疑的，但人的自然意欲（自然属性）也同样不能被否定。[③] 这一判断是《爱与思》的三分法的理论渊源。

但是，《爱与思》对情绪的分析是不充分的。黄玉顺列举了“喜、怒、哀、乐、惧、畏、安、不安”[④]等情绪的样态，却并未对其进行规整和分类。仔细分辨的话，“安”不能被视为一种情绪。“就其本义来看，‘安’字从‘宀’从‘女’表明，这是出自早期先民的一种生活领悟，它有两个基本含义：女人哺育孩子，在家为安。小孩何以能有心安的情绪？这本是生活中的常识：小孩感到不安而哭啼时，父母会把他抱起来，于是他便感到心安了。”[⑤]这是生活儒学所讨论的“本源情境”，也就是尚未被打破的情境。“乐”也是如此。“当我们达到了‘孔颜乐处’那么一种境界、那么一种心境的时候，那一定就是‘安’的，是‘安—乐’的。我在这个意义上来理解‘安乐’，即理解为回归了本源情感的那么一种最高境界。”[⑥]

因此，情绪即是“不安”。在常人的生活中，许多的情绪是无法被缜密地符号化表达的。例如“惧”“怕”“畏”这三种情绪有何差异？“哀”“悲”“戚”这三种情绪又有何不同？严格的哲学家或严格的心理学家大约可以对此进行区分，但任何人都不需要首先学习心理学才能有情绪。只是“不安”而已，这就足够了。“儒家的意思是：你不安，就要求一个安。之所以要求安，是因为你感到不安。而之所以不安、不忍，是因为你‘在生活’，而此时生活本身有了一种情境，一种生活情境；这种情境，你想把它打破，或者说，你根本不用去‘想’、不会去‘想’，你会‘去生活’。不安是‘在生活’，求安是‘去生活’。”[⑦]“安”恰恰是通过“不安”

---

① 正如麦金太尔正确指出的那样，西方哲学伦理学讨论的核心问题始终是自然（φύσιζ）和习俗（νόμοζ）的区分，也就是自然人与社会人之间的关系问题。参见[美]麦金太尔：《伦理学简史》，龚群译，商务印书馆2014年版，第43页。

② 参见蒙培元：《心灵超越与境界》，人民出版社1998年版，第21页。

③ 参见蒙培元：《情感与理性》，第157页。

④ 黄玉顺：《爱与思》，第88～92页。

⑤ 黄玉顺：《面向生活本身的儒学——“生活儒学”问答》，《爱与思》，第299页。

⑥ 黄玉顺：《爱与思》，第153页。在下文的讨论中，《爱与思》分析了两种乐，即“有所乐之乐”而“无所乐之乐”。前者是沉溺于某物的刺激，这种乐是娱乐，是摆脱辛劳的手段、方式，类似于亚里士多德所说的“享乐生活”，其本质反而是“小人长戚戚”的显现。

⑦ 黄玉顺：《爱与思》，第91页。

得到思的——思意味着不安。

因为对情绪的分析不够充分,感情的部分就带来了更多的理解困难。“感情有两种基本的样式,就是‘爱’和‘恨’。”[①]毫无疑问,“爱”和“恨”确实是两种激烈的感情,但我们的问题是,是否感情只有这两种样式?[②] 原文的表达是“基本的样式”,似乎意味着此二者因其重要而获得了优先地位。那么,此外还有哪些感情的样式?感情和情绪之间又该怎样区分?遗憾的是,笔者遍寻“生活儒学”的全部著述,并未看到直接的表达。[③]

不过,在讨论“爱”的观念之时,黄玉顺作了一个分析,即爱包括了狭义的爱(即与恨相对的、作为感情的爱)和本源之爱。本源之爱即是生活的大本大源。借用一个比喻,黄玉顺说道:“有一家子,共同生活在一幢房子里,油盐酱醋,饮食男女,平平常常,无波无澜,或者纵然激情澎湃,其实还是波澜不惊。我把这种生活情景称为‘本源情境’。这里,没有任何‘主—客’意识:父母、子女,房子、家具,他们习惯于此,都没有‘意识到’;换句话说,它们都既不是对象,也不是主体,因为他们从来不去仔细打量、考究对方,不论他是人、还是物。有一句成语就是说的这种情境:习焉不察。这是真正的本源意义上的‘百姓日用而不知’。”[④]这种情境当然是“爱”,当然是“安”。然而,当这种情境被打破之后,“不安”了,于是发生了打量,发生了筹划,也就是发生了对象化把握,发生了意欲之思和认知之思。而之后的一切之所以可以发生,归根结底仍然在于“爱”:“母亲所做出的一切改变,都基于她对孩子们的不变的爱以及变动了的生活方式。但是,生活方式只不过是生活本身的显示样式:生活便是显示,而显示总是显示为显示样式;这种显示样式被我们存在者化地、对象化地、客观化地打量之际,它就被把握为所谓‘生活方式’。”[⑤]于是导出了生活儒学的一个基本信念:“凡是现存的,都是本源的;凡是现存的,都是应当超越的。”[⑥]这个表达已经带有了显而易见的伦理取向。而在讨论中国正义论时,黄玉顺又作出了另外一个表达:“尽

---

① 黄玉顺:《爱与思》,第 93 页。

② 在《面向生活本身的儒学——“生活儒学”问答》中,黄玉顺又提到了另外两种感情“好/恶”,不过似乎是在“爱/恨”相对的角度提出的。在稍后一点的文本中又提到“那样的感触是如此的刻骨铭心,那样的情绪是如此的记忆犹新,使得我们不能不产生如此的爱”。但这个说法并不具有说服力。因为由感触而情绪,由情绪未必必然导向爱。

③ 这些著述包括《走向生活儒学》《儒学与生活》《儒家思想与当代生活》《生活儒学讲录》《中国正义论的重建》《周孔孟荀的中国正义论传统》《儒学与哲学问题》以及《从生活儒学到中国正义论》。

④ 黄玉顺:《面向生活本身的儒学——“生活儒学”问答》,《爱与思》,第 315 页。

⑤ 黄玉顺:《面向生活本身的儒学——“生活儒学”问答》,《爱与思》,第 317 页。

⑥ 黄玉顺:《面向生活本身的儒学——“生活儒学”问答》,《爱与思》,第 323 页。加黑字体为原文所有。

管正是仁爱导致了利益冲突，但也正是仁爱解决了利益冲突。"[①]如此一来，确实极为清晰地指出了"爱的优先性"地位，但作为感情的"爱"反而更加模糊了。

窃以为，"感情"似被解为"可感之情"，也就是个体情绪的表象化，因其表象化，而可以被感知。情绪与情感是"内外关系"，后者是前者的表达。因而，感情当具有三重意味：其一，必然是显现的，也就是能够被他者感知；其二，必然伴随着判断，可能是情感性判断，如好和恶，也可能是价值性判断，如是与非；其三，必然导向行动，也就是有所作为。同样用《爱与思》中的例子来说："但有一天，这位父亲忽然病逝了。此时此刻，本源情境便骤然被打破了：家庭的支柱倒塌了，种种生存问题接踵而至。悲伤之余、丧事之后，母亲面对着幼弱的子女，开始考虑'这日子今后怎么过下去'的问题。比如，她想到了改嫁的问题：假如不改嫁，她无力独自养活这些孩子。"[②]如果没有爱，这些行为是不可能的，同理，正是有了这些行动，才确证了爱。

四、结论：生活儒学视域下的现代性问题

讨论至此，我们可以用两句话来概括《爱与思》的全部思想。第一句是，爱，所以思；第二句是，思确证爱。那么，这一思想在怎样的意义上回应了现代性问题呢？

首先，现代性理论家的思想唯有从情感的维度方能得到恰当理解。现代性理论，无论是乐观派还是批判者，都是现代生活方式显现样态的理论表达。在认知之思的维度，他们确实描绘出了现代性的某些图景，但我们更应当看到其理论背后的意欲之思以及本源性的情感之思。可以这样来说，他们之所以苦苦追思，是因为"爱这个世界"。

其次，现代性问题归根结底是工具理性主义和个人情感之间的冲突。缜密的分工造就了现代人的基本生存方式：成为专家并控制着他人的同时被同样是专家的他人控制。我们的生活似乎是，身体交给医学家，灵魂交给神学家，饮食交给营养学家，审美交给艺术评论家，纠纷交给律师，等等。是什么让现代人"相依相偎"？是体制，是行政管理体制。既然没有人在体制之外，统治着现代人的就是"无人"。"无人统治"是西方理性主义传统的理想形态，也是其极致。在这种形态下，一切的意见与谬误都无处遁形，人类得以在真理之光的照耀之下按部就班。但在"无人统治"的角度，现代性的本质就是情感的剥夺。但我们

① 黄玉顺：《中国正义论的形成——周孔孟荀的制度伦理学传统》，东方出版社 2015 年版，第 154 页。

② 黄玉顺：《面向生活本身的儒学——"生活儒学"问答》，《爱与思》，第 317 页。

看到的另一面是,恰恰是对现代性问题的控诉、对现代性问题的深思,确证着情感,确证着本源性的爱。这也就意味着,始终存在一种力量来对抗现实的危机。这种力量,就是爱。

《爱与思》提供的最积极因素正在于此。自由,作为人类爱智之学的最高同时也是最终极的诉求,不是别的,正是大本大源的爱。世界是爱的共同体,是情感的显现,绝不是人类的猬集或者物的总和。这是最初的力量,也是最终的力量。

生活儒学对现象学与现代新儒学的回应*

李慧子

进入21世纪以来，不同于以往那种对象化的儒学史研究，儒家学者开始致力于理论形态上的思想原创，出现了一个不同于20世纪现代新儒家的当代新儒家群体。① 2012年10月13～14日，第一届"尼山新儒家论坛"在位于孔子故乡山东省济宁市泗水县的尼山圣源书院举行。论坛意在整体展示当代新儒家群体，为当代新儒家学者提供一个宣讲与交流的公共平台。本届论坛的主题为"探索儒学创新之路"，围绕这个主题，来自中国社会科学院、北京大学、山东大学、北京师范大学、曲阜师范大学、香港中文大学、台湾慈济大学、台湾东吴大学、美国夏威夷大学、韩国首尔大学、澳大利亚邦德大学等高校与科研机构的40余位儒家学者学进行了深入研讨。②

一、对现实问题的关注

……

二、当代新儒学诸种学术形态

哲学家对现实的关注方式是理论思考，由此形成理论建构。这也正是这次

---

* 节选自《探索儒学创新之路——第一届"尼山新儒学论坛"述评》，《哲学动态》2013年第3期。

① 参见崔罡：《总论：如何切中活的思想史》，《新世纪大陆新儒家研究》，安徽人民出版社2012年版，第1页。

② 以下各位学者的言论、观点，除特别注明者外，均见《第一届尼山新儒学论坛"探索儒学创新之路"论文集》。

会议的初衷所在。……第一届尼山新儒学论坛首次集中邀请了当代新儒学的代表人物,比较全面地展示了当代新儒学的思想样貌。

……

山东大学黄玉顺教授《生活儒学关键词语之诠释与翻译》对其近年来所提出的“生活儒学”思想进行了新的阐发。怎样将生活儒学的若干关键词语翻译成英文的问题,不仅是翻译问题,而首先是诠释问题,即怎样理解和解释生活儒学的关键概念。例如:应将“存在”译为“Being”(作为本源的存在)或“being”(存在者的存在),“存在者”译为“a being”或“beings”,“在”(存在)译为“Being”,“是”译为“to be”或“this”或“this being”或“the beings”或“trueness”,“有”译为“the Being”等。这是因为“生活儒学”并不是说的将现成的儒学“生活化”地运用到实际生活当中去,而是说的在重建儒学即建构儒学的一种当代思想理论形态时,在观念系统中将“生活”视为作为大本大源的“存在”;而此存在并不是存在者的存在,更不是存在者;一切存在者皆由存在所生成,即是由生活所生成。生活儒学的最大贡献就是突破和超越了两千年来的传统“形而上学—形而下学”的两级架构,重新发现了一个更为本源的“生活—存在”观念层级;在这种大本大源上,生活儒学在形而上学和形而下学层面都重新进行了儒学构建。

……

三、对西方现象学的回应

胡塞尔和海德格尔的现象学自创立以来,一直对哲学研究产生经久不息的影响,这种影响也在中国学界发生。……但当代新儒学的研究不仅受到西方现象学的影响,而且对现象学的思想理路进行了批判性的推进。

……

黄玉顺的“生活儒学”也是这方面的代表。生活儒学虽然是在儒学与现象学的比较研究中形成的,并且汲取了现象学的思想资源,但是生活儒学并不是用西方的现象学来理解和解释中国的儒学。生活儒学并没有止步于海德格尔现象学,而是对海德格尔进行了批判,或者说是接续着海德格尔的问题进行了推进。生活儒学对海德格尔的最核心批判在于指出了海德格尔思想的自我悖论:“以海德格尔的观点来看,存在者之所以可能,是因为存在本身先行于并且给出了存在者……但同时他又说,存在本身是不可通达的,除非一个特殊的存在者,此在、也就是人这样一种特出的存在者,他的生存领会才可以通达存在本身。于是,存在本身就有了一个特殊存在者的前提,这样一来,海德格尔就陷入了自我悖论。"[①]海德格尔将"此在"被设定为一种"向来"领先的东西,而不是后来的。他之所以必须将"此在"设定为"向来"的,是因为他不可能从本源的存在本身推出此在;而这又是因为存在本身被设定为异在于生存的东西,即本来就是与此在无关的东西。[②] 而生活儒学所说的"生活"并不是此在的生存,而就是存在本身。存在并不异于生活,而恰恰是生活儒学一个基本观念:存在即是生活。[③]

四、对现代新儒学的回应

对于民国以来形成的现代新儒家,当代新儒家群体既有继承又有创新。继承性和共同点在于:他们都以孔子儒学为主体,容纳西学,贯通古今,探讨在现代化大势之下儒学转型复兴之路;在情感倾向和学术立场上看,他们都认为,儒学作为一种思想资源,能够为时代的诸多问题提供更佳的解决方案。当代新儒家与现代新儒家的不同与创新之处在于:"其一,在问题意识上,当代新儒家呈现出现代性与当代性问题相互纠结的特征。其二,在学术渊源上,此群体既呈现与现代新儒家的承续关系,又有决裂的倾向;其三,在思维模式上,此群体对20世纪以来形成的'中西比较'模式表现出足够的警醒。"[④]

黄玉顺肯定现代新儒学"作为儒学的一种现代性表达,它是儒学的一个现代性形态"[⑤]。以牟宗三为代表的哲学家代表了现代新儒学在学术和哲学上的最高成就。"牟宗三先生对德国哲学有着非常精湛的研究,包括重新翻译康德'三大批判'著作;但是,他接触过胡塞尔、海德格尔,却与他们失之交臂。他对这两个哲学家、对现象学不屑一顾,为什么呢?因为他完全站在康德哲学的视域下来看待现象学,这样就完全不可能理解现象学。所以,牟宗三先生的整个的思想架构,是从存在论的两层架构下开出'三统'——道统、政统和学统,其中政统和学统就是我刚才讲的那两个形下学维度。这样的思维方式,其实还是两千年以来形成的基本架构,还没摆脱。"[⑥]

黄玉顺指出,现代新儒学和很多西方现代性哲学一样,它的基本思维方式

---

① 黄玉顺:《生活儒学讲录》,安徽人民出版社 2012 年版,第 96 页。

② 参见黄玉顺、杜霞:《儒学与现象学的分野》,黄玉顺:《儒学与生活——"生活儒学"论稿》,四川大学出版社 2009 年版,第 271 页。

③ 参见黄玉顺:《论生活儒学与海德格尔思想》,《面向生活本身的儒学——黄玉顺"生活儒学"自选集》,四川大学出版社 2006 年版,第 124 页。

④ 崔罡等:《新世纪大陆新儒家研究》,第 29 页。

⑤ 黄玉顺:《生活儒学讲录》,第 105 页。

⑥ 黄玉顺:《生活儒学讲录》,第 104 页。

仍是极其传统的形而上学的思维方式，实际上还是没有脱离“形上—形下”的架构。一切形下学的根本架构就是“主—客”架构，而“主—客”架构的根基就是主体性；用海德格尔的话来说，两千年以来的哲学的事情，就是主体性的事情。这其实就是设定一个根本的存在者，这仍然是无本无源的，没有真正回到大本大源上去。这在今天是需要解构的。正确的“解构”不是抛弃，而是“还原”，即理解它是何以可能的——回到更本源的思想视域去阐明它是何以可能的，而不是一上来就设定一个形而上的东西。[①]

生活儒学接续现代新儒学的问题意识，并且对其进行了批判性的吸纳，而回到本源视域，将“仁作为存在，既给出主体性存在者，也给出对象性存在者，然后‘主—客’架构才是可能的，一切知识和道德也才是可能的”[②]。

五、总　结

第一届尼山新儒家论坛的重要意义之一，在于首次向学术界和社会各界整体展示了当代新儒家群体。按论坛设计者郭沂教授的初衷，论坛既不涉及儒学在民间的传播活动，也不涉及客观的儒学史的学术研究，而是意在展示儒学在新世纪的思想理论创新形态，为当代儒家哲学家、儒学思想家提供一个聚会、交流和集中亮相的平台。会议论文集特别附录了郭沂教授的一篇重要文章《当代儒学十家撮要》，列举了当代儒学理论创新的“四种形态：一是走出牟宗三，以杜维明、林安梧为代表；二是引入马克思，以李泽厚为代表；三是取法西方现代哲学，以成中英、刘述先、安乐哲、黄玉顺为代表；四是基于中国传统哲学，以张立文、牟钟鉴、郭沂为代表”[③]。

---

① 参见黄玉顺：《生活儒学讲录》，第104页。

② 黄玉顺：《生活儒学讲录》，第105页。

③ 郭沂：《当代儒学十家撮要》，陈炎、黄俊杰主编：《当代儒学》第1辑，广西师范大学出版社2011年版，第171页。

黄玉顺"生活儒学"本源视域的思想史意义*

孙铁骑

按照历史与逻辑相统一的原则，任何时代的思想都必然根源于其时的历史境遇，从而在时空转换的不同时代，欲解读出原始文本中的原初之义，必须还原到文本形成之时的历史时空境遇之中，运用文本作者的思维方式与话语方式解读其文本，才可能真正理解文本话语表达的本真内涵。故要理解孔子，不能站在当代的思维视域与话语方式中直接去理解儒家的经典文本，而是要回归孔子儒学原创之初的历史时空境遇之中，还原其自在的思维视域，以之作为解读儒家经典的视域背景，才可能真正走近孔子，理解孔子，从而黄玉顺开创的生活儒学对孔子儒学本源视域的揭示就具有了返本开新的思想史意义。

一、对传统形而上学视域的突破

"形而上学"本来是用来翻译西方哲学的初始名称，亚里士多德的学科分类体系将哲学作为物理学的根据而放在物理学之后，并名之为"物理学之后"(metaphysics)。因为哲学总是追问"物理学之后"的终极原因，与中国哲学对天道的追寻相近，所以被翻译成"形而上学"，因为中国哲学讲"形而上者谓之道，形而下者谓之器"[①]。但本质上，亚里士多德的"形而上学"与中国哲学的"形而上者谓之道"并不能等同，"形而上学"是对哲学这一思想形式的指称，而"形而上者谓之道"则是对与"器"相对的"道"的概念定义。"形而上学"是学问的形式，而"形而上者"则是中国哲学的"道可道，非常道"之"道"，也可以说是西方哲

---

* 原载胡骄键、张小星主编：《生活儒学：研究·评论·拓展——第三届"生活儒学"全国学术研讨会论文集》，四川人民出版社 2020 年版，第 138～150 页。

① 《周易·系辞》。

学的“存在”本身。“道可道,非常道”已经表明作为“形而上者”的“道”是不可言说的,而“形而上学”则是可以言说的,而且“形而上学”正是思想与言说得以展开的根据。也就是说,在人类的言说之中,可能没有作为“形而上者”的“道”,却一定有作为言说根据的“形而上学”。故“形而上学”是人类思想的宿命,是思维无法回避的前提性问题,虽然现代西方哲学“拒斥形而上学”,但其理论的根据又无非是另一种“形而上学”,无论思者认识到没有,也无论思想者接受还是拒斥形而上学,其思想与言说之中必然内在承诺着某种形而上学。形而上学是人类思维大厦得以建立的地基,是理论思维得以展开的学理根据,蒯因正是在此种意义上才说任何理论都必然有其内在的“本体论承诺”。从而生活儒学虽然从生活本源的视域出发从一开始就要破解西方哲学及孔子身后儒学发展史中产生的形而上学视域,但在其理论构建的展开之中却仍然要重建形而上学。

故生活儒学的生活本源视域并不是对传统哲学的形而上学视域的简单否定,而是对传统哲学的形而上学视域的破解与溯源。生活儒学认为,传统的形而上学哲学只思考了存在者的整体方面,意图给出存在者整体何以存在的根据,所以西方哲学自始至终都在追问存在者背后的存在是什么,但其给出的任何答案都是对某种特殊存在者的言说,而不是对存在本身的言说,也就是在所有的存在者之外安置一个绝对的存在者,以之作为第一因解释所有存在者的存在。这种形而上学视域可以使存在者的存在获得一种理论上的解释与理解,却不能对存在者的现实存在发挥效用,从而使这种形而上学成为头脑中的风暴;成为一种宏大叙事,却与存在的现实无关,大而无用,仅仅成为理论的事情,成为思维的事情,所以马克思批判传统形而上学的“哲学家们只是用不同的方式解释世界,问题在于改变世界”①。而这种形而上学思维在达到一定的思维界限之后就失去了继续前进的可能性,人类思维在形而上学视域中已经走到了穷途末路。现代西方的哲学家在形而上学的思维视域中已经无法再突破前人构建起来的各种形而上学体系,所以现代西方哲学不得不“拒斥形而上学”,拒斥宏大叙事,更多地转向实用主义的应用性理论的研究。而海德格尔也宣称“哲学终结了”,这种哲学终结的判定实质是宣布传统的形而上学哲学的终结,而不是人类的哲学思维终结了。但人类的哲学思维要走向何方就成为当代哲学思维必须解决的核心问题,所以当代哲学的首要使命已经不是要构建一个什么样的哲学体系的问题,而是首先思考人类哲学的致思取向应当指向何方的问题。

生活儒学面对传统哲学的形而上学困境,不是以简单否定的方式来拒斥形而上学,而是反思形而上学何以会走入终结的困境,揭示问题产生的思想根源,

---

① [德]马克思:《关于费尔巴哈的提纲》,《马克思恩格斯选集》第一卷,人民出版社 1995 年版,第 57 页。

从而找到解决问题的突破口。故生活儒学对待传统形而上学的态度不是“拒斥”,而是“破解”与“溯源”,并且生活儒学认为形而上学是不可拒斥的,生活儒学对传统形而上学的破解与溯源是为了最终重建儒学的形而上学与形而下学,重新给出儒家哲学的体系化建构。生活儒学显然属于一种意图建立完备的哲学体系的宏大叙事,因此有人称之“具有哲学帝国主义的意味”。但生活儒学的体系构建并不是意图构建起一个包罗一切,可以涵摄全部哲学系统的哲学形而上学,而是在破解传统形而上学的前提下回归生活本源,从生活本源出发再重新建立起儒家哲学的形而上学与形而下学。而在这一破解与回溯之中,已经实现了哲学思维视域的本质改变,传统哲学是在形而上学的思维视域中展开,而生活儒学则是在生活本源的思维视域中展开。这是生活儒学相对于中西传统哲学做出的最大突破,而当代哲学界显然没有注意到这一视域转换的哲学意义所在,其意义不在于指出了传统形而上学存在的问题,而在于指出了突破传统形而上学困境的思维进路,这可能是在西方哲学的理性进路之中解决西方传统形而上学终结之后的思维走向问题的有效出路所在。因为传统形而上学存在的最大问题就是对思维与存在的割裂,思维不是从存在出发展开思想的逻辑,并保证思维的逻辑与存在的逻辑之间的同一性,而是在存在之外设定一个形而上学的逻辑起点,即某种本体论预设开始,以之为根据展开思维的逻辑演绎,形成一个完整的思想体系。如此展开的哲学体系可以实现逻辑的自洽性与理性思维自身的合法性,却无法保证思维与存在的同一性,从而只是头脑中的风暴,无法真正对现实的存在发生效用。其根源在于这种形而上学思维的起点不是从作为存在本身的生活本源出发,而是从某种形而上学的本体论预设出发,而这种形而上学的本体论预设只是某种特殊的存在者,并不是存在本身,故思维从其起点之处就已经离开了存在本身,开始了思维与存在分裂的过程。故要解决这一问题必须破解传统哲学的形而上学思维的局限,改变传统的形而上学思维视域,使思维回到存在本身,回到存在的家,也就是回归生活本源,先实现思维与存在的统一,再从此存在出发,从生活本源出发,展开系统的理论思维。故生活儒学在破解传统的形而上学哲学之后,为人类的思维重新找到的思维起点就是存在本身,就是生活本源,存在就是生活,“生活即是存在,生活之外别无存在”[①]。

而何谓生活?生活何以就是存在?黄玉顺给出如下回答:

> 生活是什么?生活什么也不是,只是无:什么东西都没有,没有任何存

---

① 黄玉顺:《面向生活本身的儒学——黄玉顺“生活儒学”自选集》,四川大学出版社 2006 年版,第 125 页。

在者，甚至连“此在”也没有。①

一切的一切都源于生活而归于生活、出于生活而入于生活。正是在这个意义上，生活才是一切的一切的大本大源。②

作为存在本身的生活本身，先行于任何存在者。这就意味着：存在者尚未生成，尚未被给出。③

在现代西方哲学的视域中，存在是所有存在者“在起来”的终极根据，而哲学的使命就是追问存在本身而不是存在者。传统形而上学的本体论虽然意图言说存在，但最终总是指向某种特殊的存在者，而不是存在本身，故海德格尔认为传统哲学都遗忘了存在本身。而在生活儒学看来，生活正是海德格尔所追问的存在本身，因为一切存在者都由生活给出，都“出于生活而入于生活”，“生活是一切的一切的大本大源”。而生活儒学之所以不直接使用西方哲学的存在概念，而是用“生活”概念来表达自己这一区别于传统哲学形而上学的本源视域，是因为中国传统哲学话语系统之中本来没有西方哲学的存在概念，却本然具有着一种生活本源视域，而此生活本源视域在“虚位”对应的意义上可以对应于西方哲学对于存在的理解，故生活儒学提出“生活就是存在，生活之外别无存在”。而生活作为本源性的哲学概念属于中国哲学固有的话语系统，内含着归属于存在本身的哲学意蕴，故通过对生活的概念解读可以在中国哲学话语系统之中更好地表达存在的内涵。而中国哲学的“生活”概念也可以使西方哲学的“存在”概念赢获一个本源性的观念内涵，或者说使“存在”这一概念回复其本源性的观念内涵。因为西方哲学之所以会遗忘了存在，就是因为其没有一个本源视域，从而其对存在的理解并不是本源观念层级的理解。因为西方哲学自古希腊哲学开端之后就遗失了本源性的思维视域，从而将本属于本源性的“存在”概念错误地放置在形而上学的观念层级上，从而将存在解读为形而上的存在者，而不再是存在本身，仅有存在之名，而无存在之实。生活儒学的本源观念用“生活”概念互译了“存在”概念，从而使“存在”概念从西方哲学的形而上学的观念层级中解放出来，回复其本源性的观念层级地位，亦使西方哲学的形而上学可以获得新的定位，从一个绝对的观念层级回复到“生活—存在”本源之下的观念层级位置。这样既破解了传统形而上学哲学对思维的桎梏，又保留了形而上学在人类思维之中必不可少的位置。这是生活本源观念的提出对于西方哲学史及西方哲学思维的后续发展所具有的思想突破意义。

---

① 黄玉顺：《爱与思——生活儒学的观念》，四川大学出版社2006年版，第23页。

② 黄玉顺：《面向生活本身的儒学——黄玉顺“生活儒学”自选集》，第125页。

③ 黄玉顺：《爱与思——生活儒学的观念》，第38页。

而"生活是什么？生活什么也不是，只是无：什么东西也没有，没有任何存在者，甚至连'此在'也没有"。这只是从"破解"传统形而上学的意义上给出的生活定义，生活不是任何存在者，也不是"此在"之人，而是使所有存在者成为如其所是的存在者的"存在"本身，存在者由存在给出，也即是由生活给出。如此定义的生活只是存在，还未有任何显示，"存在者尚未生成，尚未被给出"，故如此定义的生活就不是"什么"，如果一定说它是什么，那就是无所指的"无"。而"无"又是中国哲学所固有的传统概念，老子言"天下万物生于有，有生于无"[①]，这是中国哲学与西方哲学的本质区别，西方哲学只能思有，不能思无，而中国哲学则不但思有，更要思无，而且思无是更加本源性的思维。故生活儒学的存在之无是中国传统哲学意义上的"无"，不是西方哲学理性思维中与"有"对立的寂静、僵死的空无，而是具有创生功能的生生之无，"有"正是由"无"创生而来。作为本源的生活就是存在，作为本源的存在就是无，这就从哲学存在论上破解了西方哲学总是将存在思维成存在者的传统形而上学问题。故而在生活儒学的本源层级上，生活之无总是显示为生生不息的创生功能，从而给出万物的存在，给出"有"，给出所有的存在者。故生活虽然"什么也不是"，却总要通过"什么"来显示出自身，故"生活—存在"总是能够被我们感悟，生活儒学称之"生活感悟"——生活情感与生活领悟。于是，生活就不断地向我们显示为：生活的本源结构——在生活并且去生活；生活的本源情感——仁爱；生活的本源情境——我们在生活中。[②]

二、对传统性情论的颠覆

生活儒学将仁爱情感作为生活本源的自在显现，将情感作为儒学的本源视域，是对中国传统性本情末观念的颠覆。在传统儒学的观念系统中，素具有重性而轻情的传统，理、性、命一直是中国哲学的思考核心，而情只是在儒学的流传过程中逐渐进入儒学的思考视域之中。先秦儒学的思想观念中以性为主要对象，如《易经》的"穷理尽性以至于命"，《中庸》的"天命之谓性，率性之谓道"，孔子的"性相近也，习相远也"[③]，孟子与荀子的"性善"与"性恶"之别，等等，性始终是中国哲学的核心话语，而情并没有成为儒学思考的关注点，更没有将情与性相对而言。而后世儒学在发展历程中则越来越多地加入了对情的思考，并逐渐将情与性对举，以性为本，以情为末，以性为善，以情为恶。如董仲舒认为"性

---

① 《老子·第四十章》。

② 参见黄玉顺：《生活本源论》，《爱与思——生活儒学的观念》，第185～248页。

③ 《论语·阳货》。

为仁,情为贪”[①],李翱认为“性善情恶”[②],王安石认为“性无善恶,而情可善可恶”,等等,性与情的关系成为儒学无法回避的关键问题。可见中国哲学的性情观经历了一个发展变化的过程。

宋明理学作为儒学转进时代的代表,其性情论最具典型性。程颢在《定性书》中说:“夫天地之常,以其心普万物而无心;圣人之常,以其情顺万事而无情。”[③]程颢言情的目的是定性,显然是以性为宗。“顺万事而无情”并不是圣人真的无情,而是没有出于个人喜怒的私情,而是只有当喜则喜、当怒则怒的常情。故言圣人之所以能够定性,是因为圣人能够法象天地之常,没有一己私心,以其情顺应万物,自然得其情之正而性定。可见程颢并不是将性与情对立起来,只是情有不正,则会使性有不定。故程颢又说:“圣人之喜,以物之当喜;圣人之怒,以物之当怒。是圣人之喜怒,不系于心而系于物也。”[④]南宋的胡宏亦言:

> 情一流则难遏,气一动则难平。流而后遏,动而后平,是以难也。察而养之于未流,则不至于用遏矣;察而养之于未动,则不至于用平矣。是故察之有素,则虽婴于物而不惑;养之有素,则虽激于物而不悖。[⑤]

情与气都是感于物而动的,情流气动就可能流于恶,故胡宏主张察养于未流未动之时,先下功夫,自可应物而性定。朱熹作为理学的集大成者给出的性情论最为完备,他说:

> 性情一物,其所以分,只为未发已发之不同耳。若不以未发已发分之,则何者为性,何者为情耶?
>
> 情之未发者性也,是乃所谓中也,天下之大本也。性之已发者情也,其皆中节则所谓和也,天下之达道也。[⑥]

在朱熹看来,性与情只是同一存在的二面,但有主次之分,性为主,情为次。因性为本然状态,性一动就变而为情,故性是天下之大本,情能动而中节,就是天下之达道。朱熹还有性体情用之说,性为体,情为用,而统之于心,故“心统性情”。总之,宋明理学的性情论是性主于情,而情附于性。

---

① 《春秋繁露·深察名号》。

② (唐)李翱:《复性书》,《李文公集》卷二,《四部丛刊》本。

③ (宋)程颢著,王孝鱼点校:《答横渠张子厚先生书》,《河南程氏文集》卷二,《二程集》,中华书局1981年版,第460页。

④ (宋)程颢著,王孝鱼点校:《答横渠张子厚先生书》,《河南程氏文集》卷二,《二程集》,第461页。

⑤ (宋)胡宏著,吴仁华点校:《知言·一气》,《胡宏集》,中华书局1987年版,第28页。

⑥ 转引自陈来:《宋明理学》,华东师范大学出版社2004年版,第134页。

而生活儒学则对这一性情观念进行了一个颠倒，情感成为本源，人性亦由此本源情感给出，从而是以情为本，而以性为末。而生活儒学何以要对传统的性情观进行如此的颠覆呢？根源在于传统的性情观是典型的形而上学的观念架构，其性本情末的结论只是一种形而上学的思想预设，只具有解释学的意义，就是以之来解释人性之中何以会出现恶的问题，而没有从存在论的现实意义上去领悟性与情的关系。在现实的生命存在之中，没有人会真的无情，人性中出现的问题也不能仅仅归错于情。而且宋明理学的性情论主要是从“人之性”与“人之情”的角度来思考性与情的关系，仅仅局限于人的存在领域，而不是存在论上的万物之性与万物之情。故宋明理学的性情论完全是为服务于其道德哲学体系的形而上学构建而精心设计出来的观念结构与理论架构，并非现实的存在真的如此。故生活儒学必须对此性情结构的形而上学预设进行破解，从生活本源视域出发重新思考性与情的关系问题，以解决并回答传统儒学的性情观存在的问题。

生活儒学从本源视域出发思考性情问题，既然“天命之谓性”，性就不能只是人之性，情亦不能只是人之情，性是由天所命的某种规定性，显然不属于本源的观念层级，而情则是无规定的自然存在，是一种先天自在，从而就是存在的自然显现，而这种本然自在的情感被儒家领悟为仁爱，故仁爱情感成为生活儒学的本源情感。而生活儒学所言的本源情感首先并不是指人的情感，而是作为存在的自在显现的“事之情”，庄子讲“有人之形，无人之情”[①]，就是对本源情境的一种表达。黄玉顺论证说：

> 在本源情境中，主体性的人尚未诞生。所以，在本源情感中，没有“人之情”，唯有“事之情”。“事之情”也就是“事情本身”，是一种“无”，就是没有存在者，没有主体性，也就是没有“人”。既然没有“人”，当然也就没有“人之情”。所以，我们就是追求这么一个境界：无“人之情”，有“事之情”。[②]

事之情就是生活与存在的自在显现，就是存在本源的自在状态，这是传统的形而上学思维缺失的一个本源性的思维视域。当孔孟言性之时，已经具有一个“事之情”的本源视域，故其不将性与情对举，更不从附属于性的意义上来言情。而后世儒学在发展过程中逐渐遗失了孔子儒学的本源视域，从而不再理解作为人之情的情感有一个“事之情”的本源，从而只是在对象性的形而上学视域中理解性与情的关系，将性作为形而上学的本，将情作为形而下学的末，形成性本情末的性情架构。

---

① 《庄子·德充符》。

② 黄玉顺：《爱与思——生活儒学的观念》，第63页。

生活儒学正是从作为本源视域中的人之情与事之情的区分出发，人之情实本于事之情，作为人之情的仁爱情感是人对作为生活本源的“事之情”的领悟，故仁爱情感本质上就是生活本源在人的情感世界中的自在显现，故生活儒学认为生活本源在儒家思想中首先显现为仁爱情感。孟子说：“恻隐之心，仁之端也；羞恶之心，义之端也；辞让之心，礼之端也；是非之心，智之端也。”[①]恻隐之心就是一种本源自在的情感，这种本源情感在人性之中表现为仁爱，故仁爱首先是本源情感的自在显现与自然开显，然后才是后世儒家所强调的本性。本源性的仁爱给出人的存在，才使人具有了仁爱之性，因此生活儒学区分了形下之仁、形上之仁与本源之仁。黄玉顺认为：

> 在孔子那里，“仁”本来就有着这样三种不同层级的用法：仁首先是作为本源的生活情感的“爱”，然后才可能是作为形而上学的根据的“性”，最后才可能是作为道德原则的“善”。[②]

宋明理学的“性—情”结构到生活儒学的“情—性”结构的转换是对传统儒学性情观的一次彻底颠覆，亦是对儒学传统观念的一次正本清源，具有重要的思想史意义。生活儒学的情感观念直接来源于生活本源观念，生活本源在儒家的存在世界中显现为“仁爱”情感，从而“仁爱”成为人作为存在者的“本源感情”。因为儒家的存在世界就是生活世界，就是人文世界，这是儒学区别与西方哲学的本质所在。西方哲学追问的世界本质上是物理世界，而不是人文世界。因为其观察世界的方式是对象性的物性观察方式，即使是面对人类自身所作的观察也是将人作为对象之物来观察，故西方哲学给出的存在都是物态的存在，缺少生生的意蕴与仁爱之情。而中国哲学给出的存在是生活的世界，是人文的世界，具有生生的意蕴与仁爱的情感。而中国哲学这一作为生活本源的仁爱情感不是从对象性的世界中观察得来，而是从生活本源之中“领悟”而来，即从对存在本身的领悟中而来。对存在的领悟在儒家的知识论结构中不是对象性的认知，而是无对象的“观无”，是“无所观之观”。黄玉顺说：

> 观无之观，我们称之为“本源之观”。所谓“本源”，所指的是先行于任何存在者的存在本身。在儒家，存在本身也就是生活本身；生活本身首先显示为生活情感，尤其是“仁”即“爱”的情感。情感不是一个东西，不是物、存在者，那么，这样的生活情感就归属于存在本身。本源之观，其所观者，既不是形而上的存在者，更不是形而下的存在者，而是这样的仁爱情感，亦即儒家所说的“大本大源”“源头活水”——不仅是形而下者的本源，而且是

---

① 《孟子·公孙丑上》。

② 黄玉顺：《爱与思——生活儒学的观念》，第210页。

形而上者的本源。[①]

"观无"就是"无所观",没有任何观察对象,从而也就无所说,不会说"存在是什么"或"生活是什么",从而避免了西方哲学认识论的对象性观察所造成的视域局限,避免落入形而上学的独断之中。但"观无"同时又是有所观,只是其所观者是"无",即存在本身,即生活本身。故"观无"之无不是"空无"之无,而是对存在的领悟,领悟到存在的生生不息于我身的流行。但这种"领悟"显然不是作为存在者的"有",从而不是对象性的观"有",故言"生活是无:生活本身一无所有,生活背后一无所有"[②]。而一切的一切又皆由生活给出,但此"给出"仍然是在生活之内的给出,一切皆出于生活又入于生活。而何以生活一定会显现为仁爱?而不是其他?正如有人从西方哲学的角度质疑的那样:

> 黄先生何以如此言说"生活"?他所凭借的又是什么?"生活首先显示为生活情感:没有生活情感的所谓'生活本身'是不存在的,或者说,是不可思议的"中的"生活情感",我们未尝不可以如此置换:"生活首先显示为理性:没有理性的所谓'生活本身'是不存在的,或者说,是不可思议的";未尝不可以如此置换:"生活首先显示为生命意志:没有生命意志的所谓'生活本身'是不存在的,或者说,是不可思议的";也未尝不可以如此置换:"生活首先显示为生活欲望:没有生活欲望的所谓'生活本身'是不存在的,或者说,是不可思议的"。如此置换并非无的放矢,如果让西方哲人言说"生活",未必不会得出这样的结论。[③]

而无论是理性、生命意志还是生活欲望,都是西方哲学对象性思维的产物,是从外在的对象性世界中抽象而出的形而上学预设,都不是存在的本真,都不是生活的本源,因为对象性的思维方式无法达于对存在的理解。因为西方哲学没有一个本源的视域,从而其"理性、生命意志、生活欲望"都是人为的理论设计,都是思的事情,而不是存在的事情,故没有理论的合法性。而生活是本源,是存在的本真状态,在这种状态之中,儒家领悟到的是仁爱,这是直接来源于生活本源的存在领悟,而不是面向对象性世界而推论出来的事物背后的本质。在对象性的世界存在之中,西方哲学只能"看"到"理性","看"到"生命意志","看"到"生活欲望",却"看"不到"仁爱",因为"仁爱"只能"领悟",而不能对象性的

---

① 黄玉顺:《论"观物"与"观无"——儒学与现象学的一种融通》,《四川大学学报》(哲学社会科学版)2006年第4期。

② 黄玉顺:《爱与思——生活儒学的观念》,第200页。

③ 任文利:《生活、哲学与信念》,崔发展、杜霞等:《生活·仁爱·境界——评生活儒学》,安徽人民出版社2012年版,第67页。

“看”到。中国哲学就是在生活与存在的本源之中“领悟”到“仁爱”,而不是“看”到“仁爱”,这正是中西哲学的差别所在。故不理解生活儒学的本源视域,就无法理解儒家仁爱的本源情感。儒家在生活本源的感悟之中,在对存在的领悟之中体会到的是仁爱,这是一种自在于生活与存在之中的本源之爱,仁爱给出人的存在,所以才能“仁者,爱人”[①]。这是中国哲学对生活与存在的独特领悟,因为中国哲学具有本源性的思维视域,从而可以给出如此人性化的生活领悟,而西方哲学的对象性思维由于缺少一个本源性的思维视域,自然无法理解仁爱情感如何可以成为存在的本源。

三、对儒学当代主义的开启

在中国哲学史中的儒学发展进路上,历代儒学一直是沿着“我注六经”或“六经注我”的方式不断阐释与演化着不同时代的儒学思想进路,这种注释“六经”的传统内在承诺着“六经”体系作为儒学经典的合法性与“六经”思想的合理性,天然承诺着儒学思想的自在价值。但自近代开始的儒学批判使这一“我注六经”与“六经注我”的传统彻底中断,因为儒学思想的合法性被彻底否定,从而也就没有了注经、解经的必要性。故从港台的“现代新儒家”到当代的“新世纪大陆新儒家”的发展壮大,虽然标示着一场新的儒学复兴运动已经发生,但这场新的儒学复兴运动却不再以“我注六经”或“六经注我”的方式来进行,而是在与西方哲学与文化、与马克思主义哲学与文化的交锋、论战,甚至是斗争中展开的。因为当代的儒学复兴运动的首要任务已经不是阐释儒家的义理是什么,而是先要证明儒家与儒学存在的合法性问题,首先要回答当代哲学与文化提出来的问题,回答当代中国现实存在的问题,其次才是儒学的义理结构与思想体系问题,也就是儒家哲学的重建问题。

故生活儒学的当代重建不同于传统儒学发展史中的“我注六经”或“六经注我”,不是直接把儒学当作先天真理,然后对“六经”系统进行当代化的哲学解读与体系构建,而是先要面对西方哲学与文化盛行的思想语境,及中国正在遭遇的由西化带来的现代性问题的现实语境,先要证明并阐释儒学在当代存在与复兴的合法性。故生活儒学在进行儒家哲学的当代重建之前必须先进行地基的清理工作,认真回答进入中国的现代西方哲学的前沿问题,在证明儒学重建的合法性之后才能真正开始儒家哲学体系的重新解读与构建。所以生活儒学选取了作为当代哲学前沿的现象学与存在主义作为对话的对象,以儒学的本源视

---

① 《孟子·离娄下》。

域去揭示和对治现象学与存在主义仍然没有解决的困扰西方哲学始终的形而上学问题。这种中西对话的视域给儒学赢得的是中国哲学存在的合法性证明，而生活儒学要重建儒学的形而上学与形而下学，重建儒家的人伦物理之学，就是要重新使儒学回归现实的生活世界之中，深入百姓的日用伦常之中，以之对治和解决当下中国社会现实存在的问题，以之重新安顿中国人的身心性命，从而在实践中证明儒学复兴的合法性，从而可以在与作为官方意识形态的马克思主义哲学与文化的对话中证明儒学作为中国文化正统的合法性。故生活儒学的当代儒学重建之路完全是一条根源于传统，又完全立足于当下中国社会现实的“当代主义”路线。

这样一条当代主义路线区别于当代儒学复兴运动中“大陆新儒家”群体中的另两条路线：一条是力图复归传统的“原教旨的前现代主义路线”，这一条路线基本仍然是“我注六经”或“六经注我”的路线，对传统近乎全盘接受，以传统批判现实，主张全面复归传统。这样一条路线显然没有正视儒学在历史发展过程中出现的偏差与问题，直接“把传统文化看成一种不同于现代生活的文化体系，以此来讨论和批评现代生活状况，表现出一种极强的复古色彩”①。对于孔子儒学确立的“六经”系统，我们可以承认它没有问题，是真正的生命哲学，此点已经证成在孔子自身的生命历程之中，从而“六经”哲学亦可以解决现代人的生命安顿问题。但我们同样不能忽视后世对“六经”的解读存在的问题，孔子身后就存在“儒分为八”的问题，更不要说由“道术将为天下裂”决定的百家纷争，从而在儒学发展史中存在着不断的对儒学宗旨的误读。如果当代儒学的复兴运动没有一种批判的精神与意识，完全将儒学史中的传统思想直接当作当代的真理，必然是毫无可行性，即使强制实行亦可能重复儒学史中已经出现的问题。故对这样一种具有复古主义色彩的“原教旨的前现代主义”路线必须要加以警惕。这样一种复兴儒学进路的可能性先置而不论，首先要反思的是孔子的儒学到底是什么？传统的儒学就是孔子儒学的本真状态吗？在这样一种前提性问题还暗而不明的情况下就妄谈回归传统，显然是不可能的。

另一条道路则是接续现代新儒家的现代主义路线。“现代新儒家”的总体思想进路是面对中国社会谋求现代化的历史任务及西方文化主宰中国社会的历史现实，致力于“返本开新”，以“内圣开出新外王”，力求从儒家的道德心性文化中开出西方的民主与科学，以适应现代社会承诺给人的富强、民主、自由等现代性的核心价值。其实质是以西方文化价值在先的原则，前定了中国文化落后于西方文化，再通过“以西范中”，“开新”中国文化，使之达于西方文化的价值标

---

① 蒋孝军：《纠结于现代和复古之间——评蒋庆的政治儒学思想》，崔罡等：《新世纪大陆新儒家研究》，安徽人民出版社 2012 年版，第 44 页。

准来证明中国文化的合法性。这实质是以救国图强为价值诉求而展开的向外竞争的西化进路，而非传统中国文化自在的人文化成的思想进路。故在本质上，“现代新儒家”还是在救国图存的层面上面对强势的西方文化论证中国文化的合法性。而“新世纪大陆新儒家”面对着西方文化日益凸显的问题已经具有了充分的文化自信，已经是在对治西方文化问题的意义上思考儒学的未来问题。故当代大陆新儒家的现代主义路线已经不再像港台“现代新儒家”那样以西范中，或用西方哲学思想证明中国哲学的合法性，而是直接以中国哲学的传统思想资源去解决现代西方哲学与文化存在的问题，并在这一过程中将传统思想现代化。但这样一条儒学现代化的进路仍然存在很大问题，那就是片面割裂儒学思想的整体性，只是以传统儒学的某些思想片段来对治当下社会存在的现实问题，这种头痛医头、脚痛医脚、对症下药式的儒学应用具有思想表象上的合理性，但其对儒家思想的理解并不具有整体的一致性，从而其现实应用的可能性也是可疑的。

从而在当代大陆新儒家群体之中，无论是具有复古主义精神的原教旨的前现代主义进路，还是接续现代新儒家的现代主义进路，都具有思想进路上的非现实性。生活儒学正是在对儒学的历史与现实都保持清醒认识的前提下，首先要为儒学的重建找到一个真正可靠的根基，那就是生活本源的哲学视域。生活本源视域不只是儒学思想体系构建得以展开的思维本源，亦是现实世界中的一切存在者的共同本源，一切都在生活中，来于生活又归于生活，故生活本源是思维与存在的自在同一，是思维与存在得以生发的总根源，故在生活本源的视域中，儒学重建既是原始的又是现代的，既是思想的又是现实的，既是最远的又是最近的，真正可能将孔子原创时代的儒学复活于当下。这就是生活儒学的当代主义，因为生活就是当下，虽然生活作为流动如水的过程内含着过去与未来的维度，但生活的现身形态则永远是当下，故生活儒学的本源视域同时就意味着一种当代主义。

张祥龙“现象学儒学”和黄玉顺“生活儒学”的若干比较*

杨生照

一

……

如前所述，海德格尔的“存在论现象学”的“思—路”不仅使西方哲学在思考终极性的存在问题上发生了某种回转，而且也为中西哲学之间的比较研究提供了一种新的可能的方向。那么，这种新的方向究竟体现为一种什么样的思想趋势呢？尤其是，它与以前的中西哲学比较研究有什么不同呢？

众所周知，近代以来，由于西方文化的“强制性”输入和国人自身的激烈反思和批判，以儒家文化为核心和代表的中国传统文化遭到了前所未有的摧毁性打击从而变得生命垂危，这似乎已经是不争的事实。在这一历史文化背景之下，学习西方思想文化以重新复兴以儒学为主体的中国文化便成为现当代中国人的基本历史使命，也是中华民族伟大复兴的题中应有之义。这一工作表现在哲学领域，便是所谓中西哲学之间的比较研究。事实上，中西哲学之间的比较研究之历史由来已久，中国学者借助西方哲学中的某些思想理论架构来理解和阐释中国古代先哲的思想，其成果亦已是相当丰硕，这也可以说是大家有目共睹的。以儒学领域来说，20 世纪的现代新儒家在这方面的研究工作尤甚可观，其中最具代表性者，当属冯友兰先生借助西方的新实在论的理论架构而建构出的“新理学”哲学体系和牟宗三先生借助康德哲学的架构而建构出的一套既内

---

* 原载杨生照主编：《生活 · 情感 · 思想——评黄玉顺“生活儒学”》，四川人民出版社2018 年版，第32～44 页。

在又超越的“道德形而上学”哲学体系。与现代新儒家不同,当代大陆新儒家在中西哲学,尤其是儒学与西方哲学之间的比较研究方面发生了某种转向,或者更确切地说,乃是一种海德格尔式的回转。黄玉顺先生曾将此转向更加精辟地概括为“生活论转向”①。这种回转式的比较研究主要以张祥龙先生的“现象学儒学”研究和黄玉顺先生的“生活儒学”思想为代表,他们的共同之处是都借助了当代西方的构成性现象学,尤其是海德格尔的“解释学化了的存在现象学”作为理解和阐释儒学的基本思想视域。进入轴心期以后,与西方哲学相类似,中国传统哲学也开始了它的形而上学化,其中最具代表性的理论形态就是心性本体论的思想建构,而且越往后发展,其抽象化、体系化的程度似乎就越高,而这同时也越发脱离人的生存体验或生活境域,其最终结果就是儒学思想的教条化、框架化、僵硬化,等等。从明代李贽的“不以孔子是非为是非”和清代戴震的“以理杀人”,到五四时期的激进派提出的“礼教吃人”,他们分别从儒学的内部和外部对儒学之脱离具体生活境域的教条化、框架化、僵硬化等作出了勇敢的反思和激烈的批判。正是在此意义上,李贽、戴震乃至五四激进派对于儒学乃至整个中国传统文化的反思和批判是有其相当的合理性的。而现代新儒家的前辈学者们对此问题却似乎仍然缺乏必要的认识,所以,在他们那里,中西哲学之间的比较研究则体现为一种比原来更加概念化、抽象化、体系化的形而上学建构:就西方哲学方面而言,他们一般借助的是西方的前现象学的观念体系,诸如康德哲学、黑格尔哲学、新实在论、柏格森的生命哲学等,而在中国哲学方面,他们都不约而同地选择了宋明理学。与此不同,当代的张祥龙、黄玉顺二先生之现象学化的儒学研究,则在相当程度上正是针对此传统的儒家形而上学的无根性,要求解构传统的形而上学式的心性本体论,从而回归作为存在本身的本源性的生存体验或生活境域之中,以期让儒学重新恢复它的思想活力。② 这样的回归体现在具体的研究方式上尤其表现为对《周易》、孔子、孟子、荀子等这些源头思想的复归之研究,这一点与现代新儒家学者主要局限于宋明理学亦不同。概言之,如果说以冯友兰、牟宗三等人为代表的现代新儒家学者的中西哲学之比较研究仍然局限在传统的形而上学的架构与视域中,那么,以张、黄等人为代表的新一代大陆新儒家学者则在相当程度上已经突破了传统形而上学的框架,进入了一种比形而上学更加本源的生存体验或生活境域之中,或者更确

---

① 黄玉顺:《反应·对应·回应——现代儒家对“西学东渐”之态度》,《上海师范大学学报》(哲学社会科学版)2009 年第 5 期。

② 当然,此是就二人思想之共同点而论,即他们都立足于现象学的思想背景,但是他们在回归作为存在本身的生活本源之后却开始分道扬镳:张祥龙先生始终要求持存于那样一种构成性的、非概念的、无主一客对置的、艺术化的生存体验中而不下落,而黄玉顺先生则是要在本源性的生存体验或生活境域的基础之上重建新的儒家形而上学和形而下学(包括所谓伦理学与知识论)。

切地说乃是一种前概念化、前形而上学的思想观念层级，在此本源性的生存体验或生活境域中所蕴含的乃是一种纯构成的终极意义。后者无论对于中国哲学自身，还是对于中西哲学之间的比较研究来说，都意味着一种转向，因为它开启并呈现出的乃是一个完全崭新的意义领域。

二

张祥龙对海德格尔思想的“痴迷”之深在其《海德格尔思想与中国天道》和《从现象学到孔夫子》两书中都有显著的体现，这一点在本文前述的张祥龙对中国古代“天道”的纯构成性的阐释中所渗透出的浓厚的海德格尔味道也可以看出。而使他改变这样一种“痴迷”态度的便是他对儒家的“孝意识问题的思索”，或者从更广的意义上来说，就是他对儒家本源性的亲子之爱的情感(包括孝和慈)显现的揭示。

值得注意的是，其实“情感”可以说一直是中国传统哲学尤其是儒家哲学中的一个重要观念。所以，在当代中国哲学界，中国传统文化尤其是儒家文化中的“情感”因素正在受到越来越多的关注、重视和研究，这一点具体体现在它从原来作为形而下的发用之情(如宋明理学)上升为形而上的本体之情(如梁漱溟、钱穆、李泽厚等)，最后上升为本源性的生活情感(如蒙培元、黄玉顺、张祥龙等)。而这种变化也从一个侧面体现了“情感”因素在中国传统文化，尤其是儒家文化中所具有的重要地位和思想意义。

……

综观世界各大文化传统，只有儒家发现了这种最本源的亲子之爱，并自始至终一直在言说着这样的“爱”。所以张祥龙说：“只有儒家达到了此人类生存的源头，掌握了人类生存的锁钥，这是其他宗教根本没法比的。”[①]基于同样的理由，黄玉顺先生也得出类似的表达，即“人天然是儒家”[②]。又，这种本源之“爱”不仅是人类生存的家园，而且也是当代儒学复兴所必须回到的“源头活水”。所以张祥龙说：“扎根于此，则儒家的生命就取自人生的源头活水，只要这个源头不被填死断流，儒家就不会灭亡。”[③]黄玉顺也说：“重建儒学首先意味着：回归生

---

① 张祥龙：《孔子的现象学阐释九讲——礼乐人生与哲理》，华东师范大学出版社 2009 年版，第 191 页。

② 王开队记录整理：《人天然是儒家——四川大学〈儒藏〉学术讲座》，黄玉顺：《儒学与生活——“生活儒学”论稿》，四川大学出版社 2009 年版，第 263 页。

③ 张祥龙：《孔子的现象学阐释九讲——礼乐人生与哲理》，第 191 页。

活本身，回归生活情感，回归本源性的爱本身。”①真可谓“英雄所见略同”！

三

黄玉顺先生曾对“圣”字作过一番精当的考辨与释义，兹引于此：

> 能够倾听天命，亦即倾听生活，倾听生活的显现，倾听生活的无声的言说，这就是“圣”。“圣”繁体写作“聖”，而这个字意味着什么？这个字，除了它的读音“呈”，就是一只耳朵，表示倾听。这一点或许是令人惊异的：圣不过是意味着倾听。圣人倾听着什么？他一定是听见了什么消息。然而那是什么消息？消息之为消息，不过说的是如水的生活的消长：而此消长，不过就是生活的显现。所以，许慎把这个字归入“耳”部，并解释说：“圣，通也。从耳，呈声。”（《说文解字·耳部》）这是非常精当的解释，表明所谓“圣”原来只是说的：能够倾听，从而通达。圣首先是倾听某种声音：“圣，声也。”（《广韵·劲韵》）汉儒韩婴解释说：“闻其末而达其本者，圣也。”（《韩诗外传》卷五）问题在于：倾听什么？通达什么？其答案是：倾听天命，通达天命。所以孔子在“五十而知天命”之后，便是“六十而耳顺”（《论语·为政》）。所谓“耳顺”，不过是说的听见了生活的消息。“顺”就是“通”，故有“通顺”之说。《庄子》有一个解释是非常精确的：“圣也者，达于情而遂于命者也。”成玄英注释说：“通有物之情，顺自然之命，故谓之圣。”（《南华真经注疏·天运》）这简直可以视为夫子自道的注脚：“五十而知天命”是说仅仅知道了天命的存在，而“六十而耳顺”则是说能够真切地倾听到天命的声音，这样，就能真切地通达天命。②

如果说，许慎《说文解字》中“从耳，呈声”是把“聖”字作为形声字来解释的，那么，黄先生这段考释强调“聖”字之“倾听”义则显然主要是侧重于其作为形旁（部首）的“耳”上，而对于作为其声旁的“呈”则似乎有所忽视。如果从“右文说”的角度来看，作为声旁的“呈”也参与了“聖”字的意义构造。而且，就“聖”之被训为“通”来看，仅仅说倾听似乎也稍显不足，真正的“通”似乎还应当包含着把所倾听到的天命的声音再通过某种方式“呈”现出来，显示出来。《广韵·清韵》云：“呈，示也。”段玉裁《说文解字注·口部》亦云：“呈，今义云示也，见也。”所谓

---

① 黄玉顺：《复归生活、重建儒学——儒学与现象学比较研究纲领》，《儒学与生活——“生活儒学”论稿》，第104页。

② 黄玉顺：《爱与思——生活儒学的观念》之“附论二：生活本源论”，四川大学出版社2006年版，第226页。

“示”即是显示，所谓“见”即是显现。又，“呈”字“从口”，说明它与说话有关。所以，我们可以推断，这个“呈”字应该指的是通过某种特殊的言说方式某种意义自身得以显现、显示出来，或者毋宁说，这种特殊的言说方式本身就是意义的显现方式。这样我们再来理解“聖”，那么它的完整意义似乎就不仅仅只是倾听天道的“无声的言说”，而应该是能够倾听天道或天命，并能将倾听到的天道或天命的声音以某种特殊的“言说”方式“呈现”出来。简言之，就是让道自己言说、自己显现，也就是道说。这才是真正的“通”。也只有这个意义上的“通”，才是真正的“圣”(聖)。

四

从诗的角度来说，许慎《说文解字·言部》云：“诗，志也。从言，寺声。”古人常有所谓“诗以言志”之说，又“志”即是“心之所之”[①]。由此看来，“诗”作为一种特殊的语言形式，它所表达的是一种与“心”相关的东西。如果更确切地说，那首先就是“情感”，其次才是“理性”。这一点从“情”“感”二字皆“从心”亦可得到某种意义上的体现和说明。而就“理性”来说，又“性即理也”(伊川、朱子语)，“理”则是从“玉”，与某种主体性的行为有关，诸如琢磨、治理。正是从此“情感”与“理性”两个层面的区分出发，张祥龙指出：

> 我们在《论语》中可以区分出两种言，一是表达凝固的观念对象的言说方式，也就是程颐“言性之本”的言说方式，也近乎苏格拉底、柏拉图寻找定义、关键词的言说方式；另一种是非观念化的“诗言”的方式，也就是语言自身说话、自身“道言”的方式。“诗言”主要不是表达一个“什么”，而是语言本身在做它的游戏，以构成原初的意义，这也就是我们所说的“诗”的本义——以合乎心灵尺度的方式到“音”和“义”初生的境界中去，或者说，诗是一种充满尺度感或的律感的“兴发”之言。[②]

张祥龙在这里明确提出了“诗言”就是“道言”，即道自身显示、自己言说，而与这种“诗言”相对的便是那种为对象寻找定义的观念化的言说方式。如果联系到前述“情感”与“理性”的区分，那么，“诗言”在相当意义上就是一种情感的言说，而为对象寻找定义的观念化的言说则可以说是一种理性的表达。作为一种情感的言说，前者不表达某个或某些“什么”，亦即不涉及任何对象性的存在者；而作为理性的表达，后者则不仅涉及作为对象的某个或某些“什么”存在者，

---

① (宋)朱熹撰：《四书章句集注·论语集注·为政》，中华书局1983年版，第54页。

② 张祥龙：《孔子的现象学阐释九讲——礼乐人生与哲理》，第101页。

而且关涉作为主体的“我思”，或者更确切地说，它涉及的是“主—客”对置这样一个存在者架构。如果借用前述马丁·布伯“关系哲学”的说法，那么作为情感言说的“诗言”与“我—你”这样的关系相关联，而作为理性表达的观念化言说方式则与“我—它”这样的关系相关联。从言说方式的角度来说，黄玉顺先生也有过与此相类似的区分，即所谓“言之有物”与“言之无物”。他说：

> 科学、哲学、形而上学都是“言之有物”的，而诗歌、艺术、本源性的言说是“言之无物”的。
>
> 这涉及“言说方式”的问题，就是说，形象有两种，有一种形象是表象。表象是对象性的，是关乎存在者的。以表象性的方式去把握本源的事情，那就是正是老子所讲的“道可道，非常道”(《老子》第一章)。这样一种“道”，这样一种言说方式，是通达不了本源之“道”的。因为本源之道是“无物”，就是“无”。因此，如果说有一种言说方式是可以通达本源之道的，那一定是“言之无物”的。①

显然，黄玉顺先生的这个区分与张祥龙先生的区分在相当意义上是对等的，即，作为情感言说的“诗言”在相当意义上正是“言之无物”的，而作为理性表达的观念对象化的言说方式在相当意义上则是“言之有物”的。当然，这两种言说方式的区分也不是完全绝对的，或者说，它们之间的关系并非完全对立的，而毋宁说它们之间是一种奠基的关系，即作为情感言说的“诗言”为作为理性表达的观念对象化的言说方式奠定基础。而区分这两种言说方式也正是为了从一个侧面呈现这样一种奠基关系。孔子分别从否定和肯定的角度阐述过这一奠基关系及其重要性。

五

张祥龙在这里所说的“躬行礼仪中直接体验那在当场构成者的深义”，其实就是强调在践行规范之礼的过程中本源的真情实感的显现流露，这种本源的真情实感在儒家思想中也被称为“诚”②。值得注意的是，有人将此“诚”仅仅理解为一种形而下的道德原则，亦即所谓诚信原则，也有人将此“诚”理解为形而上的实体，亦即所谓心性本体(如牟宗三先生称之为“诚体”)，但实际上“诚”首先表达的是一种先于任何形上理论构造与形下道德实践的本源的仁爱情感。黄玉顺先生在《爱，所以在——儒学与笛卡儿哲学的比较》一文中引用了王念孙对

---

① 黄玉顺：《爱与思——生活儒学的观念》，第106页。

② 《礼记·中庸》。

于“诚”字的一个考证，他说：

王念孙曾考证“诚”即是“情”：“《吕氏春秋·具备篇》：‘慈母之爱谕焉，诚也’；《淮南·缪称篇》‘诚’作‘情’。《汉书·礼乐志》：‘正人足以副其诚’；《汉纪》‘诚’作“情’。”（《读书杂志·墨子第一·尚同下》）由此可见，诚即仁爱之情。[①]

这里不仅将“诚”解释为“情”，而且特别提到了“慈母之爱谕焉”之谓“诚”：所谓“谕”即是“不言而喻”之意[②]，也就是说，作为亲亲之爱的“慈母之爱”是不需要特别教导或晓谕的，而是“不学而能”“不虑而知”[③]的。这正表明，“诚”首先指的就是一种本源的仁爱之情，而只有这本源的仁爱之情的显现才具有一种当场构成性，才能够让“礼”得以充实起来从而不是流于一种空洞的、无意义的仪式或形式，而是真正成为一种“生—活”的“艺—术”。并且，也正是因为作为本源之情的“诚”所具有的这种当场构成性，“礼”才能够“立”人。《中庸》有云：“诚者，非自成己而已也，所以成物也。成己，仁也；成物，知也。”[④]作为本源之情的“诚”的构成性意义就体现为“成己”和“成物”两个方面：前者构成（或曰“生成”“给出”）了一个个作为道德主体的“自我”，后者构成了作为认知主体的“我思”与认知对象的“物”；作为道德主体的一个个“自我”之间的关系展开为“仁”，作为认知主体的“我思”与作为认知对象的“物”之间的关系就展开为“知”。所以，《中庸》之以“成己”与“成物”来解释“诚”，一方面正表明了作为本源性的仁爱情感显现的“诚”的原发构成性，另一方面也从一个侧面，即礼之“质”的层面来回答了礼之如何使人“立”的问题。

六

张祥龙提出关于建立儒家文化保护区之构想的另一个机缘应该是他的一次自然保护区之行。他在《从现象学到孔夫子》一书的序《中华古学的当代生命》一文的末尾谈道：

己卯（1999年）春节，我随一个叫“绿色家园”的环保社团来到江苏盐城的自然保护区观鸟。在“高人”，也就是一位姓高的鸟类专家的指点下，平

---

① 黄玉顺：《爱，所以在——儒学与笛卡儿哲学的比较》，《儒家思想与当代生活——“生活儒学”论集》，光明日报出版社2009年版，第209页。

② （清）王聘珍撰，王文锦点校：《大戴礼记解诂·曾子大孝》，中华书局1983年版，第82页。

③ 《孟子·尽心上》。

④ 《中庸·第二十五章》。

生第一次用望远镜长时间地观看和倾听各种野外的鸟。哦，那与我在鸟禽标本室中看到的完全是两个世界。标本室里是一片沉寂，灰暗、死板、现成、种类化。这里却是一个正在觅食、饮水、飞翔、梳毛和鸣唱的生命世界，转易多方，回环曲折。那些鸟儿哪管你叫不叫得出它们的名字，只是活得自在、清闲和俏皮，让这帮爱鸟者们为它们争论，为它们奔走，为它们站在寒风里如痴如醉。就在保护区小楼后的一个水沟边，我们长久地观看各种来饮水和逗留的鸟，白头鹎(俗称“白头翁”)、大山雀、戴胜……一直看得我心头发热，如有所悟。我哪里只在看野鸟，我看见了活生生的自由、快乐和天机盎然，看到了我的童年，也看到了人类思想的童年和少年；直恨不得把天下的一切鸟笼拆毁，将所有的网罗撕破，放出那久被桎梏的天然和变易。这“观”和“看”(Sehen)的高潮来在第二天清晨，当我们站在观鹤亭上，看到数百只正在这里过冬的野生丹顶鹤，迎着初生的，并因此而那么珍贵的太阳，一队队(高先生言：一队为一家)地起飞。就在我们与天地相接的视域里，在那让鸟儿自在翱翔，也让我们纯真遐想的视域中，它们头足伸展，飞得像“仙”鹤了。我想，这也就是本书中一再谈到的“现象学视域”的本义吧。

外出旅游观景本是再平常不过的事情了，但是像张祥龙这般从“观”鸟中“悟”出无限生机和“现象学视域”的可能还是头一遭。当然，话可以这样调侃地说，然而思想本身却是严肃的。张祥龙看到的不再是作为动物学意义上的“鸟”，甚至可以说，他看的不是作为某种存在者的“鸟”，他“观”的是一种“鸢飞鱼跃”的活泼泼的景象。这种景象先于一切对象化的研究，在这一刻，他已经完全将自身融入那样一种境域之中，没有他，也没有“鸟”。在这个意义上，如果我们还能说“观”的话，那么毋宁说他观的正是作为存在本身的“象”。黄玉顺先生在其《论“观物”与“观无”——儒学与现象学的一种融通》一文中提道：

在中国思想中，“观”有两层不同的意义：一是“观物”，是有所观之观；二是“观无”，是无所观之观。观物之所观者，或者是形而下的存在者、“万物”，或者是形而上的存在者、“道之为物”，故有所观；而观无之所观者，则是存在本身，是“无物”“无”，故无所观。而在儒家，这种“无物”的存在本身，就是作为大本大源的生活情感，尤其是爱的情感；而观无作为无所观之观，实质上是一种生活领悟。这样的生活情感、生活领悟，是先行于任何存在者、任何物的“事情本身”。[①]

---

① 黄玉顺：《论“观物”与“观无”——儒学与现象学的一种融通》，《四川大学学报》(哲学社会科学版)2006年第4期。

如果说，张祥龙在鸟禽标本室中所看到的那种“沉寂、灰暗、死板、现成、种类化”的“鸟”乃是有所观之观，即所观的乃是某种形而下的存在者，那么，他在自然保护区中所观到的那种“活生生的自由、快乐和天机盎然”的景象则是无所观之观，即其所观的正是最最本源的作为存在本身的“无”，而他所提到的“心头发热，如有所悟”则完全不是关于某种“鸟”的“知识”，相反，那正是一种最源初的“生活情感、生活感悟”。也许正是在这种“如有所悟”中，张祥龙看到了保存并复兴已经处于濒危状态的儒家文化的一线希望和可能。所以，从这段真情流露的“观—感”中，我们完全有理由认为，这次自然保护区之行对于张祥龙的心灵触动也是非常大的，尤其是在思考如何保存活的原本的儒家文化从而复兴中国文化的问题上，应该也是张祥龙产生和形成关于“建立儒家文化保护区”之提议及具体构想的重要的人生机“缘”。

七

张祥龙的“现象学儒学”之所以呈现出一种“后现代主义”倾向，是与他将儒家文化与现代性完全对立起来分不开的，所以，他坚持对儒学的信仰似乎就必然意味着要反现代性。这种“后现代主义”在思想上就表现为一种反科学和反形而上学的倾向，这一点在前面讨论其“海化儒学”的思想阐释与“建立儒家文化保护区”的现实构想之间的内在关联时提到过。然而，笔者认为，形而上学其实是人不可能逃避的“宿命”。黄玉顺先生曾对形而上学的必要性和必然性有详细的阐述，他说：

> 形而上学的意义，是对世界万物的存在(形而下者的存在)给出一个终极的根据、一个统一的解释；用一个哲学概念来说，是用形而上者来为形而下者“奠基”，否则就是孟子所说的“无本”。对此，亚里士多德有详尽的逻辑分析的阐明，例如：对任何事物的所是(本质)进行陈述或者判断，例如“人是动物”“动物是生物”等，都是将其归诸某一个上位概念，即寻求上一个层次的存在者，从而，最终都会指向一个终极的存在者或存在者整体，即指向一个纯粹的所是(本质)本身。反过来说，如果一个理论没有关于这样的终极根据的阐明加以支持，那么该理论就是不彻底的。这就是形而上学的必要性。
>
> 事实上，没有任何一种关于某个具体领域的思考、研究、理论，没有自己的形而上学承诺……我来研究历史，是因为我首先已经相信了历史的客观实在性；我去食堂吃饭，是因为我首先已经相信了食堂的客观实在性；我祷告上帝，是因为我首先已经相信了上帝的客观实在性；我诉诸天理，是因

为我首先已经相信了天理的客观实在性；诸如此类，这一切表明我已经有了对这个世界（整体）的客观实在性（终极本质）的基本信念。这就是形而上学的必然性或不可逃避性。

所以，“反形而上学”其实是徒劳的、自欺欺人的，如西方的分析哲学、后现代主义都是如此。[①]

科学与形而上学的共同点就在于，它们都是关于存在者的追问，即前者是对某个存在者领域的追问，后者则是对存在者整体的追问。也就是说，它们都首先预设了某种存在者的客观实在，但是没有思考这种存在者到底是如何作为对象被给予思维本身的，这种思考并非指向另一个存在者，而是指向了使存在者之存在得以可能的存在本身。毋庸置疑的是，存在者的客观实在性是我们无法否定的，我们只能思考其何以可能。所以，无论是科学还是形而上学，我们其实都是无法反对的，究其实质，它们都是人的一种生存状态，尽管不是最本源的，却也是无法逃避的，因为人自身根本无法逃避作为某种存在者存在的命运。当人意识到自己作为某种存在者而存在的时候，这就是人的“自我意识”的觉醒。自我意识的觉醒同时给出了自我与他者（包括他人或他物），人在通过与他者的交往过程中进一步认识自我，从而为进入更加真实（或曰本真）的存在状态奠定基础。因此，如果说，张祥龙借助海德格尔所打开的思想视域注意到了原发构成性的存在本身的根源性意义，那么，他通过“建立儒家文化保护区”所呈现的“后现代主义”倾向，或者说反科学和反形而上学的倾向，则是遗忘了存在者，这也必然蕴含着对“自我”的遗忘。既然形而上学是我们无法逃避的一种生存状态，所以，我们只能做的是，不断地返回到形而上学的基础或源头，然后不断地重建形而上学。就对现代性进行反思的后现代主义来说，问题和结果同样如此。

---

① 黄玉顺：《形而上学略论回复陈明的一个跟帖》，《儒家思想与当代生活——“生活儒学”论集》，第53～54页。

生活儒学的哲学突破*

郭　萍

在儒学复兴的大势下，造论的冲动催生了形式多样的儒学理论，然而要实现真正的哲学突破并非易事。黄玉顺教授创建的“生活儒学”是当前少有的一个具有实质性哲学突破的儒学理论，它以不同于传统儒学和现代新儒学，同时不同于西方现代以及后现代哲学的“当代”哲学进路，为当代中国原创性哲学理论的发展提供了一种积极的示范。

生活儒学采取的“当代”哲学进路是“黄先生通过反思前现代主义、现代主义以及后现代主义思想进路所导致的理论诟病而找到的‘打通传统与现代’的一条新的思想途径”①。作为思想途径的“当代”并不是指线性时间意义上的“现在”——与过去、未来相对的“有间”的“时段”，而是熔铸着过去与未来，与过去、未来“无间”的“当下”。

正是依凭着“当代”的思想途径，生活儒学展现出两方面的哲学突破：一是生活儒学以前对象性的、浑然无我的“当下”作为理论建构的思想视域，从而实现了哲学视域的突破；二是生活儒学将“当下”作为本源性的思想观念，并将之贯彻到主体性观念（即形而上学与形而下学）的建构中，从而推动了哲学观念的突破。

一、哲学视域的突破

从人类哲学的发展看，自轴心时代哲学发端，一直到近现代，对象化的思考

* 原载杨永明主编：《当代儒学》第 16 辑（第二届“生活儒学”全国学术研讨会特辑），四川人民出版社 2019 年版，第 77～83 页。

① 郭萍：《自由何以可能——从“生活儒学”到“自由儒学”》，《齐鲁学刊》2017 年第 4 期。

已经成为一种习以为常的哲学视域。然而，进入 20 世纪之后，随着“回归生活世界”“面向事情本身”的现象学运动等前沿思潮的推动，尤其是以海德格尔为代表的生存论现象学的开展，当代思想界意识到两千多年来的传统哲学已经遗忘了造就一切对象化存在者的存在本身，由是对象化的传统哲学视域遭到了瓦解。与此同时，哲学家们开始尝试从前对象化的存在本身来重新解释世界，这就是当代哲学思想视域的革命。

然而就儒学的发展而言，尽管近现代乃至当代儒学，不论其问题意识、思想内容，还是其理论形态，都早已不是古典儒学了，而是某种现代性的儒学理论了，但是这些理论所共同呈现的形上—形下理论架构，暴露出近代以来的儒学依然延续着对象化的传统哲学视域。以代表现代儒学理论高峰的 20 世纪现代新儒学为例，他们努力“返本”的宋明儒学正是一种传统形上学的典型，他们为“开新”而借鉴的近现代（主要是 18～19 世纪）的西方哲学也是基于形上—形下架构的主体性哲学，不论是梁漱溟所借鉴的唯意志主义，冯友兰所借鉴的逻辑实证主义，还是牟宗三、唐君毅等所借鉴的德国古典哲学，都无一例外。当然，当代儒学通过批判现代新儒学，创建了诸多富有新意的理论，其思考的角度、观点以及内容等都不乏独特的价值，但在思想视域上却没有实质性差别。也就是说，当前的儒学理论绝大多数还是沿袭了传统的哲学视域，在“形上—形下”的二元架构下进行思考。这恐怕也是当前儒学形式多样，但在哲学上却难以真正超越现代新儒学，取得突破的一个根本原因。其实，当前中国学界，主要是西方哲学研究者，已经对哲学视域的转变展开了积极的探索，而且也取得了很多值得儒学借鉴的研究成果，只可惜这些研究还是集中于对西方思想的分析、阐释，并没有运用于中国哲学理论的创构中。

在此局面下，生活儒学通过与西方现象学的对话，借鉴了现象学研究的相关方法，提出前对象化的本源思想视域。这种视域既是一种哲学方法，也是一种哲学观念，即本源观念，它构成了生活儒学最具特色的内容。（详见下节）基于本源思想视域，生活儒学重新审视了既有儒学理论的得失，对既有儒学拘于形下—形下的对象化思维模式作了彻底的解构，同时完成了自身的理论建构。这种新视域的运用根本颠覆了以往哲学的理论进路，即自觉或不自觉地以某种确定性的主体观念（包括经验主义的假设和先验主义的预设）去匡正和剪裁处于可能性的生活本身，取而代之的是，直面事情本身，投身当下，以生生不息的生活本身去塑造、去更新一切主体性观念。如此一来，生活儒学就为儒学真正切入当下社会提供了一种方法论的参考，同时也从方法论的意义上将儒学推向当代哲学的前沿。

二、哲学观念的突破

生活儒学是由本源观念—形而上学—形而下学的三层观念构成的理论体系，这在突破传统哲学形上—形下两层观念架构的同时，也推动了哲学观念的突破。

(一)本源观念的开启

生活儒学的本源观念虽然得益于海德格尔存在论现象学的启发，但它并没有沿着海德格尔的脚印前行，而是以儒家话语对存在本身作了新的言说。

(1)生活儒学强调存在本身就是当下的生活本身，生活本身被儒家领会为本源的仁爱情感，这既不同于海德格尔的烦、畏等负面情绪，也不同于舍勒带有主体伦理意味的爱的情感，而是生活的实情，也就是先于主体、先于伦理与认知的"事之情"。这作为儒学切入当下生活确立"人之情"的前提，为进一步展开的对象性言说提供了最深层的观念支撑。[①] 生活儒学对"仁"的本源性言说，释放出了"仁"作为形上的"德性"和形下的"德行"之外的更为源始的含义。与此同时，它以本源情感作为先行于存在者的存在本身，意味着理性、德性以及道德情感等一切存在者化的观念皆源于情感才得以可能，这就突破了长久以来理性主义以理克情、情理对立的观念，以及传统儒学以性为本、以情为末的观念，并且在新的观念层级发展了与儒家王道政治传统、道德伦理传统不同的儒家情感主义传统。[②]

(2)生活儒学对海德格尔思想中"此在"对"存在"的纠缠深为警惕，尤其批判了"此在"僭越"存在"的理论陷阱，即如德里达所指出的海德格尔是在更高的层面上确立了"大写的人"。[③] 因此，克服海德格尔的思想风险也是生活儒学更彻底地突破对象化思维，切入当下生活的一个关键。对此，生活儒学提出"生活即是存在，生活之外别无存在"的思想，以此清除"此在"对存在本身的侵扰，并以"本源生活"表征了一种比海德格尔之"生存"(Existenz)更为透彻的当下观念。

---

① 参见黄玉顺：《爱与思——生活儒学的观念》(增补本)，四川人民出版社 2017 年版，第 63～65 页。

② 当前已有学者指出，黄玉顺"生活儒学"提出的本源观念，乃是对其师蒙培元先生"情感儒学"的发展，而蒙培元先生则是对冯友兰先生开创的情理进路的发挥。因此，从冯友兰的"新理学"经蒙培元的"情感儒学"再黄玉顺的"生活儒学"已经形成了现代儒家哲学的"情理学派"。参见胡骄键：《儒学现代转型的情理进路——以冯友兰、蒙培元、黄玉顺为对象》，《学习与实践》2019 年第 4 期。

③ 参见[法]雅克·德里达：《论文字学》，汪堂家译，上海译文出版社 2005 年版，第 4 页。

(3)本源观念的开启无疑是对传统形而上学解构的结果,但生活儒学并没有因此否定形而上学存在的意义,更没有因此放弃形而上学的建构,反而明确提出要基于本源观念重建形而上学。

我们知道,不论海德格尔,还是后现代主义,都不做任何形而上学的努力,因为他们认为,形而上学的建构,乃至一切主体性的建构,都是疏离存在本身的做法,因此“对形而上学不加过问”①,沉浸于“存在”,消解一切主体价值,成为其根本的主张。然而,如此一来,无异是否定了一切现实的价值和意义,其结果是既不能引导我们积极地投身当下,也不能有效地解答现实生活的问题。而如果我们认可当下的生活不是无价值、无意义的,也认为有必要回应现实生活的挑战,那么就必然需要赋予生活本身、存在本身某种价值(包括形下的价值,形上的价值),这也就必然需要建构某种主体性观念作为支撑,因此,在当下重建主体性观念(包括形上的主体,形下的主体)仍是必要性的,而且是不可逃避的。生活儒学就是本着重建主体性观念的意图而进行本源观念的阐释,这使它并不同于各种“哲学终结论”的论调,也不会像存在主义、后现代主义那样导致相对主义、虚无主义的风险。

(二)形上观念的突破

主体性的重建,不仅包括形而下学的重建,还包括形而上学的重建。生活儒学认为,重建形上学之所以可能,乃在于形而上学有着生活的渊源,先于存在者的生活本身为之奠基。唯其如此,形而上学才不会成为哲学家书斋里的概念游戏,进而才可能为形而下学(伦理与物理)提供切合当下的本体依据。

也正因如此,形而上学必然具有随生活流变而更新的变易性。因此,生活儒学提出“变易本体论”,以“变易”融摄“不易”与“简易”,并解释说:“‘简易’是说‘变易’乃是极为简单的道理;‘不易’是说永恒不变的道理就是‘变易’本身。”②此论突出强调的是形而上学并非亘古不变,而总是随着生活的衍流而日生日成,不断更新,同时形而上学所承载的主体价值也自然随生活变迁而不断超越。其深刻之处在于揭示出形而上学唯有在与时“变易”的过程中才能保持自身切入当下的状态,其实际是以“变易”的内涵维系着“不易”的至上地位。这种观念无疑颠覆了世人对形而上学的传统理解。

古往今来人们已习以为常地认为,形而上的存在者作为本体,也即作为一

---

① [德]海德格尔:《时间与存在》,《面向思的事情》,陈小文、孙周兴译,商务印书馆 2011 年版,第 28 页。

② 黄玉顺:《形而上学的黎明——生活儒学视域下的“变易本体论”建构》,《湖北大学学报》(哲学社会科学版)2015 年第 4 期。

切具体存在者的根本依据，是超越时空、永恒不变的，即便我们转化它的形态，也无法更新它所承载的价值。但事实上，古今中外的哲学家总是通过构建形而上学进行着最隐秘的价值革命，历代的本体观念都是哲学家基于当时代的问题意识，对当时代的主体价值进行的最高抽象，其意图都是为当时代诸领域的言说提供一个根本的观念承诺，否则哲学也就称不上是时代精神的精华。虽然西方哲学史上出现过不少"回到……"的潮流，但不论是主张"回到柏拉图"的柏拉图主义者，还是高喊"回到康德"口号的新康德主义者等等，他们重新构建的本体观念都不同于柏拉图/康德……的本体观念。反观儒家哲学也是如此，以接续孔孟道统为己任的宋明理学，其重建的道统并不是原始儒学的本体观念，而是帝国后期主体意志的最高表达"天理"；以"返本宋明"为旗帜的现代新儒学，其本体论也绝不同于传统宋明理学的本体，而是为民主科学奠基的现代性本体观念；甚至当前拒绝现代价值，一厢情愿退守前现代的原教旨主义，其阐发的本体观念，也绝非古代圣贤的本意，而只是一种当代主体价值的畸形。

之所以如此，是因为我们始终处于当下，总是不由自主地基于当下感悟来诠释传统，筹划未来，因而不论哲学家是否自觉，是否情愿，他所确立的本体，作为最高主体性观念，必然是对当下主体价值的表达。只不过由于以往的哲学家或者根本没有自觉到形而上学的变易性，或者没有恰当的理论路径去解释这种变易性，因而其本体观念掺杂着一些与当下生活不相匹配的内容，例如现代新儒学老内圣与新外王的错位等等。如今，"变易本体论"坦诚地揭示出形而上学表征的绝对主体价值的当下性，并阐明其更新的生活渊源，从而可以有效地保障本体观念与当下生活的契合性。

(三)形下观念的突破

在形下观念层面，生活儒学的突破体现在历史哲学、政治哲学等领域的论述中。

基于生活本身造就主体的观念，生活儒学作了历史哲学的阐述。它将生活本身的衍流导致主体的转变，对象化地描述为生活方式的转变导致了社会主体的时代性转变，即由宗族到家族，再到国民个体的转变，由此主体的情感倾向以及价值诉求随之转变，进而又导致社会一系列制度规范的转变，这些转变最终就促成了社会形态的历史转换，即由王权社会到皇权社会再到民权社会的转变。① 这种以生活方式的转变导致的社会主体转变为主轴对社会发展及其观念、制度演变的理顺和勾勒，是独到而深具解释力的。据其论说已然推出，当下

① 参见黄玉顺：《论儒学的现代性》，《社会科学研究》2016 年第 6 期。

现代性的生活方式造就了现代性的社会主体——个体，而且势必需要建构一套与个体价值诉求相一致的社会制度规范。

为此，生活儒学以“中国正义论”[①]提供了一种古往中外社会制度建构与主体诉求相一致的基本原理，即以“仁→义→礼”为基本环节的制度正义原理，着意强调要根据正当性原则、适宜性原则，对既有的社会制度进行损益。相较于其他探讨正义的理论，包括罗尔斯正义论，“中国正义论”有两点重要的突破：其一，它不是针对某一个时代或某一个国家的具象论述，而是给出了一种古今中外制度建构所遵循的基本伦理原则，这使它具有其他正义理论不能比拟的普适性；其二，它是关于制度正义的理论，也即解答的是制度建构本身正义与否的问题，而不是根据某种既定的制度或观念考察言行是否正义的问题。这不仅将政治哲学维度上的正义问题推到了更深的层次，而且打破了长期以来人们不假思索地执守于行为正义的观念，具有深刻的观念启蒙意义。[②]

上述蜻蜓点水的概括并不能充分体现生活儒学哲学突破的深远意义，然而我们由此可以认识到，黄玉顺教授创建的生活儒学对于当代儒学的创新和中国哲学理论的创建来说是一个极富参考价值的范本。

---

① 黄玉顺：《中国正义论的重建》，安徽人民出版社 2013 年版；《中国正义论的形成》，东方出版社 2015 年版。

② 参见郭萍：《儒学的启蒙：关于制度正义的思考》，杨永明主编：《当代儒学》第 14 辑，四川人民出版社 2018 年版，第 230～243 页。

生活儒学在现代中国哲学"情理学派"中的地位*

胡骄键

非常荣幸能有这么一个机会，参加专门研讨"生活儒学"的高层次学术会议。

今天从上午一直到下午，我们很多老师都已经提到了：黄玉顺老师的"生活儒学"是一个很有原创意义的思想体系，给人一种横空出世的感觉。但是，我想说的是：这个横空出世的思想体系，其实是有渊源的，有它的师门传承谱系。我今天想给各位老师汇报的一个话题，就是从冯友兰先生的"新理学"，到蒙培元先生的"情感儒学"，再到黄老师的"生活儒学"，这么一个以情感和理性为中心的现代中国哲学，或者说现代儒家哲学"情理学派"传承的主轴。

说冯友兰先生是情理学派的开端，可能很多老师会比较诧异，因为人们通常对冯先生的了解，首先想到的就是他的新理学，主要是谈"理"，谈理性。一般认为，冯先生的一个基本立场是要向西方学习，引进西方哲学，纳入理性的因素，让中国哲学、儒家哲学的概念更加明晰化、清晰化，概念之间的推演更有严格的逻辑规则。冯先生在《中国哲学史》两卷本的序言里就这么明确表示过，《新理学》一书更是明证。

但是我们不要忘了，冯先生的著作当中，尤其是在他的《中国哲学简史》《新原人》《新原道》等著作中，其实是大量谈论"情"的。因为，在冯先生看来，通过理性化的方式达到最高的概念——"大全"，还只是一个纯粹形式化的东西，是个空的东西，这还不是哲学的顶点；在这种"正底方法"之后，即在逻辑的方法之后，还要用"负底方法"，才能达到哲学的顶点。那么，哲学的顶点是什么？冯友兰先生也是有明确的说法的，就是说，哲学不但是要知道它，而且是要体验它，

* 原载杨永明主编：《当代儒学》第16辑，四川人民出版社2019年版，第84～90页。

要“自同于大全”，要获得一种境界。冯先生在《新原人·天地》篇当中就说：“自同于‘大全’不是物质上的一种变化，而是精神上的一种境界。”[①]而通过“负底方法”的这个体验，要达到的就是“天地境界”，冯先生也称之为“同天境界”。这个“天地境界”，从概念角度来说，它是同于“大全”的，然而它的实质内涵究竟在哪里？冯友兰先生认为，这个“同天境界”，儒家称为“仁”，在这种境界当中，人与万物之间有一种痛痒相关的情感。这就是说，“自同于大全”的“天地境界”乃是一种人与万物有痛痒相关的情感境界。而且，这一痛痒相关的情感境界状态的特征就是主体性消解后的万物浑然一体的状态。冯先生在《新原人》里说过：“一个人自同于大全，则‘我’与‘非我’的分别，对于他即不存在。”[②]

因此，冯先生在这里其实就已经导出了情感，他是以情感来达到形式化所没能达到的哲学顶点，即是从情感角度来把哲学推向顶点。这种情感，冯先生称之为“有情无我”。与此相对的另一个层次的情感则是“有我之情”，一种主体化的情感。所以，冯先生其实是从两个方面来谈情感的：首先是“有我之情”，这种情感是需要被突破的；然后，冯先生真正主张的情感是“有情无我”，在这种“有情无我”的最高境界、“自同于大全”的状态里，我与非我的分别都不存在了，这就是冯先生所说的哲学的顶点。

这里还可以说一个题外话，也算是学界的一则趣闻。1945 年 3 月，李文湘撰文推荐冯友兰先生的《新世训》一书，但是李文湘误认为冯友兰强调的以理化情，就是要人无情。为此，冯友兰先生专门撰写了《论感情》（收录于《南渡集》）一文，申明他并不是主张无情，而是主张“有情而无我”，主张“有情而不为情所累”。

显然，这样一种“有情无我”的仁爱情感，其实就是一种前主体性的情感境界。到这里，我相信各位老师已经有所感觉，可以看出：黄老师的生活儒学，以生活情感为本源情感，这是从冯先生那里发展下来的，这是其师门渊源的源头。当然，冯先生那里并没有直接提出“情理”这么一个概念，但是，我们完全可以说，“新理学”乃是“情理并重”的：前一段，冯先生偏重于谈“理”；后一段，他是要用“情”的方式来实现理性的方式所没有达到的哲学的顶点。

然而，情感与理性的关系究竟是怎样的，冯先生论述不多。这个问题，到了冯先生的弟子蒙培元先生那里就有了明确的说法。蒙先生讲了一个很直接的命题，那就是“情理合一”。不仅如此，在“情理合一”当中，情感是更根本的，所以，蒙先生的哲学体系是“情感儒学”。蒙先生有一个著名的命题，就是“人是情感的存在”。蒙先生是以情感为起点，建构了一个关涉天人、形上形下的庞大的

① 冯友兰：《贞元六书·新原人》，中华书局 2014 年版，第 688 页。

② 冯友兰：《贞元六书·新原人》，第 687 页。

哲学体系，这是“情感儒学”最有特色的地方，也是它最有创造力的地方。它其实是整个地倒转了秦汉以来帝国时代儒学对情感的理解，因为帝国儒学以来，情感都被认为是一种需要加以克制、净化、提升、超越的东西；而蒙先生从情感立论，突破了帝国时代儒学对于情感的一般看法。我想说的是，冯先生和蒙先生的这样一种以情感立论的方式，颠覆了整个秦汉以来的那种“性→情”架构，可以说导引出了一种中国哲学的“情感转向”的思想态势。而在我看来，从冯先生和蒙先生那里萌发的这种思想态势，在黄老师的“生活儒学”里基本实现了论证体系的完成。

蒙培元先生主张情理合一。他的情感也是从两个层次展开的，不过和冯友兰先生的并不一样，是对冯友兰先生情感观念的继承和发展。蒙培元先生首先承认人的自然情感，并且认为这是人与动物所共有者。但是，他同时也指出，这种自然情感也蕴含着人的道德发展的基础，比如孝悌这样的自然情感经“推”“扩”之后，就能成为理性化的情感、道德情感，而这才是人之所以为人的地方。蒙先生“人是情感的存在”这一命题所指的情感，就是这种理性化了的情感，即道德情感。对于情感的这样两个层次，蒙先生自己说是叫“情感的上下其说”：往下说，就是人的自然情感；往上说，就是理性化的情感、道德情感。

情感为何能“上下其说”呢？在蒙先生看来，因为情感中有理性，但是这种理性不是西方的那种形式化的认知理性，也不是康德式的实践理性；这种理性与情感融合在一起，所以这种理性是一种“具体理性”“性理”“情理”。蒙先生是这么来描述他所说的“具体理性”“情理”的，他说：“性理就是德性，也就是理性；不过不是‘理论的’理性，而是‘实践的’理性。但是，又不同于康德所说的‘纯粹的实践理性’，而是和情感联系在一起并以情感为其内容的‘具体理性’。这才是儒家理性学说的真正特点。”[①]

正是基于“情理合一”这样一个观念，蒙先生以情感为中心建构了一个关涉形上形下的完整哲学体系。这大不同于西方以理性为中心和秦汉以来以德性为中心所建构的哲学体系，同时也颠覆了中西方传统哲学对情感的理解。秦汉以来帝国时代的儒学主要把情感视作一种需要被克制的东西，但蒙先生却把情感视作道德的起点。所以说，蒙先生已经突破了帝国时代儒学的“性→情”架构。而对于西方哲学来说，尽管西方哲学里也有重视情感的思想，比如休谟、亚当·斯密等，但他们大多是从情感对伦理学、政治学的意义上来谈论的，并没有依托情感建构起整个哲学思想体系。在西方哲学里，情感最多只是作为哲学中的一个部分或一个分支来处理的。而蒙培元先生则是以“情感”为中心范畴建

① 蒙培元：《情感与理性》，中国社会科学出版社 2002 年版，第 19 页。

构全方位的哲学体系。我想,这样一个以情感为中心建构哲学体系的思想进路,对黄老师的影响应该是很大的。

当然,我们还必须意识到,蒙先生讲的情感主要还是一种道德情感,这种道德情感毫无疑问还是一种主体色彩比较浓的情感。因此,问题就到了黄老师这儿!

黄老师发问的方式是“主体何以可能”。黄老师的生活儒学,就我的理解来说,主要通过跟海德格尔的对话,把问题带向了前主体性、前存在者的“存在”层面。黄老师其实是在冯先生和蒙先生的哲学的基础之上,将生活与情感尤其是仁爱情感视为浑然无别的存在。上午很多老师都已经提到了这么一个问题,就是生活儒学给出的“情—性—情”这么一个三级架构。在这个三级架构里,前一个“情”,也就是仁爱情感、生活本身、存在本身,才是一切的大本大源。后一个情,指的乃是一种主体性的形而下的情感。

这里,我想稍稍回应一下刚才有老师提到的一个问题,就是:从一种非对象化的本源情境出发来建构哲学,为什么非得是“生活儒学”,而不能是“生活佛学”?我的理解是:儒学是从仁爱切入存在的,而佛学却不是。尽管在思想的顶点,它们都达到了同样一个观念层级,但是,它们的切入角度是不同的,这也正是儒学之所以为儒学的地方。这样一种存在、大本大源的观念,即情感与生活浑然无别的观念,其实就是在冯先生、蒙先生的思想基础上再进一步,把情感带向了前主体性的状态。

之所以说黄老师的“生活儒学”完成了现代中国哲学“情理学派”的理论建构,在我看来,主要是因为黄老师基于本源性的仁爱情感,阐明了情感与理性的关系,进而为建构具有现代精神的正义生活秩序,也就是“礼”“礼教”的重建,指明了方向。这样一个观念体系的展开过程,我想用“由爱生知,因情称义”这八个字来呈现。

所谓“由爱生知”,主要说的是情感与理性的关系问题。当然,“由爱生知”的“知”既可以读平声调,也可以读去声调。生活儒学认为,理性不是一种先验的、独断的东西,它源于爱,源于情感。在情感与理性的关系上,我觉得黄老师有三句话非常简洁精到,让我个人理解起来很是受用。那就是:“思不是爱”,“思源于爱”,“思确证爱”。这就很清晰地点明了情感跟理性的关系,同时也为理性找到了牢固的生活基础或者说情感基础。情感与理性的关系,就是“爱”与“思”的生成关系。这个关系,黄老师在他的《爱与思——生活儒学的观念》的“叙说”里说:

> 思首先是生活本源中的情感之思、生活情感中的领悟之思,而表现为生活感悟的言说方式、诗意的言说;进而是生活感悟中生成的形上之思,而

表现为哲学的言说；最终是在这种形而上学的基础之上展开的形下之思，而表现为伦理学、知识论的言说。①

这段话，我觉得特别亲切。在某种意义上，我觉得这其实也在一定意义上回应了上午有的老师提到的"无中生有"的疑惑。"由爱生知"的过程，实际就是主体性的观念确立的过程，就是"无中生有"的观念生成过程。

这里，由爱所生的"知"其实还有两个向度：一是由情感之思、领悟之思，转进至意欲之思，从意欲之思转而到认知之思，即认知理性。这是"由爱生知"的知识论向度；二是对生活本身的感悟、领悟除了表现为"本源之知"之外，还表现为知善知恶的"良知良能"，对"能爱"的情感能力的直觉。正如《论语·里仁》篇所说："唯仁者能好人，能恶人。"此"良知良能"有一种直接进行是非善恶判断的能力，这也就是孟子所说的"是非之心""羞耻之心"，也叫"正义感"。"中国正义论"认为，这种正义感乃是一种智慧，这种"智"又与"虑"紧密相关，可称为"智虑"。这种知是知非的智虑、理智，正是建立"中国正义论"的重要工具，尤其是"中国正义论"两条正义原则之一的"适宜性原则"的前提，即运用理智权衡能力对既有的制度规范进行损益，以适宜不同地方、不同时间的生活际遇、生活方式。

所以，"由爱生知"，生出了两种知：一是认知理性，由爱生知的"知"，读平声；二是权衡理智，由爱生"知"，读去声。

所谓"因情称义"，主要是针对"中国正义论"的两条正义原则来说的。我觉得，黄老师的"中国正义论"确实把捉到了中国人的正义思想最核心、最精髓之处。按照"中国正义论"，任何制度规范的正当性都来源于仁爱情感。这种仁爱不是"差等之爱"，而是"一体之仁"，因为"差等之爱"尽管是生活的实情，却是以个体自爱为起点的，会带来利益的争斗，因此，如果只有差等之爱，整个社会生活就会遵从弱肉强食的丛林法则。而人的生活的意义并不在生活之外的、由理性构造出来的超越的形而上的世界，不管这个号称能提供生活意义的超越者是上帝还是圣贤、天道、天理，都不能在真正意义上提供生活的意义。生活的意义就是好好地生活，去过一种充满情意的生活，仁爱的生活。所以，能够化解差等之爱带来的利益争斗的，只能是本源性的仁爱情感的另外一种显现样式——"一体之仁"。所以，仁爱才是一切制度规范的正当性来源。这就是"因情称义"的第一层意思。

我们都知道，"义"有"适宜""适当""合适"的意思，《中庸》所谓"义者，宜也"。"中国正义论"的第二条原则就是适宜性原则。如何适宜？就是运用渊源

---

① 黄玉顺：《爱与思——生活儒学的观念》(增补本)，四川人民出版社2017年版，第3页。

于爱的理智权衡能力，因时因地损益既有的制度规范，使制度规范适宜彼时彼地的人的生活实情。从这里，“由爱生知”和“因情称义”是紧密关联的两句话，也是对通过情感与理性紧密相连来构筑人的正义生活秩序的一种归纳。

因此，我想，就可以这样来说：“因情称义”也就是“有情有义”。而“有情有义”四个字，不就说尽了中国哲学、儒家哲学的正义论思想的内涵吗？我们生活中随处都可以见到：我们骂一个人的时候常常是说这个人“无情无义”，赞许一个人的时候经常就说这个人“有情有义”。“有情有义”不但有仁爱情感来提供正当性，还有理智的参与来制定适宜的制度规范、行事规则。“有情有义”不但有情，还有智。无情是狠，无智是蠢。无情无智的生活是任何人都不愿意过的，有情有义的生活一定是值得追求的。这也不仅仅是中国人的追求，凡是人都会有这样的追求。从这个意义来说，“中国正义论”绝不是一种地方性知识、地方性思想，不仅仅是中国的正义思想，而是源自中国然而具有全球伦理建构意义的正义思想。

总之，从冯友兰先生到蒙培元先生，再到黄玉顺老师这样一个以情感和理性为致思中心的传承谱系，我的看法是：冯先生拉开了探究情感与理性之关系的帷幕，蒙先生对情感与理性关系有了一种颠覆性的理解，最后到黄老师这里是揭示出了情感与生活是浑然无别的存在实情。这样一个理论框架，阐明了理性的生活渊源、情感渊源，终结了关于理性的那种既有的独断论或者说先验论的传统。这是中西方哲学史上一个非常大的突破！作为一个儒者，黄老师还是一个有着很强现实关怀的哲学家，“生活儒学”实际是为“中国正义论”奠基的理论体系。用我那八个字来说，就是“由爱生知”是为“因情称义”奠基的。因此，可以这样说，黄老师的“生活儒学”以及“中国正义论”思想体系，实际上是从冯先生到蒙先生一脉相承下来的现代中国哲学情理学派理论体系的集大成。

当然了，情理学派不止冯先生、蒙先生和黄老师他们三个人，还有跟黄老师同辈的蒙门弟子以及像郭萍师姐那样的我们这一代黄门弟子，基本上呈现出了现代中国哲学、现代儒家哲学“情理学派”的传承脉络。当然，我们这一辈还做得很不够，需要继续努力。

去生活

——生活儒学中的实践哲学*

李海超

一

黄玉顺的生活儒学有句著名的口号“在生活并且去生活”。这个口号富含深意，却不易理解。特别是“去生活”，很多人将其理解为：作为主体的人，谋划自己的生活。这其实只是“去生活”的部分含义。实际上，“去生活”还有更为本源的意义，即前主体性的意义。因为，主体的存在并不优先于全部“去生活”的活动，相反，恰恰是因为某些前主体性的“去生活”的活动，主体观念才被生成。换句话说，不“去生活”，就不会有任何“主体”在生活，也不会有任何“主体”观念产生。正如黄玉顺所说：“作为生活本身的本源结构的一个方面的‘去生活’，却不是说的‘此在的去生活’，亦即仍然不以此在或任何存在者为前提。‘在生活并且去生活’乃是生活本身的本源结构，是先行于此在的，此在恰恰是被这种本源结构造就的，或者说是这种本源结构的一种显示形态。”①

那么，为什么人们通常会忽视前主体性的“去生活”的观念，而只关注主体谋划自己生活的“去生活”的观念呢？这是因为，人们已经习惯了一种“是”优先于“去”——理解优先于实践——的思维方式。② 在日常生活中，人们通常认为

* 原载杨永明主编：《当代儒学》第 11 辑，广西师范大学出版社 2017 年版，第 229～244 页。

① 黄玉顺：《面向生活本身的儒学——黄玉顺“生活儒学”自选集》，四川大学出版社 2006 年版，第 37 页。

② 从根本上说，解决“是”的问题也是“去生活”的一种体现，或者说理解活动也是一种实践。但在通常的念中，人们往往根据思维活动与身体活动的不同，把理解从实践观念中区分出来。

“去”总是“谁”去，“谁”遭遇了什么生活状况才要“去”。在这种观念中，“谁”和“什么状况”之所“是”总是优先于“去”。由于“谁”通常指的就是“我”，就是发问者自己，因此“谁”的提问通常也会被忽略。于是，人们在遇到生活问题时，通常先问“怎么了”“什么情况”“怎么回事”，然后再根据问题之所是，谋划自己如何去做。我们的日常经验总是告诉我们，在遇到生活问题时，弄清楚“是什么”是优先而且明智的。不可否认，研究问题确实应该优先于提出决策和执行决策。但问题是，“是什么”真的是人们面对问题时最优先的反应吗？

试想，那些对生活彻底绝望的人，他们根本无心理睬任何问题，不会问“怎么了”“什么情况”“怎么回事”，而是任横逆之来而不愿做任何回应。这是为什么？因为他们已经放弃了生活，不想再面对生活，不想再“去生活”。不想“去生活”的人，又怎么会问“怎么了”“什么情况”“怎么回事”呢？所以，“是什么”并不是人们遇到问题时的最优先反应，“去生活”“去面对”“去解决”要比“是什么”更为优先。那么，是什么使人们习惯于忽略这一优先的“去”的反应，而把“是什么”看作优先的呢？这是因为，选择“去”是一切生命的天性。生命的本质就是活着，活着就要“去生活”“去面对”。而一旦选择了“去”，接下来自然而然的就要探究“是什么”了。通常，“是什么”的解决总要费一点神，于是人们的关注点便习惯性地落在“是什么”上，而“去”的反应就被忽略了。除非遇到关乎生命存在或生命意义的重大问题，人们一般不会关注到“去”的反应。那些遭遇困境、绝望、深度忧郁的人，由于已经对生命存在及其意义有所动摇、质疑甚至否定，“去”还是“不去”的抉择才会在他们身上凸显，才会受到关注。

在此必须区分两种关于“去”的问题。一种是优先于一切“是什么”的“去”的问题，一种是后于“是什么”的“去”的问题。这两个“去”与“是”构成了人的生活之基本结构。其问题结构是：去不去生活？→我和我的生活状况是什么样的？→怎么去生活？如果选择不去生活，那么这个生命将很难继续存在。如果选择去生活，则其回应结构是：去生活→认识自我以及我的生活状况→提出生活方案并行动。在生活的基本问题结构中，第一和第三阶段的问题都可以看作“去生活”的问题，但它们之间有很大的区别。前者解决的是为什么想活或不想活、想有意义地活和不想有意义地活的问题，这是最根本的生命和生活问题；而后者解决的是如何按照人们对生命、自我以及生活状况的认识提出的生活方案并去执行的问题，这虽然也很重要，但并不是最根本的问题。本文着重探讨的是最优先的那个“去生活”的问题。

既然在生活中有的“去”是优先于“是”的，并且它关系到生命的存在及其意义，因此对“去还是不去”“为什么去”的回答就是关于生命和生活的最高深的智慧，这是绝对不能被忽视的。有人或许会反对说，“去”的问题虽然优先，但它并不如“是”的问题重要。因为人天生就会选择“去生活”，而且总是在“是”的问题及后续问题无法解决时才会选择不去生活，所以问题的关键是解决“是”的问题及后续问题，一旦这些问题解决，人们自然又会选择“去生活”。首先，这种观点把“去生活”的选择看得太容易了。选择“去生活”固然是人的天性，然而一旦人们产生“去不去生活”“为什么要生活”的疑问，再想彻底摆脱这些疑问，从而坚定地选择“去生活”“去有意义地生活”就很难了。其次，这种观点在根本上抹杀了本源的“去生活”的可能性。这种观点虽然承认“去生活”的自然优先性，而一旦自然的优先性受阻，“去生活”的选择就要依赖于“是”的问题以及后续问题的解决。试问，在成长的过程中，谁的生活是一帆风顺的？谁没在生命存在及其意义的问题上产生过疑问？因此，“去生活”的自然优先性总会受阻，这种观点实际是把“是”的问题看作最优先的。

如果把“是”的问题看作生活中最优先的问题，认为只有确定无疑的解决“是”的问题然后才能安心地生活，持这种观点的人，他们的生活就很容易出现两种风险：一种是偏信某种关于“是什么”的回答，将其作为永恒的真理和生活的根基，这会导致思想的迷信和保守；一种是艰苦求索，却发现一切关于“是什么”的回答都可被质疑，从而无法确立生命的价值和生活的信心，终日惶恐不安。这两种风险的共同之处是，人们都把自己看作“真理”的奴仆。若关于“是什么”的永恒真理存在且能够为人类所知，做真理的奴仆有何不可？但殊不知，人是有限的，人类关于“是什么”的一切理论都不是纯粹客观、原初的描摹，其中都包含着主观建构的成分，因此必然受到建构者自身经验及其所处时代之人类经验的制约。所以，人类所诠释和声称“发现”的一切“是什么”的理论，我们都不敢称其为永恒的真理。

先验主义哲学家总是宣称，他们所依据的基础观念是优先于经验的，因而是普遍、永恒的，但由于拒绝经验的检验，他们又怎能保证其所谓的先验观念不是主观想象和联想的产物呢？特别是当不同的先验哲学家提出不同且有冲突的先验观念的时候，当时代变迁，曾经备受推崇的先验哲学理论在解释新的生活经验时出现困难、造成束缚的时候，他们又如何去证实这些观念呢？对此，经验主义者要比先验主义者更为实在，因为很多经验主义者承认，实体观念以及以实体观念为基础的理论建构都包含着主观的联想[①]；特别是承认，经验主义之大宗——科学理论的本质乃是立足经验的“猜想”或“假说”，“可证伪性”是其确证自身地位的准则。[②] 所以，不管先验观念或普遍、永恒的真理是否存在，作为

① 参见[英]休谟：《人性论》，关文运译，商务印书馆 1996 年版，第 28 页。

② 参见[英]卡尔·波普尔：《猜想与反驳——科学知识的增长》，傅季重等译，上海译文出版社 1997 年版，第 52 页。

有限经验之存在者的人类是无法确证它们的。这也就意味着，对于“是什么”的问题，尤其像“人生的意义是什么”“生命的本质是什么”“世界的本源是什么”这样的问题，人们只能提出“假说”，而无法给出无可置疑的证明。既然人类对于“是什么”的问题不能有确定的回答，义无反顾地做其奴仆将是多么荒唐！

要拒绝做“是什么”的奴仆，人们必须把优先于它的“去生活”的本源活动重视起来，真切地领会“去”的意义。因为“去生活”不仅决定着“是什么”的开展，而且决定着人们对关于“是什么”的研究结果的态度。人们若明白“是什么”的探索是服务于“去”的，便会消除对“是什么”的迷信和执着，把它看作一个工具。工具的意义在于效用，而不在于它是否是普遍、永恒的“真理”。由此人们便知道，生命存在及其意义不必建立在某种普遍、永恒的认识基础上，“是什么”的探究不过是生命意义的建构工具。所以，只有真切地领会“去”，人们才能够超越一切知识，做知识的主人。

那么，我们该如何领会“去”呢？由于“去”先于一切“是”，因此我们无法在究竟的意义上追问“去”是什么，一切对“去”是什么的言说本质上都是对“去”的建构，都是一种“假说”。不过，由于“去”关系到生命存在及其意义，我们不能不去体验它、理解它、言说它，虽然我们的言说都是“假说”。值得强调的是，我们不必惧怕对“去”的假说，因为假说的本质在于“效用”，只要假说有用，我们去选择那个最合乎生活经验的、最能解决问题的假说即可。我们虽选择了一种假说，但并不迷信它为永恒的真，我们相信一旦获得对“去”的新的体验，以往的假说就有被打破的可能。这就是我们坚持“去”的优先性的一个重要意义。

有人或许会问，既然我们对“去”的一切理解都是假说，而“去”又是生命存在及其意义的源泉，这是否意味着我们对生命和生活意义的理解都是建立在假说的基础上的？或者说，一切“意义”皆是假说？根据上文的论述，回答显然是肯定的。生命存在的意义乃是一种建构，其建构之源可以追溯到“去”这一原初的活动。每个人都有关于“去”的体验，人们本着自己对“去”的体验建构相应的假说，又本着这些假说建构生命的意义。人们对“去”的体验和理解可能是不同的，因此人们对生命意义的建构和理解亦可能有所不同。所以，这世上根本不存在一个普遍、永恒的生命意义，每个人都应该在生活中建构属于自己的生命意义。当然，对于生命意义的某种理解可以超越个体，获得某一群体的认可，这是因为这一群体的人在生活中面对相同或类似的问题，而这种理解作为一种假说，恰恰对解决这类问题有效。不过，不管选择哪一种对生命意义的理解，人们唯有追溯到“去”这一原初活动，并将自己对“去”的体验与对“去”的理解、对生命意义的理解贯通起来，然后这种对生命意义的理解才能转化为生活的原则和动力。

生命的意义虽然建立在假说的基础上，虽然发源于难以言说的原初活动，但我们不会因为这一原初活动的“不可知”而感到惶恐，因为它虽不可知，但可被体验。“去”的体验、“去”的假说与生命意义之理解的一贯以及它们对解释、解决生活问题的有效性，足以使人们心安。如果我们所面对的生活问题，使以往的所有假说都受到冲击，只要我们拥有“去”的体验，我们也不会陷入惶恐不安的境地。首先，我们没有迷信任何假说，因此早就对其遭受冲击有心理的准备。其次，我们有“去”的体验，这体验就是生命存在并且积极的存在的证明，我们存在着并且积极地存在着，这也足以使我们心安。而且只要我们“去”，我们就有信心建构新的假说和新的生命意义。所以，只有“去”，生命才能存在，生命才能有意义。我们不必担心我们的“去”是鲁莽的、没有方向的，人生的方向从来都是在“去”中创造的。

现在，我们回头审视黄玉顺所说的“在生活并且去生活”的口号。就会发现，原来“在”与“去”不是先后关系，而是相即关系：“在”即是“去”，“去”即是“在”。生命的存在不是静态的停驻，而是不停歇的“去”的活动。**生命因活动而存在，在活动中建构自己的意义，这就是生活。**恐怕这才是黄先生所要指明的吧！

二

上文指出，“去”这一原初的努力是优先于一切“是什么”的追问的，因此在究竟的意义上，我们不能问“去”是什么。但为了回应关于生命和生活的种种问题，我们又不能不对“去”之所是作种种说明，于是关于“去”的假说便被建构起来了。事实上，前文虽极力避免，但迫不得已，已对“去”之所是作了一定的论述。比如说“去”是一原初的活动，是一切生命的天性。这些对“去”的论述，虽然是笔者的“假说”，但这些假说与一个悠久的思想传统——儒家思想——是相契的。尽管儒家思想在历史上有不同的学术形态，但“生生不息”始终是其面对生命的基本态度。“生生”就是“去存在”“去生存”；“不息”就是不停驻、去努力、去活动。不过，要想把上文关于“去”的论述完全看作对儒家基本精神的诠释，还需要证明，儒家思想中亦包含着“去”优先于“是什么”的观念。

首先，上文对“去”之优先性的论述，主要是为了阐释“生活儒学”的口号，这说明“生活儒学”肯定是包含这一观念的。在生活儒学中，最能凸显本源性活动之优先性的，莫过于黄玉顺提出的“注生我经”的观念。“注生我经”是一个诠释学观念，它不同于汉儒依经做注的“我注六经”，也不同于宋明儒“六经皆我注脚”的“六经注我”。其区别是，后两者都以某种存在者（我或六经）为前提，而前者则以优先于任何存在者的原初活动为前提。黄先生说：

> “注”这个事情本身给出了“六经”这个文本客体和“我”这个诠释主体，给出了诠释者和被诠释者。那么，注是什么？注不是“什么”，既不是主体，也不是客体，不是任何意义的存在者。注是存在本身，也就是生活本身。注并不是、至少不仅是训诂学那样的技术，而是生活的事情。注是归属于生活的，是生活本身的一种显现样式。[①]

根据生活儒学，“注”这一活动并不是一个先行的“注者”给出的，恰恰相反，是“注”这一原初性的活动使“注者”成为“注者”，使“经典”成为“经典”。事实确实如此，若没有“注”这一先行的活动，怎么可能会有“注者”的观念？没有“注”这一诠释活动，谁又会将某个文本视作“经典”？由此推展开来，我们可以说，生活原本就是一系列本源性的活动，而一切主体性、客体性的“存在者”观念都是以这些本源性的活动为基础建构起来的。这些本源性的活动亦即“去生活”之活动，因此生活儒学中确实包含“去”优先于“是”的观念。

按照黄玉顺的说法，这种不以“是什么”为优先而以本源性的活动为优先的观念也存在于先秦儒学中。他指出，孔孟所讲的仁，并不是宋明理学家诠释下的包含万理的、形而上的本体之仁或德性之仁，而是一种最原初的爱的情感[②]，而一切理、义、本体、德性等观念都是以本真的仁爱情感为基础建构起来的。需要指出的是，本真的情感乃是现实发生的活动，而不是一个关系性概念。爱者、被爱者以及他们之间的关系，是以爱这一情感活动为基础的。只有“去爱”，爱者与被爱者才会产生，两者之间的“爱的关系”才会被给出。因此，孔孟以本真情感为本源，就是认可情感活动的优先性，认可“去”的优先性。

其实，在《论语》中，孔子关于“知”的很多论述都表明，孔子并不认为人们安身立命要以某种“是什么”的回答为根基。孔子非常重视“知”，他经常要求弟子们知礼、知言、知德、知己、知人、知天命。虽然孔子所说的对上述事物的“知”未必等同于对其“是什么”的认知，但肯定包含认知。问题是，孔子不仅重视“知”，他也特别重视“不知”。例如，他曾告诫子路：“知之为知之，不知为不知”[③]，“君子于其所不知，盖阙如也”[④]。孔子认为，人们应诚实、坦然地面对自己的不知。

---

① 黄玉顺：《爱与思——生活儒学的观念》，四川大学出版社 2006 年版，第 69 页。

② 这里所谓的情感，也就是古人所谓的“情”，它囊括所有的情绪、感情，而不单纯指稳定的、深刻的感情。按照黄玉顺的分析，孔子的仁爱观念至少包含两个情感维度：在情感的强度上，从微弱的关心到最深沉的爱都是仁。在情感的方向上，仁既可以是爱己，也可以是爱他人。参见黄玉顺：《爱与思——生活儒学的观念》，第 82 页；《荀子的社会正义理论》，《社会科学研究》2012 年第3 期。

③ 《论语・为政》。

④ 《论语・子路》。

不知而又能诚实、坦然地面对,说明有所不知并不妨害人们内心深处的安宁。可能有人会说,这里所谈论的"不知",其对象或许与人的生命存在及其意义没有直接的关系,所以对其有所不知并不影响人们关于生命和生活的信念。若单就孔子劝诫子路的这两句话,这种解释当然不无道理。但若联系孔子关于"知"的其他论述,我们便知道,对于任何"认知",孔子的态度都是一贯的。

"天命"显然与人的安身立命有着密切的关联。按照通常的理解,一个人若不能"知天命",他就无法确定自己的努力是否得当,因而他的人生方向、生存意义就会动摇。但事实并非如此。孔子曾说自己"四十而不惑,五十而知天命"①。如果"知天命"是人安身立命的基础,孔子何以在不知天命之时,就能"不惑"呢?按照朱子的解释,孔子所不惑的是"事物之所当然"——关于事物的知识;而天命则是"天道之流行而赋于物者,乃事物所以当然之故"——本体。② 由于两者属于不同层次的观念,因此"不惑"于前者,并不妨害"不知"后者。但这种解释存在两个问题:首先,孔子真的认为自己对于"事物之所当然"无所不知吗?显然不是。孔子自己就曾说,由于"文献不足"③,他对夏礼、殷礼的很多情况不能证实。可见,孔子并不认为自己在知识上"不惑"。其次,"事物所以当然之故",不过是对"事物之当然"的进一步追问,以孔子之好学善思,他会在"知其然,不知其所以然"的情况下,说自己不惑吗?所以,孔子所"不惑"的,一定不是关于事物"是什么"的认识。那么,他所"不惑"的是什么?孔子曾说"知者不惑"④,这里的"知"指的不是"知识",而是"智慧"。由此我们可以推测,孔子在40岁时,虽然对很多知识有所不知,但他却获得了一种智慧,可以使他面对生活而无所疑惑。这种智慧应该就是安身立命的智慧。一个人若能安身立命,他虽对很多东西无所知,也可以坦然地去求知,这种坦然,就是积极地面对生命、面对生活。因此,孔子的人生经历说明,在安身立命的问题上,人们是可以"不知而无惑"的。所以,"知天命"并不是人们安身立命的前提。反过来,若以"知天命"为本,有可能会妨害人们积极地面对生命和生活。或许正因为如此,孔子才很少对弟子们讲天道、天命之事。

也许有人说,"仁"是孔子思想中的核心观念,因此与人的安身立命最相关的应当是"仁"而不是"天命"。所以,只要人们能够"知仁",虽不知"天命"亦对安身立命没有妨害。而且《论语》中确实有关于"知仁"的记载。《论语·里仁》篇记载了孔子的一句话:"人之过,各于其党。观过,斯知仁矣。"这说明孔子不

---

① 《论语·为政》。
② (宋)朱熹撰:《四书章句集注·论语集注·学而》,中华书局1983年版,第54页。
③ 《论语·八佾》。
④ 《论语·子罕》。

但希望人们能够“知仁”，而且给出了“知仁”的方法。不过，孔子真的认为仁可“知”吗？在《论语》中，关于仁可“知”的记载只有这一处。更多的记载是，当孔子被问到某人的言行是否合乎仁时，孔子都回答“不知其仁”①。如果仁是一个可“知”的标准，孔子完全可以明确地指出某人是否合乎仁，但他为什么总说“不知”呢？按照通常的解释，这是孔子不轻易褒贬人，他实际是作了委婉的否定回答。但这些被问到的都是孔子的学生，孔子曾多次明确地评价自己的学生，如说颜回“其心三月不违仁”，说宰我“不仁也”。② 所以孔子根本没必要为自己的学生避讳。更重要的是，原宪有一次问孔子：“克、伐、怨、欲，不行焉，可以为仁矣？”孔子回答说：“可以为难矣，仁则吾不知也。”原宪并没有问某人是否合乎仁，而是问某种行为准则是否合乎仁，孔子还是做了同样的回答。可见孔子的回答不是为了避讳批评某人，而是要指出，仁是不能用某种准则来衡量的，或者说，仁是不可“知”的。可是，《论语》中不是明确记载了孔子的话“观过，斯知仁矣”吗？难道孔子讲了矛盾的话？其实，孔子并没有讲矛盾的话，这句“观过，斯知仁矣”中的“仁”实际是“人”的误写。③ 在此不必引述学者们的相关考证，很明显，“观过，斯知人矣”与前文“人之过，各于其党”在整句话的含义上更相吻合。因此，孔子不仅没讲过“知仁”，而且他还反对“知”仁。

仁之不可“知”，正好与上文将孔子之仁理解为最原初的情感活动相印证。仁当然可以被诠释为伦理上的德性，也可以被诠释为形而上的本体，但从最原初的意义上讲，仁不是“爱他人”的道德规范，不是万理之统一体的形上本体，而是“去爱”“去关心”的情感活动。这种情感活动是先于“是什么”的原初活动，因此它不可“知”。或许有人会说，很多哲学家不是也宣称形上本体是不可“知”的吗？为什么孔子所讲的最原初意义上的仁不是宋儒所讲的本体呢？如果我们仔细对比《论语》文本与宋儒的诠释，就会发现孔子所讲的仁就是人人都能感受到的本真的恻隐、不忍、不安之心，而不是带有神秘色彩的、蕴含万理的宇宙本体。不过，我不想在此作细致的文本梳理，我想指出的是，相比情感活动与本体，前者真正符合“不可知”的精神。这是因为，本体观念本身就包含着一个“是什么”的规定，亦即“本体是终极存在者”。终极存在者是不可经验的，在这个意义上，人们不能像认识具体事物那样去认识它，这就是有些哲学家所讲的本体之不可知。但这些哲学家并没有否认关于本体的两种知：一是本体这个终极存在者存在；二是这个终极存在者是什么，比如是仁、是天理，等等。现在的问题是，这两种知是怎么做出的呢？我们怎么能确定这两种知不是人们的“猜想”

---

① 《论语·公冶长》。

② 《论语·雍也》。

③ 杨伯峻：《论语译注》，中华书局 1980 年版，第 37 页。

呢？所以真正彻底的不可知者，并不敢确定地宣称本体存在以及什么是本体。

如果将“仁”理解为原初的情感活动，则不存在这样的问题。这原初的活动就像一盏灯、一束光，我们本着它所遭遇并且照亮的，去建构对事物、对我们自己的认识。我们无法确定在这灯、这光之前是否有物存在，也无法确定在不同的光照之下，事物是否一直以同样的方式呈现。我们唯一能够确定的是，我们关于事物的一切观念都源于光照的活动。并且我们只能说，没有光照的活动，我们面对的将是一片黑暗、一片混沌、一片沉寂。但我们没法确定，只要没有光照，便是“虚无”，便是“一无所有”。这是原初活动与本体的一大区别。本体作为最终极的存在者，它不存在便无物存在。而原初活动不是终极存在者，它只是一“照亮”的活动，它使存在者呈现。存在者的呈现过程就是回答“是什么”的过程，也就是猜想和假说建构的过程。所以，一切存在者都是假说的产物，但这照亮活动本身却先于一切假说。因此原初的活动不是假说，不是“存在者”，也就真正的不可“知”（当然，如果我们要将这原初活动作为“存在者”加以说明，这一切说明都是假说）。可见，将仁理解为原初的情感活动，才真正地贯彻了孔子“不知其仁”的精神。

既然在孔子那里，仁乃是一原初的去爱、去关心的情感活动，这也就证明孔子实是主张人的安身立命乃是源于“去”这一原初的活动，而不是以任何“是什么”的回答为基础的。既然仁——去爱、去关心——是人安身立命的源泉，而一切关于“是什么”的知识都是假说，那我们就应该立足于“仁”这一情感活动，以“择善而从”的心态面对一切知识，坦然地面对自己的“不知”，根据生活中的问题积极地去建构知识。这或许就是孔子“不惑”的智慧。

有人或许还会说，孔子明确讲过：“盖有不知而作之者，我无是也。”[①]这不分明是说，孔子的一切作为皆以“知”为前提吗？须知，孔子在这里强调“知”，是为了批评有些人的无知妄作。这里的“作”，不是本文着重论述的优先于“是什么”的“去生活”的原初活动，而是后于“是什么”的“去生活”的行为。对后者而言，接受“知”的指导是明智的，否则就是“妄作”。但即便是“妄作”，也不意味着行为主体对生命存在及其意义有所质疑，有时候一时的“妄作”恰恰是积极面对生命和享受生活的表现。此外，孔子虽强调“知”指导行为的重要性，但他并没有说存在着关于事物的终极的、永恒的知识。孔子在这句话之后紧接着讲道：“多闻，择其善者而从之；多见而识之，知之次也。”这句话非常重要。它首先表明孔子自己虽然“知而后作”，但他的“知”也是通过多闻、多见这种“次等”的方式“学”来的，而不是通过“生而知之”这种“上等”的方式天赋的。[②] 其次，这句话也

① 《论语·述而》。

② 杨伯峻：《论语译注》，第 74 页。

表明，孔子对待“知”，实是采取“择善而从”的态度，他看重的是“知”的善与不善——有效性，即在各种相关的知识中，选择对解决问题最有效的知识即可。孔子对待“知”的这种“择善而从”的态度，和上文以有效性对待一切理论或“假说”的态度是吻合的。孔子虽然没说一切“知”都是“猜想”或“假说”，但他却指出他所获得的“知”皆源于“闻见”——后天经验。如果我们认可“闻见之知”的局限性，再参考“择善而从”的态度，便完全可以推测，孔子并不期求“知”之普遍、永恒的“真”。既如此，孔子更不会把某种永恒的“知”看作人们安身立命的前提了。

那么，孔子是如何领会“去”这一原初活动的呢？《论语》中有一句话，通常被看作孔子的见道之言，即“子在川上曰：‘逝者如斯夫！不舍昼夜。’”[①]在宋儒看来，孔子所领悟的“变化不息”的“道”乃是形而上的本体。[②] 然而上文讲过，“本体”并不是孔子哲学中最优先的观念，“去生活”的原初活动才是最优先的，才是孔子领会到的最根本的智慧，而“本体”不过是基于“去”之原初活动的假说。所以，孔子从天地运行的现象中领会的应该是“去”这种原初活动的情形。事实上，孔子从天地变化中领会到的不是死寂中反复的变化，而是“生生不息”，是推陈出新的活动。此即孔子所说的：“天何言哉？四时行焉，百物生焉，天何言哉？”[③]因此孔子所理解的“去”，不仅仅是一种冰冷的努力，而是充满生意的活动。“去”即是“生”，“生”即“不死”，即是生命的存在。由于生命的这种存在是充满生意的，因此一切对生命意义的积极理解都可由此建构起来。所以孔子确实是将“去”的原初活动理解为生命的本质和安身立命的源泉。这也证实了，上文的假说实是本着孔子的观念而立；并且在“去”优先于“是”的观念上，生活儒学确实与孔子儒学是一致的。

不过，“去”的原初活动为什么会蕴含生意呢？按照孔子的思想，那是因为“仁”。仁——去爱、去关心——是最优先的“去生活”的活动，它的存在保证了一切“去生活”的活动是积极的，是充满生机的。因此我们可以说：去生活，先去爱。

三

就指点人的安身立命而言，孔子儒学和生活儒学是生命哲学；就以仁爱为一切生命意义的保证而言，孔子儒学和生活儒学是仁爱哲学和情感哲学；但无

---

① 《论语·子罕》。

② （宋）朱熹撰：《四书章句集注·论语集注·子罕》，第113页。

③ 《论语·阳货》。

论生命意义的建构还是对仁爱的领会，乃至一切存在者观念的呈现，都要通过“去生活”的原初活动才能实现，就此而言，孔子儒学和生活儒学又是一种实践哲学。

那么，什么是实践哲学？由于不同的哲学家对“实践”观念有不同的理解，因此实践哲学又可以分成很多类别。在亚里士多德那里，“实践”是区别于“理论”与“制作”的人类行为，是以自身为目的的人际行为。在这种意义上，实践哲学主要指伦理学和政治哲学。但在马克思那里，实践不仅指人们的社会交往实践，还包含物质生产实践，这就使实践活动成为与理论活动相对应的概念。因此在马克思这里，实践哲学成为鼓舞“革命”的改变世界的哲学，而不是单纯在理论上“解释”世界的哲学。① 同时，马克思主义的实践哲学还有另外一个特征，即主张实践优先于理论：理论从实践中来，亦要接受实践的检验。所以，马克思主义的实践哲学不仅是提倡践履的哲学，而且是注重实践活动优先性的哲学。西方当代哲学家伽达默尔也将他的“哲学解释学”称为实践哲学，不过，伽达默尔主张的实践“不是一种基于专门能力的生产行为，而是根据实践理性的反思在具体生活实践中自由选择生活可能性的伦理——政治行为或生存行为”②。因此他的实践哲学是试图通过“理解”活动的阐释，使人们摆脱对知识和技术的盲目崇拜，使其服务于人的现实存在和生活的哲学。

中国传统社会虽然没有“实践哲学”这一词汇，但并不缺乏实践哲学思想。首先，儒家思想并不缺乏亚里士多德意义上的实践哲学——伦理学和政治哲学。其次，叶适、陈亮、颜元、李塨倡导的事功儒学、习行儒学与马克思“改造世界”的实践哲学有很大的相似性。再次，宋明儒学中的工夫论也是一种改造“自我”的践履之学。不过，以上三种实践哲学虽均为孔子实践哲学所含，但均未能体现孔子实践哲学的根本方面：“去生活”的原初活动乃是最原初的实践活动，是真正意义上的生命实践。上述伦理实践、政治实践、事功实践、技艺实践和修养实践，只有在生命实践进行的基础上才有可能、才有意义。

上文讲到，人们生活的基本结构是：去生活→认识自我以及我的生活状况→提出生活方案并行动。如果把中间的理解活动也看作一种实践活动，那么，这一过程可以看作三种类型的实践活动的展开过程，即生命实践→理解实践→决策与执行实践。实际上，这三种实践活动并非完全是顺次进行的，“去生活”的原初实践活动并不会因理解实践和决策、执行实践的展开而中止，它一直在进行着。如果原初的“去生活”的实践不再进行，这说明主体对生命已经绝望，在这种情况下，理解实践和执行实践便会立刻因失去意义而中止。这就犹

① 参见徐长福：《何谓实践哲学》，《理论与现代化》2007年第4期。

② 张能为：《伽达默尔的解释学与实践哲学》，《安徽大学学报》(哲学社会科学版)2011年第5期。

如光线在照亮黑暗时,它不仅揭示了主客体存在者的样态,使主体能够清楚地认识自己以及自己周遭的世界,而且为主体在照亮的世界中活动提供了方便。但在这整个过程中,光线一直存在,光线照亮的活动没有中止。一旦光线消失,照亮的世界便会消失,主体根据世界状况而安排的活动也就无法进行。因此,在观念上,我们可以理解为,生命实践始终作为背景支持着理解实践和决策、执行实践。那么,生活实践的基本结构应该表述为:

生命实践→理解实践/生命实践→决策、执行实践/生命实践

这里有必要对三种实践活动作进一步的说明。

生命实践乃是最原初的实践活动,它是生命的本性。人的生命活动本身会要求——或者生命活动的延续遇到阻碍时也会要求——人们进行理解实践,从而认识人们自己以及外在世界,创造关于自我和世界的各种理论和知识,进而要求人们根据这些理论和知识,通过现实的谋划和行动——决策、执行实践——清除生命实践的障碍或创造有利于生命实践延续的条件。生命实践不是主体内心的积极生活的信念,一切信念都是建立在理解实践的基础上的。生命实践是先于一切理解活动的,它可以是本真的情感活动,也可以是由本真的情感活动而直接引发的行为。饥而求饱、寒而求暖等基本的生存行为都是生命实践活动。但是,人的生命实践也不纯粹是基于动物本能的生存行为,它本身也是意义指向性行为。也就是说,人的生命实践本身包含着两种动机,一种是维持生命存在的动机,一种是探寻生命存在之意义的动机。这就是为什么,人不满足于将求饱、求暖等生存行为单纯地理解为动物性行为,而更愿意将其理解为意义观照下的行为。仿佛若不是为了实现某种意义,根本没必要打理这副臭皮囊。不过,人的生命实践虽要求建构“意义”,要求将生存活动纳入意义之中,但这并不意味着人的意义性存在可以凌驾于动物性存在之上,从而藐视动物性存在。因为极有可能,人的探求意义的动机是服务于生存动机的,若真如此,人的意义性存在不过是为了使“人”这种生命生存得更久。就此而言,“生命意义”并不是多么神秘的东西,它不过是大自然创造的高级生存机制而已。人只不过是幸运地拥有这样的生命机制。

理解实践是在生命实践的基础上对一切“是什么”的问题作出回答的活动,通过理解实践,人们才能真正地建立对自己、世界万物以及生存意义的认识。当然这些认识,并不是终极的“真”,而只是关于存在者的一系列假说,虽然这些假说不纯粹是主观的臆造,但其本质上是对存在者的理解性创造。因此可以说,理解实践最终使存在者诞生。被伽达默尔视为实践哲学的“哲学解释学”和本文讨论的理解实践有很大的相似性。上文讲过,伽达默尔所理解的实践,本质上就是一种理解实践。不仅如此,他还进一步指出,理解活动的目的不是,也

不能彻底地阐明事物本身，理解活动是以回答问题为导向的，其目的是解决生活中的问题。因此理解本身即包含着“应用”：“应用就不仅仅是某种对理解的‘应用’，它恰恰是理解本身的真正核心。”①此外，通过理解活动，理解主体与理解对象也会重新生成。以日常讨论为例，伽达默尔指出：“讨论的参加者彼此都是一些富于变化的存在物。人们带着各自的视界开始了讨论，这些视界在发生着改变，而讨论者也因此改变着自己本身。”②不过，本文所谓的理解实践与伽达默尔的不同在于，伽达默尔所论述的理解活动是纯粹的理性活动，而本文则认为，理解实践永远是情感基础上的理性活动，或者说是伴随着情感的理性活动。这是因为理解实践的运行总要以生命实践的运行作为背景，而生命实践首先表现为情感活动。若没有情感活动或生命实践作为基础，理解实践就会失去动力，从而不得不中止。所以，理解固然需要理性，但情感是理解活动的终极指挥棒。至于理性的运行为什么总是伴随着情感，这在现实生活中是否是真实的，本文不对此作进一步的论证，有意者可以关注近代以来情感主义哲学家的著作。

决策、执行实践就是根据理解实践得出的知识，给出行动方案并执行。不过，决策、执行实践虽然依照理解实践给出知识进行，但决策、执行活动的终极动力并非来自理解，而是来自情感，或者说来自生命实践。从根本上来看，生命实践敦促人们将理解的结果应用于决策和行动。同时，决策、执行实践在运行过程中也随时接受来自生命实践的命令。生命实践作为决策、执行实践的背景，随时在幕后观察着一切，当发现决策、执行实践有可能给生命实践造成风险时，生命实践就会通过情感或由情感直接引发的行为制止决策、执行实践的运行，并要求重新审查理解实践给出的知识。因此，人的某些实践活动，就整个过程而言，似乎只是决策、执行实践，但其实背后永远伴随着生命实践，并穿插着理解实践。正是由于这样的实践机制，生命才能时刻注视一切变化，才不会僵化地固守某种理解，不会沦落成某种理解的奴隶。

以上根据孔子儒学和生活儒学对生命、生活的诠释，揭示并勾勒了一种以生命实践为基础的实践哲学。由于这种实践哲学的基本观念是原本蕴含在孔子思想中的，是顺着孔子所开示的方向演绎的，因此它从属儒家哲学，它是一种实践儒学。这种实践儒学所揭示的生命实践，是真正安身立命的实践，因为它正视生命存在（安身），也正视生命意义（立命）。它承认人的生命存在应滋养在生命意义之中，但并不认为生命意义比生命存在更可贵。正如上文所说的，在人的生命自身的机制中，有可能生命意义的探寻是服务于生命存在的。但有人

---

① ［德］伽达默尔：《科学时代的理性》，薛华等译，国际文化出版公司1988年版，第114页。

② ［德］伽达默尔：《科学时代的理性》，第98页。

可能反对说，孔子所说的“有杀身以成仁，无求生以害仁”，不是指生命存在应服务于生命意义吗？并不是。仁是生命最本真的恻隐之心，这种本真的恻隐之心所揭示的是，一个人的生命与千千万万人的生命是可以连通在一起的。牺牲个人的生命存在，保全众人的生命存在，这正是“仁”这种生命机制的内在要求。它通过成全一个生命的意义，保全众多生命的存在。但“仁”是如何把众多生命关联在一起的呢？这需要另一篇长文作出说明，本文不必讨论。本文虽暂不能给出解释，但这种生命之间的关联性却是我们日常生活中不断发生的经验事实。当然，生命意义作为人的生命实践内在指向的一个重要维度，未必完全从属于生命存在。但没有生命的存在，生命意义亦无从谈起。因此，本文反对为了某种与自我或他人的生命存在无关的意义，而轻视甚至扼杀生命存在。

生命实践要求人们在生命存在的基础上建构生命的意义。然而宋代以降，儒家太过重视生命的意义而轻视生命的存在了。在这种文化氛围中，人们关注得较多的是如何提升心灵的境界，而不是如何拓展生存的境界：人们可以与天地精神往来，却缺乏对周遭的自然世界与社会的深入了解；竭力提升仁义道德，却疏于生存能力的经营。最终，德性日新，而生计日促。这实在是本末倒置，严重偏离了孔子的生生之学。归根结底，是因为儒者们遗忘了原初的“去生活”——生命实践——的优先性，将某种“是什么”的回答——天理、道德本体——看作儒学的基础，从而使儒学成为某种僵化的“真理”，而不是面向生命活动和生活实践的智慧，换句话说，使儒学不再是积极拓展生存境界的实践儒学。这是我们今天要深刻反思的。

论“生活领悟”与“形式显示”之道路

——生活儒学与海德格尔生存论的根本差异*

杨 虎

当代儒家思想家黄玉顺先生建构的“生活儒学”思想体系，是植根于当下生活，以“儒学传统”[①]和东方哲学为主要思想资源和理论言说方式，同时融摄西方现象学建构的一种儒学理论形态。按照黄玉顺先生自己的说法：生活儒学“在总体的致思进路上，是在与现象学——胡塞尔、舍勒尤其是海德格尔的平等对话中展开的”[②]。这其中，生活儒学尤其是与海德格尔生存论有深切的思想因缘。诚然，这是一种“前主体性对话”[③]，但由于人们习惯于以既成的方式把握一切，问题便从“环中”(庄子语)脱落而出，以至于忽视和掩盖了生活儒学与海德格尔的思想差异。有鉴于此，本文不再过多阐明其共通之处，而侧重判释二者的差异之处，从中自可见其各自独立而殊胜的思想意境。为此，本文着眼于生活儒学和海德格尔生存论之如何“有”，从那决定着生活儒学和海德格尔生存论的根本“道路”切入厘定二者的根本差异。如果说，在这一工作之外，还能导出某种致思的可能性道路，那么，虽然它看似超出了，但不仅不是画蛇添足，而且恰恰是本论题隐含的深切意图。

---

* 原载胡骄键、张小星主编：《生活儒学：研究·评论·拓展——第三届“生活儒学”全国学术研讨会论文集》，四川人民出版社 2020 年版。

① 杨虎：《论“儒学传统”与“传统儒学”》，《宁夏社会科学》2018 年第 6 期。

② 黄玉顺：《“生活儒学”导论》，《面向生活本身的儒学——黄玉顺“生活儒学”自选集》，四川大学出版社 2006 年版，第 29 页。

③ 黄玉顺：《前主体性对话：对话与人的解放问题——评哈贝马斯“对话伦理学”》，《江苏行政学院学报》2014 年第 5 期。

一、论题的切入

近些年来,学界关于生活儒学的研究和评论,已经出了许多成果。但是,涉及生活儒学与海德格尔生存论的比较,除了10多年前张志伟先生的评论和黄玉顺先生的回应之外[①],目前尚未见有其他的专题性讨论。因此,笔者将从黄玉顺先生本人的说法切入这一问题的讨论。黄玉顺先生着眼于生活儒学和海德格尔生存论的基础观念亦即“生活”和“生存”,对二者的根本差异作出了如下判断:

> 生活儒学的“生活”观念绝非海德格尔的“生存”概念。海德格尔既然把生存理解为“此在”(Dasein)的生存,那么,此在就先行于生存;他又把此在理解为一个存在者,虽然是一种特殊的存在者;于是,某种存在者就成了生存的前提。这样一来,所谓“生存”也就不再是生活儒学所说的“生活”了。因为:生活儒学之所谓生活,并不是此在的生活,亦即不是任何存在者的生活。这是我尤其要强调的生活儒学的一个基本观念:作为大本大源的生活本身,先行于此在,先行于人,先行于任何存在者。没有生活,就没有任何存在者。[②]

这里主要表达了三层意思。

其一,关于生活“观念”与生存“概念”,这里出现的“概念”和“观念”之不同,并非不经意的语词使用,而是一种自觉的区分。这是因为,黄玉顺先生认为海德格尔哲学语境中的“生存”还是一个关于存在者的存在之界定,而生活儒学视域中的生活并不是存在者化的概念,而是本源的观念,或者说“本源性的生活领悟”。黄玉顺先生专门就“观念”[③]作出了存在论阐释,这里不再作进一步的解释。

其二,此在的生存论进路与“存在论区分”是自相抵牾的。海德格尔说:“我们必须搞清楚存在与存在者之间的区别。这一区别不是随意做出的,它毋宁是那样一种区别,借之可以首先获得存在论乃至哲学自身的主题。它是一种首先

---

① 参见张志伟:《关于海德格尔与中国哲学之间关系的几点思考——对黄玉顺〈生活儒学导论〉的批评》,《四川大学学报》(哲学社会科学版)2005年第3期;黄玉顺:《论生活儒学与海德格尔思想——答张志伟教授》,《四川大学学报》(哲学社会科学版)2005年第4期。

② 黄玉顺:《论生活儒学与海德格尔思想——答张志伟教授》,《四川大学学报》(哲学社会科学版)2005年第4期。

③ 黄玉顺:《汉语“观念”论》,《爱与思——生活儒学的观念》(增补本),四川人民出版社2017年版,第187页。

构成了存在论的东西。我们称之为存在论差异，亦即存在与存在者之间的区分。”[①]海德格尔认为，“存在论区分”是存在论的首要环节，存在不同于存在者，因此不能以把握存在者的方式把握存在本身，但他又冀图通过以“此在”为存在特征的“特殊的存在者”重新发问存在问题，这就是此在的生存论进路。

其三，生活儒学的基础观念是生活本身，生活本身先行于一切人和物的观念，这与海德格尔揭明存在本身为存在者奠基的意图是一致的。但生活本身的开显并不依赖于任何存在者的生活，生活本身乃是先行于一切主体性和存在者观念的“非人的生活”[②]，这与海德格尔从“人的生存”逼显存在意义的生存论进路是不同的。

应当说，黄玉顺先生的概括是非常精练的，但也由此容易给人一种过于简单化的印象——好像只是在“生活”和“生存”的观念构造上甚至仅仅是在语言表达上做文章？实际上，关于生活本身的“生活本源论”[③]，黄玉顺先生作出了系统的存在论描述，在其中可以看出与生存论进路的不同，但这一工作往往受到忽视而难以作为具体论证出场。所以，集中于“生活”和“生存”的诠释厘定生活儒学和海德格尔生存论的根本差异，这一方式的实际领受效应是非常有限的。有鉴于此，我们不妨从生活儒学和海德格尔生存论的根本“道路”出发，以期更加有效地领受二者的根本差异。

笔者这一想法受到了海德格尔的启发，海德格尔中后期特别强调“道路”“路”，尤其是“语言”的“道路”：“语言是存在之家，因为作为道说的语言乃是大道之方式。”[④]其实，这也适用于海德格尔前期思想，例如我们下文将要展现的“形式显示”也是某种“道说”的方式。因为现象学乃是“让人从显现的东西本身那里如它从其本身所显现的那样来看它”[⑤]，而通过“形式显示”的“概念”(语言)，就旨在把先行于人对“现象”的“异己化”、对象化把握方式的原创经验显示出来。在东方思想意境中，道路之为道—路，包含了“说”和“路”的意味，道以“自说自话”的方式开辟着自身的“路”，这与海德格尔说语言是大道的运作有异曲同工之妙。我们这里不对语言(道说)作专题讨论，而仅仅从“道路”作为“道”的运作方式说明，道以道路的方式展现自身，道路不断地构成着道，道路是思想与方法的相应构成；道路既是观念的进路，也是生活的衍流，道路是生活与观念的自身同一。

---

① [德]海德格尔：《现象学之基本问题》，丁耘译，上海译文出版社2008年版，第19页。

② 杨虎：《别具一格的“非人的生活”——评生活儒学对“生活”与“人的生活”之区分》，杨永明主编：《当代儒学》第4辑，广西师范大学出版社2013年版，第193～206页。

③ 黄玉顺：《生活本源论》，《爱与思——生活儒学的观念》(增补本)，第187页。

④ [德]海德格尔：《在通向语言的途中》，孙周兴译，商务印书馆2004年版，第269页。

⑤ [德]海德格尔：《存在与时间》(修订译本)，陈嘉映、王庆节合译，三联书店2006年版，第41页。

二、生活儒学和海德格尔生存论的根本“道路”

如果说，生活儒学的根本道路是“生活领悟”，那么，海德格尔生存论的根本道路则是“形式显示”。

(一)生活领悟：生活儒学的根本“道路”

在生活儒学语境中，“生活领悟”是可以与“生活本身”等同使用的观念，因为“生活本身”并不是某种实体和物化的东西，即是指本源的生活领悟：“生活显示为生活感悟——显示为生活情感、生活领悟。”[①]生活本身显现为生活领悟，这决定了生活领悟的本源性，亦即生活领悟并非我们对生活的对象化把握和理解，而即是生活的自身显示。本源的生活领悟是情感性的，所以又称之为“生活情感”，这是生活儒学的根本“道路”。

首先，生活领悟既是生活儒学的基础观念，也是生活儒学观念系统赖以展开的根本方法。生活儒学认为：“生活即是存在，生活之外别无所谓存在”[②]，对存在问题的追问不能脱离生活，但生活不是物化的东西，如果以一种主客化的方式把握和理解，恰恰是对生活本身、存在本身的遮蔽，这就需要一种生活自身开显的方式，我们用“生活领悟”这一观念来表达。就其奠基性作用而言，生活领悟必然是超越主客架构，超越对象化认知的，正如黄玉顺先生所说：“生活领悟不是一种所谓‘认识’，因为认识总是在‘主—客’架构下才能发生的事情，然而生活领悟先行于‘主—客’架构。认识总是对存在者的认识，而生活领悟却是对存在本身的领悟。”[③]“生活领悟”描述的是，把握生活本身、存在本身的唯一方式，就是生活本身的自身领悟。然而，这么说反倒会带出很多疑问，其中最关键的是，我们关于生活的日常领悟与生活儒学所说的本源生活领悟是一回事吗？对这一问题的回答就包含在对生活领悟之为生活儒学观念系统展开之根本方法的揭明中。

生活儒学的观念系统是由“观念的层级”撑开的，笔者曾经指出，所谓观念的层级，其实就是“生活领悟的层级性显现”[④]，或者说“生活领悟的层级性观

---

① 黄玉顺：《论生活儒学与海德格尔思想——答张志伟教授》，《四川大学学报》(哲学社会科学版)2005年第4期。

② 黄玉顺：《生活本源论》，《爱与思——生活儒学的观念》(增补本)，第220页。

③ 黄玉顺：《爱与思——生活儒学的观念》(增补本)，第45页。

④ 杨虎：《论易学哲学的现代转型》，《中州学刊》2017年第8期。

念"[①]。生活儒学提出：

> 我们全部的观念，全部的精神生活，倒不外乎这样的观念层级：
>
> 一般的表达：存在→形而上存在者→形而下存在者
>
> 儒家的表达：生活情感→形上之性→形下之情[②]

我们将会在下文看到，生活儒学的观念系统就是按照这三个层级展开的，无论是本源生活、存在本身，还是形而上存在者和形而下存在者都是生活本身的层级性显现，是生活领悟的层级性观念。以儒家情感论进路为例，本源的仁爱情感是本源层级的生活领悟，仁体、仁性这样的观念表达的是形而上层级的生活领悟，道德情感、道德意识则属于形而下层级的生活领悟。如果说，一切观念都是生活领悟的展开样式，那么，我们关于生活的日常领悟也是生活领悟的一种展开样式。例如，我们关于道德生活、伦理生活的领悟就是一种形而下层级的生活领悟，在狭义的语境中说，这自然不同于本源的生活领悟，却不能说二者完全不相干。一切关于生活的领悟皆以本源的生活领悟为基础，反过来说，本源的生活领悟又展现在各种生活领悟之中。

其次，生活领悟既是观念的事情，也是生活的事情，一切生活都是观念（领悟）的事情，而一切观念（领悟）也都是生活的事情。既然我们关于生活的日常领悟属于生活领悟的某个层级和样式，则"生活领悟"这一观念就不是一个单纯理论化的"概念"，而是有其真实生活牵引意义的观念。在此，笔者援引章太炎先生在谈到一个与本文论题并不相干但其所透显的深刻意味却是至关重要的说法："于概念中，立真如名，不立神名。非斤斤于符号之差殊，由其有执、无执异尔。"[③]章太炎先生指出，从表面上看，佛家之"真如"与神性化宗教之"神"好像只是名相、言辞的区别，但其实不然，这里体现的乃是"无执"与"有执"的根本差异。如果用生活儒学的方式来说，这里的"无执"和"执"想要表达的乃是无执的生活方式、生活境界和有执的生活方式、生活境界。关于生活领悟，我们也要如此体会其深刻意味，它不是单纯理论化的事情，而是属于生活本身的事情。在这个意义上说，生活领悟就体现在生活的"事件与自觉"[④]中，如果说，有何种生活样态就有何种生活领悟，那么，也可以反过来说，有何种生活领悟就有何种生

---

① 杨虎：《论变易的三重显现：不易·简易·交易——黄玉顺"变易本体论"的一种启示》，杨永明主编：《当代儒学》第11辑，广西师范大学出版社2017年版，第266～276页。

② 黄玉顺：《爱与思——生活儒学的观念》（增补本），第50页。

③ 章太炎：《建立宗教论》，姜义华编：《中国近代思想家文库·章太炎卷》，中国人民大学出版社2015年版，第163页。

④ 黄玉顺：《事件与自觉：生活与儒学——谈民族性与现代性问题》，《儒学与生活——"生活儒学"论稿》，四川大学出版社2009年版，第302页。

活样态。即便从主体性存在者来说也是如此,人的生活总是关乎某种生活领悟的,其或远或近、或真或假,人总是以这样或那样的方式领悟和演历自己的生活。

(二)形式显示:海德格尔生存论的根本“道路”

海德格尔生存论的根本道路是“形式显示”。关于海德格尔的“形式显示”及其与生存论思想的关系,张祥龙先生指出:“形式显示是理解海德格尔哲学的方法论钥匙。为了应对那托普对现象学反思方法的批评,海德格尔摒弃了事后反思的方法,继承和深化了胡塞尔以时晕及时流为根的发生学的思路。”[①]张祥龙先生从海德格尔应对现象学方法的反思性困境出发,对海德格尔的“形式显示”思路及其对于前期生存论进路所起到的关键作用作了系统阐释。孙周兴先生选编、节译了海德格尔早期关于“形式显示”的相关论述,并作了集中的引论,其中有两点是至关重要的:第一,海德格尔关于“前理论的东西”的区分,它包括“原始的东西”和“真正的体验世界”[②];第二,揭明这些“东西”的方法是“形式显示”或者说“形式显示着的概念”[③]。通过形式显示的概念把人的具体生存处境及其机制“显示”和“发动”起来,就是形式显示的道路,这决定了海德格尔早期走向此在的生存论之必然性,这里作出如下几点说明:

首先,形式显示在思想与方法“之间”。根据张祥龙先生的考辨,那托普认为胡塞尔现象学的“反思性描述”截断了现象学体验之流,为了赢获“前反思性”的体验,海德格尔的思路是:“找到那样一种人类的原初体验,这种体验本身就是可领会的,也就是无须事后的、体验流之外的反思就可以得到理解,而且还可以得到语言的表达。”[④]这种体验的表达方式便是形式显示的概念,例如海德格尔所使用的实际性、实际生活经验、此在、生存等。鉴于海德格尔对“方法”的警惕,一如他对“理论”(理论物)的警惕,我们说“形式显示”在思想与方法“之间”,与其说它是关于某种“思想理论”的“方法”,毋宁说它是生命实际的“道路”。

其次,形式显示在观念与生活“之间”。在海德格尔看来,现象学对现象的阐明必须从形式显示的方法入手,因为“现象本身就只能在形式上得到显示”[⑤]。但是,海德格尔指出,以往对现象的“形式化”把握方式仍然是一种非本真的“关

---

① 张祥龙:《海德格尔的形式显示方法和〈存在与时间〉》,《中国高校社会科学》2014 年第 1 期。

② [德]海德格尔:《形式显示的现象学:海德格尔早期弗莱堡文选》,孙周兴编译,同济大学出版社 2004 年版,第 18 页。

③ [德]海德格尔:《形式显示的现象学:海德格尔早期弗莱堡文选》,“编者前言”第 8 页。

④ 张祥龙:《海德格尔的形式显示方法和〈存在与时间〉》,《中国高校社会科学》2014 年第 1 期。

⑤ [德]海德格尔:《形式显示的现象学:海德格尔早期弗莱堡文选》,第 72 页。

联意义”,并且遮蔽了“原始的实行”[①]。与之不同,形式显示就是要揭明前理论化的“关联”并将其保持在“实行”中。因此,一般地说,形式显示也包含一种现象学的“指引—充实”结构,分解地说,“关联”属于“指引”,而其“实行”则是一种“充实”,正如海德格尔早期所说:“‘形式’给出践行的‘开始特性’,导致对所指示的东西进行原始的充实。”[②]海德格尔认为,传统哲学追求普遍之物的“普遍化”进路掩盖了具体的处境,例如关于历史的普遍本质掩盖了生命实际的历史性,关于存在者之区划遮蔽了存在的意义。借助胡塞尔关于“总体化”与“形式化”的区分,海德格尔指出,“总体化”是指“种类的普遍化”[③],例如从“红”到“颜色”再到“感性性质”,就是一种类的普遍化。这其实就是一种从具体概念到普遍范畴的级序上升,它是依照事实的种类进行的。与之不同,“形式化”并不取决于事实的种类,例如我们说“普遍性质”,这不是通过级序上升得出的,而是在意向指涉、立义行为中“构形”的。海德格尔认为,无论是“总体化”的“排序”还是“形式化”的“构形”,都是一种普遍化,前者是直接性的,后者是间接性的。因此,海德格尔进一步提出:“在‘形式显示’中,‘形式的’一词的含义是更为原始的。……它在合乎姿态的理论因素之外。”[④]形式显示在于解开掩盖生命实际的理论化倾向,而在“实行”中揭明现象的“关联意义”。海德格尔对“实行”的强调,凸显了形式显示在观念与生活“之间”的特征,既借鉴了“形式化”的“形式关联”方向,又强调其具体的、亲身性的“实行”意义。例如,“生存”这样的形式显示概念,就是显示人与自己的“关联意义”,显示自己作为一种“能在”的处境,这一关联意义的“实行”,就是个体之人“去经历”自己的存在。

最后,海德格尔的形式显示道路必然导出其前期的生存论。海德格尔提出,在体验中的“前理论的东西”包括“原始的东西”和“真正的体验世界”,孙周兴先生指出:“这个‘前理论的’‘前世界的’‘原始的东西’毫无疑问就是他后来所思所言的‘存在’”[⑤],而“世界性质的东西”则是属于实际生命体验,海德格尔称之为“实际生活经验”或者“实际性”[⑥],等同于后来使用的“此在”概念,这些都是形式显示的概念。如果说,前者是对“存在意义”的追问,后者则是对“生命实际”的追问,对这两者的追问便构成了海德格尔前期思想的主题,而最终汇聚在《存在与时间》之中。通过形式显示的道路,对存在意义的追问便通过生命实际

---

① [德]海德格尔:《形式显示的现象学:海德格尔早期弗莱堡文选》,第 69 页。

② [德]海德格尔:《对亚里士多德的现象学解释——现象学研究导论》,赵卫国译,华夏出版社 2012 年版,第 31 页。

③ [德]海德格尔:《形式显示的现象学:海德格尔早期弗莱堡文选》,第 67 页。

④ [德]海德格尔:《形式显示的现象学:海德格尔早期弗莱堡文选》,第 69 页。

⑤ [德]海德格尔:《形式显示的现象学:海德格尔早期弗莱堡文选》,“编者前言”第 4 页。

⑥ [德]海德格尔:《存在论:实际性的解释学》,何卫平译,人民出版社 2009 年版,第 1 页。

的发问进行。海德格尔后来指出,这一发问的不同寻常之处在于,其所问乃是其自身的存在,它是亲身性的、个体性的生活“实行”。在此之前,海德格尔便说:“实际性是用来表示‘我们的’‘本己的’此在的存在特征。”[①]此在作为实际生活经验是亲身经历自身者,此在的存在特征乃是一种“向来我属的性质”[②]。如果说,对存在意义的追问不能像对存在者的追问那样,必须通由此在、实际性的生存显示;那么,此在的生存论之存在论进路就是不可避免的,所以海德格尔早期把存在论界定为“实际性的解释学”[③]。海德格尔一方面讲“存在论区分”,一方面又讲“解释学循环”,这一“循环”从根本上说便是“此在的生存”与“存在本身”之循环。海德格尔宣称:“决定性的事情不是从循环中脱身,而是依照正确的方式进入这个循环。”[④]由此,此在的生存领会之“先行”就是不可避免的。

(三)“生活领悟”与“形式显示”的根本差异

从以上对生活领悟和形式显示的勾勒可以看出,二者在致思方向上具有共通性,可以概括为:二者都旨在揭明前物化和前认知化的原初生活状态,它先行于各种物化、存在者化的生活理解和把握方式,因此,所谓“揭明”即是让原初生活状态以自身领悟、自身解释的方式显示出来。在生活儒学,原初的生活状态被表达为“生活本身的本源情境”[⑤],本源生活情境以生活领悟自身的方式显示出来:本源的生活领悟是“先行于任何存在者的本源情境中的事情”[⑥];在海德格尔,原初的生活状态被表达为此在、“实际生活经验”,它以形式显现的方式进行自身领会和自我解释的活动。不过,生活领悟和形式显示道路仍然有其根本性的差异,主要表现为三个递进的思想环节。

首先,本源的生活领悟并非有待于“人”或者说某种存在者的先行领会,而形式显示体现在“人”的生存领会和生存结构中。

黄玉顺先生之所以不赞同海德格尔的生存论进路正是基于这一理由:“生活作为真正的本源的事情,绝不是‘谁的生活’,不是任何主体性的人的生活。主体性的‘谁’是生活本身‘给出’的,而不是相反。”[⑦]生活儒学强调生活本身的前主体性特征,生活领悟自身的方式并不通由某种存在者的生存领会进行,不

---

① [德]海德格尔:《存在论:实际性的解释学》,第 7 页。
② [德]海德格尔:《存在与时间》(修订译本),第 50 页。
③ [德]海德格尔:《存在论:实际性的解释学》,第 5 页。
④ [德]海德格尔:《存在与时间》(修订译本),第 179 页。
⑤ 黄玉顺:《生活本源论》,《爱与思——生活儒学的观念》(增补本),第 233 页。
⑥ 黄玉顺:《汉语“观念”论》,《爱与思——生活儒学的观念》(增补本),第 206 页。
⑦ 黄玉顺:《论生活儒学与海德格尔思想——答张志伟教授》,《四川大学学报》(哲学社会科学版)2005 年第 4 期。

是此在的生存领会，而此在这一形式显示的概念确实凸显了人与自己的存在之“关联”和“实行”意义，这是一种以先行把握某种存在者的存在逼显存在本身、生活本身的方式。

我们说生活领悟乃是“生活领悟自身”，一种质疑便随之而来：如果不通过人的亲身性领悟，我们是如何领悟到“生活本身”的呢？我们可以通过两种发问方式的比较来说明这一点。第一种发问方式是：如何领悟生活本身？于是，问题便又可以分解为：第一，“谁”在领悟？第二，领悟到了“什么”？这一发问结构就是：谁→领悟→什么？那么，这里就是一种主客式的把握方式，就遮蔽了原初的生活领悟。第二种发问方式是：生活如何领悟？这里的把握方式不以“谁”在领悟为先行，生活领悟不是某种主体性存在者对生活之“什么”的把握。这里存在着一种“观法”的问题，用佛家式的表达方式说，本源的生活领悟是“无分别智”，亦即我们关于生活的领悟，其实就是“生活领悟自身”，自其不同“观法”说罢了。

其次，生活领悟是先行于一切“关系”或者“关联”的作为“无化之境”的生活本身的自身解释，而形式显示则是某种“关联结构”的自身解释。

不可否认，无论是生活领悟还是作为形式显示概念的生存领会都体现了一种“自身解释”的特征。海德格尔指出，解释不是对事物的专题化把握（理论化认知），而是生存领会的自身筹划、自我言说：“领会在解释中有所领会地占有它所领会的东西。领会在解释中并不成为别的东西，而是成为它自身。在生存论上，解释植根于领会，而不是领会生自解释。解释并非要对被领会的东西有所认知，而是把领会中所筹划的可能性整理出来。”[①]这一解释首先指引着生存处境中的现象之“关联”，包括“周围世界，公共世界，本己世界”[②]，即是人与物、人与人、人与自己的先行关联结构。虽然黄玉顺先生在有些地方使用了诸如“共同生活”这种类似语词来表达，但与之不同，“共同生活”描述的是一种“无分别相”或者说“无化之境”，是“无人”“无物”之境，不是对人与人、人与物之关联结构的先行阐明。这里可以更加直观地展示二者不同的思路：

海德格尔生存论：先行关联结构→主客把握方式

黄玉顺生活儒学：“无化之境”（生活本身）→人的主体性→人物之关系、关联

“→”表示奠基层序和奠基方向，二者有其明显的差异。生活儒学不是通过某种先行关联，而是在“存在观法”上以一种“无物之观”为主—客把握方式奠

---

① [德]海德格尔：《存在与时间》（修订译本），第173页。

② [德]海德格尔：《对亚里士多德的现象学解释——现象学研究导论》，第82页。

基，黄玉顺先生称之为“本源之观”：“生活领悟却是在‘无物’的层级上、在先行于任何存在者的本源情境中的事情。物、存在者恰恰是在这种领悟中才获得生成的可能。在这种本源之观中，我们固然在‘看’，但这并不是认识论意义上的观察，甚至也不是所谓‘现象学的看’。”[①]在这里，尚未出现人和物的观念及其关系结构，人的主体性生成之后，才有“人与人”和“人与物”的关系结构可言。这里的关键区别就在于对“关系”或者“关联”的领悟，海德格尔则视其为“原初经验”的结构，而生活儒学则认为一切“关系”或者“关联”都已然是存在者化的事情，因而对“原初经验”采取了一种彻底的“无化”之“观”。

最后，生活领悟的展现机制是“无间性”意义上的当下性之观念层级的运作，而形式显示的机制则是“时间性”的统一“到时”。[②]

我们前面说过，海德格尔认为存在意义的追问只能从以“此在”为存在特征的存在者之存在进行，而“只要存在进入此在的理解，追问存在的意义就是追问存在本身”[③]。于是，存在的意义就是此在的生存之本根——“操心”之为时间性。海德格尔说：“我们把如此这般作为曾在着的有所当前化的将来而统一起来的现象称作时间性。……时间性绽露为本真的操心的意义。”[④]“生存”“操心”的形式显示机制就是“时间性”，是曾在、将来与当前的绽出和统一到时。与之不同，生活领悟的展现机制并不强调这种回旋式的“统一到时”，而是就“当下性”进行阐明：“所谓‘当下’，其实就是生活儒学所说的‘生活’或者‘存在’之谓。”[⑤]生活领悟的展现机制是当下性的层级性之运作，表现为从生活本身到形而上存在者和形而下存在者的层级性领悟之历程。这与以上所指出的两点差异是相应的，生活儒学的“当下性”即是“无间性”，先行于存在者的时间性领悟，是直下地就“无化”之生活本身而不是以“关联结构”言说之，海德格尔所说的“当前”则是人的时间性领悟，是在其与曾在、将来的“关联结构”中言说之。

三、生活领悟的层级性展现与生存的时间性显示机制

我们以上论述的生活领悟和形式显现道路的根本差异，落脚在生活领悟的层级性展现机制与形式显示的时间性机制，对此的具体阐释也将构成本文开头所说的生活儒学和海德格尔生存论之如何“有”的落脚点。

---

① 黄玉顺：《汉语“观念”论》，《爱与思——生活儒学的观念》（增补本），第206页。

② ［德］海德格尔：《存在与时间》（修订译本），第374页。

③ ［德］海德格尔：《存在与时间》（修订译本），第178页。

④ ［德］海德格尔：《存在与时间》（修订译本），第372页。

⑤ 黄玉顺：《“时间”观念何以可能——从“无间性”到“有间性”》，《河北学刊》2014年第4期。

(一)生存的时间性显示机制

海德格尔的《存在与时间》由两个环节构成,首先是对此在的生存论分析,其次是通过时间性的显示机制"重现"此在的生存论分析,这两个环节凝聚于人的生存("操心")之时间性中。海德格尔说:"此在的存在论结构整体的形式上生存论上的整体性须在下述结构中把握:此在之存在说的是:先行于自身已经在(世)的存在就是寓于(世内照面的存在者)的存在。这一存在满足了操心这个名称的含义,而这个名称则是用于纯粹存在论生存论意义上的。"[①]此在的生存整体性必须通由操心的时间性结构来把握:"先行于自身"植根于"将来","已经在世"植根于"曾在","寓于世内存在"植根于"当前"。不仅如此,时间性结构是曾在、当前、将来的回旋绽出和统一到时,举任一而显三。由此,此在的生存结构便可以在时间性的机制中显示:

> 领会首要地奠基于将来(先行与期备)。现身情态首要地在曾在状态(重演与遗忘)中到时。沉沦在时间性上首要地植根于当前(当前化与当下即是)。然而领会也是向来"曾在"的当前;现身情态也作为"当前化的"将来到时;当前也从一种曾在的将来"发源"和"跳开",并且由曾在的将来所保持。在这里就可以看到:时间性在每一种绽出样式中都整体地到时,即:生存、实际性与沉沦的结构整体的整体性,也就是说,操心之结构的统一,奠基于时间性当下完整到时的绽出统一性。[②]

人的生存现象的每一环节都奠基于时间性的统一绽出和到时,也唯其如此,人的生存现象才能构成海德格尔所说的整体性的生存论结构,海德格尔所说的现象之关联意义和实行意义只有植根于生存的时间性机制才能从其自身得到显示。如果分解地说:

其一,人的生存领会植根于"将来"的时间性。在人的生存领会中,人与自己的"关联"和"实行"得到自身显示,人作为能在,总是有所"先行"地领会自身并在向着自身可能性的筹划中"去生存"。领会的"先行结构"包括"先行具有、先行视见与先行掌握"[③],这是生存筹划的形式显示结构,它植根于时间性的"将来":"在一种生存可能性中有所筹划地领会自己,这事的基础是将来,即从当下的可能性来到自身,而此在向来就作为这种当下的可能性生存。将来在存在论上使这样一种存在者成为可能:这种存在者是以有所领会地在其能在中生存的

---

① [德]海德格尔:《存在与时间》(修订译本),第222页。

② [德]海德格尔:《存在与时间》(修订译本),第398页。

③ [德]海德格尔:《存在与时间》(修订译本),第176页。

方式存在的。”①

其二，人的生存被抛性植根于时间性的“曾在”，海德格尔对“畏”和“怕”的分析说明了人的现身首先是情绪性的或者说情感性的，人或者本真地现身于此，或者以某种非本真的变式现身于此，但无论哪种样式，这一被抛境况被真正地带给自己是由“曾在”绽出的：“唯当此在的存在按其意义来说是持驻地曾在，才可能在生存论上带到‘它存在且不得不存在’这一本己的被抛境况面前，不管这一被抛境况是本真地有所绽露还是非本真地有所遮盖。带到人们自身所是的被抛存在者面前，这事并不才刚创造出曾在，而是曾在的绽出才使以现身方式发现自己这件事成为可能。”②人发现自己是本己性的存在者，哪怕是一种非本真的本己性，而且一向不得不在“此”，这一被抛境况通过生存时间性的“曾在”显示出来。

其三，人与人、人与物的先行关联通过生存时间性的“当前”显示出来。人与人的先行关联即“共同存在”，人与物的先行关联即“周围世界”，寓世存在和沉沦于世的“常人”状态都属于这种关联。海德格尔把非本真的当下称为“当前化”③，它和本真的当下作为“当前”的时间性把人与人、人与物的生存关联中本真的和非本真的样态显示出来。在此，本真样式和非本真样式一同归属人的生存现象，本真的生存样式“并不是任何漂浮在沉沦着的日常生活上空的东西，它在生存论上只是通过式变来对沉沦着的日常生活的掌握”④。

在海德格尔对生存时间性机制的存在论描述中，“将来”是占据首要地位的，正如海德格尔所说：“将来在源始而本真的时间性的绽出的统一性中拥有优先地位。”⑤从形式显示的角度来说，海德格尔所揭示的生存时间性机制，不仅是为了把生存现象之“关联意义”显示出来，而且是为了一种生存的“实行”，或者说将人的生存处境在“重现”中“发动”起来。正因为这是一种不同于线性时间观的回旋构成式的生存时间性，所以人的生存现象的“实行”才是可能的，人作为一种可能性的存在者，着眼于“将来”之领会、筹划，在“将来”来到“过去”的“重现”中，绽出本真的“当前”。也正是在这个意义上，海德格尔把时间性称为“到时”：“时间性使生存论建构、实际性与沉沦能够统一，并以这种源始的方式组建操心之结构的整体性。操心的诸环节不是靠任何积累拼凑起来的，正如时间性本身不是由将来、曾在与当前‘随时间之流’才组成的一样。时间性根本不

---

① [德]海德格尔：《存在与时间》(修订译本)，第383页。

② [德]海德格尔：《存在与时间》(修订译本)，第387页。

③ [德]海德格尔：《存在与时间》(修订译本)，第385页。

④ [德]海德格尔：《存在与时间》(修订译本)，第208页。

⑤ [德]海德格尔：《存在与时间》(修订译本)，第375页。

是‘存在者’。时间性不存在，而是‘到时候’。”[①]在生存时间性的“到时”中，人的生存处境得以“显示”和“发动”起来，海德格尔所说的“先行的决心”“良知的呼声”“向死而在”等等都是对此的具体显示。例如海德格尔说：“决心并非刚刚有所认知地把处境呈现到眼前，而是已经把自身投入处境。此在作为下了决心的此在已经行动着。”[②]通过生存处境的发动，人在“去生存”之中不断成就自己的本真本己性。

(二)生活领悟的层级性展现历程

生活儒学的生活领悟展现为观念的层级，这确实受到了海德格尔生存论的启发，但在学理格局上又与之有所不同。海德格尔曾说：“存在问题的目标不仅在于保障一种使科学成为可能的先天条件(科学对存在者之为如此这般的存在者进行考察，于是科学一向已经活动在某种存在之领会中)，而且也在于保障那使先于任何研究存在者的科学且奠定这种科学的基础的存在论本身成为可能的条件。”[③]黄玉顺先生据此认为：“海德格尔实际上提出了人类观念的这样一种层级：存在观念(生存领会)→形而上存在者观念(哲学)→形而下存在者观念(科学)。”[④]关于这一判断，笔者并不完全认同，这里指出三点：其一，海德格尔确实是想要以此在的生存论为传统形而上学、传统存在论奠基；但是，其二，海德格尔的奠基方式是以“人与存在之先行关联”(生存领会)取代传统哲学形而上学的作为“最普遍的概念”[⑤]的存在理解，在此体现的仍然是某种“回旋构成”的思路，并不是生活儒学以存在本身为形而上存在者奠基的直贯思路；因此，其三，海德格尔至少没有明确地表达出黄玉顺先生所说的观念的三个层级。关于传统形而上学，海德格尔指出：“哲学即形而上学。形而上学着眼于存在，着眼于存在中的存在者之共属一体，来思考存在者整体——世界、人类和上帝。形而上学以论证性表象的思维方式来思考存在者之为存在者。”[⑥]这里与其早期关于传统哲学的普遍化进路之判定是相应的。海德格尔对存在意义的重新发问所导出的思路则是“人与存在之先行关联”，“存在与存在者之间”，以此取代传统形而上学之“本体—现象”的思想架构，但并未直接导出生活儒学的在“本体—现象”思想架构之先的“本源生活”观念层级。

---

① [德]海德格尔：《存在与时间》(修订译本)，第374页。

② [德]海德格尔：《存在与时间》(修订译本)，第343页。

③ [德]海德格尔：《存在与时间》(修订译本)，第13页。

④ 黄玉顺：《爱与思——生活儒学的观念》(增补本)，第12页。

⑤ [德]海德格尔：《存在与时间》(修订译本)，第4页。

⑥ [德]海德格尔：《哲学的终结和思的任务》，《面向思的事情》，陈小文、孙周兴译，商务印书馆1999年版，第68页。

生活儒学的思想系统，可以就存在、情感和境界这三个问题作出结构性把握，而其中“一以贯之”的事情就是生活领悟的层级性展现。

首先，就存在问题来说，生活儒学与海德格尔生存论的着眼点具有共通性。生活儒学着眼于一切存在者尤其是主体性存在者何以可能的问题，海德格尔生存论着眼于揭明在人的现成化把握方式之先的原初存在经验，其实质也是为主体性进行存在论的奠基。海德格尔认为，传统存在论的存在理解是指在场物的在场性、在场状态：“为存在者提供根据的形而上学思想的特性乃在于，形而上学从在场者出发去表象在其在场状态中的在场者，并因此从其根据而来把它展示为有根据的在场者。”[①]传统形而上学存在论就是为存在者奠立“根据”，而对存在者之把握方式便是海德格尔所说的表象式的、当前化的。海德格尔认为，存在的意义在于揭明在场状态本身的可能性，这与其前期从生存时间性显示存在的意义的思路是一致的。从“作用”上说，生活儒学的存在领悟是“无”（无化），例如，生活儒学通过对“生活”观念的溯源指出：“本源的生活就是‘无分别相’，就是‘浑沌’，这里，草木之生与人之生是一回事，就是生活本身，我称之为‘生活本身的本源情境’。这种本源情境就是‘浑沌’，就是‘无’，就是‘无物存在’，完全没有存在者，没有‘东西’。”[②]这里所说的“无物存在”并不是否认事物的存在，而是揭明生活本身乃是一种“无化之境”或者说“无相之境”，对此的把握方式只能是一种“无化”的生活领悟。在此，主体性和存在者观念尚未生成，只有存在者观念生成之后，才有一切关系结构之可言，而这些都是生活领悟的某种层级和样式。

其次，本源的生活领悟是情感性的，这与海德格尔生存论有很大的差异。海德格尔的存在领悟、生存领会虽然也包含了情绪性、情感性的领会，例如人的被抛就是情绪性的现身样式，但存在领悟、生存领会在根本上说是人的操心之时间性，而在时间性的“到时”中，情绪性的现身才是可能的。但在生活儒学，情感性的生活领悟本身就具有终极奠基性：“爱，所以在。这就意味着：一切存在者，包括人，都是由爱给出的。而爱本身却不是存在者，而是存在本身。就其是存在而不是存在者而言，爱就是‘无物’，也就是‘无’”[③]；“生活本身作为存在本身，首先显现为生活情感，尤其是爱的情感”[④]。本源的生活情感，在儒学语境来说，即是本源的仁爱，由此，仁爱观念便赢获了一种不同于以往的理解——道德情感和伦理德目。我们之所以如此说，乃是为了凸显本源仁爱情感的非现成

① [德]海德格尔：《哲学的终结和思的任务》，《面向思的事情》，第69页。

② 黄玉顺：《爱与思——生活儒学的观念》（增补本），第43页。

③ 黄玉顺：《爱与思——生活儒学的观念》（增补本），第49页。

④ 黄玉顺：《爱与思——生活儒学的观念》（增补本），第51页。

性、非对象化把握方式。据此，黄玉顺先生一方面建构了儒学的情感存在论，一方面批判了传统儒学的性情论。在生活儒学的视域中，传统儒学的“性—情”论模式就是一种形而上学架构，例如小程子说：“爱自是情，仁自是性，岂可专以爱为仁？”[①]从主体性的视角来说，“性”是一种形而上的绝对主体性，而“情”是一种形而下的相对主体性，二者都奠基于本源的仁爱情感。生活儒学通过对孔孟儒学的情感论进路的重新揭明，突破了传统儒学的“性—情”架构，提出了“情—性—情”[②]的观念层级，这同样是生活领悟的层级性展现。

最后，在生活儒学，生活境界的变化植根于生活领悟的运作。生活本身的本源结构造就了人不断地生成新的主体性，并造就了不同的生活境界。生活儒学通过对孔子和冯友兰境界论的判说，提出了生活境界的三个层级：自发境界、自为境界、自如境界。[③] 自发境界是说一个人在自然状态下展现出来的生活样式，对应着形而下存在者的生活状态；自为境界是说主体自觉地追寻一种形而上的生活状态；自如境界是超出形而上和形而下的区分，而回归本源生活：“回归生活本身，回归纯真的生活情感，也就是说，我们终于自如地生活着。”[④]这其中，自然境界和自如境界的差别，就在于一种是不自觉的生活状态，一种是经过自觉并超越自觉的生活状态，正如冯友兰先生所说：“有最高底觉解，而其所行之事，则即是日常底事。”[⑤]就做同一件事情而言，经过“觉解”与否的意义是不同的，反过来说，虽然境界是不同的，但其实是就同一件事情而言，这是圆融的存在观法。顺便指出，在海德格尔，如果有生存境界的问题，则可以如此说，人生此在的“实际性”包括本真样态与非本真样态，这是属于生存论、存在论层面的事情，而非伦理、价值的分判。这一致思方向是对的，在生存时间性的本真到时中，人把自己带回本真的当下，不断成就自己的“本真能在”。

四、一种致思的方向：作为本源生活领悟的“观仁”之道路

以上可见，黄玉顺生活儒学和海德格尔生存论的思想气质和学理格局有很大的差异。如果说，海德格尔生存论体现了现象学的“回旋构成”“居间发生”；那么，黄玉顺生活儒学体现的则是东方式的“当下即是”“直下圆顿”。毋庸置

---

① (宋)程颐著，王孝鱼点校：《刘元承手编》，《河南程氏遗书》卷十八，《二程集》，中华书局 1981 年版，第 182 页。

② 黄玉顺：《爱与思——生活儒学的观念》(增补本)，第 71 页。

③ 参见黄玉顺：《爱与思——生活儒学的观念》(增补本)，第 170 页。

④ 黄玉顺：《爱与思——生活儒学的观念》(增补本)，第 171 页。

⑤ 冯友兰：《贞元六书·新原人》，中华书局 2014 年版，第 613 页。

疑，这乃是二者的思想道路之根本差异所致。

我们说，在生活儒学的视域中，海德格尔生存论对存在的前存在者化之揭明有其重要的思想价值，但存在的意义又通过此在的生存论显示，这一思想进路是不通透的。但是，如果从海德格尔生存论和形式显示的视域来看，生活儒学依循生活领悟的层级性展现所建构的理论系统是否存在着传统基础主义、传统形而上学的问题呢？鉴于生活儒学提出的“观念的层级”带来的直观印象，我们有理由这样质疑，并借此发问而可能导出一些思想方向。笔者认为，本源生活的观念层级绝不是通由级序上升进路所能赢获的，本源生活既不是传统形而上学语境中的“最高普遍性的范畴”，也不是任何意义上的“形式关联”，它描述的是一种“无化”的生活领悟，这不依赖于存在者领域和形式关联。但毕竟，这种直贯性的印象是如此强烈，以至于在某种程度上对生活领悟之活生生的展现机制有所遮蔽。生活儒学的学理建构，引发了一种致思的方向：作为生活领悟的“观仁”。观仁，就其根本性的“观法”来说，既不是“以目观仁”，也不是“以心观仁”和“以理观仁”，虽然可以显现为这种种层级和样式，而是“以仁观仁”，即仁之“自观自见（现）”。依循这一道路，一方面凸显生活领悟层级性的“展现机制”，一方面明证生活本身之“情即是境”，亦即是生活儒学所说的“本源生活情境”。这既蕴含了对上面所提出的问题的回应，也蕴含了生活儒学基础性学理推进的可能方向。

其实，生活儒学已然透露出“观仁”的思想意境。在生活本源论层面，本源的生活领悟即是“本源之观”，例如，黄玉顺先生通过对儒学“观禘”论的考证指出：“所‘观’的乃是情感。本源之观，乃是观情。而情作为生活情感，乃是生活本身的事情。”[①]这里明确提出了“观情”，观之所观乃是生活情感，用儒学的话语表达就是仁爱情感，所以本源之观即是“观仁”。但这一说法仍然存在被误解的可能性，因为这里的“观”容易被误读为某种对象化把握方式的“看”，所以黄玉顺先生专门区分过“观无”与“观物”[②]，本源之观是“观无”而非“观物”，故观而“无所观”。

笔者也区分过“前主体性之观”与“主体性之观”，观则有“见”，而前主体性之观乃是一种“自观自见（现）”[③]，故无能观的“主体”，亦无所观的“对象”。与此同时，“观”作为一种生活领悟，也有其主体性之观的层级展现，由此才能解释生

---

① 黄玉顺：《爱与思——生活儒学的观念》（增补本），第 205 页。

② 黄玉顺：《论“观物”与“观无”——儒学与现象学的一种融通》，《四川大学学报》（哲学社会科学版）2006 年第 4 期。

③ 杨虎：《从无生性原在到有死性此在——重读海德格尔的“存在论区分”》，《河北学刊》2015 年第 4 期。

活领悟的一切样式，而其“展现机制”可以通由笔者所提出的“观法之切转”来说明。笔者最初的提法是：“观法之切转是这样的双重向度：一是从存在者切入存在视域，即返源观。二是从存在视域转出存在者，即立相观。前一向度开启了存在视域，而后一向度则是其旨归。这大致可对应于现象学的解构和建构之双重向度。”[①]笔者这一说法是针对海德格尔通由此在的生存论来透显“存在论区分”的理路提出的，正好与本文论题也有关联。现在看来，有些环节的阐释不够到位，现在就重新阐发一下。其一，关于海德格尔生存论的形式显示道路，上文已经作出了阐释，这里不再赘述。其二，观是“存在论的观”，不是狭义语境中的佛家之“观法”，即所谓“观色”的意思。所以，为了与此区分，笔者有时又直接以“观之切转”[②]名之，亦即是“观”本身的切转。在根本上说，观是本源存在领悟、生活领悟，观之切转亦即存在领悟、生活领悟本身的切转。这就意味着，存在领悟、生活领悟是有其层级性的，这与生活儒学关于生活领悟的观念层级性思想是一致的。其三，观法之切转的两个向度，其时的描述不够透彻，这里从其着眼点加以说明，它分别描述了主体性得以挺立的本源可能性和主体性挺立的发生可能性，亦即着眼于其“可能”与“发生”的存在论机制。

依循这一存在论机制，“观仁”在根本上描述的是本源仁爱情感之“自观自见(现)”，观者自观，而见者自现也，在此尚未出现主客化、对象化的把握方式。由此，一方面可以阐明，作为本源生活领悟的“观仁”，既是观情也是观境，观情是仁爱情感的自身显示。在观之中，观则有见(现)，即本源仁爱情感显示自身为“无化”之境，境不是外加于情的东西，或者由情“给出”的东西，亦即不是说由“情显”才给出了“境现”，而即是仁爱情感领悟(观仁)的自现，在本源的情感领悟中，尚未出现主体性和存在者化的领悟，故即是“无化之境”。按照生活儒学的提法：“生活本身首先显现为生活情感”[③]，这虽然与笔者的具体说法有所不同，但是正因为在本源的生活领悟中，情之观即是境之现，所以自情说与自境说，其“说”亦是不二之说。另一方面，通由“观仁”的存在论机制——“观法之切转”，可以凸显生活领悟层级性的展现机制。生活领悟的层级性展现机制，其实就是一种“观法之切转”，即，如何观则有何种见，如此则可以导出生活领悟的层级和样式。以仁爱情感领悟为例，在前主体性之观中，观仁即是仁爱情感的自身显示，这一本源的仁爱情感是主体性挺立的本源可能性；在主体性之观中，观

---

① 杨虎：《从无生性原在到有死性此在——重读海德格尔的“存在论区分”》，《河北学刊》2015 年第 4 期。

② 杨虎：《哲学的新生——新基础主义道路：在传统基础主义与反基础主义之“后”》，《江汉论坛》2016 年第 10 期。

③ 黄玉顺：《爱与思——生活儒学的观念》(增补本)，第 63 页。

仁之所见是作为绝对相的“仁体”或者“仁性”和作为相对相的“仁德”(道德意识、伦理德目),经此“切转”,则导出了主体性挺立的发生可能性。彻底地说,“切转”也是“无所转”之转,笔者之所以如此说,其目的乃在于指出,生活领悟的层级和样式虽然有其所谓“层级”和“样式”,但其实是就“同一件事情”而言的。笔者注意到,生活儒学对观念的“三级架构”作出了补充解释,并图示如下:

形而上存在者
生生成——↑↓——奠基存
形而下存在者
活生成——↑↓——奠基在
…………生活感悟…………

生活儒学基本观念

黄玉顺先生指出:“上图的方框表示生活或存在;之所以用虚线,是为了表示:生活尽管在主体视域下可被视为一种对象化的有限存在者,然而其实却是‘无限’的存在。”① 其实,这就是在说生活领悟的层级和样式是就“同一件事情”而言的,只是这里的表达仍然不够明确。笔者所谓“观法之切转”,一方面说“切转”是为了说明“如何观则有何种见”,亦即描述生活领悟的层级和样式的存在论机制;但另一方面,正是这样,则应说“切转”是“无所转”之转,因为它是就“同一件事情”而言,或者用生活儒学的方式说,一切都归属于生活本身,由此,必然导出这种东方式的“圆顿”领悟。

总之,黄玉顺生活儒学与海德格尔生存论的思想因缘是确乎其实的,但其思想气质和学理格局有很大的差异,这决定于“生活领悟”和“形式显示”之道路的根本差异,其思想意境亦各自独立而殊胜。至于本文最后借由生活领悟提到的“观仁”道路,这里不再作进一步的诠释,留待适宜的语境再行阐明。

---

① 黄玉顺:《爱与思——生活儒学的观念》(增补本),“序”第4页。

当代儒学复兴运动的思想视域问题

——以黄玉顺“生活儒学”为例*

张　新

“儒学复兴运动”由黄玉顺先生提出，意在对中国20世纪90年代以来，尤其是21世纪以来的思想趋向给出一种概括性标识。[①] 已有学者将“儒学复兴运动”的中坚力量概括为“新世纪大陆新儒家”，并出版研究专著《新世纪大陆新儒家研究》。[②] 那么，“新世纪大陆新儒家”区别于“现代新儒家”的特质何在？这里之所以优先强调“新世纪大陆新儒家”的特质而非其与“现代新儒家”的共通之处，原因在于：正是其特质而非共通性决定了这一群体存在的必要与价值，同时，也只有通过其特质才能真正理解“新世纪大陆新儒家”这一距离我们“最近

* 原载《衡水学院学报》2015年第5期。

① 参见黄玉顺：《面向生活本身的儒学——黄玉顺“生活儒学”自选集》，四川大学出版社2006年版，第54页。

② 参见崔罡等：《新世纪大陆新儒家研究》，安徽人民出版社2011年版，第1～2页。该书《总论》开宗明义地指出：“20世纪90年代以来，一个学术群体在中国大陆悄然兴起。经过十余年的发展，这个不仅以儒学的研究者而且以儒家精神的提倡者为标识的学者群体，已然在学术界产生了一定的影响，发表了数量众多的论著，同时也给我们这个时代留下了深刻的儒家烙印。这个群体，我们称之为‘新世纪大陆新儒家’。”“大陆新儒家”这一概念于1996年由方克立先生在其《评大陆新儒家推出的两本书》（《晋阳学刊》1996年第3期）一文中提出，而“新世纪大陆新儒家”与方先生所言的“大陆新儒家”并不相同。“具体来说，‘大陆新儒家’仅仅是‘新世纪大陆新儒家’在上个世纪90年代中期的形态而已，同时也只是这些儒家学者在那一时期的思想状况而已。随着这一群体自身的不断发展，最初在‘大陆新儒家’身上体现出来的‘策略性’特征已经逐渐被更加学理化、更加学术化的研究方式所取代。一方面，蒋庆、康晓光、盛洪等人自身的学术也取得了相当可观的进展；另一方面，有越来越多的儒家学者参与到这场风起云涌的运动中来。无论是问题意识、研究视野、表达方式，都发生了巨大的改变。由于这些学者本身即是儒学研究中最具有代表性的人物，方克立在十余年前的判定，依然不足以描述今天儒学研究的局面了。‘大陆新儒家’的提法也应当被‘新世纪大陆新儒家’取代。”

却又最远”的群体。本文无意于逐一梳理其思想主张或理论建构，更不可能逐一比较其与现代新儒家的不同，本文的目的即是：通过“思想视域”这一独特的视角切入其思想主张、理论建构的内核，进而揭示新世纪大陆新儒家的特质所在。而之所以选择黄先生的“生活儒学”为例，在于“生活儒学”的思想视域乃是当代儒学复兴运动中最前沿、最彻底的思想视域。

一

众所周知，现代新儒家致力于形而上学体系的建构，这一点于牟宗三先生所建构的道德形上学体系中体现得淋漓尽致。然而，令人遗憾的是，当现代新儒家建构起一个又一个形上学体系时，以“不离百姓寻常日用”著称的儒学却在中华大地上变成了无所依附的“游魂”。一言以蔽之，现代新儒家汲汲以求的“内圣开出新外王”的宏伟计划宣告破产。因此，以“新世纪大陆新儒家”的崛起为代表的“儒学复兴运动”的开展便是传统儒学当代转换与创造的应有之义。“对于当前的儒学复兴趋向，如果说方克立‘大陆新儒家’的命名强调的是其对于现代新儒家接续的一面（如所谓‘第四代’之说），那么，黄玉顺的‘儒学复兴运动’说强调的则是其对于现代新儒家决裂的一面。意即，黄先生给出的这个‘标识’，致力于凸显当前的儒学复兴所呈现出的独特气质。”①笔者以为，这种独特气质就宏观而言即是“远离”形而上学；就其“远离”形而上学而言，又存在着完全不同的致思进路：蒋庆的“政治儒学”、干春松的“制度儒学”、盛洪的“经济儒学”关心的都是形而下的具体领域的理论建构与制度安排；黄玉顺的“生活儒学”、陈明的“即用见体”、张祥龙的“现象学儒学”都致力于寻求一种区别于形而上学与形而下学的更为本源的层级（“本源层级”是黄先生“生活儒学”中的专用名词）。②

出现上述特质的实质原因，在于现代新儒家所建构的形上学体系存在着难以克服的理论困境。近代以来，“西方”这个“他者”的存在极大地促进了中华民族主体性的觉醒，且不容否认的事实是，这个挺立的“他者”已经并将持续地内化为中华民族主体性的一部分。反映在儒学理论的建构上，即是现代新儒家积极主动地吸收、借鉴西方哲学资源，如牟宗三之借鉴康德、唐君毅之援引黑格尔，这致使儒学理论的建构与西方哲学的发展之间存在着一种“亦步亦趋”的对应关系。顺理成章的逻辑是，当西方哲学出现较大的转向时，儒学理论的建构范式必然会产生更替。众所周知，西方哲学走到海德格尔这里发生了至关重要

① 崔罡等：《新世纪大陆新儒家研究》，第223页。

② 就后一种致思进路而言，其内部差异极大，笔者这里只是从宏观上言之。

的转向——存在论转向。弄清楚这一转向的实质原因，即可明晰现代新儒家建构的形上学体系存在的理论困境，同时，亦是当代儒学真正有效地回应这一转向的关键所在。

西方哲学发展到近代产生了认识论转向。认识论哲学内部存在着两条不同的致思进路，即经验论进路和先验论进路。经验论进路将认识溯源于个体的感觉。这种进路存在着"认识论困境"，"'认识论困境'有两层意思：第一，你如何能够确证客观实在？第二，即使能够确证，主观的意识又如何能够穿透'真空'去达到那个客观实在？"[①]事实证明，经验论进路的最终结果就是休谟的"不可知论"。我们唯一能做的就是在个体的感觉内部自说自话，对于外在于感觉的任何东西以及感觉的来源问题我们只能保持沉默。这不但没有解决我们的生存、生活问题，反而使我们的生存、生活变得扑朔迷离、困顿不安。因为我们身处其中的生活世界恰恰是以客观实在信念为预设的，离开此一信念，生活寸步难行。与此相对应的另一条进路即是从笛卡儿到康德再到胡塞尔的先验论进路。笛卡儿怀疑一切，试图将一切奠基于"我思"，但其"我思"并不是一种"纯思"，因为笛卡儿需要借助于外在于"我思"的上帝来保证心、物二分的统一性。康德以现象与物自身的二分为其哲学体系的逻辑起点，而这一逻辑起点又逻辑地决定了康德哲学对于物自身的不可知态度。因此，不论是笛卡儿还是康德，其先验论进路都是不彻底的。到了胡塞尔那里，先验论进路发挥到了极致。胡塞尔将一切外在的超越物悬搁起来，以"纯思"即"纯粹先验意识"重新给出整个世界，真正彻底地构建起先验论哲学。但问题的关键是，胡塞尔的哲学进路同样存在着悖谬，正如黄先生所指出的那样，"在胡塞尔那里，要达到先验意识，必须先悬搁超越物；要悬搁超越物，又必须先采取'现象学的态度'。但是，这里面临着两难：如果我还没有现象学态度，那么，是什么东西、什么人足以让我采取现象学态度？而如果我已经具有了现象学态度，那么，我难道不是已经达到了纯粹意识领域了吗？可是，我是怎么达到纯粹先验意识的？"[②]更为关键的是，通过"纯粹先验意识"重新给出的世界亦只是理性内部的自我构想，不仅不能切中外在的经验世界，就连他人的实在性也无法确证。至此，我们完全可以说，先验论哲学已经走到尽头。

然而，现代新儒家借鉴西方近现代哲学资源构建其新儒学理论所采取的恰恰就是上述先验论进路。我们知道，现代新儒家（主要指牟宗三一系）极为重视作为儒学正宗的心学思想。他们认为，从子思、孟子到陆九渊、王阳明的心学思想是先验论的：心学首先预设了纯然至善的先验心性本体，那么，在功夫论上就

---

① 黄玉顺：《面向生活本身的儒学——黄玉顺"生活儒学"自选集》，第 94 页。

② 黄玉顺：《面向生活本身的儒学——黄玉顺"生活儒学"自选集》，第 95～96 页。

必然强调“先立乎其大”,通过返本复性成圣成贤。事实上,上述黄先生对胡塞尔先验论进路的质疑于此同样适用:“是什么东西、什么人足以让我产生‘先立乎其大’这种态度?如果我已经有了这种态度,说明我已经良心发现了,既然这样,那又何必再行‘先立其大’?可是,我是如何获得这种态度的?”[①]且更为关键的是:对心学的先验论释读会产生“伦理学困境”(黄玉顺语)。“按彻底的先验论的致思进路,我们必然陷入这样的两难境地:一方面,假如外在的物其实只是内在的心的意义建构,即外在的物实质上原本是先验地内在的,且按照儒家心学的设定,心本来是至善的,那么,物的恶如何可能?但另一方面,假如物并不是这种先验地内在的东西,而本来是客观地外在的,那么,内在的心如何可能‘穷格’外在的物?我们如何可能穿透心、物之间的鸿沟,而去实在地‘格物’?”[②]对心学的这种先验论释读使得心学成为一种不切实际、无关现实生活的浮游物,难怪儒学距离我们的现实生活越来越远。究其实质,这种先验本体论的底层视域就是西方近代以来的认识论哲学的基本预设“主—客”“心—物”的二元对立,而从意识内部解决“主—客”“心—物”二元对立所产生的“认识论困境”是无济于事的,正如人不可能揪着自己的头发离开地球一样。而上述所说的“先验论困境”与“伦理学困境”归根结底都可以说是“认识论困境”。因此,当前儒学复兴运动所呈现出的“远离”形而上学的特质,实有其深刻的理论背景,尽管这一背景并不一定在各家理论中得到真正有效的说明。

二

之所以出现上述“认识论困境”,在于主体性本身缺乏本源性的奠基。不论是康德还是胡塞尔都将主体性的奠基问题置换为对主体能力的批判性考察,在主体内部寻求原初观念,从而回避了真正的问题本身。至此,海德格尔提出“存在的遗忘”虽是石破天惊,却也是哲学历时性发展的内在逻辑使然。海德格尔重提“存在”试图从根本上消解上述困境,他深刻地指明以往形而上学所探讨皆是“存在者”而非“存在”本身,而唯有“存在”才是本源性的、原初所予的。海德格尔对西方形而上学的抨击事实上已经使现代新儒家在与西方的对应性比照中建构的形而上学体系陷入困境。因此,对现象学尤其是海德格尔现象学作出积极有效的回应乃是当代儒者的历史使命。

“生活儒学”便是黄先生积极回应现象学尤其是海德格尔现象学所建构的

---

① 黄玉顺:《面向生活本身的儒学——黄玉顺“生活儒学”自选集》,第95～96页。

② 黄玉顺:《儒学的生存论视域——从蒙培元先生〈情感与理性〉说起》,《中华文化论坛》2004年第2期。

当代儒学理论。“生活儒学在总体的致思进路上，是在与现象学——胡塞尔、舍勒，尤其是海德格尔的平等对话中展开的。这种对话既非‘以西说中’，也非‘以中说西’，因为按照生活儒学的想法，任何现成地摆在那里的‘中’（如所谓‘中国哲学’）或者‘西’（如所谓‘西方哲学’）都是子虚乌有的东西。这种对话实质上是我们自己的生活的展开，亦即生活本身的一种显示形态。”①作为当代儒学复兴的一种理论形态，生活儒学的最大特质即是其全新的“思想视域”。“所谓视域，我们是指的某种思想观念的平台。”②生活儒学的思想视域既不同于前现代主义的思想视域（在当今儒学复兴运动中表现为儒家原教旨主义），也区别于现代新儒家的现代主义思想视域，同时，亦不同于后现代主义的反形而上学的思想视域。③ 前现代主义与现代主义思想视域的根本特征是“形而上者—形而下者”的二级观念架构，即试图用形而上的“一”为形而下的“多”奠基。然而，这种观念架构在20世纪以来的哲学前沿中遭到了“解构”，已经无法有效地适应、切入当下的生活。后现代主义思想视域虽然突破了“形而上者—形而下者”的二级观念架构，但无意于甚至反对形而上学的重新建构。事实上，形而上学乃是无从逃避的，问题的关键不是要不要形而上学，而是在何种“地基”上建构什么样的形而上学。黄先生的“生活儒学”就是想在“生活—存在”这一大本大源的基础上重新建构形而上学和形而下学。因此，生活儒学的思想视域就是“生活—存在”的思想视域（就生活儒学本身而言），黄先生亦称之为“当代主义”④的思想视域（与其他思想视域尤其是现代新儒家现代主义思想视域比较而言）。“这种视域不仅追问‘形而下学何以可能’，而且追问‘形而上学何以可能’；这种视域追问‘主体性何以可能’、‘存在者何以可能’；这种视域之所思，是存在本身、生存本身、生活本身。如此这般的生活—存在，是一切物与人的大本大源所在，是一切存在者与主体性的源头活水所在。”⑤这种思想视域在生活儒学中体现为观念的生成与奠基的三个层级，即：

“观念的生成关系：①生活感悟→②相对存在者→③绝对存在者
观念的奠基关系：①生活本源→③形而上学→②形而下学”⑥

---

① 黄玉顺：《面向生活本身的儒学——黄玉顺“生活儒学”自选集》，第29页。

② 黄玉顺：《儒学与生活——“生活儒学”论稿》，四川大学出版社2009年版，第219页。

③ 关于前现代主义、后现代主义以及现代新儒家现代主义的思想视域及其困境问题，可参见黄玉顺：《生活儒学讲录》，安徽人民出版社2012年版，第8～16页。

④ 黄玉顺先生指出：英文中并无“contemporarism”这个词，表明他们没有作为当下的“当代”观念。参见黄玉顺：《从“西学东渐”到“中学西进”——当代中国哲学学者的历史使命》，《学术月刊》2012年第11期。

⑤ 黄玉顺：《儒学与生活——“生活儒学”论稿》，第220页。

⑥ 黄玉顺：《爱与思——生活儒学的观念》，四川大学出版社2006年版，第150页。

观念的生成与奠基的三个层级乃是生活儒学及其思想视域的根本特质所在。这种思想视域已经打破传统形而上学的“形而上者—形而下者”的二级观念架构，更为关键的是，突破了近代“主体性形而上学”在主体内部寻求原初所予的奠基性观念的思维模式，超越主体性本身寻求一种既生成主体性同时又为主体性奠基的终极性的本源观念，即“生活—存在”。海德格尔明确地指出：“什么是哲学研究的事情呢？……这个事情就是意识的主体性”；“作为形而上学的哲学之事情乃是存在者之存在，乃是以实体性和主体性为形态的存在者之在场状态”。[①] 海德格尔重提存在，试图用存在这个本源观念为绝对主体性（形而上者）与相对主体性（形而下者）奠基；遗憾的是，他指明了正确的方向，却马上又堕入“主体性形而上学”的窠臼，竟以作为主体的“此在”为逻辑前提，试图通过此在的生存论建构突入存在。于是，结果可想而知：存在为此在奠基，此在为存在的逻辑前提，这种互为前提的悖谬注定了海德格尔在构建基础存在论时必然产生解释学上的循环，即通过存在规定此在，通过此在解释存在，以至于在《存在与时间》中多次出现“存在论上”“生存论上”这样令人费解的蹩脚的词汇便不足为奇了。海德格尔前期思想的不彻底性及其悖谬就在这里，这也是其后期思想发生转变的根本原因所在。

在海德格尔那里，生存与存在虽然不是一回事，但其都以主体性的此在为前提；而在黄先生那里，生活（存在）先于主体性的此在，既生成此在又为此在奠基。对于海德格尔来说，生存是此在的生存，进而，存在是此在的存在；然而，对于黄先生来说，生存、生活、存在是一回事，进而，生活不是此在的生活，而此在恰恰是生活着的此在。因此，生活儒学之“生活”拒绝任何存在者式的发问，因为这种发问对于生活儒学是不合法的。生活乃是一切的大本大源，大本大源的真实含义即生活给出一切，既生成与奠基形而下的相对主体性，又生成与奠基形而上的绝对主体性，既阐明形而下学（知识论、伦理学）何以可能，又阐释形而上学何以可能。

三

黄先生认为，生活即是存在，存在即是生活，生活之外别无所谓存在。在观念生成与奠基的三个层级中，本源层级是我们切入黄先生生活儒学之“生活—存在”思想视域的关键所在。我们不禁要问：生活如何就是存在，存在如何就是生活？生活、存在又是如何与作为中华文化传统的儒学相关联的？事实

① ［德］海德格尔：《哲学的终结和思的任务》，《面向思的事情》，陈小文、孙周兴译，商务印书馆1999年版，第76页。

上，这两个问题乃是同一问题的不同侧面，对其解答皆依赖于对本源层级的理解。

前文已经指出，生活既生成主体性又为其奠基，故生活绝不是流俗意义上所谓人的生活，而毋宁是“非人的生活”。在本源层级中，并没有所谓人与物的分别、主与客的对待，而是处在一种前主体性的“共同生活”的“无分别智”状态。黄先生是通过训诂学式的诠释来证成、阐明本源层级的。“生活感悟的本源表达，最初就凝结在汉字‘生’的原初构造及其早期用法中。这个字是由两个象形字所组成的会意字：从‘屮’从‘土’，其所描绘的显然是草木破土而出的情境。”[①]用草木之初生来表达我们的生活，蕴含着中国先民的一种极为本源的生活领悟，亦即对“草木—大地”与“我们—生活”之本源关联的领悟：我们在生活中，犹如草木在大地上——草木—大地：我们—生活。[②] 在这种本源领悟中，没有草木与我们的区别：我们就是草木，草木就是我们。因此，生活本身在本源层级上并没有区分我们的生活与草木的生活，本源的生活情境乃是“共同生活”。“生活”之“活”同样是原始先民的一种生活领悟。许慎解释生活之“活”字的本义：“活，水流声。”[③]“生活如水，流动不已，这就是说：不仅在生活，并且总是去生活。”[④]“在生活并且总是去生活”便是生活的本源结构。生活的本源结构告诉我们：我们总是在生活并且总是去生活，于是，自由得以可能，超越得以可能。同样，黄先生认为，“存在”之“在”原来就是说的生活本身，其所表达的原始意义与“生”“活”所传达的本源消息一致：既传达出“共同生活”的本源情境，又揭示出“在生活并且去生活”的本源结构。

黄先生对“存”字的训诂学式诠释对于“生活儒学”之成为儒学来说至关重要。正是凭借着对“存”的考察，不仅进一步证成生活即是存在，至为关键的是，“存”字所涵摄的情感义显现出本源层级上作为核心要素的大本大源——仁爱。黄先生经过考证指出：

> 这个“存”，在原始意义上并不是说的人的存活，而是说的生活本身显现出来的生活情感，亦即“存问”。正如段玉裁所指出的：“‘在’之义，古训为‘存问’，今义但训为存亡之‘存’。”（《说文解字注·土部》）这就是说，“存”与“在”的原始意义不是存活，而是属于生活情感的“存问”。[⑤]

因此，“存”字这种用法道出了原始先民的本源情感所在：存在作为存问，就其源

① 《说文解字·生部》；黄玉顺：《爱与思——生活儒学的观念》，第187页。
② 参见黄玉顺：《爱与思——生活儒学的观念》，第187页。
③ 《说文解字·水部》。
④ 黄玉顺：《爱与思——生活儒学的观念》，第189页。
⑤ 黄玉顺：《爱与思——生活儒学的观念》，第198页。

始意义而言，本指生活情感的温存，而这种温存，当然源出于爱。“如此说来，今天的‘存在’的意义，乃渊源于本源的生活情感的意义：没有生活情感，也就没有存在。而这正是儒家思想的核心所在：没有爱的情感，就没有存在。”[①]这种本源意义上的爱的情感，即是一切的大本大源所在，即先秦儒家极力倡导的“仁爱”。然而，这并没有解释儒家为何重视“亲亲”之情，进而倡导“亲亲而仁民，仁民而爱物”[②]。事实上，在训诂学上“存”与“在”互训，而“存”字从“子”，“在”字从“土”。于此，黄先生精辟地指出：

> 存在之为存问，本源上是作为生活情感的母爱的温存。存在作为一种生活领悟，在本源上不过是说的生活本身的生活情感，而其源头，乃是母子之爱。这一点对于儒学来说乃是最本源的感悟：亲子之爱乃是本源的本源。难怪孔子要从“父母之怀”与“有三年之爱于其父母”说起，孟子要从“亲亲仁也”说起。亲亲是最本源的生活情感，而我们乃由亲亲而存在。[③]

至此，我们终于明白：在黄先生的“生活儒学”中，存在即是生活，即是仁爱，存在、生活、仁爱乃是一回事情。同时，通过上述训诂学式的诠释，黄先生如下言说本源层级：

> 生活本源（存在本身）→本源情境（共同生活）→本源结构（在生活并且去生活）[④]

黄先生通过追溯当代前沿的思想观念（主要是以海德格尔为代表的现象学观念），进而回溯到原典儒学，向我们揭示了不同于“后原创时期”“形而上者—形而下者”二级观念架构的本源层级。就观念史的历时溯源而言，前原创时期的主体处在天、地、人、神杂糅的前主体性的共在的本源情境中[⑤]；而原创时期的主体已经坠入主客二分的思维模式中，虽然已经开始传统形而上学的建构，但同时保存着观念的本源层级，这主要体现在孔孟儒学中；后原创时期则完全坠入“形上—形下”二分的观念层级中，遗忘了观念的本源层级，成为无根的形而上学。此“无根”仅仅是指后原创时代的哲学家在建构理论体系时没有自觉地意识到观念的本源层级，而其建构的形而上学的确是适应了作为生活本身衍流样式而显现的生活方式，如中国帝制时代的生活方式与其形而上学的关系。这种

---

① 黄玉顺：《爱与思——生活儒学的观念》，第198～199页。

② 《孟子·尽心上》。

③ 黄玉顺：《爱与思——生活儒学的观念》，第199页。

④ 黄玉顺：《爱与思——生活儒学的观念》，第40页。

⑤ 参见黄玉顺：《绝地天通——天地人神的原始本真关系的蜕变》，《哲学动态》2005年第5期。

观念史的事实告诉我们，本源情境的打破[①]是必然的，而这种必然性就源于生活本身的本源结构——在生活并且总是去生活；同时亦告诉我们，形而上学的建构是无所逃遁的，这同样源自生活本身的本源结构——在生活并且总是去生活。“生活儒学之区别于传统形而上学之处仅仅在于：生活儒学的形而上学构造意识到它自己的生活本源，并在形而上学构造的每个环节上，首先对这种本源加以阐明。这就是说，生活儒学的形而上学构造工作，就是：在生活本源的地基上，重建主体性，重建实体性，重建本体论，重建范畴表。”[②]

因此，生活儒学的“生活—存在”思想视域并不是要求我们重回“绝地天通”之前的天、地、人、神杂糅的前主体性的共在情境，过一种“无我”的生活；恰恰相反，对于生活儒学来说，重建一种什么样的“主体性”才是现实关切所在。如果说黄先生“生活儒学”观念奠基的三个层级是有感于现象学尤其是海德格尔思想的话，那么，其观念生成的三个层级无疑是黄先生“生活儒学”的独到原创。这看似简单的对观念奠基的三个层级的翻转，实则蕴含着深刻的思想内涵：形而上的绝对主体性必然生成于形而下的相对主体性，形而下的相对主体性渊源于具体的特定生活方式，而具体的特定生活方式乃是作为源头活水的生活本身所显现出来的某种衍流样式。此乃观念的“生成”与观念的“奠基”之间的区别所在，观念的奠基是溯源与解构，而观念的生成则是开新，是建构，这关系到当下的儒学复兴的成与败。前面略有提及，黄先生对前现代、现代以及后现代思想视域作对比性批判时，又将“生活—存在”这种思想视域称为“当代主义”思想视域。[③] 这种思想视域指明：“我们将生活方式的历史形态视为儒学发展的历史形态的水土本源所在，一个时代的儒学终究是在面对着、解决着那个时代的生活中所产生的当代问题；……任何具体的生活方式，只不过是作为源头活水的生活本身所显现出来的某种衍流样式；而生活本身作为存在本身，才是先在于任何存在者的大本大源，因而乃是前形而上学、前哲学、前概念、前理论的事情。”[④]就当下而言，“生活—存在”乃是全球化与信息化背景下的全人类共同的“生活—存在”；就中华民族而言，“生活—存在”本身的衍流样式的显现特征便

---

① 对于“本源情境”打破的必然性，黄先生以具体的例子对此作出了生动而形象的说明。参见黄玉顺：《面向生活本身的儒学——黄玉顺“生活儒学”自选集》，第 81～83 页。

② 黄玉顺：《面向生活本身的儒学——黄玉顺“生活儒学”自选集》，第 47 页。

③ 参见黄玉顺先生的 4 篇文章：《从“西学东渐”到“中学西进”——当代中国哲学学者的历史使命》，《学术月刊》2012 年第 11 期；《当代性：“中西马对话”的共同场域》，《中国社会科学》（英文版）2009 年第 3 期；《儒学复兴的两条路线及其超越——儒家当代主义的若干思考》，《西南民族大学学报》（人文社科版）2009 年第 1 期；《儒学当代复兴的思想视域问题——“儒学三期”新论》，《周易研究》2008 年第 1 期。

④ 黄玉顺：《儒学当代复兴的思想视域问题——“儒学三期”新论》，《周易研究》2008 年第 1 期。

是“现代性的诉求必然寻找民族性的表达”[①]。这也是当今儒学复兴运动的深层次原因所在。事实上,现代性与民族性是互摄互涵的,现代性只能是民族的现代性,民族的生存必然诉求现代性。“民族性是现代性的基本特质,正如现代性是民族性的基本涵项:这是我们的‘生活—存在’的基本情境、语境。”[②]

四

“现代性诉求的民族性表达”作为“生活—存在”本身的衍流样式的显著特征乃是当前儒学复兴运动的深层次原因所在。尽管当前儒学复兴运动呈现出多种面向,但前文已经提及:“新世纪大陆新儒家”呈现出“远离”形而上学的特质,包括拒斥现代新儒家所建构的形而上学;就其“远离”形而上学而言,又存在着完全不同的致思进路。“儒学复兴运动的诸进路还是有一个向上走还是向下走的问题,若是借用黄玉顺划分的三个观念层级来表示的话,这些进路上的不同或可勾勒为:本源层级←形上层级(现代新儒家及其后续)→形下层级。”[③]

经过上述对黄先生“生活儒学”“生活—存在”思想视域的论述,我们完全可以理解黄先生对当前儒学复兴运动中的两条截然不同路线的划分:“一条是‘原教旨主义’的路线,例如蒋庆的‘政治儒学’;另一条则是我称之为‘当代主义’的路线,例如陈明的‘即用见体’和我自己的‘生活儒学’。”[④]而黄先生之所以对当前儒学复兴运动中的“儒家原教旨主义”路线保持足够的警醒,原因在于儒家原教旨主义过分强调民族性维度而忽视甚至蔑视现代性维度,主张回到前现代的“墨守成规”的生活方式。究其实质原因,乃在于当前儒学复兴运动中的“儒家原教旨主义”虽然拒斥现代新儒家所建构的形上学体系,但其自身所采用的依然是一种传统形而上学“宏大叙事”的思维模式;而这种思维模式在“生活—存在”的思想视域中是应遭到解构的,因其是有待奠基的。黄先生更是直言:“原教旨主义儒学是一种危险的思想倾向,它无助于、而有害于儒学的复兴,也无助于、而有害于中国的崛起。”[⑤]同时,黄先生虽然认为陈明的“即用见体”也属于“当代主义”路线,但其思想是不彻底的,因为“即用见体”依然没有跳出传统形而上学“体—用”模式,缺乏本源性的奠基观念,这也逻辑地决定了其思想的游

① 黄玉顺:《儒学与生活:民族性与现代性问题——作为儒学复兴的一种探索的生活儒学》,《人文杂志》2007 年第 4 期。

② 黄玉顺主编:《现代新儒学的现代性哲学——现代新儒学的产生、发展与影响研究》,中央文献出版社 2008 年版,第 4 页。

③ 崔罡等:《新世纪大陆新儒家研究》,第 240 页。

④ 黄玉顺:《当前儒学复兴运动与现代新儒家》,《学术界》2006 年第 5 期。

⑤ 黄玉顺:《儒学与中国之命运——纪念五四运动 90 周年》,《学术界》2009 年第 3 期。

移性与两面性。

笔者这里想重点分析的乃是张祥龙先生的“现象学儒学”，原因在于张先生的现象儒学进路既不同于以蒋庆为代表的“儒家原教旨主义”，也不同于黄先生所主张的“儒家当代主义”，而是一种后现代主义的致思进路。正是这个原因，杨生照将其思想概括为“儒家后现代主义”[①]。事实上，本文开始已经表明，张先生与黄先生皆致力于寻求不同于形而上学与形而下学的本源层级，其借助的资源都是现象学尤其是海德格尔思想。张先生与黄先生都突破了传统形而上学的框架，进入了一种比传统形而上学更加本源的生活境域，从而开启了一种先于主体性、前形而上学的观念层级。但是，张、黄二先生的相同点也仅止于此，他们回到作为存在本身的本源情境后便分道扬镳：张先生认为要转变我们的思想方式，从传统的“概念抽象的方式”转变为“非(先)概念的构成方式”，即始终要求持存于一种构成性的、非概念的、无主—客对置的生存体验中而不坠落；而黄先生则主张在本源生活情境即共同生活的基础上重建儒家形而上学和形而下学。[②] 正是基于此，张先生主张建立“儒家文化保护区”以实现“思想避难”。然而，张先生的“儒家文化保护区”只是陶渊明笔下的“世外桃源”而已，仅仅存在于思想的构建中而不具备任何现实的可操作性，尽管张先生设计了一系列的具体而微的实践措施。原因在于，本源情境的打破是必然的，“主体性的消解”不仅是不可能的，而且是不应该的，形而上学的建构既是人类的宿命，也更是人类的权利。问题的关键不是要不要主体性、要不要形而上学，而是在本源情境的基础上重建一种怎样的主体性、怎样的形而上学，使“此在”实现从被抛的“所是”向本真“能在”超越，过一种有德性、有知识的生活。

综上可知，当前儒学复兴运动中存在着三种不同的思想视域：儒家原教旨主义(前现代主义)、当代主义以及后现代主义。而经过上述分析可知，只有采取“当代主义”的思想视域才能实现儒学的真正复兴。“当代主义”的思想视域解构了前现代主义思想视域，超越了后现代主义思想视域，主张在“生活—存在—仁爱”这个大本大源的基础上重建儒家形而上学与形而下学，以使儒学真正有效地切入当下生活，正像黄先生所说的“人天生是儒家”，儒学的复兴指日可待。

---

① 崔罡等：《新世纪大陆新儒家研究》，第 76 页。

② 参见崔罡等：《新世纪大陆新儒家研究》，第 89 页。

第四编

“情理学派”新开展

New Development of “Emotional Reason School”

“实事求是”作为经学阐释命题的展开

——乾嘉汉学的阐释学考察*

崔发展

乾嘉时期，汉学家对原典的回归，主要是对经书之原文、原义进行博核考辨。而鉴于宋学之蹈虚，这一工作常常被明确地置入“实事求是”的话语中。不过，对于乾嘉汉学家竞相以“实事求是”相标榜之现象，早已有龚自珍、方东树等人的质疑。如对于江藩的《国朝汉学师承记》，龚氏指出该书“名目有十不安”，而首当其冲的就是：“夫读书者实事求是，千古同之。此虽汉人语，非汉人所能专。”[①]在读书人那里，“实事求是”固然可以作为一个普遍的理念，但必须承认的是，“实事求是”被明确地作为口号，被强化为一种自觉的意识或观念，乃至于被虔诚地尊奉为治学的基本理念或准则，则是到乾嘉汉学时才真正得以实现的。[②]鉴于此，在解释学的视域下，或可将“实事求是”作为研究乾嘉汉学的一个新的突破点。

一、“实事求是者”：乾嘉汉学的阐释主体

在阐释活动中，阐释主体无疑更具主动性，尤其当阐释对象是某个历史文本时，这种主动性就更为明显。因为“文字的特殊弱点，亦即文字相对于生动的谈话更加需要帮助这种弱点也有其另外的一面，即它使理解的辩证任务加倍清

* 原载《孔子研究》2012 年第 1 期。

① (清)龚自珍：《与江子屏笺》，《龚自珍全集》，上海人民出版社 1975 年版，第 346～347 页。

② 参见崔发展：《乾嘉汉学之“实事求是”话语权的起兴》，《燕山大学学报》2010 年第 4 期。

楚地显露出来。……它就使得进行理解的读者重新成为它的真理要求的辩护人”①。在经学阐释中，乾嘉汉学家作为“实事求是者”或阐释主体，就是经书所蕴含之真理的辩护人。

在《近代汉学变迁论》一文中，刘师培指出：“康、雍之间，为士者虽崇实学，然多逞空辩，与实事求是者不同。”②此“实事求是者”，被刘氏用来专指乾嘉汉学家，而所谓的“不同”，指的乃是清初（康、雍）与乾嘉之学风的不同。清初，回归经学，取法汉学，其目的不过是佐证理学，虽崇实，但亦未能尽弃虚辨。究其原因，除了考经仍就是为了讲“理”之外，还应有回归经学在方法上尚不成熟这一影响。与此不同，乾嘉汉学既接续了清初回归经学之趋向，也有意于远绍河间献王的“实事求是之教”③，其具体表现就是明确地将“实事求是”强化为治经的口号与方法，内化为阐释经书的基本理念与精神。而也正是随着方法论意识与具体征实方法的日益成熟，乾嘉汉学才逐步从理学中突围出来，并最终取代理学而主盟学坛。乾嘉时，汉学家对宋学的批判虽有着压倒性的优势，但与其说他们由此就彻底清算了宋学，毋宁说只是限定了宋学之作用。乾嘉时人并不以是否尊崇程朱作为区分汉宋的标准，这不仅因为程朱义理仍是参加科考之士子解经立说的标准，而且就汉学家自身而言，他们亦不能完全否定宋学的合理性、有效性，因为他们仍生活在被宋学圈定的某种社会与伦理的规范之中。那么，宋学在何种意义上仍是有效的？或者说，汉学家对宋学的限定究竟是怎样的？探讨这个问题，有助于摆明汉学家自身的位置。

（一）知行二分：为学尊汉，为行尊宋

就知行而言，宋学内部的程朱与陆王之争，不过是以尊德性为旨归的不同进路。而乾嘉汉学与宋学之异，更有似于类别上的不同。在宋学家那里，德性为知识（道问学）奠基；而对于汉学家，知识虽比德性重要，但知识却并不必然为德性奠基。或可说，宋学家偏重的乃是知识的有效性、有用性，而汉学家则更为关注知识的合法性。

不过，汉学家虽强调知，但在日用伦常中毕竟不能完全舍弃行。所以为了突出知的相对独立性，以便为自己的考证事业寻求正当性，知行分治的主张应运而生，其典型表现就是为学尊汉与为行尊宋的分离。由此，乾嘉汉学家实际是对宋学作了二分处理：肯定宋学在致行上的成就，而对宋学在经学上的作为（它总是与理学、禅学有瓜葛）却不能苟同。这一方面固然是汉学家为宋学所划

---

① ［德］伽达默尔：《真理与方法》，洪汉鼎译，上海译文出版社2004年版，第509页。

② 刘师培、章太炎等：《中国近三百年学术史论》，上海古籍出版社2006年版，第166页。

③ （清）阮元：《揅经室三集·惜阴日记序》，《揅经室集》，中华书局1993年版，第688页。

定的界限,另一方面却反映出汉学家试图争取经学阐释之正统的用心。

早在明末清初,知行分治、汉宋分治之倾向就已存在,如黄宗羲的“说经则宗汉儒,立身则宗宋学”[①]。而对于顾炎武的“博学于文,行己有耻”,钱穆、余英时更是指出,顾氏此举实是对知行的割裂,而乾嘉汉学家对知行的态度正是承继顾氏而来。[②] 乾嘉时,这一分治现象更为普遍,以致“治经宗汉,制行宗宋,这是当时许多汉学家奉行的宗旨”[③]。其实,汉宋分治不过是汉宋兼采的另类表达。当然,对于汉学家而言,这种兼采自然是以汉学为宗而兼采宋学的形式。但既然是学行分治,则这种兼采基本不是在同一个层面上进行的,有时甚至有点极度分裂的倾向。由此,汉宋兼采便不完全是方法论意义上的了。

(二)知先行后:汉宋分治引发的问题

从现实上讲,知识并不一定能为道德奠基。汉学家试图剥夺宋学在经学上的话语权、解释权,而只把行的一面交付宋学,然而这种交付不过是从常识道德或生活经验的层面出发,肯定宋学仍有可取。对汉学家而言,知行分离,汉宋分治,都不会背离其尊汉抑宋的价值判断。但是,由这种判断衍生出的一些问题,却需反思。

1.重知轻行:道德与经世的淡漠。在传统儒学框架内,讲德性或德行,多少都会涉及心性问题,而这恰恰是汉学家所极力规避的领域。汉学家重汉轻宋、知行二分,致使他们无论在观念上还是在具体作为上,都表现出重知轻行之倾向,并使他们对道德与经世之问题较为淡漠。汉学家并非没有道德诉求,他们也多在观念上承续了希圣希贤之儒学传统。不过,主观上的自觉要求与客观上的影响毕竟不同。知先行后,重知轻行,在汉学逐渐成为潮流的情形下,其客观影响必然是知而不行。汉学家的这种内不涉德性、外不关治乱的学术风气,早在乾嘉时就已颇遭诟病,而汉学家的行为修养问题更成为宋学家攻击汉学的口实,以致方东树甚至怀疑汉学家“实事求是”的原则。[④] 作为一种整体倾向,汉学家的尊德性,很大程度上不过只是“门面语”或“口头禅”[⑤]。

2.知而难行:汉宋分治的理论困境。尽管尊德性不一定就能改善道德现状,但学行分治、重学轻行导致的汉学在为学上的独大现象,必然使宋学家习惯性

---

① (清)江藩:《国朝汉学师承记》,中华书局1983年版,第127页。

② 参见钱穆:《国学概论》,商务印书馆1997年版,第267页;余英时:《中国思想传统的现代诠释》,江苏人民出版社2006年版,第211页。

③ 史革新:《清代理学史》上卷,广东教育出版社2007年版,第20页。

④ (清)方东树:《汉学商兑》,商务印书馆1937年版,第68页。

⑤ 参见[日]山口久和:《章学诚的知识论》,王标译,上海古籍出版社2006年版,第13页;余英时:《中国思想传统的现代诠释》,第181页。

地将汉学家在为行上的诸多不足归因于他们对宋学的轻视。而即便是汉学家,在应对道德问题时,仍没有脱离这种思维。由此,宋学家、汉学家在当时都认可兼采汉宋之必要,只是以何者为宗而有所不同罢了。对于汉学家,当然是希望宗汉而采宋。但问题是,这种兼采却面临着一系列理论上的不自洽。比如,既然为学尊汉、为行尊宋,而为学之目的乃是为行,那么汉学岂不最终仍旧必须以宋学为归属?如果只有宋学才能弥补汉学家的道德欠缺,那么在传统儒学的框架下,汉学家的考据事业又如何在价值上得到定位?如果将德行归为宋学,这无疑相当于承认宋学并非一无是处,既如此,在为行上值得取法之宋学,难道仅因其在经学上的空疏,就足以造成社会风气之败坏与明代之覆亡?总体上,汉学家兼采宋学,主要是为了应对当时的道德危机。问题是:为什么道德上的缺失,必然是不讲宋学导致的,并因而必须由宋学来补救呢?由此而言,在应对道德危机的问题时,道德的有效性或有用性,显然比道德的合法性更能受到汉学家的青睐。这一方面反映出他们对深入研究道德问题缺乏动力,另一方面亦说明他们体现出了某种背离"实事求是"的倾向。

二、"实事":乾嘉汉学的阐释对象

与宋学不同,汉学家普遍强调"实事",认为只有"实事"才能保证"是"的客观性。那么,"实事"究竟何指?梁启超认为,清初"学风既由空返实,于是有从书上求实者,有从事上求实者"①。也就是说,"实事"具体包括"书"与"事"两方面,而若用现代概念来表达,则"书"是指社会文献方面,"事"是指自然现象方面。② 尽管清人的求实在这两个方面均有表现,但乾嘉汉学家的"实事求是",主要表现为在"书"上求实、求是。③

(一)乾嘉汉学解经的纲领:"经学即理学"

乾嘉汉学家解经的基本纲领,直接源出清初的顾亭林。顾氏主张以经学之实济理学之虚,为此,他将"古之所谓理学,经学也"与"今之所谓理学,禅学也"对举,从而澄清经学、理学在名实上的异同,为最终调和此二者扫清障碍。顾氏对宋学是一分为二地看待的,他所表彰的只是程朱的经学(理学之实),而对程朱一系染于禅学的理论(理学之名)却持拒斥态度。其实,所谓"古之所谓理学,经学也",乃是说真正的"理学"必须是依托经学而阐发的义理之学。当然,顾氏

---

① 梁启超:《清代学术概论》,上海古籍出版社 1998 年版,第 27 页。

② 参见梁启超:《梁启超论清学史二种》,复旦大学出版社 1985 年版,第 112 页。

③ 参见梁启超:《梁启超论清学史二种》,第 294 页。

的这一区分与其通经致用的救世主张紧密相关，而他之所以反对仅有理学之名的义理学，正是鉴于它与禅学有染，以致背离了经世之用。“经学即理学”之所以被汉学家接受为最高纲领，在于顾氏为他们提供了具体落实这一主张的示范性的著作与方法。

然而，汉学家虽尊顾氏为开山，但在继承这一财产时却片面地强化了求实（训诂通经），而相对淡化了求用（经世致用）。乾嘉时期通经与致用的分离，使得通经成为更为迫切的任务。而通经又突出地表现为追求经书之原文与原义。由此，汉学家探究经学，必然表现出“为了学问而学问”的客观倾向。不过，这一客观态度仍有其限度。在批评“经学即理学”时，梁启超认为此语有两病，其中之一就是“以经学代理学，是推翻一偶像而别供一偶像”[①]。就顾氏而言，很难笼统地说他主张以经学代替理学，比如当说他是想以讲经学的理学代替不讲经学的理学时，界限在哪？总的来讲，顾氏仍属朱学系统。与此不同，乾嘉汉学家却希望摆脱理学而挺立经学，他们才是梁启超所说的“以经学代理学”者，但汉学家是否就是“推翻一偶像而别供一偶像”即推翻理学而别供经学？

（二）“超接道统”：知识与信仰的纠葛

“经学即理学”之回归经学的意向，使得经书成为乾嘉汉学家首选的阐释对象。然而，他们虽标榜“实事求是”，但其对经书的定位，却表明他们仍未脱离经学传统，不少汉学家甚至仍明确地为其经学阐释寻求“道统”上的合法性。其实，当汉学家批评宋学离经叛道、乱经非圣时，他们总是以维护道统之名义出场的。“经学即理学”的一个基本预设就是道在六经之中，而在汉学家的设计中，通经最终仍是为了明道。早在乾嘉时，方东树已认识到乾嘉汉学对宋学之道统的反动。方氏言：“今汉学宗旨……欲蓦过宋儒而蔑之，超接道统。”[②]又说：“汉学家宗旨议论，千端万变，务破义理之学，祧宋儒之统而已。”[③]方氏使用“务破”一词，难免有诛心之嫌，但其论并不只是一己私见。经书的神圣性必然导致解经的排他性，汉学家既然并不认可宋学义理，自然会“立意”有别于宋学，而这个“立意”就源自对儒学道统的认同。或可说，汉学家在进行经学阐释时，总会以假想中的宋学为敌来推进自己的批判与建设，以致方东树反驳说，汉学家对宋学的指控，往往是在宋学家缺席的情况下进行的，且他们为宋学所罗织的罪名，大多是“莫须有”的。[④] 所以余英时才说汉宋之辨“主要是清儒宗派意识的产

---

① 梁启超：《清代学术概论》，第 9 页。

② （清）方东树：《汉学商兑》，第 98 页。

③ （清）方东树：《汉学商兑》，第 134 页。

④ （清）方东树：《汉学商兑》，第 125 页。

物”。但若由此就说它“是否与宋、明以来儒学发展的史实相应，颇成问题”①，却又有点过头。正如海德格尔所说：“解释从来不是对先行给定的东西所作的无前提的把握。准确的经典注疏可以拿来当作解释的一种特殊的具体化，它固然喜欢援引‘有典可稽’的东西，然而最先的‘有典可稽’的东西，原不过是解释者的不言而喻、无可争议的先入之见。”②宋学本身并不是作为某个孤立于其历史性叙事的纯粹学术形态，相反，它总是被裹挟在它的历史效果之中，并由此展示自身。尤其是这种效果历史中的政治化解读（如空谈亡国）顽固地构成了汉学家阐释经学的前见，以至于他们将社会、政治等方面的诸多问题都自觉或不自觉地归结为宋学的一种效果史而接受下来。由此，汉学家对宋学虽难免有假想或自造的成分，但这并不完全是混淆哲学批判与历史批判的行为。因此，既然宋学有明确的道统意识，那么在汉学家的前见中，相应地总会有一种或明或暗且已被他们重新诠释过的道统意识在起作用。当然，汉学家虽然也有宗派意识（尊经），但没有宗教式的狂热，在阐释经学时信奉“实事求是之教”的汉学家总能体现出视考据为职业、视经学阐释为知识探究的理性态度。对于他们，经书既是信仰的对象，又是知识探究的对象。问题是：知识与信仰，其关系究竟如何？汉学家对此并不关注，因为他们事实上“把虔敬上帝的宗教热诚转移到学术研究上面去了”③。既然他们想超接道统，那么通经明道必然就是尊经的一种表现，而信仰的态度就由此转化成一种知识探究上的求真、求实的态度。知识与信仰之纠缠并没有由此得到完全消解。既然“变相的道统意识依然存在于号称‘实事求是’的乾、嘉学者的心中”④，那么经书就不是一个完全客观的知识对象。由此，他们对道统的接续虽体现了一种知识理性，但此理性仍有其限度。狄百瑞说“儒家理性主义不是一种与信仰或直觉相对的清晰的理性”⑤，这一判定同样适用于汉学家。

三、“求”：乾嘉汉学的阐释方法

乾嘉汉学家认为，“今古悬隔”（时间性）造成了解经者与六经之间的断裂，并最终导致解经者误解了经书之原文、原义。而宋学的两个致命毛病，即考据工夫之不足所造成的语言性断裂、援引非正统的佛老入儒所导致的脉络性断

---

① 余英时：《中国思想传统的现代诠释》，第135页。

② ［德］海德格尔：《存在与时间》，陈嘉映、王庆节合译，三联书店1999年版，第176页。

③ 余英时：《论戴震与章学诚》，三联书店2000年版，第354页。

④ 余英时：《论戴震与章学诚》，第177页。

⑤ 余英时：《人文与理性的中国》，第105页。

裂，客观上就是由此造成的。为此，汉学家主张“实事求是”地回归经书，以期重构经典的纯洁性及其理论的精确性。于是，对乾嘉汉学家而言，“实事求是”之“求”，主要就是“通过受控制的、方法论的思想而把一切异化的以及导致误解的东西——由时间距离、语言用法的变化、词义以及思维模式的变化等引起的误解——排除掉”[①]。就汉学家所采用的阐释方法来讲，如果说由训诂通义理主要是为了消除语言性断裂，那么剥皮主义则主要是为了消解脉络性断裂。

(一)由训诂通义理:弥合“语言性的断裂”

由训诂通义理之法，基于这一假定:圣贤之道完备于六经之中，而文字训诂乃是开启大道的唯一钥匙。在汉学家的观念中，圣贤之道虽遭到了宋学的曲解，但它仍完整地保存于经书，且先于任何解经者的阐释而自在，解经者的任务无非就是将它客观地还原出来。但是，将陌生的语言转换为熟悉的语言，并不意味着翻译的终结。面对经书文本，汉学家、宋学家均是翻译者、辩护人，但他们之间何以有不同？即便说宋学家不重视训诂，但重视训诂的汉学家却也不能带来完全相同的翻译。因为所有认真进行的翻译，总想比原文更为清楚明白，而当汉学家们坦承乾嘉汉学与汉儒之学亦有不同时，他们并未由此就意识到训诂的有限性，因为在他们看来，发掘前人未曾揭示的东西正是“实事求是”的体现。由此，汉学家仍可坦然地专意于训诂一途，以致钱大昕说:“有文字而后有训诂，有训诂而后有义理。训诂者，义理之所由出，非别有义理出乎训诂之外者。”[②]然而，将训诂视为阐发义理的唯一途径，直接导致了两个不良后果:一是“训诂之外，别无义理”的观念，不少汉学家直接将训诂等同于义理，认为通训诂自可明义理；另一个是“有训诂而后有义理”的观念，多数汉学家将训诂、义理割裂开来，仅以训诂为能事，而不敢或不愿涉足义理，于是乎，“义理可以渐求”的信念带来的往往是“义理可以不求”的后果，以至于他们常常以语言问题代替思想问题。汉学家旨在寻求义理的确切性，而不仅仅是义理的确定性。然而，即便是确定性也未必就能完全达到。完全地理解或翻译总是不可能的，经书之义理总是与时损益的。如果义理并不是在经书产生之时就固定化为某种永恒的东西，那么汉学家所高标的“去圣未远”“去古未远”未必就是可靠的翻译原则。相反，时间距离恰恰成了翻译者进行翻译的某种不可或缺的因素，而汉学家只是更多地看到了时间距离的消极意义罢了。由此，义理并不完全在训诂之中，且它亦不是通了训诂就能自然地显现出来，因为翻译乃是一种突出重点的活动，而翻译行为也并不是截然独立于翻译者的东西。此外，汉学家们抱持的“义

---

① [德]伽达默尔:《哲学解释学》，夏镇平、宋建平译，上海译文出版社2004年版，第7页。

② (清)钱大昕:《潜研堂文集·经籍纂诂序》，《潜研堂集》，上海古籍出版社1989年版，第292页。

理可以渐求”“义理可以徐定”等观念[①]，说明他们所认可的只是训诂→义理的解释走向。对此，钱锺书指出，由训诂通义理只是解释的一个走向，而完全的理解应体现出“阐释之循环”[②]。钱氏此说有一定道理，但仍有缺憾，因为他只是看到了汉学家在阐释之内部循环上的片面性。事实上，汉学家试图从语言、文本上划定意义阐释的有效界限，但为了寻求有效性验证，他们所划定的只是文本的界限，而忽略了人的有限性，以至于他们只注重文本内部的整体与部分之间的循环，而忽略了解经者与经书文本之间的外部循环。

（二）剥皮主义：弥合“脉络性断裂”

汉学家对宋学羼入佛老耿耿于怀，认为这是宋学在思想脉络上背离儒家的另一主因。由此，是否与佛老相羼杂甚至成为汉学家判别某种思想是否接续了儒家之统绪的标准，而“两汉经学所以当遵行者，为其去圣贤最近，而二氏之说尚未起也”[③]。为了重塑儒学的纯粹性，汉学家希望通过文字训诂等手段，在尽力剥离佛老的过程中，逐步还原出六经的原始脉络。正是基于弥合这种断裂的迫切性，汉学家产生了倒转时间、重构过去的浪漫主义尝试，其突出表现就是认为经书的阐发必须遵循一种还原主义，即“以六经孔孟之旨，还之六经孔孟，以程朱之旨，还之程朱，以陆王佛氏之旨，还之陆王佛氏，禆陆王不得冒程朱，释氏不得冒孔孟”[④]。胡适形象地将这种方法比喻为“剥皮主义”，其言曰：“这种方法用到哲学史上去，可以做到一种‘剥皮’的功夫。剥皮的意思，就是拿一个观念，一层一层地剥去后世随时渲染上去的颜色。”[⑤]可见，所谓剥皮主义、还原主义，其宗旨就是将宋学从佛老那里借用的概念、范畴尽皆摒弃，或者说将文本重新置入传统的思想脉络中，借此恢复最初的读者与作者（或文本）之间的原始关联，从而通过依靠原初的概念来推阐出六经之原义。为了满足理论纯化之需要，剥皮主义明显地造成了一种人为的方法论抽象。所谓“唯汉是求，而不求其是”[⑥]、“言不问是非，人惟论时代”[⑦]等批评，都是有感于这种弊端言的。当然，汉学家并不是纯粹的复古主义者，但在理解历史性上的偏差，使得他们只是从负面来看待语言或概念之演化，于是，某种历史客观主义的假定横亘于汉学家的心中，此即“我们必须置身于时代的精神中，我们应当以它们的概念和观念、

---

① （清）段玉裁：《经韵楼集·与诸同志书论校书之难》，凤凰出版社2010年版，第314～317页。

② 钱锺书：《管锥编》第1册，中华书局1986年版，第171页。

③ （清）阮元：《揅经室一集·国朝汉学师承记序》，《揅经室集》，第248页。

④ （清）段玉裁：《戴震文集》附录《戴东原先生年谱》，中华书局1980年版，第240页。

⑤ 胡适：《戴东原的哲学》，安徽教育出版社2006年版，第125页。

⑥ （清）焦循：《雕菰楼集·叙难四》，《丛书集成》初编本。

⑦ （清）方东树：《汉学商兑》，第79页。

而不是以我们自己的概念和观念来进行思考,并从而能够确保历史的客观性”①。显然,汉学家强调跨越时间鸿沟对于理解经书的必要性,所反映的正是这种历史观念。但是,剥皮主义并不能完全达到这种客观性。因为真正的历史性都有其效果史,它指向未来,并由此而对解释者发生影响。由此,客观主义的历史视域乃是一种不对称的理解方式,它在理解中抛开了自己的历史性,而只希望进入他人的历史性。但即便是“他人的历史性”也并没有得到尊重,因为这个“他人”朝向现在乃至未来的开放之度向,已被人为地割裂了。总之,在乾嘉汉学家那里,“求”的阐释方法总会遭遇到瓶颈问题。问题的产生虽然有方法上的原因,但其根源则在于汉学家对“实事求是”的理解本身就有问题。他们在将“实事求是”视为考证性命题或认识论命题时,必然会遭遇困境,而从存在论上讲,这一困境源自主体的时间性、历史性。

四、“是”:乾嘉汉学的阐释目标

就阐释目标的设定而言,乾嘉汉学家辨伪原文的工作,最终只是重构其中的原义。一般而言,在汉学家“实事求是”的阐释活动中,“实事”指原文、礼仪、典章制度等阐释对象,而“是”则指原义、礼义、义理等阐释目标。虽然求“实事”最终是为了求“是”,但就实情而言,二者之所指并未截然二分。在汉学家群体中,与求是(求原义)相比,求事、求实(求原文)同样会被视为合乎“实事求是”的举动。因为作为求原义的基础性工作,对原文的考证,仍往往被置入求原义的大方向下而得到某种职业性、群体性的认同。虽然汉学家多有将“实事”与“是”等而视之的错位理解,但原文作为原义的基础层面,必然被保存于原义之中,或者说,实事求“是”包孕着实事求“事”。由此,汉学家所设定的阐释目标(“是”)就应蕴含原文与原义两个层面。在汉学家“实事求是”的活动中,如果说“实事”是客观认知的对象,“求”是客观认知的行为,那么“是”(原文与原义)就是客观认知的结果。

(一)思想与思想性

汉学家无义理,乾嘉汉学家有考证而无义理、有学术而无思想,这在学界几成定论。梁启超、钱穆、徐复观等人是如此,而现代新儒家的一些学者如熊十力、牟宗三等人对清代考据学更是不屑一顾。不过,亦有学人持不同看法,像侯外庐、余英时、张寿安等学者均认为清代儒学并非只有学术史上的意义,并提出

① [德]伽达默尔:《真理与方法》,第384页。

了“清代新义理学”“乾嘉新义理学”等主张。汉学家究竟有无思想可言？应该承认，汉学家有确定的思想走向或思想性，其考证的背后有义理或价值信念的支撑，因为不可能有纯粹的“为考据而考据”，知识论述仍然有其价值观的体现。然而，汉学家是否提出义理主张与其是否有思想史上的意义并不是同一个问题，一如宗教性并不等同于宗教，思想性也并不等于思想本身。从整体上讲，清代汉学的义理系统并没有建立起来，不愿意讲义理仍是汉学家们的主调。汉学的最大弊端，始终被认为是只做考据不讲义理，而不是讲一套与宋儒针锋相对的新义理。[①] 而主张汉学“新义理”的学者，需要花大力气才能从汉学家零星的文字中将之发掘出来，亦表明汉学家对它们其实并不重视。更何况，汉学家忽略义理，并不是不自觉，他们其实并不主张建构思想体系，这乃是由其所遵循的学术或思想规范决定的。对于他们，发挥义理并不是一个轻松的话题。因为发挥义理与蹈虚之间的必然关联，向已成为他们斥责宋学的惯用逻辑，以致由此而来的杯弓蛇影之情形，在汉学家中颇为多见。由此，不要说发挥义理常常被视为重蹈宋儒之覆辙，即便是采用宋儒的概念或言辞，也常被汉学家群体在意识形态上强化为不可接受的东西。如凌廷堪对戴震辨“理”的批评，再如章学诚旨在发挥大义的《原道》，亦因篇名而被诋为“陈腐”[②]，等等。其实，汉学家为学难免有承继宋学者，但这也多是被刻意隐讳的事情，如焦循说：“学者或知其言之足征而取之，又必深讳其姓名，以其为唐宋以后之人，一若称其姓名，遂有碍乎其为汉学者也。”[③]这种讳莫如深的心理，自然会阻碍汉学家通向义理之途。

（二）求古与求是

复古主义，还是客观主义并非所有的汉学家都不涉足义理。无论是乾嘉义理的支持者还是反对者，几乎都认为戴震、焦循、阮元、凌廷堪等人体现出了汉学家亦讲求义理的一面。问题是：如果说汉学家旨在追求经书之原义，那么这几个汉学家的义理是否合乎六经之原义？汉学家缘古求是，所以“求是”乃以“求古”为前提。但求古、信古容易带来盲从，以至于有些汉学家直接将理论上的是非问题完全等同于是否合于古训的问题。不过，大部分汉学家都有一种求真是的客观精神，这使他们不至于陷入以古为是的复古主义。何谓“是”？前文说过，“是”有原文与原义两个层面。在指涉原文时，“是”无疑有比较确定的版本，通过考证、辨伪、辑佚等工作，基本可以将之复原出来；但当指涉原义时，“是”就多有争议了。不唯戴震、焦循等所阐发的义理与原始儒家、汉儒不同，即

---

① 参见张循：《论十九世纪清代的汉宋之争》，复旦大学博士学位论文，2007年，第71页。

② (清)章学诚著，叶瑛校注：《原道下》，《文史通义校注》卷二，中华书局1983年版，第141页。

③ (清)焦循：《雕菰楼集·叙难四》，《丛书集成》初编本。

便是他们之间的义理主张也各自不同。对此，胡适曾详细分析了戴震与其后学（焦循、阮元、凌廷堪）之间的不同[1]，虽意有偏颇，但亦多有创获。这说明即便是在追求义理的乾嘉汉学家内部，其所求之“是”体现出的仍是不同的思想类型。由此，乾嘉汉学家对原义的主观诉求与其最终所阐发义理的客观结果并不是同质性的问题，因而他们所希冀的唯从其是的客观主义诠释原则并没有得到真正实现。究其本源，乃在于这之中有个“客观主义”如何可能的根本性问题。

（三）求是与求用

合法性还是有效性，针对这种客观主义，方东树常以“言各有当”的原则予以反驳。[2] 此时，“言各有当”所指的乃是语词、概念乃至命题在当下的有效性，而面对佛老的冲击，旨在维护儒学正统的宋学正是遵循着一种当下化的、有用性的解释原则。试想，如果这一原则成立，汉学家对宋学陷入非客观主义的诸多指责，自然就会大打折扣。不过，若是针对惠栋（以古为是）等复古主义者而言，方氏所提出的有效性原则，或可说是有力的批驳。但多数汉学家虽主张师古、复古，却并不是复古主义，因为他们普遍重视的乃是“由文字、声音、训诂而得义理之真”[3]，这也就是说，他们看重的是经义的合法性而不仅仅是有效性。当然，汉学家并不是简单地否认有用性，他们只是强调，在阐发经书大义时，并非有效性而是合法性才应是阐释者首先持守之原则。然而，汉学家对合法性的强调，无疑体现了他们对“实事求是”的独特理解，但随之而来的问题却值得反思。首先，既然求是而非求用才是第一原则，那么对这一原则的贯彻势必导致为学与为用的分离，而这反而证明了通经与致用之关系的非因果性。其次，对于经学阐释而言，汉学家希望通过回归原始文本来确保文义的合法性，这无疑是必要的，但是文本的合法性与文义的合法性并不直接等同，而这就意味着，文本对于阐释者的限定性只是合法性阐释的必要而非充分条件。汉学家注重文本的合法性，却明显有以此取代文义合法性之倾向。最后，汉学家对合法性的强调乃是不对称、不全面的，因为它只是考察了经书对义理之合法性的限定，却丝毫没有反省阐释者自身追求客观性之能力的限度，此即“实事求是”如何可能？

（四）求实与求虚

虚实的相对性学术重心的转移，有时可视为虚实之间的转换。比如程朱以

---

① 参见胡适：《戴东原的哲学》，第132、144页。

② （清）方东树：《汉学商兑》，第39、73页。

③ （清）钱大昕：《潜研堂文集·臧玉林经义杂识序》，《潜研堂集》，第390页。

理学之实代佛老之虚,陆王以心学之虚救理学之实,清代汉学又以实学纠心学之虚。问题是:何谓虚?何谓实?严格来讲,说汉学家将宋学的阐释方法与其所阐发的义理尽皆归于凿空,既有违于宋学的实际,也与汉学之实际不尽相符。这不仅是因为我们总是可以在汉宋双方那里找到相反的例证,而且是基于对虚实之有效性的合理化判定。汉学家批评宋学之虚,既指宋学偏于形上思辨与空凭胸臆的学术方法,亦指宋学偏于谈论心性之体而终至脱离现实的无用。但这些批评,只在有限的范围内才是有效的。因为宋学尤其是程朱理学一系,在方法上并未完全抛弃训诂,只是不偏重于这一面而已;而在目的上更不可能完全无用,试想,一无用处的宋学何以能够享有几百年的独尊地位?就宋学偏于形上实体一面来看,宋学看似用实体保证实用,实际上却是以实用来佐证实体。一旦实用上出了问题,实体就会遭到质疑。问题的关键在于,由于实用本身(其实是生活本身)在不断变化,实体的内涵也只能在不断调整中。所以汉学家对宋学无用的批评只能是局部有效的。汉、宋双方所谓的接续道统的话头,总归都要以解决现实问题为依托。而由于现实问题不断变换,那么诉诸从经典上寻求的答案自然也是不同的,经典解释上的不同也是自然而然的。简言之,虚实的判定取决于有用无用,而有用无用则依赖于解经者当下的需求。这就是有效性的判定问题。可见,虚实的判定只具有相对的有效性。过实必虚,过虚必实,要想处于中庸的位置总归不是一件容易的事。由此而言,虚实之间的转换是不可避免的。不过,这并不是一个悲观的结论,而应将之接受为实际发生着的"事情本身"的不断的、不同的显现罢了。

现代性诉求的儒家式表达

——儒家哲学的现代转型问题

崔 罡

“儒家哲学的现代转型”是当前儒学界旗帜性的共同话题，这意味着它既是当代儒学的历史使命，也是其基本样态。但这个判断本身却非和谐自洽：一方面，在历史使命的意义上，儒学的现代转型显然应处于尚未完成的状态；另一方面，在基本样态的意义上，它至少有一定程度的完结意味。如众所周知的那样，在新文化运动之后，特别在科玄论战之后，学界就开始广泛地、共识性地把此阶段的儒家哲学称为“现代新儒学”了。

如此一来，当我们试图对“儒家哲学的现代转型”进行专题化研究时，命题本身的明晰化就成为一切相关工作的前提和基础。

“儒家哲学的现代转型”究竟是一个怎样的问题？

一、新异性：现代性的基本内涵

基于公共话语表达的基本需要，任何对概念明晰化的工作都应首先关注语词本身。那么，我们必须对“现代转型”“儒家哲学”两个概念进行清理与分疏，然后方能阐明问题本身。

所谓“现代转型”即是 modernization，也就是“现代化”。其字面的直接含义是 to make modern，意为“成为现代的”[①]。与它密切相关的语词是现代性

① 罗荣渠：《现代化新论》，北京大学出版社 1993 年版，第 3 页。

(modernity),指的是 being modern,意即"成为现代"①。需要注意的是,尽管两个词在词源学上的联系是如此显而易见,但它们却表达着相反的意味:modernity 是指某种状况的完成状态,modernization 则是同一状况的未达状态。

由于二者都是 modern 的变形,因而就必须溯源到 modern 本身。

modern 的拉丁文词源"modenus",可追溯的最早词源为拉丁文 modo,意思是"此刻""当下"(contemporary)②。根据卡林内斯库的考查,它在大约公元5世纪出现时就天然带着两个内涵:其一,它取代了 neotericus,表达某种与 classicus(classical,古典)相对的含义,其基本内涵是新异性(newness);其二,由于 classicus 这个词本身与罗马的等级制度有关,它的恰当的反义词应是 vulgus(vulgar,粗俗),而 neotericus 想要表达的却是(在美学特别是文学上)与贵族作者(scriptor classicus)相对的非贵族作者(scriptor proletarius),于是,vulgus 的意味淡化,突出了 popularis(popular,大众,流行)意味。因为它表达出某种生活方式的转变,modenus 又可以成为一个与古代(anteanus,ancient 古代)相对的概念。③

在前述两个基本含义的基础上,在此后的使用中,modern 逐渐形成了三个主要的用法:

(1)newness(新异性),这是基本语义;

(2)某种特指的新异性;

(3)基于特指的新异性的时代概念。

从逻辑上来说,时代概念应是最晚生成的。根据哈贝马斯的研究,此种用例出自黑格尔:"黑格尔最初把现代性当作一个历史概念加以使用,即把现代概念作为一个时代概念。在黑格尔看来,'新的时代'(neue Zeit)就是现代(moderne Zeit)。……只有当'新的时代'或'现代'这样的说法失去其单纯的编年意义,而具有一种突出时代之'新'的反面意思时,上述的划分才能成立。"④事实上,黑格尔的判断基于西方启蒙运动以来流行的"三世说",这种历史分期法可溯源到文艺复兴(Renaissance)。人文主义之父彼特拉克将其所处的时代称为"黑暗时代",并引申出中世纪(medieval)的观念。Medieval,如其字面所示,是 middle

---

① [美]马泰·卡林内斯库:《现代性的五副面孔》,顾爱彬、李瑞华译,商务印书馆 2002 年版,第337页。

② [英]雷蒙·威廉斯:《关键词:文化与社会的词汇》,刘建基译,三联书店 2016 年版,第 354 页。

③ [美]马泰·卡林内斯库:《现代性的五副面孔》,第 19 页。

④ [德]哈贝马斯:《现代的时代意识及其自我确证的要求》,《现代性的哲学话语》,曹卫东译,译林出版社 2011 年版,第 6 页。

和 age 的组合,即处于中间的时代。那么,何以将其确定为中间呢？一个光辉的时代(ancient)和一个充满光明的新时代(modern)。如此一来,就有了“上古”“中古”和“现代”之分。

时代概念的前提是某种特指的新异性。正如黑格尔一样,所有的现代性理论家都会赋予现代性以特定内涵,这也成为此后现代性诸问题聚讼不已的缘由。基于不同的内涵,学者把现代化历史开端意义赋予了不同的事件。例如,文艺复兴(14 世纪,人文主义的复苏)、大航海时代(15 世纪,世界史的来临)、宗教改革(16 世纪,罗马公教体系的瓦解)、英国革命(17 世纪,资产阶级民主革命)、工业革命(18 世纪,生产方式变革)、一战(20 世纪 10 年代,对工具理性主义的全面反思)、十月革命(20 世纪 10 年代,社会主义革命)、二战(20 世纪 40 年代,民族国家政治格局与全球化)、东欧剧变(20 世纪 90 年代,新的世界政治格局和历史终结论)等等。前述列举表明两件事情,第一,在理论家看来,他首肯的事件是如此重大,以至于人类的历史必须且应当据此一分为二;第二,从思想史的角度,关于现代性诸问题的争论都是在某种特指的新异性的含义层面展开的。

正因为如此,自然而然的追问是:现代性究竟是什么？或者,现代性的本质究竟是什么？“究竟”二字显示出思想者对于问题本身的紧迫感。然而,真正的问题永远都不会是理论问题。自 20 世纪以来,以斯宾格勒或胡塞尔或更早的尼采为代表,关于现代性最大的迷惘是:我们无法判断现代性是否意味着“好”(Good)。例如,现代性理论家大都可以承认,当下的生活方式处于“流动性”或“碎片化”的状况,而关键的疑问是,此种状况究竟是由现代性导致的,还是由现代性尚未完成导致的。这样的迷惘反映到理论层面,才显现为丰富多彩的20 世纪思想史。还需要指出的是,现代性理论家们彼此都心知肚明:赞同和反对只是态度,而态度背后的概念之所指可能是不同的,甚至是完全相反的。

不应被忘记的是,无论如何,modern 及其相关的含义都来自其基本语义,即“新异性”。事实上,我们在口头上表达“现代”之时,几乎都必然包含了“现在这样”“与过去不同”等意味。在今天的口语中,它还有“摩登”(语词的音译)、“时尚”“不同于以往”的含义。这是关于现代性的先行领会。因此,倘若真正清理“现代性”的内涵,它指的是,基于观察者的视角,首先辨识出了某种“新异”,进而将其定性并最终视其为“现代性”,同时,自然而然地将与其相对的状况视作“前现代性”。那么,现代性就是一个相对的概念,它与古典性互为注脚。这是唯一能够确定的事情,尽管在讨论的这个阶段,这只是一句正确的废话。

所以,我们需要发现某种带有本质意味的现代性特征。倘若它存在,显然应满足两个条件:其一,它能够解释(而非被解释)多重现代性图景之所以形成的原因。也就是说，它应当贯穿于人类现代化的全过程，并且能够在任何走上现代化之路的族群中都被观察到。其二，它应当能够涵摄（而非被涵摄）所有的现代性价值，这些价值在当下的生活方式中，是“好”的，或至少是“不坏”的，因而它是当下一切价值的参照系并为其赋值。

那么，它会是什么呢？

二、个体性：现代性的一般性特征

在当下的哲学看来，本质主义（essentialism）这种明显的柏拉图主义式的思考不仅是陈旧的，而且是危险的。在这个以理性多元论（reasonable pluralism）为基本样态的时代，只要理论家能够合理而又充分地阐述自己的新发现，他们勾勒出的现代性图景都不会错。但是，“研究的动力必然不是来自各种哲学而是来自问题和事情本身”[①]，真正的关注点不应是各种理论，而是生活本身。这自然也应是切入现代性问题的恰当视角。

现将此种视角名为生活方式（the way of life）：

> 生活方式只不过是生活本身的显示样式：生活便是显示，而显示总是显示为显示样式；这种显示样式被我们存在者化地、对象化地、客观化地打量之际，它就被把握为所谓“生活方式”。[②]

这段话包含了两层内涵。

其一，对于身处其中者而言，这就是“生活”本身，是流俗的、平均的、日常的状态，即“百姓日用而不知”的共在方式。这里的“不知”不是对其无所察觉，恰恰相反，它意味着深切地、情感性地“在其中”，也就是“自然”——情感倾向和价值选择都是自然而然的，以至于它就是或被认为是天经地义的。

其二，当对生活进行对象化打量的时候，也就是诉诸对其进行客观化地、整体性地把握时，“生活”（现在是“某种生活”）就成为“生活方式”，或某种生活方式。这也就意味着，生活的诸要素（亦即被各种专门学科专题化把握的领域），基于其先行的整体性，就呈现出某种结构性样态。道理显而易见，倘若在第一个层面，也就是“生活”层面，身处其间之人总是能够“自然而然”地“生活”，生活本身显然是自洽的。那么，只要理论是诚实的，理论构建的诸要素就必然是结构性的——历史的建构性源于生活的结构性。

---

① [德]胡塞尔：《哲学作为严格的科学》，倪梁康译，商务印书馆1999年版，第69页。

② 黄玉顺：《面向生活本身的儒学——“生活儒学”问答》，《爱与思——生活儒学的观念》（增补本），四川人民出版社2017年版，第317页。

对“生活”和“生活方式”展开专题性探讨并将其提升为重要哲学概念的是黄玉顺的生活儒学[①]，但生活儒学亦是对古已有之的思维方式的再思与凝练。例如，英文中比较接近“生活方式”的语词是constitution，这个词的字面意思就是“在一起”，并且结构性地“在一起”，因而带有明显的结构性和一般性的意味。如果仔细考察17世纪也就是西方现代哲学奠基时期的文本，constitution是一种常见的、带有还原式的建构性视角，特别在从霍布斯到洛克的文本中，表现得异常鲜明。[②]

需要注意的是，一旦我们把目光聚焦于生活方式的结构性，就不可避免地陷入各种社会结构(the structure of society)理论的争论之中。[③] 但是，生活方式首先观照的不应是各结构间的功能，而是生活主体(the subject of shenghuo)。确切地说，当试图对某种生活进行对象化打量并勾勒其生活方式时，最先触目的，就是生活主体。生活主体即是人(person)。

person的源初含义是面具，这预设了生活是一个大舞台，而生活主体就是舞台上的角色。角色在投入地演出，它是如此的入戏以至于遗忘了表演本身，这就是生活。而对于观众也就是那些生活的观察者(theatai)来说，舞台剧表演的是且只是角色之间的爱恨情仇。因此，角色亦即生活主体自然成为被对象化把握的生活中的触目之物。不止如此，不同类型的舞台剧显然意味着舞台冲突类型的差异。但是，不是观众事先知晓或被告知了这是一幕浪漫剧、喜剧、悲剧或是讽刺剧，恰恰相反，是角色的冲突方式被观众识别为某个剧种。例如，20世纪80年代一部热播的名为《便衣警察》电视剧，观众的最初预期是警匪剧，但舞台冲突的方式却最终被识别为一部情感剧。舞台剧的类型即是生活方式。正如不同舞台剧的差异那样，生活方式的转变集中地显现为生活主体的转变。

观察生活方式的转变，即是对生活主体的观察。如前所述，现代性的源初含义是“新异性”，那么，在生活方式的视角下，现代性的特质即是现代性生活主

---

① “生活儒学”是黄玉顺于2004年正式提出的一种现代性的哲学构想。他强调“生活”的本源意义，认为一切的形下学(知识学和伦理学)和形上学(狭义哲学)都是在生活中生成的，并由此区分了“生活”和“生活方式”。

② 无论霍布斯的《利维坦》还是洛克的《政府论》都是带有明显的还原并重构意味的文本。似乎很少被注意到的是，他们都把constitution视为某种一般性的视角。特别在洛克的文本中，constitution的用法展现出明显的转向意味，也就是从“生活方式”转为“社会的基础性法则”。反映在汉译本中，这个词的翻译就异常混乱。一方面，这是欧洲自由主义史衍历的阶段性特征；另一方面，也是现代性观念在欧洲生活方式下逐渐落实为具体制度建构的过程。具体讨论详见后文。

③ 特别以帕森斯的结构—功能主义为代表，他表达的是：“将动态问题置于它们与体系结构的关系中以及过程与要将其维持下去所必需的功能性前提之间的关系中来加以研究，这就为判断一桩发现的一般意义以及系统地弄清它与其他问题和事实之间的相互关联，提供了一个参照系。”([美]塔尔科特·帕森斯：《社会行动的结构》，张明德等译，译林出版社2003年版，“序言”第9页)

体与前现代生活主体的显著差异。本文认为,此差异即个体性(individuality)。更确切地说,现代性生活意味着这样的事情:个体仅仅代表自己出现在公共领域,并且以自身的诉求为最高的或全部的诉求。个体就是现代性生活方式的生活主体。

试将对历史现象之观察略述如下:

在前现代生活方式中,个体被理解为一种去人格化(depersonalization),也就是非人化,因为在彼时,个体总意味着"出世"。在现有的对各种文明形态的历史观察中,这一点是完全一致的。出世的方式要么是超脱,即古希腊人所说的"哲学家只有肉体生活在人间";要么是超越,特别体现在早期基督教、印度教、佛教等宗教形态中。而这两种方式都意味着"死亡"。中国人会隐晦地把"死亡"称作"去世",古希腊也是如此:"'活着'和'在人们中间'(inter homines esse)是同义词,'死去'和'不再在人们中间'(inter hominesesse desinere)是同义词。"①无论如何,如果活着意味着在世,而个体总是要出世,那么,个体就意味着死去。从经济史观的角度来看,囿于低下的生产力,失去了族群的个体是无法生活下去的。与之相应,在伦理层面,前现代的道德观也总是与角色(person)有关,和其社会身份有关。②

欧洲的现代化是以世俗化为开端,而世俗化意味着个体的入世化。这是对"个体化即死亡"之世界秩序的逆转。此种方式又以个体情感(sentiment)的唤醒为主要特征。作为启蒙运动一体两面的宗教改革,马丁·路德斩断了教会与称义之间的联系,个人直接站到了上帝面前。现代性的诸价值均是个体性为其赋值的,其中又以民主和科学为典型。"民主(democratic)"是"多数人掌握权力的政制(politeia)",最早见于希罗多德《历史》③第三卷的相关争论。以霍布斯和洛克为代表的社会契约论传统则认为,社会的秩序不是来自任何意义上既定之物,而是来自个体自身自然权利(natureright)让度。17世纪的英国革命以及作为其延续的18世纪的美国独立战争,塑造了此种价值的深远影响。科学(science)的古希腊用法,指的是"对于永恒的事物的知识",是亚里士多德在《尼各马可伦理学》中强调的五种理智美德之一。④ 而现代的实证主义科学强调的是个体经验的确凿性。例如,著名的伽利略比萨斜塔实验其实是对一种世界观的逆转:对公共世界的认识,不是来自经典,而是来自个体的感官(sense)。因

---

① [美]阿伦特:《人的境况》,王寅丽译,上海人民出版社2009年版,第2页。

② 参见[美]麦金泰尔:《追寻美德》,宋继杰译,译林出版社2011年版。作为社群主义与德性伦理学的典型代表,他尤其强调了德性的社会属性。传统儒家哲学的伦理观亦有此种特点。

③ [古希腊]希罗多德:《历史》,王以铸译,商务印书馆1997年版,第231~234页。

④ 参见[古希腊]亚里士多德:《尼各马可伦理学》,廖申白译,商务印书馆2003年版,第169~170页。

而,在民主与科学的背后,显而易见的,是个体直接赋值的更为根本的价值。其他现代性价值亦可作类似的分析,限于篇幅,兹不赘述。

其实,纵观现代思想史,我们可以很轻易地从中发现个体性的独特意味。

其一,欧洲的现代化在18世纪之后逐渐形成了两条不同的向度:民主化与工业化,也由此生成了两套主要的现代化理论。工业化是技术对科学的取而代之。① 作为诚实的理论家与现代性批判的先驱,马克思正是在此意义上把工业革命视为现代的开端。拿破仑战争强化了民族国家(nation)的生活方式,在推动民族国家统一的同时,逐渐造就了民族国家内部高度技术化的管理方式,此即韦伯意义的现代性。自由的观念被普遍地理解为民族国家内公民的权利。②与此同时,发生在积极乐观的科学主义(严格来说是工具理性主义)与不合时宜的人本主义之间的争论,持续了整个19世纪。③ 个体主义(Individualism)这个词就是在这个时期,并且在与整体主义(Holism)互训的背景下成为重要的哲学概念。

其二,尽管可以在某种意义上把20世纪以来的全部思想史都聚焦于现代性诸问题,但其基本框架依然是19世纪的延续。在民族国家世界格局的时代,相关的争论表现出先发国家和后发国家的差异。特别在欧美思想界,他们关注的焦点是“个体性”与“社会性”孰为优先。而特别是东亚,广泛认可的现代性观念是:“现代化是指近代资本主义兴起后特定国际关系格局下,经济上落后国家通过大搞技术革命,在经济和技术上赶上世界先进水平的历史过程。”④事实上,此种纠结的背后是应对国际竞争的民族国家工业化和国民国家内部的民主化。民族国家自决原则的前提是,它在国际关系中被视为个体。

三、情感主义:儒家哲学的独特立场

中国的现代化通常被理解为与欧洲内生现代性(endogenous modernity)不同的外源现代性(exogenous modernity)。基于救亡图存的危局和民族复兴的愿景,国人的现代化图景是典型的后发国家工业化模式。这是事实判断。

但问题远非如此。

---

① 这是科技(science&technology)史的基本定论。对其最为深刻的揭示当属胡塞尔的《欧洲科学危机与超验现象学》(张庆熊译,上海译文出版社2005年版)。

② 这个重要的区分特别体现于贡斯当《古代人的自由与现代人的自由》(阎克文、刘满贵译,上海人民出版社2005年版)。

③ 可以从两本著作来发现二者的差异:一是梅尔茨的《19世纪欧洲思想史》(周昌忠译,商务印书馆,2017年),一是克罗齐的《19世纪欧洲史》(田时纲译,商务印书馆2017年版)。

④ 罗荣渠:《现代化新论》,第9页。

Modern 一词进入中国之后，汉语界基本尊重了语词的源初内涵，普遍地将其译为“新异”[①]。从广义上来讲，“亘古未有之大变局”发生之后，中国被卷入了全球化热潮，就已被迫成为一个现代性国家了。即便从中国思想史的狭义视角来看，以新文化运动为标志性事件，现代中国思想的三大派都属于“民主阵营”（胡绳语），也就都是已然完成了的现代哲学形态。儒家哲学作为其中的一派，自然也不例外。

但是，如果我们仔细推敲“儒家哲学”这个概念，其本身就内含了自相矛盾。

众所周知，“儒家”的概念在严格区分“道家”“阴阳家”等各家的意义上被使用，是司马谈的《论六家要旨》。[②] 它所表达的是，在“此务为治者也”的唯一问题视域下，根据其立场和观点的不同，将天下学术分为了六家，而儒家是其中之一。这是典型的中国古代社会前期的话语方式，也就是在第一次社会大转型完成之际、在重建生活秩序的需求下建立起来的。此后，它被保留并整合进了中国古代社会后期“经史子集”（即四部分类法）的意识形态话语中。因而，“儒家”概念的背后，是一整套中国古代社会的生活方式、世界观和价值系统。

“哲学”概念在 20 世纪的第一个 10 年开始在中国的公共话语中被大量使用，且其使用量呈爆发式增长趋势。从一开始，它就与“现代化”联系在一起。因而，它在进入中国之初，固然被理解为西方学术分科系统之下的一门学科，同时更被视为一整套近代以来西方世界观和价值系统的象征。从“四部之学”到“七科之学”的转变，不仅是教育系统的转变、知识系统的转变，而且意味着生活方式的巨大变动、世界秩序的崩溃和重建。而这个转变，通常被视为晚清现代化的重要举措。[③]

不难看出，“儒家”和“哲学”是两个基于两套完全不同的话语体系之下的概念。前者是前现代的，后者是现代的。因而也就意味着两套逆向的路径：现代化就要启蒙，启蒙就要反传统，反传统就是反儒家。这才是合乎逻辑的。

但是，儒家哲学概念的出现以及成为思想界最重要的核心学术话语之一，又是不争的事实。这显然意味着，只要不能否认“哲学”概念本身具有的现代意味，“儒家哲学”概念本身就表明了某种“现代转型”，而且只能是“儒家”被“哲学”了。

---

① 在 19 世纪的各种英汉字典中，时人普遍尊重了 modern 的基本内涵，将其译为“新的”“今日的”“现在的”等等。参见章可：《超越历史分期概念：汉语“现代”概念的创出》，《史学理论研究》2015 年第 3 期。

② 白寿彝：《说“成一家之言”》，刘乃和：《司马迁和史记》，北京出版社 1987 年版，第 31～40 页。白寿彝的意思是说，先秦时代早已有“儒家”“墨家”之称，但被整齐划一地区分使用，确实开始于《论六家要旨》。参见司马谈：《论六家要旨》，《史记 · 太史公自序》，中华书局 1959 年版，第 3288～3292 页。

③ 参见左玉河：《从四部之学到七科之学》，上海书店出版社 2004 年版，“导论”第 2 页。

我们可以观察到的思想史现象是，一百多年来，儒家始终以“无处不在”又“无处安身”的状态存在。在哲学领域，毫不夸张地说，凡是有一种西方的哲学流派，几乎就会有一种与其对应的儒家哲学。扩而言之，现代生活中但凡有一种主义，就会有某种主义的儒家。但问题是，各种主义之间的界限本来是分明的，且其背后是各种尖锐对立的政治立场，这些对立是实然的，甚至在一些国家和地区是引发了流血冲突的。儒家的无处不在就不得不令人质疑：儒家究竟是什么主义？倘若存在儒家主义，那么，它是什么？它又如何区分自身与其他种种立场？倘若不存在儒家主义，那么，儒家是否就消融在各种主义之内？它就仅仅是思想资料和话语工具，它又凭什么获得自身的独立性？

既然如此，“儒家哲学的现代转型”必然是某种在保留了儒家自身独特品格的基础上的且具有现代性向度的思想史事实。

此种特质会是什么呢？

事实上，所谓“儒家”被“哲学”消解，绝不是说儒家已经灭亡了，而是说，今天所使用的“儒家”，不仅不同于帝国时代，也不同于列国时代。它只有可能在两个意义上被恰当使用：其一，它是中华文明的象征，亦即用其主流来直接指代文明本身；其二，它是一种与欧洲漫长的理性主义传统不同的立场、观点和方法。

第一种意义上的“儒家哲学”即是中国哲学。显而易见，它是一种民族国家的话语方式。既然如此，它本身的独特性是无须讨论的。因为民族国家的独特性本身即是某种“现代性的意识形态”（路易·迪蒙语）。但也由此可以认为，首先，它本身就是现代形态；其次，它本身仍然是欧洲现代化形态的显现样态。进一步的推论是，在此种意义上，“儒家哲学现代转型问题”，无论现实性还是理论性，都无法成立。

但这绝非中国理论家们一叶障目，而是所有现代性思考犯下了共同的错误。正如哈贝马斯所说，现代性是一项未竟的事业。人类近数百年的历史，只是现代化的开端而已。这也就意味着，虽然欧洲被视为现代化的先驱和典范，但它绝不可能展现了现代化的全部可能。全盘欧化或全盘西化的思路本身即是对现代性一般性特质的遮蔽。例如，为现代技术奠基的是现代科学，为民族国家主权提供根据的是现代民主。如前所述，现代科学和现代民主从根本上区别于其前现代形态的是个体性原则。再进一步的推论是，我们在当下遭遇的全部问题，是且只是现代化的阶段性问题，不能也不应被视为现代性本身的问题。

在这个意义上，人类的全部哲学都仍然在进行着现代转型。其根本的指向是：如何在个体性的坚实根基上，建立全部的现代性价值系统。理论问题的难点在于，正如20世纪以来现代性诸问题争论展现的那样，欧洲理性主义传统恰恰是遗忘了个体性原则的。这不仅有其历史原因，而且有逻辑的必然性。与之相对，个体性的确证，必然只有采用与其不同的思维方式才能实现，也就是情感主义。

欧洲当然有情感主义的传统。但近代以来，它经历了三兴三落。早期的苏格兰启蒙运动，淹没于工业革命的热潮之中；19世纪大陆的意志论传统，逐渐演化为心理学、精神分析、生命哲学等形态；20世纪的英国情感主义，从一开始就画地为牢，将自身局限为理性主义的分支。它的一再兴起，表明情感主义立场对理性主义的不满和批评；它的一再衰落则表明，欧洲情感主义仍然是其强大的理性主义传统的变种。质言之，它不是彻底的情感主义。

而这恰恰是儒家哲学的独到价值。正如蒙培元先生指出：

> 情感是重要的，但是将情感作为真正的哲学问题来对待，作为人的存在问题来对待，提出和讨论情感的各个方面……成为解决人与世界关系问题的主要话题，则是儒家哲学特有的。这里所说的"哲学问题"，不是指哲学中的某一个问题，或哲学中的一个分支（比如美学和伦理学），而是指哲学的核心问题。[①]

情感总是个体的情感。这也就意味着，我们讨论生活方式并关注生活主体的时候，其实关注的不外乎个体的情感显现样态。对某个时代的生活方式之理解，所着眼的不外乎彼时的情感样态，不外乎彼时的"安"与"不安"：它如何竟安之若素？它为何竟如此不安？但是，理解某个时代的生活方式，是对彼时共同生活的把握，彼时的诸个人总是（或基本倾向于）作出如此这般的行为选择。因此，这种共同感（common sense）总是要在公共领域现身，是必然能够被经验到的。举例来说，一个生活在11世纪女性，会安于相夫教子的生活，但21世纪的女性必然会为获得公共服务的机会而抗争。

这种思考的方式可以被简单地勾勒为"情—理—情"的结构，并且在孔子那里就已然成型了。孔子说：

> 兴于诗，立于礼，成于乐。[②]

用《庄子·天下》的话来说："《诗》以道志，《礼》以道行，《乐》以道和。"[③]"志"表达

① 蒙培元：《情感与理性》，中国人民大学出版社2009年版，第8页。

② 《论语·泰伯》。

③ 《庄子·天下》。通常认为，《庄子·天下》是道家后学庄周学派的思想，其实不然。作为现存最早的思想史、学术史著述，此文表达的是该时代一般性的观念。根据其文本的内容，后世被称为"六经"的文本乃古之道术"其明而在数度者"，也就是"道术将为天下裂"之前的形态，是道术的文字载体和表现形式。

的是意向性，既包括了认知的意向性，也包括了情感的意向性，且后者逻辑在先。“诗，可以兴，可以观，可以群，可以怨。”[①]正如焦循所言：“夫诗，温柔敦厚者也。不质直言之而比兴言之，不言理而言情，不务胜人而务感人。”[②]而“和”则是情感的满足，是愉悦或满意的状态，亦即“莫春者，春服既成。冠者五六人，童子六七人，浴乎沂，风乎舞雩，咏而归”[③]的和美画面。这就是说，问题的发生，是从情感开始的，而其最终的归宿，也是情感。唯有“志得”，方能“意满”。而在发生与归宿之间，则是“理”的环节，是诉诸公共性、连贯性的能力，落实来讲，可以是礼乐制度、礼乐文化[④]，抽象地说，则是一般性的理性原则。无论如何，理性只应是情感的工具。

儒家情感主义提供的是一种彻底的个体性视角。在现代性问题的视域下，这是对柏拉图以来理性优先于情感问题的彻底逆转。儒家哲学的现代转型，乃是基于儒家情感主义的视域，对现代性的认知、反思和批评。它所应对的以欧洲现代化为主要形态的人类现代化样态，更严格地说，是对欧洲理性主义传统之下现代化状况的回应。

---

① 《论语·阳货》。

② (清)焦循:《毛诗补疏·序》，清道光九年(1829)广东学海堂刻咸丰十一年(1861)补刻皇清经解本。

③ 《论语·先进》。

④ 也正是在这个意义上，有学者把孔子理解为一种类似于亚里士多德的古典社群主义，其实这是严重的误读。

正义的实现之路：从"生活儒学"到"修身儒学"*

孙铁骑

生活儒学开启了孔子儒学的本源视域，以此本源视域为理论地平重建当代儒家哲学的思想体系已成为一种可能，本书以体系化的方式对这一构建过程进行了试探性展开，而得到的结论就是儒学的重建最终要回到孔子儒学的修身之本，以修身为核心理念构建当代儒学的整体架构，才能使孔子儒学复活于当下，重新进入百姓的日用伦常之中。故沿着生活儒学的轨迹，当代儒学应当发展为修身儒学，才能实现儒学的真正复兴。

一、儒学的修身之本

修身从始以来即为儒学之本，"修己以安人，修己以安百姓"①，这是只有儒家才有的文化情怀，亦是只有儒家才有的可以真正进入百姓日用伦常之中的至理大道。这是理解儒家思想与哲学理念的逻辑起点，以修身为根本理据，由内而外生发而进入家、国、天下的日用伦常与社会治理之中，才能真正理解儒家思想的真谛。这是儒家的智慧，其不是"思的事情"，而是"存在的事情"，但不是言说"存在是什么"，而是言说"如何去存在"，从而儒家思想就是对现实人生的行为指导，告诉每个人如何去生活，如何去存在。而此"如何去存在"的设计就是指导你如何去修身，如何去实现生命的安顿。在这种"如何去存在"的修身之中，"中人以上"的上根之人就能够领悟到天道的存在，与道合一，从而"朝闻道，

* 选自孙铁骑：《正义及其文化进路——从"生活儒学"到"修身儒学"》，山东人民出版社2018年版。

① 《论语·宪问》。

夕死可也”[1]，生命获得超越性的终极安顿；而对于“中人以下”的下根之人，虽然其不能领悟到天道的存在，不能做到“朝闻夕死”的终极安顿，但其亦可在在圣人的指导下在客观上做到天道的要求，从而将生命安顿在现实的生活世界中。这就是孔子言“中人以上可以语上也，中人以下不可以语上也”[2]与“民可使由之，不可使知之”[3]之本义。“中人以上”不但可以自觉行道，而且可以与之言道，可以在内在的生命修为与外在的生命行为上都做到与道合一，而“中人以下”无能领悟到道的存在，当然无法与之言道，即“不可使知之”，故子贡言“夫子之言性与天道，不可得而闻也”[4]，但“中人以下”可以在圣人的指导下遵道而行，安顿自我的现实生命，即为“民可使由之”。这是儒家高于道家与佛家之处，虽然佛道都有道济天下与普度众生的宏愿，但其理路却只是为上根之人所设，也就是孔子所说的“中人以上”才可能通过道家的修炼与佛家的修行而得道成佛，而且道家与佛家只有生命的超越性终极安顿一个维度，对于现世的日用伦常终有相当距离。而作为“中人以下”的下根之人却不可能领悟佛道的至理，因“不可使知之”而不可能得道成佛，故在事实上，道家与佛家对于“中人以下”是没有办法的，或者说是“置之不理”的。而儒家则兼顾了“中人以上”与“中人以下”，“中人以上”有“内圣”的修身功夫可以通达天道而获得生命的终极安顿，此一维度可以与佛、道的终极追求相通或称一致，儒家的圣与佛家的佛、道家的仙一样，都是做人之极致，而不是彼岸世界的神。而“中人以下”则要听从“内圣”之人的安置与指导，此为“内圣”之人的“外王”事业，圣人通过纲常名教、伦理习俗及“神教设教”等方式来安顿“中人以下”的身心性命，使“中人以下”可以在客观上遵道而行，以“百姓日用而不知”的方式使其生命在现实的生活世界中得到现实性的当下安顿。

故儒家思想不是一种简单的入世之学，而是修身而入世，或者说是入世以修身。儒家修身之过程即为入世之过程，但入世并非修身之目的，相反，修身为入世之目的，这是当代儒学要回归孔子儒学修身之本所需要的观念转变。儒学在本质上是修身之学，而不是入世之学，尽管在客观上儒学会有入世的行动，但那只是儒学的生命存在方式，而不是儒学的终极价值诉求，“穷理尽性以至于命”的修身之道才是儒学的终极价值诉求。佛家以出世的方式修行，道家以“避世”与“游世”的方式修炼，从而介于出世与入世之间，而儒家则以入世的方式来修身，《大学》的“正心、诚意”是修身的内功，而“齐家、治国、平天下”则是修身的

---

① 《论语·里仁》。
② 《论语·雍也》。
③ 《论语·泰伯》。
④ 《论语·公冶长》。

外功,通过安人、安百姓、安天下而使“内圣”的修身达到更高的境界,可比于道家的“三千功满,八百行圆”与佛家的“普度众生”。“内圣”与“外王”同为修身所涵摄,并不仅仅“内圣”才是修身,“外王”同样是修身,而且是“明明德于天下”与“达则兼善天下”的更高层次的修身。而儒家的“内圣”修身已经兼容了道家与佛家的修炼与修行,而由“内圣”而承担的“外王”却是道家与佛家所没有的事业,从而可以说儒家相对于道家与佛家更有济世情怀,更为可长可久之道。

在对儒学的理解中,尤其不能将之作为政治统治术,作为服务于政治统治的思想,这将严重误导儒学的价值宗旨,并使儒学的入世之路发生扭曲,从而使儒学背上“罪天下”的罪名。儒学的入世情怀起源于由修身而安己之后的“仁者,爱人”之心,是由“我善养吾浩然之气”而产生的“沛然莫之能御”的仁义之心与道义之行。故儒家并不是从社会治理或社会制度设计的角度去构建自己的思想体系,而是从修身实践出发,从生命的自我修养与修炼出发,如何培育自我的生命,增益自我的生命,培育圣贤人格,实现个体生命的成圣成德,从而使个体生命得以安顿。而圣贤人格之伟大就在在于,其在实现自我生命安顿的基础上更期望于救他人、救世人生命于水火,故要齐家、治国、平天下。但此齐家、治国、平天下不是独立于修身之外的特异事件,而是内含于修身之中的自在逻辑,如果人人皆知修身成圣,则自然天下之家皆齐,天下之国皆治,天下自然太平。故《大学》言:“自天子以至于庶人,壹是皆以修身为本,其本乱而末治者,否矣;其所厚者薄,而其所薄者厚,未之有也。此谓知本,此谓知之至也。”如果“自天子以至于庶人,壹是皆以修身为本”,则何止一家可齐,一国得治,虽天下亦无不治,无不太平矣!但在天下人皆不知修身之时,圣人仅以一己之修身显然不足以完成平天下之事业,那么孔子为何仍然要“知其不可而为之”[①]呢?其内在的理论逻辑是圣人可以自己的修身之行风化社会,为他人立德垂范,从而可以使他人、使社会知所效法,人人皆知自我修身,从而自然达于天下之家皆齐,天下之国皆治,从而天下自然太平。但这还不足以成为孔子“知其不可而为之”的充足理由,还不足以支撑起孔子生命中现实的修身逻辑,其现实的修身逻辑应当是此“齐家、治国、平天下”之“外王”事业是孔子修身成圣所必须承担之使命,故孔子自言“五十而知天命”,不承担此使命就不能实现修身之完满,不能达于成圣之目的,不能获得生命之终极安顿。而最终此“外王”事业能否成功却无碍于成圣之实现,因其只是成圣之过程与方式,故孔子“外王”之事业终生未成,却“七十而从心所欲不逾矩”而成圣成德。故孔子可坦言自己“栖栖遑遑,如丧家之犬”,并非可怜,而是为求道所必需,在生命的表象上是在为世俗奔走,但在生

① 《论语·宪问》。

命的本质上却是修身成圣之手段与过程。面对避世而耕的长沮、桀溺，孔子自言：“鸟兽不可与同群，吾非斯人之徒而谁与？天下有道，丘不与易也。”[①]长沮、桀溺是在避世修行，而孔子是在入世修身，在修行与修身的生命超越层面上，二者实乃一致，故孔子以“斯人之徒”自认。但孔子作为儒家的修身与长沮、桀溺的修行却有入世与避世之别，孔子言“天下有道，丘不与易也”，即为如果天下有道，自己会与他们过一样的生活，而此时是天下无道，恰是需要自己以身行道，故要入世修身以行大道。这是孔子的道义担当，亦是他的修身方式，从而孔子才最终做到“七十而从心所欲不逾矩”[②]，这是人生修为的最高境界，通于庄子的“逍遥”与佛家的“了生死”，故孔子显然为得道之人，却是入世得道，而非佛老的出世与避世。无论入世、出世、避世，皆是以求道为目的的实现生命终极安顿的方式，而儒家的入世修身则显然更具担当精神而有利于天下人，从而儒家才会成为中国传统社会的核心思想。

二、儒学修身之本的沦丧

回顾儒学发展史，修身为历代儒家所重，但对于如何修身的具体功夫论路径却逐渐迷失，尤其是孔子于《周易》哲学中所阐释的“穷理尽性以至于命”的功夫论已经彻底丧失，以至于后世儒学空有修身理论，而无具体可行之修身方法，只能在外在的伦理道德的层面上理解修身问题，最后沦为空谈心性，无益身心，使儒家修身之道沦落为生命外在的道德说教，甚至出现戴震所指责的“以理杀人”，成为近代以来反封建、反儒家的借口。而孔子身后的儒家何以会在事实上丧失儒家的修身之道呢？这就要区分儒学的自在本质与儒学的现实发展之间的差别，儒学在本质上是性命之学，是安顿身心性命的学问，孔子在《周易》中所表达的“穷理尽性以至于命”的价值追求是儒学自在的价值论承诺。儒学的这一价值追求与道家“性命双修，长生久视”的价值追求是本质一致的，从而可证中国文化本质为一，在庄子所言的“道术将为天下裂”之前是同源共根的。但儒道二家面对“道术将为天下裂”的文化事实所采取的态度是不一样的，孔子作为儒家的开创者与代表者是继承文武、周公之道，希望承续“古之斯文”，使天下皆知大道所在，实现天下大同，故要“明明德于天下”。而道家则认可了“道术为天下裂”的事实，认为世人已经不能理解至理大道，“以天下为沉沦，不可以庄语”[③]，只能独善其身，故要“独与天地精神相往来”，所以老子最终骑青牛而去，

---

① 《论语·微子》。

② 《论语·为政》。

③ 《庄子·天下》。

庄子要逍遥于“无何有之乡”。也就是说，儒家的价值追求是要在实现自救的基础上救天下人，而道家则认为天下人已无法得救，故要绝世离俗，不与众游。但道家的出世又不同于佛家的出世，在道家的精神深处，实有着与儒家同源的济世情怀，只是因世人不可语大道才遗世独立，故在可以济世之时，中国历史舞台上亦不乏道家人士的身影。总体而言，自古儒家就入世求功名，以内圣外王的精神担当天下，而道家则游走在入世与出世之间，与现实人生和社会保持着一定距离。如此相较，儒家实比道家具有更高的价值情怀与道义担当精神。但在孔子的儒学进路中，儒家的担当要以修身为前提，即《大学》所言的“古之欲明明德于天下者，先治其国；欲治其国者，先齐其家；欲齐其家者，先修其身”与“自天子以至于庶人，壹是皆以修身为本”。修身是治国、平天下的前提，而不是治国、平天下的手段，治国、平天下只是修身所至之一定境界，而不是修身之外在目的。故修身本身就是儒学的目的与核心，治国、平天下皆内在于修身之事中。但这里所言的修身是作为可实践、可操作的功夫论中的修身，而不是作为理论或道德说教的修身。儒学的修身应当是与道家的修炼、佛家的修行相对应的培育个体生命及整个民族大生命的功夫论进路，而不是附属于治国、平天下之下的社会道德诉求。而儒学在后世发展中逐渐丧失了修身的功夫论路径，并在理论上错解了修身为本的价值宗旨，只是将修身作为治国、平天下的前提性手段，而将治国、平天下作为儒学的终极目的，从而在事实上失去了儒学以修身为本的价值宗旨，使儒学从安顿性命的修身之学沦为治国、治人的政治哲学。

这一儒学修身功夫的遗失过程可以通过对儒学史的考查清晰地梳理出来。孔子“述而不作”，其修身功夫自然就在“六经”之中，前文已经论述《周易》内蕴的“损益之道”及“咸”“艮”二卦所内含的生命修炼原理，可以证明孔子儒学的功夫论进路可以直接贯通道家的内丹修道。而《大学》与《中庸》内含的功夫论进路亦可以贯通《周易》，从而可以看出孔子儒学的功夫论进路是“一以贯之”的。故可以断言，孔子的“吾道一以贯之”不是就其理论的直接表达而言，因孔子以“六经”载道，而“六经”各有系统，各有其表达方式，各有其所言之事，何以能“一以贯之”？只有从孔子的修身实践，从生命安顿的不同方式与进路去理解才能将“六经”贯通起来。“《诗》以道志，《书》以道事，《礼》以道行，《乐》以道和，《易》以道阴阳，《春秋》以道名分”[①]，如何“一以贯之”？贯之于生命，志、事、行、和、阴阳、名分，皆为生命之事，“六经”系统“一以贯之”于生命修为之中。而此修身功夫已经不是理论与“文章”之事，而是生命实践与操作层面的“性与天道”之事，非寻常人所能理解，故孔子言“中人以上可以语上也，中人以下不可以语上

① 《庄子·天下》。

也”[①]，子贡言“夫子之文章，可得而闻也，夫子之言性与天道，不可得而闻也”[②]。从而颜渊死后，孔子弟子之中已经无人能理解孔子的“性与天道”，也就是无人真正能传承孔子的修身功夫。故孔子才会在晚年编撰“六经”，即为在无人可传的情况下，只能用文以载道的方式将自己的“性与天道”之学传之后世，而孔子“老而好易，韦编三绝”的原因就是其将儒家的生命修炼之道直接载写在对《周易》的解读之中，通过作传解经的方式揭示如何“穷理尽性以至于命”，是为孔子的“性与天道”之绝学。而后世儒家又不解《周易》的生命之道，从而使儒学空有修身之说，而缺少具体可行的修身之道。

孔子身后的大儒首推孟子与荀子。孟子尚有“我善养吾浩然之气”及“尽心知性”等论述，并自言“四十不动心”，“君子所性，仁义礼智根于心。其生色也，睟然见于面，盎于背，施于四体，四体不言而喻”。[③] 可见孟子自有一番修身功夫，但孟子对修身功夫并没有系统论述，从而后世所重者，乃是孟子所言的“仁义”之学。后世儒家对仁义的强调实直接导源于孟子，而非孔子。就孔子以“六经”系统载道而言，仁义之学在“六经”之中并非核心，《论语》虽多言仁，但其只是日常语录，而非“六经”注解，从而《论语》只能附证“六经”，而不能居于“六经”之上，故仁义之学在孔子思想中绝非至上之学，“性与天道”才是孔子的终极追求，故孔子言“朝闻道，夕死可也”[④]，又言“志于道，据于德，依于仁，游于艺”[⑤]，孔子只是“依于仁”，其所志则是道。而仁义之学能够得以大倡，并被奉为儒学核心，在儒学理念上实导源于孟子，《孟子》通篇多言仁义，“王何必曰利，亦有仁义而已矣”[⑥]，仁义为孟子作为儒家代表人物入世而为帝王师之核心话语。后世儒学沿着孟子的轨道，将仁义之术推至儒学巅峰，反倒淹没了孔子的性与天道之学，遗失了孔子的修身之道。

荀子作有《修身》篇，可见其在理论上亦重视修身，“见善，修然必以自存也；见不善，愀然必以自省也。善在身，介然必以自好也；不善在身，灾然必以自恶也。”[⑦]但其所论皆为生命外在之修养，只是在生命外在的社会性存在之中寻找生命的安顿之道，已无孟子的“养气”“尽心知性”“睟面盎背”等生命内在的修炼之道。这从荀子的性恶之论亦可看出，其只在人之生命存在的外在表现而言人性之恶，而孟子则在人之生命的内在本质层面而言性善，“君子所性，仁义礼智

① 《论语·雍也》。
② 《论语·公冶长》。
③ 《孟子·尽心上》。
④ 《论语·里仁》。
⑤ 《论语·述而》。
⑥ 《孟子·梁惠王上》。
⑦ 《荀子·修身》。

根于心”[1]，孟子之性善实乃尽心知性而后达于生生之至善，即《大学》所言的“止于至善”之“善”，而“性善”之性又是由尽心而至之“生生之性”。故孟子之性善实有生生之道的本体论支撑，而荀子则完全从外在道德规范角度而言人性之恶，实与孟子不在同一个层面上。孟子在形而上的层面上言人性本于生生之至善，而荀子则在形而下的层面上而言人性失去生生之本后而呈现出的伤生之恶，故荀子与孟子比又更加丧失了孔子儒学的修身之道。

儒学在汉武帝“罢黜百家，独尊儒术”之前一直是以“学在民间”的方式自在传播，而在秦始皇“焚书坑儒”之后，儒家经典已经不全，儒家的修身之道自然更加暗而不彰，而董仲舒专治《公羊春秋》，其《春秋繁露》只能属于儒家的政治哲学，离孔子的“性与天道”更远，从而可知汉武帝与董仲舒所独尊之儒学远非儒学之正宗。在如此政治儒学的笼罩之下，儒家的修身之说只能沦为政治统治的工具，而不可能真正安顿世人的身心性命。正是因此，外来的佛学才会在独尊儒术的汉代进入中国，佛学承诺就是对身心性命的安顿，此为人性所必需，而其时的儒学已经失去安顿身心性命的修身之道，从而给佛学的进入提供了契机。其后魏晋玄学的大倡亦是因此，固守中国文化的士人学子在儒学中找不到精神寄托，找不到身心安顿之法，自然就要到道家玄学之中寻找生命安顿的思想资源，这都是儒家丧失修身之道所导致的必然结果。以古为鉴，儒学在当代中国的势微，同样根源于修身之道的丧失，此论点亦可求证于宋明理学的兴衰之中。

宋明理学之所以能实现“儒学中兴”，不只在于其实现了对儒学的理论重建，更主要是因为宋明诸儒重兴了儒家的修身功夫，从周敦颐到程、朱、陆、王，都有自己的静坐修心、诚敬涵养等修身功夫与方法，从而宋明理学可以让人在身心性命之中得到切实的受用与提升。但宋明理学的修身功夫是以理学与心学体系为支撑，而不是孔子于《周易》哲学中所揭示的“性与天道”之学，故理学与心学已经偏离了儒学以《易》为宗的学术宗旨，偏离了孔子之道，其已经不是真正的“我注六经”，而是“六经注我”，本质上是在孔子的“六经”系统之外另建一套儒家哲学体系，与孔子的“述而不作”“六经载道”“以易为宗”的学术体系相去甚远，从而其功夫论亦不是孔子儒学自在的功夫论进路。虽有其时代性的历史作用，风化社会、安顿世道人心长达千年，但其并没有彻底实现孔子儒学“穷理尽性以至于命”的终极价值追求，从而才会在长久偏离后，忘而不返，最终出现空言心性、道德僵化、以理杀人等负面问题。

自近代开始的西化运动及对传统文化的彻底抛弃则使中国人完全失去了传统的修身之道，现代人的生命只能依靠现代文化的社会公德、法律制度等进

---

① 《孟子·尽心上》。

行规范，已经没有了道德自觉意识，亦没有了自我完善的能力，必赖外在规范来指导自己的行为，对于孔子的“从心所欲不逾矩”已是无能理解，更无能做到。整个社会大群之中已经失去自我修身养性的文化动力，对于如何修身的具体方式与方法更是无人顾及。而当代儒学复兴运动中的各家儒学在事实上还停留在与西方文化对抗，甚至是在为中国儒学的合法性正名的层面上阐释儒家的义理，也就是对传统儒学进行一种当代化的理论解读，远没有达到将儒学义理运用于自己的身心性命之中，以之安顿自我的生命，培育自我的圣贤人格，从而以自己成圣成德之生命去风化社会，“明明德于天下”而兼善众人的程度。而这样一个以儒学安顿自我与世人生命的过程就是儒学修身功夫论的践行过程，而践行儒学的修身功夫又以明晓儒家修身功夫的具体进路为前提，从而对儒家修身功夫的研究就成为当代儒学研究中的迫切问题，亦是最终决定儒学能否真正复兴的核心问题。

三、从生活儒学到修身儒学

儒学的复兴是一个宏大的文化工程，亦将是一个漫长而艰难的历史过程，因中国人的文化生命与儒学传统已经彻底断裂了，中国人的文化生命皆是西化的生命，此真为“数千年未有之大变局”。要实现儒家文化生命的回归，实要经历一种彻底的文化变迁，而这将是一个漫长的过程。而在“人能弘道，非道弘人”的意义上，儒学之复兴有待于儒者的出现与奋起，而“十年树木，百年树人”，儒家群体的培育亦必然是一个漫长的过程。故可以想见，儒学的复兴，尚任重而道远。但只要“天之未丧斯文”①，人类要有未来，则儒学必然复兴。因为儒家文化是实现生命安顿的文化，为人性所必需，人类要追求一种美好安乐的生活，要安顿自我的身心性命，就必须归宗于儒学的生命宗旨，“儒乃人之需”，此乃儒学复兴的根本力量所在。在当代儒学复兴的各种进路之中，生活儒学开启了一个本源视域，提出了儒家哲学重建的基本思路，但距离完成重建当代儒家哲学的目标尚有相当漫长的道路要走，因为儒学的复兴不只是理论的重建，更是儒学重新走入儒者的生命与生活之中、走入百姓社会生活的日用伦常之中的过程。而这一儒学进入生活实际的现实起点就是儒者的修身，故本书对当代儒学复兴的文化进路研究得出的结论就是“生活儒学”最终要走向“修身儒学”。

生活儒学本源视域的开启清除了现当代哲学思维所固有的思维视域的局限，使当代的儒学复兴可以在一个新的思维地基上展开对儒学的哲学反思，这

---

① 《论语·子罕》。

是本书要以生活儒学为基础展开思考和研究的根本原因。而生活儒学对儒家哲学的重建还只是完成了儒学复兴的理论证明任务，即证明儒学复兴的理论合法性与具体的理论进路，但儒学的现实复兴是真正走入百姓的日用伦常之中，从而必须要有具体可行的实践进路，此实践进路只能通过儒者的修身实践，以化成天下的方式来实现，而不只是书斋里的理论证明与社会上的文化传播而已。这是以儒学为代表的全部中国哲学的根本特质，亦是中国哲学区别于西方哲学的根本所在。西方哲学是“思的事情”，可以抛开实践而“载之空言”；而中国哲学则是“存在的事情”，要现实地指导现实人生如何去生存，如何去存在，抛开实践的儒学就不是真正的儒学。

基于以上理解，本书以生活儒学为基础参照系，在理论进路上按照现代学术标准，遵循当代哲学体系化的基本要求，分别从复兴论、本源论、本体论、价值论、认识论、知识论、正义论、功夫论等方面对当代儒学复兴的具体进路展开哲学反思，力求以一种体系化的理论形式给出当代儒学复兴的文化进路。这条儒学复兴的文化进路以生活儒学为基础参照系，在回归孔子儒学本源视域的基础上，按照孔子儒学“穷理尽性以至于命”的价值宗旨重建孔子儒学的当代理论形态。在实践的层面上则是回归孔子儒学“自天子以至于庶人，壹是皆以修身为本”[①]的文化进路，以“修身养性”为核心具体展开孔子儒学当代复兴的实践之路，最终学术取向是将“生活儒学”推进为“修身儒学”。

“生活儒学”是以生活为核心，强调回归“生活—存在”的大本大源，但儒学在回归生活本源之后，还要具体给出现实人生的“如何去生活”“如何去存在”的生命指引，这就需要一种具体而可操作的文化进路，而此可操作的文化进路又必须符合儒学的宗旨，既要有儒学史的经典文本依据，又要有儒者生命践行的实践依据，尤其是孔子本人的生命践行的实践依据。符合如此要求的可操作的儒学复兴进路就只能是“修身儒学”，由“生活儒学”到“修身儒学”可以建立起统一的思想理路与具体可行的儒学复兴进路。当代儒学复兴运动中的各种文化进路都是以社会生活的某一方面为切入点展开儒学复兴的具体思考，或者是政治儒学，或者是经济儒学，或者是制度儒学，或者是宗教化儒学，等等，而且都是对生命外围的思考，而不是对生命本身的思考。这就没有把握到孔子儒学的生命宗旨，没有领悟到孔子儒学以修身为本、化成天下的核心价值，从而只能具有儒学研究的理论意义，而不能真正转化为由个体生命安顿而达于天下化成的儒学实践。从而本书给出的当代儒学复兴的文化进路就是在回归生活本源的基础之上，以修身为核心去复兴儒学，去重建儒学的整个思想与文化体系。

---

① 《礼记·大学》。

这一由“生活儒学”到“修身儒学”的儒学复兴进路以生活本源为文化基点，以生生本体论为学理依据，以“穷理尽性以至于命”为价值论承诺，以中道的思维方式，追求安顿生命的知识与学问，以中国正义论解决社会问题，以修身功夫论指导个体生命实践，共同构建而成一个当代儒学复兴与重建的思想文化体系，其核心宗旨就是生命的安顿。这就要求真正的儒者要以自我的生命去体验、去体悟、去修证、去证成孔子儒学的生命宗旨，将儒家的哲学理念内化为儒者自身的生命体证，再将儒家的生命之道外化为儒者的儒行，推己及人，由近及远而达之于家、国、天下，风化社会，是为儒家的人文化成之道。这就是儒家由成己而成人、由修身而达于天下化成的生命培育过程，这才是真正的儒家，这才是真正可行的儒学复兴之路。

四、修身儒学的当代意义

修身儒学的研究在当代具有重大的理论意义与现实意义。前文已经论述修身在儒家思想中的根本意义，没有修身之道的儒学就不具有作为儒学存在的理论合法性，而没有修身之道的儒学亦无法实现儒学思想体系自身的理论自洽，从而无法在当代重建起体系完备的当代儒学新体系。在当代大陆新儒家的儒学思想体系构建之中，已经显露出由于缺少儒家修身之道的研究而导致的理论虚弱性，没有一个现实的根基可以将新儒家的思想真正现实地应用于个体的生命实践与社会生活之中，从而只能在事实上成为一种理论上的空中楼阁，或许看上去很美，却没有现实的可行性，这是当代儒学研究的根本问题所在。无论前文已经介绍的政治儒学、经济儒学、制度儒学、现象学儒学、宗教化儒学，还是仅仅提出口号而无系统思想与理论论证的社会儒学、公民儒学、生命儒学等等，都只是一种理论的争论，而没有具体可行的现实切入个体生命与社会生活之中的具体路径，从而只是理论的空谈而已，已经违背了孔子“君子耻其言而过其行”[①]的价值评判标准。

生活儒学回归生活本源的哲学视域转换已经内含了回归儒家修身之本的可能进路，只是其还没有明确而系统地提示出来，故本书在以生活儒学为基本参照系反思当代儒学复兴的可能进路的基础上，提出生活儒学要完成其复兴儒学的历史使命，完成重建儒家哲学体系的历史任务，就必然要将生活儒学推进到修身儒学。这里提出修身儒学的概念并不是要在当代大陆新儒家群体已经提出的各种儒学主张之外另立一种儒学门派，而是回归孔子儒学的核心宗旨，

---

① 《论语·宪问》。

揭示当代儒学的价值宗旨不是多元而是一元，由修身而达于生命安顿才是儒学的终极价值诉求。当代儒学复兴运动中所提出的各种价值诉求与具体路径实质都是在以西范中的范式内思考儒学的复兴问题，政治儒学、经济儒学、制度儒学、宗教化儒学、现象学儒学等，都是面对西方文化的拷问而运用儒学资源给出的当代回答，这种回答虽然力图证明儒学相对于西方文化的优越性与有效性，但只能停留于理论论证的层面，而无法给出现实有力的实践性的当下证明。因为当代世界就是西方文化横行的世界，儒学的理论论证在无情的现实面前显得苍白而无力，更为关键的是，这种回答并不代表儒学的修身宗旨，从而不能代表儒学真正的现实生命力，亦不能真正彰显出儒学相对于西方文化的优秀之处。而修身之道则是西方文化从来缺少的理论盲区，此理论盲区亦是西方文化在当代走向终结的根本原因。修身儒学才是儒学在当代复兴的最充足理由，亦是儒学优秀于西方文化的根本所在，西方人的生命安顿寄托于宗教的上帝，而“上帝死了”的事实已经使西方人的生命无所归依，从而陷入“怎么都行”的价值混乱与生命困境之中，而修身儒学于此处则挺立起自己的合法性与优越性。

修身儒学亦是当代儒学可以切入现实生命与生活的真实入口，而不是一种理论的推定与设想而已。一个简单的事实就是，当代中国的社会意识形态是马克思主义文化而不是儒学，在理论合法性上，儒学只可能通过与马克思主义相融通的方式进入主流意识形态，而即使已经进入主流意识形态之中，儒学又能否现实地进入民众的现实生命与社会生活之中呢？如果儒学空有理论合法性，却没有现实的可践行性，其理论复兴的现实意义又何在呢？只有回归儒学的修身之本才可以真正解决这一问题，生命的安顿是现实人生的自然而又必然的要求，而西方文化与马克思主义文化都没有具体可行的、可以安顿现实人生身心性命的修身之道，从而儒学在此可以找到真正复兴的现实切入点。即使儒学不能完全融入意识形态之中，也可以通过对世人身心性命的安顿而直接切入民众的现实生活与日用伦常之中，从而不需要意识形态的支撑也可以实现儒学的现实复兴，而不是仅仅追求一种思想与理论的复兴而已。儒学的生命力从来都自在民间，儒学的复兴亦从来都是从“学在民间”走向“学在官府”，而“学在民间”就是儒者修身而化成天下的生命实践，而不是理论的空谈与说教而已。

再从当代中国的社会现实来看，当代的中国人由于抛弃传统文化太久，早已不知修身为何事。当代中国人的文化生命已经是西化的生命，在西化的文化理念与教育体系之下，尤其是在西方文化的对象性思维方式之下，只能看到社会个体之间彼此外在的“单子”式的存在方式，看不到贯通于所有个体生命之内的生生之道，当然无法领悟到生命本质的相通性，从而无视个体生命所具有的自主修身的可能性与自我修养的生命本性，只能以外在的伦理道德、法律制度等规范社会个体的行为。没有了修身自觉的社会道德也就没有了出于人性本质的原初动力，人们被动地依赖于外在的法律与制度规范来指导自己的行为，人的道德主体性沦丧了，不知道我应当如何去做，不知道什么是对，什么是错，不分善恶，从而催生了以法治国的现代国家治理理念。而孔子早就警告："道之以政，齐之以刑，民免而无耻；道之以德，齐之以礼，有耻且格。"[①]在重法而不重德，从而"民免而无耻"的社会观念下，法律管控不到的道德领域自然会出现严重的道德失范与社会危机。当代中国社会面临的最严重问题就是道德沦丧问题，整个社会的诚信缺失、官僚腐败、奢侈浪费、精神堕落等问题已经彻底腐蚀了整个中华民族的民族精神。而在现实的维度上，道德沦丧反映的是生命存在自身的内在缺陷与缺失，而由此生命存在自身的内在缺陷与缺失必然产生生命外在的诸多问题，包括人与人的问题、人与社会的问题与人与自然的问题，表现为人际关系紧张、社会矛盾激增及自然环境破坏、资源与能源枯竭等诸多难以解决的问题。而这种道德沦丧与民族精神的堕落不是用外在的法治或制度规范所能拯救，必须诉诸每个社会个体生命的人性与道德自觉，通过自我修身，修养、修行、修炼自我的生命，实现个体生命与民族生命的内在统一，才能真正唤醒一个民族的觉醒，重塑一个民族的文化。

故当代应当加强修身儒学的研究，对儒家的修身之道进行当代化的理论解读与实践性操作研究，挖掘传统儒学的修身资源，并对传统的道学与佛学进行比较性研究，以寻找中国文化百家同源的思想根源，构建起儒家当代的修身体系，以修身为核心展开儒学的当代化理论体系建构，这将是实现儒学真正复兴的必由之路。

---

① 《论语·为政》。

“周革殷命”与传统政治哲学的确立与更新

——民本的价值性及其演化*

蒋孝军

中国传统政治哲学确立于殷周之际。在这一历史时期，天命、德与民情观念互相交融，演化成中国传统政治哲学的三个基本范畴，从而形成了以“以民为本”为价值取向的中国传统政治哲学。从观念史的角度来看，中国传统政治哲学在基本价值观念保持稳定的情况下，经历了从初构、形成、惯性演变到革新这样四个阶段的演化。梳理天命、德与民情这三个观念的意义构成、相互关联及其在不同历史阶段的演化，以及三者凝结出的民本观念在今天的意义，有利于廓清有关中国传统政治哲学的诸多疑云。

一、初构：“天命”与“德”

中国传统政治哲学框架的建立离不开对天命与德的理解：“德者，得也”，即得天命而成德。而对政治之天命与德的源初领会，可以追溯到上古的“绝地天通”。

“绝地天通”使政治从原始之人神不分的混沌状态中脱离出来，并完成了最初的自我理解。张荣明指出：“‘绝地天通’标志着中国上古政治宗教的创立，其主要意义是创立政治宗教新秩序。”[①]所谓政治宗教新秩序，就是使上帝、天命观念成为中国传统政治哲学的核心概念，并在现实政治中形成秩序性力量，从而使政治在依托宗教观念的基础上获得自我理解。《尚书·吕刑》记载：

---

* 原载《哲学动态》2016年第6期。

① 张荣明：《权力的谎言——中国传统的政治宗教》，浙江人民出版社2000年版，第21页。

苗民弗用灵，制以刑，惟作五虐之刑曰法。杀戮无辜，爰始淫为劓、刵、椓、黥。越兹丽刑并制，罔差有辞。民兴胥渐，泯泯棼棼，罔中于信，以覆诅盟。虐威庶戮，方告无辜于上。上帝监民，罔有馨香，德刑发闻惟腥。皇帝哀矜庶戮之不辜，报虐以威，遏绝苗民，无世在下。乃命重、黎，绝地天通，罔有降格。

由于苗民之君行“五虐之刑”的酷法，受难的苗民“虐威庶戮，方告无辜于上”，而“皇帝”处理了这种情况。值得注意的是，“皇帝”采取的措施是“命重、黎，绝地天通，罔有降格”，即阻绝了人神杂糅、地天相通的情况。这样一来，本来还存在的“方告无辜于上”之路被阻止了，人神之间的沟通仅被控制在少数人手中（重、黎）。那么，为什么“皇帝”要阻断人神之间的沟通呢？《国语》的记载与《尚书·吕刑》稍有不同，并给出了为什么要“绝地天通”的解释：

及少皞之衰也，九黎乱德，民神杂糅，不可方物。夫人作享，家为巫史，无有要质。民匮于祀，而不知其福。烝享无度，民神同位。民渎齐盟，无有严威。神狎民则，不蠲其为。嘉生不降，无物以享。祸灾荐臻，莫尽其气。颛顼受之，乃命南正重司天以属神，命火正黎司地以属民，使复旧常，无相侵渎，是谓绝地天通。

在“绝地天通”之前：“民渎齐盟，无有严威。神狎民则，不蠲其为”，这意味着“天地通”的状态是人神之间没有明确的区分，因而也就无所谓属于人的政治活动。“绝地天通”就是对这种状态的终结，在《国语》看来，“绝地天通”就是摆脱人神杂糅的淆乱，拉开人神的距离并重建人神之间的秩序，而所谓人神之间的秩序在当时也意味着人世间的政治秩序的威严之确立。

威严的最高层次莫过于神意，神意构成了上古政治的秩序感和层次感。张光直从青铜器考古的角度印证了“绝地天通”的历史真实性以及重建威严的企图：“全世界古代许多地方有青铜时代，但只有中国三代的青铜器在沟通天地上，在支持政治力量上有这种独特的形式。全世界古代文明中，政治、宗教和美术都是分不开的，但只有在中国三代文明中这三者的结合是透过了青铜器与动物纹样美术的力量的。”[①]张光直指出，青铜器的制作在殷周时代意味着能够组织起大量的人与物的资源，这显示着统治者政治力量的强大，所以青铜器亦相应成为政治权力的象征。同时，青铜器作为祭祀器具又被赋予了神性色彩，在殷周人的眼中，青铜器及其图案是沟通天地的神圣工具，天命蕴含于其中，从而成为王者统治人间的合法性之象征。

---

① 张光直：《中国青铜时代》，三联书店2013年版，第70页。

殷周时期的政治、宗教在青铜器的连接交融中呈现为一种互相辉映的状态，而且殷、周两代都认为宗教神意在政治领域中具有崇高的地位，而通过某种仪式器物或者其他方式达到了对天命的领会和获得后，人就是有德或有“俊德”的。不过，由于殷、周两代的生存状况非常不同，所以两者对“德”的理解虽然在形式上相似，但实质上很不一样。

殷商是以游猎与战争为生活方式的族群，有别于西周以农业为主的社会。游猎与战争的族群一般相信天命是一种专属的、带有暴戾的神意，从现有的考古资料来看，商代祭祀活动十分频繁，且存在大量的人殉遗迹。殷商时代的统治者几乎无事不卜，但是占卜并不是谁都可以参与的，只有统治者才能保持这种专断权力。在武王伐纣的时候，“纣走，反入登于鹿台之上，蒙衣其殊玉，自燔于火而死”[①]，纣的这一反应，特别是“蒙衣其殊玉”的做法，似乎是要通过自杀来垄断现实政治失败甚至是主体死亡都无法剥夺的神圣政治权力。但并不是所有殷商统治者都像纣那样自命不凡，《尚书·盘庚》篇对于“天命”持一种更加“恪谨”的态度：

> 不能胥匡以生，卜稽曰其如台？先王有服，恪谨天命，兹犹不常宁；不常厥邑，于今五邦。今不承于古，罔知天之断命，矧曰其克从先王之烈？若颠木之有由蘖，天其永我命于兹新邑，绍复先王之大业，底绥四方。

盘庚对于“不能胥匡以生”的担忧和“恪谨天命”的态度，非常类似西周初期周人的态度。从观念史和文献学的角度来看，《盘庚》篇确实经过了西周时期的整理，否则不会大量出现周人常用的“天命”之类的说法，因为殷人祭祀的最高对象其实是“帝”。虽然《盘庚》篇经过周人的改造与扬弃，却也不能完全遮蔽商人对于神意的理解，比如盘庚在训导臣民的时候，便诉诸“先后”在天上的神威，认为这种神威使他在地上拥有无上权威。

傅斯年认为：“商‘有娀方将，帝立子生商’。这是说，商为帝之子，即契为喾之子。周‘履帝武敏歆。攸介攸止。载震载夙，载生载育，时维后稷。诞弥厥月，先生如达。不坼不副，无菑无害，以赫厥灵。上帝不宁，不康禋祀，居然生子’。这是说：稷为姜嫄之子，而与上帝之关系是比较模糊的。”[②]可见，针对殷商时代把统治者与“帝”直接进行血缘联系的做法，周人有所保留。周人通过对殷周交替历史经验的深刻领会，认为“皇天无亲，惟德是辅”，从而斩断了周人与皇天之间的血缘性关系，这反映出周人在领会“天命靡常”时更加具有理性精神。比如《诗经·文王》提道：

---

① (汉)司马迁：《史记·周本纪》，中华书局1982年版，第124页。

② 傅斯年：《性命古训辩证》，广西师范大学出版社2006年版，第73页。

文王在上，於昭于天。周虽旧邦，其命维新。有周不显，帝命不时。文王陟降，在帝左右。……侯服于周，天命靡常。殷士肤敏，祼将于京。厥作祼将，常服黼冔。王之荩臣，无念尔祖。无念尔祖，聿修厥德。永言配命，自求多福。殷之未丧师，克配上帝。宜鉴于殷，骏命不易！命之不易，无遏尔躬。宣昭义问，有虞殷自天。上天之载，无声无臭。仪刑文王，万邦作孚。

此诗虽然不乏“文王陟降，在帝左右”的说法，但整个基调是理性和反思性的。周人在面对这一场他们几代人筹划并且几乎有些意想不到的胜利时，有着强烈的反思和对天命的敬畏，他们也更加感念“亹鹿文王”之勤勉与恭敬，而不是骄横地认为自己持有天命。因此可以说，虽然殷周二代对于帝与天命的理解在形式上都有宗教神意的意思，但是由于周人的反思精神和强烈的敬畏感、使命感，周人对“德”之内涵作出了新的理解。

二、形成：“民情”与“天命”的互动

如果说“聿修厥德”是殷周二代共同持有的思路，那么对“天命靡常”的领会就使“民情”观念进入了周人的视野，从而使周代的政治哲学观念明显有别于殷商。

西周初年政治风云诡谲：“小邦周”战胜“大邑商”，而周人自己却发生了兄弟相残之事，可谓风雨如晦。这让周人对“天命靡常”充满忧患和敬畏。周公在《康诰》中就言道：“小子封，恫瘝乃身，敬哉！天畏棐忱，民情大可见。”周公认为：“天畏棐忱”，即“天命”不可测知。在《君奭》中，周公也指出“天不可信”，虽然看似主张天命不可信、不可知，但是，周公实际认为“天命”已在“恫瘝乃身”中现身，并唤起了他强烈的敬畏感。“恫瘝”作为切身之痛，包含周公对现实政治中殷人的失败与周人自身兄弟相残的痛心。因此，对现实政治的风云变幻的体会，需以“敬哉”的态度来对待，而且民间之疾苦（民情）与自身“恫瘝”发生的共鸣，更加强化了这种敬畏感。值得注意的是，周公对“民情大可见”的深刻领会使周人在天命与民之间作了一个勾连，从而使“民情”与神意结合在一起。我们可以根据《召诰》来看周人对天命、德与民之间关系的理解：

我不可不监于有夏，亦不可不监于有殷。我不敢知曰，有夏服天命，惟有历年；我不敢知曰，不其延。惟不敬厥德，乃早坠厥命。我不敢知曰，有殷受天命，惟有历年；我不敢知曰，不其延。惟不敬厥德，乃早坠厥命。今王嗣受厥命，我亦惟兹二国命，嗣若功。

王乃初服。呜呼！若生子，罔不在厥初生，自贻哲命。今天其命哲，命

吉凶,命历年;知今我初服,宅新邑。肆惟王其疾敬德?王其德之用,祈天永命。

其惟王勿以小民淫用非彝,亦敢殄戮用乂民,若有功。其惟王位在德元,小民乃惟刑用于天下,越王显。上下勤恤,其曰:"我受天命,丕若有夏历年,式勿替有殷历年。欲王以小民受天永命。"

在这三段文字中,第一段把夏、殷两国丢失政权的原因归结为"惟不敬厥德,乃早坠厥命",从而认为为政者要敬德,因为不敬德便会丧失天命;第二段指出嗣王要经由"疾敬德"来接受"天命",只有这样才能"祈天永命",也就是永保统治;第三段落脚于对"小民"的思考,认为嗣王要"欲王以小民受天永命",即要通过治理"小民"才能"受命"。《召诰》这三段话体现了这样一种思路:宗教意义上的天命由于与小民共驻于相同的生存境遇中,从而导致天命与民情构成了一种特殊的情境关联,即天命即是民意,民意即是天命,或曰天命呈现为民意,民意体现于天命。

在《尚书》中,这种把民与天命结合在一起的说法还有很多:"我亦不敢宁于上帝命,弗永远念天威,越我民罔尤违,惟人"[①],"予惟用闵于天越民"[②],"天视自我民视"[③]。而《皋陶谟》中更有比较圆融的天命下贯到民意、民意反映天命的思路:

无旷庶官,天工人其代之。天叙有典,敕我五典五惇哉!天秩有礼,自我五礼有庸哉!同寅协恭,和衷哉!天命有德,五服五章哉!天讨有罪,五刑五用哉!政事懋哉懋哉!天聪明,自我民聪明;天明畏,自我民明威。达于上下,敬哉有土。

这一段话反复诉说了人世间之典、礼、服、刑等制度都渊源于天,但也主张"天工人其代之",并且认为"天聪明,自我民聪明;天明畏,自我民明威",显示了人(或曰民)在政治哲学中的自我觉醒和地位提升,最后从"达于上下"的角度来贯通天人,并落实为"敬哉有土"的政治哲学。

"敬哉有土"的领会使周人意识到,既然"天命靡常",那么若要永保天命,仅靠天命眷顾是不行的,还需要审慎地持守德行并体察民情以保持民意,这种思想使西周统治者更加关注现实政治,同时也把民推到了政治哲学的核心地带,把政治价值源头的"民"进一步从宗教神意里彰显出来。周人认为,他们能代替殷人的合法性与"民"息息相关:"天棐忱辞(辞),其考我民。"《大诰》中的这句话

① 《尚书·君奭》。
② 《尚书·君奭》。
③ 《尚书·泰誓》。

是说，天不是信我这个人，而是为了安定人民来帮助我。因此，“天命”以“我民”为价值落脚点，“民”才是政治考虑的根本。这种对“天命”和“民”的领会逐渐凝结为中国传统政治哲学的基本价值观念，并贯穿了几千年来中国人对政治的基本理解。这就是把民看成政治的价值源头，即“民本”。

三、演化：“民本”与“保民”困境

虽然《古文尚书》来源不明，但《古文尚书·五子之歌》中“民惟邦本，本固邦宁”的表述可引发政治哲学对实践的追问，即怎样才能达到“本固邦宁”？周公以文王为例来回答：

> 惟乃丕显考文王，克明德慎罚，不敢侮鳏寡，庸庸祗祗威威显民，用肇造我区夏，越我一二邦以修我西土，惟时怙冒，闻于上帝，帝休天乃大命文王，殪戎殷，诞受厥命，越厥邦厥民，惟时叙。[①]

文王能够“克明德慎罚，不敢侮鳏寡”，所以周人获得了上天的嘉许，“天乃大命文王，殪戎殷，诞受厥命”。因此在周公看来，其父文王通过体察“民情”，领会到自身应该具备的明德，从而受命为王。

值得注意的是，“民本”或“以民为本”探讨的是一个孰本孰末的政治哲学之价值问题，并认为“民”是政治之根本，其余则是末。不过，在周代，对于政治之根本的领会还不是“民”自己的觉悟，而是统治者之体察。在周人看来，因为周人能够体察并培植此“本”，所以促进了邦的安宁，从而得受大命。所以，在周人的思想中，民本观念被置入一种“天命—王—民”三者互动的循环中：“天命”谓“德”，“王”能明“德”，“天”命其保“民”，能保“民”则“民”归化而保“天命”。在整个过程中，“王”是连接三者的枢纽，周人通过“王”的勤勉恭敬来达成“民本”的价值诉求，这就是周人的“保民”观念。

在《无逸》篇中，周公更加具体地指出了文王的成功之路在于“怀保小民”：“文王卑服即康功田功。徽柔懿恭，怀保小民，惠鲜鳏寡。自朝至于日中昃，不遑暇食，用咸和万民。文王不敢盘于游田，以庶邦惟正之供。”周公对文王“保民”思想的推崇为周人乃至后世的统治者提供了一个“立君为民”的“保民”典范。周初的“立君保民”不仅仅是以君为长，亦在于君乃万民之法：“予乃胤保，大相东土，其基作民明辟。”[②]所谓“明辟”即万民的法则。应该说，这是“保民”观念的一个特点，即虽然认同以民为本，但没有赋予民以政治自主性，从而把民放

---

① 《尚书·康诰》。

② 《尚书·洛诰》。

在一个被保护的位置上。这与周初的现实政治相关,并且在西周呈现出强大的政治功能。

客观地说,周初"保民"思想的产生与周人自身相对弱小却占据政治生态的顶点有关。为了解决这种政治窘迫,周人在商人原有土地以及更加广阔的疆土上实行分封制,并通过营造成周来占据中央之地以达到保民的目的。周人在军事和政治制度各方面的苦心经营,都在于通过统治者对人民"若保赤子"的态度来实现"子子孙孙永保民"的追求。在西周早期,"立君保民"无疑保护了西周文明的星火,并把西周的文化、组织以及政治资源散播到了四海。

但随着历史环境的转变,"立君保民"或者"保民而王"开始呈现出操作上和理论上的困境,也即西周宗法血缘社会在逐渐壮大的同时,产生出自噬的后果:第一,当周天子没有土地再分封给功臣的时候,其政治控制力便开始下降,其"保民"的功能逐渐丧失;第二,随着宗法血缘共同体的发展,血缘、德和礼制的维系力变得越来越稀薄乃至解体,而诸侯之间、诸侯和天子之间亦开始相互倾轧,列国之间激烈的竞争遮蔽了"以民为本"的价值追求。

如果说在春秋时代,原有的礼制和保民观念还存在于统治者头脑中的话,那么到战国后则完全消失了,因为此时的政治主体已不会把政治价值挂搭在"民"上,以至于孟子在对梁惠王讲"王何必曰利,亦有仁义而已矣"的时候就像对牛弹琴。当时的列强争霸中不容统治者以仁义从容图治,所以统治者转而采取更加急功近利的做法来撕裂原有的"保民"体制,孟子对此深有体会:

> 邹与鲁哄。穆公问曰:"吾有司死者三十三人,而民莫之死也。诛之,则不可胜诛;不诛,则疾视其长上之死而不救,如之何则可也?"孟子对曰:"凶年饥岁,君之民老弱转乎沟壑,壮者散而之四方者,几千人矣;而君之仓廪实,府库充,有司莫以告,是上慢而残下也。曾子曰:'戒之戒之!出乎尔者,反乎尔者也。'夫民今而后得反之也,君无尤焉。君行仁政,斯民亲其上,死其长矣。"①

此时,诸侯争霸以争地夺城为首选,"保民"不得不退居次要。而"保民"作为"以民为本"的一种具体性操作,其恶化状态就是统治者为了维系自身政治体的发展,置民于水火而不顾,这导致西周基于封建礼制的"保民"制度影响力下降乃至消失。西周封建礼制社会亦随之走向崩裂,而战国之血腥混战最终导致民本观念被恶劣的列国竞争观念替代。所以,六国竞争的最后结果就只能是带有专制色彩的"大一统"秦帝国出场,使周人的"立君保民"成为帝国时代专制化的"立君保民"。

---

① 《孟子·梁惠王下》。

“周秦之变”是古代中国政治之重要转折，它意味着从封建贵族制向大一统帝制的转变。秦制区别于周制的特点在于打破原有的基于血缘礼制的封建社会结构，代之以中央集权的政治模式，封建化的社会结构及其政治作用在这种过程中被打散。汉代虽然在一定程度上回归儒学，儒学也在一定程度上缓释了“汉承秦制”导致的暴戾，但是汉代及以后的民间社会除了能够实现简单自救外，在政治上的自治力已基本丧失[①]，抵御政治强力的能力远不如先秦。因此，秦汉以后“以民为本”的观念相对来说隐而不显。

尽管如此，在大一统的背景下，“保民”观念由于统治者的合法性需要仍被彰显出来。以汉代为例，汉代基于对合法性的追求，对政治实行“拟宗法化”的缘饰，以“保民”来遮掩帝制时代大一统的政治合法性困境。笔者认为：“‘拟宗法化’的实质在于营造‘天下一家’的色彩，但是‘拟宗法化’并不是宗法制度，而是对宗法社会的一种模拟，因此，‘移孝作忠’其实是一种泛伦理化的政治准则。”[②]在这种泛伦理化的政治中，统治者常常以“为民父母”自居，“保民”似乎成为统治者义不容辞的责任，但这却难以掩盖统治者私天下的实质。“民”成为羊群，统治者就是牧羊者，羊群得一时之安宁，却无法自主地作出任何实质性的选择。

大一统帝制时代，民在政治领域的自主性没有确立，所以“保民”原则虽得以惯性地延续，但是“以民为本”的价值原则在现实政治中很大程度上被遮蔽，周公所领会到的“恫瘝乃身”与“民情大可见”之间的交融被割裂，“立君保民”成为高高在上的统治者欺骗百姓之自言自语。在孟子时代，“民为贵，社稷次之，君为轻”还能成为一种理论选择，但到了大一统帝制时代，“保民而王”基本上成为一种政治宣传。因此，我们可以把大一统帝制时代的“保民”理解为西周前期保民制度的惯性演化，这种演化其实往往滑向的是“民本”原则的对立面。

四、革新：民本原则的新开展

近代以来，中国传统政治哲学面临一次全面且重大的革新。“民本”观念不再需要通过“立君保民”来呈现，“民”的政治自主性开始生长。但是，对“民本”“保民”和“民主”等思想观念的理解却存在着一些亟待厘清的问题。

由于历史的纠葛，“民本”观念与本应作为历史现象的“保民”之间的关系，纠缠学界多年。比如张分田认为：“在中国古代，‘以民为本’是占主流地位的政

① 《史记·游侠列传》反映了汉朝民间力量的逐渐消失。

② 蒋孝军：《“群”与“独”：个体性问题——康有为政治儒学研究》，安徽人民出版社 2015 年版，第 24～25 页。

治文化，‘立君为民’是全社会普遍的政治意识。……所谓的‘民本思想’实际上是一种系统论证、全面规范君主制度的思想，它既没有脱离‘君本’而形成独立的政治实践，也没有脱离君权而展开独立的政治实践。无论在理论上，还是在实践上，‘民本’与‘君本’始终共处一体，紧密粘连在一起，根本无法剥离开来。”①这种观点代表了很多人的态度，即否认“以民为本”与“立君为民”之间存在着分离，而两千年的皇权政治似乎也为此观点提供了佐证。事实上，这恰恰是忽略了“以民为本”的价值性，同时把“立君保民”当成了传统中国政治哲学的核心原则。

民本观念并不必然与“立君为民”捆绑在一起。从上文对“周秦之变”的分析来看，历史中的“立君保民”思想及其制度便经历了一定的演化，而从近代历史来看，“民本”观念与“立君保民”制度已经开始发生剥离。近代中国政治发展的历史趋势说明，中国人不仅放弃了“立君保民”这种被动的态度，而且逐渐承担起自身的政治责任，并发展出“以民为本”的新版本、新格局，梁启超的“新民说”就是其中显著的例子。②

随着现代政治在中国的展开，“民本”与“民主”之间的分辨也成了一个引人关注的问题。学界基于比较哲学和比较政治学的视野，在“民本”与“民主”之间作了大量分析。但是“民本”与“民主”在侧重点上其实是不一样的，单纯的比较容易把两者截然分开，而不利于对民本观念的理解，虽然这种比较工作的本质在于追求中国政治哲学观念的现代更新。

如果剥离中西之间的差异，单纯从政治哲学的角度来看，那么可以说，政治的目的都在于促进和改善人类的生活状态，而不是满足部分人的统治意图，“以民为本”恰恰体现了这种价值追求。这是无论东方还是西方的政治都离不开的价值追求，因此，民本原则属于政治之价值层面。现代“民主”观念在认同促进和改善人类的生活状态之基础上，将重心落在操作层面，并按照平等和少数服从多数原则来管理国家事务，这更多的是一种制度。所以，拿“民主”与“民本”进行比较，在层次上是存在偏差的。“立君保民”是制度和操作层面的事情，因此“保民”与“民主”才具有可比性。在“民主”与“保民”的比较中，“保民”观念中“民”的被动与消极不言而喻，而“民主”因其平等观念和少数服从多数原则的操作设计明显胜出。经由这种比较，中国人逐渐选择了“民主”作为实现“以民为本”价值的现代政治手段。

---

① 张分田：《民本思想与中国古代统治思想》，南开大学出版社 2009 年版，第 1～2 页。

② 近代以来，“民”在政治上的觉醒并不是一蹴而就的，它曾经历过群氓化的状态，即现代个人丧失了应该具备的独立思考能力，从而导致某种不同于古代的政治暴戾。这属于另外一个话题，本文不予详论。

总之，在今日中国的现代转型中，中国传统政治哲学也在经历革新，这种革新的关键不在于核心价值原则的根本改变，而在于操作层面的重大变化。黄玉顺曾指出：“由周公奠定其基础的中国政治哲学传统之‘民本’思想的实质，正是‘人民主权’。而不论是现代民权政治，还是中国古代历史上的王权、皇权政治，其实质都不过是实现这种‘人民主权’的不同方式而已。”[①]“民本”确实具有恒久的价值，但我们也不能忽略“皇权”。时代的“保民而王”对“民本”的遮蔽，正是通过对这种遮蔽的反思，使今天的我们会更加珍惜民本的价值观念以及民主的生活制度。

---

① 黄玉顺：《“民本”的“人民主权”实质及其正义原则——周公政治哲学的解读》，《河北学刊》2010年第3期。

生活儒学的“新礼教”蕴涵

——中国正义论的“情义伦理”思想*

胡骄键

众所周知，儒学的核心观念是“仁”，而“仁”的落脚点是“礼”。在黄玉顺的整个“生活儒学”思想体系里，也可以看到这样一个“由仁到礼”的思想延伸过程。作为一位原创力极强的哲学家，黄玉顺继承冯友兰、蒙培元以“情理”为致思中心的师门学统，完成了儒家哲学从“情理”向度追求现代转型的理论建构①，即“生活儒学”思想体系的创建，这实际是指明了“人是情理的存在”这一人的存在实情。同时，黄玉顺还是一位有着很深现实关切的儒者，他在“生活儒学”的基础上又提出了儒家制度伦理学的基本理论——“中国正义论”，这实际是建构了儒家现代伦理形态：情义伦理。如果“生活儒学”侧重于“仁”的话，“中国正义论”则侧重于“礼”。从“生活儒学”到“中国正义论”正是“由仁而礼”的思想流动。这一思想流动实际指明了在现代生活方式的背景下，儒家源于“情理”，基于“情义”，建构“新礼教”的思想方向。

一、情理：生活儒学的情感与理性观念

哲学总是追问存在，但是既有的追问方式始终是以追问存在者的方式来追问存在。在西方，从古希腊开始就主要以理性为进路追问存在，由此形成了西方的理性主义哲学传统；在中国，秦汉至清主要以德性的方式来把握存在，以致儒家哲学在这两千多年里一直被视作一种道德形而上学。事实上，不管是理性

---

* 原载《东岳论丛》2020 年第 3 期。

① 参见胡骄键：《儒学现代转型的情理进路》，《学习与实践》2019 年第 4 期。

把握存在的进路还是德性把握存在的进路，都是一种主体性哲学的思路，即总是预先设定了一个绝对的主体、绝对的形而上者，并以此为地基构建庞大的哲学体系，进而以此绝对存在者来赋予人之存在的意义、生活的意义。于是，人就被这样一个自己构造出来的观念主体、绝对的形而上者牢笼了上千年。这种主体性哲学总是在生活之外去找寻生活的根源和意义，虽然号称穿透了生活的本质，指出了生活的意义，却实实在在地错过了生活本身。因此，过往的哲学很多时候不但没能通达生活的真谛和给出生活的意义，反而肢解和异化了生活。对比起来看，“生活儒学”最重要的哲学意义莫过于把哲学带回了人间，带回了生活之中。“生活儒学”之所以能把哲学带回生活，走的是一条以情感切入存在的道路。

(一)生活儒学的情感观

黄玉顺认为，情感分为两个层级：前主体性的本源性的生活情感和主体的人的情感。前者他称为“事之情”“事情”“实情”“情实”①，后者被他称为“人之情”“人情”②。

1.本源性的生活情感

如果说西方哲学主要通过理性，秦汉至清的儒家哲学(包括牟宗三哲学)主要通过德性来切入存在从而错过了存在的话，黄玉顺则是透过海德格尔关于存在论的区分，采取了通过情感切入存在的思想进路。

黄玉顺通过追问“主体是何以可能的?”这一问题，瓦解了通过任何一种主体作为中介通达存在的道路，终结了过往哲学的先验预设。西方理性主义哲学传统不过是以先验预设作为起点，运用逻辑进行演绎，推出一套先验的逻辑秩序，并以此秩序来切割生活。按笛卡儿来说，这个起点就是“我思”，而作为主体的“我思”是何以可能的？笛卡儿之前与之后的哲学家都没有回答过这一问题。包括海德格尔，也没有说明“此在”作为一种可以通达存在的特殊存在者之特殊在何处。在中国，“天道”“天理”作为一种先验道德设定，乃是整个秦汉以后儒家哲学的起点。人世百态皆是“天道”“天理”流行播衍所生成的。汉唐时期，这一流行播衍主要呈现为一种宇宙生成论论模式；在宋明理学则表现为一种本末体用的逻辑奠基关系。但作为绝对形而上者的“天道”“天理”又是何以可能的呢？历代儒者并未回答此问题。因此，黄玉顺的追问是深刻的，这一追问实际上打破了主体性哲学“形上—形下”对举的旧框架，为敞开生活作为一切的大本大源奠定了基础。所以，黄玉顺自陈其思想的第一步就是“破解”，然后才是“回

---

① 黄玉顺：《儒家的情感观念》，《江西社会科学》2014 年第 5 期。

② 黄玉顺：《爱与思——生活儒学的观念》，四川大学出版社 2006 年版，第 58 页。

归”与“构造”。[①]

黄玉顺认为，人一直存在着、生活着，这才是最本源、最真实的事情。这种最本源的生活并非经验的现实生活，也不是某个人的生活，而是生活本身，是混沌，是无。“我们总是已经在生活了。我们向来就在阅历着生活、体验着生活了。”[②]尽管这里作为语言描述运用了一个主词“我们”，但实际上，“生活这种事情正在发生着。这里的‘生活’没有主词，生活本身就是主词”[③]。生活本身虽说是主词，可生活并非一个对象、一个存在者。可以看到，黄玉顺以极富智慧和极其敏锐的思想洞察力看到了过往主体性哲学得以可能的基础——生活本身，这才是一切存在的实情。“生活就是存在。”[④]任何思想创造都必须回归作为存在的生活本身，才能从这大本大源处汲取源头活水重新进行构造。

如何切中这一前主体性的生活本身呢？这其实也是“生活儒学”之所以称为儒学的地方。切中生活本身的乃是情感，仁爱情感。儒家的核心观念就是“仁爱”。在《爱与思》一书中，黄玉顺举了很多例子来说明生活“首先显现为情感”[⑤]的例子。在黄玉顺看来，真正的情感、爱，比如母爱，并不是先有一个主体性的能够发出爱的行为的母亲去爱一个被爱的儿女，而是母子之间本来就爱着，是爱让母亲成其为母亲，儿子成其为儿子。这种爱、情感乃是前主体性的生活本然的实情。所以，黄玉顺说：“爱先于任何事物，先行于任何存在者，是存在本身的事情，生活本身的事情。”[⑥]因此，“生活儒学”实际是敞开了存在、生活、仁爱本源性的浑然无别关系。从这个角度来说，“生活儒学”乃是一种“生活情感存在论”，它有别于西方的“理性存在论”和传统的“德性存在论”。从哲学史的角度来说，“生活儒学”实际是带来了一种哲学的“情感论转向”或曰“生活论转向”。

2.主体性的情感

生活并非一成不变，生活不是一潭死水，生活不断涌流变幻才是生活的实情。也就是说，人不能一直安驻于前主体性的情境之中。若如此，则生活就成了一个死的东西，生活就不在成其为本源的生活。从本源观念层级来讲，生活就是存在，是一切的大本大源。而生活并不在日常生活之外，生活就在日常生活之中。生活总是会展露自身为若干相对主体的生活，成为一个主体乃是生活

---

① 黄玉顺：《“生活儒学”导论》，《面向生活本身的儒学——黄玉顺“生活儒学”自选集》，四川大学出版社 2006 年版，第 29 页。

② 黄玉顺：《爱与思——生活儒学的观念》，第 223 页。

③ 黄玉顺：《爱与思——生活儒学的观念》，第 223 页。

④ 黄玉顺：《爱与思——生活儒学的观念》，第 37 页。

⑤ 黄玉顺：《存在·情感·境界——对蒙培元思想的解读》，《泉州师范学院学报》2008 年第 1 期。

⑥ 黄玉顺：《儒学与生活：民族性与现代性问题》，《人文杂志》2007 年第 4 期。

之流无可抗拒的逼迫,只不过我们不能把主体性的生活把握为生活本身而已。生活就在我的生活、你的生活之中。正如海德格尔所说:“非本真状态并不意味着‘较少’存在或‘较低’存在。”[①]生活本身不是经验的主体性的生活,但生活本身又不在经验的主体性的生活之外。

继续用黄玉顺母爱的比方来说,在本源性的爱中生成的母亲在现实中恰恰是以一种主体性的母爱来呈现本源性的爱。在本源性的生活中、爱中生成一个主体,这个主体自然就会有主体性的情感,这就是“人之情”“人情”。而此“人情”并不是和本源性的情感不同的另外一种情感,毋宁说“人之情”乃是本源性的“事之情”的现身方式。所以儒家承认差等之爱这样的主体性情感。我们不可于差等之爱的生活之外去找寻本源性的生活情感,也不可胶执于差等之爱,误以为这种主体性的生活就是本真的生活样态。过往哲学的问题主要就是把主体性的差等之爱把握为情感的唯一样式,于是对情感大加贬斥,强调要“以性制情”或“以理制情”。但是又无法摆脱“生活·情感·存在”的浑然无别之生活实情,于是他们又把情感进行形而上学提升,把情感把握为一种道德情感。这在休谟的“同情”、斯洛特的“移情”等道德情感主义理论中都可见到。

确实,单纯主体性的差等之爱是会带来问题,而且克服差等之爱所造成的问题也的确需要理智能力的参与,但根本上克服差等之爱所带来的问题的还是本源性生活情感的另一种主体性现象样式:一体之仁。换言之,在生活中产生的问题还是只有在生活中来解决,我们不能诉诸生活之外的某种观念作为解决生活问题的标准

要之,黄玉顺以其深刻的思想洞察力捕捉到了“生活·情感·存在”浑然无别的关系,颠覆了既有哲学的主体性预设困境,通过情感的进路把哲学真正带回了生活之中。

(二)生活儒学的理性观

成为一个主体乃是生活之流不可抗拒的事实,“我们总是要成为存在者,成为主体。……本源情境是不可避免地要被打破的”[②]。主体的生活又必须是一种理性主导的生活,因为形而下的主体性的非理性生活根本就不是生活。由于“生活情感才是‘真实’的‘事情本身’”[③],这就意味着一个理性主体事实上乃是生活之流、仁爱情感所造就的,而且这种造就是不可避免的,因为生活的本源情境总是要被打破,我们总是要成为存在者。这就是说,情感总是要生成理性,

① [德]海德格尔:《存在与时间》,陈嘉映、王庆节合译,三联书店1999年版,第51页。

② 黄玉顺:《爱与思——生活儒学的观念》,第109页。

③ 黄玉顺:《爱与思——生活儒学的观念》,第65页。

"由爱生知"乃是生活之流无可抗拒的逼迫。这里,源于情感的理性展现为两个方面:认知理性和价值理性。

认知理性源起于本源性的"情感之思"。在"情感之思"中又会有所思、有所想,而此"思""想"中会怀有希望、向往、意愿、意欲,这就从情感之思转到了"意欲之思","正是在这种意欲之思当中,主体性被给出来了"①。于是,前主体性的本源情境被打破,主体开始以表象化的方式打量世内存在者,这就从意欲之思转到了"认知之思",即认知理性。

价值理性也源起于本源性的生活领悟,这表现为"良知",此"良知"乃是对仁爱情感的一种直觉,这种直觉让人领悟到人是"能爱"的存在者,故此"良知"又曰"良能"。此良知良能具有判断善恶、熟知利害之能力,"唯仁者能好人,能恶人"②。此良知良能实际就是一种正义感,也是智之端,但仅仅是端。同时,因情而有意欲,而意欲就会生思虑,所谓"由情生欲,由欲生虑"③,这就使良知生成了知利知害的理智能力("价值理性"④)。据此,理智能力就能把正义感实现为正义原则,进而为正义的制度规范奠定基础。对此"由爱生知"的主体性生成过程(实即本源情境被打破而生成存在者的过程),黄玉顺归纳为"思源于爱、思不是爱"⑤。

既然我们总是要成为存在者,成为主体,也就是意味着"爱"总是要成为"思","情感"(本源性的生活情感)一定会生成"理性"。这在观念上明显就有一个很大的翻转:"思"尽管源于"爱",但若没有"思"的"爱"不过是一种幽闭的爱,实际上也就不成其为"爱"了。因此,"爱"离不了"思"。"思确证爱"⑥,"思着表明爱着"⑦。这就是说:尽管"思"源于"爱","理性"源于"情感",但"爱""情感"离不了"思""理性"。"思"由"爱"起,而"爱"又在"思"中;"理"由"情"起,而"情"又在"理"中。没有展露为"思"的爱并不是爱,没有理性筹划的生活也不是真正的生活。但"思"毕竟又不是"爱","思"仅仅是"爱"的显现方式而已;理性筹划也不是生活本身,而仅仅是生活本身的显现样式而已。

如果说"生活儒学"言"情"的维度偏重于消解主体性坚硬外壳的话,"生活

---

① 黄玉顺:《爱与思——生活儒学的观念》,第100页。

② 《论语·里仁》。

③ 黄玉顺:《中国正义论的形成》,东方出版社2015年版,第432页。

④ 这里需要特别说明,"生活儒学"的"价值理性"并不是康德哲学里所说的价值理性、实践理性,而仅仅认为这种理智能力是实现正义感的工具,成就一定的价值观念而已。所以,黄玉顺说:"理性只是工具,而绝非建构伦理规则的动因、根据。理性尤其是所谓纯粹形式的理性,远远不是建构伦理原则的绝对基础。"(黄玉顺:《普遍伦理是先验理性的纯粹形式吗?》,《哲学动态》2002年第6期)

⑤ 黄玉顺:《爱与思——生活儒学的观念》,第101页。

⑥ 黄玉顺:《爱与思——生活儒学的观念》,第101页。

⑦ 黄玉顺:《爱与思——生活儒学的观念》,第104页。

儒学”说“理”的维度则偏重于主体性的重建。所以“生活儒学”瓦解了人是理性的存在、人是德性的存在等这样一些把人的存在视作一种坚硬主体性存在方式的理解。它揭示了人的存在实情：人是情理的存在；或者，更准确的表达是：人在情理中。

二、情义：中国正义论的伦理观

既然人是情理的存在，那么就应该合情合理地来安排人的生活，唯有合情合理的生活才是伦理上应当的生活，才是值得过的生活。“合情”当然是指要合乎生活之实情，而生活之实情就是生活本身、仁爱情感，又总会显现为特定的主体性情感和生活样态、生活方式，人只能在特定生活样态、生活方式下进行生活筹划，这就是“合理”。换言之，唯有合情才是合理，合情保证着合理，合理实现着合情，故合理也就是合情。因此，伦理上应当的生活乃是以生活之实情为内涵的生活，一种以情为义、以情为宜的生活。梁漱溟就认为儒家的伦理观实际是“因情而有义”①，也就是一种情义伦理，但梁漱溟并没有对此情义伦理的结构予以阐明。黄玉顺基于“生活儒学”思想体系所提出的中国正义论正好阐明了情义伦理的内涵，从这个角度来说，中国正义论乃是儒家情义伦理的显现形态。

中国正义论有两条基本原则：一条是作为动机原则的正当性原则，另一条是作为效果论原则的适宜性原则。② 这两条原则实际就是“情与理”“爱与思”在伦理上的呈现。

（一）仁爱情感之为正当

伦理问题无疑属于形而下的相对主体性的问题，主要是人际关系问题，关键是怎么处理人际利益问题。中国正义论作为一种情义伦理主张处理人际关系的基本原则是爱，因为生活本身就是爱。生活的有序性并不仅仅是指存在者层级的组织化，真正的有序乃是对存在者之存在的一种看护，否则，这种组织化只能是对生活本身、存在本身的异化。吉登斯就说：“无序并不仅仅是指组织上的无序，而且指人们对事物与他者的真实感本身的丧失。”③在主体性层级，本源性的仁爱情感呈现为两种主体性样式：“差等之爱”和“一体之仁”。即是说爱首先呈现为自爱，然后是爱亲，进而仁民爱物，从“差等之爱”到“一体之仁”的推扩过程，实际是一种对生活本身的浑然无别关系的向往，而生活本身的浑然无别

---

① 梁漱溟：《中国文化要义》，上海人民出版社 2011 年版，第 81 页。

② 参见黄玉顺：《情感与存在及正义问题》，《社会科学》2014 年第 5 期。

③ ［英］吉登斯：《现代性与自我认同》，夏璐译，人民大学出版社 2016 年版，第 34 页。

之中有着最本源的自由、平等，有着最本源的痛痒相关的一体共属性关系。所以，中国正义论认为，伦理规范的制定必须以“一体之仁”这种主体性的仁爱情感为动机。

1.仁爱是自由、平等的本源

伦理规范的建构出于“一体之仁”的动机本质上是让人自由和平等。这里，自由分为两个层级：本源的自由和主体的自由。本源的自由就是生活本身，“生活即是自由”[①]。这是一切主体自由的本源。在生活中、在仁爱中，一切存在者都如其所是地自在存在着，正如海德格尔所说的自由“便自行揭示为让存在者存在(das Seinlassen von Seiendem)”[②]，“让存在者成其所是”[③]。所以，本真的爱不是占据性、吞噬性的拥有，爱是让他者成为他者自身，但这种本源境域中由于尚没有主体的自觉，因此，根本还谈不上自由不自由。现实的真正的自由一定是主体的自由，而主体的自由之所以可能乃是由作为生活本身的本源自由为其奠基的。前主体性的本源自由一定会涌现为主体性的自由。在生活的敞开涌动之中，“存在者由‘在’中自发涌现、跃出、挺立……由此确立起新的主体性，也就赢获新的自由”[④]。“一体之仁”作为本源性仁爱情感的显现方式，以此为依据建构伦理规范的目的之一自然就是要保护每一个人的主体自由。

生活一定是一种共同存在、共同生活。而“共同生活意味着：没有人与物的分别，没有你与我的分别，因为在本源的生活中，根本就还没有人与物、你与我那样的存在者、物”[⑤]。也就是说，生活中不但有着本源的自由，还有着本源性的平等。这种本源性的平等才是一切存在者之间应当平等的本源。

因此，自由、平等并不是什么天赋的权利，而是生活本身的样态。伦理规范的制定之所以必须要以“一体之仁”这种主体性的仁爱情感为动机，目的就是守护存在者之间自由、平等共同存在这个生活实情与价值指向。也正是基于这种“一体之仁”正当性原则所建构的人伦规范才具有普遍性，而追求制度规范的普遍性乃是现代伦理的基本旨趣之一。

2.仁爱是善与恶的本源

中国正义论反对一切抽象的人性论预设。一切源于生活，源于情感，自然，善恶也源于生活，源于仁爱。本源性的仁爱情感首先呈现为“差等之爱”，这就是一切恶、一切利益冲突的根源。爱始终和利益相关，“爱则利之”[⑥]，爱一个人

---

① 黄玉顺：《爱与思——生活儒学的观念》，第235页。

② [德]海德格尔：《论真理的本质》，《路标》，孙周兴译，商务印书馆2000年版，第216页。

③ [德]海德格尔：《论真理的本质》，《路标》，第217页。

④ 郭萍：《自由儒学的先声——张君劢自由观研究》，齐鲁书社2017年版，第345页。

⑤ 黄玉顺：《爱与思——生活儒学的观念》，第187页。

⑥ 黄玉顺：《中国正义论的形成》，第371页。

就希望这个人好，就会为他/她谋利，这势必引发利益冲突，这就是恶的起源。所以，恶源于生活，源于仁爱。黄玉顺认为：“唯有坚持这样的观点与立场，才是最彻底的儒家思想。”[①]恶又必须得控制，否则生活难以继续。如何控制恶，是情义伦理与前现代的德性伦理、现代义务论伦理、契约伦理之间一个重要的差别。

对前现代德性伦理来说，克制恶的办法在于尊崇一套形而上的先验道德法则，并认为此法则实际也是人性的内在法则，之所以会有恶，乃是因为此既超越又内在的法则被遮蔽，所以要“复性”，让既超越又内在的道德法则朗现于心，进而化为行动去克制恶。但此既超越又内在的先验道德法则是何以可能的？德性伦理观并无说明。义务论的思路其实和德性伦理的思路很接近，它主张道德的行为乃是出于对先验道德法则的敬重而强调理性的自律，尤其是要以此理性的意志自律去对抗感性的冲击与诱惑，从而实现道德的无条件绝对命令，以此彰显一种理性化的意志自由。但当人完全按此绝对命令行事的时候，“不可向骗子撒谎”的伦理困境就出现了。而且义务论对于理性源于生活、源于情感的这一生成过程也未能明了，而是把理性看作先验的。所以，义务论最后只能陷入一种让理性宰割生活的尴尬境地。现代契约伦理是把人看作情感冷漠的理性自利者，并且也看到了单纯自利所带来的恶，于是采取契约的方式以互惠互利为目的建构伦理规则。但此理论问题在于契约“互惠互利”的追求实际上就把弱势者（如残疾人、重病者）排除在了道德之外，这显然是错的。

在情义伦理立场，克制因爱利引发的冲突不是依赖于先验的道德法则，也不能是冰冷的“互惠互利”契约规则，而是本源性仁爱情感的另一主体显现样式：一体之仁。爱不但是自由平等的本源，也是化解冲突的动力。冯友兰先生就认为儒家之仁爱“对于万物，有一种痛痒相关底情感”[②]。有此对万物的痛痒相关，人才会超越“差等之爱”的限制而走向“一体之仁”。爱德华·封·哈特曼也说：“爱者将被爱者的人格一同包含在本己的自己之中，被爱者的福祉与兴趣就会离他如此相近，就像他自己的福祉与兴趣曾与他如此相近一样。”[③]换言之，之所以能超越“差等之爱”，乃是因为生活本身就是爱。所以，“爱是一切真正美德的源头和标尺……这个最高价值是其他所有事物的根基，但它自身却无须任何根基也能悠然矗立，而且，如果要彰显自己的能量，它必须不借助任何基础”[④]。生活着、爱着，就不断地超越着。

需要注意的是，“一体之仁”尽管是人与万物处于一种痛痒相关的本源性仁

---

① 黄玉顺：《中国正义论的形成》，第 367 页。

② 冯友兰：《贞元六书·新原人》，中华书局 2014 年版，第 688 页。

③ [德]爱德华·封·哈特曼：《道德意识现象学》，倪梁康译，商务印书馆 2012 年版，第 124 页。

④ [英]西蒙·梅：《爱的历史》，孙海玉译，中国人民大学出版社 2013 年版，第 110 页。

爱情感状态，但这种情感不是休谟、斯洛特等西方情感主义伦理学家所说的"同情"或"移情"。"一体之仁"超越"差等之爱"是因为生活本身是爱，人能爱并且总是在去爱，爱是生活的实情。正是在爱中人才成其为一个能爱并且去爱的主体。而"同情""移情"是现成的主体之间的情感的一种共鸣，或情感的相同体验，但不同主体之间的相同体验共鸣是何以可能的，休谟、斯洛特等西方情感主义伦理学家并未予以很好的说明。

(二)生活实情之为适宜

中国正义论作为一种情义伦理，一方面以"一体之仁"为正当性根据建构普遍性伦理规范，另一方面又强调伦理规范的尘世性和人际的关怀，这就使它呈现出相对于各种西方现代伦理思潮的极大不同，甚至是优势。

任何正当的伦理规范都必须适宜于特定社会总体[①]的生活方式和人的具体生活境况。否则，此规范仍然是以一种生活之外的概念体系去制裁生活，仍然不合情理。如何把握特定社会总体的生活方式和人的具体生活境况？首先当然是运用理性去认清特定社会及其生活处境，然后再运用理智能力去建构与特定社会总体生活方式相适宜的伦理规范或采取某种伦理行动。这是中国正义论之为情义伦理的第二个维度：生活实情之为适宜。

生活实情之为适宜。从宏观层面看，关键是要把握到特定社会的社会主体。所谓正义不过是伦理规范如何对待社会主体和配置社会主体所应得的各种社会资源而已。如在传统社会，中国社会的社会主体乃是家族，其社会结构讲究尊卑等级。因此，当时正义的制度规范的基本架构就是以三纲五常为纲领，以家族利益为中心进行社会资源配置。个人在那个时代是依附于家族的附属性存在，故当时不可能以个体为中心进行各种社会资源的配置。但是，生活方式已然变迁，当今世界的总体的生活方式呈现为以个体为中心的生活方式，因此，正义的伦理规范必然会和以三纲五常为中心的制度有所不同，且必须有所不同，这也正是新文化运动反旧礼教之根据。陈独秀就认为旧伦理、旧礼教"虽不可行之今世，而在宗法社会封建时代，诚属名产。吾人所不满意者，以其为不适于现代社会之伦理学说，然犹支配今日之人心，以为文明改进之大阻力

---

① 这里需要作一个说明，之所以说正义的制度规范必须适宜于特定社会总体的生活方式，意指制度规范并非适宜于一些个别的特殊的社会生活方式，如在两性关系上，现代社会的总体生活方式是男女平等，但是在某些特定地区的生活方式中还实行着前现代的男女不平等。在那些前现代地区走向现代的过程中，其制度规范必须适宜的就应该是现代社会的总体生活方式，而不是那一个具体地区的特殊生活方式。当然，制度规范必须尊重不同的文化传统，但尊重文化传统不能以牺牲现代性的核心价值观念为前提，否则，制度规范就谈不上普遍性，自然也就不再成其为制度规范。

耳。……盖以其伦理学说,与现代思想及生活,绝无迁就调和之余地也”[①]。应该说,有关中国正义论的适宜性原则,黄玉顺的论述主要还集中在这一宏观层面,在个体道德行为方面还着墨不多。

从微观层面看,即个体道德行为方面,生活实情之为适宜主要是要认清人的具体生活境况,这反映在以“差等之爱”为中心构建起来的个体特殊生活境况之中。“差等之爱”其实是对人的特殊伦理关系的强调,人的生活就是生活在具体而特殊的社会关系之中,而不是抽象的社会团体之中。所以,儒家讲究“门内之治”与“门外之治”。《礼记·丧服四制》言:“门内之治,恩掩义;门外之治,义断恩。”所谓“恩掩义”,就是在涉及自我、家人以及亲近者这一层的时候,伦理行为应该让“差等之爱”具有优先性;而“义断恩”则是在陌生人的社会里,伦理行为应该让“一体之仁”“一视同仁”的原则具有优先性,这主要反映在社会的整体制度安排上。“一体之仁”化解“差等之爱”带来的利益争夺,而“差等之爱”也防止“一体之仁”对人的特殊生活境况的忽视。所以,中国正义论作为一种情义伦理:既有情,又有义(宜),既合情(以情感为行为正当性的基础),也合理(强调对生活方式、生活境况的考虑)。

我们可以设想这样一个场景,当一个父亲面对自己的孩子和另一个能对社会作出巨大贡献的人(如一个科学家)同时陷入火海的时候,这个父亲如果选择去救那个人而不是自己的孩子。从情义伦理视角来看,这个父亲恰恰是一个在伦理上遭受蔑视的人而不是英雄;若从功利主义的伦理立场来看,这个父亲的行为在伦理上显然是应该受到赞扬的。而这正是功利主义的问题所在,它消解了人的特殊社会关系,跟义务论一样,完全把人抽象化、同质化了,这样的结果事实上是取消了人的生活。功利主义伦理学要求我们对陌生人的关怀和对亲人的关怀具有同等的程度,这并不是生活的实情。从这个意义来说,功利主义和义务论、德性伦理三者都是一种不在生活中的道德要求。义务论之所以不是一种在生活中的道德要求,乃是因为义务论要求“意志的准则始终能够同时作为普遍立法的原则”[②],而任何普遍性其实都是以牺牲个体独特性为代价的。但生活总是具体的生活而不是抽象的生活,任何普遍性的生活事实上都是对真实的生活的一种概念制裁;德性伦理乃是因为德性伦理始终存在一个目的论(teleology)的指向,不管这个目的论是内在目的还是外在目的,都是对作为最本己的能在(即“自由”)的一种压制。因此,德性伦理很大程度上总是表现为和自由相违背,而自由乃是现代社会必须守护的核心价值。这里就凸显了情义伦理的一个重要特征:对人的特定生活关系的注重,因为这是人的真实生活境况。

---

① 陈独秀:《独秀文存》,安徽人民出版社 1987 年版,第 697 页。

② [德]康德:《实践理性批判》,韩水法译,商务印书馆 1999 年版,第 31 页。

总体来看，中国正义论作为一种情义伦理有着很强的生活气息。情义的生活不是为了超越的德性提升，不是为了超凡入圣，远离生活以成贤成圣；情义的生活也拒绝理性义务论那种以生活之外的理性普遍法则来制裁生活的思路，但是在宏观层面不拒绝基于“一体之仁”所进行的制度安排，并且承认这种制度安排在特定生活方式下的普遍性；情义的生活虽然主张“爱则利之”[①]，但并不是功利主义所主张的那种为了追求社会总体功利而置个体特定生活境况于不顾的冷酷的生活。所以，中国正义论作为一种情义伦理，和“生活儒学”揭示了“人是情理的存在”并把哲学带回了生活一样，也把伦理学带回了生活，把生活的意义带回了生活，拒斥了生活之外的任何存在者作为生活的意义来源。因此，可以说，情义伦理就为在现代性的方式下重建儒家礼教奠定了理论基础。

三、情礼：情义伦理的新礼教思想意涵

任何伦理形态都必然表现为一套相应的制度规范——礼。中国正义论作为一种情义伦理也一定会走向自己的礼教体系建构。在黄玉顺“破解—回归—构造”的思想进路中，“构造”乃是其理论的落脚点，而“构造”实际就是以生活情感为正当性的基础，依据生活的实情重新制礼，进而为人建构起合情合理、有情有义的生活秩序。因此，“生活儒学”与“中国正义论”实际都是为建构新的礼教规范作理论铺垫。尽管黄玉顺并未就新礼教的建构展开过详细的论述，但我们无疑可以根据“生活儒学”揭示的“人是情理的存在”这一生活实情，在现代性的生活方式下重新“缘情制礼”，让人过一种充满现代性的有情有义的生活。这里，所缘之情包含两个方面：仁爱情感和生活的实情。因此，新的礼教规范可称为一种“情礼”，一种以仁爱情感为正当性内涵，以生活实情为制礼之适宜性原则，建构以个体为中心的新礼教规范体系。

（一）新礼教作为一种情礼

由于生活本身是爱，故新的礼教规范必须以仁爱为正当性基础才能与人的存在相一致，才不至于以生活之外的概念构想作为生活意义的根源来切割生活。

根据情义伦理立场，正当的情感有两个面向：差等之爱和一体之仁。差等之爱意味着私人领域，凸显着个体权利维度；一体之仁实指公共领域，凸显公共利益维度。新礼教的制作必须满足这两种情感的要求。不管差等之爱还是一

---

① 黄玉顺：《中国正义论的形成》，第 369 页。

体之仁，作为爱，其最大的特征就是：爱则利之。因此，新礼教必须既能满足自利的要求，也要有实现利他空间。不能让自利妨碍利他，也不能让利他消除自利。黄玉顺说：“在私的领域，即不侵犯他人权利的时候，这种差等之爱就是合乎情理的。然而孔子绝不会把这种差等之爱运用于公的领域，即决不会因此侵犯他人的权利；相反，在公共领域，包括在建构制度规范时，孔子恰恰要求克服差等之爱，追求一体之仁。”①

就旧礼教而言，对差等之爱（即个体权利）的克制是十分明显的。典型者如在聚族而居而大家族里不许个人储蓄私财和包办婚姻。《朱子家礼》说：“凡为子为父者，毋得蓄私财。俸禄及田宅所入，尽归之父母、舅姑。当用，则请而用之，不敢私假，不敢私与。”②更有家礼规定：“子孙倘有私置田业，私积货泉，事迹显然彰著，众得言之家长，家长率众告于祠堂，击鼓声罪而榜之壁，更邀其所与亲朋告与之，所私便即拘纳公堂，有不服者，告官以不孝论。”③不仅个体没有财产权，而且连个体的人身权都是缺乏的。旧礼教主导的婚姻制度就是一显例。男女婚姻并不是出于当事男女之间的爱情，而是出于双方家族利益的考虑。《礼记·昏义》说：“昏礼者，将合二姓之好，上以事宗庙，而下以继后世也。”《白虎通·嫁娶》说：“男不自专娶，女不自专嫁，必由父母。”④元及其以后进一步细化为“嫁女皆由祖父母、父母。父亡随母婚嫁。又嫁女弃妻皆由所由，若不由所由，皆不成婚”⑤。

但是，旧礼教对差等之爱的压制，并没有带来一体之仁的单向发展，更多的是以宗族、家族为差等之爱的单位进行利益争斗。这一方面压制了个体的自爱、自利，另一方面却没有很好地在公共领域建立起体现一体之仁的礼教规范，以致论者多有感慨中国人呈一盘散沙状，但在这种感慨中却不见散沙状的个人。所以旧礼教是一种既没能自利，也没有能利人，仅有利于宗族、家族的伦理规范。因此，新礼教必须在差等之爱和一体之仁之间，在自爱与爱人、自利与利人之间实现平等，使其两不妨碍。

（二）新礼教的主体

旧礼教之既不自利，也不利人，这与中国历史的社会生活方式有关，和奉行礼教的主体有关。根据黄玉顺的划分，先秦王权时代，社会主体是宗族；秦汉至

---

① 黄玉顺：《制度文明是社会稳定的保障——孔子的“诸夏无君”论》，《学术界》2014年第9期。

② （宋）朱熹：《朱子家礼》，朱杰人、严佐之、刘永翔主编：《朱子全书》第七册，上海古籍出版社、安徽教育出版社2002年版，第881页。

③ 郑文融：《郑氏规范》，徐扬杰：《中国家族制度史》，人民出版社1992年版，第376页。

④ （汉）班固：《白虎通德论》，上海古籍出版社1990年版，第70页。

⑤ 郭成伟点校：《大元通制条格·嫁娶所由》，法律出版社1999年版，第43页。

清的皇权时代，社会主体是家族；民国以来的社会主体是个体。[①] 也就是说，前现代的王权、皇权时代真正参与社会事务的并不是个体，而是宗族、家族。尽管各项事务的开展是由一个个具体的人来操作的，但此个人仅仅是作为宗族、家族的代表而出现，并不是现代意义上独立自主的个体人格——公民。所以，旧礼教的制作并不是瞄准一个个的人，而是瞄准宗族、家族进行制作的。自然，一切资源的分配就会以宗族、家族为中心进行。换句话说，在前现代社会，差等之爱主要体现为维持宗族、家族的整体利益。在旧礼教大行其道的皇权时代，特别是帝国后期，由于当时社会上各个家族和帝国主权者——皇族——之间的实力相差太大，各个家族很难对皇权构成有效的制衡。因此，皇族的自爱、自利是覆盖全社会的，"天无二日，民无二主"。这就意味着根本就不存在和皇族对等的可以将自爱"推扩"出去的他族，整个社会自然难以建立起基于"一体之仁"的制度规范，这就是黄宗羲所说的"使天下之人不敢自私，不敢自利，以我之大私为天下之大公"[②]。但不自爱、不自利是不可能的，这不符合生活的实情。所以，皇权时代的历史主要就呈现为皇权的轮流坐庄，每个家族都窥伺着那个大私的位置，只要机会一到，蛰伏榛莽大泽中的豪杰就会乘势而起，去追求属于自己的私天下。为适宜于这种宗族、家族为社会主体的生活方式，旧礼教必然会强调尊卑等级，并通过尊卑等级的道德化提升，把个人闭锁在宗族、家族之中。陈独秀就认为旧礼教"视上下尊卑贵贱之义，不独民生之彝伦，政治之原则，且推本于天地，盖以为宇宙之大法也矣"[③]。于是，"吾国自秦以降，为吾人自由之敌者，惟皇帝与圣人而已"[④]并非夸大之词。

毫无疑问，当今世界的社会总体生活方式是以个体为中心的现代社会，个体是一切社会活动的基点，这就是当代社会生活的实情。自然，新的礼教规范的主体就是自由而平等的个体，而不再是宗族、家族。黄玉顺说："进行当代的制度建构时，无疑应当是个体主义的，这种个体就是现代生活方式的主体——公民。"[⑤]相比旧礼教而论，以个体为中心的新礼教必须要平衡自爱与爱人、自利与利人。由于每一个个体都是国家的主权者，而且相互之间是平等的，这就意味着现代性的生活方式中，不允许有一个"以我之大私为天下之大公"的独一无对主权者。作为制度规范的新礼教就是基于爱人利人的基本立场，为个体的自利行为建构一个公平竞争的制度空间，同时为有合理理由而需要帮助者实施一

---

① 参见黄玉顺：《国民政治儒学》，《东岳论丛》2015 年第 11 期。

② （明）黄宗羲：《明夷待访录·原君》，中华书局 2011 年版，第 8 页。

③ 陈独秀：《复辟与尊孔》，《独秀文存》，第 114 页。

④ 李大钊：《宪法与思想自由》，杨琥编：《中国近代思想家文库·李大钊卷》，中国人民大学出版社 2014 年版，第 111 页。

⑤ 黄玉顺：《制度文明是社会稳定的保障》，《学术界》2014 年第 9 期。

定程度的有效帮助。“遂其私所以成其公,是圣人仁术也。”[①]

新礼教以个体为中心进行建构,并不是要人过一种孤立的原子式生活,这事实上也不可能。人的生活有多种展开向度,扮演不同的角色,因此人就可以基于个体自主性意愿,在不同的向度与他人建构社会共同体。如果说旧礼教主要表现为以血缘为中心的宗法制度而把个体闭锁在宗族、家族这种共同体之中的话,新礼教则以个体为中心,可以依据血缘、地缘、业缘、趣缘、神缘等等建构新型的家族共同体、地域共同体、行业共同体、趣味共同体、宗教共同体等,由此形成多元的市民社会生活空间。

(三)新礼教之教

儒门重教,这已是共识。只是秦汉以来的儒家强调的都是道德教化,意在把人教化成能很好地融进宗族、家族的螺丝钉。在“自古及今,天下国家惟有个三纲五常”[②]的氛围下,“上以礼为教也,下以礼为学也。……盖天下无一人不囿于礼,无一事不依于礼。……夫其所谓教者,礼也”[③]。所以,旧礼教旨在把人教化成具有孝顺、忠诚、牺牲、奉献等品质的附属性存在。所谓礼教,就是以道德的名义把人纳入宗族、家族的集团性生活之中。这种礼教当然不会给个体以自由、平等的对待,不会以个体权利和福祉为出发点,随时会因为宗族、家族的利益需要而让个人作出牺牲和奉献。可以看到,这种旧礼教正是以宗族、家族为礼教主体的产物。

新礼教的主体乃是个体。礼教旨在教以成人,成就个体主体性的人,所谓“古之学者为己”[④]。学以为己乃是说在礼教的生活中,人不断建构自身的主体性,“使本源之人成为主体性的人”[⑤]。从本源层级来说,人首先是一个仁者,一个能爱的人,一个自由的人,然后才能成为一个主体性的自主自利的人和拥有理性能力的人。为更好地自主自利,必须也让他人自主自利。于是,通过理性能力去建构新的礼教规范,在自利与利人之间实现均衡,这就是新礼教的基本思路。黄玉顺就说:“人首先是一个功利的人,然后才可能是一个道德的人。”[⑥]因此,新礼教之为教,重在个体独立自主能力的提升,这种独立自主能力主要表现为理性能力。换言之,新礼教是教人成为独立自由自主的个体,成为有能力

---

① (明)李维桢:《南州高士喻公墓表》,《大泌山房集》卷一〇五,明万历三十九年(1611)刻本。

② (元)许衡,毛瑞方、谢辉、周少川点校:《鲁斋遗书》卷一,《许衡集》,吉林文史出版社 2010 年版,第 6 页。

③ (清)凌廷堪:《校礼堂文集》,中华书局 1998 年版,第 28～29 页。

④ 《论语·宪问》。

⑤ 黄玉顺:《爱与思——生活儒学的观念》,第 246 页。

⑥ 黄玉顺:《爱与思——生活儒学的观念》,第 157 页。

去实现爱的个体。爱是生活的本来的情态,这不用教,也无法教。生活着就爱着。只要个体有自由,有足够的理性能力,爱的生活就一定可能。生活的意义不需要圣贤神仙皇帝给我们启示,生活的意义就在我们每一个人的"去生活"之中。只有生活,只有仁爱才能让我们超越我们自身,才能拯救我们自己。

儒学与其他哲学的最大特色在于以礼教为制度规范依托,合情合理、有情有义地呈现了生活的本然样貌。因此,礼教的生活才是儒学的旨归。儒学作为一套思想体系,它源于生活,也必归于生活,而归于生活的落脚点就在礼。所以,合情合理、有情有义地建构新礼教,才能让儒学有效切中当下生活实情,这或许才是当前追求儒学复兴的必由之路,也是黄玉顺"生活儒学"思想体系给我们最大的启示。也因此,儒学势必不会出现余英时所说的"游魂"状态,儒学一定会适时地建构起自己精魂所系的礼教规范系统。

自由何以可能？

——从“生活儒学”到“自由儒学”[*]

郭 萍

自由主义的“西学东渐”对传统儒学的挑战犹如“第二之佛教又见告矣”[①]。由是，解决传统儒学与现代自由之间的冲突，也就成为我们“打通传统与现代”的一个关键问题，而解决这一问题势必需要儒家从学理上予以正面回应，也即建构一种儒家的自由理论。为此，笔者试图提出“自由儒学”的理论构想。这一构想得益于黄玉顺先生所创建的“生活儒学”理论。事实上，黄先生在提出“生活儒学”之前所主编的《追寻中国精神丛书》[②]就被喻为“自由颂”[③]（邓伟志语），其原因在于他不仅将中国精神归结为“自由精神”，还将自由视为“现代性之根”。[④] 当然，从学理上对“自由儒学”最具启示性的还是其“生活儒学”，尤其是其中“生活即是自由”[⑤]的命题及其“自由就是生活本身的本源结构：在生活并且去生活”[⑥]的创造性解释，直接启发了笔者对自由问题的重新思考。

---

* 原载《齐鲁学刊》2017 年第 4 期。

① 王国维：《论近年之学术界》，《王国维遗书》第 5 册《静安文集》，上海古籍书店 1983 年版，第 94 页。

② 黄玉顺主编的《追寻中国精神丛书》（四川人民出版社 2000 年版）包括《中国的自由精神》《中国的科学精神》《中国的民主精神》《中国的伦理精神》。

③ 邓伟志：《新千年日记：思想之旅》，华东师范大学出版社 2001 年版，第 258 页。

④ 参见黄玉顺主编：《追寻中国精神丛书》之“主编琐语”《追寻“现代性”之根》，第 1 页。

⑤ 黄玉顺：《爱与思——生活儒学的观念》，四川人民出版社 2006 年版，第 235 页。

⑥ 黄玉顺：《爱与思——生活儒学的观念》，第 236 页。

一、生活的本源结构：在生活并且去生活

黄先生明言"生活儒学"所言说的无非是"在生活并且去生活"，而这正是"生活本身的本源结构"的展开。[①] 因此，这个本源结构也就成为"生活儒学"的"一切的秘密"所在。[②] 实质上，这个本源结构是当代主义思想进路的直观形态。所谓当代主义思想进路，乃是黄先生反思前现代主义、现代主义以及后现代主义思想进路所导致的理论诟病而找到的"打通传统与现代"的一条新的思想途径。正是因此，"生活儒学"具有鲜明的当代主义思想特质。概括说来，体现在两个方面：

首先，"生活儒学"以本源性的思想视域超越了传统"形上—形下"的思维模式，找到了一切主体性观念之渊源和古今中西对话的共同场域。在这个意义上，"生活儒学"根本不同于以往的各种儒学理论，包括原教旨主义儒学（也即前现代主义儒学）和现代主义儒学，这其实是对前现代主义和现代主义思想进路的超越。

这是因为当前的各种原教旨主义儒学是以克服现代社会弊端之名拒绝发展中国的现代性，其实质是欲在现代中国复活前现代的价值观念，这非但无法打通传统与现代的隔膜，反而会导致现实的风险。同时现代主义儒学（主要以20世纪现代新儒家为代表）虽积极"开新"拥抱现代的民主与科学，但终因深陷"老内圣"的窠臼而无法完成传统儒学的现代转化。这些缺陷根本上都是"形上—形下"的对象化思维所致。

"生活儒学"则以本源生活的观念阐明生活本身乃是前存在者、前主体性(pre-subjectivity)的事情，它先行于一切存在者，不仅先在于"末"（形下存在者），而且先在于"本"（形上存在者）。由此揭明生活本身空无一物，包括作为主体的人也尚不存在。这一观念的提出与海德格尔的"存在"观念不无关联，但二者又有着根本的不同。黄先生强调海德格尔的"存在"是以"此在"这种特殊的存在者（也即人）为先行观念，因此仍然是一种主体性的观念，而"本源生活"意味着"真正的共同存在不是存在者，包括此在的共同存在，而是没有存在者，甚至没有此在、无物、没有东西的共同存在，其实就是'无物'的生活本身"[③]。

对此，或许有人质疑这种"无物"且"非人"的生活是否会将一切主体（人）排除在生活之外。但在"生活儒学"看来，生活本身总是最源始地占有着一切主

---

① 参见黄玉顺：《爱与思——生活儒学的观念》，第196页。

② 参见黄玉顺：《爱与思——生活儒学的观念》，第40页。

③ 黄玉顺：《爱与思——生活儒学的观念》，第39页。

体。这就意味着一切主体并不在生活之外,反而总是以生活本身为源头才得以可能。换言之,生活本身非但不排除一切主体,而且是确立一切主体的大本大源。

其次,“生活儒学”并不以“溯源”为目的,更没有因“溯源”而否认形上学理论的价值,而是以积极地“去生活”指向儒家形上学和形下学的重建。对此,黄先生特别声明“生活儒学”只是反对传统形而上学,而不是一切形而上学,并强调当今的“问题不在于要不要形而上学,而在于需要怎样的形而上学”①。由此表明“生活儒学”根本不同于各种否定、拒斥形而上学的后现代主义理论,也根本不认同所谓的“哲学终结”论和价值虚无主义的立场。

之所以要重建,是因为“就在生活而言,生活本身没有任何意义。生活的意义,是我们去生活的建构:我们去生活,就是去构造意义”②。也就是说,由本源生活确立的主体需要去建构生活,改变生活,唯此生活才能成为有价值、有意义的存在。于是,主体性的建构也就成为建构生活、构造意义的关键,建构生活的意义实质就是确立主体的价值。我们看到,“生活儒学”已经展开了一种主体性的建构:其中“中国正义论”“国民政治儒学”作为其形下学的展开,实质是一种相对主体性的建构,而“变易本体论”作为其形上学观念,实质是一种绝对主体性的建构。

上述特质令“生活儒学”所言说的“生活”同时具有两种意味:一方面,本源的“在生活”揭示出作为存在本身的生活造就了主体;另一方面,主体的“去生活”彰显出主体对生活的改变。然“生活即是自由”,笔者据此便自然推出两种意味的“自由”:“在生活”是为本源自由,“去生活”是为主体自由。

二、“在生活”:本源自由

从生活本身看,即便是“去生活”也首先是一种生活实情,因此“去生活”也同样是“在生活”。在这个意义上,“生活即是自由”表明如此这般的生活本身就是一种自由。

然而,自由总意味着某种选择、超越,生活本身又如何选择与超越呢?在本源生活的视域下,选择与超越首先并不是主体的选择、超越,而是生活本身如此这般的显现。用“生活儒学”的话来说:

> 这种选择不是生活之外的“我们”的选择,而是“我们在生活中”的选

① 黄玉顺:《从“西学东渐”到“中学西进”——当代中国哲学学者的历史使命》,《学术月刊》2012年第11期。

② 黄玉顺:《爱与思——生活儒学的观念》,第232页。

择，这种本源的选择不过是生活本身的选择。在这个意义上，生活本身就是选择。[①]

> 超越并不是说我们从生活中抽身而去，并不是说我们居然能够超出生活之外。……本源意义的超越是人的自我超越，甚至说“人的自我超越”都是颇成问题的，因为超越并不以主体性的“人”为前提。……在本源上，超越之为超越，乃是生活本身的事情。[②]

既然“自由是生活本身的自己如此”[③]，而生活本身先行于任何存在者，作为主体的人尚未诞生。那就意味着生活本身作为自由是一种先行于主体的自由，这无疑是一种全新的自由观念，可以称之为“本源自由”。不难发现，我们通常所指的自由是以某种主体为前提的，不论是经验生活中的政治自由，还是哲学上讲的意志自由都是如此，也就是主体自由。那么，本源自由与主体自由有何关系？本源自由的实质和意义何在？

“生活儒学”中的这样一段论述提供了一种启示的解答：

> 而这种本源的自由并不是所谓“意志自由”；本源的自由并不以主体意志为前提，事情正好相反，主体意志只有以本源的自由为源泉才是可能的。主体意志乃是将生活对象化的结果，然而本源的生活并非任何主体的对象。所以生活儒学认为，意志自由也同样渊源于生活，即渊源于在生活中的本源的自由。[④]

我们知道，哲学上讲的意志自由作为绝对主体自由，乃是政治自由等一切相对主体自由的本体依据，然意志自由也源于生活本身的本源自由，那就说明本源自由是一切主体自由的渊源。因此，本源自由与主体自由并不冲突，而是将主体自由孕育其中并使其得以可能，二者之间是一种哲学上的奠基关系。

其实，当代西方存在主义的自由观念与本源自由观念多有相似。例如，祁克果认为自由就是指“生存的可能性”，但他所讲的“生存的可能性”却是上帝恩典的涌现，而“上帝”本身就是一个主体性观念。这意味着作为生存可能性的自由还是一种主体自由。再如，海德格尔认为真正的自由乃是“让存在之行为状态”[⑤]，它源始地占有着人而非相反，但他所谓的自由是作为“绽出之生存(Ek-sistenz)”[⑥]，而“绽出之生存”乃是“此在”的生存，这种“此在”与“在”本身的纠缠

---

① 黄玉顺：《爱与思——生活儒学的观念》，第 235 页。

② 黄玉顺：《爱与思——生活儒学的观念》，第 236 页。

③ 黄玉顺：《爱与思——生活儒学的观念》，第 236 页。

④ 黄玉顺：《爱与思——生活儒学的观念》，第 235～236 页。

⑤ [德]海德格尔：《路标》，孙周兴译，商务印书馆 2013 年版，第 220 页。

⑥ [德]海德格尔：《路标》，第 218 页。

最终使其自由观念也难免主体自由的色彩。相较之下,本源自由更彻底地表达着作为存在本身、生活本身的自由。

当然,无法否认的是,自由之“自”已经意味着自由的实质仍在于主体性问题。而本源自由作为前主体性的自由,是尚无任何主体存在的自由,也可以说是无所由之由。其实,这一观念表达的无非是生活本然如此的开放状态。在这个意义上,本源自由确实还不能算是一种真正的自由,更不是一种作为现实价值追求的自由。但我们依然不能据此否认本源自由观念的积极意义。恰恰相反,正是本源自由作为前主体性的自由,才能孕育一切可能的主体自由,才能成为一切主体自由之渊源。也就是说,本源自由实质乃是自由的本源,它所揭示的是“自由何以可能”的问题,这也是先行于思考一切主体自由的最源始、最普遍的问题。故唯有以本源自由为源头,才能为主体自由的确立奠定最原初的基础,用“生活儒学”的话说,就是“唯因我们从来就在生活,我们才可能去生活”[①]。

三、“去生活”:主体自由

如前所说,“去生活”作为一种意义的构造必然意味着主体性的建构。在此,尚需声明的是,哲学上的主体并不限于“个体”主体(事实上,个体成为主体是近现代哲学确立起来的主体观念),甚至未必指“人”,也可以指外在于人的“理念”“上帝”或“天理”。[②] 但不论怎样,所谓主体总是指思想言行的主动者、能动者,同时也是社会的根本价值所在。这一特质决定了主体的在世状态必然是自由,否则也就不是主体。主体的存在是以主体性为根据,因此,主体的确立根本在于主体性的建构。在这个意义上,主体性的建构与主体自由的确立是同一问题。

要知道,任何主体性建构的实质都是对生活本身的一种对象化解释,正因如此,主体性的建构不能脱离生活本身。然而,生活本身不是任何现成的存在物,而总是生生不息的衍流,它历时地呈现为生活方式的变迁,这就要求主体性的建构必须与时偕行、不断更新。对此,“生活儒学”指出人类社会历时地呈现为宗族、家族、个体三种生活方式,它原初地规定着社会主体由前现代的宗族主体、家族主体,转变为现代的个体主体。这意味着我们要在现代性的生活方式

---

① 黄玉顺:《爱与思——生活儒学的观念》,第229页。

② 哲学上的“主体”概念同时具有两方面的含义:一是承载者、基础,二是实体、本质。这两方面的含义体现在三种意义上:逻辑学的意义(主词)、形而上学的意义(作为本体的绝对主体)、认识论的意义(相对主体)。这三种意义并不互相排斥,而是相互统一的,用黑格尔的话说就是“实体在本质上即是主体”。参见[德]黑格尔:《精神现象学》(上),贺麟、王玖兴译,商务印书馆1983年版,第15页。

下重建当代的主体性。所以,黄先生强调:

> 传统形而上学及其主体性已被解构。因此,当代中国哲学的任务是重建形而上学,首先就是重建主体性。[①]

当然,主体性本身分为两个层面,即形上绝对主体性和形下相对主体性。因此,重建主体性也需要从形上、形下两个层面展开:重建形而上学以确立绝对主体性,重建形而下学以确立形下主体性。与此相应,主体自由也就需要基于本源自由进行重建,既要重建形下的相对自由,也要重建形上的绝对自由。

(一)"去生活":形上自由

主体性重建首先是形上主体性的重建,只有"首先确立本体意义上的绝对的主体性。然后,你才能导向一种相对的主体性,导向一种'主—客'架构"[②]。此所谓"先立乎其大者"(《孟子·告子上》)。

事实上,以往形而上学所建构的绝对主体性也意味着某种形上自由。例如,代表着现代儒学理论高峰的牟宗三所构建的"道德的形而上学"就是一个典型。他提出的"良知"本体就是"自由的无限心"[③],以良知之"知"的显现确证着绝对实体的自性,即绝对主体性,所谓"即存有即活动"[④],而"良知"活动显现本身也就是绝对自由的体现。只是其"良知"是通过"返本",也即直接承袭的宋明儒学而建立的本体概念,因此,其实质是前现代家族伦理观念的一个"副本"。这意味着他的形上自由观念也是老旧的,因此即使他积极倡导现代政治自由也无法提供相应的本体依据。因此,重建形上主体性不能承袭现成的传统儒学理论,而首先要复归本源生活,"变易本体论"就是这样的一种理论示范。

众所周知,"易"有三义:变易、不易、简易。"变易本体论"特以"变易"命名旨在有意区别于以往各种疏离生活本源的、僵化的绝对主体性,同时以"变易"融摄"不易"和"简易"两义。这是因为,在"生活儒学"的视域下,"这三义其实都是讲的变易:'简易'是说'变易'乃是极为简单的道理;'不易'是说永恒不变的道理就是'变易'本身"[⑤]。可见,本体之"变易"就是指绝对主体性是随着本源生

---

① 黄玉顺:《主体性的重建与心灵问题——当代中国哲学的形而上学重建问题》,《山东大学学报》(哲学社会科学版)2013 年第 1 期。

② 黄玉顺:《儒学与生活:民族性与现代性问题——作为儒学复兴的一种探索的生活儒学》,《人文杂志》2007 年第 4 期。

③ 牟宗三:《现象与物自身》,《牟宗三先生全集》第 21 册,(台北)联经出版事业股份有限公司 2003 年版,第 40 页。

④ 牟宗三:《中国哲学十九讲》,上海世纪出版集团 2005 年版,第 311 页。

⑤ 黄玉顺:《形而上学的黎明——生活儒学视域下的"变易本体论"建构》,《湖北大学学报》(社会科学版)2015 年第 4 期。

活的衍流，不断地自我更新、自我超越，所谓“性者生理也，日生则日成也”[①]。其变易性并未消解本体观念所彰显的绝对至上的主体地位，而是在与生活本身不断的更新与超越中维系着自身作为绝对主体的活力，也就是以“变易”保持“不易”，此可谓“与时立极”。[②]

这提醒我们意识到“良知”作为本体并非仅有不易性，而是变易、不易、简易的统一体。也就是说，儒家“良知”作为绝对主体性并不是一成不变的僵化概念，而总是随着生活的衍流，不断自我更新的观念，唯其如此它才能保持着自身的绝对至上地位。据此可以推知，现代生活方式所孕育的“良知”本体理应确证现代社会的主体，而非前现代社会的宗族或家族主体，同时“良知”本体的存在状态作为一种绝对意义上的主体自由(可谓“良知自由”)，也理应体现着现代性的主体自由。理解这一点，我们才能积极地继承儒家的“良知”本体，重建儒家形上自由。

(二)“去生活”:形下自由

“生活儒学”在形下学层面通过政治哲学的建构，揭示出现代性的生活样态自然孕育着现代政治自由，也即个体自由。

其中，“中国正义论”[③]虽然探讨的是正义问题，但在批判罗尔斯(John B. Rawls)的“正义论”的过程中已经揭示了现代政治自由的生活渊源。我们知道，罗尔斯“关于制度的两个正义原则的最后陈述”[④]，第一个原则就是“自由体系”，他说:“每个人对与所有人所拥有的最广泛平等的基本自由体系相容的类似自由体系都应有一种平等的权利。”[⑤]作为新自由主义(New Liberalism)的代表，罗尔斯所说的“最广泛平等的基本自由体系”正是一种现代政治自由的规范系统，这本身就是一种形下自由的建制。而罗尔斯为这种“正义原则”提供的理论前提乃是“纯粹假设”的“原初状态”，由是也不免让人质疑其合理性。所以，黄先生指出:“正义原则的确立并不是基于一些哲学假设，而是源于生活的实情和作为一种生活感悟的正义感。”[⑥]这种基于儒家立场的“生活的实情”就是本源的

---

① (明)王夫之:《尚书引义·太甲二》，中华书局1976年版，第63页。

② 郭萍:《〈周易〉对当代儒学重建的启示——关于“重写儒学史”与“儒学现代化版本”问题的思考》，《社会科学研究》2015年第3期。

③ 黄玉顺“中国正义论”的代表性著作有:《中国正义论的重建——儒家制度伦理学的当代阐释》(安徽人民出版社2013年版)(*Voice From The East:The Chinese Theory of Justice*, Paths International Ltd, 2016)、《中国正义论的形成——周孔孟荀的制度伦理学传统》(东方出版社2015年版)。

④ [美]约翰·罗尔斯:《正义论》，何怀宏等译，中国社会科学出版社1988年版，第302页。

⑤ [美]约翰·罗尔斯:《正义论》，第302页。

⑥ 黄玉顺:《作为基础伦理学的正义论——罗尔斯正义论批判》，《社会科学战线》2013年第8期。

仁爱情感(仁),"生活感悟"就是良知(义)。由此便知,罗尔斯所指的正义原则实为一种形下政治自由,而"中国正义论"则揭示出这种政治自由是以本源的仁爱良知为源头的。

这表明"中国正义论"虽然是通过批判罗尔斯"正义论"而建构的,但并没有否认个体自由的合理性。事实上,黄先生就是现代个体自由的积极倡导者,他直言:

> 自由是一个政治、社会层面上的概念,而且是一个主体性存在者的概念,还是一个个体主体性的概念。这是无须论证的。[①]
>
> 政治民主是为保障公民个人自由权利而设置的,自由永远是目的,绝不能沦为一种手段。[②]

对此,他首先从历史哲学的维度上作了宏观的理论说明,即随生活方式的历时演变造就了各时代(王权时代、皇权时代和民权时代)不同的社会主体,而政治自由作为社会主体的一种确证,势必要与其当时代的社会主体相一致。由于政治自由作为一种形下自由属于儒家"礼"的层面,而任何"礼"都是因地制宜、随时因革,通过不断损益"礼"才能恰当地维护社会生活秩序。这正是孔子"礼有损益"思想的体现。

进而,他针对现代性生活方式下的政治建构提出了"国民政治儒学"理论,明确指出"国民"概念虽然兼具集合性与个体性,但"以集合性观念优先,那是所有一切前现代的政治观念的一个基本特征;而这也就意味着,现代性的政治观念的对应特征,乃是以个体性观念优先"[③]。这说明现代生活方式本源地塑造了现代社会主体——个体性的国民,所以对国家的所有、所治、所享乃是每个个体的自由权利,所谓"国民所有,国民所治,国民所享"[④]。显然,这是为个体自由在现代社会的合理性作出了一种概括性的解释。笔者认为,以此为起点,可以对现代政治自由中的权利与权力、自由与平等、民主与君主、专制与共和等问题展开儒学的解释,进而可以提出一种不同于西方的儒家政治自由观念。

四、"自由儒学"的理论构想

由上可见,"生活儒学"为儒家回应自由问题开辟了广阔的思想空间。所

---

① 黄玉顺:《前主体性对话:对话与人的解放问题——评哈贝马斯"对话伦理学"》,《江苏行政学院学报》2014 年第 5 期。

② 黄德昌等:《中国之自由精神》,黄玉顺主编:《追寻中国精神丛书》,第 24 页。

③ 黄玉顺:《国民政治儒学——儒家政治哲学的现代转型》,《东岳论丛》2015 年第 11 期。

④ 黄玉顺:《国民政治儒学——儒家政治哲学的现代转型》,《东岳论丛》2015 年第 11 期。

以，笔者提出“自由儒学”的理论构想尝试对自由问题进行一种系统的儒学言说。狭义地讲，“自由儒学”是一种政治哲学的理论，但与当今各种拒谈形而上学的儒家政治哲学理论不同，“自由儒学”不仅要以儒学话语解答现代政治自由问题，而且为此提供相应的儒学本体论依据，更进一步地揭示一切主体自由的本源。所以，“自由儒学”对自由的阐释既不是各种西方自由理论的“中国版本”，也不同于原教旨主义儒家对传统儒学理论的“复制”，而是作为一种当代儒学理论形态，发挥“生活儒学”的理论旨趣，进行“现代性诉求的民族性表达”。①

基于此，笔者所构想的“自由儒学”拟从本源自由、形上的良知自由、形下的政治自由三个层级展开论述。

（一）本源自由

本源自由是提出并解答自由的本源问题，即自由何以可能的问题，这是任何一个有本有源的自由理论所要解答的首要问题，其中包括何谓本源自由、本源自由与主体自由的关系等内容。本源自由作为源始的“生生”始终敞显着无限可能性，由是让主体自由的绽出成为可能，而在儒家看来，这种敞开的“生生”就是本源仁爱的涌现。也就是说，仁爱在本源意义上乃是“让……自由”，它对于主体自由的确立具有原初的奠基意义：共时地讲，本源仁爱作为自由之渊源使主体自由得以可能；历时地讲，它又使新的主体自由成为可能。据此，自由儒家将从思想之源头处区别于一切西方的自由理论。

（二）良知自由

良知自由是自由儒学力图构建的形上自由观念。无疑，自由首先是一个政治哲学层面的问题，但政治自由势必有其本体论基础，这就需要有一个奠基性的哲学观念。即便西方自由主义者不承认形上自由的存在，而实际上一切政治自由的主张却无法脱离本体论承诺而存在。据此也不难发现，当前儒家政治哲学的前沿理论虽然声势浩大，但也由于缺少形上学的奠基而显得脚跟不稳。总之，形上自由观念的缺席势必让政治自由的讨论陷入无休止争执，却得不到根本解决。因此，“自由儒学”有意在展开政治自由的阐释之前“先立乎其大”，通过形上自由的重建为政治自由奠定形上学基础。

事实上，历代儒家所言说的形上自由观念无不是对本源仁爱良知的对象化理解，这在思孟心学传统中尤为突出。众所周知，儒家从孟子开始就提出了“良

---

① 黄玉顺：《儒学与生活：民族性与现代性问题——作为儒学复兴的一种探索的生活儒学》，《人文杂志》2007 年第 4 期。

知”概念[1]，而后发展到阳明建构“良知”本体的心学体系完成了传统儒学对“良知”的理论解释，再到现代新儒家张君劢、牟宗三等也继续以“良知”为本体建构现代儒学的理论体系。在这个意义上，“良知”早已成为历代儒家所持守的一种绝对主体性观念。笔者也将继承这一观念，建构“良知自由”为核心的形上自由观念。据此，“自由儒学”将区别于西方自由主义所依赖的先验理性的意志自由，同时也区别于传统儒学基于家族伦理价值的自由观念，旨在立足现代性生活确证现代个体主体的绝对地位，为现代政治自由奠定本体论基础。

（三）政治自由

“自由儒学”的最终要落实在现代政治自由的发展问题上，笔者希望通过对政治自由的儒学阐释，为现代政治核心问题的解决提供一种儒学的思路。

现代政治核心问题集中体现为两个问题，这也是“自由儒学”在政治自由层面论述的重点：其一，如何阐明现代个体自由权利的合理性，这既是现代政治自由的核心问题，也是当代形下主体性建构的核心问题。可以说，这一问题是超越前现代观念的最直接的体现，如若不给予个体自由权利以合理地位就根本谈不上传统与现代的汇通，也谈不上传统儒学的现代转化。其二，如何超越民族国家的问题。超越民族国家乃是更好地发展个体自由的必然趋势。我们知道，欧盟虽然是当前超越民族国家的尝试中最成功的实例，但其面临的严峻考验也暴露着西方自由主义难以克服的困境。事实上，西方各国在发展个体自由的进程中，要么因奉行古典自由主义而孤立无序，要么因推崇新自由主义而埋下通往奴役的种子，这种两难困局意味着西方自由主义根本无法超越民族国家的局限性。“自由儒学”将阐明现代政治自由的实现不是孤立个体的理性为前提的、冷漠的利害计算的结果，而是以仁爱为本源、以个体良知为根本依据来保障每个人的自由权利。这将为超越民族国家的理想提供一种新的可能。

① 《孟子·尽心上》：“人之所不学而能者，其良能也；所不虑而知者，其良知也。”

当代儒学复兴中的概念建构与生活语言的关系问题

——以“生活儒学”为视域*

刘　宏

20 世纪末以来，尤其是 21 世纪以来，儒学渐趋复兴，已是一个事实；而儒学能否真正实现复兴，则是一个问题。从当下的形势来看，围绕儒学复兴产生了诸多的学术争论。而这些学术争论的产生，其一个根本的原因，就在于目前的儒学界尚未形成一套统一的概念体系。这里不拟谈论既有儒学概念在具体学术之争上的体现，而在于探讨为建构统一的儒学概念体系，应当更为关注的一个基本问题，亦即当代儒学复兴中的概念建构与生活语言之间的关系问题。

一、儒学的生活化特质

从中西哲学比较的视野不难发现，西方哲学家在建构自己的哲学体系时，大都发明了各自专属的哲学概念。可以说，西方哲学的历史，就是一部西方哲学概念的发明史、演化史。这些概念及概念之间的逻辑思辨，大都只有哲学家本人才有解释权，普通大众是难以理解的、无法理解的，也是不需要去理解的。而中国哲学尤其是儒学的特色之一体现为，儒学并非一套纯粹概念化的理论思辨，而是直接干预日常生活的学问。这并非是说，西方哲学远离于日常生活，无用于日常生活，而是说，西方哲学的表现形式过度拉大了与日常生活之间的距离。而反观我们所处的儒学传统，儒学不仅与日常生活紧密相连，而且可谓是

* 原载杨永明主编：《当代儒学》第 11 辑，广西师范大学出版社 2017 年版，第 207～212 页。

直接相连。所谓“直接相连”,指的是儒学并非儒家学者的专属,而是直接存身于每个生活个体的一言一行之中。可以说,儒学不仅是一种理论上的“概念”思辨,而且是一种日常化的生活“学问”。某种意义上说,儒学言说的只是“人云亦云”的东西,儒学关注的只是切近常人的生活问题。

儒学与日常生活的直接相连,并不意味着儒学只是西方哲学家(比如黑格尔)所批评的缺乏逻辑、缺乏思辨的经验之谈。毋庸置疑,作为学术形态的儒学并不缺乏逻辑思辨性。问题是,我们发现,历来儒学所使用的概念与生活语言之间具有很大程度的同构性。其中,有些核心概念甚至就是直接源出生活语言。反之,儒学的理论化解释,又可以作为生活语言而再度运用于日常生活之中。正是在儒学概念与生活语言的双向互动中,儒学能够直接切入普通大众的日常生活,从而作为“百姓日用而不知”的价值观直接指导着人们的日常行为方式。一言以蔽之,儒学是源于生活而又入于生活的学问。这表现在理论上,就体现为儒学概念具有浓厚的生活化特质。

二、儒学概念的生活语言表征

儒学概念的生活化特质,可以从儒学的历史中得到证实。对于既往儒学史的划分,如果以“学术形态”为标准的话,大致可以分为以下三个阶段:一是,先秦的“原始儒学”时期,以孔、孟、荀为代表;二是,秦汉之后的“传统儒学”时期,尤以宋明的程、朱、陆、王为代表;三是,西学东渐以来的所谓“现代新儒学”时期。统观这些不同时期的儒学核心概念与生活语言之间的相关度,可见儒学对于生活的影响力之旺盛程度。

众所周知,以原始儒学而言,孔子所面临的时代问题乃是“正名”问题。[①] 而所正之“名”,无非“仁”与“礼”而已。从《论语》中弟子多次问及这两个概念,即可推知这是当时社会最为关注的生活问题。此外,孔子所推崇的“忠”“恕”“孝”“悌”等等价值观本来就是先秦时期一致认可的生活观念,而且在孔子和孔门弟子的阐发下一直延续到了后世的生活语言之中。再比如,孟子讲“仁义”,荀子讲“礼法”,在理论上都是对孔子所创立的儒学的推进,而作为一种生活观念则同样深深地影响到了后世人们的日常生活。

表面上看,程、朱、陆、王等宋明理学家忙于形而上的哲学体系构建,他们的理论带有极强的思辨性,已经远离了日常生活。但实际上,他们思辨理论的背后依然不过是针对现实生活中的具体伦理、政治问题而发。以宋明理学最为核

① 《论语·子路》:“子路曰:卫君待子而为政,子将奚先?子曰:必也正名乎!”

心的两个概念“天理”“良知”为例，这些都不是超出生活之上的纯粹思辨概念。用程颢的话来说，“天理”是需要自家在日常生活中“体贴”出来的[①]；程颐、朱熹阐发的“存天理，灭人欲”的伦理观更是成为当时日常生活的主流价值标准[②]；而王阳明“致良知”口号的意思，也是“良知”是需要“致”的，是需要践行到日常生活之中去的[③]。其实，以上两个概念早在宋明之前就已存在，然而，经过宋明理学家的赋义、阐扬之后，才得以真正进入当时的生活语言。甚至可以说，这两个概念作为活生生的生活语言依然存在于当下现代性的日常生活之中。

西学东渐以来，现代新儒家自认是接着宋明理学讲的。从现代新儒学的学术形态来看，不仅在理论上汲取了西方哲学的思辨资源，而且就理论的思辨程度而言，更可谓之前的儒学传统所不及。然而，现代新儒学之所以“新”，却体现为他们所关注的问题乃是宋明理学传统与“民主”“科学”等现代生活观念的融通问题。遗憾的是，由于种种条件的限制，现代新儒学停留在学院化的学术领域，并未直接面对现代性的日常生活方式。最起码，他们使用的哲学话语并未见转化为日常生活中的生活语言，从而对现实的伦理、政治的影响也极为有限。事实情况也是，现代新儒学并未导出像宋明时期所出现的那种儒学复兴运动。

以上的儒学发展史告诉我们，儒学概念总是与生活语言之间保持着适度的张力。凡是能切中日常生活语言的儒学概念将会推动儒学的大众化，否则只能停留在学术层面的论争园地。总之，由儒学概念体系的建构，儒学才得以理论化为一种学术形态而挺立；由儒学概念的生活语言表征，儒学才得以大众化为一种日常生活中的学问。有鉴于史，当下正在复兴中的儒学，同样需要在“理论性”和“大众化”两个方向加以创新和推进。

三、当代儒学复兴的可能展开

那么，回到当代的儒学复兴运动，不得不说以上两个方向的努力都已经取得了一定程度的成果。然而，在抛开考察这些具体成果的利弊得失之前，更为首要的问题是：当代的儒学复兴何以必须以儒学概念的生活化特质为总方向？或者说，儒学传统中的概念建构何以皆表露出强烈的生活语言表征？这不仅是一个儒学在当代社会继续推进的时代性问题，同时也是一个事关儒学基本原理

① 程颢：“吾学虽有所授，然天理二字却是自家体贴出来。”[（宋）程颢、程颐著，王孝鱼点校：《二程集》，中华书局1981年版，第424页]

② 朱熹：“圣贤千言万语，只是教人明天理，灭人欲。”[（宋）黎靖德编：《朱子语类》卷十二，中华书局1986年版，第207页]

③ 王守仁：“所谓致知格物者，致吾心之良知于事事物物也。”[（明）王守仁撰：《王阳明全集》，浙江古籍出版社2011年版，第51页]

的超时代问题。

当然，抛开考察儒学复兴中具体成果的利弊得失，并不意味着这些新成果对于我们问题的回答没有积极意义。情况恰恰相反，这些先行的理论成果事实上已经为我们的问题提供了一定程度的指引。毋庸置疑，既然要坚持儒学的生活化特质、坚持儒学概念的生活语言表征，就必须首先将"生活"领会为儒学概念创新的源泉所在。在此，需要明确指出的是，当代儒学中"生活"二字已经逐渐进入儒家学者的视野。比如，在儒学的大众化推进方面，台湾学者龚鹏程教授就主张："我希望在当代新儒家所讲'生命的学问'之余，也能开展出'生活的学问'。"[①]显然，龚教授的意思是，应将儒学应用于当下的生活实践，使儒学得以在现代生活中发挥价值导向作用。以龚教授为代表的儒学的生活化诉求，可谓当代儒学渐趋复兴的呼声体现。再比如，在儒学的理论创新方面，山东大学黄玉顺教授已经创立了一套"生活儒学"[②]思想体系。当然，这里不可能详述"生活儒学"的整个思想体系。对于本文的问题而言，只需要指明的是：这样一种以"生活"为标识的新儒学对于理解儒学的生活化特质和儒学概念的生活语言表征有何启发意义。

要理解"生活"之于"生活儒学"甚至整个儒学传统的意义，首先必须理解"生活"之于理论建构的本源地位，亦即一种"生活本源论"或"生活存在论"。[③]用黄教授的话来说，"生活儒学"的一个基本观念就是："生活即是存在，生活之外别无存在。这是因为：一切的一切都源于生活而归于生活、出于生活而入于生活。正是在这个意义上，生活才是一切的一切的大本大源。"[④]所谓"大本大源"，指的是，不仅现实世界中一切具体的人和物皆是被"生活"给出的，而且一切对世界作出解释的各种形下学（知识论、伦理学）乃至形上学（哲学）同样是被"生活"给出的。回到儒学概念建构的问题上，也就是说，儒学价值观的成立是以"生活"为其本源的，以儒学价值观为指导的日常生活世界又将作为一种生活样式而融入"生活"的整体衍流。由此，不同时代的儒学皆将"生活"自觉或不自觉地设置为最基本的视域。在此视域之上，儒学方能体现出一种生活化的特

---

① 龚鹏程：《生活的儒学》，浙江大学出版社2009年版，"自序"第3页。

② 关于"生活儒学"，参见黄玉顺：《面向生活本身的儒学——黄玉顺先生"生活儒学"自选集》，四川大学出版社2006年版；《爱与思——生活儒学的观念》，四川大学出版社2006年版；《儒学与生活——"生活儒学"论稿》，四川大学出版社2009年版；《儒家思想与当代生活——"生活儒学"论集》，光明日报出版社2009年版；《生活儒学讲录》，安徽人民出版社2012年版。

③ 参见黄玉顺：《爱与思——生活儒学的观念》附论二，四川大学出版社2006年版，第185～248页。

④ 黄玉顺：《论生活儒学与海德格尔思想——答张志伟教授》，《四川大学学报》（哲学社会科学版）2005年第4期。

质,儒学概念建构方能流露出一种生活语言的表征。

然而,反观当代儒学复兴中的常用儒学概念则可谓各说各话,也就是并未形成一套统一的概念体系。究其原因,大致有三:

第一,汉语言本身带有模糊性、多义性的特点。受到汉语言特点的限制,同一儒学概念在不同的时代甚至在同时代的不同儒学家那里,有着不同的含义。这种“旧瓶装新酒”的现象,在儒学的概念史上可谓屡见不鲜。这一现象,一方面使儒学概念本身保持着极大的开放性和延展性;另一方面却使当下的儒学理论研究需要针对同一概念的多重含义加以铢分毫析。

第二,当下习用的儒学概念受到西方哲学、马克思主义哲学甚至当年日本哲学翻译带来的影响。当然,这不是说,凡是一切借用的外来概念都不可用。但是,此种影响的存在,却给儒学带来了某些错解甚至歪曲,也是不争的事实。如何清除和避免这些误解的可能,恐怕不仅需要中、西、马多方就这些儒学概念在字词上进行切磋,而且需要面向当下的生活在思想上加以融通。

第三,是以上两点的交涉。有些儒学概念,在儒学史中已经被批判、已经被遗弃,而现代人简单承袭带来的后果,要么是这些概念早已失去了生命力,无关于当下人的生活;要么是在不自觉地宣扬有违现代生活方式的价值观念,有碍于当下人的生活。而失却现代生活方式的本源,儒学的未来复兴只能是食古人之余唾,只能成为口号式的复古呐喊,而无助于儒学的真正复兴。

统而观之,以上状况是中国当下社会转型期所带来的中西古今之辨在学术领域上的折射。而有鉴于不同时期儒学概念与生活语言的相关性,诸种问题的解决则需要从当下生活中汲取适宜的生活语言加以改造、提炼,以期形成一套系统性的理论化表达。至于哪些生活语言可承担儒学的概念建构,则同样有赖于回到生活的再检验。

与儒学理论创新相关涉的另一方面,是儒学的大众化推进。在此方面,同样任重而道远。首先面临的问题是,在当下的学科体制建设中,儒学尚未纳入正规的教育体制之中。目前,虽然各种“读经热”“国学热”蔚为大观,但问题是这些课余的学习,培养的更多是一种“技能”而非一种“价值观”。而且,其中所传授的某些观念未必就是符合现代生活方式的应有观念。在此意义上,如何为儒学的复兴奠定坚实而又合理的大众化基础,就不仅是一个急需行动的实践问题,而且是一个亟待思考的理论问题。其实,儒学的大众化推进必当以儒学的理论研究为先导。因为只有在理论上认清儒学究竟为何,才能在实践中明确儒学应当何为。

在“生活”的视域上,未来儒学的理论研究,当时时观照当下的日常生活,儒学的概念建构也应当与生活语言之间保持在适度的张力范围之内。总之,不论是学术形态的儒学概念建构，还是儒学价值观的大众化推进，皆当以当下的现代性日常生活为理论来源和实践导向。也就是说，只有立足于现代生活的本源之上，儒学才能复而有兴！

超越“超绝的心灵学”

——探索儒家心灵哲学开展的新路径*

李海超

21世纪以来,中国大陆的很多儒学家们有意绕开心性儒学的讨论,将儒学研究的重心转向政治制度建构和社会治理方面,从而扭转了宋代以来儒家偏重心性修养的传统,恢复了先秦以及汉唐儒学强调社会伦理和制度规范建构的传统。这是一千多年来儒学传统的一次重要转型,也是儒家自我解放和重建的一次重要机遇。如今,“走出宋明儒学”已成为诸多前沿儒学理论的标识。然而,何谓“走出”?“走出”通常有两种理解:一种是超越,即建构一种比原有理论更为完善、合理的解决问题的理论;一种是绕过,即避开既有理论,另辟新径,重新谈起。应该肯定的是,当代大儒对新儒学的开展,对宋明儒学以及延续宋明儒学道统的20世纪现代新儒学是有所超越的。但这种“超越”,在一些注重政治制度建构和社会治理的新儒学中,主要表现为对宋明儒学之“外王”局限性的认识,而不是对宋明儒学之“内圣”缺陷的认识。例如在蒋庆之“政治儒学”中,他虽指出宋明儒学不适用于解决政治制度建构问题,但他亦承认宋明儒学擅长解决人的修养问题,并认为以宋明儒学为代表的“心性儒学是儒学传统中的第一义谛之学”①。由于对宋明儒学所关注之核心问题——心灵的认识与安顿问题——没有作出根本的批评,亦没有提出更完善的构想,因此这些新儒学理论对宋明儒学传统之“超越”,在某种程度上,亦确实只是“绕过”。②

* 原载《云南社会科学》2018年第6期。

① 蒋庆:《王道政治优胜于民主政治——对“大陆新儒家”争论的回应》,儒家网,www.rujiazg.com/article/id/5088/,2015年4月7日。

② 参见李明辉等:《首届“两岸新儒家会讲”》,《天府新论》2016年第2期。

以上论述所要说明的是，尽管今天“走出宋明儒学”的浪潮波涛汹涌，但宋明儒学之心性论并未被真正撼动，它在儒家心灵哲学上的阵地——这才是其主要阵地——并未失守。本文将要指出的是，若不在超越宋明儒学之政治学、伦理学之外进一步超越其心灵哲学，儒学现代转型的任务将不能圆满，甚至一切现代性的政治儒学、制度儒学、社会儒学、公民儒学建构都会受到制约。在此基础上，本文还将着重探讨儒家心灵哲学新开展的基本路径。事实上，关于儒家心灵哲学的新可能，蒙培元的“儒家心灵哲学”研究和“情感儒学”以及黄玉顺以仁爱情感为本源的“生活儒学”，已提供了很多有价值的思想资源，本文实是在借鉴两位学者思想的基础上的进一步探索。

一、超越宋明儒学之心灵哲学的必要

当下，现代性价值观念的构建、制度规范的制定、社会治理的举措、公民意识的培育是中国社会亟待解决的问题，它们也因此成为儒学研究的热点问题。对这些问题的密切关注，是儒学扎根当代生活、实现自我转型的一个重要突破口。在这种情况下，欲回答走出宋明儒学之心灵哲学、建构新型儒家心灵哲学的必要性，需阐明两个问题：第一，必须阐明心灵哲学对伦理学与政治哲学的意义；第二，必须阐明宋明儒学之心灵哲学的根本缺陷，特别是其与儒家现代道德哲学、政治哲学建构之间不可消弭的鸿沟。

先来看心灵哲学对伦理学与政治哲学的意义。需要指出的是，讨论心灵哲学对伦理学（或道德哲学）、政治哲学的意义或必要性，并不是坚持“内圣开外王”的思路。心灵哲学对伦理学和政治哲学的意义主要体现在两个方面：一是心灵修养对道德规范与制度规范之实践的意义；二是心灵认识对伦理道德观、政治观之建构的意义。而“内圣开外王”的内涵则是心灵修养对伦理道德观、政治观之建构的意义。可见“内圣开外王”的思路正好将心灵哲学对伦理学、政治哲学之意义的两个方面交错、混淆在一起，从而对两者的关系产生了错误的认识。事实上，心灵修养直接关系的是人们对伦理道德观、政治观之实践，而与伦理道德观、政治观之建构没有直接的关联。正因如此，“内圣开外王”的思路是不可取的。

虽然心灵修养与伦理道德观、政治观之建构没有直接的关联，但心灵认识却是伦理道德观、政治观建构的必要前提。一切伦理学与政治哲学的建构都是为了人更好地生存，为了给人提供和谐、幸福的社会环境。所以一切伦理学、政治哲学都是以对人或人性的认识为基础的，即人性论是伦理学和政治哲学的基础。当然，这里所谓的人性论，是广义的人性论，指的是对人的需求、特性、能力等多方面的认识，而不单纯指人性善恶问题。这种广义的人性论与心灵哲学之间有着密切的关系。所谓心灵，顾名思义就是指人的灵明，也就是指人心。王阳明曾问弟子：“人有什么叫做心？”他的弟子说：“只是一个灵明。”[①]当然在阳明心学中，“心”有时候专指本心或良知，此时作为人之灵明的心，是一种超越的“虚明灵觉”。但人心不仅有超越的一面，还有经验的、世俗的一面，如人有欲望、有情感、有理智、有意志，这些都是灵明的体现。所以在儒家文化中，心灵就是指人的一切能动性的能力，或者说，心灵就是人的主体性的体现。如此说来，人的一切特性、需求皆可通过心灵得到表现，真正了解人的心灵，便可了解人，便可建构圆满的人性论，从而建构真正合乎“人性”的伦理学与政治哲学。有人或许会说，人除了具有心灵，还有身体，人的身体的特性亦是“人性”，心灵哲学能够包含对身体特性的探讨吗？当然。无论是中国传统哲学还是西方哲学，身心关系都是心灵哲学的重要议题之一，而身心关系的探讨必然要求对身体特性有深入的了解。所以，心灵哲学并不会忽视对人的身体的认识。正因如此，心灵哲学是人自我认识的理论，是伦理学和政治哲学开展的重要基础。相反，缺乏心灵哲学奠基的伦理学和政治哲学则是非常危险的，因为它们很有可能坚持违反“人性”的原则和教条。

既然如此，儒家欲实现现代转型，建构合乎现代人和现代社会需要的伦理学与政治哲学，必然需要完善的心灵哲学的奠基。不可否认，当代儒学确实缺乏深入的心灵哲学探讨。那么，宋明儒学之心性论，作为儒家心灵哲学发展的一个高峰，能否用作儒家现代伦理学和政治哲学建构的人性论基础呢？不能。之所以不能，是因为宋明儒学对人的心灵的认识与现代人的自我理解之间有着极大的分歧。例如，宋明儒学对人的理智的轻视，对人的基本欲求的压抑，体现了其对人的理智与情感在心灵中地位的认识不足，而这显然会妨害现代主体观念（即个体主体性）的建构。[②] 以牟宗三为代表的现代新儒家，试图在保留宋明儒学基本范式的前提下，修正其心灵哲学的缺陷，使之正视理智的地位，从而找出现代性的个体主体。先不说大多数现代新儒家都像宋明理学家、心学家一样，没有真正重视情感在心灵中的地位，从根本上来看，宋明儒学的基本范式与现代个体主体性之间有着不可逾越的鸿沟。现代主体的一个最基本的特征，就是人与人之间拥有平等的人格，并且人格的平等是现成的，而不是现实上“可能”的。这在心灵哲学中，就体现为心灵的现实平等。宋明心性儒学虽然肯定了人心中之“性”（先天德性）在本体上的平等，却不可能许诺其在现实上的平等。因为宋明心性儒学将人之为人的“性”，赋予道德的含义，因此在现实上，不

---

① （明）王守仁撰：《王阳明全集》，上海古籍出版社2015年版，第109页。

② 参见李海超：《阳明心学与儒家现代性观念的开展》，山东大学博士学位论文，2017年。

可能承认现实人格在道德上的无差别。所以，只要保留“德性”在心灵哲学中的绝对优先性，就不可能肯认现实上人之为人的平等心灵，也就不可能以此为基础建构出现代性的个体主体。

有学者认为，阳明心学的“凡圣平等”，是儒家人格理论的根本变革，具有现代人格平等的影子。[①] 但阳明心学中所谓的“凡圣平等”，从来都是良知本体的平等，而不是现成良知的平等，现成良知的平等到了泰州学派才真正实现。而泰州学派，正是由于提出了“良知现成”说，才真正成为中国早期启蒙思潮的先行者。如果深入研究泰州学派的理论，就会发现“良知现成”说的提出，在根本上消解了“先天德性”的地位。因为，人们不必再考虑“性”，而可以直接依现成的心而行，这使人的现实的、经验的心灵而不是形而上的超越心灵，真正成为人们行为的根据。这实际是对宋明儒学心灵哲学理论范式的根本颠覆。这是泰州学派成为“启蒙”先行者的根本原因。由此反思20世纪的大多数现代新儒家，便知道他们固守宋明儒学心灵哲学范式的儒学现代化方案是行不通的。

所以，当代儒家学者在构建现代儒家伦理观、政治观、治理观、公民观的同时，绝不能忽视为现代性个体主体奠基的新型儒家心灵哲学的建构。

二、新型儒家心灵哲学的思想视域

新型儒家心灵哲学的建构，一定要在最广阔的思想视域下开展。关于儒家哲学的思想视域，唐君毅先生的“心通九境”说论述最为细致。不过，唐先生对心灵境界的阐发贵在精细，其视域之广度，并未出宋明儒学之外。即心之九境，约而言之，亦不过形而上之道境（本体境）与形而下之器境（现象境）。21世纪以来，黄玉顺的生活儒学又在形而上学之本体境与形而下之现象境外，提出本源观念（可称为“本源境”）[②]，可谓当今儒学最为前沿、最为广阔的思想视域。本文对新型儒家心灵哲学之思想视域的讨论，实是对生活儒学思想视域的发挥。

形而上之本体境、形而下之现象境与本源境三者之间究竟有什么不同呢？其实，三者的差别皆因人看世界的方式不同而产生。以对象化的方式看世界，则世界便显现为万物并存的殊相境；以万象归一的方式看世界，则世界显现为如如不变的本体境。这两种看世界的方式有一个共同点，即都是为了展现世界之真相或实相——以佛家思想言之，前者为俗谛，后者为真谛。除了以真相或实相的方式看世界之外，还有一种看世界的方式，即以“显相”的方式看世界。

---

① 参见刘同辉：《王阳明“凡圣平等论”的人格心理学解读》，《上海师范大学学报》（哲学社会科学版）2008年第2期。

② 参见黄玉顺：《生活儒学讲录》，安徽人民出版社2012年版，第35页。

以这种方式看世界，并不呈现世界之真相，而是呈现世界之所从来的机缘或渊源。本源境所显示的正是万物所从来之最终的源泉。

探讨世界之真相或实相的学说可称为“实相论”，它包含两个分支即作为形而上学的本体论和作为形而下学的广义知识论（包含自然科学之知识与人文社会科学之知识），其最根本的观念是本体。探讨世界之显相的学说可称为“显相论”，其最根本的观念是本源。实相论与显相论都包含着生成论，但两者关于“生”的理解有很大的不同。以湖为喻：从实相论之本体论的角度言之，此湖由水生成；从形而下的知识论角度言之，湖水之形状、深浅由所在地貌和水的性质生成；从显相论言之，此湖由湖底之泉眼生成。水是湖之本体，泉眼是湖之本源，湖水之方圆、深浅是湖之殊相。所以实相论探讨的是本体与现象之间的体用关系和现象之间的经验因果关系，而显相论探讨的是一切相（本体与现象）与其显现源泉之渊源关系。

实相论与显相论是可以互摄的，以实相论摄显相论，则本源论便化作对万象生化（本体生现象、现象生现象）的机制的探讨；以显相论摄实相论，则本体论与广义的知识论皆化作对本源生成物的研究。从实相论看来，本源不过是本体的一个功能或属性；但从显相论看来，本体乃是本源的生成者，无本源亦将不会有本体。试举一例：

> 庄子与惠子游于濠梁之上。庄子曰：“儵鱼出游从容，是鱼之乐也。”惠子曰：“子非鱼，安知鱼之乐？”庄子曰：“子非我，安知我不知鱼之乐？”惠子曰：“我非子，固不知子矣；子固非鱼也，子之不知鱼之乐，全矣。”庄子曰：“请循其本。子曰‘汝安知鱼乐’云者，既已知吾知之而问我，我知之濠上也。”①

庄子与惠子的这段对话，表面看来，只是一个答非所问的语言游戏，但其中蕴含着丰富的意义。就语言的含义来说，“安知鱼之乐”的确有两重含义，即“怎么（以什么方式）知道鱼的快乐”和“在哪里知道鱼的快乐”。前者是惠子之所问，后者是庄子之所答。问与答似乎毫不相关。但若深入分析，就会发现，此对话中蕴含着庄子对两种探讨问题方式的不同态度。显然，惠子之所问，属于实相论范畴，追问到最后，必将论及本体，通过本体对认识之可能做出究极的保证；而庄子之所答，则属于显相论范畴，即“鱼之乐”这一情景的显现，乃渊源于庄子游于濠上或者从濠上观鱼的行为。庄子对这一问题的回答，与王阳明“你未看此花时，此花与汝心同归于寂。你来看此花时，则此花颜色一时明白起来。便

---

① 《庄子·秋水》。

知此花不在你的心外"[①]的说法有很大的相似性。在王阳明看来,花的显现皆因人的观看,人不来到山中观看,此花便不会显现。庄子的意思亦是如此:他若不站到濠上,此鱼以及此鱼从容的形态皆不会显现。所以,濠上之观,是庄子知鱼之乐的本源。

此外,庄子不从实相论而是从显相论的角度回答惠子,体现了庄子肯认显相论优先的态度,即他支持以显相论摄实相论的态度。正因如此,他才迅速结束了与惠子的辩论,没有扫了游玩的兴致。若顺着惠子的问题一直讨论下去,恐怕游玩的兴致早没了。游玩固是一件小事,但若由此引申到人的生存,则庄子的态度实能保住人生的意义;而惠子的态度会使人的生活沦为"真理"的奴隶。这并非否定求真,而是要明白求真的意义,要使求真服务于人的生存。若明白这一点,便知道在人的生活中,并非时时要求真、事事要求真。这才是生活的智慧,也是中国哲学的根本精神。

既然中国哲学倡导以显相论统摄实相论,也就是以本源论为一切哲学的基础。那么,人们在生活中的最大智慧,就是要守住本源、疏通源流。本源就是阳明所说的"寂"的开口,万事万物从此开口源源不断地流出。这开口里面有什么,人们什么都不知道,人们所知道的一切,都是从此开口流出者、显现者。一切显现者皆有体、有用,但体、用之显现皆因有源。

那么什么是一切的本源呢?就儒家而言,仁爱是一切的本源。[②] 从本源的意义上讲,仁爱即本真的爱。本真的爱有两个维度:在程度上,仁爱包含从微弱的关注、关心到热烈、深沉的挚爱(爱有差等);在方向上,仁爱包含对自我的爱(自我伤害亦是不仁)与对他者的爱。因为本真的爱,人们才有兴致去感受世界、认识世界,主体与事物才能显现在世界中。若一个人生无所爱,他必将视而不见、听而不闻,他的生活必将是灰暗的。因为本真的爱,人们才去爱护自己、爱护世界,才能化解利益的冲突。所以,人的一切其他情感与认知甚至行为,皆因本真的爱才有可能、才能维持长远,人类的生命和世界才能永葆生机。

仁爱是本真的情感,而不是先天的德性;是本源,而不是本体。孔子曰:"仁者,爱人。"[③]这是"指爱为仁"。而宋明儒却严别仁、爱,以仁为形而上之性,以爱为形而下之情。如二程说:"仁义礼智信,于性上要言此五事,须要分别出。若仁则固一,一所以为仁。恻隐则属爱,乃情也,非性也。"[④]这样一来,仁被塑造成先天的德性,成为本体,而作为本真情感的本源却成为被压制的对象。原来的

---

① (明)王守仁撰:《王阳明全集》,第 94 页。

② 参见黄玉顺:《生活儒学讲录》,第 29 页。

③ (宋)朱熹:《四书章句集注》,中华书局 2007 年版,第 139 页。

④ (宋)程颢、程颐著,王孝鱼点校:《二程集》,中华书局 2016 年版,第 215 页。

生生不息的本源，在本体论的视野下，已经变成了本体的一个功能，即生化现象的机制：“仁是造化生生不息之理”，“这性之生理，便谓之仁”。[1] 但在本体论的视域下，仁作为本体之“生理”，乃是体用关系之生，而不是渊源关系之生。因此，真正的本源，在本体论中是被遮蔽的。正因如此，宋明儒学家以为本体即是本源，殊不知他们正遮蔽、扼杀了本源。这正犹如，人们以为水即是湖之本体和本源，保住现有的湖水就可保住湖的生机，他们由此甚至将泉眼之水对湖水的更换看作对湖水的伤害，于是扼杀其真正的源泉，从而使此湖真正变成一潭死水。所以，宋明儒学家自以为守住了宇宙生机，却最终造成了戴震所谓的“以理杀人”[2]的结果，并险些使儒家文化丧失随时代而自我转型的生命力。

可见，以实相论摄显相论将会导致本源视域的遮蔽，只有以显相论摄实相论——即以本源论摄本体论和广义的知识论，才能保证思想观念的鲜活和生存意义的永驻。因此，新型儒家心灵哲学研究一定要在显相论（本源论）、实相论（本体论和广义的知识论）的广阔视域下展开，并以显相论为根本。

三、新型儒家心灵哲学的思想方法

以显相论摄实相论，也就是使一切关于“实相”的探索服务于本源的生生不息。本源的生生不息是一种原初的创生活动，但原本不是一种“实相”。一切实相皆因原初的活动而呈现，但原初的活动却无“相”可见。这种原初的活动并不神秘，它时时发生在人们的日常生活之中。例如，上文提到的庄子的“濠上观鱼”，王阳明的“南镇观花”，皆是这样的活动。由于他们的“观看”，鱼以及鱼的快活、花以及花的颜色才得以显现。所以这一“观看”的活动就是创生性的原初活动。当然，如果换一个视角，将此“观看”看作一个认识对象的行为，此时花与鱼便成为先于此观看活动存在的存在者，观看活动就不是本源了。这里涉及两种观看的方式，一种是认识事物的实相观，一种是使事物显现的显相观。实相观的问题在于对本源的遮蔽，而本源的遮蔽，也就意味着原初活动之意义的丧失。依实相观，庄子之观鱼的活动总有一个原因，比如为了散心。但事实上，心中总有一个“散心”的念头，观尽所有的鱼也达不到散心的目的。因为“散心”实质上是“换心”，即换一种心情，使心能够随所遇而变化，而心情之转换，贵在忘掉曾经的心，重建崭新的心。只有这样，心才能如实地反映生活，才能与生活紧紧相连。这里，心情的转换，正是通过显相之“观”实现的。通过显相之观，那个要“散心”的“我”被遗忘，才能无先入之见地、充分地感受当下的情景——“儵鱼

---

① （明）王守仁撰：《王阳明全集》，第23、34页。

② （清）戴震：《戴震集》，上海古籍出版社1980年版，第188页。

出游从容”。由于原有的“我”被遗忘，这个观鱼的我便成为崭新的“我”。所以，若没有一个原初的活动发生，则“散心”的目的将永不能达成，一个人的心情必将永远陷于曾经的某个时空，不能随生活境遇的变化而转换。

因此，新型儒家心灵哲学的根本思想方法，就是以显相的方式去看事物，即显相观或本源观。那么如何才是以显相的方式看事物，而不是以实相的方式看事物呢？两者的区别就在于，前者必须切入事物显相的原初活动，而后者则是对既成事物做认识与解释活动。比如，对于经典的学习。依实相观，学习经典就是要如实地了解经典中字、句的含义，并去把握这些字、句所体现的义理。但依显相观，人们必须切入经典的创作活动，体会圣贤创作经典之心情。这与陈明所说的“把握”“圣贤之用心”[①]很相似。然而，这里必须指出，“把握”圣贤之用心，很容易被看作实相观之认识与理解。若从显相的视角看，说成“感受圣贤之用心”更为准确。感受圣贤创作经典之心，实际就是感受圣贤当时本真的情感。唯有如此，才能切入本源，深刻把握圣贤创作经典的意义。同时，“我”之所以能够契入圣贤之心，是因为“我”以真情去感受圣贤的感受；“我”之所以将圣贤的文字视作经典，是因为“我”对生活的感受与圣贤之感受相契，而不是经典中的原本观念能很好地解决当今的问题。所以，显相观就是真情观，就是去真诚地感受事物，感受他人的感受，以情絜情。

可见，一个活动之所以被看作原初的显相活动，乃是因为其中包含着本真的情感体验，当然在儒家看来，最重要的情感体验就是仁爱的体验。在现实生活中，情感体验并非都是令人愉悦的，也有很多是令人痛苦的。令人愉悦的，人们想要使之延续；令人痛苦的，人们想要使之消失。总之，要使发于真情的意愿得到满足，人们便要去改变世界，而改变世界就需要知识，即需要实相观。尽管人们需要知识，但知识乃是满足真诚的情感需要的手段，而不是相反。由此可以得出新型儒家心灵哲学的另一个思想方法，即知识出于真情、用于真情。由于儒家最重视的情感是仁爱，因此也可以说：“知识出于仁爱、用于仁爱。”知识出于仁爱，才能保证求知的意义；知识用于仁爱，才能实现知识的价值。这里，本真的情感或仁爱并不是一个道德的准则，不是一个对象化的事物，本真的情感永远是一种发生的状态，是发生着的感受，是最为原初的感受活动和显相活动。所以确切地说，本真的情感首先是一种实践活动，而不是一个理论观念。因此“知识出于情感、用于情感”，亦可以理解为“理论出于实践、用于实践”。这和马克思主义的思想方法有很大的相似性。但马克思主义的“实践”特别强调的是物质生产实践。而本文所谓的实践，乃是具有原初显相意义的活动，即本

① 陈明：《文化儒学：思辨与论辩》，四川人民出版社 2009 年版，第 18 页。

真的情感活动。

四、新型儒家心灵哲学的理论特色

新型儒家心灵哲学的理论特色是与西方心灵哲学和宋明儒学之心灵哲学对比而言的。当前，心灵哲学是西方哲学界，特别是英美哲学界比较热门的研究领域，成果丰硕。新型儒家心灵哲学的建构需要吸收西方心灵哲学的研究成果，并与之进行深度的对话。不过，由于文化传统的不同，英美心灵哲学与中国传统心灵哲学有着不同的理论特色。用高新民的话说，英美心灵哲学与中国传统心灵哲学正好代表了“广义心灵哲学”的两大研究领域：

> 一是以心灵之“体”为对象的心灵哲学。它主要从“体”的方面研究心理语言的本质特征、所指的对象及范围、表现形式及其特殊本质，各种心理现象的共同本质、不同于物理现象的独特特征，心与身的关系等。这一领域是关心心灵的科学精神的体现。二是以心灵之“用”为研究对象的心灵哲学。它主要从“用”的方面研究人类心灵在其生存中的无穷妙用，从幸福观、苦乐观、价值观、解脱论等角度研究人的心态与人的生存状态的关系，心理结构、感受结构对生活质量高低、幸福与否、苦与乐、价值判断与体验、解脱与自由的程度的作用等。这一研究是心灵研究中的人文精神的张扬。①

显然，英美心灵哲学侧重对心灵之“体”的研究，而中国传统心灵哲学侧重对心灵之“用”的研究。事实上，心灵哲学的这两大研究领域是相互补充的：没有对心灵之用的渴望，对心灵本身的认识活动就会失去意义；而没有对心灵的客观认识，心灵亦难以恰当地发挥其功用。因此，一种健全的心灵哲学理论，应该将两者结合起来。

新型儒家心灵哲学的建构，当然要将这两大领域的研究有效地结合在一起，但就理论特色而言，儒家心灵哲学的新开展依然会延续传统，即偏重心灵之功用的探讨。这是因为，儒学之为儒学，一定要以人的幸福生活为旨归。“老者安之，朋友信之，少者怀之”②，这是孔子的志愿，也是儒家矢志不渝的理想。所以，儒家心灵哲学，作为儒家思想的一个方面，也应该以儒家永恒的理想为导向，以探讨心灵的功用为重心。

同是以心灵之功用的探讨为导向，本文所探索的儒家心灵哲学与宋明儒学

---

① 高新民：《广义心灵哲学论纲》，《华中师范大学学报》(社会科学版)2000 年第 4 期。

② (宋)朱熹撰：《四书章句集注》，第 82 页。

之心灵哲学有什么区别呢？从根本上说，宋明儒学之心灵哲学以先天德性为根本，以追求心灵的超越为目标，是一种“超绝的心灵学”[①]。而新型儒家心灵哲学，以人的本真情感为本源，以解决人的本真情感需求为目标，因而在很大程度上已不是“超绝的心灵学”，而是现实的、经验的心灵学。本真情感是人们对自身生存境遇的最原初感受，这些情感所包含的欲求，由于尚未经理智的反思，因此是人在具体的情境中表现出的最真诚的生存动机。就大多数人所面对的情境而言，本真的情感欲求可能只是远离饥饿、远离孤独、远离漂泊、远离疾病、远离无辜的伤害。如果这些欲求没有得到满足，心灵超越的欲求对他们而言可能只是一闪而过的念头，或人生某一阶段的渴望，而不会成为他们一生执着的追求。当然，这并不是说，心灵超越的需求一定是建立在基本生存需求的基础上的。有些人，由于特殊的境遇，可能毫不在乎外在的生存条件，唯有精神的超越能安他们的心。就像颜回，粗食陋巷不足忧，唯心灵之安乐是求。但这样的人毕竟是少数。

所以，新型儒家心灵哲学虽然不拒绝心灵超越问题的探讨，但对经验心灵之性质及其现实应用的研究应更为优先。如前文所述，儒家的目标是要建立一个人人各得所安的社会，而对人类社会的建设而言，伦理规范和制度规范的建构——义与礼的建构——是最重要的。一个社会的伦理和制度规范的设计，是为了满足大多数人最本真的情感欲求，即荀子所谓的“养人之欲，给人之求”[②]，因此需要对常人的心灵需求和心灵功能有充分的认识，即需要以常人的经验心灵为研究对象。如今，中国社会乃至全世界最需要的是新秩序和秩序准则的构建，这是儒学现代转型需要完成的任务。因此，现实的、经验的心灵学是现代社会和儒学在当代开展所需的。而作为超越心灵学的宋明心性儒学并不适合解决上述问题。

另外，即便对于心灵的超越，宋明心性儒学亦不是没有问题。宋明心性儒学以为本体即本源，故以悟本体作为实现心灵超越的方式。参悟本体固然是对万象流变的一种超越，能够得到某种光风霁月的体验。但以本体为本源，必然将人视作本体之用，视作万象流变之一环。人的喜，不过因为物之当喜；人的怒，不过因为物之当怒。人的一切努力，初看来是自由的争取，是真诚惨淡之不容自已，但到头来，不过是天地流转的安排，不过是随顺了自己的宿命。在宋儒之中，对本体体悟最深者，莫过明道。看明道给横渠的《定性书》，其所谓“定性”（即悟体），亦不过是“情顺万事”“物来而顺应”[③]。所以，通过参悟本体所实现的

① 蒙培元：《心灵超越与境界》，人民出版社1998年版，第6页。

② 《荀子·礼论》。

③ （宋）程颢、程颐著，王孝鱼点校：《二程集》，第460页。

心灵超越,所获得的那点自由和喜悦的感觉,就和一个下级总能猜透上级的安排并主动完成任务所获得的自由和喜悦的感觉是一样的。这样的境界是“顺天地化育”的境界,不是“参天地化育”的境界。前者无须将迎,后者却需要在必要时帮衬一下;前者要听天由命,后者能应时造命。前者以天地化育之原则为至善的,以人为天地化育之一环,故无所谓帮衬;后者以天地之化育为自然的,故应在生灵陷溺时扭转乾坤。从心灵的自由与无限而言,后者是一种更为自由的境界。

须知,在本体论的视域下,一切现象皆由本体来支撑,有用必有体。如果本体蕴含着至善的原则,则一切现象都不可能不善。如果天地是至善的,一切自然灾害都不应该发生,因为遭遇灾害的人并非都是恶人,天地何以对其如此不仁?但天地确实“不仁”。老子曰:“天地不仁,以万物为刍狗。”[①]孔子曰:“逝者如斯夫,不舍昼夜。”[②]万物皆自然地生、自然地灭,天地并未对谁有特别的怜惜。可见,“仁”并不是天地之“生理”,而是人与其世界在相互遭遇时得以相互呈现的渊源。万物皆有其本体,在人未与其照面时,它们都在自然地生化。当人与之照面,仁心发露,便会因其丰茂、活泼而喜,枯萎、惨死而悲,从而养护它们,使之欣欣向荣,不至灭绝。所以,仁是人与天地万物并生之本源(渊源、机缘),而不是天地万物之本体。培育仁心,不离仁心,与万物共生,赞天地之化育,这或许才是孔子赞成的心灵的“超越”境界吧?

无论如何,对于心灵的超越问题,孔子是很少谈的。所以,新型儒家心灵哲学的建构,亦不以超越的心灵学为主体,而是以研究常人的经验心灵及其伦理、政治的应用为主体。这是新型儒家心灵哲学与宋明儒学之心灵哲学的一个重要区别。

关于新型儒家心灵哲学开展的路径,还有很多问题值得讨论,在此不能一一尽述。不过,就致力于超越宋明儒学之“超绝心灵学”的心灵哲学建构而言,上面的论述也算初具规模了。

---

① (魏)王弼注,楼宇烈校释:《老子道德经注校释》,中华书局2008年版,第13页。

② (宋)朱熹撰:《四书章句集注》,第113页。

“观仁论”释名篇*

杨　虎

我的业师黄玉顺先生建构的“生活儒学”思想系统揭明生活本身先行于一切主体性和存在者，是一切的大本大源。这意味着，对生活本身的把握只能通由本源的生活领悟或者说“本源之观”[①]，观之所观为“情”，这正相应于“生活本身首先显现为生活情感”[②]。我深受这一思想方向的启发和影响，并进一步“见”到通由“观”的存在论运作机制透显仁爱情感的原初奠基性的思想道路。

本论有见于“观”的存在论性格，以及仁与观的原初性关联，或者更加宽泛地说，有见于“仁爱与观智”的深切关涉，故有“观仁”之说。观仁是“以仁观仁”，是仁之“自观自见(现)”，亦即仁爱情感的自身显现，这是本源的生活领悟、存在领悟。观仁的存在论进路，以“仁”与“观”为基础观念，“源仁立观”而“自观见仁”，以“观法之切转”为运作机制，开“返源观”与“立相观”两向切转，自“返源”观存在、工夫与境界，自“立相”观主体性之挺立及其知识、伦理、价值所行境。

---

* 本文是作者提出的“观仁学”之释名。

① 黄玉顺：《汉语“观念”论》，《爱与思——生活儒学的观念》(增补本)，四川人民出版社 2017 年版，第 205 页

② 黄玉顺：《爱与思——生活儒学的观念》(增补本)，第 63 页。

凡此种种致思，据以开显个体主体性及其诸生活情态。[①]

本论所说的观，乃是“存在论的观”[②](ontological meditation)，亦即能够对一切主体性和存在者观念作出本源可能性的“系统”阐明，不可止步于特定语境中的“看”(观察审视、感性直观、先验直观)和“念”(心念思维)之观解。自其原初奠基性和普遍包容性“观”之，观所表达的乃是生活领悟、存在领悟，而有其不同的层级和样式；自其横向的样式说，有目之观、知之判、意之念，等等，不一而足，万有皆可“观”，一观则有一见(现)，观境相应即成一领悟，万观皆“领悟”；自其纵向的层级说，有形而下的观察审知，有形而上的灵明觉照，这些都奠基于本源的生活领悟、存在领悟。

本论之“观仁”，其决定义在于仁之“自观自见(现)”。仁爱领悟先行于一切主体性和存在者观念，与此相应，观仁的根本不是“以我观仁”，而是“以仁观仁”，此非主体观万有之观，亦非心灵本体、绝对主体之“逆觉体证”。观者自观，却非“主体之反身自观”，而见者自现，纯是仁爱情感的自身显现，“自观”而“无我”，“自现”却“无物”，仁爱情感以“前反思性”和“前对象化”之无化地依其自身显现，这即是本源的“观仁”领悟。故而可说，“观仁”而“无有能观所观者”，“领悟”而“无有实领悟可领悟者”，但亦可说，因其“无所”而“可所”，又“即其所而无所”。

本论双开仁与观，“源仁立观”而“自观见仁”。本源之观即仁之观、仁爱领悟，一切层级和样式之“观”皆源于此，此谓“即其所而无所”，观无仁则不立，于此说“源仁立观”；仁爱领悟通由“观”显示其不同的层级和样式，此谓“无所而可所”，仁无观则不显，于此说“自观见仁”。

自“观”言之，有“前主体性之观”，有“主体性之观”。[③] 主体性之观是指基于

---

① “观仁”提出于作者在2014年所记“观无·观空·观仁”的语境，正式发表于《论生活领悟与形式显示之道路——生活儒学与海德格尔生存论的根本差异》一文中，“以仁观仁”也正式发表于此文，见《生活儒学：研究·评论·拓展——第三届“生活儒学”全国学术研讨会论文集》(胡骄键、张小星主编，四川人民出版社2020年版)。“返源”与“立相”两向切转的“观法之切转”这一存在论机制和“自观自见(现)”观境的描述，首次发表于《从无生性原在到有死性此在》(《河北学刊》2015年第4期)一文，并在其后的《哲学的新生——新基础主义：传统基础主义与反基础主义之“后”》(《江汉论坛》2016年第10期)、《论易学哲学的现代转型》(《中州学刊》2017年第8期)、《论变易的三重显现：不易·简易·交易——黄玉顺“变易本体论”的一种启示》(《当代儒学》2017年总第11辑)、《论生活领悟与形式显示之道路——生活儒学与海德格尔生存论的根本差异》(《生活儒学：研究·评论·拓展——第三届“生活儒学”全国学术研讨会论文集》)、《论观心与感通》[《北京理工大学学报》(社会科学版)2020年第2期]、《观妙：圆融存在观法与“妙生万物”的思想方向》(写于2018年12月～2019年1月，未刊)等等文章中展现为连续的致思历程。

② 杨虎：《论观心与感通》，《北京理工大学学报》(社会科学版)2020年第2期。

③ 杨虎：《从无生性原在到有死性此在——重读海德格尔的“存在论区分”》，《河北学刊》2015年第4期。

主体性存在者的观察审知、心念思维活动，如目之观，如意之念，人对一切形下事件的观察审知、心念思维均属于相对主体性之观；又如心之观、理之观，心之观可上下其说，下说之即是“意之念”，上说之则为某种形而上的心体之自观，如良知本体的呈现，本体即主体，心体之反观自证、逆觉体证属于绝对主体性之观；理之观者，如邵雍所说“以物观物”，其实质是“以理观物”，则其所观是“理”而非“物”，这也蕴含了“能观”之绝对主体性。前主体性之观，纯自“观”本身言其自观自见(现)之活动，主体性存在者是在“观”之活动中证立和给出的，而一切物相也在“观”之中得其现身。如此，则所谓观仁，原非以目、意观仁，亦非以心、理观仁，本源的仁爱情感原非形而下的伦理德目，亦非自始就是形而上的仁体，唯有奠基于本源的“仁情”之自观自见，形而上的“仁体”之呈现才可说，形而下的“仁德”才得以开显其用。

自“仁”说之，仁有其不同的“观念层级”[①]，有仁德之为用、仁性之为体、仁情之为源，“体用一源”，皆是仁爱情感的显现。通由“观法之切转”的运作机制，开“返源观”和“立相观”两向切转，一向就“返源”观本源仁爱情感，一向就“立相”观“总相”之体以开“别相”之用。观本源的仁爱情感之显现，观形而上的仁体之证立，观形而下的仁德之显用，源仁情证仁性以立仁德，于此说“切转”亦是“无所转”之“转”，是就“同一件事情”而言其不同的显现层级和样式，故“源仁立观”而观源、体、用一如，“自观见仁”由种种观见(现)仁爱本源。

观仁之所观，是无化地显示自身的仁爱情感，此不由主体、不待物相，纯是仁爱情感的自观自见、自感自通[②]，故说其“无化”，以明其先行于一切主体性和存在者观念，故“无化”者非“实有与作用”之“作用”，而即是仁爱情感、存在本身的自行运作。人与天地万物皆不由己地遭际于仁爱情感的自观自见、自感自通之中，此中又可见仁爱情感的显现即是“无化之境”[③]的敞显，在此原无人我、物己之分别，在“观仁”活动中，“情显”即“境现”，不说由“情显”而“境现”，亦不说由“境现”而“情显”，“情显”是“观”之所见，“境现”亦是“观”之所见。

观仁不但是情感之观，而且是存在之观，仁爱即存在。业师黄玉顺先生创立的“生活儒学”揭明了“本源的生活情境首先显现为生活情感”，这即是在说“情即是境”的问题。牟宗三“道德的形上学”揭明了仁心本体的“创造性”，此创造作用即在于“仁心感通”或者说“智的直觉”，这也是一种“观”，确切地说是某

---

① 黄玉顺：《爱与思——生活儒学的观念》(增补本)，第3页。

② 杨虎：《论观心与感通》，《北京理工大学学报》(社会科学版)2020年第2期；《论感通与格物——朱子格物论的一种阐释》，《国际儒学论衡》2019年第1期。

③ 杨虎：《论“生活领悟”与“形式显示”之道路——生活儒学与海德格尔生存论的根本差异》，胡骄键、张小星主编：《生活儒学：研究·评论·拓展——第三届“生活儒学”全国学术研讨会论文集》，四川人民出版社2020年版。

种绝对主体性之“观”。尽管他们的思路不同，但都揭明了仁之“观”的广义存在论性格，即“观”为存在者观念奠基的作用。在此，通由“观仁”所要阐明的两层问题是，其一谓在“观”之中，仁爱的显现、仁爱的感通开显着人物遭际的先行可能性，这即是“无化之境”的敞显，于此不能说“主体观之”“主体感通之”即创造之，而说人我、物己遭际于这一无化之境，即人无我相而物无物相地现身于此，如此牟宗三先生所说的“物之在其自己”之“物无物相”才是可能的；其二谓经由“观”的“立相”切转，以“反思性”观己，以“对象化”观物，则人、我性显，而物、己相现。

这一“观法之切转”机制是“观仁”领悟的自行运作。观仁的自行运作就是原初奠基性的事情，运作“背后”别无存在，运作即存在。切者，切中、切身之切，如“切己”（程子语）唯“自”知；转者，运转之转，如“心悟转法华”（惠能语），故“切转”者乃“自转”，即“观”本身的自行运作，此中开“返源”与“立相”两向切转，返源以观存在、工夫与境界，立相以挺立主体性而开显其知识与伦理所行境界。返源者，返其本源，犹如老子之言“万物并作，吾以观复”之“复”，其所复返者即道、即无，自“物化”而“无化”，此即返源之谓。立相者，自“无化”而“物化”，立性与相，即挺立主体之性，开显万有之相，又但从“相”说即是“总相”与“别相”，总相即心性本体之自相、绝对相，如《大乘起信论》“一大总相法门体”即谓真如性体自相广大，别相即万有差别相、相对相。

自“返源”观存在、工夫与境界，虽无定相却“有所向”，虽有所向而无“所向相”。

首先，观仁爱即存在，仁爱情感先行于主体性，先行于存在者观念。本源仁爱情感的显现是“前反思性”和“前对象化”的“无化”之观。本源的仁爱情感不由主体的“反思”而证知，纯是在其自观自见、自感自动中“当下显现”，如“乍见”的“当下”即有“怵惕恻隐”之“不由己”的自感自动，而经由主体的“反思”体察则会打断仁爱情感的自感自动，导出“对象化”的情感意识，经此一转，仁爱领悟便成了主体对他人、对他物的仁情爱意，而可能伴随着诸如“恶、内交、外誉”等等“计量”。于此说，本源仁爱情感的显现具有“当下性”“不由己”和“不计量”性征，故说以“无化”观仁爱，而敞显人与天地万物“无始以来”所不得不遭际于其中的原是一“无化之境”。

其次，观仁之工夫，源仁爱而立三观，以空观仁、以无观仁、以仁观仁。仁、无、空者，儒、道、释分判之基础观念。但从其分说，儒家以“仁”为基础观念，揭明了仁爱领悟先行于一切观念，仁爱是一切之本源；道家以“无”为基础观念，揭明了大道的终极性运作不由造作而自然无为；佛家以“空”为基础观念，即于有情生命之苦揭明其所执原无自性以破其执而求解脱。从其根本境地之融通说，

"仁爱是人存在的家"[1],观一切有情生命皆是如此,世间之苦难亦皆源于仁爱,无仁、无悲则无苦难之可言,人生虽苦而实无苦相,但拔苦与乐之行愿却有其真实意义,只有仁爱才能拯救有情生命,这是首尾一贯、始终如一的,这即是仁爱之大道的自行运作。此三向皆可以观仁而自相应者,不取其原本语义,而取其意义方向,则有渐别三观,有圆顿三观。渐别三观者,渐者次第,别者分别,先"以空观仁",见"仁德"之不可恒执,次"以无观仁",见"仁体"之自然展露,再"以仁观仁",见"仁情"之安宅万物,于此层层返源,先空次无而后终见仁情自感自通。圆顿三观者,圆者无别,顿者不历,以源、体、用不二,于观仁中从任一观入即具三种观法,观仁情自感自通,即见仁体自然展露,即知仁德不可恒执,一念之几,即空、即无、即仁。

再次,观仁的境界随"观法之切转"而有层次的变动。如何观则有何种见,观境相应,一观一见即成一智(领悟),而终须言观、境、智不二。人生在世的常态是,境界层次的变动一时上升,一时下降,这是双向切转的,但理想的境界层次方向是上升的,这决定于存在观法的"返源"方向。依循观仁之工夫,并观、境、智不二,说观仁的广狭之三重境界。狭义的观仁之三重境界是:仁德损益境,仁体展露境,仁情显现境。广义的观仁之三重境界即人生在世的境界方向与层级切转:自发境界、自立境界、自在境界。曾师祖冯友兰先生提出了人生境界四层次:自然境界、功利境界、道德境界、天地境界。业师黄玉顺先生提出了生活境界的三个层级:自发境界、自为境界、自如境界。在此,本论所说的自发境界基于形而下的生活情态,对应于冯先生所说的自然境界和功利境界以及黄先生所说的自发境界。自立境界基于心性本体之自立(立其大者)的生活情态,对应于冯先生所说的道德境界和天地境界,及黄先生所说的自为境界。自在境界基于"前反思性"和"前对象化"的自观自见、自感自通的生活情态,对应于黄先生所说的自如境界。

三重境界,重者非他,自相重也,故须说三而为一、一显为三,这其中的"观法之切转"是"无所转"之转,观法切转无转相[2],是"有向"而"无相"之切转,但此"切转"却是有其真实意义的。正如冯友兰先生所说,人在最高境界中所行的事与其在最低境界中所行的事并无二致,但其意义却是不同的。三重境界的切转是就"同一件事情"而言,境界的切转即是人的存在方式、生活情态的变动,从而不断开显个体之人的生活意义。

自"立相"观知识与伦理所行境界,是相而有相,自觉立相而执其相。

---

① 杨虎:《论唐君毅与海德格尔的存在之思》,《宜宾学院学报》2015年第7期。

② 杨虎:《观妙:圆融存在观法与"妙生万物"的思想方向》,写于2018年12月至2019年1月,未刊。

相的开显系于性的挺立,这须分两层说。其一,知识与伦理的对象是形而下的存在者及存在者领域,例如范畴便是指“大的存在者领域”[①],而知识与伦理的关键都在于范畴表的建构。对形而下事物的把握方式必然是基于主客架构的,因此需要以相对主体性观念为前提。但日常的生活领悟并不自觉、不自知这一点,虽然其生活样式就是对象化的,这一不自觉、不自知虽可有某种“实效”,却难以张开核心的形式架构。而其之所以不自觉、不自知究在于不能超出这一观念层级,因此恰恰需要明证一种绝对主体性,超出之而为之奠基。其二,这一绝对主体性即心性本体的自我证知,经由“权用”或“假用”之活动成立一相对主体性,从而主客式、对象化的把握方式就是主体自觉自知的。通由绝对主体性之自证,而后始可言“权用”或“假用”,则相对主体性得以挺立,知识与伦理所行境界的可能性得以开显。

凡此以上种种说法,据以开显个体主体性及其诸生活情态之方向。个体性是现代性生活的本质性征。个体性表征的是每一个人存在于世其存在价值都是不待而自足的。个体性是一种主体性样式,其意谓有二:一谓“性”,即一般主体性;一谓“个”,即“这个”。仁爱是人存在的家,一切主体性皆源此挺立,在“观仁”中,经由“返源”与“立相”的两向“切转”,返源观仁情显现,立相观仁体证立,自觉“性自满足”,权用或假用此性以为此相即成“这个”。“这个”同时蕴含了普遍之性和差别之相,故个体相不同而性自足,此性虽初为普遍,而内在于人权用、假用为相,故亦可说是个别性,在此须说个体性是普遍性与个别性的内在联结点。个体的诸生活情态系于其生命意向或者说生活感通之方向,主体性的感通活动有知、情、意三向[②],故成此三向生活情态,而又有超出这一层级而重重显现者。

就其直接的观感说,个体之三向感通所成境是日常生活的知识所行境、伦理秩序境与自由价值境。就其超出此层级而言之,即通由“观法之切转”观其相应之转,知则超出分别识心而为良知明觉,情则超出伦理德目而为仁心本体,意则超出个体自由而纯是天命不已,于此说心、性、天不二[③],进一步返源,则不复言其“所向”而但说“无相”,纯是仁爱领悟、仁爱情感的自观自见(现)、自感自通。反过来说,自立相观之,源仁爱领悟而有良知明觉,故见仁体展露而尽性立命,为主体性的知、情、意三向感通活动奠基,开显个体之知识、伦理与价值诸生活情态。

---

① 杨虎:《哲学的新生——新基础主义:传统基础主义与反基础主义之“后”》,《江汉论坛》2016年第10期。

② 参见杨虎:《论感通与格物——朱子格物论的一种阐释》,《国际儒学论衡》2019年第1期。

③ 参见杨虎:《心性的牢笼——儒家心性形上学根本传统的一种阐明》,杨永明主编:《当代儒学》第十辑,广西师范大学出版社2016年版,第179～193页。

“实践儒学”的出场

——从生活儒学的“实践”观念出发*

郑建钟

黄玉顺先生在《答干春松教授》一文中，对干春松先生认为儒学在“实践化”转向的大背景下，生活儒学却是立足于哲学的、理论的基础来重建儒家哲学的批评，指出在生活儒学看来，儒学发展的真正“动力”不在儒学之中，而在生活之中，或曰“实践”之中。在《与李幼蒸先生商榷》一文中黄玉顺先生指出，李幼蒸先生的“理论仁学”和“实践仁学”是“理论—实践”二元分法，是近乎同于中国思想史上的知行二元论的逻辑，若从王阳明的思想角度看，是明显地“将知行分作两件事去做”，而不是“知行合一”儒家致思方向。重提黄先生的这两篇旧文，不是想重挑过往的“论争”，而是意欲思考一个当代思想的重要转向，即从海德格尔现象学的“思”哲学和分析哲学的“语言学转向”后的当代世界思想界的“实践转向”趋势中，现代社会生活中的儒学的遭遇和资源。而在大陆新儒家群体中，要探讨“实践转向”中儒学“阐旧邦以辅新命”的代表，当属黄玉顺先生的“生活儒学”无疑，不仅是因为黄先生在阐辅儒学开新中的重要成就，更重要的是黄先生对“实践”观念的独特理解散落在其众多的文献之中。作者梳理“实践”观念的历史流变并凸显阐释黄玉顺先生“实践”观念的内涵，由此提出从生活儒学出发的“实践儒学”的出场问题。

---

* 原载胡骄键、张小星主编：《生活儒学：研究・评论・拓展——第三届“生活儒学”全国学术研讨会论文集》，四川人民出版社 2020 年版，第 291～321 页。

一、“实践”观念的发动：从三元论到二元论

活动（`ε´ργον）一词是亚里士多德哲学里的一个重要范畴，他认为每一种存在物都具有“活动”的性质。无生命的物的活动，主要是指其相对于人或有生命的物的合目的性而言。在亚里士多德的观念里，目的是一种最终善的状态，而要实现这个最终善就需要通过活动。目的具有层级性，一般而言，较高等级的生命的最终善是其种属中较低等生命的活动的目的。一般来说，活动是人类存在的本质性部分，人类通过一个特定的活动来实现某种目标。活动既具有表示性，即把人的情感或态度表达出来，这种情感或态度的表达不是外在于一个目的性的行动，而只是人心内在之“情”的表现；活动也具有根据一个目标或目的而满足某个欲望的行动，这是人类活动与理性能力相结合的表现，是人心内在之“理”的表现。依据人“情”倾向于“非理性”层，那么基于人“理”而具有的行动，则倾向于“理性”层。

在亚里士多德的哲学里，“活动”一般是指运用肉体与灵魂的力量而进行的运动，包括道德活动和技艺（制作）活动，而实际上，活动还包括理论领域的活动。因此，按亚里士多德的分类，活动可以分为三种，第一种是理论领域的活动，主要探讨普遍性的问题，属于科学知识范畴，这种活动以自身为目的，活动过程和活动目的在活动者那里是统一的。第二种是实践活动，这种活动主要涉及政治和伦理领域，是因人的努力而改变事物的、基于某种善的目的所进行的活动，伦理或政治的实践与行为表达着逻各斯（理性），体现人作为一个整体的质量。[①] 古希腊语“phronesis”，拉丁语是“prudentia”，英文则为“prudence”，其含义是“practical wisdom”，即“实践智慧”。在亚里士多德的思想里，“实践理性”涉及特殊性事物，而“科学知识”只针对普遍性、必然性的事物，因此，实践理性不是科学知识。亚里士多德认为，“Nous”（理性）与“实践智慧”是对立的，因为“普遍”与“特殊”是对立的，也就说，理论活动是普遍性、必然性范畴，实践活动则是特殊性、偶然性范畴。第三种活动是创制领域的活动，是知识应用上的能力、灵巧或技巧等，创制活动的目标是增进诸如适当的住房、生活的舒适度、物质产品的丰富等。创制的结果是产品，创制活动没有理论活动的普遍性，也没有实践活动的主观性，创制的产品是为了外在的目的而存在，缺乏自身的目的善，只具有手段性。但在亚里士多德的思想里，创制活动和实践活动由于都不是普遍的善、永恒的善、必然的善，因此，都与理论活动相对立，而成为古希腊

---

① 参见[古希腊]亚里士多德：《尼各马可伦理学》，廖申白译，商务印书馆 2003 年版，第 3 页。

两种主要的"实践"形式："Praxis"(伦理与政治的"实践")和"Poiesis"(物质生产的"实践")。

根据亚里士多德上述的思想，以色列学者内森·罗滕斯特里奇在其所著的《理论与实践》[①]一书中进行了这样的分类：

	理论领域 (Theoreticals phere)	实践领域 (Practicals phere)	创制领域 (Poetics phere)
1.活动 (activity)	观察 (viewing)	行动 (act)	做 (doing)
2.知识类型 (type of knowledge)	科学 (science)	审慎 (deliberation)	技艺 (skill)
3.达到目的 (end attained)	幸福 (happiness)	恰当的生活 (proper life)	福利 (welfare)

根据亚里士多德的分类，其"实践"所特指的领域，既不包括理论领域的智力活动，也不包括参与物质生产的创制活动，也就从源头提出了"理论与实践"对立、"实践与创制"二分的用法。这是与当时的社会阶级分层紧密相关的，正如柏拉图把人的社会身份和灵魂层次分成三等一样，具有现实的社会基础。

到了近代，由于人与自然的关系日益紧密，实践的范畴开始逐步扩大，比如弗兰西斯·培根和百科全书学派的学者将人对自然的认识、手工业者的技艺、各种类型的科学实验都纳入"实践"的范畴，进而开始了人类认识自然的本然面目的进程。同时，培根还认为，古希腊以来过于注重政治与道德实践的做法是阻碍自然科学进步的因素。德国哲学家沃尔夫改经院式的亚里士多德哲学的三分法为"二分法"：理论哲学和实践哲学。康德则沿着沃尔夫的用法，提出"理论理性"与"实践理性"，前者主要是认识功能，后者主要是意志功能、本性和原则的问题。康德在"理论"与"实践"关系上颠倒了自亚里士多德以降的传统哲学将理论高于实践的教条，明确提出实践高于理论的主张。康德认为，人类对理性的最高把握必须在实践中才能获得，理论理性是现象界法则的来源，实践理性则是物自体界法则的源泉，对应于物自体界的实践理性是理论理性的来源、目的和意义，因此实践高于理论，而这种实践主要还是在道德领域。费希特为消除康德理性与实践的矛盾，突破"物自体"对理性的束缚，以实践理性为桥梁将理性与实践结合起来，把实践引入认识论，赋予实践以认识论的意义，突破

① Nathan Rotenstreich, *Theory and Practice*: *An Essay in Human Intentionalities*, Martinus Nijhoff/The Hague, 1977, p.18.

康德实践高于理论的优先性。黑格尔则综合康德与费希特，将实践活动的特有形式的“劳动”概念引入哲学体系之中，突破哲学史上的机械性与目的性的对立，指出以劳动为基础的实践包含“目的—手段—客体”的三个环节，具有了主体能动性。但是也必须清楚，黑格尔的主体能动性的劳动仅仅是抽象的精神劳动，是一种特殊的精神实践活动，实际就是一种理论理性的活动形式，实践在黑格尔哲学体系里，只是概念达到自我认识的一个阶段。因此，理性实践作为一种实践类型逐渐为人们所认识。

二、“实践”观念的现代阐释：“生活世界”的回归

19 世纪的马克思从人与自然的物质交换和人对自然的否定关系中引入实践的概念，将亚里士多德思想中有关物质生产的“创制”(Poiesis)活动与作为政治伦理的“实践”(Praxis)活动概念相融合，并统一于人的感性的实践活动，“这种活动，这种连续不断的感性劳动和创造，这种生产，正是整个现存的感性世界的基础”[①]。马克思指出：“人的思维是否具有客观的真理性，这并不是一个理论的问题，而是一个实践的问题。人应该在实践中证明自己思维的真理性，亦即自己思维的此岸性。”[②]纯粹的理论理性并不能证明自身的真理性，唯有实践活动能够证明，而这个实践，包括“环境的改变和人的活动的一致，只能被看作是并合理地理解为革命的实践”，这个“革命的实践”当然包括“政治制度的变革并由此而带来的伦理关系的改革”这一传统意义上的“实践”。[③] 马克思哲学革命的实质还在于，“全部社会生活在本质上是实践的。凡是把理论引向神秘主义的神秘东西，都能在人的实践中以及对这个实践的理解中得到合理的解决”[④]。因此，“哲学家们只是用不同的方式解释世界，而问题在于改变世界”。实践的根本特征是“改变世界”，这个世界既包括思辨的世界，也包括物质的世界，既包括理论的世界，也包括实践的世界。有学者认为，道德实践论和技术实践论是西方两种实践哲学传统，进而指出马克思的实践哲学是综合了道德实践和技术实践的“人类学实践哲学”这种整体性、综合性的“实践哲学”，是过去两大传统的辩证综合的新“范式”。[⑤] 实际上，这种新范式依然没有走出“理论—实践”二元化的解释模式，因为综合“道德和技术”的“实践哲学”之外，还留有“理论实

---

① 《马克思恩格斯选集》第一卷，人民出版社 2012 年版，第 157 页。

② 《马克思恩格斯选集》第一卷，第 137～138 页。

③ 《马克思恩格斯选集》第一卷，第 138 页。

④ 《马克思恩格斯全集》第一卷，第 139～140 页。

⑤ 丁立群等：《实践哲学：传统与超越》，北京师范大学出版社 2012 年版，第 65 页。

践"或曰"理性实践"的领域(Sphere)。所以,从人之存在的多元性、多面性着眼,综合所谓两种传统而成的新范式的"实践论",还不能被称为严格意义上的"人类学实践哲学"。其实,在马克思本人的思想中,"实践"就是人的存在方式,实践哲学实际也就是人的存在方式的哲学之思。

20世纪,在人对自然和自身认识不断加深的近代化历程里,人类对自身生命的研究出现了多元化、多角度、多学科的趋势,比如解剖学研究人体的物质构造、心理学研究人类的心理活动、思想家研究人类自身的思想等。在人类知识的获取体系中,每个单一的多维度的观察视角都无法独立承载对人类及世界探求的完整性和综合性的期待,尤其是近代欧洲实证主义的兴起,将科学的理念还原为纯粹事实的科学,进而丧失其对生活的意义,因此,"解蔽"认知世界的方式,无疑是"回到生活世界本身"。现象学创始人胡塞尔认为,"生活"是具有基源性的存在,"生活世界"是一个奠基性、先被给予的世界,是前科学的,是先验自我通过意向性所照见的世界,因此,认识人与世界及其关系,首先需要回到"生活世界"本身这个起始点来观照和反省。在海德格尔看来,回到生活世界,实际上就是以"此在"为依托、为通道,通过生存的经验性反省,找回"生命"在现代科技围追堵截中丢失的本真的意义。因此,海德格尔说:"'生命'(Leben)='此在'(Dasein),在生命中并通过生命存在。"[①]当然,这里的"生命"不是被"人类学""心理学"或"生物学"单向度地"解剖"的存在者,而是作为一个整体"在世界之中存在"来领会"此在"意义的存在。

"此在"的本质在于"去存在",而且总是我的存在。此在的展开方式,是由"在之中"的一系列与"实践"相关的过程构成,尽管海德格尔并不使用"实践"[②]这个词,而是使用诸如领会、筹划、操劳、操持、解释、好奇、沉沦、操心等词汇。"领会"是同现身一样源始地构成此之在,它的含义是"能够领受某事""会某事"或"胜任某事""能做某事"[③],领会是此在本身的生存论意义上的存在,是此在关涉"在世界之中存在"的基本建构,也是称之为"筹划"的生存论结构,领会是此在的展开状态,是在世的整体,因此,作为生命活动的所有环节,都是由领会这一源始而来的"活动"类型。此在的存在结构,是在本源性的、现实性的境遇中交融一起的"生活世界"中,"在大多数情况下,我们首先以日常的方式来把捉我们自身。我们不会费神去剖析灵魂生活。我们以日常的,而非严格意义上的本真的方式来领会自己;我们不是持续不断地从我们本己生存之最本己、最极端

① [德]海德格尔:《存在论:实际性的解释学》,何卫平译,人民出版社2009年版,第14页。

② 说明:在陈嘉映翻译的《存在与时间》一书中,海德格尔使用过一次"实践的"词汇,是与"经济的"并列使用。参见[德]海德格尔:《存在与时间》,陈嘉映译,商务印书馆2018年版,第81页。

③ [德]海德格尔:《存在与时间》,第203页。

的可能性,而是以非本真的方式来领会自己的"[1]。以本真的方式来领会自己,就是要"去蔽",而"去蔽"就是真理的获得过程,"a-letheuein(古希腊语:真理)说的就是:将某某从其遮蔽状态中领出来、彰显。对于希腊人而言,真理意味着去蔽、发现、揭示"[2]。而对此在生存的解蔽,则有赖于三重世界的划分来清晰地敞开此在生存的结构:周围世界、共在世界和自身世界;对应于此,海德格尔亦提出三种实践方式:与周围世界是操劳的打交道,以制作的方式带入存在者的此在;与共在世界是闲言打交道,以闲言的默然姿态建构此在的生存;与自身世界是操心打交道,以决断与逾越敞开此在生存的本真性。

从《存在与时间》中阐述"存在"的遗忘和追寻到《哲学献文》中对"存在"的旁置而凸显"此在"的敞开和"存有"的转向,就是海德格尔对"自然"真理的重新发现。在《哲学献文》中,海德格尔通过对艺术作品的分析,认为技艺创制的活动是"诗与思"的统一,因而,技艺的实践性活动实是通达情、理、行这种此在生存世界的重要表现形态之一。在这里,创制的物不再只是"器具",而是"居有四重整体之际,物化聚集四重整体入于一个当下栖留的东西"[3]。这个东西在"物化之际,物居留统一的四方,即大地与天空,诸神与终有一死者,让它们居留于在它们的从自身而来统一的四重整体的纯一性中"[4]。"四重整体"是对"三重世界"的进一步推进,即是"天、地、人、神之纯一性的居有着的映射游戏,我们称之为世界(welt)"[5],"世界"是"天、地、人、神"居于此而生存于此的,"此在"的生存方式就是创制、实践与思的统一,思在实践中,实践与创制统一,思与创制也不分离。因此,这里的实践就不再是此在的主体生存,而是自然之本性,存在之呈现、之展开的方式。从早期海德格尔到后期的海德格尔,实际上也就是从单一化理解实践的方式转向了"实践"观念的源始含义;从对技艺创制的活动、真理解蔽的阐释,自然和居住同世界一体的阐释中,展开了实践更原初意义上的"实践"内涵,破除主客二分认识论范畴的实践,以实践构成存在者存在的建构过程,即为基础存在论的实践观。

伽达默尔接续胡塞尔、海德格尔,以解释学的理论提出回归"生活世界"的实践哲学。伽达默尔认为解释就是一种实践,解释学是哲学,而且是实践哲学,"在我看来,正如哲学解释学与人们自己的自我理解之间的关系一样,对理解经验的高度理论认知与理解实践也同样是不可分割的"[6]。"实践哲学的伟大传统

---

① [德]海德格尔:《现象学之基本问题》,丁耘译,上海译文出版社2008年版,第213页。
② [德]海德格尔:《现象学之基本问题》,第289～290页。
③ 孙周兴选编:《海德格尔选集》(下),三联书店1996年版,第1174页。
④ 孙周兴选编:《海德格尔选集》(下),第1178页。
⑤ 孙周兴选编:《海德格尔选集》(下),第1180页。
⑥ [德]伽达默尔:《科学时代的理性》,薛华等译,国际文化出版公司1988年版,第99页。

继续存活在一种对其哲学内涵有所了解的解释学当中。"[①]伽达默尔提出解释学也是实践哲学,是其理论自身发展的必然,更是由于近代以来,科学技术的发展导致"实践"概念越来越成为科技理论应用的代名词。而科学技术通过掌握自然的力量进而掌控人类的社会生活,已经和必将导致更加危险的作用,"通过对公众舆论的形成加以技术化的办法,技术渗透对社会产生作用,这种作用是很危险的"[②]。技术的推进、信息化的加深,乃至伽达默尔尚未见识到的人工智能的高速发展,导致社会中的人与人之间的认同、依赖和信任产生了深层次的危机,人类文明面临着科技所带来的前所未有的危机。因此,伽达默尔指出:"首先人们必须清楚'实践'(Praxis)一词,这里不应予以狭隘的理解,例如,不能只是理解为科学理论的实践性运用。当然,我们所熟悉的理论与实践的对立使'实践'与对理论的'实践性运用'相去弗远,而且可以肯定的是对理论的运用也属于我们的实践。但是,这并不就是一切。'实践'还有更多的意味。它是一个整体,其中包括了我们的实践事务,我们所有的活动和行为,我们人类全体在这一世界的自我调整——这因而就是说,它还包括我们的政治、政治协商以及立法活动。我们的实践——它是我们的生活形式(Lebens form)。在这一意义上的'实践'就是亚里士多德所创立的实践哲学的主题。"[③]伽达默尔强调,"实践"与"理论"不是对立的,"实践"也不只是一种行为模式,"实践"是广泛意义上的"生活":"'实践'这一语词和概念置身其中的概念系列,其自身规定根本不是从与理论的对立中获得的。正如约西始·利特尔(Joachim Ritter)在其书中已经指出的那样,构成实践的,不是行为模式,而是最广泛意义上的生活。"[④]"实践与其说是生活的动力(Energeia),不如说是与生活相联系的一切活着的东西,它是一种生活方式,一种被某种方式(Bios)所引导的生活。"[⑤]伽达默尔将"实践哲学"建基于"生活世界"之上,其目的是将古希腊以来的理论、实践、创制三层次统一,将理论与实践二元统一于"生活世界"之中。因此,他明确指出,"生活是理论和实践的统一,是每一个人的可能性和责任"[⑥]。统一于"生活世界",是要建立理想、健康的生活状态,这个状态就是"不只是去认识善,而且还要共同创造善"[⑦]。

---

① [德]伽达默尔:《科学时代的理性》,第82页。

② [德]伽达默尔:《科学时代的理性》,第62页。

③ [德]伽达默尔、[德]杜特:《什么是实践哲学——伽达默尔访谈录》,金惠敏译,《西北师大学报》(社会科学版)2005年第1期。

④ [德]伽达默尔:《科学时代的理性》,第79页。

⑤ [德]伽达默尔:《科学时代的理性》,第79页。

⑥ H. G. Gadamer, *Praise of Theory*, Yale University Press, 1998, p.35.

⑦ 严平编选:《伽达默尔集》,上海远东出版社2003年版,第276页。

三、黄玉顺“实践”阐释两个主题词：本源与价值

在当代中国大陆的儒学谱系中，黄玉顺先生倡导的“生活儒学”是为儒学的复兴建立价值奠基和理论源泉的独特创建范式。“生活儒学”以“生活本身”的大本大源、源头活水为基点，上承传统儒学的核心理念，融合西方现代哲学和马克思学说，进而重建了儒家形而上学。生活儒学以“三级架构”为思考层级，以“存在即生活，生活即存在”为立足点，在观念的生成上，从生活感悟生成形而下存在者，再由形而下存在者生成形而上存在者；在观念奠基上，生活本源奠基形而上学，形而上学奠基形而下学。“三级架构”的确立是为破除“本体—现象”“体用二分”的“二元化”思维。生活儒学以“生活”疏解“存在”的呈现，实是为“存在”的叙述导向“虚无”或“蹈虚”，一是确立“存在”的“根”而为“有根”之儒学；二是确立“存在”的“价值”属性，即生活。因为生活，一切有关的“价值”叙述方式才得以出现，这从揭示“存在”与“存在者”区别的 20 世纪最重要的存在主义哲学家的海德格尔却无专门的伦理学著作，就可以看出黄玉顺先生的“存在即生活”的名义所具有的儒家形而上学的价值哲学意味。而生活儒学的价值呈现或曰价值实现，就需要“实践”这个最一般意义上理解的“行动(Act)”或者“做(Doing)”。因此，生活儒学必然需要“实践”的出场。

汉语中的实践，是由“实”和“践”构成。最早的“实”是个会意金文，为實，从宀，从田，从贝，亦可从“贯”，是房子中充满钱粮之意，故其本义为充满、充盈，没有空地。踐也是会意字，《说文》曰“履也，从足从戔”，楚竹简或见从辵(chuo)，或从彳；《汗简》所见从彳，或从行。辵、彳、行与足为义近形符，古文字中常可通，其本义为踩、践踏。“实践”合写在古代也不少见，如《宋史・理宗纪》：“至我朝周敦颐、张载、程颢、程颐，真见实践，深探圣域，千载绝学，始有指归。”明代徐渭《季先生祠堂碑》：“(先生)著书数百万言，大都精考索，务实践。”[①]这里的“实践”多是“知”之后进行的“行”，中国古人谈“实践”是在“知—行”为二事的基础上谈“实践”与“行动”的问题。因此，汉语的“实践”并没有上升到哲学的高度，并没有能够从形上学来思考“实践”，而这样的“实践”理论则在生活中获得了阐释。

(一)作为本源性实践的实践存在论

黄玉顺先生切入“实践”的主题，是从研究马克思实践观开始的。在马克思

---

① (明)徐渭：《季先生祠堂碑》，《徐文长文集》卷二五，凤凰出版社 2018 年版，第 4 页。

的理论传入中国之时，汉文化圈的人在以何种汉文字翻译德文的“Praxis”和英文的“Practice”时，就遇到翻译的“可对应性”及“非等同性”问题，即翻译在不同语言中“达意”的转述和解释学问题。以汉文的“实践”来翻译，显然就存在含义的变化，而这种变化与“实践”内涵在西方思想史上的源流呈现具有某种暗合之处。汉语中的“实践”本来是儒学的话语，首先是与“认识”对应的行动意义上的“实践”，意即“知行”关系中的“行”的问题，而儒家之“行”的主题显然是“道德”的“实践”与“践履”，包括日常生活的洒扫应对、修身养性、齐家治国平天下之“实践”。黄玉顺先生指出：

> 我们现在谈到马克思的“practice”这个观念，用中国儒家所固有的“实践”观念去翻译它，就存在这么一种关系：可对应性和非等同性。儒家所讲的“实践”和马克思所讲的“实践”是不同的，有很大的实质内容上的区别，但是它们之间又是相通的、可以互相理解的。它们在观念的系统中处于相对应的“位”上，这就说明它们之间具有相通性，是可以打通的。

正如我们前文所述亚里士多德的“理论、实践、创制”三分法中，“实践”所对应的实为伦理与政治领域，活动的方式是“行动”，需要取得的目标是“恰当的生活”，这与儒家对实践的阐释具有极大的切合性。所以，很显然，儒学的“实践”与同为古典时代的亚里士多德思想是可沟通的。然而，在马克思的思想中，其“实践”观有着更为丰富的内涵。马克思的时代是现代性社会成长的时代，这个时代发生了巨大的基本转变，那就是对古典时代神圣性的“去魅”，以世俗的日常生活为中心，也就是以亚里士多德时代“创制”活动的“实践”为主体成为当下行动的一个重要面向，在西方思想史上，这是对欧洲中世纪以蔑视视角看待世俗生活的否定和转向。马克思正是发现了这个新时代的“新人”的实际需求，故而开始关心日常生活，以及日常生活之所确立的生产、生产力及其效用。所以，马克思以“实践”运用于历史领域，花费毕生的精力研究和撰写《资本论》，这是对现实的、世俗的关怀，他要做的是对一切压制人性活生生而现实的市民生活的那种立基于“理论生产”的“精英性”和“贵族性”世界的“掘墓”。所以，一般而言，马克思的“实践”观念，首要的是很具体的“劳动”“生产”这种基于“物质生产”的最初含义。

那么相通之处是什么呢？马克思提出，社会存在决定社会意识，一切呈现为思想、意识的，都必定需要前置的“存在”为决定性根基。黄玉顺先生认为，这就是存在的本源性内涵，而这个存在，就是生活的本源结构，即“在生活并且去生活”：

> “在生活”是说，你首先要尊重生活，因为是生活给出了你而不是相反，

> 然后你才可能获得自己的主体性，然后才是“去生活”，你才可能有自己的生活，才可能去改变自己的生活。①

思维与存在的同一性，必定需要有个终极的“实在”，一个客观的“实体”呈现，作为思维的活动才能与作为活动的对象同一。然而，以客观实在为目标的理路已无可避免地生成了“认识论困境”，进而转向了“语言哲学”，通过语言的分析深化了人类的思维结构和认识层次，为当代人工智能技术的发展提供了重要的理论基础。但语言哲学转向并没有根本上解决作为“实在”的存在论问题，只是“悬置”抑或排斥了“实在”。回到马克思的视角，我们能够发现，马克思提出“实践”也是旨在回答“思维与存在”的矛盾问题，他的回答不是通过“思维”另一个“实体性”的“存在”，进而“思维”与这个“实体”同一，而是认为“思维”就在“实践”之中，思维的“存在”与“实践”的“存在”是本质的统一：

> 只有在社会中，自然界对人说来才是人与人联系的纽带，才是他为别人的存在和别人为他的存在，才是人的现实生活要素；只有在社会中，自然界才是人自己的人的存在的基础。只有在社会中，人的自然的存在对他来说才是他的人的存在，而自然界对他说来才成为人。因此，社会是人同自然界的完成了的本质的统一……②

马克思以“实践”来解决“思维与存在”的矛盾，不是要造出另一个“实体”的“实践”作为“思维”的“对象物”，而是在社会中、在实践中，人作为人存在的基础才得以呈现。现实生活本质上是实践的，而作为人的根本属性之一的“思维”正是在“实践”中才得以呈现其为“思维”的样态，现实生活要素的“实践”并不外在于“思维”，不是一个特殊的存在者，而是“存在”本身。马克思作为西方思想史阵营中一位杰出和特异的成员，本质上也是在以他自己的独特方式来回答西方思想的主流问题：理念与表象、思维与存在、本质与现象、理性与经验、人文与科学等这一系列相关性的二元对立问题。马克思以其“实践即存在”的形而上学方式，构建了实践存在论、实践本源论哲学，并凸显被西方主流思想家忽视的“创制”这种形而下的“实践”活动方式，以世俗的、市民的视角切入“实践”的现世主题：日常劳动、物质生产、财富创造、科技研发等，凸显了“实践”的革命性力量，而这种革命性力量在“创制”活动中，是人之为人的一般性存在的前提。所以，“劳动创造了人”，在国家政治生活的“实践”革命力量，就是政治制度的变革，进而推进人伦关系的变革。所以，马克思的“实践”观念不仅是形而上学的“存在”，还是新生活、新人类的创造性呈现的“创制”，更是政治与伦理的革命性

---

① 黄玉顺：《生活儒学讲录》，安徽人民出版社 2012 年版，第 100～102 页。

② 《马克思恩格斯全集》第四十二卷，人民出版社 1979 年版，第 122 页。

的“实践”。在生活儒学中,政治与伦理的“实践”就是中国正义论的儒家制度伦理的建构。

(二)作为价值实现的实践价值论

汉语中的价值,是由“价”与“值”构成的。“价”始见于篆文,价,从人介声,《说文》解释为“善”,本义为美好。值,从人从直,《说文》解释为“措”,本义为措置、处置、安排、照料。汉语中“价值”之语,有“价格”之意,如清代李渔《闲情偶寄》云:“香皂以江南六合县出者为第一,但价值稍昂。”也有表示“积极作用”之义,如清代的酉阳撰《女盗侠传》云:“此主人所以赠君者,嘱君载之以行,有无量价值。”在哲学话语中,“价值”一词通常被对译为英文的“Value”、德语的“Wert”、拉丁语的“Valere”。约在13世纪时,英文“Value”的含义为事物内在价值的价格(price);约在14世纪晚期,则可以表示事物有用或可估价的程度,其都源于拉丁语中对价值界定中的“价格、道德价值、地位、声誉”等多重含义。中西方对“价值”的使用都有积极性、正面性、美好性的倾向,与日常用语中的“善”“好”“美”“优”有着共通性。与“存在论”“认识论”一道作为“哲学体系”的一部分的“价值论”所要响应的问题是:世界的存在及其意义对于人的意义如何?①

马克思的《1844年经济学—哲学手稿》提出人类劳动的两个“尺度”思想:“动物只是按照它所属的那个种的尺度和需要来建造,而人却懂得按照任何一个种的尺度来进行生产,并且懂得怎样处处都把内在的尺度运用到对象上去;因此,人也按照美的规律来建造。”②这句话阐释了人类活动的“客体对象尺度”和“主体内在尺度”的区分,但这两个“尺度”统一于人的主体性活动,即人类的实践。何为“价值”?德国价值哲学创始人威廉·文德尔班认为,价值哲学是为世界立法的“规范”,价值即是“意味着”,属于意义的范畴,是人类根据意义的需求,构造科学知识与文化的对象,即客观世界③,人类以“意义的世界”为“自然立法”,此“意义”之“法”即是“价值”的同义语。另一德国价值哲学代表人物亨利·李凯尔特认为,价值是以主体、客体为综合的“现实”世界之外的另一个王国,只有存在(客体的世界)和价值(主体的世界)的总和才构成了世界。④ 这意味着,“价值”的实现过程是客体主体化的过程,也就是说,价值是主体性的内容和尺度。因此,李德顺认为,“‘价值’是对主客体相互关系的一种主体性描述,

---

① 李德顺:《价值论》,中国人民大学出版社2013年版,第4页。

② 《马克思恩格斯全集》第四十二卷,第97页。

③ 参见[苏]巴克拉捷:《近代德国资产阶级哲学史纲要》,转引自李德顺:《价值论》,第52页。

④ 参见[苏]巴克拉捷:《近代德国资产阶级哲学史纲要》,转引自李德顺:《价值论》,第52页。

它代表着客体主体化过程的性质和程度，即客体的存在、属性和合乎规律的变化与主体尺度相一致、相符合或相接近的性质和程度”[①]。“价值”的主体性特征与中文字形构成极为切合：属“人”的特性，而这个“人”显然是以“人与动物”的差异的“种差”来建构的，这就是“主体性”。黄玉顺先生以“形而上学和形而下学”来区分“价值与伦理”的关系，认为伦理学的对象是针对人类社会这种形而下的众多相对存在者的区域，实际也就是人与人之间的关系；而价值论则是对这个区域理论的奠基，即给出其更靠近形而上的依据。[②]

传统形态的价值论奠基于传统本体论之上，也就是基于绝对主体性的终极根据之上。黄玉顺先生认为，这个终极价值原则、绝对尺度，在中国为“是非”之“是”，即“‘是’最初指代神圣、正义的人、物、事、行，而神圣、正义就是正确，概言之，就是是非之‘是’”[③]。在西方，则是上溯至外在客观实在性的“命运”之中。这种终极观念的生成，通常是对相对主体性的绝对化的过程。董仲舒曾云：“霸王之道，皆本于仁；仁，天心，故次之以天心。”从当代思想范畴来看，“天”何曾有“心”？这显然是“人心”的外化，是将“人心”附着于“天”之中的结果。实际上，人类进入“去魅”时代、去神圣化时代，绝对观念的设定是为一种“虚构”性，进而被“悬置”，甚至被“排斥”，是思想家们的普遍观念。然而，解构“虚拟”的绝对观念的一个直接后果是，人类价值源泉的奠基问题、人类价值可能存在“虚无”的问题。因此，尼采说“上帝死了”之后，“虚无主义”就“乘虚而入”，为了避免这种价值上的“虚空化”，就必须重建价值观念，重建形而上学，建立形而上学的“本源”观念，而不是回归过去那种已不可能的形而上学之“本体”观念。海德格尔通过对“存在”的揭示，而非对实体性的“存在者”的分析，提出了“传统存在论”和“基础存在论”的区分，指出“传统存在论”的“实体化”是“遗忘”了“存在”问题，而把“存在者”当成“存在”来处理，导致的根本性的观念误区。海德格尔对“存在”问题的揭示和对“此在”的生存论分析，提出了“本源”的观念问题，但由于“存在”面对现实世界的不可经验性，因而，不可避免地具有“神秘主义”色彩，在价值确立上，“存在”并不能给出“价值”的“源泉”依托。黄玉顺先生认为，对现代社会的人而言，要重建价值论、伦理学的来源问题，必须回归儒家的“大本大源”“源头活水”的生活，一切源于生活，一切归于生活。这就是价值及价值哲学的“生活世界”的本源学说的奠基性。

价值及价值哲学奠基于“生活”——这个“大本大源、源头活水”的“存在”的

---

① 李德顺：《价值论》，第 53 页。

② 参见黄玉顺：《“价值”观念是何以可能的？——基于“生活儒学”阐释的中国价值论》，《四川大学学报》（哲学社会科学版）2007 年第 1 期。

③ 肖娅曼：《汉语系词“是”的来源与成因研究》，巴蜀书社 2006 年版，第 352 页。

基点上，而“生活世界”的本质是“实践”的，回归存在、回归生活，就是回归当代的生活方式，也是回归当代的实践方式。那么，什么是当代的生活方式或曰实践方式？抑或是说，什么样的生活方式或实践方式，才是当代中国人最紧迫的、最要紧的事情？黄玉顺先生认为，以儒家制度伦理学为主体的当代中国正义论和国民政治儒学，正是现代中国人最要紧的生活维度、实践维度。

当代中国正义论的提出，并非“正义论”在当代中国的“创造”，而是“重提”“重建”，其背景不是“正义论”的中国“例外”，而是面对同样“正义问题”的中国解释和理解，正如“哲学问题”并非中国没有，而是“哲学表述”的中国范式一样。根据正义论纲要所展示的，中国正义论分为六个部分：

中国正义论的指向是以“礼”为基准的制度规范，从正义原则的“义”到制度规范的“礼”，即孔子所说的“义以为质，礼以行之”。儒家之“礼”起源于“人情”，就是说“人情之实也，礼义之经也，非从天降也，非从地出也，人情而已矣”。“礼”含括三个层次，作为制度存在的“礼制”、作为制度外在表现形式的“礼仪”和作为制度存在的内在根据的正义原则。中国正义论的论域是以“利”为中心的各种利益的冲突和调适，这里的利益不仅指的是物质利益，还指人们情感欲望所倾向的更广泛的利益对象。“利”起于人生而有“欲”，有了“欲望”就希望百般求索以可得之，“欲望”没有尽头、没有边界就会产生纷争，因此，先人为了止暴制乱，就制定礼仪规范区分不同人的不同的利益范围，使人的欲望不会无度索求，使人与人之间的“利”在制度规范中达到平衡。中国正义论的本源是以“仁”之“爱”为本源。儒家之仁爱是一切事物之本源所在，而正义问题由利益之冲突而起，而利益源自人的欲望，因此，源自人的欲望之所爱，定然也源自儒家之仁爱，既爱自己，也爱他人，“仁”者之“爱”是一切冲突的本源，也是解决一切冲突之方案的本源。中国正义论的要件是以“知”，即“理智和良知”为中心。以知识、理智的认知性之“知”，沟通正义原则之“义”和制度规范之“礼”，以智慧、良知的感悟之“智”，沟通利益欲望和正义原则。中国正义论的原则是以“义”，即“正当和适宜”为中心。正当性原则是公平性准则、公平性原则，适宜性原则是地宜（空间）性原则和时宜（时间）性原则。中国正义论的目标是以“乐”，即“和谐”为中心。正义论的建设乃是为人之幸福、爱之落实给予“相宜所得”的“和谐”。“兴于诗，立于礼，成于乐”，诗是本源仁爱情感之显现，礼是仁爱情感发动适宜规范之制约，乐是本源情感的复归，以达到一体之仁的境界，这就是中国正义论的独特呈现范式：“差异—和谐。”

黄玉顺先生认为，国民政治儒学的建构是运用中国正义论的原理对现代社会政治的具体演绎和操作。“政者，正也”，伦理政治化和政治伦理化是中国儒家政治哲学的一体两面。因此，黄玉顺先生的国民政治儒学实际也就是对中国正义论的制度性安排和实践的操作指南，是属于中国正义论的一部分。正如罗尔斯的《正义论》既是一本伦理学著作，也是一部政治哲学著作一样，黄玉顺先生的中国正义论既是儒家制度伦理的建构，也是儒家政治哲学的模板，都属于作为价值实现的构成，也就构成了实践价值论。

四、“实践儒学”的出场：因何出场？何以可能？

儒学经两千多年的发展，到了20世纪，形成了以熊十力、梁漱溟、马一浮、冯友兰、贺麟、牟宗三等人为代表的一批当代新儒家。冯友兰作为当代新儒家的重要代表，建构了“新理学”体系。冯先生以西方的“实在论”为基础，融合了西方理性主义的传统，接着宋明理学，将程朱理学的道德形而上学进行了现代性的阐释。蒙培元作为冯先生的高足，切身体悟其师“新理学”之“理”的绝对化、实体化之后必然存在的“限度”，进而提出“情感儒学”的命题，从人之“情—理”之“情”的角度，阐释了儒学中的“情感”问题：“儒家不仅将情感视为生命中最重要的问题，两千年来讨论不止，而且提升到很高的层次，成为整体儒学的核心内容。”[①]而且，蒙先生还明确指出，他讨论“儒家情感”问题，并不从本体论、认识论和知识学的角度出发，而是从“存在”入手，“探讨儒学在人的存在、价值及其人生体验问题上的基本主张”[②]。黄玉顺先生正是从蒙先生“以情定性”“性情之乐”出发，以“仁爱”为本源，以胡塞尔、海德格尔的“现象学”为融合与对话的对象，建构了其“生活儒学”的形而上学体系。黄玉顺先生“生活儒学”的提出及其理论创构，必然面临着一种“问难”：生活儒学如何生活？意即生活儒学如何“实践”的问题。这个问题有两个方面：一方面是干春松先生提出“实践转向”中判断“生活儒学”是为“哲学性”“理性化”，也就是“生活儒学”是为“知识化”的理论体系；另一方面是，黄玉顺先生自身亦指出“生活儒学”的两种范式——以他本人为代表的“理论范式”和以龚鹏程为代表的“实践范式”。同时，港台新儒学代表人物林安梧先生亦提出“如其型”的儒学实践观，以应对儒学观念在现代社会中的生成。无论从哪个方面讲，“生活儒学”都面临着“实践”这个绕不过的议题。

面对这个问题，黄玉顺先生在其多篇文献中对“实践”问题进行了阐释，正如前文已经集中阐释了“生活儒学”建构过程中“实践”的两个核心主题：本源与价值。这两个核心主题也承载着黄先生对“实践”概念三个层级的划分：客观实践论层级，包括认识论、伦理学在内的形而下学的“实践”观念，在这个层级中，

---

① 蒙培元：《情感与理性》，中国社会科学出版社2002年版，“自序”第1页。

② 蒙培元：《情感与理性》，“自序”第1页。

"实践"是作为一种客观存在的对象而存在,实践与真理具有一致性和对应的关系,因此,"实践"是"客观的"东西;实践本体论,以形而上学或本体论的"实践"为范畴,这一层级是以"实践"的"主体化"方式的诠释,意即"实体性"的"绝对根据";生活实践论,即前文已经论述到的"本源"的"实践"观念,人或主体的生成是生活实践给出的,生活实践是人之所以为人、主体之所以生成的根源。生活儒学体系如此重视"实践"问题,绝非生活儒学"域内话题"的"画蛇添足",这为"实践儒学"的出场提供了必然的契机和需要。对于从生活儒学出发的"实践儒学"的出场,需要回答两个问题:"实践儒学"因何出场?"实践儒学"如何出场?

(一)"实践儒学"因何出场?

"实践儒学"因何出场的问话方式,是响应"实践儒学"在当代生成的背景和理由。儒学从孔子时代开始,就体现了其主体内涵的"实践性",2500 年后的我们重谈儒学、发展儒学,再提儒学的"实践"问题,进而创生"实践儒学"的命题,是否多余?毫无疑问,"实践儒学"的提出,是在现代哲学普遍危机的背景下复兴"实践哲学"的必然要求,"实践儒学"的提出不仅进一步揭示了儒学固有特质,也指示着儒学在当代中国大陆的出路,因为当代大陆儒学的复兴首先需要面对的第一问题是,如何响应马克思主义理论体系的主流意识形态地位;第二个需要面对的问题是,以胡塞尔、海德格尔的现象学运动和欧美分析哲学为主轴的西方哲学的冲击;第三个需要面对的问题是,现代中国大陆整体性生活方式发生了"三千年未有之大变局"之后,儒学走向当代中国人社会生活的切实性和可能性问题。

1.回应马克思主义的主流地位,"实践儒学"具有契合度

中国进入近代工业文明的历程,伴随着以儒学为代表的传统学术的逐步凋零。依照历史的传统叙述,1842 年《南京条约》的签订标志着中国沦为半殖民地半封建社会,传统中国的制度模式随着清帝退位诏书的颁布而彻底进入了历史尘埃之中。伴随着中华帝制的落幕,儒学作为制度化建构的基础倒塌了,儒学自汉武帝时代的"罢黜百家,表章(彰)六经"而转向"经学",此时再次成为"子学"。民国时代的现代新儒学的阐发,自熊十力、梁漱溟、马一浮、冯友兰、贺麟等先生开启,尤其是梁漱溟先生发起乡村建设运动,践履传统儒生的社会建设和人生追问相统合的"平治天下"的"试验"。然,中华人民共和国的成立,彻底宣告中华帝制及其过渡性阶段在中国大陆的终结,以马克思主义为主流的治国理政之思想重塑、社会改造和制度构建的全方位、系统性的国家转型,彻底消除了传统儒学赖以生存的土壤,制度化儒学早已失去了其"合法性"的根基,"儒学"成为"游魂"之论自此而来。

当代儒学的发展需要面对的不是要不要响应马克思主义的问题，而是儒学自身发展必须呼应的问题，因为这既是现有政治架构的必然性命题，也是儒学自身不孤立于现有社会生活的必然要求。儒学的新发展介入新社会的场域，提供新话语的范式，“创造性转化和创新性发展”从来不是“谁消灭谁”的问题，而是以儒学的特质理念为基础创生新成果、生成儒学的“新主体”问题。当然，对于现有的政治体制，民国以降新儒家中有不同的三种态度：“政统”和“道统”皆否认为一派，以海外新儒家为主；以现有政体之“道统”承继并将“道—政”联系起来阐释的一派，以梁漱溟、熊十力、冯友兰等人为代表；以现有政体的“政统”之既有事实的承认并在“道统”上予以否定为主，以改革开放以来的大陆部分新儒家为代表。① 断然地、全盘地否定现有的、既定的政治体制的“道统”或“政统”之“合法性”的“原儒”主义立场，是否具有“原教旨主义”的特征，需要仔细辨析，但以马克思主义哲学具有的“实践论”核心特征②的立场，贯通儒家思想的“实践性”特质，以“实践儒学”的面貌出场，生成儒学的“新主体”，则是“实践儒学”提出的一个重要因素，也是接续大陆第一代新儒家学者所开启的思考范式的道路向前拓展的“接着讲”。

2.回应西方哲学主流的强势冲击，“实践儒学”具有生命力

“儒门淡薄，收拾不住”，这已不是王安石时代儒学面对佛教冲击的场景，如今这个局面中的儒学面对的是，以古希腊文明、希伯来—犹太教文明和古罗马文明综合而成的西方文明系统的全面性冲击和挑战。如果说，佛教自公元1世纪的东汉初年传入中国，而后对儒学思想系统逐渐形成了压倒性的挑战，直至程朱理学体系建构的公元11世纪，历经了近千年的过程，那么今天，儒学面对的挑战力度远比佛教要大，挑战的多元性、全面性也远比佛教要彻底。然而，这并不意味着中国的儒家思想对西方哲学的理论体系没有任何可以通约之处，相反，中国儒学的会通精神与西方哲学的共同性之间，亦给新儒学的生长提供了契机。

以胡塞尔和海德格尔为代表的现象学运动，最重要的收获在于“把极端的主观主义和极端的客观主义在关于世界和合理性的概念中结合起来”③。从笛卡儿提出“我思，故我在”以来，西方哲学进入对立性的两难境地：以自我意识为世界的本体，并以此为开端推演出自明的意识主体哲学而导向了绝对的“唯我

① 丁耘：《大陆新儒家与儒家社会主义——以梁漱溟为例》，《文化纵横》2010年第2期。

② “实践论”在马克思主义哲学中的核心地位，是毋庸置疑的。马克思在《关于费尔巴哈的提纲》里旗帜鲜明地提出：“哲学家们只是用不同的方式解释世界，而问题在于改变世界。”而在毛泽东的哲学创作生涯中，《实践论》是其唯有的两本著作之一。

③ Merleau-Ponty, *The Phenomenology of Perception*, C. Smith, trans. Routledge, 1962, p.19.

论”;然而,如果以外物的诸多表象而为开端构建绝对的主体,那么诸多主体的构建无法自明,无疑有可能导向对“我”的异化,因而,这种建构必将陷入独断的形而上学或神学。胡塞尔以意识的意向性为基础,将意识与事物通过意向性结构达到统一,也就是以交互主体性想象学为方向,揭示了构造自然和世界的本原并非单个主体而是交互主体,这就使不同的主体对同一世界的认识具有先天的可能性。在这个意义上,胡塞尔晚期通过对欧洲科学之危机的考察,提出了在科学之前的、之外的“生活世界”(Lebens welt)概念。这是交互主体现象学还原之后,从“严格科学”的世界走向“生活世界”的旅途,而这个旅途的逻辑起点就在于“实践活动”的给出。海德格尔在其师胡塞尔的道路上继续前进,为“生活世界”安顿了一个从“存在者”通达“存在”的本源性的根基,并以基础存在论和传统存在论的对立方式,揭示了“存在”被遗忘进而以“此在”的“存在论”方式,去体悟存在的真谛。然而,依于语言本质启动的“存在之家”的思索,并不能导向对世界复杂性、多样性、开放性和流动性的既敞开又隐匿的全部意义的揭示,海德格尔以“存在”为根基的“生活世界”的构造,最后就只能归于“思”和“诗”的“感悟”之中,对中国传统儒学以“天地大德”“生生之德”为旨归的“仁爱”精神,无疑具有价值之根的奠基功效:独立之语言无法穷尽之处,便是“生生之德”的“实践活动”所给予的“天行健,君子以自强不息”“地势坤,君子以厚德载物”的价值之根。

20世纪西方哲学的另一个主导思潮是,一开始就以“理性和科学”的结盟为根基的分析哲学运动。分析哲学的致力方向就是推翻思辨的形而上和哲学上的神秘主义,并通过细致的语言关系及其语法研究刻画其哲学思潮推进的途径。分析哲学运动的主题依然是主体和客体、思维与存在的关系问题,即通过语言的途径、依据逻辑的工具使主体如何认识客观、思维与存在如何同一。分析哲学运动企图以语言中介来沟通主体与客体、思维与存在,就如同以“心灵作为反映自然的镜子”一样,并不能彻底解决“理性与经验”二元对立世界观的同一性问题。因此,后现代解构主义的盛行,正是对以现象学运动和分析哲学运动为代表的西方哲学的“否定”和“终结”的回应。西方哲学“终结论”话语普遍盛行的背后,实际上是哲学“转变论”的开始,即从纯粹的哲学思辨走向以“实践哲学”为方向的道路,而在这个道路上,“实践儒学”的提出有着东方哲学参与哲学重建的积极意义。有学者指出,“中国古代哲学在本质上是一种实践哲学,而理论哲学则未获发展。与之相反,在西方,只有理论哲学获得了极度的发展,而实践哲学则被完全压抑了”[①]。这正是“实践儒学”提出的意义所在。

---

① 王南湜:《辩证法:从理论逻辑到实践智能》,武汉大学出版社2011年版,第195页。

3.响应现代社会生活的整体变迁，“实践儒学”具有价值性

思想史的研究表明，社会生活的时空状态对思想家的观念生成具有极为重要的影响，这就是思想观念的社会性要素。马克思主义主张“经济基础决定上层建筑”并非是说作为上层建筑之“思想”的所有方面都由经济基础决定，而是思想形态的运动变迁历程的决定转换是经济基础给出的，所以，著名的马克思主义史学家，“史学五老”之一的侯外庐先生提出：“思想史系以社会史为基础而递变其形态。因此，思想史上的疑难就不能由思想的本身运动里求得解决，而只有从社会的历史发展里来剔抉其秘密。”[①]要准确地理解思想家的思想内核、理论意图、发展趋势，需要从思想的当下状况及其“以自然史的精确性”对思想家所处的社会历史情境和经济形态着手，方能有准确的把握和理解。因此，以“思想史”和“社会史”相结合的角度，同时以体系化、制度化的法典形态来把握“思潮”的走向及其每个思想家所具有的思想脉络，才是准确掌握时代思想特征的要义所在。

当然，准确把握思想史的时空状态及其情境中思想家的理论内涵，并非是以“文物学”“博物馆学”的方式去掌握思想家的“史料”，而是通过理解历史情境的连续性、传统与现代的承接处，对于不一样的时空背景不做第一直觉的先定的“本质主义”区隔和断裂。因此，古典时代的思想家、古典时代的儒学者“究天人之际，通古今之变”的思想追索、“极高明而道中庸”的思想创造的超越时空的意义和价值将得以呈现。我们把握和理解历史的脉络，从来不是“为史而史”，而是以通“天人—古今”来体悟和贯通思想的现代性，因此，“一切思想史都是当代史”。以古典儒家的思想脉络融通当代社会生活的整体变迁，绝非“我注六经”还是“六经注我”对立话语在当代的回响，而是以现代性“生活世界”的真实情景，以“回到孔孟”但非“原教旨主义”的思索方式，寻求现代社会再出发的诸多可能性之选择：我是谁？我从哪里来？我要到哪里去？古典时代的儒学创生，以其独特的“实践性”回应了那个时代的历史性命题，现代性的“生活世界”则可以“实践儒学”的创生范式出场，因为“中国古代哲学的基本倾向和特质是实践哲学”[②]，以儒学为代表的中国哲学没有神圣与世俗、经验与超验、本质与现象、此岸与彼岸等区隔，破解了西方古典时代这“魅”，进入现代性“生活世界”，化解二元对立观的“实践儒学”能够为现代性的社会生活世界提供一种独特的思想活水。

---

① 侯外庐：《中国思想通史》第1卷，人民出版社1957年版，第28页。

② 张汝伦：《实践哲学：中国古代哲学的基本特质》，《文汇报》2004年7月25日。

(二)“实践儒学”如何出场?

“实践儒学”如何出场的问题,是其作为一种主张的构成性要素的分析。林安梧教授在其《儒学革命论》中提出了“后新儒学”的“实践面向”问题,提出由内在主体导向生活世界的外在客体的“实践”理路和切入点。龚鹏程教授“实践范式”的“生活的儒学”亦主张:“现今应将生命的儒学,转向社会实践;扩大儒学的实践性,由道德实践及于生活实践、社会实践。”[①]从其所著《儒学与生活》一书的主旨来看,其“生活的儒学”是将既有之儒学在现代社会生活实践中直接运用。对于这样的主张,黄玉顺先生指出“在这个意义上,‘生活的儒学’并不理解生活”[②]是恰当的,因为现代性社会和当代性生活,并不具有古有之儒学条款直接运用于当下的条件和可能。亚里士多德提出“理论—实践—创制”三元关系以对应三种不同的关系:“理论”是人与自身的关系与活动、“实践”是人与人的关系与活动、“创制”是人与物的关系与活动,到了近代则转变为“理论与实践”的二元以解决思维自身与对象实践的关系,而到了20世纪,西方的“实践哲学”则以回到“生活世界”的方式,提出了“实践”对于“生活世界”的基源性“存在”的问题。因此,“实践儒学”将依据黄玉顺先生提出的“实践”的三个层级思路并结合“实践儒学”所必须面对的“生活世界”的固有之特征,提出不同于亚里士多德对“实践活动”的三个横向轴划分的方式,而从奠基性角度提出“实践儒学”的纵向轴的三个层级思路:本源实践层级、价值实践层级和客观实践层级。

1.本源:作为存在的实践

“本源”是指根本之源,并非任何一个形而下的特殊存在者,亦非形而上的唯一存在者,而是奠基形而上者和形而下者的“存在本身”。主体之所以生成和成立,是由作为存在的实践给定的。此在的实践之所以可能、主体的实践之所以出现,是因为“实践”先在于人的“存在”。实践固然是人的实践,实践固然是主体的实践,但恰恰是“实践”的存在,才生成了“实践的人”和“实践的主体”。儒家所言之“生生”正是主体不断生成的力量源泉,是“实践”不断否定自我而又成就自我的过程,因此,才有“天地之大德曰生”,若是“无生”则“天地不仁”,天地若是“不仁”则万事万物无从谈起之意义世界和价值世界。作为存在的实践,是人世间万物生长的本源性的、源泉性的、基础性的,因为“实践”,人世间的万事万物才呈现出精神世界的可能性,才具有改造世界的可能性。在这个意义上说,实践是人的存在方式,确立了主体之人之所出现的基础存在论的奠基。

传统实践思维所具有的固有之弊乃是以“二元化”的方式介入“生活世界”,

---

① 龚鹏程:《生活与儒学》,东方出版社2018年版,第67页。

② 黄玉顺:《生活儒学与现代性问题》,四川人民出版社2019年版,第9页。

比如中国儒学传统固有的“知行学说”之发达，实际就是三种模式在历史上的变种：先知后行、先行后知、知行合一。此种二元化的思维方式所产生的“知行”问题，在中国儒学史上此起彼伏，争论不休。西方思想史界，亦存在着主观与客观、个人与社会、自由和必然等二元化的实践思维方式，这种方式必然生成两个极端点的某一个作为实体化的方式出现，进而成为绝对主体的对象化，进而成就传统存在论的表现形式。实践本体论正是在这样的思维方式下建构起的“实践哲学”范式，而当这样范式的“实践哲学”完成了对“讲坛哲学”和“教科书哲学”的拒斥之后，这种“实践”观念的生成范式也必然成为批判的对象。脱离具体历史和文化语境，“实践”的存在超越性被消解于具体的“存在者”范畴，把本就缺乏超验的价值的奠基一同消解。因而，对本就非常崇尚“实用理性”的汉语思想界，“实践活动”的现实性和当下性的庸俗化就出现了，现实的“实践活动”所应具有的历史性与价值性的统一就不复存在，虚无主义的主体实践成了一种流行的存在样态，造就了“实践暴力”的思想性前提。对于这个问题，学者樊志辉指出：

> 实践的自我神圣化据说是源于人类的一切伦理规范和理论知识都根植于人类的实践。不仅人类的一切文化形态根植于人类的实践并且自然界离开了实践也是“无”。于是，“实践”就具有了“上帝”的全能。在此，作为自由意志质料的“实践”，摈弃了作为自由意志的形式——超验价值与纯粹理性——而成了自由意志自身。于是“实践”成为“上帝”，从前被粗俗化的实践被神圣化为全部生活的奥秘。如此，原来被超验价值和纯粹理性所约束的实践，就跃而成为价值与真理的批发地。因为一切价值与真理都是实践的产物，故而就只有历史性的相对价值，而作为价值与真理的根基的实践反而成为绝对的不可置疑的存在。①

“实践儒学”的提出，正是要应对“实践”被“神圣化”的企图。作为“存在”的“实践”并非是将“实践”作为“实体”的神圣化为“全能”之“上帝”的自然而然的现世性，“实践儒学”之“实践”的“存在”意义犹如孟子所言的“善端”之“端”的缘起之“存在”，然缘起之“存在”并非必然的“规律性”和“不可抗拒”的遵循性。以“存在”作为“实践”的解释范式，旨在说明因为“实践”之存在，人之主体才得以显现出来，“实践”是人之存在的“力量源泉”这一天地之第一大德，然这个“生生之大德”乃是原初之大德，并不能含括为“全德之德”，因为有时候的“个体”之“死”本身所成就的才是更大的“德”，所以，儒家说“杀生以成仁”。“实践儒学”的提出，本就有救治“实践哲学”的一个极端主义走向“虚无主义”的弊病。

---

① 樊志辉：《马克思哲学研究的诠释视域及其误区》，《求是学刊》2005年第5期。

倡导“实践儒学”，同时绝不等于说中国儒家学说就只是实践哲学，不能把中国儒家学说的大部分问题都还原和化约为实践哲学，但中国儒家学说的大部分问题都与之有直接关系或间接的关联应该是没有疑义的。《大学》的“三纲领”，“明明德”和“亲民”无疑需要践履的工夫的落实，方能达到“止于至善”的目标，“八条目”从格物、致知的发动开始，通过与事事物物的接触来通达正心、诚意的养成，以自身的修养来协调管理家族事务，最后就能做到治理一国、平治天下的目标。《中庸》从天命开始，就以实践性的品格之“率性”而“修道”，进而“戒慎”，“喜怒哀乐之未发”，“未发”不是没有“发”，而以心性修养工夫控制而“未发”，以“未发”与“已发”的工夫践履来达到“致中和”，其目的是与“天地相参”和与“万物并育”。儒家学说是以实践、践履为主体的思想范式，这是没有异议的。

2.价值:基于自由的实践

以“存在”释“实践”来构建“实践存在论”是凸显“实践儒学”的根基和本源，意即通过儒学特质的揭示以为儒学在现代性社会生活中生成提供力量源泉。儒学的当下显现无法通过“抽象继承”以奠基其牢固的根基，而是需要儒者基于“一以贯之”的“实践”精神和品质建构其在现代性生活中的价值。因此，最为关键的就是，作为“存在”的“实践”之“儒学”在现代性社会生活中最核心、最终极的价值基础是什么？也就是说，由“存在”即“实践”出发的“儒学”因何才是人们所信赖的？因何才是人们所渴望的？作为“存在”的“实践儒学”解决了它在当下的开端性，这种开端性不是认识论的，而是生命论的、活动性的、生活世界的。那么，依此而确立作为“价值”的“实践儒学”，则是第二层级的“实践”的必然性需要的命题，意即解决“实践儒学”在当下的应然性，也就是阐释“实践儒学”的价值属性。

“实践儒学”的价值属性之所以如此紧迫，一方面是上文提到“实践”的极致化在现实的生活世界中容易被“庸俗化”或者“意识形态化”。另一方面，是在“最高价值之贬黜”[①]不可避免出现的现代性社会里，正如海德格尔指出的，价值贬黜的要义是“目标”的缺失，而目标是一个个“存在者”，相对于“存在”而言，作为“存在者”的“价值”缺乏整体性效用，因此，作为“目标”的“价值”往往是主体“心理需要”的结果。可以说，“虚无主义”的出现，是海德格尔“存在”学说的必然逻辑，依据韩愈的“定名—虚位”论来说，“实践儒学”就是需要给“虚位”的“存在”予以“定名”的意义和价值之基础。

我们赞同“价值”乃是“世界的存在及其意义对于人的意义如何”[②]这个核心命题，那么，在“实践儒学”看来，什么才是“价值”的关键钥匙呢？什么才是“价

① [德]海德格尔:《尼采》下卷，孙周兴译，商务印书馆 2010 年版，第 729 页。

② 李德顺:《价值论》，第 4 页。

值”命题的形而上学的基础呢?“实践儒学”认为,正是“实践”的“自由”属性才构成了意义和价值之域的形而上学基础,也就是说,“实践儒学”的价值源泉是“自由”,因为“实践”是“自由”的,所以,“实践儒学”的“自由”无疑是儒者的主体性在价值域上的最高陈述。某种程度上说,“实践”构成了“人成为人”的“本源存在”的基础,而“自由”则构成了“人之所以为人”的“主体价值”的基础。康德指出,两种“实践”是要区分的:“遵循自然概念的实践”和“遵循自由概念的实践”,也就是说,“实践即存在”,是“自然与自由”的共通性“存在”,但“自由”是“人成为人”的“特殊性范畴”,因此,必然从属于主体价值视域,而且是“人”的“最高价值视域”。清华大学著名学者黄裕生提出,从权利到自由的陈述,需要将“实践哲学”的“自由”过渡到“存在论”的“自由”。[①] 我认为,他的这个论断没有从“存在论”上来理解“实践哲学”,而是把实践理解为一种“实体”,是依据“存在—存在者”的分法而将实践理解为“存在者”,或可以说他割裂了或者对立性地误解了康德的“两种实践”,并以“一种实践”反对“另一种实践”,这是不完整的。中国社科院著名学者赵汀阳则提出,“自由”是一种通达“可能生活”的“存在论”状态,无论从个人还是从社会出发,“自由”都只是一种必要的手段,“自由”不能是“目的”,他认为的“目的”乃是“某种美好的生活价值”[②]。我以为,这种与“存在”本身有异曲同工之处的“可能生活”如果不能“溢流出”某种“价值”,这种“生活”其实就会在“虚位”的层次上树立以“可能生活”为必然性的“虚无主义”,意即以“美好”为修饰词的“可能生活”存在虚无化的倾向,反思“积极自由”和“消极自由”并不是将“自由”下降到“手段”“途径”,而是反思“何种自由”与“谁的自由”及其作为价值的“自由”的边界问题,因为作为价值的“自由”是其他价值实现的源泉。宋明儒家学者建构儒学的历程,就是批判佛教的“中观”之“空”学、“唯识”之超越世俗意义和价值的“蹈虚”化,“自由”被“虚空化”和“手段化”,在人类历史上,正是各种“强迫”和“奴役”的开端处。“实践儒学”是反对“自由”的“庸俗化”“手段化”的,“为仁由己”既是“成德”与否在“己”,其实“仁”何尝又不是“人”也?所以孟子说“仁也者,人也”,是“人”都该以“己”来主宰,所以,“人之所以异于禽兽者,几希”。“自由”于“人”是“人与动物”微小差别的地方,如果稍有不慎,人就会沦为“禽兽”,因此,“自由”是“有德”与“无德”的边界,这就是作为“价值”的“自由”的真实意义。

然而,“自由”毕竟是人的主体性的最高价值属性,在现实性的“生活世界”,就必须处理具体的“人与人的关系和活动”,这里的“人与人”既包括“个体化”的“自然人”,也包括“国族”建构的共同体。因此,以“自由”为价值基础,就必须将

---

① 黄裕生:《从实践哲学的自由到存在论的自由——从权利到自由》,《浙江学刊》2011 年第 1 期。
② 赵汀阳:《关于自由的一种存在论观点》,《世界哲学》2004 年第 6 期。

“伦理关系”和“政治关系”作为形而下者的具体事务予以建构和操作，也就是由“自由”的价值出发而过渡到“制度化”的建构，而具体化的制度的建构，则必须建立在“自由”的最高价值的基础上，以为现代性“生活世界”的伦理生活和政治生活提供“良善”的路径。

第一，儒家自有其“五伦”的说法，《孟子·滕文公》云：“父子有亲，君臣有义，夫妇有别，长幼有序，朋友有信。”这里的“五伦”都是相互性的：父慈子孝；君使臣以礼，臣事君以忠；兄友弟恭；朋友之间讲诚信。古代五伦中的“君臣”在现代社会中不存在了，但是当代社会依然存在“领导和被领导”的“上下级”的“工作关系”，所以，处理好“新人伦关系”是“实践儒学”需要回应的问题。何怀宏先生的《新纲常》著作，探讨了当代中国人“生活世界”的道德根基，就是一部依据儒家理论而建构的当代国人的新伦理生活准则。“实践儒学”将基于自由价值构建一种现代性社会中的中国人的“伦理生活”的“实践规范”和“伦理范本”，依据的价值理念是“自由”，而这个“自由”的价值理念，则需要沟通基于“血缘亲情”关系型的儒家范式伦理和基于“契约合作”的原子型的卢梭范式个体伦理的差异。“实践儒学”认为关系型和原子型二者之间的差异是可通约的：卢梭式的契约伦理并没有全然否定人的血缘关系的客观事实性，而儒家式的关系型伦理也并没有否定主体对于伦理的担当，因此，关键是在何种“视域融合”交叉点上来讨论中西方伦理的关系，进而构建一个融合中西文明形态的当代中国人的新型伦理生活的范式。

第二，以“自由”为基础的政治生活实践，“实践儒学”倡导现代性的民主政治，即依据“自由”价值理念下的人民主权至上的现代性政治民主化，因此，首先需要构建现代性的儒家政治哲学范式。就目前大陆新儒家政治哲学的状况而言，黄玉顺先生根据主要倾向进行了分类：第一类属于“前现代”的“原教旨主义”儒家政治哲学，这类思潮基本拒绝现代文明价值，以回归古代的生活方式，以君权、族权、父权、男权为价值取向，甚至公然鼓吹回复“三纲”，反对以“人权、自由、民主”为代表的现代性价值和文明，具有典型的“原教旨主义”特征。第二类属于极权主义附庸的现代性政治怪胎的儒家政治哲学，这类思潮通常与民粹主义结合，与权力、国家主义或极端民族主义结合，比如某些“贤能政治”的“毛儒”、某些儒教的极端倡导者，以“中西之异”代替“古今之变”，以批判“西方”作为抗拒现代文明价值的手段。第三类属于适宜的、正常的现代性理解和主张的儒家政治哲学，通常寻求儒家传统与现代性文明相融合以开显文明前进的方向和动力的儒家政治哲学建构。黄玉顺先生就当代儒家政治哲学的建设和发展需要融合哪些现代性的政治价值，提出了八个基本范畴，它们是个体、自由、平等、博爱、民主、共和、宪政、法治。[①] 从“生活儒学”出发的“实践儒学”是赞同第三类现代性新儒家政治哲学建构的理念和价值要素的。

3.教化:作为客观的实践

“实践儒学”必然需要回答“如何实践”的问题。因此,这就需要一个恰当的“实践”概念。本文从三个层级来诠释“实践”:本源的实践,回答“实践”的奠基问题;价值的实践,回答“实践”的意义问题;客观的实践,回答“器”的应对问题。《易》云“形而上者谓之道,形而下者谓之器”,实践的客观对象无疑是形而下的“器”范畴,此“器”当包括“接事应物”的“人事”和“物器”,传统儒家并不认为有一个没有人参与实践和理解的绝对客观化的道德物性,以《中庸》之语言,就是“率性之谓道,修道之谓教。道也者,不可须臾离者也,可离非道也”。故而,中国古典哲学总结者的王夫之说:“夫所云尽人物之性者,要亦于吾所接之人、所用之物以备道而成教者,为之知明处当,而赞天地之化育。若东海巨鱼,南山玄豹,邻穴之蚁,远浦之苹,虽天下至圣,亦无所庸施其功。”[②]对中国儒家而言,对不可“修道”的“器”缺乏兴趣、不重视,是有根据的。在这个意义上说,传统儒家并非对“器物”本身缺乏兴趣,也不能天然地认为,儒家应该对“现代科学技术”没有在中国自然地生发承担不应有的责任。因为,除非我们承认“现代科学技术”没有“载道”之功能,不能推进儒家所主张的“生生之德”,不能给现代性价值之“道”提供“生成”的基础。但很显然,现代科学技术具有强大的“载道”之功能,对现代民主、自由之精神的确立和拓展提供了强大的“物质力量”,传统儒家主张“当然之则”与“器物之性”融合的思想,同现代性生活与现代性科技发展相匹配在思路上是一致的。如果将儒家主张的“当然之则”与“现代科技”的“器物”进行对接,那显而易见会出现“儒学缺陷”的假问题。对此,台湾学者李明辉指出,“我们可以坦然承认儒学之‘不足’。但这种‘不足’并非以儒学内部的标准来判定,而是相对于已改变的历史情境和社会条件而言”,因此,“就应用问题的层面而言,我们所能要求于儒学的是保持对生活世界的开放性”。[③] 我以为这是非常恰当的判断。

儒家思想需要进一步发展,就需要通过一代又一代新儒家的努力创发,给现代人提供“安身立命”“社会建设”和“国族凝结”之道。林安梧先生在《儒学革命论》中提出,“后新儒学”时代的儒学需要加强对实践性问题的思考。他提出,以往的儒学实践乃是“心性论式”的道德实践,这样的道德实践是不全面的。因此,当代的儒学实践需要走向生活世界,进入社会历史的总体之中,需要将内在

---

① 参见黄玉顺:《大陆新儒家政治哲学的现状与前景》,《衡水学院学报》2017年第2期。

② (明)王夫之:《读四书大全说》,《船山全书》第6册,岳麓书社2011年版,第456页。

③ 李明辉:《儒学与现代意识》,台湾大学出版中心2016年版,第48页。

的主体力量展现于生活世界，需要在“生产工具—生产力—生产关系”的互动关系中，找到儒学实践的切入点，“一方面是将心性论导向语言哲学来处理，另一方面则要回到更为彻底的带物质性的、主体对象化的把握方式来重新处理”[①]。我赞同李明辉先生所说“保持儒学对生活世界的开放性”，在这个意义上，林安梧先生的这个思考是一种可能的“实践路径”，这是开放性的。但就“实践儒学”的建构在当下生成的首要性、紧要性的工作，或许尚不在促进“生产工具”的变革以推动“生产力”的提升，而在如下三个方面：促进个体的修身、推动公民的教化和重建社会的批判。

(1)促进个体的修身

“自天子以至于庶人，壹是皆以修身为本”，根据《大学》“八条目”的逻辑，“格物、致知、正心、诚意”之后的结果是“修身”，意即达到“身修”的目的，而“身修”之后，方能“齐家、治国、平天下”。这个逻辑并非必然的逻辑，而是必要的逻辑，前者是后者能够获得的必要条件。而《大学》明确认为，自统治阶层、社会精英直至平民百姓，修身都是各自生活环境中适用的根本性环节：“修身在自我与形形色色的政治、社会、文化团体构成的社群的链环中居于中心地位。就个人方面而言，修身涉及复杂的经验学习与心智锻炼过程。就人类总体发展而言，修身则为家庭稳固、社会有序和世界和谐的基础……修身的核心地位促使中国思想家们将伦理付诸实施，将审美作为经验，将形上学转化为智慧，将认识论运用于沟通。”[②]那么，修什么样的“身”[③]呢？

第一，修“形躯之身”，对不符合道德的行为，在身躯上要做到“非礼勿视，非礼勿听，非礼勿言，非礼勿动”[④]，这样做，就会“故理义之悦我心，犹刍豢之悦我口”[⑤]。儒家一方面将物质性的形躯之身与生命实践活动相统一，对形躯之身予以充分肯定；另一方面，对身之修不止于形体之躯，还是对形体之躯内的精神世界予以强调，故从“礼”的形式上着手，“故冠而后服备，服备而后容体正，颜色齐，辞令顺”[⑥]。儒家礼仪制度丰富繁杂，某种意义上看，就是通过对“形体之躯”的改造和修饰，以达到上通天道，下启百姓，规制秩序，所以，“君子不可以不学，见人不可以不饰；不饰则无根，无根则失理；失理则不忠，不忠则失礼，失礼则不立。夫远而有光者，饰也；近而逾明者，学也”[⑦]。身体形躯的修饰与道德品质的

① 转自龚鹏程：《生活与儒学》，第 75 页。

② 杜维明：《杜维明文集》第 4 卷，武汉出版社 2002 年版，第 614～615 页。

③ 赵方杜：《论传统儒家思想中的身体观念》，《兰州学刊》2011 年第 6 期。

④ 《论语・颜渊》。

⑤ 《孟子・告子上》。

⑥ 《礼记・冠义》。

⑦ 《大戴礼记・劝学》。

形成有着重要的关联。所以,《孝经》说:“身体发肤,受之父母,不敢毁伤,孝之始也。”身体外形保持与“孝”有关,跟政权认同也有关系。比如清入关后,“削发垂辫”,“留头不留发,留发不留头”都成了一个重大的法律事件,名曰“剃发令”。当然,清政府的“削发令”是违背“儒家经义”的,但不能不承认,形体之躯是具有“义理”内涵的。因此,孔孟都认为,为了“仁义之道”是可以“舍生而取义”的:“志士仁人,无求生以害仁,有杀身以成仁”①,“生,亦我所欲也;义,亦我所欲也,二者不可得兼,舍生而取义者也。生亦我所欲,所欲有甚于生者,故不为苟得也;死亦我所恶,所恶有甚于死者,故患有所不辟也”②。

第二,修“浩气之身”,以人体之内外流通之“气”,通达对天地宇宙之“气”的贯通,成就伟大的人格形象。《论语》中,对“气”的描绘不少,如:“摄齐升堂,鞠躬如也,屏气似不息者”③,这是自然呼吸之气;“君子有三戒:少之时,血气未定,戒之在色;及其壮也,血气方刚,戒之在斗;及其老也,血气既衰,戒之在得”④,这是特定时段里身体状态和精神气质融合在一起的“血气”;“出辞气,斯远鄙倍矣”⑤,这是说话表达的语气。因此,当公孙丑问孟子长于哪方面的时候,孟子说“善养吾浩然之气”。何谓“浩然之气”?孟子回答:“难言也。其为气也,至大至刚,以直养而无害,则塞于天地之间。其为气也,配义与道;无是,馁也。是集义所生者,非义袭而取之也。行有不慊于心,则馁矣。”⑥

第三,修“心性之身”。孟子云:“心之官则思,思则得之,不思则不得也。”儒家所修之心是从身体器官生成而来。《孟子》一书中“心”字出现了 117 次,对于如何修“心”、修何种“心”,孟子探讨了很多,其中“四端之心”最为重要,“恻隐之心,人皆有之;羞恶之心,人皆有之;恭敬之心,人皆有之;是非之心,人皆有之……非由外铄我也,我固有之也”⑦,“恻隐之心,仁之端也;羞恶之心,义之端也;辞让之心,礼之端也;是非之心,智之端也。人之有四端也,犹其有四体也。有是四端而自谓不能者,自贼者也”⑧。后来的陆九渊、王阳明则专门发展出了“心学”:“宇宙便是吾心,吾心即是宇宙”,“心外无物,心外无事,心外无理”,“心即理也”等等,“修心”成了儒家核心的工夫、最要紧的事情。

---

① 《论语·卫灵公》。
② 《孟子·告子上》。
③ 《论语·乡党》。
④ 《论语·季氏》。
⑤ 《论语·泰伯》。
⑥ 《孟子·公孙丑上》。
⑦ 《孟子·告子上》。
⑧ 《孟子·公孙丑上》。

(2)推动公民的教化

“儒学就像任何形态的理想主义一样,永远要面对‘如何落实’的问题。”[①]儒学的开创者孔子在“如何落实”他的理想社会图景时走了三种道路,也就是通过三种“实践方式”践履他的思想和理论:从政治理、讲学教化和著书立说。由于现代性社会是一种社会组织庞大、职业分工明确和专业壁垒森严的“条块化”的社会模型,“实践儒学”要发挥它的“实践性”特质,就需要从儒学自身所有的主体性特征出发,方能有直接的实际效应,而“教化”一直是“儒学”所具有的“轴心”环节。余英时认为,“以政统言,王侯是主体,以道统言,则师儒是主体”,故需要以“学统”述传“道统”,以“道统”制衡“政统”和“治统”,故“实践儒学”需要:第一,兴讲学之风,传德性之教。在孔子之前的“师者”皆为“政府官吏”,然春秋之世,天下道术裂解,学术文化下移,所以,孔子开启了聚徒讲学之风,故钱穆曾说:“孔子一生主在教。”[②]这是非常恰当的。儒者讲学,首先需要将儒家之经典文脉传承下去,通过讲学活动“并心同志,务求其实,以身明道学”[③]。王阳明提出两种不同的讲学:“世之讲学者有二:有讲之以身心者,有讲之以口耳者。讲之以口耳,揣摸测度,求之影响者也;讲之以身心,行著习察,实有诸己者也,知此则知孔门之学矣。”[④]以身心统一、行著习察的方式行“道德之教化”。第二,融诗教之美,倡诗意人生。孔子云:“兴于诗。”大意是说人们的情感大体都源自“诗”的表达,通过“诗”不仅可以学习到知识,还可以获得德性修养,所以,《毛诗序》就说:“故诗有六义焉:一曰风,二曰赋,三曰比,四曰兴,五曰雅,六曰颂。上以风化下,下以风刺上,主文而谲谏,言之者无罪,闻之足以戒,故曰风。至于王道衰,礼仪废,政教失,国异政,家殊俗,而变风、变雅作矣。”[⑤]诗歌是人类本源情感的抒发,是仁爱之情的直接表露,故而,通过“诗教”扩大仁爱之情,化解人际之冲突,以诗意的生活度过美好的人生。第三,行礼乐之教,潜移风易俗。以成践行,以乐成和,儒家历来重视礼乐教化。孔子说“不学礼,无以立”[⑥],“上好礼,则民易使”[⑦]。荀子也说,“先王之制礼乐也,非以报口腹目之欲也,将以教民平好恶而反人道之正也”。“实践儒学”需要以适合现代社会的“损益”方式倡导“新礼教”,发挥音乐的教化功能推进社会生活的“和谐”。正如《礼记·经解》所云:“礼之教化也微,其止邪也于未形,使人日徙善远罪而不自知也。是以先王

---

① 李明辉:《儒学与现代意识》,第 47 页。

② 钱穆:《论语新解》,巴蜀书社 1985 年版,第 3 页。

③ (明)王守仁撰:《王阳明全集》,上海古籍出版社 1992 年版,第 184 页。

④ (明)王守仁撰:《王阳明全集》,第 75 页。

⑤ 《毛诗序》。

⑥ 《论语·季氏》。

⑦ 《论语·宪问》。

隆之也。”而《礼记·乐记》所云“乐”则认为,“乐也者,圣人之所乐也,而可以善民心,其感人深,其移风易俗,故先王著其教焉”。

(3)重建社会的批判

如果说前二者是从建构性的角度践履儒家的理想价值追求,那么重建儒家的批判精神,则是从解构性的角度对社会、政治中的“固化的”“非德的”和“不义的”状态予以揭露、批判和否弃的实践方式。《论语》载有宰我之问:“三年之丧,期已久矣。君子三年不为礼,礼必坏;三年不为乐,乐必崩。”此后的人们便用“礼坏乐崩”形容孔子时代礼制丧乱、人心败坏的状态。儒家以“人能弘道”的“道统意识”揭露和批判“君不君、臣不臣”的社会现实。孔子谈到季氏时说:“八佾舞于庭,是可忍也,孰不可忍也?”[①]这是为“臣”的僭越了“礼仪”所应有的规范,乱了为“臣”的本分;“君使臣以礼,臣事君以忠”[②],君与臣的责任和义务是对等的、互为条件的。所以,郭店楚简《语丛一》曰:“君臣、朋友,其择者也。”[③]《语丛三》云:“友,君臣之道也。”[④]这就是说,君臣应当如朋友那样互相选择、相互对待。孟子也说:“君之视臣如手足,则臣视君如腹心;君之视臣如犬马,则臣视君如国人;君之视臣如土芥,则臣视君如寇仇”[⑤],君臣之道是相互性的。同时,贤人之臣有劝谏君主之义务,“唯大人为能格君心之非”[⑥],“君子之事君也,务引其君以当道,志于仁而已”[⑦]。作为臣子只有格君心之非,引导君往仁道之路走,才是为臣的本分:“责难于君谓之恭,陈善闭邪谓之敬,吾君不能谓之贼。”[⑧]而当君不能再行“天道”与“人道”,便可以“有道伐无道”:“君有过则谏,反复之而不听,则去。”[⑨]“君有大过则谏,反复之而不听,则易位。”[⑩]“贼仁者谓之贼,贼义者谓之残,残贼之人谓之一夫。闻诛一夫纣矣,未闻弑君也。”[⑪]传“有道”之“学统”,言“道统”之最高价值,批判“无道”之“政治”,乃是儒家批判精神的重要面向,乃至有些学者指出,这是“儒家革命精神”的源头之一,并认为“追求人世和人的完美性正是儒家精神的基本品格,亦是儒家革命精神的理念基础”[⑫]。儒家的思想

---

① 《论语·八佾》。
② 《论语·八佾》。
③ 荆门市博物馆编:《郭店楚墓竹简》,文物出版社1998年版,第197页。
④ 荆门市博物馆编:《郭店楚墓竹简》,第209页。
⑤ 《孟子·离娄下》。
⑥ 《孟子·离娄上》。
⑦ 《孟子·告子上》。
⑧ 《孟子·离娄上》。
⑨ 《孟子·万章下》。
⑩ 《孟子·万章下》。
⑪ 《孟子·万章下》。
⑫ 刘小枫:《儒家革命精神源流考》,三联书店2000年版,第2页。

脉络是否生成了现代中国的“革命”话语和“革命”运动，是需要更加细致的辨析和解释的，但无可否认的是，儒家思想内在存在着强大的“入世”生态、“理性”精神、“德性”追求，进而以超越的价值理念审查、批判现实社会与政治，并参与社会的改造。

传统儒学具有的社会批判精神使儒学内在地具有批判的品质、批判的功能和抗议的精神，它包含着三层含义：第一是政治的批判，引“政统”以合“道统”；第二是社会的批判，促进良善社会的建制；第三是文化的批判，以求文化的守正开新。[①] 现代性儒学的建构，是基于现代性“生活世界”的儒学形态的转化，儒学“阐旧邦”以“辅新命”需要保持强烈的“入世情怀”和“现实品格”。现代性儒学的建构，“不是指儒学屈从现实需要，躬身而行，认定现实的就是合理的。而是说现代性儒学必须对自己身处的现代状况具有深切的感知、理性的剖析和应对的理论建构”[②]。批判性精神的重建，既是否定过去认为儒学只是“既得利益”维护者的错误印象，更重要的是建设儒学批判精神在现代性社会的场域中的价值判断的延续、融通和更新，建构儒学回应现代性社会的针对性、精准性和有效性。而这种回应，并不能以传统儒学没有事实地生成现代性社会的某些“道器”面向，就应获得拒斥、否定和打倒的必然性理由。正如前文所论，没有一种固有的、曾有的理论范式能够具有阐释现代社会所有面向的功能和可能。因此，现代性儒学建构的“实践儒学”就需要积极介入现实社会，创构当下“生活世界”的理论阐释，在建构和批判中推动人类生活从必然世界走向自由王国，以现实的面对和理想的追求推动儒学的现代性转型。这或许就是“实践儒学”的构想和出场的使命吧！

① 韩星：《先秦儒家道统意识与批判精神》，《陕西师范大学学报》(哲学社会科学版)2014年第3期。

② 任剑涛：《复调儒学：从古典解释到现代性探究》，台湾大学出版中心2013年版，第369页。

《论语》中的个体思想*

赵立庆

个体是一个颇具争议的概念，甚至在西方哲学论域内也没有获得应有的认同。在中国传统思想中，大都认为只有道家注重个体价值。分析其中原因，除上述宗法—集体观念的影响、西方哲学不具阐释力外，还有一个原因就是没有对个体与个体的自我意识区分开。以自我为例，人有自我意识，但对自我意识的反思则是人类思维发展到一定阶段的结果。个体思想同样如此，第一人称“我”“予”最初特指周天子。① 春秋末期、战国初期宗法制发生剧变，社会阶层上下流动：一方面“上失其道，民散久矣”②，“民不肯尽力于田”；另一方面，周朝部分贵族没落，晋旧臣八姓“降在皂隶”③。个体与宗族的联系有所松动，自我意识开始彰显。反映在语言文字上就是第一人称不再限定于君王一人。《论语》中，“吾、予、身、己”已经开始普遍使用。当然使用范围尚限于士大夫及以上的阶层。国内外学者均有研究《论语》中的个体性思想。杜维明主张将自我置于各种关系的中心，作为向外扩散的中心点，自我是不可化约的④；赫伯特·芬格莱特认为，对孔子而言，那个伟大的任务就是修身或者说自我修养，而不是自我迷失有其合理性⑤。国内学者主要有吴忠伟的《〈论语〉中的“自我”观念探讨》一文和马小虎《魏晋以前个体“自我”的演变》一书。然而，上述研究没有综合自我与主体，没有挖掘出个体的生存结构，同时没有进行现代境遇的转换。本文认为，

---

* 原载《思想与文化》2019 年第 2 期。

① 参见马小虎：《魏晋以前个体“自我”的演变》，中国人民大学出版社 2004 年版，第 104 页。

② 《论语·子张》。

③ 《左传·昭公三年》。

④ 参见杜维明：《儒家人文思想中的社会性、个体性及天人一体观》，《国学学刊》2009 年第 2 期。

⑤ 参见[美]赫伯特·芬格莱特：《孔子：即凡而圣》，彭国翔、张华译，江苏人民出版社 2002 年版，第 106 页。

《论语》中的个体就是"修己",是自我实现意义的个体,修己是个体不可推卸的伦理责任,修己才能安人、才能安天下。黄玉顺认为成己是成人、成物的先决条件。[①] 修己首先是天命,"不知天命无以为君子";其次是己命,修己是追求"从心所欲"的境界;最后修己是人命,也就是"修己以安人"。《论语》中呈现出的个体的生存结构和君子人格境界是构建现代社会性个体的思想源泉。

一、何谓个体?

个体是指实现人性的个人,亦即自我实现,成己。易言之,个体是以自我为本位的人,个体社会是"每个人的全面而自由的发展"的社会。荀子认为"君子之学也以美其身,小人之学也以为禽犊"。朱熹同样赞成成己,反对丧己,"古之学者为己,其终至于成物。今之学者为人,其终至于丧己"[②]。实现自我就是"立人极",视个人应当卓然自立于天壤间,而不断地、无止境地追求自我实现。[③] 这是因为,如果个体的实现及其价值依赖于他人,则会导致个体成为他人的"器",或者说成为他人的工具,因他人变而变,失去独立性。个体志于天道,实现自身人道之谓成己。在儒家哲学论域下,自我实现是根据自己的德性,与他者身内的德性共同实现,亦即天下归仁。"德者,得也",人的德性与天道(终极价值)不可分。因此,自我实现关系到己己、己天、己人三个维度的相互关系。

因此,个体在本文中是在生存论域使用的范畴。个体的实现呈现生成性。"富与贵,是人之所欲也,不以其道得之,不处也;贫与贱,是人之所恶也,不以其道得之,不去也。君子去仁,恶乎成名?君子无终食之间违仁,造次必于是,颠沛必于是。"[④]在亚里士多德的意义即由潜能到现实,而非生而所是。孔子强调"知天命",即个人主体性的探索追求。[⑤] "德之不修,学之不讲,闻义不能徙,不善不能改,是吾忧也。"[⑥]这就是说个体的"德"需要不停地修才能"明"。

社会产生什么样的个体是有其历史和文化传统因素,古代希腊和古代中国皆是如此。而一旦在"轴心期"形成个体的样式,又对后来的社会产生深远影响。从生存论上讲,个体是不断生成的,从不确定的可能性到现实的实现过程

---

① 《儒学专家黄玉顺:儒家文明需先"成己"而后"成物"》,http://news.hnr.cn/djn/201709/t20170916_3012008.html,2017 年 9 月 16 日。

② (宋)朱熹:《论语集注》,商务印书馆 2016 年版,第 232 页。

③ 参见方东美:《生生之德:哲学论文集》,中华书局 2013 年版,第 329 页。

④ 《论语·里仁》。

⑤ 参见李泽厚:《论语今读》,三联书店 2015 年版,"前言"第 21 页。

⑥ 《论语·述而》。

是一种生成过程。这个过程是个体的人的兴趣、意愿和决断得以展现的过程。[①]因此,个体实现是“自我认知”“自我关心”“自我实现”。相对苏格拉底来说,关注自己的第一条要务是“认识你自己”;相对同期的孔子来说,关注自己意味着“知天命”。苏格拉底和孔子有着相似的文化背景,“认识你自己”是一条矢志不渝的神谕,“不知天命,无以为君子”是天命之。“在希腊—罗马文化中,关于自己的知识是作为照看自己的结果呈现的;在现代社会关于自己的知识成为一种根本原则。”[②]其中,笛卡儿思维主体的确定是转折点。儒学关于个体的思想则始终坚持“体用结合”“知行合一”。

从本质上讲,个体是自我主体。自我是指个体要与自身发生关联,并和终极价值(天或上帝或自然)建立超越性的联系,这种关系是关乎个体生存的精神性、超越性关系,不是唯理论抽象反思的自我。个体自我发生关系,既可以是笛卡儿抽象理性的反思,也可以是浪漫主义未加反思的情感主体。主体是指发生关联行为以及自我的谋划和自我实现的实施者和承担者。因此,个体是精神性自我的主体,主体性的自我。个体进入“吾日三省吾身”情境时就是精神性的自我,反思后,“有则改之无则加勉”时是造就性的、自我治理的主体。个体分形而上和形而下两个层级。自我主体是形而上的个体,形而上个体是构建形而下个体的基础和本源。从经验世界看,形而下个体在先,因为个人的存在是被“抛”的,是经验世界某种具体文化下的存在。

个体在与绝对者发生关系时是自由选择的结果,或者上帝,或者道或者仁。不与最高存在发生关联的个体是形而下的个体,就不是本真性的个体。在完成选择后,个体在自身内就建立起形而上个体,然后进入具体的社会关系中,具有具体的身份和角色,这就是形而下个体。在后天经验世界,会有不做精神性反思的个人,不进入生存的瞬间进行选择,此人可能遵守道德规范,也可能是利己主义者。但这是一种未经反思的生活。所以,个体即个体化,是由“众”的生存状态到自我觉识、自我造就成为个体,然后再次进入与其他个体共在的生存过程。

在儒学论域下,一个人自由地觉识到“仁”,并且“志于仁”而不“违仁”方可谓之仁者。颜渊、仲弓、司马牛问仁于孔子,孔子分别给予回答,但当樊迟请教孔子学稼为圃时,孔子则谓之“小人”。并非每个人皆会意识到仁是“己任”,相反人会被私利己欲蒙蔽。如此的话,仁对个体是无效的,也不具有规范性。修德成仁是个体自由自觉的活动,他者最多起到“辅仁”的作用。

当个体从角色性的存在进行生存反思后,在自身内建立起己与己、人和终

---

① 参见孙毅:《个人的人:祁克果的基督教生存论思想》,中国社会科学出版社2009年版,第89页。

② [法]米歇尔·福柯:《自我技术》,汪民安译,北京大学出版社2015年版,第61页。

极存在的关系后，我们认为这才是个体的觉醒，个体生存的开端。一个仁者应该是仁者与自身发生关系，同时与仁发生关系。仁是最高的存在，绝对他者。因此，个体首先是个体与仁的关联，其次是与自身的关联，然后是在仁这一中介下个体与个体、个体与自然万物的关联。我们是仁之下的万物一体（审美的个体），也是仁下的个体（宗教性的个体），也是仁下的个体间性个体（伦理的个体）。

质言之，在形而上层面上，个体是终极价值中介下的个体；从工夫论或生存论上，个体是与自己关联的个体；从形而下上，个体是与其他个体、万物共在的个体。[①] 这种生存结构中的个体蕴含着三种生存关系，即个体与仁产生的宗教性关系、个体间的伦理关系（自我责任可以看作一种伦理关系）以及个体与万物的审美关系。个体是在宗教性、伦理性和审美性三维空间展开生存的。本文对功利主义不作讨论。宗教性是在终极关怀来讲的，并非就是指宗教。

《论语》文本中的个体思想有其历史局限性，此时的个体是宗族社会的个体。另外就是相对于君子，“民”或“众”则处于蒙蔽、受役的状态。这相当于尼采批判的“末人”和海德格尔的“常人”。个体概念是相对没有觉醒的民众而言。因此，从生存论上探讨《论语》的个体思想才具有合法性。

二、《论语》中蕴含的个体思想

诸子时代，伴随着“己”这一行为主体身份的凸显，个体自我在更具道德主体反思意识的同时，也处于一种更复杂、紧张的个体道德选择之境。其具体的历史境遇主要就是政治体制的转变，即封建制逐渐解体，社会层面表现为礼坏乐崩。在此之前，个体身份隶属“邦邑”共同体的成员，“故德目之履行不是一个个体自我之修身”[②]，而至诸子时代，邦邑制出现危机，王权逐渐成为权力的中心，“邦道”式微。因此，孔子提出“克己复礼”以“归仁”达到平天下，将希望寄托于君子这一群体上。君子也由世袭的王侯贵族身份而成为人人可以“修而得之”的道德身份。君子内涵的演变是一个长期的过程，这个过程大概在孔子以前早已开始，却完成于孔子的手里。[③] 君子由早期的与其职位身份的固定联系转到修而得之，这是君子生存主体的觉醒。君子不再是生而是之，而是个体自觉修行的结果。春秋时期，个体的自我意识觉醒，其由对宗族身份完全依附逐渐过渡到基于自身的道德认同。因此，这是个体思想史的第一次解放。

---

① 参见赵立庆：《儒家的个体观——以〈论语〉为例》，《中国社会科学报》2018 年 6 月 26 日。

② 吴忠伟：《结盟之心——“己”与早期中国哲学》，苏州大学出版社 2014 年版，第 32 页。

③ 参见余英时：《中国传统的现代诠释》，江苏人民出版社 1998 年版，第 157 页。

在《论语》中，尽管仁是核心范畴，但其义既指普遍的仁性，又指具体的仁者。仁即爱人，“樊迟问仁。子曰：‘爱人。’”[①]爱是人的本性，发生在具体关系中的孝悌忠信为用。作为本源性的仁爱，包括三个层面：爱仁（“志士仁人，无求生以害人，有杀身以成仁”）、爱己（《礼记·中庸》：“成己，仁也”）和爱亲爱人（“泛爱众”）。可见，仁首先是人的本体，是形而上的终极存在；其次仁者成己；最后，仁者成人，“己欲立而立人，己欲达而达人”[②]。

仁统摄人的自我完成的全过程。“克己复礼为仁”，就是普遍性的道德追求，这样孔子就把周礼与周代贵族的宗族群体来了个大剥离，落实到全社会每个人都应该追求和实践的道德上。[③]

仁是《论语》思想中的核心范畴，是其他伦理规范的基体，是孔子孜孜以求的最高境界。一方面仁是“礼”“义”“乐”价值系统的最高序列，后者奠基于仁，“人而不仁，如礼何？人而不仁，如乐何？”[④]；另一方面仁是可“欲”而不可“违”的，“君无终食之间违仁，造次必于是，颠沛必于是”[⑤]。仁是人的“欲”，同时仁在每个个体身上体现出差异性、个体性。仁是内在于心的，这是内向性超越关系。

《论语》中表示自我（个体）的第一人称代词主要有己、吾、我、予。如前文所述，自我不是本体论上的抽象自我，亦不是认识论上的对象自我，而是生存论的主体自我即个体。特别是“己”的运用，有学者认为，“己”字已见于前诸子时代文献，然相对于作为第一人称代词的“我”“吾”之频繁使用，“己”字用例显然在少数。一是固定化为少数人之使用，如“余一人”；二是具有一“客观性”，即与某一特殊身份关联，只有“王”才有“余”之权限，他者用其职位之名以自称。[⑥] 而到了早期诸子时代，社会阶层出现分化，邦国成员身份变动较大，其自称不再与其职位紧密关联。这一状况在《论语》中发生了一根本性变化。“己”字作为第一人称代词不但大量使用，且成为孔子之学核心思想概念的必要构成。[⑦]

己固然与人相对，然己与天的关系理应得到重视。孔子在“天—人”这一关系下，把自我的成仁理解为“天命”。当然，孔子这句话也表明，德出自“天”，德性本源于天。但是，我们不能否定这一认识是孔子“志于学”“依于仁”而思虑得之。德性恰恰是普遍的、自然的，人才能“为仁由己，而由乎人哉”[⑧]。因为，德性

---

① 《论语·颜渊》。

② 《论语·雍也》。

③ 金观涛、刘青峰：《中国思想史》（上），法律出版社 2016 年版，第 18 页。

④ 《论语·八佾》。

⑤ 《论语·里仁》。

⑥ 吴忠伟：《结盟之心——“己”与早期中国哲学》，第 18 页。

⑦ 吴忠伟：《结盟之心——“己”与早期中国哲学》，第 20 页。

⑧ 《论语·颜渊》。

也必然内化为“我”的仁，即“仁义发乎内”。我们不是讨论德性与我何谓本的问题，而是明确如果仁内在化，仁无异于人只能听之任之的必然性规律。这样就难以理解“人能弘道，非道弘人”。既然是“我”的天命，必然要求“为仁由己”。由此对“吾十有五而志于学，三十而立，四十而不惑，五十而知天命，六十而耳顺，七十而从心所欲，不逾矩”[①]这一章句作划分，“五十知天命”是孔子真正成为孔子确立的时间节点，这倒不是说之前的生命不属于孔子，而是说孔子在理解天命后才能由内而外地行仁，才能达到自然而然、随心所欲的境界。从这个意义上，成为个体是持续不断的过程。

修身成仁是个体自觉的选择、不可替代的伦理责任。“仁远乎哉？我欲仁，斯仁至矣。”[②]仁是“我”“欲”的结果。《易》曰：“大人者，与天地合其德，与日月合其明，与四时合其序，与鬼神合其吉凶，先天而天弗违，后天而奉天时。”一个人要成为有德性的人，不能仅仅进入关系之网中（实际上一个人已经陷入那样的网络中），而是要发展一种品质去适宜地对待其他人。[③]

三、君子的个体特征

儒家塑造的理想人格君子对中国文化、对中国人的基本价值观产生极为深刻的影响。整本《论语》完全可以看作君子之学。本文不对士、君子、仁者、圣人进行别论，统论为君子这一具有代表性的人格形象，一来《论文》论述君子较多；二来君子是普罗大众通过自我修养可以达成的。

君子所指的转变在中国思想史上具有划时代的意义。个体觉醒的历史分期大致可以这样：(1)前孔子时代专指君王，到孔孟时代扩大到士阶层；(2)宋明时期，王阳明云“与愚夫愚妇同的，是谓同德”，王艮更是激进地主张“平民儒学”；(3)现代社会个体进一步解放，儒学复兴势必要落到每个自我觉醒的个体身上。

我们从个体的生存结构分析君子体现的个体特征。

首先，“君子求诸己，小人求诸人”[④]。君子善于内自省。自省属于知与思的范畴，知与思属于与修己相关的范畴，而不是对自然或社会现象的对象化认识。在论及学与仁的关系时，孔子认为，“好仁不好学，其弊也愚”[⑤]。内自省不同于

---

① 《论语·学而》。

② 《论语·述而》。

③ 参见姜新艳主编：《英语世界中的中国哲学》，人民出版社2009年版，第618页。

④ 《论语·卫灵公》。

⑤ 《论语·季氏》。

意识哲学的自我反思意义的自我意识，而是一种生存反思。通过内自省，君子省察自己的外在德行和内在情感，在自身内建立起与仁、义、礼、智的关系。曾子曰：“吾日三省吾身，为人谋不忠乎？与朋友交而不信乎？传不习乎？”[①]孔子非常赞赏颜回的自省功夫，“吾与回言终日，不违，如愚。退而省其私，亦足以发，回也不愚”[②]。君子自任于道，“仁以为己任”。相反，乡愿把德看作工具价值，或者为礼而礼，随波逐流，没有个体自我意识，与仁是外在性关系。孟子曰：“行之而不著焉，习矣而不察焉，终身由之而不知其道者，众也。”[③]

其次，“夫子之道，忠恕而已”[④]，这是孔子认为君子在处理个体关系时应遵循的。忠就是尽心诚意，恕就是尊重他者。忠恕合而为仁。具体来说有两条原则：进为“修己以安人”[⑤]，退为“己所不欲，勿施于人”[⑥]。君子坚守仁道，故同为修仁者，同仁之间理应把彼此看作目的而非手段，这样才能做到“德不孤，必有邻”[⑦]。以“友朋”为例：“有朋自远方来不亦乐乎”表达的是情感上的愉悦，“无友不如己者”表达的是君子应虚心，“与朋友交而不信乎”表示以诚待人。上述是指道同的情况，道不同时，应该“不可则止”，“毋自辱”。

道同则“以友辅仁”。然则君子之间发生矛盾时如何处理？子曰：“君子矜而不争，群而不党。”[⑧]仁者是把人视为人，故朋友交主忠信。如果因利益结党，不仅君子自身丧己，同时也是把他人视作物。

第三，“不知命，无以为君子”[⑨]。命乃天命。郭店楚简《性自命出》：“性自命出，命自天降。”《语丛一》：“有天有命，有物有名。”既然命出自天，君子知命意味着与天建立关联。否则，没有天命意识，往往会“固我”。本文认为，不应忽视“知”。知命不是讲对客观规律或生死富贵的认知或掌握，而是敬畏，“君子有三畏：畏天命、畏大人、畏圣人之言”。天在早期儒家哲学有人格之天（有人格性、意志性和价值性）与义理之天，从仁观来看，理解为有其意志的人格之天较为合理。“知我者，其天乎。”[⑩]因此我们认为，君子之为君子必要与天建立关系。在生存的关键瞬间，孔子“天”的意识愈发浓烈。颜回死，子曰：“噫！天丧予！天

① 《论语·学而》。
② 《论语·为政》。
③ 《孟子·尽心上》。
④ 《论语·里仁》。
⑤ 《论语·宪问》。
⑥ 《论语·颜渊》。
⑦ 《论语·里仁》。
⑧ 《论语·卫灵公》。
⑨ 《论语·尧曰》。
⑩ 《论语·宪问》。

丧予!”[1]孔子过宋,与弟子习礼大树下。桓魋欲杀孔子,“天生德于予,桓魋其如予何?”又如,子畏于匡曰:“文王既没,文不在兹乎?天之将丧斯文也,后死者不得与于斯文也;天之未丧斯文也,匡人其如予何?”[2]

综上所述,君子是一个通过自身建立起己—己(内省)、己—人(忠恕)、己—天(天命)三个层面立体之个体。从生存哲学看,个体首先是自我的觉醒、选择和行为的结果。这是由内而外的进路。从道德行为施行看,个体首先是具体关系中的存在者,个体担当的伦理责任是首要的,即个体先要立于“礼”,在行为中向内反思自我方能产生己—天关联。整体看来,己与己、人和天是一种关系的三个不同侧面。如余英时所言,人与天地万物一体,由自我的存在又可推至天……自我在于其他人的关系中存在,也在于天地万物的关系中存在,此存在并不是悬空孤立的。[3]

尽管《论语》中包含着丰富的个体思想,但这种个体思想不能直接搬到现代社会进行无缝对接,而要谨慎对待。正如余英时所言,我所要郑重指出的是中国传统的自我观念只要稍加调整认可适用于现代的中国人。[4] 现代社会的个体流于自我中心主义者,其危害在于:一方面容易滋生自私自利的个体,这种个体打着自然权益高于一切,其他人乃至万物都是其达到私我目的的工具;另一方面,容易导致自我道德膨胀的个体,或者说是圣—民关系中的个体,“民”处于未启蒙的状态,处于受“使役”的状态。《论语》中关于“和而不同”与“群而不党”的个体关系对于从传统社会人伦关系解放出来的个体如何构建新型的主体性关系仍然是不得不返回经典重新发现出路的一个重要源头。

四、个体儒学:如何做一个儒者

儒学面临的最大课题是自身如何现代化的问题。一方面儒学的入世关切较其他文化更容易接受现代化的基本价值;但另一方面复兴不是复古,复兴同时面临同时空下的不同境遇,即儒学与基督教、佛教、道家、墨家等文化有效性的对话。徐复观曾言,要从具体生命、行为、层层上推,推到形而上的天命天道处立足,以为不如此,便立足不稳。扣紧《论语》把握住孔子思想的性格,用现代性的话语把它讲出来,以显现孔子的本来面目,这是本文的逻辑起点和旨归。

因而自我主体式的个体成为各种文化复兴的基点,这与现代政治建立在公

① 《论语·先进》。
② 《论语·子罕》。
③ 参见余英时:《中国传统的现代诠释》,第34页。
④ 参见余英时:《中国传统的现代诠释》,第38页。

民个体基础上是同样的道理。黄玉顺认为儒学进入自身的“再创”时期，明确提出儒学复兴需要“彰显个体价值”，唯有建立在个体主义价值观的基础上，它们才成为现代性的价值观。这就是说，全部现代治理文明价值的核心与根基是个体。本文对此作出学理上的呼应。

个体生存的自觉是在某个生存瞬间开启的，在开启的路口，呈现在个体面前生存选择是多样的才是自由的。文化的多样性是个体自由的本源。在封闭单一的文化体内个体的选择是不自由的。因此，本文的论域是儒学，换作其他论域，自我主体同样面临选择的自己。个体选择哪条“道”作为己道是个体的。承认个体的理论，必然承认并尊重不同“道”上的个体，在逻辑上是个体在先，其次才是不同族类、信仰的。黑格尔如此评价康德：“自由为人所赖以旋转的枢纽，并认自由为最后的顶点，再也不能强加任何东西在它上面。所以人不能承认任何违反他的自由的东西。人在他自身中既然可以发现一个纯全固定的、不可动摇的东西、一个坚实的支点，因此只要人的自由没有受到尊重，他就不承担任何义务。”①

个体儒学回答的是如何做一个儒者的问题。在仁的面前，人是自由平等的个体。同时仁是个体自由自觉的结果。个体首先是仁的视野下的自由平等仁者，这种同仁关系是第一性的，形而上的，然后才是形而下的社会现实的各种关系。仁对每个个体来说是终极价值，在这一意义是具有宗教性，从而为个体提供本体论依据。孟子曰：人皆可以为尧舜。这倒不是强调为仁机会的均等性，毋宁是在仁—人视野下对每个人的承认。仁是向每个人敞开的，故孟子认为，“君子深造之以道，欲其自得之也。自得之，则居之安；居之安，则资之深；资之深，则取之左右逢其原。故君子欲其自得之也”②。王艮倡导“百姓日用是道”，他的平民儒学就是个体儒学的先声。这一重要思想值得我们深入研究。

个体儒学是建立在个体基础上的儒学，不是张扬自我中心主义，不是“交互利”下的“兼相爱”。个体间的关系由仁爱统摄。仁爱是在仁观照下的个体间的爱。个体儒学中的个体把每个人视作个体，视为目的，这是其一；其二，建立在个体基础的仁义礼智信是相互的，而非单向的自我价值的实现。仁作为终极价值是个体关系的根本的维系者和调解者。不确立仁本体的个体关系容易偏离仁道和忽视个体价值。曾子所谓“与人谋而不忠乎？与朋友交而不信乎？”如果失去仁的根基，就会为忠而忠，为孝而孝，为信而信。

以个体理论审视儒学史，我们发现“个体”经历从无到有逐渐显现的过程。孔孟的“天—我”到程朱理学的“心性自我”；从王艮的“尊身尊道”，“吾身是个

---

① [德]黑格尔：《哲学史讲演录》第四卷，王太庆译，商务印书馆 1983 年版，第 289～290 页。

② 《孟子·离娄下》。

矩，天下国家是个方”到康有为的“独”，表明儒学的“个体”是内生的，有其逻辑脉络在里面。时代不同，凸显的价值不同而已。现代社会是建立在个体之上的社会，个体是政治经济文化活动的基本单位，儒学的复兴理应落到个体之上，是为个体儒学。

结　语

个体儒学回答的现实问题是儒学如何复兴。进入21世纪以来，各路儒学粉墨登场，然而各种儒学之间缺乏建设性的对话。儒学走到今天，不是体系学说的构建问题，而是理性对话的问题。儒学作为积极入世的学问面临的主要问题有两个：第一，入世的切入点，找不准这个点，就好像有一张清晰的地图，却没有自身的定位；第二，儒学内部的争端如何解决。本文认为，个体恰恰是这个问题的结合点。儒学要复兴，关注现实，就要解决每个人的安身立命问题，即在当代社会中如何构建出适宜的具有普遍性的价值体系；各种儒学彼此对立缺乏对话，关键在于没有找到对话的基点。若各种儒学皆承认个体为目的，在此基础上构建出多样性的儒学样态，儒学的复兴方可落到实处。假若因为西方后现代导致主体的解构，而误认为当下提倡个体式儒学会成为笑柄，或是做无用功，这是错置时空。社会的个体化和现代性的倒逼促使我们将儒学的复兴转到个体身上。

“训诂”的存在论意义

——基于生活儒学的考察*

张小星

在如何建构“中国诠释学”的相关争论中，不少学者将目光投向中国传统的训诂学经验，致力于挖掘其与西方诠释学（Hermeneutics）之间的内在思想关联，并呈现出两种基本思想路向：一是通过阐发训诂学本身所蕴含的诠释学意义，进而促进训诂学向诠释学的转化，从而建构“经典诠释学”，比如景海峰认为“重新理解‘诠释’的意义和建立新的经典诠释，对中国学术界就显得非常重要；如何打破传统训诂的界域，而迈向新的经典诠释学，便成为中国哲学方法论建构的一个方向”①。吴根友在分析戴震经学解释学的基础上提出“如何运用现代哲学解释学的新视野、新方法来研究经文与传统的经学研究成果，将传统经学解释学的理论特质揭示出来，并使之上升到经典诠释学，进而上升到哲学解释学的高度，在中西比较的视野里，揭示出中国古典解释学与西方古典解释学的异与同，进而为发展中国的哲学解释学提供本土的思想元素，则是当代中国哲学研究的一项重要历史任务”②。二是在重新审视传统“汉宋之争”的基础上凸显“训诂”本身的方法论意义，将其明确为一种哲学创作的方式，比如陈少明认为“总结清代汉学的哲学遗产，正视其方法论的启发，绝非主张退回传统的训诂学领域，更非在汉宋之争中为一方摇旗呐喊，它是在展望中国哲学的前景时，回

* 原载胡骄键、张小星主编：《生活儒学：研究·评论·拓展——第三届“生活儒学”全国学术研讨会论文集》，四川人民出版社 2020 年版，第 243～254 页。

① 景海峰：《经典诠释与传统训诂是什么关系》，《南国学术》2019 年第 4 期；《从训诂学到诠释学——中国哲学经典诠释方法的现代转化》，《天津社会科学》2004 年第 5 期。

② 吴根友：《从经学解释学到经典解释学——戴震的经学解释学及其当代的活化》，《社会科学战线》2019 年第 6 期。

望传统的一个必要环节”[①]。饶宗颐与张丰乾为了凸显“训诂”对于阐发哲学范畴的重要性则直接提出“训诂哲学”[②]。

然而，需要指出的是，主导经典诠释学与训诂哲学建构的乃是一种（受西方诠释学影响的）根深蒂固的“方法论意识”，亦即将“训诂”（乃至“诠释”）视为通往诠释学或哲学的方法，由此而遮蔽了训诂本身作为古典诠释实践所得以发生的存在论基础。有鉴于此，笔者试图通过评析“训诂哲学”的建构展开对此“方法论意识”的反思，进而基于生活儒学之“生活—存在”的思想视域，在承认“训诂”作为经典解释实践方法之合理性与正当性的基础上阐发训诂活动本身的存在论意义。[③]

一、“训诂哲学”的建构及其问题

“训诂哲学”的提出，为我们反思中国经典诠释学中的“方法论意识”提供了某种思想契机。在《训诂哲学初论》一文中，作者通过分析“训诂的意义”“经典”“语词”“训诂与哲学”等相关论题，阐扬了饶宗颐先生所提出的“训诂哲学”概念。文章提出：

> 训诂哲学，就是以训诂的方法研究及阐发哲学范畴。具体内容包括考论特定的作为哲学范畴的语词，追溯其发生、发展的途径，梳理哲学史层累的端绪，进而建构新的哲学思想。换言之，就是以哲学语词“形而下”的训诂为基础阐发其“形而上”的哲学思想，以求得使古今如旦暮、别国如乡邻的目标。训诂哲学不仅重视哲学范畴的语词历史，也注意一般语词内在的哲学意义，以及相关经典中的同义异辞或同词异义。我们这里所说的“训诂”，包括文字学意义上的训诂，只是更侧重文字的哲学意义；同时，又比一般所说的“哲学解释学”范围也要宽泛一些，因为训诂哲学的对象在“思想”之外，非常注重思想的载体，各种与思想有关的文本都受到重视，而不仅仅局限于“哲学著作”。同时，也不局限于成文经典。
>
> 训诂哲学首先不是关于训诂的哲学，而是把训诂当作哲学的一种途径，这种途径重视经典的搜集整理和语言变化的历史过程；同时，也把哲学

---

① 陈少明：《由训诂通义理：以戴震、章太炎等人为线索论清代汉学的哲学方法》，《中国社会科学》2018年第7期。

② “训诂哲学”由饶宗颐先生提出，其后中山大学张丰乾教授申论之，详见《训诂哲学初论》，《现代哲学》2004年第3期。

③ 在此需要说明的是，揭示并阐发训诂本身的存在论意义需要先行对“训诂”作出存在论分析，留待他文详论。

看成是训诂的一种升华，寻求文字之"上"的普遍意义。

本文所讨论的训诂哲学还不是训诂学的一种，而是哲学的一种，特别是研究中国哲学的方法，也兼顾它作为哲学创作的一种方法。[①]

由此不难看出，所谓"训诂哲学"既非"训诂的哲学"，即对训诂实践的哲学思考，也非"哲学的训诂"，即对哲学理论进行训诂考察，而是重在处理"哲学"与"训诂"的关系问题，即将"训诂"作为通往"哲学"的方式，而其所谓"哲学"乃是特指某些哲学范畴，亦即承载"思想"的相关语词及其历史。作者之所以建构"训诂哲学"，乃是基于这样的逻辑："欲明哲学，必反之于经典，研习经典，必落实于字词；而求得字词的内涵，认识经典的价值，必借助于哲学。"[②]而"训诂的意义"即在于解释经典，训释语词。由此而言，"训诂"与"哲学"在此呈现为"互为体用"的关系，其实质乃是中国古典学术传统中"汉宋之争"问题的当代表现。

尽管作者将"训诂"认定为一种方法，而且是一种训释哲学范畴的方法，却对此"方法"本身未作出明确规定，而哪些语词可以归入其所认定的"哲学"范畴也是一个问题，作者对此并未给出明确的选择标准；虽然文章引用了周祖谟先生对于清人训诂学之基本方法的相关总结，但其具体应当如何操作，亦即如何对所确定的哲学范畴进行语词史的考察与训释，却未给出明确说明。

事实上，"训诂哲学"所体现的"方法论意识"与训诂学本身的发展不无关系。考察训诂学史可知，"训诂学"在清代开始进入"方法论训诂学"阶段，随着乾嘉学派"实事求是"之风的盛行，自觉地展开对训诂方法的总结已然开始，这种学术思潮一直延续到清末民国"章黄学派"的工作：章太炎将传统"小学"界定为语言文字之学[③]，章氏弟子黄侃则直接提出"训诂"原理[④]等。而此"训诂哲学"的提出可谓接踵其后，区别只在于将"方法论训诂学"的相关成果应用于相关哲学范畴的训释。

此外，值得注意的是文中出现的"形而下"一词。在哲学领域，"形而下"本身所关涉的是相对存在者领域的事情，亦即相对主体性的事情。作者在此将"训诂"视为某种"形而下"的"释义"活动，也就是将其视为一种主体性活动：既定的作为主体性存在者的训诂者对现成的文本或其语词展开训释。就其内在思维模式而言，"训诂哲学"本身所体现的正是近代哲学"认识论转向"之后所形成的"主—客"思维架构（上文所言之"方法论训诂学"亦然，其本身属于一种具

---

① 张丰乾：《训诂哲学初论》，《现代哲学》2004 年第 3 期。

② 张丰乾：《训诂哲学初论》，《现代哲学》2004 年第 3 期。

③ 参见章太炎：《论语言文字之学》，《国故论衡》附录，商务印书馆 2017 年版，第 207～225 页。

④ 参见黄侃：《黄侃国学讲义录 · 训诂学笔记》，中华书局 2006 年版，第 231 页。

有认识论性质的活动)①,因此其本身不可避免地会陷入经验主义的“认识论困境”②:主体何以能够“切中”客观对象?亦即难以回答“主体”“客体”等存在者何以可能的问题。对于反思“训诂哲学”来说,需要追问的问题则是:作为主体性存在者的既定训诂者之“既定主体性”以及作为客观对象的现成文本之“现成的客观对象性”何以可能?而此发问方式已然将我们带入存在论的视域中,即存在者何以可能?“训诂”本身何以可能?

对此,笔者以为,时至今日,“训诂”与“哲学”的关系不能单纯纠结于“考据”与“义理”的无谓争论中,而应当立足于“训诂活动”本身,从哲学存在论的角度阐发其思想意蕴。为此,有必要对“训诂”本身作出重新分析。

二、作为诠释活动的“训诂”

“面向生活本身”③的哲学态度要求我们必须“面向训诂本身”。而“面向训诂本身”的前提在于区分训诂本身以及学科意义上的训诂学及其历史形态,因为后者是对训诂本身对象化把握的结果,亦即训诂活动的某种显现样式。基于此,有必要讨论如下两个问题:一是训诂学的历史形态,二是作为诠释活动的“训诂”。

(一)训诂学的历史形态

作为中国传统“小学”中的分科之一,“训诂学”与文字学、声韵学共同构成传统经学的辅助学问。为了说明训诂学的历史形态,在此需先行说明何谓“训诂”。许慎《说文解字·言部》:“训,说教也。”段玉裁注:“‘说教’者,说释而教之。”“说释”即解释之意,在语文方面是指对字、词、句的解释。“诂”指古语,如吕忱《字林》:“诂,故言也”,而且特别指与今语相异的古语,如张揖《杂字》:“诂者,古今之异语也。”解释古语也叫“诂”,如《说文解字·言部》:“诂,训故言也。”段玉裁注:“‘训故言’者,说释故言以教人。”此外,对典籍中的古语所作的解释也叫“诂”,如《汉书·艺文志》所载对《诗经》的注释《鲁故》《韩故》等。“训诂”(亦作“诂训”“故训”“训故”等)二字连用始于汉代,如《汉书·儒林传》:“谊为《左氏传训故》”,《后汉书·张衡传》:“著《周官训诂》”等,其中最典型的就是《毛

① 近现代学者站在科学主义的立场上评价“乾嘉学术”,比如梁启超:“清儒之治学,纯用归纳法,纯用科学精神”;胡适:“中国旧有的学术中,只有‘朴学’确有‘科学’精神”;傅斯年:“清代学问,很有点科学的意味,用的都是科学的方法”等。

② [德]胡塞尔:《现象学的观念》,倪梁康译,商务印书馆2016年版,第3页。

③ 黄玉顺:《面向生活本身的儒学——黄玉顺“生活儒学”自选集》,四川大学出版社2006年版。

诗故训传》。故此,所谓"训诂"即指"解释古语"或"古语的解释"。此后,随着后世语言研究的发展,"训诂"范围逐渐扩大,对古代典籍的各种注解(比如传、笺、章句、义疏、集释等)皆可纳入其中。因此,凡是以不同方式对古代典籍上的语言进行解释说明的活动,皆可称为"训诂"[①],故有学者径直将"训诂学"称作"语言解释之学"[②]。当然,这已经属于一种"训诂学"的规定。

基于上述规定,并综合前人相关研究,笔者将"训诂学"的历史形态划分如下:

1.前训诂学时期

笔者将汉代之前称为"前训诂学时期",因为当时尚未产生明确的"训诂学"意识。自东周以来,与训诂相类似的释义活动已经产生,比如《左传·庄公三年》:"凡师一宿为舍,再宿为信,过信为次。"《易传·序卦传》:"屯者,物之始生也","夷者,伤也"。《论语·颜渊》:"政者,正也。子帅以正,孰敢不正?"《孟子·滕文公上》:"彻者,彻也;助者,藉也。"

2.实证训诂学时期

自汉代[③]"训诂"二字连用,具有学科性质的"训诂学"才开始正式建立。《汉书·艺文志》"六艺略"于"六经"之外专门列"小学",此当属"训诂学"之雏形,当然"小学"一词已见于《周礼》,但其地位并非独立的学科,而只是经学的附庸。后人评价道:"《尔雅》出自汉世,正名命物,讲说者资之,于是有训诂之学。文字之兴,随世转移,务趋便省,久后乃或亡其本,三苍之说,始志字法,而许慎作《说文》,于是有偏旁之学。五声异律,清浊相生,而孙炎始作字音,于是有音韵之学。"[④]这一时期的训诂实践基本呈现为"随文释义"与"训诂专书"两种方式,前者为经学训诂,如毛亨《毛诗故训传》、郑玄《毛诗笺》等,后者则为小学训诂,比如《尔雅》《说文解字》等。近代黄侃对此有言:"小学家之训诂与经学家之训诂不同。盖小学家之说字,往往将一切义包括无遗。而经学家之解文,则只能取字义中之一部分。""是知小学之训诂贵圆,而经学之训诂贵专。"[⑤]二者不同,于此可见。时至唐代,孔颖达负责编撰《五经正义》,在总结前人训诂实践的基础上,首次为"训诂"定义:"诂者,古也,古今异言,通之使人知也;训者,道也,道物之貌以告人也。……然则'诂训'者,通古今之异辞,辨物之形貌,则解释之义尽

---

① 张永言:《训诂学简论》,复旦大学出版社 2015 年版,第 1、2 页。

② 许嘉璐:《语言文字学论文集》,商务印书馆 2005 年版,第 13 页。

③ "训诂"的范围在汉代已经逐渐扩大,出现"方言训诂",比如扬雄《輶轩使者绝代语释别国方言》。

④ 《崇文总目·小学类·叙录》。

⑤ 黄侃:《黄侃国学讲义录·训诂学笔记》,第 242 页。

归于此。”[①]此说其实最早见于东晋郭璞《尔雅注》:“此所以释古今之异言,通方俗之殊语。”[②]由此可知,“训诂”即为“解释”,具体内容包括对古代典籍之语词以及名物之含义与来源的训释与考证。

而在宋代,王应麟编《玉海》时提及:“文字之学有三:其一,体制,谓点画衡从曲折之殊,《说文》之类;其二,训诂,谓称谓有古今雅俗之异,《尔雅》《方言》之类;其三,音韵,谓呼吸有清浊高下之不同,沈约《四声谱》及西域反切之学。”[③]此说法将“小学”具体细分为体制(形)、训诂(义)、音韵(音)三科,标志着“小学”(时称“文字之学”)在宋代开始从经学中解脱出来而走向独立学科。而这些训诂观念(主要是孔颖达观点)所主导的训诂实践一直延续到清代乾嘉朴学,故笔者称其为“实证训诂学”。

3.方法论训诂学时期

事实上,“实证训诂学”本身蕴含着“训诂方法论”的思想因素。“小学”在清代进入“文字、音韵、训诂全面发展时期”[④]。而随着古音学的发展,训诂学也发生了革命性变化,朴学家们开始自觉地展开对训诂方法的总结,如段玉裁:“学者之考字,因形以得其音,因音以得其义。治经莫重于得义,得义莫重于得音。”[⑤]王念孙:“窃以诂训之旨,本于声音。”[⑥]“训诂声音明而小学明,小学明而经学明。”[⑦]“因声求义”在此时俨然成为训诂工作的基本原则。

近代以来,随着中国社会的现代转型,“章黄学派”借助于现代语言学的相关理论,明确致力于建构“理论训诂学”[⑧]或“方法论训诂学”[⑨],其中最典型的观念即黄侃所提之:“真正之训诂学,即以语言解释语言。”[⑩](黄侃称之为“构成原理”)需要承认的是,“方法论训诂学”形态属于中国传统学术现代转型的必然结

① 在此需指出的是,孔颖达的定义实则是从训诂的角度所提出的范畴表(即存在者领域的划界),其与西方近代狄尔泰将诠释作为精神科学的方法论具有可比性,后者实则也在对存在者领域划界,即对精神科学与自然科学的划界,可从哲学存在论的角度对二者展开比较。

② 宋翔凤《尔雅义疏序》写道:“又《诗》正义引《尔雅·序篇》云:‘《释诂》《释言》通古今之字,古与今异言也,《释训》言形貌也。’《诗》正义但疏诂训二字之义,所引不全,则《尔雅》尚有序篇,今亡之矣。”具体参见郝懿行:《尔雅义疏·释诂第一》,中华书局2017年版,第1页。

③ (宋)王应麟:《唐六十九家小学》,《玉海》卷四五,清光绪九年(1883)浙江书局刊本。

④ 王力:《中国语言学史》,中华书局2013年版,第111页。

⑤ (清)段玉裁:《广雅疏证·序》,中华书局2004年版,第1页。

⑥ (清)王念孙:《广雅疏证·自序》,中华书局2004年版,第2页。

⑦ (清)王念孙:《说文解字注·序》,中华书局2013年版,第1页。

⑧ 可参见《黄侃国学讲义录》之《训诂学笔记》一文。

⑨ 具体内容可参见陆宗达、王宁《训诂方法论》(中华书局2018年版)和许嘉璐(《语言文字学论文集》)两书。

⑩ 黄侃:《黄侃国学讲义录·训诂学笔记》,第231页。

果,因此有学者将黄侃训诂学思想视为一种现代训诂学观念。[①] 基于此,笔者称之为“方法论训诂学”。

(二)作为诠释活动的“训诂”

上文对“训诂学”之历史形态的回顾表明,“训诂”本身乃是一种实践活动(释义过程),而非方法论意义上的“方法”或“技术”,所谓“方法”其实只是释义过程中经学家们所用以通达语词意义的手段而已,比如“声训”“形训”“义训”等,其本身作为一种要素隶属而非直接构成训诂本身。既然如此,那么“训诂”是在什么情况[②]下才发生的呢?其发生情形如何呢?当然,训诂活动的发生以及训诂学的建立本身作为一个历史性事件,自有其具体历史原因,但笔者在此对训诂活动的考察却并非一种历史性的“追本溯源”。

清代学者陈澧曾指出:“盖时有古今,犹地有东西、有南北,相隔远则言语不通矣。地远则有翻译,时远则有训诂。有翻译则能使别国如乡邻,有训诂则能使古今如旦暮,所谓通之也。训诂之大功大矣哉!”[③]可见,“训诂”之所以发生,乃是缘于时(古—今)空(方—俗)间隔所导致的“言语不通”,具体表现为语言文字上的疏异,而“训诂”的功能即在于“通之”以弥合这种疏异性,也就是消除语言文字对于“主体”(言说者/对话双方/读者)之理解所造成的阻碍。[④] 近代学者刘师培对此亦有相似说法:“言语之迁变略有数端:有随时代而殊者……若欲通古言,必须以今语释古语;有随方俗而殊者……若欲通方言,必须以雅言释方言;通俗之文必与文言之文有别,则书籍所用之文又必须以通俗之文解之。”[⑤]按此,“训诂”本身作为一种“解释”活动,其具体发生结构展现为语言之间的转换(主体对文本之语词意义的转换),即历时层面的“以今语解释古语”与共时层面的“以雅言翻译方言”(“翻译”本身属于“训诂”的一种呈现方式),因而属于一种意义解释活动。

就此“语言转换”而言,伽达默尔在讨论“古典诠释学与哲学诠释学”的文章

---

① 参见杨光荣:《训诂学的现代观念》,《山西大学学报》1995 年第 2 期;《黄侃与现代训诂学》,《语文研究》2000 年第 2 期。

② 伽达默尔指出:“凡在某物的意义并非开放和明显时,就需要这种艺术(Hermeneus)。”[德][伽尔默尔:《诠释学Ⅱ:真理与方法——补充与索引》(修订译本),洪汉鼎译,商务印书馆 2010 年版,第 114 页]潘德荣亦指出:“当神不再现身说法、他们的话语以文字或口头流传的传说被固定下来成为人们理解的对象时,诠释才是必要的。”[潘德荣:《西方诠释学》(第二版),北京大学出版社 2016 年版,第 64 页]

③ (清)陈澧著,钟旭元、魏达纯校点:《东塾读书记》卷十一,上海古籍出版社 2012 年版,第 204 页。

④ 陆宗达:“早在汉代,就开始有了以扫除古代文献语言文字障碍为实用目的的一种工具性的专门工作,叫作训诂。”(陆宗达:《训诂简论》,北京出版社 2016 年版,第 2 页)

⑤ 刘师培:《中国文学教科书》,转引自张永言:《训诂学简论》,华中工学院出版社 1985 年版,第 4 页。

中曾写道："hermeneus(诠释)的任务却恰好在于把一种用陌生的或不可理解的方式表达的东西翻译成可理解的语言"，"'诠释学'的工作就总是这样从一个世界到另一个世界的转换，从神的世界转换到人的世界，从一个陌生的语言世界转换到另一个自己的语言世界"。[①] 当然，伽达默尔所言并非确论，但就其突出强调"语言转换"这一点来看，"训诂"与(古典形态的)"hermeneus"显然存在着相似性，尽管二者本身具有异质性[②]，但这足以引发我们对于"诠释的意义"这一问题的进一步探索，即什么样的"活动"才能称为"诠释"呢？

在此，需要承认的是，"训诂"本身在弥合语言文字之殊异性方面的有限性。"训诂"作为一种实践活动，其本身诚然可以实现所谓"古今如旦暮""别国若乡邻"的功能，但事实上其本身仅是"缩小"了这种"时空间距"，当"古今"转为"旦暮"、"别国"换为"乡邻"的时候，"时空间距"并未完全消除，也就是说，文本之语词意义仍然留有"疑义"，所以戴震有言："士生三古后，时之相去千百年之久，视夫地址相隔千百里之远无以疑，昔之妇孺闻而辄晓者，更经学大师转相传授，而仍留疑义，则时为之也。"[③]因此，对于"训诂"来说，理想化地苛求语言文字之原本意义既是不可能的也是没必要的。相反，我们可以说，正是这种有限的"缩小"而非完全的"消除"使"训诂"本身成为一种历史性工作，从而为语词意义之生发提供新的可能性，也使"训诂"本身获得作为诠释活动的内在规定性。在此意义上，黄侃所提之："训诂者，义之属……以探究语言文字正当明确之解释，推求其正当明确之来源，因而得其正当明确之用法也"[④]值得反思，"训诂"所实现的对于文本、语词之意义的"正当"解释显然具有一定的历史局限性，而并非完全地"明确"把握或切中。

三、训诂活动的存在论意义

海德格尔所提出的"存在论区分(存在论差异)"[⑤]观念为解决胡塞尔所指出的"认识论困境"(实则是近代主体性哲学的困境)[⑥]问题提供了新的思路，自此以后哲学存在论不再探讨所谓"存在者之存在"的问题，而是直面"存在本身"，展开追问"存在者何以可能"的问题。在与胡塞尔、海德格尔现象学"对话"的过

---

① [德]伽达默尔：《诠释学Ⅱ：真理与方法——补充与索引》(修订译本)，第114、115页。

② "训诂"与"hermeneus"具有可对应性和非等同性的关系。

③ (清)戴震：《戴氏杂录·古训》，《戴震全书》第6册，黄山书社1995年版，第503页。

④ 黄侃：《国学讲义录·训诂学笔记》，中华书局2006年版，第229页。

⑤ [德]海德格尔：《现象学之基本问题》，丁耘译，上海译文出版社2008年版，第19页。

⑥ [德]胡塞尔：《现象学的基本观念》，第3页。

程中，生活儒学建构出以“生活即是存在，生活之外别无所谓存在”①为核心命题的“生活—存在论”②，存在本身被彻底化地描述为“生活本身”，而“存在者”（绝对存在者以及相对存在者）正是在此无分别的“生活”状态中得以生成并被重新建构与塑造。基于生活儒学所开启之“生活—存在”的思想视域，笔者在此申论“训诂活动的存在论意义”：作为一种“生活情境”③，训诂活动的发生构造出新的意义世界，在此世界中，涵摄于训诂活动中的诸相关项即作为主体的释义者与作为客观对象的文本（及其语词）获得了新的存在方式。

上文所述已经表明，训诂功能本身的有限性事实上意味着训诂活动本身的历史性，而且正是这种历史性为“训诂”的历时展现提供了条件与可能；但这种历史性（有限性）的训诂活动本身却是当下发生的（当下活动本身的历史性，历史活动本身的当下性）。进一步地说，当下性的训诂活动本身固然呈现为经验主体对于文本及其语词意义的训释与考证，具体表现为一种“语言学”活动④，但这种活动本身生成了新的主体与新的文本对象⑤。如下图所示：

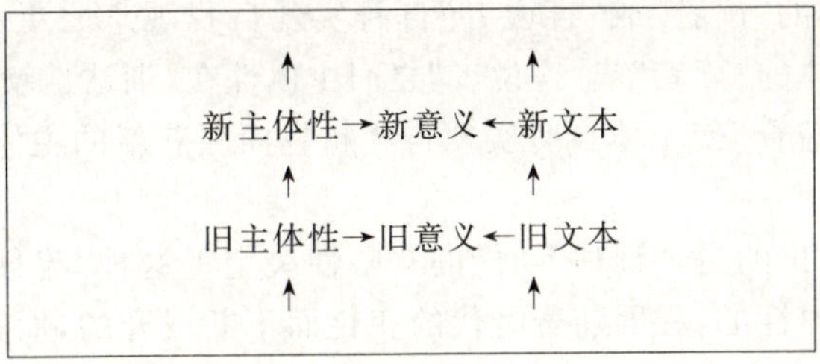

训诂活动

那么，这种“新主体”“新文本”究竟是如何生成的呢？

---

① 黄玉顺：《爱与思——生活儒学的观念》（增补本），四川人民出版社 2017 年版，第 220 页。

② 笔者以为，生活儒学之“生活存在论”的建构并非一蹴而就的，而是有一个历时生成过程：清理中西哲学史，追问存在本身；作为存在本身的生活；生活本身显现为仁爱。详见黄玉顺：《走向生活儒学》，齐鲁书社 2017 年版；《面向生活本身的儒学——黄玉顺“生活儒学”自选集》，四川人民出版社 2006 年版；《爱与思——生活儒学的观念》，四川大学出版社 2006 年版。

③ 黄玉顺：《爱与思——生活儒学的观念》（增补本），第 233 页。

④ 黄侃将“训诂”规定为“用语言解释语言”：“小学者，中国语言文字之学也。文字兼形、音、义三者。训诂者，义之属，而依附音与形，以探究语言文字正当明确之解释，推求其正当明确之来源，因而得其正当明确之用法也。”（《黄侃国学讲义录・训诂学笔记》，第 229 页）训诂以“释义”为核心，运用“以形索义”“因声求义”“比较互证”等方法。

⑤ 参见黄玉顺：《爱与思——生活儒学的观念》（增补本），第 77 页；《注生我经：论文本的理解与解释的生活渊源——孟子“知人论世”思想阐释》，《中国社会科学院研究生院学报》2008 年第 3 期。

(一)“训诂”生成新的主体

上文指出,训诂本身乃是一种释义活动,语言文字造成的理解障碍使得“训诂”成为必要。表面上看,这种“障碍”表现在语言文字方面,但究其实际发生过程,“障碍”作为主体观念中的“事情”实际上归属于作为主体的“读者”或“言说者”本身,因此作为释义活动的“训诂”实则是在“释疑”,即消除主体之于文本意义所形成的“疑惑”,而扫除语言文字障碍的过程便展现为对主体自身之疑问的“疏释”[①]过程。而对于“训诂”本身的发生来说,主体(读者/言说者)所存在的这种“疑惑”本身之先在性主导并伴随着“训诂”的来临及其全过程,因而能否有效地“疏释”主体之疑问从而使主体自身获得“正当明确”之理解便成为判断训诂结果好坏的标准。需要注意的是,这种“疑惑”具有当代哲学诠释学(Die philosophische Hermeneutik)所讨论之“前见”观念的意义,但二者并不相同。

具体的“训诂活动”完成之时,亦即主体之“疑惑”得以“疏释”的时候,实际上也是作为主体的“读者”或“言说者”自身实现自我观念之更新的过程。这也就是说,作为主体的“读者”或“言说者”之旧主体性在“训诂情境”中得以解构[②],而自身疑惑的“疏释”使主体自身实现自我超越而赢获新的主体性,从而生成为新的主体。

在此需要指出的是,“训诂”功能的有限性决定了这种“疏释”并非一劳永逸的,而是具有历史性的,亦即随着时代的变化而不断展开的,而其本身与生俱来的这种历史性则是由“生活本身”决定的。这是因为,生活本身显现为不同的生活方式[③],在不同的生活方式下形成不同的言语方式,这种“言语方式”具体表现为声韵、语言文字及其意义等的差异,所以在不同的时代产生了不同的“训诂”,此即“训诂”的历史性,而具体的训诂实践塑造着新的主体。

(二)“训诂”生成新的经典

作为释义活动,“训诂”本身不仅生成了新的主体,而且也生成了新的经典,即文本在“训诂情境”中生成为“经典”。事实上,主体之“疑惑”的消除意味着其自身之观念的更新,而这种“更新”则表明“文本语义”(构成文本的语言文字)之于主体所造成的理解障碍得以“消解”;以“意义”为核心,这种“消解”与“疏释”活动同时展现在训诂过程中。就此过程来看,在“语义障碍”得以消除从而使主

---

① 传统经典的注本大多以“疏”“释”等概念定名,可见一语双关。

② 黄玉顺:《“直”与“法”:情感与正义——与王庆节教授商榷“父子相隐”问题》,《社会科学研究》2017 年第 6 期。

③ 黄玉顺:《爱与思——生活儒学的观念》(增补本),第 274 页。

体之“疑惑”得以“疏释”的同时，主体亦经由此“疏释”[①]而赋予“语词”以新的意义。正是通过语言文字之意义的重新朗现，即“文本语义”获得自我更新，“文本”的面貌得以焕然一新，从而生成为新的文本，而训诂活动之于文本的生成性亦由此得以呈现。

与主体疑惑“疏释”之有限性一样，“训诂”功能的有限性本身也决定了文本语义之“消解”过程的有限性。而且正是这种有限性的存在，“文本”(在此，我们必须承认的是，文本自身有其客观性)才得以在历时性的“训诂”活动中获得其“经典性”，从而不断生成为“经典”。对此，《训诂哲学初论》一文亦有类似说法：“经典固然可以‘口耳相传’，但是，其经典性却不是一目了然的，而是要经过特定的‘训诂’……”[②]

以《诗经》为例，先秦时期的《诗三百》并非“儒家经典”，正是随着历代的“训诂”，比如从《左传》《国语》所载春秋时期“用诗”、孔子“引诗”“删诗”，到西汉齐、鲁、韩三家诗以及《毛诗故训传》、东汉郑玄《毛诗笺》、唐代孔颖达《毛诗正义》、北宋欧阳修《诗本义》、北宋王安石《诗经新义》、南宋朱熹《诗集传》，再到清代陈奂《诗毛氏传疏》、马瑞辰《毛诗传笺通释》等，其“经典性”才被不断赋予，《诗三百》在此过程中日益“生成”为作为“经典”的《诗经》。时至今日，对于作为“文本”的《诗经》，我们依然需要借助“训诂”去敞开并阐发《诗三百》之于“我们”的新的意义——立足于现代性的生活方式，赋予《诗经》以新的经典性。

基于上文，我们可以说，对于“新主体性”与“新文本意义”的生成来说，训诂活动本身乃是前主体性、前存在者的事情，这就表明“训诂”作为诠释活动具有存在论意义：作为主体的“人”(读者/言说者)与“文本”(语义)正是在此“生活情境”[③]中“去存在”或“去生活”的，而这一切则最终归属于生活本身之“在生活且去生活”[④]的本源结构。

总而言之，在传统形而上学遭到解构的今天，作为思的任务的哲学显然不能再退回到所谓“体用”“本末”等观念的牢笼中。这就意味着，对于思考“经典诠释”问题来说，在如何转化中国古典诠释经验及其观念的问题上，有必要摒弃传统形而上学思维下的“方法论意识”，真正立足于存在论(the theory of Being)的理论视域而面向诠释活动本身。具体到建构“中国经典诠释学”[⑤]来说，则应当立足于“生活—存在”的思想视域展开对训诂活动之“事情本身”的考察，通过

---

① 具体表现为“以形索义”“因声求义”等方式。

② 张丰乾：《训诂哲学初论》，《现代哲学》2004年第3期。

③ 上文写到“训诂”具有缩短“时空间距”的功能，而“时间”“空间”都已然是一种存在者化的说法，既然“训诂”本身可以缩短“时空间距”，那么这也就证明训诂活动具有作为当下情境的前时间性。

④ 黄玉顺：《爱与思——生活儒学的观念》(增补本)，第254页。

⑤ 有关“中国诠释学”或“中国经典诠释学”的说法，有待商榷。

揭示并阐发“训诂活动”本身的存在论意义，从而建构一种新的作为存在论的“哲学训诂学”(the Philosophical Exegetics)。在此基础上，所谓“哲学与训诂的关系”问题①才能获得新的澄清与进一步推进。

① 笔者以为，目前有关“哲学”与“训诂”之关系的讨论乃是中国传统学术“汉宋之争”的延续，如何在新的思想视域下审视“汉宋之争”，进而阐发其中所蕴含的思想观念，有待进一步思考。

“真”与“圣”：“生活境界论”探微*

何　晓

“生活境界论”是“生活儒学”关于境界问题的学说。不同于冯友兰先生以“觉解”划分人的境界，“生活境界论”的判断标准是人的观念层级。“通常，我们把这样的问题——就是我们的精神生活达到了某一个层级，我们就把它叫作一种‘境界’。”①人的精神世界其实质是观念的集合，而所有的这些观念，依据“主体性”的有无，可以划分为两个层级：前主体性的观念和主体性的观念。基于此，“生活境界论”将人的境界分为三种：“在生活”的自发境界、“去生活”的自为境界和“回归生活”的自在境界。其中，自发境界和自在境界都是前主体性的境界。“生活境界论”认为，“最高的境界，就是回到最低的境界”②。而两者的区别就在于是否“回归”，换言之，“最高的境界，就是自觉地回到最低的境界”。观照哲学史上的各家诸派，可以发现，“生活境界论”中的自发境界与自在境界之区别即道家的“真”境和儒家的“圣”境之区别。

一、道家之“真”境

道家的理想之境是“真”境，人之存在的理想状态则是“真人”。但是我们现在一谈到“真人”，就会立马想到羽化登仙的“仙人”。这种“真人”并非道家语境中的“真人”，而是道教里面的人格神，是一个具有绝对主体性的形而上者。在道教兴盛的时期，有些道家的人物或者是著名的道士，往往被封以“真人”的称

---

* 原载胡骄键、张小星主编：《生活儒学：研究·评论·拓展——第三届“生活儒学”全国学术研讨会论文集》，四川人民出版社2020年版，第42～50页。

① 黄玉顺：《生活儒学讲录》，安徽人民出版社2012年版，第43页。

② 黄玉顺：《爱与思——生活儒学的观念》（增补本），四川人民出版社2017年版，第186页。

号，比如庄子被唐玄宗封为“南华真人”，御风而行的列御寇被封为“冲虚真人”，等等。这种以“仙人”释“真人”的方式大概来自许慎对“真”的解释。《说文》：“真，仙人变形而登天也。从匕，从目，从乚。八，所承载也。”段玉裁进一步解释说，“从匕”是因为“匕”乃古“化”字，所以“变形故从匕”；“从目”是因为“道书云养生之道，耳目为先。耳目为寻真之阶梯”；“从乚”是因为“乚，匿也，读若隐，仙人能隐形也”。可见，不论是许慎还是段玉裁，都是通过释读“真”的字形来进行解释，但他们解读的是“真”的篆文。古文学家唐兰先生通过识别金文，认为“真”字从贝，𠤎声。且𠤎并非“变化”之“化”的古文，而是“殄”字的古文。但根据《说文》，“殄”字的古文为𣦵，而非𠤎。唐兰先生引用朱骏声的说法，“𣦵，疑从反𠤎”(《说文通训定声》)，并进一步指出𣦵和𠤎是同一个字。因为古代并没有反文之说，凡字皆可反书之，所以𣦵和𠤎同是“殄”的古文。关于“真”从“殄”之说，唐兰先生还提出了一条音韵学上的证据：“真在真部，殄在谆部，真谆音相近。《诗经·小婉》：‘哀我填寡’，毛传：填，尽也。陈奂、胡承珙等均谓填读为殄，是其例也。”[①]何为“殄”？王筠在《说文释例》里解释“𣦵，盖从倒人”。可见，“真”的本义并非“仙人”，而是“倒人”。另外，日本汉学家白川静也认为“真”源于“倒人”，并认为“真”之所以有真诚、真正之义，是因为古人相信死后的世界才是永恒的、真的存在。[②] 关于“真”的“倒人”义，《庄子》中也出现过：

> 莫然有间而子桑户死，未葬。孔子闻之，使子贡往待事焉。或编曲，或鼓琴，相和而歌曰：“嗟来桑户乎！嗟来桑户乎！而已反其真，而我犹为人猗！”[③]

子桑户死了，孟子和子琴张不说“死”而说“反其真”。历来对此的解释都说是“返回了本真”，但何谓“本真”，其实在这里庄子就用了“真”字最初的含义——倒下的人。

那如何理解道家将“人倒下了”作为人的最高境界？我们或许可以通过分析“真”的反义词得出一些结论。对于“真”来说，其反义词无非是“假”，或者说“伪”。《说文》：“假，非真也”，“假”是根据“真”来定义的，这看不出“真”的本义。我们再看“伪”，《说文》引徐锴曰：“伪者，人为之，非天真也。故人为为伪是也。”既然“伪”是人为，那么“真”就是非人为。试想，如果我们是造字者，应该怎样表达“非人为”这个意思呢？大概远古先民们在造字时有这么一种理解，“非人为”意味着人什么都不要做，但人既然活着，怎么可能什么都不做呢？除非人死了。

① 唐兰：《释真》，《考古社刊》1936年第5期。
② [日]白川静：《常用字解》，苏冰译，九州出版社2010年版，第237～238页。
③ 《庄子·大宗师》。

这不就是“倒下的人”吗？人倒下了，寓意着人死了，人死了自然就什么也做不了了。我们再回过头来看“假”字，《说文》：“假，从人，叚声。”这个字很有意思，后面的“叚”是表示音的，作为偏旁部首的“人”则是表示义，原来“假”的本义就是一个“人”，一个挺立的“人”。不特如此，我们有时还会将“真”与“俗”并举，而“俗”字也是从“人”。我认为这不是一个巧合，这说明我们对于“真”最原始的理解，就是“倒下的人”。“倒下的人”只是一种形象化的说法，其意在指主体性的消解。“真”是主体性的本源情境，也就是所谓的自发境界。

一个人的精神境界如果是自发境界，那么这个人就是“真人”。道家的典籍中，描绘了“真人”的很多神迹，比如“登高不慄，入水不濡，入火不热”[①]，等等。基于此，很多人将“真人”理解为神通广大的“仙人”。但是，境界是精神层面的事情，人不论是出于什么样的精神境界，都不能够挣脱自然规律，比如生老病死。在这个意义上，道教的“真人”也是一个“常人”。“真人”并非超越生死、羽化登仙，而是“不知说生，不知恶死”[②]而已。重点在于“不知”，而非“超越”。正如庄子笔下的泰氏，“其卧徐徐，其觉于于，一以己为马，一以己为牛”[③]。道家的“真人”其实就是思虑未萌、主体性尚未生成的人，不同于我们经验生活中处于主客二元对立下的人。“真人”的最大特点，借用庄子的一句话，即“有人之形，无人之情”[④]。“有人之形，故群于人”[⑤]，“真人”作为现实的“人”，有“人”的形态，所以“真人”是“人”，这是从生物学意义上讲。但是，“真人”和经验世界中的“常人”又不是完全一样，因为真人“无情”。“无人之情，故是非不得于身。”[⑥]我们知道，在古代典籍中，“情”字有两种用法，一种是指“事之情”，意思是真实情况、实际情况；另一种是指“人之情”，意思是人的情感，即作为形而下相对主体的人的情感。庄子这里的“无人之情”，指的是没有人的情感。所以庄子才会说：“吾所谓无情者，言人之不以好恶内伤其身，常因自然而不益生也。”[⑦]“好恶”是一种主体性的情感，而且“好恶”总是一个主体对一个客体的“好恶”，所以这里的主体性是指相对主体性。“真人”没有“好恶”这种情感，是因为“真人”根本就没有好恶的分别。在本源情境中的人，主体性尚未生成，物我的分别也没有产生。

“真人”就是“在生活”而尚未“去生活”的人，是一种出于“浑沌”境界中的

① 《庄子·大宗师》。
② 《庄子·大宗师》。
③ 《庄子·应帝王》。
④ 《庄子·德充符》。
⑤ 《庄子·德充符》。
⑥ 《庄子·德充符》。
⑦ 《庄子·德充符》。

人。何为“浑沌”？

> 南海之帝为儵，北海之帝为忽，中央之帝为浑沌。儵与忽时相与遇于浑沌之地，浑沌待之甚善。儵与忽谋报浑沌之德，曰：“人皆有七窍以视听食息，此独无有，尝试凿之。”日凿一窍，七日而浑沌死。[①]

成玄英疏曰：“南海是显明之方，故以儵为有。北是幽暗之域，故以忽为无。中央既非南非北，故以浑沌为非无非有者也。”[②]道家的“真”境就是这种“无分别相”的“浑沌”。

然而，在庄子的故事中，浑沌死了，被儵和忽“凿”死了。可儵和忽也不是有意谋杀浑沌，他们是“谋报浑沌之德”，但结果还是害死了浑沌。其实“浑沌”不是死于儵、忽二帝，而是死于“人”。儵、忽是受这样一种观念的影响才决定“凿”浑沌的，即“人皆有七窍”。可见，儵、忽只是行刑的刽子手，而“人”才是害死浑沌的罪魁祸首。人和浑沌的区别就在于“视听食息”，而这四者则代表了人的主体意识。故释德清《庄子内篇注》曰：“及情窦日凿，知识一开，则天真尽丧。”人的主体性的挺立，是浑沌之死的原因，也是本源情境被打破的原因。

二、儒家之“圣”境

人生在世，本源情境被打破是不可避免的，因为我们要“去生活”。“去生活”就是一种目的性、主体性的行为，超越自发境界，进入自为境界。处在自为境界中的人，不论是作为小写的人（相对主体），还是大写的人（绝对主体），其精神境界都是具有主体性的。大部分人终身都在思考一些形而下的事情，始终作为一个相对主体而存在，处于“主—客”架构的一端，其境界也是形而下的境界。而有些人会开始思考世界本源的问题，开始突破“主—客”架构，而获得绝对主体性，从而进入形而上的境界。但不论是哪一种，还都限于存在者的观念层级中，并未通达作为存在本身的生活。真正的最高境界是自如境界，不仅“去生活”，还要“回归生活”，也就是“在生活并且去生活”。这就是儒家所说的“圣”境。

关于儒家的“圣”境，可以作多种不同的理解。比如“博施济众”的“圣王境界”，“民胞物与”的“圣贤境界”，等等，都是对儒家“圣”境的一种解读。但是从“生活境界论”的角度来看，作为最高境界的“圣”境应该是“孔颜乐处”的“圣人境界”。

---

① 《庄子·应帝王》。

② （清）郭庆藩撰，王孝鱼点校：《庄子集释》，中华书局 2013 年版，第 281 页。

子曰:“饭疏食饮水,曲肱而枕之,乐亦在其中矣。不义而富且贵,于我如浮云。”①

子曰:“贤哉,回也!一箪食,一瓢饮,在陋巷。人不堪其忧,回也不改其乐。贤哉,回也!”②

“孔颜乐处”的命题是周敦颐提出来的:“昔受学于周茂叔,每令寻颜子、仲尼乐处,所乐何事。”③一般来说,宋明理学家的回答是乐“道”,也就是“天理”。然而这种发问方式就已经有问题了,丧失了其他解释的可能性。因为“乐”并不一定非要乐“什么”,这个“什么”指代的是一个“物”、一个具体的存在者。如果非要乐“物”的话,那答案只能是形而上的“道”,因为形而下的“疏食”“陋巷”并不能使人“乐”。如果我们换一种发问方式:孔颜为什么乐?这样就会有不同的解读方式。一方面,孔颜可以是“有所乐之乐”,也就是“乐道”。当然这是一种很高的境界了,但还不是最高的境界。另外一种解释当然就是“无所乐之乐”,即并不是因为什么东西而乐。不是因为“得道”而乐,当然也并不是因为贫困而乐,他们的“乐”是本真生活情感的自然显现。这两段描述“孔颜乐处”的记载有一个共同的特点,即都是普通生活情境中的“乐”:一个是“饭疏食饮水,曲肱而枕之”的生活情境,一个是“一箪食,一瓢饮,在陋巷”的生活情境。在这种普通的生活情境中,或许他们并没有考虑周围的环境,也没有念念不忘理想中的“道”,他们的乐仅仅是一种本真情感的显现。一如庄子的“鱼之乐”,庄子并没有把鱼当作对象来打量,而得出“鱼之乐”的结论。否则他就难逃惠施“认识论困境”的诘难:“子非鱼,安知鱼之乐?”庄子的“鱼之乐”,是“知之濠上也”④,没有主客二分,有的只是本源情境中情感的显现。这是儒家的“圣”境。

一谈到儒家的境界,就和宋明理学家的工夫论分不开。宋明理学家的工夫论主要是两方面,一方面是涵养,一方面是进学。涵养需要静坐,进学则须读书。所以朱子讲“半日静坐,半日读书”⑤,以此作为成圣之路。然而,正如颜元所批评的那样:“半日静坐,是半日达么也;半日读书,是半日汉儒也。试问十二个时辰,那一刻是尧舜周孔乎?”⑥从某种意义上来说,“静坐”“读书”未尝不是成圣的工夫,但成圣的工夫却不仅仅是“静坐”“读书”,因为“挑水砍柴,无非妙道”。所以儒家的“圣”境并非一种刻意工夫所达到的。正如程颢说:“夫天地之

① 《论语·述而》。

② 《论语·雍也》。

③ (宋)程颢著,王孝鱼点校:《河南程氏遗书》卷二,《二程集》,中华书局1981年版,第16页。

④ 《庄子·秋水》。

⑤ (宋)黎靖德辑:《朱子语类》卷一一六,明成化九年(1473)年陈炜刻本。

⑥ (清)颜元:《朱子语类评》,《颜元集》,中华书局1987年版,第278页。

常，以其心普万物而无心；圣人之常，以其情顺万事而无情。故君子之学，莫若廓然而大公，物来而顺应。”[①]圣人是“有情”而“无情”的，“有情”的“情”是本真的生活情感，“无情”的“情”是形下的道德情感。

“廓然而大公，物来而顺应”是儒家的“圣”境。

三、“回归”：“真”与“圣”的区别

从上面的论述可以看出，自发境界和自如境界似乎很难区分，正如道家的“真”境和儒家的“圣”境难以区分一样。“生活境界论”也早已指出，最高境界就是最低境界，最远的就是最近的。但是我们如何区分这两种境界？

“生活境界论”认为，最高境界与最低境界还是有着本质的不同，这个不同就是“觉解”，或者说“良知”。我们知道，“觉解”是冯友兰先生的“四境界说”中提出的概念。觉是知觉，解是了解。“觉解”就是有一定的了解。但“觉解”似乎仍是一种主体性的言说方式，最大的“觉解”依旧是一种“觉解”，这也就是为什么说冯友兰先生的“天地境界”仍然是一种形而上的境界，而非本源境界。

“生活境界论”还有另外一种说法，即“最高的境界，就是自觉地回归到最低的境界”[②]。在这个定义中，有两个词语，一个是“自觉”，一个是“回归”。“自觉”其实并非十分准确，因为“自觉”依旧是具有主动性、意向性的词语，换言之，“自觉”肯定有一个自觉的主体。关键在于“回归”。“境界问题的实质，在于个体人格的回归。首先，一般来说，境界总是说的某个人、某个个体的境界；其次，这个人的境界，是说他在观念层级上的回归。境界就是回归，这是一个极其重要的观念。”[③]

以静态的观点去看自发境界与自如境界，两者并没有实质的区别。一个出于本源情境中的人，有可能是思虑未萌的“真人”，也有可能是“物来顺应”的“圣人”。挑水砍柴，既可能“无非妙道”，也有可能“确非妙道”。关键在于“回归”。自发境界是“在生活”，自为境界是“去生活”，自如境界是“回归生活”。回到的那个“生活”，并非其他的“生活”，“生活”就是“生活”，但人并非原来的人了。要言之，我们生来就是一个形而下的人，是一个“常人”，而“常人”“去生活”，去向着“真人”不断地超越，最终成为“圣人”。所以说，境界就是回归，是人在观念层级上的回归，由“主—客”二分的经验世界回到“无物存在”的本源境界。

---

① (宋)程颢著，王孝鱼点校：《定性书》(《答横渠张子原先生书》)，《河南程氏文集》卷二，《二程集》，中华书局1981年版，第460～461页。

② 黄玉顺：《爱与思——生活儒学的观念》(增补本)，第186页。

③ 黄玉顺：《爱与思——生活儒学的观念》(增补本)，第169页。

究其实质,“真”与“圣”的这种区别源于黄玉顺教授“观念的三级架构”[①]理论。黄玉顺教授认为,人类的全部观念可以分为三个层级:本源层级、形而上层级和形而下层级,这一观点在其文章《汉语“观念”论》[②]中表达得最为清晰。文章首先提出,何为“观念”?他认为,“观念”不是柏拉图的“idea”,而是汉语中固有的一个词汇。所谓“观念”,乃是“观念是念,念出于观”。“观念”本质上是一种“念”,而“念”是人(注意,这个“人”不一定是主体性的人)之“念”。人的这种“念”则是出于人的“观”,“观”分为形下之观、形上之观和本源之观。形下之观就是人作为一个形而下者对万物的观察,人是形而下者,万物也是形而下者,这种“观”是两个形而下者的事情,比如“仰则观象于天,俯则观法于地”(《周易·系辞下》),这里的“观”就是一种典型的形下之观。形上之观则不同,“所观者不是‘形而下者’之‘器’,而是‘形而上者’之‘道’”[③],或者说“‘不以我观物’,而‘以物观物’”[④],即“根据唯一绝对物去‘观’众多相对物”[⑤]。本源之观则既不是观形而下之器,也不是观形而上之道,而是观“情”。这种“观”既不是认识论意义上的“观察”,也不是本体论意义上的“反观”,而是一种“生活领悟”。以上就是黄玉顺教授关于“观念的三级架构”的基本思想。

当然,通过“观念”二字阐发其“观念的三级架构”思想,容易给人造成误解。因为“观”长期以来就被认为是一个主体性的事情,所以我们会认为,这三种不同的“观”,仅仅是“观者”与“所观者”的不同。例如,“形下之观”的“观者”是形而下者(人),“所观者”也是形而下者(万物);“形上之观”的“观者”是形而下者(人),“所观者”是形而上者(道),或者“观者”是形而上者(唯一绝对物),“所观者”是形而下者(万物);“本源之观”的“观者”是形而下者(人),“所观者”是本源(本源之情)。究其实质,“观念的三级架构”是依据“主体性”来划分的:形而下层级的观念是“主—客”架构下产生的观念,在这个架构之下,人作为一个“相对主体”,是一个形而下者,一般显现为认识主体或者道德主体,有与之对应的“客体”,所以认识论和伦理学中的观念都是形而下层级的观念,这些观念所展现的是人的相对主体性。形而上层级的观念则是人超越“主—客”架构后形成的观

① 黄玉顺:《爱与思——生活儒学的观念》(增补本),第1～44页。
② 黄玉顺:《爱与思——生活儒学的观念》(增补本),第166～184页。
③ 黄玉顺:《爱与思——生活儒学的观念》(增补本),第176页。
④ 黄玉顺:《爱与思——生活儒学的观念》(增补本),第176页。
⑤ 黄玉顺:《爱与思——生活儒学的观念》(增补本),第177页。

念，我们思考的“对象”[①]不再是一个形而下者，而是作为“存在者整体”（在不同的哲学家那里，这个“存在者整体”有着不同的名字，比如柏拉图称之为“理念”，黑格尔称之为“绝对精神”，朱子称之为“天理”，阳明称之为“心”，等等）的形而上者。换言之，不是认识论和伦理学范畴中的观念，而是本体论领域里的观念。我们作为“存在者整体”中的一部分，不再有与之对待的“客体”，所以本体论领域的观念是形而上层级的观念，这些观念展现出了人的绝对主体性。存在层级（这里用“存在”而非“本源”基于以下考虑：其一，“本源”容易被把握为形而上者；其二，“存在”是生存论的术语，以区别于“存在者”）的观念则更加彻底，“人”不但超越了“主—客”架构，没有主体和客体之分，更进一步的是，连作为主体和客体之载体的“物”的观念也没有。也就是说，连“存在者整体”的观念都没有。如果说形下之人的“思”是“对象之思”，形上之人的“思”是“反思”，那么本源之人的“思”则是“无之思”。因此，存在层级的观念，既不是作为形而下学的认识论和伦理学范畴中的观念，也不是作为形而上学的本体论范畴中的观念，而是生存论领域的观念。生存论，在海德格尔的语境下，是为存在论[②]奠基的，所以他也称生存论为“基础存在论”[③]。生存论的研究对象是“存在”，而存在论（本体论）的研究对象是“存在者整体”。这就是“存在”与“存在者”的区分：

> 我们必须搞清楚存在与存在者之间的区别。这一区别不是随意做出的，它毋宁是那样一种区别，借之可以首先获得存在论乃至哲学自身的主题。它是一种首先构成了存在论的东西。我们称之为存在论差异，亦即存在与存在者之间的区分。[④]

处在本源情境中的人，既不是相对主体，也不是绝对主体，而是前主体。人之所以没有“物”的观念，是因为人的主体性尚未生成。所以，本源之人是前主体性的人。

与之对应的，根据人的观念的不同，人的境界也可以分为三种（或者说四种，区别在于是否将具有相对主体性的人的境界和具有绝对主体性的人的境界进行区分）：前主体性的“自发境界”（“真”境），相对主体性和绝对主体性的“自

---

① 这里用“对象”一词是极不恰当的，甚至连前面的“思考”也有问题。因为处在形而上境界中的人是独立无待的，所以没有“对象”；且“思考”也不是形而下的“对象之思”，而是“反思”。语言作为一种表达工具，是我们无可逃脱的主体性的牢笼，因此在整篇文章中，经常会出现这种“矛盾”的表达方式，希望读者能“得鱼忘筌”“得意忘言”。

② “存在论”在这里指的就是“本体论”，“存在论”和“本体论”对应的西语词汇都是“ontology”，只是翻译不同，详见俞宣孟：《本体论研究》，上海人民出版社 2005 年版，第 14 页。

③ [德]海德格尔：《存在与时间》，陈嘉映、王庆节译，三联书店 1999 年版，第 16 页。

④ [德]海德格尔：《现象学之基本问题》，丁耘译，上海译文出版社 2008 年版，第 19 页。

为境界”，前主体性的“自如境界”（“圣”境）。可见“圣”境是人脱离“真”境，经历了“自为境界”［也就是冯友兰所说的“功利境界”“道德境界”（相对主体性）和“天地境界”（绝对主体性）］后，又回归到前主体性的一种境界。所以，虽然“真”境与“圣”境同是前主体性的境界，但还是有着回归与否的区别。